IGLESIA CATÓLICA
Y
NACIONALIDAD CUBANA

Tomo I

COLECCIÓN FÉLIX VARELA Nº 23

EDICIONES UNIVERSAL, Miami Florida, 2005

IGLESIA CATÓLICA Y NACIONALIDAD CUBANA

Tomo I

Memoria de los cuatro Encuentros Nacionales de Historia convocados por la Comisión Nacional de Pastoral de Cultura de la Conferencia de Obispos Católicos de Cuba, celebrados en la ciudad de Camagüey, Cuba.

Editor y Compilador: Joaquín Estrada Montalván

Copyright © 2005 Comisión Nacional de Pastoral de Cultura

Primera edición, 2005

EDICIONES UNIVERSAL
P.O. Box 450353 (Shenandoah Station)
Miami, FL 33245-0353. USA
Tel: (305) 642-3234 Fax: (305) 642-7978
e-mail: ediciones@ediciones.com
http://www.ediciones.com

Library of Congress Catalog Card No.: 2004105384
I.S.B.N.: 1-59388-032-4

Compilador y Editor: Lic. Joaquín Estrada Montalván

Corrección: Lic. Mariela Peña Seguí

Copia de los textos originales: Lic. María Cristina Puga

Maquetación y composición de textos: Nury A. Rodríguez
Diseño de cubierta y páginas interiores: Luis García Fresquet

Fotos de la portada:
Logotipo Encuentros Nacionales de Historia: Arq. Elizabeth García Vitar.
Padre Félix Varela, Arzobispo San Antonio María Claret,
Padre Enrique Pérez Serantes, Padre Olallo, portada de un Anuario
De La Salle (fondo) y Santuario Nacional del Cobre, Santiago de Cuba y de la
Iglesia de San Juan de Dios, Camagüey.

Foto de la contraportada: Virgen del Campo, de Maidelina Pérez Lezcano
Esta pintura le fue obsequiada al Sr. Manolo Fernández Santalices en el
Homenaje que se le brindó durante el IV Encuentro Nacional de Historia
«Iglesia Católica y Nacionalidad Cubana»

Todos los derechos
son reservados. Ninguna parte de
este libro puede ser reproducida o transmitida
en ninguna forma o por ningún medio electrónico o mecánico,
incluyendo fotocopiadoras, grabadoras o sistemas computarizados,
sin el permiso por escrito del autor, excepto en el caso de
breves citas incorporadas en artículos críticos o en
revistas. Para obtener información diríjase a
Ediciones Universal.

Índice

Agradecimientos 9
Presentación 11
Opiniones sobre el Proyecto 17
Mons. Adolfo 17
Mons. Carlos Manuel de Céspedes 18
P. Manuel Maza, sj 19
Sor Hilda Alonso, svp 21
Manuel Fernández 22
Ricardo Arias Calderón 23

PRIMER ENCUENTRO 25

Presentación de Mons. Meurice 27
Iglesia Católica y nacionalidad cubana
Rafael González 28
Listado general de participantes 34

DISCURSOS Y MENSAJES 37
Palabras de apertura 37
Mensaje de los claretianos 39
Mensaje de la Fundación Félix Varela, Inc. 41
Mensaje del Nuncio Mons. Beniamino Stella 43
Discurso de clausura 45

CONFERENCIAS 49
Las corrientes actuales de la filosofía de la historia
P. Pablo Varela 49
Imagen luminosa de un hombre cuestionado
Mons. Carlos Manuel de Céspedes 72
Perfil crítico de la educación católica en Cuba
Dr. Manuel Fernández 108
Labor educadora y evangelizadora de los escolapios en Cuba
P. Juan Florenza, Schp 123
Félix Varela, el primer cubano
Dr. José Manuel Hernández 143

INTERVENCIÓN PLENARIA 161
Catolicismo popular cubano: fenomenología y hermenéutica
Dr. Israel Moliner 161

PANELES 190
Aportes de la cultura católica a la cultura nacional
Del espejo a los orígenes: 500 años de cultura católica
Lic. Roberto Méndez 190
La Iglesia católica y el cine en Cuba
Lic. Walfredo Piñera 201
Medio siglo de prensa católica en Cuba
Lic. Juan Emilio Friguls 209
La arquitectura católica cubana
Arq. Amarilis Echemendía 215
Obra educativa de la Iglesia Católica en Cuba ....
Aportes de la educación católica a la educación nacional (resumen)
Dra. Ana Smith 221
La primera Escuela Normal de Guanabacoa, obra de la Iglesia
P. José Liñán, Schp 223
Labor educativa de los jesuitas en Cuba - P. José Luis Sáez, sj .. 259
Resúmenes de las Ponencias presentas 264

SEGUNDO ENCUENTRO 287

Presentación 289
Crónica 291
Listado de participantes 296

DISCURSOS Y MENSAJES 298
Palabras de bienvenida 298
Palabras de apertura 300
Homilía de la Misa de Clausura 303
Palabras en la develación de la tarja conmemorativa
de los 275 años de la fundación del seminario
«San Basilio Magno» 309
Palabras en el acto de clausura 311
Mensaje enviado por F. Marchisano, presidente de la
Comisión Pontificia para los Bienes Culturales de la Iglesia 313
Mensaje enviado por Mons. Adolfo Rodríguez,
Obispo de Camagüey 314
Mensaje enviado al Santo Padre por los participantes
en el encuentro 315
Mensaje de SS Juan Pablo II a través del
Cardenal Angelo Sodano 316

CONFERENCIAS 317
Papel del laicado cubano en la educación
Lic. Roberto Méndez Martínez 317
El colegio «San Basilio Magno» (1722-1898)
Dra. Olga Portuondo Zúñiga 334
Notas sobre la historia del seminario «San Basilio Magno».
Desde la Guerra de Independencia hasta nuestros días.
P. Joan Rovira 379
La Iglesia Católica en torno a los acontecimientos
de 1898. Puntos para una «meditación» un siglo después
Mons. Carlos Manuel de Céspedes García-Menocal 386
La Iglesia Católica y la gratuidad de la enseñanza
en el siglo XX
Lic. Juan Emilio Friguls 411
El aporte de la Iglesia Católica a la educación
cinematográfica en Cuba
Walfredo Piñera 416

PANELES 425
Presencia de la Compañía de Santa Teresa de Jesús en
Cuba a través de su obra educativa
Hna. Dolores Centurión, stj 425
Aporte a la educación católica en Cuba
de la Sociedad del Sagrado Corazón de Jesús 1858-1961, 1972.
Hna. Raquel Pérez 455
La Orden de Santo Domingo y la educación católica en Cuba
Dr. Salvador Larrúa Guedes 463
Instituto de los Hermanos de las Escuelas Cristianas
(de La Salle). Presencia educativa entre 1905-1961
Hno. Alfredo Morales 488
El colegio San José y el humanismo jesuítico (1722-1767)
José Luis Sáez, s.j...................................494
Resúmenes de las Ponencias presentas 505

Anexo
Fotos del Primer y Segundo Encuentro 525

Agradecimientos

Este libro es «resultado del material producido por los Encuentros Nacionales de Historia *Iglesia Católica y Nacionalidad Cubana*, que viene celebrando cada dos años la Comisión Nacional de Pastoral de Cultura de la Conferencia de Obispos Católicos de Cuba, desde el año 1996. Este proyecto ha sido apoyado desde el inicio por todos los obispos cubanos, especialmente por Mons. Adolfo Rodríguez (E.P.D.) que se puede considerar su padre episcopal. Desde el inicio alentó, apoyó e hizo todo lo necesario para que esta idea que se le presentó en el año 1995, fuera una realidad maravillosa de la Iglesia Cubana. También debemos mencionar a Mons. Pedro Meurice Estíu, Arzobispo de Santiago de Cuba, quien era el presidente de la Comisión Nacional de Pastoral de Cultura de la COCC, en el momento en que se inició este proyecto y que igualmente lo acogió y lo promovió en su concreción. A Mons. Beniamino Stella, quien era el Nuncio Apostólico en los inicios, que al igual que en otros muchos proyectos e ideas, ofreció su respaldo y contribución, efectivos y afectivos. A Mons. José Siro, obispo de Pinar del Río, y sus colaboradores de Ediciones Vitral, que han cooperado en la publicación de las Memorias elaboradas hasta el momento. Actualmente el presidente de esta Comisión de Cultura de la COCC, es Su Eminencia Card. Jaime Ortega Alamino, quien igualmente, ha hecho posible que se continúe la celebración de los mismos, y además que estos, en cada edición, se vayan enriqueciendo en cuanto a su importancia, al servicio de la Iglesia y toda la sociedad cubana. A Mons. Juan García, arzobispo de Camagüey, quien ha ofrecido todo su respaldo para que se continúen celebrándo en esta diócesis.

A Mons. José Sarduy Marrero, Rector del Seminario *San Agustín* de Camagüey, y al P. Fernando de la Vega, párroco de Monserrat en La Habana, quienes revisaron y aportaron sus valiosas ideas a los propuestas originales de redacción de este proyecto. A Mons. Carlos Manuel de Céspedes, consejero y protagonista esencial en todo el trabajo de concepción y organización de todas las ediciones. Al P. Wilfredo Pino Estévez, Rector de la Casa Diocesana de La Merced en Camagüey quien, igualmente, tuvo a bien mirar y opinar sobre el proyecto original, así como ser un magnífico anfitrión de estos eventos, junto a su equipo de asistentes de la Casa Diocesana de la Merced. Al Secretariado de la COCC, que sin su eficiente y cercana colaboración, hubiera sido imposible implementar los mismos. A los encargados de la Casa Laical de La Habana, quienes también han cooperado siempre de manera muy servicial. A la Dra. Olga Portuondo Zúñiga, quien siempre ha aportado mucho más que un grano de arena. Al equipo de trabajo encargado de la ejecución y de los más mínimos detalles, que son innumerables al momento de realizar cada jornada; especialmente menciono al P. Alvaro Beyra, al Dr. Roberto Méndez y a la Lic. María Cristina Puga, quien siempre ha tenido a su cargo las importantes labores de secretaría. Muchas personas no son mencionadas por su nombre, pero llegue a todas nuestro recuerdo agradecido y nuestra petición de que continúen colaborando con su trabajo, afecto y oraciones, pues sin su participación no es posible proseguir.

A quienes desde otros lares se mantienen cercanos y ofrecen su tiempo y talento para que estos eventos sean en realidad de todos los cubanos: Manolo Fernández Santalices, P. Pablo Varela, Sr. José Prince (E.P.D.), Mons. Octavio Cisneros, Mons. Otto García, P. Manuel Maza, Sra. María Cristina Herrera, Ondina García Menocal, a todos los que ayudan y, fundamentalmente, a todos los que con sus oraciones se han mantenido cercanos a nosotros. A los medios de prensa que se han hecho eco de estos acontecimientos. En realidad son tantas las personas que más allá de nuestras costas están presentes en cada evento, que es imposible mencionarlas a todas por su nombre en este espacio. Pero que a cada una de ellas, llegue nuestro agradecimiento.

A Kirche in Not de la Iglesia Alemana, que ha subsidiado desde el nacimiento este proyecto, y al Secretariado para la Iglesia en América Latina de la Conferencia de Obispos de Estados Unidos de América, que comenzó a ayudar económicamente desde la tercera edición. Al Sr. Rafael Angel Quevedo, presidente de Camagüeyanos Católicos Inc., por hacer posible el coauspicio de esta edición.

El libro que ahora sale a la luz, con la compilación de estos importantes textos, ha sido realizable gracias al interés y la acogida del presidente de Ediciones Universal, Sr. Juan Manuel Salvat. Llegue a él, nuestra mayor gratitud, por su importante cooperación.

A nuestra Patrona la Virgen de la Caridad, Madre de todos los cubanos y a su Hijo, nuestro Señor Jesucristo, a quienes y por quienes hacemos esta y todas las obras de la Iglesia, para el provecho de cada una de las personas acá en la tierra y la mayor Gloria de Dios en el Cielo.

Presentación del libro

«La historia, aun hecha de realidades pasadas, tiene tal valor educativo, avalado por la indiscutible experiencia de lo vivido, que no sería posible una seria reflexión para el presente y el futuro de la evangelización en Cuba sin mirar, serenamente y con deseos de aprender, a ese pasado que nos marca el paso con sus luces y experiencias, que nos alerta y purifica con sus sombras y fallos, pero que, sobre todo, nos pone en contacto con nuestras raíces y nos nutre con la savia de lo que nos es propio, siempre antiguo y siempre nuevo: la efusión renovadora de nuestra cubanía iluminada por el Evangelio de Jesucristo».

ENEC

Este libro*, que gracias a Dios y al esfuerzo de muchas personas, especialmente de la Comisión de Pastoral de Cultura de la COCC, de la arquidiócesis de Camagüey y de Ediciones Universal, es el resultado de lo que hasta este momento han producido los Encuentros Nacionales de Historia *Iglesia Católica y Nacionalidad Cubana*. Es la primera vez que la Iglesia Católica en Cuba asume un proyecto de estas dimensiones para estudiar y reflexionar sistemáticamente sobre la acción que ha desempeñado en la historia, con vistas a conocer su pasado, tratar de iluminar el presente y proyectar la labor futura.

Los encuentros surgieron como proyecto en Camagüey en el año 1995, cuando se presentó a los Obispos Cubanos, quienes le dieron inmediatamente su beneplácito. Se convocó su primera edición en el año 1996 en Camagüey, con un espectro amplio de temática a tratar siempre en la línea reflexiva sobre la relación Iglesia Católica-Nación Cubana. Posteriormente, de acuerdo al proyecto originario de eventos bienales, se invitó al segundo en junio de 1998, en Santiago de Cuba. Esa vez se centró en el tema central: Educación Católica en Cuba. Se escogió este asunto ya que se organizó en conjunto con el Seminario San Basilio Magno, dentro de las celebraciones de su aniversario 275. En junio del año 2000, tuvo lugar la tercera edición nuevamente en Camagüey, su sede. En esta ocasión se reflexionó sobre los *Aportes y Desarrollo de la Cultura y Pensamiento Católico*, en nuestra querida *Casa Cuba*. En el mes de junio de 2003, tuvo lugar el cuarto encuentro, dedicado a la Obra Social de la Iglesia Católica en Cuba, teniendo en cuenta los 200 años de la consagración episco-

---

* El texto siguiente, en su mayor parte, es una versión de la ponencia presentada en el evento académico: *Catolicismo Cubano: Isla y Diáspora*, auspiciado por el Instituto Kellog de la Universidad de Notre Dame, IN. Estados Unidos de América. Junio de 2002.

pal del ilustre obispo Espada, los 90 años de fundadas las diócesis de Matanzas y Camagüey, el importante centenario de la República cubana, así como se homenajeó al historiador cubano, residente en Madrid, Manolo Fernández; quedando convocada para el año 2004 la quinta edición de estos eventos.

Los objetivos de los Encuentros Nacionales de Historia *Iglesia Católica y Nacionalidad Cubana* son los siguientes:

Primero: Es «conocido» por todos la importancia de la Iglesia Católica en la Nacionalidad Cubana desde su mismo origen y en toda su evolución, pero no abundan los estudios recientes y las investigaciones que puedan aquilatar objetivamente cual es la verdadera importancia de este ingrediente en el *ajiaco* cubano. Se guarda silencio, o cuando se habla de esto, la mayoría de las veces se hace desde posiciones de pasión y no de mesura. Unos apologizan hasta el infinito, frente a otros que no pierden oportunidad de denigrar. Ante esta realidad era necesario crear un espacio que estimulara y aunara en un foro las investigaciones serias y sinceras, y que permitiera ir despejando el camino de las penumbras y los falsos mitos y empezar a encontrar entre todos –los interesados– el lugar real de la Iglesia Católica dentro de la historia de Cuba.

Segundo: La historia de la iglesia, como toda historia de cualquier objeto ya sea político, social, económico o de cualquier índole, es un concepto abstracto y muy general. Es necesario entonces afrontarlo a partir de especifidades y hechos o sucesos puntuales que, una vez esclarecidos permitan entonces generalizar y filosofar. Esta es una empresa mayúscula imposible de ser asumida por una persona o un pequeño equipo, por muy buenas intenciones que se tenga. Es esa la importancia que le reconocemos a los estudios locales, regionales y de personalidades, hechos por aquellos investigadores implicados directamente en cada realidad. Por lo que estos eventos sirven, además, de acicate a los estudiosos de las localidades a presentar el resultado de sus desvelos.

No debemos dejar de señalar cómo por el estímulo de estos eventos a las investigaciones locales, surgieron en Camagüey los Encuentros Diocesanos de Historia. Se celebran de igual forma cada dos años y ya existe el deseo de extender esta experiencia a otras diócesis del país. Santa Clara se convocó el primero, y ya se celebró un encuentro diocesano, en Holguín, con resultados muy provechosos.

Tercero: Diversidad de criterios, pensamiento e ideologías. Todo estudio debe estar enriquecido por lo uno y lo diverso –universalidad– para no pecar de parciales o quedarnos solo con una parte del bosque: la iluminada por el sol, o la que permanece en las penumbras. Por eso en todos los eventos, según se contempló desde su nacimiento, se convoca a una gama amplia de investigadores. Unica fórmula que nos permite acercarnos lo más posible a la verdad, ya que normalmente una parte de ella nos quedará velada, y siempre podrá ser enriquecida. Mientras más ecuménicos –y aglutinantes– seamos, más podremos aproximarnos a la comprensión del devenir histórico y a un mayor acercamiento entre nos y otros –concepto más que relativo–.

Cuarto: Colaborar en la creación de un espacio bibliográfico moderno y en continuo crecimiento. Lo que comúnmente aparece en la actualidad es una bibliografía dispersa y en su mayoría desactualizada.

También existe una amplia documentación inconsulta, o poco consultada, como la prensa católica o no, los boletines eclesiásticos, las memorias de los colegios, etc. Estos son fuente importante, además de los documentos de archivo, que están esperando por un acercamiento sistemático, que permita ir escribiendo una historia moderna y seria de la Iglesia inserta en la savia nacional.

No debemos –ni podemos– ignorar los importantes esfuerzos que se están haciendo hoy día, con resultados notables, alentadores y fundacionales, de lo que estamos tratando de construir, producidos por talento nacional tanto desde dentro de Cuba como en el extranjero.

Teniendo estas dos realidades, por un lado información importante pero antigua y la actual dispersa y sin coordinación, nos hemos dado a la tarea de propiciar un espacio donde converjan con el deseo y la esperanza de poder contar en el futuro, ojalá no lejano, con una revista que permita ir acumulando y divulgando la historia y evitar su olvido y *legendarización*.

Las Memorias de los Encuentros circulan entre los participantes en el mismo, se distribuyen entre las Instituciones relacionadas con el tema, así como entre algunos historiadores dentro del país. Además se envían a diversas instituciones e investigadores en el extranjero.

Quinto: Crear un Centro Nacional de Historia –estoy hablando de perspectivas, de futuro, de continuar llevando a la práctica los sueños–, que sea un medio al servicio de lo investigadores, y que contenga un Centro de Archivo e Información, de fácil acceso a los interesados en esta materia, a partir de la información generada en estos eventos y que sobrepasan las posibilidades de publicación de las memorias y la posible publicación de las revistas. Además que sea un centro de referencia bibliografica con información de lo que se publica sobre el tema.

Sexto: Conocer qué se logró y cuales fueron los desaciertos en cada período o circunstancia histórica, para poder crear a partir de la experiencia, y no repetir errores o gastar energías en inventar lo ya conocido. Este objetivo es, fundamentalmente, para colaborar en los proyectos eclesiales de cara a la pastoral actual o futura, pero no menos importante a la hora de asomarnos a toda la realidad nacional contemporánea y al pensar en cualquier proyecto venidero.

Séptimo: Colaborar en el importante camino de formar conciencia de amor a Cuba como Patria y *Matria* en las jóvenes generaciones. Este objetivo no está enunciado el último por ser menos importante, sino por ser el más vital

Estructura de los Encuentros:

Los Encuentros, excepto el primero, están diseñados con un tema central que permita profundizar lo más posible en sus tres o cuatro días de sesiones teóricas en un asunto específico. Para ello se invitan especialistas –eclesiales o no– a reflexionar sobre el mismo ya sea en Conferencias o en Intervenciones Especiales en Paneles en plenario.

Se crean también, dos Comisiones de trabajo donde se presentan las ponencias aceptadas a participar en el evento. Se crea una comisión de admisión de las ponencias presentadas para garantizar un meritorio nivel académico en los Encuentros.

Los conferenciantes y panelistas disertan sobre asuntos generales del tema convocado en cuestión y los ponentes exponen fundamentalmente sobre temas específicos del mismo, permitiendo que los Encuentros, brinden una idea lo más acabada posible acerca de la temática señalada.

Se invitan, además, algunas personas –eclesiales o no– con una obra de notable importancia en estos temas que aunque no presenten trabajos enriquecen el foro con sus intervenciones en los debates. También se invitan a representantes de las diócesis y dirigentes eclesiales, con el objetivo de que el evento tenga la mayor inserción en la pastoral de la Iglesia posible.

He querido presentarles una panorámica de este esfuerzo de la Iglesia Católica en nuestro país para colaborar en el rescate de su memoria, siempre relacionada con el devenir histórico nacional y con la mirada puesta en el presente y en el futuro, con el objetivo de compartir con Uds. el por qué de estos eventos. Aunque varios los conocen otros muchos deben haber oído hablar de ellos, pero no conocen bien cual es su *meollo*. Espero que continuemos enfrascados en este camino.

Joaquín Estrada Montalván
Presidente y Fundador
Encuentros nacionales de Historia
Iglesia Católica y Nacionalidad Cubana
11 de junio de 2003

El 9 de mayo de 2003, falleció de manera repentina, Mons. Adolfo Rodriguez arzobispo emérito de Camagüey y uno de los principales inspiradores de estos Eventos. De hecho el Cuarto Encuentro fue su último acto oficial como arzobispo titular, pues al otro día de concluir este, el 10 de junio de 2002, se hizo pública la aceptación de su renuncia y el nombramiento de Mons. Juan García como nuevo Arzobispo de Camagüey. Por esta razón incluyo en este libro el siguiente texto, que escribí en su memoria, y que fuera publicado por varios medios de difusión católicos.

El éxito está al final del camino

Con 79 años de edad, recientemente cumplidos, sacerdote desde el año 1948, obispo en el año 1963 y una vida al servicio de los otros, Mons. Adolfo, el decano de los obispos cubanos, el viernes 9 de mayo, aproximadamente a las 10. 30 p.m., se retiraba hacia la Casa del Padre. La Catedral Metropolitana de Camagüey recibió desde el alba del sábado hasta la tarde del domingo a todos aquellos que quisieron dar su último adiós a este, su padre y amigo.

El sábado con una misa cada hora, estuvimos pidiendo por el eterno descanso de Mons. Adolfo, y también solicitábamos su intercesión por nosotros allá en el cielo. El domingo, coincidiendo con el Día de las Madres, se celebró la Misa a las 9. 00 a.m. A las 3. 30 p.m. tuvo lugar la Misa Solemne presidida por Mons. Juan García, Arzobispo de Camagüey y concelebrada por casi todos los obispos de Cuba, así como por el clero camagüeyano y varios sacerdotes de otras diócesis. Estuvieron presentes asimismo junto al pueblo de Camaguey, religiosos (as) y laicos de otras diócesis. Las autoridades civiles de la provincia, estuvieron todo el tiempo disponibles y cercanas.

Mons. Juan García en su homilía, se refirió a Mons. Adolfo como el Buen Pastor que supo guiar a su rebaño, porque conocía a cada una de sus ovejas y las conducía con amor. Coincidentemente era este el Evangelio del domingo. En otro momento de la homilía recordaba que este obispo había «ordenado 30 sacerdotes camagüeyanos y 7 diáconos permanentes. Felicitaba cuando las cosas iban bien, invitaba a la audacia pastoral y repetía mucho *no acepten un No por respuesta.* Llamaba cuando las cosas iban mal, pero al ser poeta no molestaba, por la delicadeza y elegancia, el regaño que hacía.»

La calle del Cristo en Camagüey en el centro histórico de la ciudad, inicia a los pies de la torre de la Catedral, presidida por una enorme escultura de Cristo Rey y tiene su fin, ocho cuadras después, en la Iglesia del Cristo del Buen Viaje, con el Cementerio en su parte posterior. Este fue el trayecto que transitamos a paso lento, con la música solemne de la Banda Provincial, los cantos y oraciones, acompañando a Mons. Adolfo hasta (aparentemente) su última morada. El féretro se llevó cargado en hombros, primero los obispos, luego los sacerdotes, los diáconos, los seminaristas y los laicos, queriendo expresar de algún modo que el Amor que depositó en cada persona por siempre estará cosechándolo.

Mons. Adolfo ante todo proyecto que se le presentaba reiteraba: *conversamos sobre esto dentro de quince años, pero comienza hoy mismo*. Gustaba expresarse a partir de frases o historias, era la manera de transmitir su sabiduría. Una de sus frases preferidas era que el *éxito no está a la mitad del camino, ni siquiera después de ella, sino que el éxito estaba al final* del camino, expresaba que el trabajo y el bien había que hacerlo todos los días, hasta que llegara el último. Solía graficar esto con los aeropuertos, diciendo que la palabra EXIT, se encontraba en la puerta hacia la pista, o sea hacia el cielo. Este hombre que invitaba a enseñar *a partir de las actitudes para formar convicciones*, estuvo hasta el último instante haciendo el bien. Casi lo ultimo que hizo, en el ocaso del viernes, fue visitar enfermos en el hospital, como era su costumbre diaria. Unos momentos después llegaría el infarto que lo afrontó rezando el rosario y recibiendo la bendición final de las manos del P. Wilfredo Pino. Mons. Adolfo demostró con su vida que el *éxito está al final del camino*.

Joaquín Estrada Montalván.

Opiniones sobre el proyecto

No creo que pueda asegurarse que la feliz iniciativa de los Encuentros Nacionales de la historia de la Iglesia cubana, que nacieron en el año 1996, hayan dado ya la prueba del tiempo, pero el trabajo de los organizadores, la ejecución del Evento y la elección seria de los temas, ponentes y paneles, la capacidad de enfrentarse a los no pocos obstáculos del camino... es el presagio de un ritmo siempre creciente de esta iniciativa que surgió de gente joven, de la que se suele decir, no siempre con razón, que los jóvenes dicen que sí pero después no perseveran, lo cual es igual que decir que no. Valoramos y agradecemos esta iniciativa que Cuba necesitaba.

Pero también apreciamos mucho el interés, que casi no existía antes, y que los Encuentros han despertado en algunas Comunidades para recoger datos históricos de sus Parroquias y redactar una historia local de su propia Comunidad. Las Diócesis de Cuba tienen muchos más teólogos que historiadores, tal vez porque en la Iglesia su naturaleza escatológica, que es la ciencia de las últimas cosas, haya desplazado en nosotros el interés por las cosas que son del pasado, por la historia, de la que se dice que es maestra de la vida, cuando se mira el pasado no para mirarlo por mirarlo sino para integrar lo mejor de ese pasado en el presente y proyectarlo hacia el futuro en esa otra llamada ciencia de la futurología.

Y finalmente, los encuentros de Historia de la Iglesia cubana han rescatado muchos valores históricos que parecían empolvados en el olvido, como también han rescatado la rectificación de falsificaciones que parecían tender un fondo oscuro sobre la historia de nuestra Iglesia. Los Encuentros nos infunden un sano orgullo de ser cubanos y católicos, por la estela de buen recuerdo y buen ejemplo que dejaron Obispos, Sacerdotes, Religiosas y Laicos predecesores con sus grandes obras en el campo social, educativo, evangelizador y humanizador al servicio del pueblo cubano.

Mon. Adolfo Rodríguez
Arzobispo Emérito
Arquidiócesis de Camagüey

Los Encuentros Bienales de Historia de la Iglesia en Cuba en Camagüey

En los últimos quince años, como consecuencia de la maduración de la conciencia eclesial cubana e identificándose como un fruto bien sazonado del Encuentro Nacional Eclesial Cubano (ENEC, 1986), se han multiplicado en Cuba las iniciativas de la Iglesia en el terreno académico y con relación a la «pastoral de la cultura». Muchas de estas iniciativas, no todas, han estado relacionadas, por uno u otro ángulo, con los variados ingredientes de nuestra identidad nacional. La Comisión Nacional de Cultura de la Conferencia de Obispos Católicos de Cuba ha sido el espacio original y el organismo eclesial estimulador y acompañante de la mayoría de estas iniciativas, entre las que se encuentran los Encuentros Bienales de Historia de la Iglesia en Cuba, ejecutados desde sus inicios por la Comisión de Cultura de la hoy Arquidiócesis de Camagüey.

No me corresponde hacer la historia de esta iniciativa y del desarrollo concreto de la misma. Sin duda que lo hará el mayor responsable, el Lic. Joaquín Estrada. Estuve en los primeros intercambios acerca de esta posibilidad, en la elaboración de las propuestas a la Conferencia de Obispos Católicos de Cuba y he participado en todos los encuentros. Debo confesar que se han ido por encima de lo que yo esperaba para esta primera etapa, tanto por el número de trabajos presentados y de participantes, como por la calidad de muchos de estos trabajos.

Es inevitable que en estos eventos se dé una cierta desigualdad en el valor de los textos presentados, leídos y discutidos, pero la media ha sido más que aceptable. Además, reconozco que aún esos trabajos de apariencia humilde y muy localistas en su contenido, aportan luces irrenunciables para lograr una mejor comprensión de algunas realidades menudas de nuestra Iglesia y de nuestro pueblo que, entrelazadas, componen entonces el todo y le confieren una inteligibilidad superior.

Porque se trata de eventos eclesiales cuya meta no se agota en lo puramente académico, en la dimensión científica de la Historia. Pretenden, como casi todo lo que emprende la Iglesia, descubrir mejor quiénes somos, y esto lo pretende siempre la Historia, pero buscamos esa mayor dosis de luz para, desde ese mejor conocimiento, enriquecer nuestra actitud de adhesión a la Iglesia –o sea, nuestra fe eclesial– y dibujar con mejor precisión nuestros empeños evangelizadores, que desean proyectar el rostro y el mensaje de Jesús sobre la realidad concreta en la Iglesia que se encarna. Los encuentros han cumplido y sus responsables han recogido los textos. Les estamos reconocidos por ello.

Mons. Carlos Manuel de Céspedes García-Menocal

Los Congresos sobre Historia de la Iglesia en Cuba son, en primer lugar, un encuentro de amigos del pasado católico cubano, parte integrante de la historia de nuestra patria.

En cada Congreso, desfilan por las mentes y los corazones hombres y mujeres que en su época respondieron a ingentes desafíos, desde su visión de la vida y con los recursos disponibles. Ellos se vuelven guías de nuestras respuestas, no para repetir las suyas, sino para ir elaborando pacientemente las nuestras.

Por diversos motivos, solamente he podido asistir al celebrado en Junio del 2002 en Camagüey, pero conozco los materiales de los cuatro eventos. Todos ellos son una invitación a ordenar archivos y memorias, a rescatar publicaciones y registrarlas de manera que otros puedan usarlas para enriquecer sus reflexiones.

Los Congresos han servido para rescatar la memoria de procesos y personajes que de otra manera se perderían o quedarían relegados en el olvido durante mucho tiempo.

La tónica de los eventos: serena, clara, apartada de todo afán de propaganda o defensa enfermiza de tesis y programas, permite escuchar con interés, formarse un juicio personal y acoger con simpatía el aporte de cada participante. La tónica de cordialidad inteligente se mantuvo durante todo el Congreso al cual asistí, a mantenerla ayudó mucho la gentil hospitalidad camagüeyana, pródiga en atenciones, conciertos, sabrosas tertulias y mil favores. Cargar sobre los hombros la construcción de un Congreso, desde la preparación remota hasta que parta el último asistente, es una tarea colosal cuya magnitud sólo la entiende el que la ha vivido.

Para mí, aquí reside la clave del éxito del evento al cual asistí, la historia sólo se posa y hace nido en árboles de ramas serenas y cordiales. El Camagüey, empezando por su Arzobispo emérito, Mons. Adolfo, sus sacerdotes, laicos y la Casa del Clero, está lleno de árboles así.

Los jóvenes que asisten a estos eventos comparten los resultados de valiosos esfuerzos de investigación y reflexión. La transparencia sencilla de las presentaciones pone en evidencia la metodología empleada, los presupuestos desde los cuales se partió y los hallazgos producidos. Sin trampas ni efectos lumínicos todo se presenta para enseñar y aprender.

Dada la variedad de los asistentes, y el ambiente fraternal de los eventos, pueden contrastarse diversas perspectivas, énfasis, valoraciones, se puede completar, sin que nadie se moleste, la información aportada.

A los eventos acuden testigos de procesos, todavía de difícil análisis. Recoger el testimonio de estos centinelas privilegiados, como Manolo Fernández, o Mons. Carlos Manuel de Céspedes, por citar sólo dos, es ya un aporte a la historia de Cuba y de la Iglesia Católica. Las vivencias personales no tienen sustituto, pero no bastan. Los Congresos han favorecido y exigido la elaboración y sistematización de experiencias y testimonios, con lo cual pueden ser compartidos y asimilados por la Comunidad. El ambiente de diálogo abierto de los Congresos es ya una lección histórica que congrega a hombres y mujeres venidos desde Nueva York, España, Santo Domingo, Miami, Pinar del Río y Baracoa para conversar y crecer juntos. Todos hemos regresado mayores y más sabios de como vinimos.

¿Son importantes estos Congresos? Sería fácil repetir todo lo dicho hasta ahora, pero me voy a limitar a señalar un hecho: miren si son importantes estos eventos, que el Cardenal de todos los cubanos, hombre ocupado, urgido por mil tareas, asistió desde el inicio hasta el final, sin perderse una sola de las actividades, a su lado, Mons. Adolfo hora tras hora. La presencia callada, atenta y cordial de estos dos obispos cubanos habla por sí sola de la importancia de estos eventos.

Mirando atrás, el Congreso de Historia en Camagüey, en Junio del 2002 representa una de las conversaciones entre cubanos más provechosas, inteligentes y animadas a las que he asistido. Sin duda y con sus memorias estos Congresos pasarán a la historia.

Manuel Pablo Maza Miquel, S.J.

Estimado Joaquín:

Me satisface que puedas publicar un libro con los materiales de los cuatro eventos nacionales. Es muy importante y necesario para conocimiento de todos.

A través de los años he sentido profunda preocupación por la pérdida de nuestra historia en las últimas décadas que se han ido sucediendo; en las valiosas personas que nos han dejado en su paso a la eternidad sin dejar escritas sus experiencias de vida, en otras que comenzaron a escribir un poco tarde y tristemente no llegaron a concluir sus objetivos.

Dios me dio una respuesta:

Al recibir en marzo del 2002 tu invitación para participar en el cuarto encuentro, programa e información del desarrollo y fin del mismo, di gracias a Dios por tal iniciativa y realización.

Con mayor entusiasmo me di a continuar investigando sobre las Hijas de la Caridad y su presencia en Cuba, tratando de contribuir con un granito de arena.

Ya en el evento, reviviendo un glorioso pasado lo consideraba como algo muy necesario para la presente y futuras generaciones que les ayude a crecer en su fe y en su cultura.

Creo, Joaquín que tu incesante tarea de recopilación te dará una información muy veraz que constituirá un grandioso aporte escrito para la reconstrucción de una heroica historia impulsada por el amor a nuestra Patria, Cuba y el amor a nuestra Madre la Iglesia.

Recibe mi felicitación cargada de dinamismo, coraje y oraciones para que no desmayes en la búsqueda, y también la de Sor Eva Pérez-Puelles quien me ayuda con gran eficiencia e interés. Con afecto,

Sor Hilda Alonso
Miami. 2002

Comisión Nacional de Pastoral de Cultura de la Conferencia de Obispos Católicos de Cuba

La perspectiva de los Encuentros de Historia

He tenido el privilegio de participar en las cuatro convocatorias del Encuentro Nacional de Historia *Iglesia Católica y Nacionalidad Cubana*, convocadas por la Comisión Episcopal para la Cultura de la Conferencia de Obispos Católicos de Cuba, con la convicción de que estaba presenciando un acontecimiento de insospechada trascendencia. Que yo sepa es la primera vez que los cubanos de la Isla se reúnen en el último medio siglo para reflexionar sosegadamente cómo ha sido su comportamiento en el espacio histórico que les ha tocado vivir. Acostumbrados como estamos a la improvisación, que una institución como la Iglesia Católica que ha tenido una importante misión en el desarrollo de la sociedad civil dándole un alma y muchas veces restañando heridas, es un hecho por lo menos extraordinario.

Una cierta manera de pensar afirmaba que los católicos no tenían nada que decir a la sociedad en la que están íntimamente insertados como tales y que su acción cesaba en los límites del templo donde rendían el culto a su Dios. Pero, al contrario, desde ese espacio de vida espiritual encuentran fuerzas para proponer dinámicas transformadoras del mundo en torno. Con toda simplicidad, el Encuentro Nacional de Historia está revelando cuánto ha contribuido la Iglesia Católica a la forja de la nacionalidad cubana y sigue haciéndolo a despecho de tropiezos y debilidades propias e incomprensiones ajenas. El Encuentro de Historia ha dicho para quienes no quieren ser sordos voluntarios, cuánta generosidad ha habido en la acción de los católicos para aportar un suplemento de alma a la sociedad cubana y esbozar un posible proyecto de futuro en justicia y paz.

Los Encuentros Nacionales de Historia seguirán su curso ascendente. Mi presencia y mi aporte a ellos creo que me autorizan a hacer sugerencias para el próximo futuro. Me parece que hay un escollo que convendría evitar. La situación de la Iglesia católica en ciertos momentos la ha hecho blanco de críticas injustas y descalificaciones a menudo fuera de lugar por incomprensión acerca de qué es esa institución. El riesgo de responder con planteamientos triunfalistas es cierto. Los católicos no han estado exentos de errores humanos y esos errores deben ser reconocidos para hacer creíble nuestra sinceridad en los propósitos. Lo menos bueno conviene ponerlo de relieve para no tropezar en las mismas piedras. Si algo se espera de nosotros es voluntad generosa. El momento providencial en que se ha emprendido la iniciativa de los Encuentros de Historia es de grave responsabilidad. El futuro debemos proyectarlo con esperanza jubilosa. Será a condición de que seamos veraces y generosos.

Nuestra Patria, siempre en formación y en progreso, espera que la Iglesia Católica, fiel a su historia, sea una instancia donde se den cita los mejores propósitos de futuro.

Manuel Fernández Santalices
Madrid, 14 de enero de 2003

•••••

El evento a mi juicio como una actividad de pastoral cultural me pareció muy exitoso. Permitió el intercambio de historiadores de muy diversas provincias de Cuba, hombres y mujeres, provenientes del mundo religioso pero también algunos del mundo laico oficial, junto con los que no éramos de Cuba o que eran cubanos residentes fuera de Cuba. Este intercambio se dio en torno a las realidades históricas, sumamente ricas, de la Iglesia en Cuba con la historia nacional de Cuba como marco de referencia. Se sacaba fácilmente la doble conclusión que, sin la valoración del componente cristiano y eclesial, la historia de Cuba es incompleta y al mismo tiempo que la vida de la Iglesia en Cuba no se puede comprender si no se aprecia el entorno de la sociedad cubana en su evolución histórica. Aunque todo ello se sitúa en el plano de los hechos, sugiere una perspectiva hacia el plano de los valores que refuerza la exigencia de la fe cristiana de proyectarse socialmente, lo que todavía no se le permite hacer plenamente.

Por otra parte, el contexto humano fue muy grato, muy en especial los actos culturales que se programaron.

La presencia continua del Cardenal Arzobispo de la Habana y del Arzobispo de Camagüey le dieron jerarquía al evento.

Agradezco muy sinceramente la oportunidad que me dieron de participar en el Encuentro.

Sinceramente,

Ricardo Arias Calderón

PRIMER ENCUENTRO

Presentación de la Primera Memoria

Auspiciado por la Comisión Diocesana para la Cultura de la Diócesis de Camagüey se celebró en esa ciudad el Primer Encuentro Nacional de Historia *Iglesia Católica y Nacionalidad Cubana*.

El documento final del ENEC nos dice: *Con una amplia mirada queremos aprender no solo de las grandes figuras de nuestra historia eclesial sino, sobre todo, de aquellas lecciones históricas cuyo protagonista es todo el pueblo de Dios, es decir, la comunidad eclesial encarnada en un contexto concreto y cambiante.*

Aprender de la Historia, a eso aspiramos todos.

Ya decían los antiguos: *La historia es maestra de la vida*. Junto a los historiadores académicos que pretenden hacer historia pura están los teólogos y filósofos de la historia que pretenden develarnos el sentido de la historia. El simple tratar de establecer un orden en los hechos supone ya una interpretación, y no limitarse a una sencilla enumeración de estos no significa abandonar el rigor científico para caer en lo subjetivo.

Existe una verdad de la *historia académica* que debe establecer lo que sucedió con exactitud y existe también una verdad de la interpretación histórica que debemos aprender, ambos aspectos deben coordinarse para hacer historia.

En la memoria de este primer encuentro que publicamos; en las conferencias, mesas redondas y ponencias, podemos encontrar no solo trabajo realizados para rescatar y conservar nuestra memoria histórica investigando lo realmente sucedido, sino también esfuerzos serios por interpretar los hechos con acercamientos críticos y aporte de criterios que pueden dar luz sobre su sentido.

Buscamos hacer historia, historia de la nación y de la Iglesia, estableciendo su relación, porque para nosotros los cristianos la historia solo tiene un sentido y en el centro de ella está Cristo, el Señor.

En nombre de la Comisión Episcopal para la Cultura, doy las gracias a los hermanos de la Comisión Diocesana de Camagüey, padres de la idea y organizadores de este primer encuentro, así como a los participantes, exhortando a todos a continuar la labor que ha dado sus primeros pasos con este primer encuentro nacional de historia.

Santiago de Cuba, 15 de septiembre de 1997

Mons. Pedro Meurice Estíu
Arzobispo de Santiago de Cuba
Presidente de la Comisión Episcopal para la Cultura

Iglesia Católica y Nacionalidad Cubana

Rafael J. González P.

La Iglesia durante toda su existencia ha tenido la función propia de enseñar; la historia lo atestigua así. Historia que hace la apología de este arte superior, ejercido por la iglesia a menudo, para suplir a las sociedades civiles no del todo formadas y también en momentos de crisis y desorientación de los pueblos.

Para continuar esta función básica, la Iglesia cubana, después de algún tiempo, decidió convocar al Primer Encuentro Nacional de Historia, que se celebró el pasado mes de octubre en Camagüey, los días 24 al 27.

En el año 1995, después de elaborado un proyecto, se presentó a la Conferencia Episcopal para la Cultura, y una vez aprobado por la misma, se hizo pública su convocatoria al siguiente año en el ECO.

El objetivo principal desde el inicio fue echar a andar, nunca se pensó en lograr algo tan bien terminado. El asombro que causó en los presentes por lo bien acabado y serio fue notorio.

Tanto en las ponencias como en las conferencias presentadas se constató un serio espíritu de investigación y de análisis de nuestra historia, como algo necesario para llegar a un fin superior. La verdad, antes que todo, que nos lleva a una vida verdaderamente auténtica, primó en cada uno de los trabajos.

También se quiso, y se logró, que cubanos, tanto de dentro como de fuera de nuestro país, con formas de pensar a veces bien diferentes, expusieran sus ideas y conclusiones acerca del origen de nuestra nacionalidad y la influencia de la iglesia en la misma.

Inicialmente se presentaron 53 ponencias de las cuales fueron escogidas 26 y participaron en el evento 22, que proporcionaron aportes al conocimiento del origen de nuestra nacionalidad y una visión esclarecedora de nuestra historia. Además de 6 conferencias que, por haber sido todas ellas magistrales, merecen ser citadas: «Corrientes actuales de la filosofía de la historia» por el P. Pablo Varela; «La Virgen de la Caridad del Cobre. Un signo de cubanía», por la Dra. Olga Portuondo Zúñiga; «Imagen luminosa de un hombre cuestionado. Acercamiento a la figura del Cardenal Arteaga», por Mons. Carlos M. de Céspedes; «Labor educadora y evangelizadora de los escolapios en Cuba», por el Pbro. Juan Florenza, schp; «Félix Varela, el primer cubano», por el Dr. José Manuel Hernández y «Perfil crítico de la Educación Católica en Cuba» por el Invest. Manuel Fernández.

También se ofrecieron dos mesas redondas: «Aportes de la Cultura Católica a la Cultura Nacional» y «Obra Social y Educativa de la Iglesia Católica en

Cuba». Finalmente una intervención plenaria presentada por el Dr. Israel Moliner, historiador y antropólogo, acerca de: «Catolicismo popular cubano. Fenomenología y hermenéutica».

Apuntaba anteriormente lo serio de los debates en torno a cada uno de los trabajos, además del interés que suscitaron las diferentes ponencias.

La apertura del Evento, el día 24 de octubre, tuvo la feliz coincidencia de ser el día que la iglesia celebra a San Antonio María Claret, que fue obispo de nuestro país, específicamente de la arquidiócesis de Santiago de Cuba que comprendía hasta la actual Ciego de Avila. Hombre este muy ocupado por la promoción cultural en nuestro país.

El evento, decía en el discurso de apertura el Lic. Joaquín Estrada:

> *...ha requerido, como toda creatura, una larga cadena de esfuerzos, estudios e investigaciones. El acontecimiento que hoy estamos iniciando, nos gustaría definirlo como el comienzo del andar unidos los intelectuales, dedicados al estudio de los orígenes y evolución de nuestra identidad nacional y la importancia que en la formación de ella ha tenido la Iglesia Católica cubana...*
>
> *Aquí radica el objetivo principal de este encuentro: el rescate de la memoria histórica en lo concerniente al aporte de la iglesia a la nacionalidad cubana. Además, puede ser un paso, el de formar conciencia de amor a la tierra cubana como patria...*

Estuvieron presentes en la inauguración ilustres personalidades eclesiales y culturales, entre ellas los obispos Mons. Pedro Meurice de Santiago de Cuba, presidente de la Comisión Episcopal para la Cultura; Mons. Adolfo Rodríguez, obispo de la diócesis de Camagüey; Mons. Mario Mestril, obispo de la diócesis de Ciego de Avila; Mons. Otto García, vicario general y canciller de la diócesis de Brooklin y Mons. Carlos Manuel de Céspedes García-Menocal, vicario general y episcopal de Marianao-Oeste. Además de nueve sacerdotes, entre religiosos y diocesanos. Y la feliz presencia de nueve cubanos residentes en Panamá, EE.UU. y España.

Al finalizar el encuentro tuve la oportunidad de conversar con varias de estas personalidades y conocer sus impresiones acerca del mismo. A continuación algunas de ellas:

Mons. Carlos M. de Céspedes:

> *Me produjo un gran placer la realización de este evento que ya de por sí era necesario. La historia de la iglesia en Cuba ha sido una laguna y más la influencia de la misma en nuestra nacionalidad. Es*

una lástima que muchos no católicos no participaran pues con su labor hubieran enriquecido mucho más el encuentro. Los cubanos no residentes han demostrado un gran espíritu de acogida y apertura a las ideas de los demás. Contrariamente a lo que muchos creen la iglesia cubana ha influido en nuestra cultura en los últimos 30 años más que en los anteriores. Esperemos que algún día nos decidamos a escribir una historia de la iglesia cubana.

P. José Liñán, Schp. (Superior de los escolapios en Cuba):

Me ha sorprendido, pues nunca pensé que se pudiera hacer algo de este nivel. Hay mucha gente muy bien preparada y debería institucionalizarse. Estimular el trabajo de investigación. Ha sido un éxito... Vine a Cuba porque creí era el lugar más necesitado de mis servicios. Es un pueblo que necesita no solo de cosas materiales. Mucha gente aquí piensa, estudia, investiga, quiere hacer de su vida algo mejor. Por eso ven a la iglesia como una institución que durante 2000 años ha enseñado lo mismo y eso, les hace creer en ella. Yo creo que a los cubanos se les puede exigir más, ustedes pueden dar más. Pero, especialmente los jóvenes, tienen que hacer un proyecto de vida, para no fracasar en la misma. Cristo debe ser el guía de ese proyecto.

Sr. Juan Emilio Friguls (Premio Nacional en Periodismo):

Debemos agradecer a la diócesis de Camagüey la convocatoria y exitosa realización del Primer Encuentro Nacional de Historia, que hasta ahora era una antigua aspiración y de no fácil ejecución. Abierto ya el camino toca a cuantos hemos participado en él respaldar las futuras ediciones con la conciencia de que en estas convocatorias, promovemos un buen futuro para la iglesia y la patria, que ha sido el objetivo de este evento.

Dr. José M. Hernández (diócesis de Miami):

Dado el esfuerzo organizativo y el tiempo planeado todo quedó muy bien. La idea de que personas no católicas presentaran trabajos fue muy buena. Todo se desarrolló en un ambiente de cortesía y civilidad. Fue fundamental la asistencia de algunos obispos, su presencia continua. Hace 36 años no venía a Cuba y me sentí muy bien acogido. Mejor que en otros ambientes fuera del país, donde hay cubanos.

Mons. Pedro Meurice:

Ha sido un logro reunir a cubanos de aquí y de allá para tocar temas muy queridos y muy cubanos. También ha sido muy positiva la presencia de personas que no coinciden con nuestra forma de pensar pero que quieren contribuir al bien común. En cuanto a escribir una historia de la iglesia en Cuba no lo veo tan necesario como reflexionar ante cada situación vivida. Ante ciertas situaciones críticas, cómo encontrar un camino. Y apoyándonos en la oración y en el ejemplo de los evangelios encontrar soluciones. A veces el tener resuelto los problemas materiales no ha sido señal de una vida plena. Ante tantas dificultades nuestro pueblo debe unirse cada vez más. Que las Sagradas Escrituras nos sirvan de ejemplo y que la historia vivida nos ayude a reflexionar y a encontrar lo mejor para nuestro pueblo. Las palabras de Jesús están aquí, se evangeliza de esta manera también, analizando la historia y tomando lo mejor de ella.

Dra. Olga Portuondo Z. (Dra. en Ciencias históricas. Historiadora de la ciudad de Santiago de Cuba y titular de la Universidad de Oriente. Autora de varios libros):

La idea del evento y su realización en general fue muy positiva. Se ha permitido la reflexión. La mayor parte de las ponencias fueron polémicas y eso es ejemplarizante, que se intercambien opiniones, aunque sean discrepantes. Esto ayuda a la unión de los cubanos. El creyente, con su fe, tiene sus propias explicaciones. Para mí es muy importante encontrar un lugar donde se pueda practicar el amor entre los cubanos. El nivel ha sido muy bueno. El cristianismo como tal, forma parte de nuestro acervo cultural. Con la colonización está presente la evangelización y por tanto la educación, de la que se encargaba la iglesia. Creo que el cristianismo engendró un deseo de patria. Muchos educadores, como José de la Luz y Caballero, fomentaron ese sentimiento en sus discípulos. Recordemos el seminario de San Carlos y cuantos patriotas salieron de él. Este encuentro ha sido ejemplo de como se puede congeniar la fe y el amor a la patria. Contrariamente a lo que creen y piensan algunas personas, sé que la Iglesia Católica en Cuba está a favor de ese sentimiento.

Durante el acto de clausura se agradeció a todas aquellas personas que hicieron posible el evento, tanto organizadores como participantes. A los no presentes por diferentes motivos por sus oraciones y buenos deseos. Se leyeron algunos mensajes de felicitación, entre ellos el del Nuncio Apostólico en Cuba, Mons. Beniamino Stella que decía en una de sus partes:

> *La iglesia no trata solamente de buscar en el pasado, sino que en momentos tan intensos e importantes de la historia (...) utiliza esta búsqueda para favorecer el crecimiento de su conciencia, su misión y su compromiso evangélico con la sociedad de hoy.*
>
> *Al cultivar (...) la memoria histórica, es importante que este encuentro ayude al crecimiento de la vivencia interior de las comunidades (...) y favorezca la actitud de reflexión sobre las dimensiones de la sociedad actual, en especial las culturales y la problemática del mundo sin fe que nos rodea.*

El Sr. Eusebio Leal, historiador de la Ciudad de la Habana, escribía también: *adelanto mis votos porque alcancen el mayor éxito, para bien, no solo de la comunidad cristiana, sino de nuestra patria, tan necesitada de la unión para salir adelante, salvando su soberanía y tan ansiado y elevado empeño requiere la adhesión con el corazón de todos los cubanos.*

También el Sr. José Prince, coordinador de la Fundación Félix Varela en New York, ofreció todo su apoyo y el del pueblo cubano de la diáspora que quiso estar presente espiritualmente y agradecer a Dios por esta oportunidad.

La primera noche, como parte de las actividades culturales del encuentro, disfrutamos de la actuación del grupo *Ars Longa*, caracterizado por su profesionalidad y juventud. Además por la armonía alcanzada al interpretar música del período virreinal, adaptada a las culturas indígenas sudamericanas. Y el grupo *Imagen*, integrado por jóvenes de diferentes comunidades de la ciudad de Camagüey, que nos ofrecieron frescura y vitalidad la última noche del evento.

Son dignas de hacer notar las palabras de Mons. Meurice la mañana del domingo, poco antes de la misa de clausura:

> *Nuestro pueblo vive momentos parecidos al del pueblo de la Biblia. A veces se pregunta dónde está Dios, el Dios que les hizo una promesa. Sin ver, que nosotros mismos, con nuestros pecados hemos roto esa alianza. En medio de su dispersión se dieron cuenta que Dios nunca falla, que Dios es Señor de la historia, principio y fin de la misma.*

Agregaba monseñor: Me he quedado con la miel en los labios. Prometo continuar esta obra, no sé de qué manera, pero lo haremos aquí o en cualquier otra diócesis; aunque Camagüey estuvo magnífico en toda la organización y los felicito(..)».

Los presentes pudimos comprobar que nunca será posible separar la historia de la iglesia en Cuba de la historia de nuestro pueblo. Por consiguiente, siempre tendremos que evocar ese mundo en el que vivimos, recordar ciertos acontecimientos políticos, sociales y económicos que determinaron nuestra historia pasada.

Recuerdo, en este momento, lo que decía un antiguo filósofo: «Nadie se baña dos veces en un mismo río». Por eso no buscamos en la historia de la Iglesia cubana recetas directamente aplicables. Pero esa historia sigue siendo algo así como el tesoro del que sacamos continuamente lo antiguo y lo nuevo. La historia no se rehace, se vive a partir de ella lo mejor de su aporte.

Que en este mirar a nuestra historia pasada, llena de luces y sombras, nos guíe el amor a Cristo, a la iglesia y a todos los cubanos, para hacer de ella verdadera lámpara de nuestra historia presente y futura y de nuestra esperanza en un futuro mejor.

Listado General de Participantes

LA HABANA
    Mons. Carlos Manuel de Céspedes - Conferencista
    Lic. Walfredo Piñera - Panelista
    Lic. Juan Emilio Friguls - Panelista
    P. Ramón Suárez Polcari
    P. José Liñán, schp - Panelista
    Dra. Ana Smith - Panelista
    Grupo Ars Longa
    Lic. Hugo García - Ponente
    Carlos Bartolomé - Ponente
    Maybell Padilla - Ponente
    Lic. Daniel Agüero - Ponente

MATANZAS
    Ing. Diego Echemendía - Responsable Diocesano de Cultura
    Dr. Israel Moliner - Ponente
    Lic. René Castiñeiras - Ponente

SANTA CLARA
    Lic. Laura Fernández - Responsable Diocesana de Cultura
    Lic. Dely Capote - Ponente
    Lic. Martha A Flores - Ponente
    Inv. Fe María - Ponente
    Inv. Reinel Rodríguez - Ponente

CIENFUEGOS
    Lic. Elisa Martínez - Responsable Diocesana de Laicos
    Lic. Rogelio Leal - Ponente
    Lic. Silvia Angelbello - Ponente

CIEGO DE AVILA
    Lic. Waldina García - Ponente
    Lic. Dulce María Rosquete - Ponente

CAMAGÜEY
    Dr. Jorge Veranes - Resp. de Asuntos Religiosos del PCC
    Lic. Francisco Luna - Historiador de la Ciudad
    Lic. Elda Cento - Invitada

Inv. Gustavo Sed - Invitado
Lic. Ana Justiz - Ponente
Inv. Marien Gómez - Ponente
Lic. Rafael Almanza - Ponente
Arq. Amarilis Echemendía - Panelista
P. Mariano Tomé, sj - Panelista

HOLGUÍN
Inv. Rufino Pavón - Ponente
Lic. Beatriz Ruth - Ponente
Lic. Rafael González - Invitado

BAYAMO
José Manuel Fernández Vega - Ponente

SANTIAGO DE CUBA
P. Jorge Catasús - Responsable Diocesano de Cultura
Dra. Olga Portuondo - Panelista
Lic. Marisel González - Ponente
Inv. Wilfredo Beyra

OBISPOS QUE PARTICIPARON
Mons. Pedro Meurice - Arzobispo de Santiago de Cuba
Mons. Adolfo Rodríguez - Obispo de Camagüey
Mons. Mario Mestril - Obispo de Ciego de Avila

DELEGACIÓN DE CUBANOS RESIDENTES EN EL EXTERIOR, COORDINADA POR LA FUNDACIÓN FÉLIX VARELA, INC., DE NUEVA YORK
Mons. Otto García, E U
P. Pablo Varela, Panamá
Inv. Manolo Fernández, España
Dr. Benito Prats, E U
Sra. Mariana Prats, E U
Dr. José M. Hernández, E U
Sra. Elene Aizcorbe, E U
Sra. María C. Prince, E U
P. José Somoza, E U

ESPAÑA
P. Juan Florenza, schp - Conferencista

COMITÉ ORGANIZADOR
- Lic. Joaquín Estrada Montalván - Presidente
- P. Alvaro Beyra - Asesor
- Lic. Roberto Méndez - Miembro
- Lic. Ramiro Fuentes - Miembro

DISCURSOS Y MENSAJES

Palabras de Apertura

Lic. Joaquín Estrada Montalván

Excelentísimos Monseñores:

Distinguidos señores de la Presidencia, invitados, delegados, participantes en el evento:

Comienza hoy a ver la luz de la vida el Primer Encuentro Nacional de Historia *Iglesia Católica y Nacionalidad Cubana*, gracias a la generosidad de todos ustedes, que respondieron a la convocatoria, a muchos que han colaborado con la idea y materialización del mismo y gracias, por encima de todo a Dios, alfa y omega, eterno Señor de la Historia, a quien le hemos ofrecido este proyecto, y todas nuestras humildes obras, pues como dijo el salmista: *Si el Señor no construye la casa, en vano se esfuerzan los arquitectos* (Salmo 127).

La concepción del evento se produjo hace poco más de dos años, pero ha requerido, como toda creatura, una larga cadena de esfuerzos, estudios e investigaciones, que han ido madurando paulatinamente. Si tuviéramos que definir el acontecimiento que hoy estamos iniciando, nos gustaría hacerlo afirmando que es un comienzo del andar unidos los intelectuales que vamos por el mundo dedicados al estudio de los orígenes y evolución de nuestra identidad nacional, y la importancia que en la formación de ella ha tenido la Iglesia Católica Cubana.

Por supuesto, no hemos convocado a estudiar la historia solo por placer racional, sino con la intención de profundizar en la visión e interpretación, en el conocimiento de nuestro pasado, para derivar de él las lecciones que nos pueda brindar;,tanto de sus aciertos como desaciertos, queremos sacar lo mejor de nuestra peregrinación por los tiempos para un mejor discernimiento y valoración de lo ocurrido, un actuar más sólido y provechoso en el presente y un acertado y un claro proyectar en el futuro.

La Iglesia Católica ha jugado un importante rol en la formación y desarrollo de nuestra nacionalidad desde la llegada del Almirante Cristóbal Colón hasta nuestros días, pero ¿hasta dónde es verdaderamente conocida esta realidad?

Aquí radica el objetivo principal de este Primer Encuentro Nacional: el rescate de la memoria histórica en lo concerniente al aporte de la Iglesia Católica a la Nacionalidad Cubana. Además, este evento y lo que a partir de él se propicie, puede ser un paso en ese camino, no muy trillado, por el que todos juntos debemos transitar: el de formar conciencia de amor a la tierra cubana como patria y como «matria».

Otro objetivo es crear un espacio donde los interesados en este tema podamos intercambiar el resultado de nuestras reflexiones, que sirva para enriquecernos «espiritualmente» y multiplicar el patrimonio histórico-cultural de nuestro país, además tenemos el propósito de comenzar a recoger, organizar, archivar, y publicar una documentación que aspiramos esté al servicio de todos y sea una fuente importante para escribir la historia de la Iglesia Católica en Cuba.

Hemos seleccionado para la celebración de este encuentro de cubanía el año en que se festeja el 80 aniversario de la Proclamación de la Virgen de la Caridad del Cobre como Patrona de Cuba, por SS Benedicto XV, a petición de los veteranos de nuestras guerras de independencia, como símbolo de amor de hermanos entre nosotros y amor de hijos a la Virgen mestiza, Madre de todos los cubanos, símbolo de unión, y síntesis de nuestra nacionalidad.

Estamos aquí unidos, más que reunidos, por un mismo interés, el origen y el futuro de nuestro país.

Así pues, pedimos a la Virgen de la Caridad del Cobre, a San Antonio María Claret, cuya fiesta celebramos hoy, y al Padre Félix Varela, su intercesión ante nuestro Señor Jesucristo, por el éxito del Primer Encuentro Nacional de Historia Iglesia Católica y Nacionalidad Cubana, que a nombre del Comité Organizador declaramos oficialmente inaugurado.

Muchas gracias.

Mensaje de los Padres Claretianos

Mons. Adolfo Rodríguez
Obispo de Camagüey

Mi querido y apreciado Mons. Adolfo:

Se celebra en la capital de su diócesis, Camagüey, un evento muy importante y significativo referido a la iglesia presente en la historia y la cultura de Cuba.

Al coincidir la fiesta de S. Antonio María Claret, 24 de octubre, quiero hacer presente a Ud. y a todos los participantes el mejor augurio para dicho evento bajo la intercesión del santo arzobispo.

S. Antonio María Claret pertenece a la historia de la Iglesia en Cuba no solo porque fue arzobispo desde 1851 a 1857 en una de las diócesis de las dos que entonces existían y que abarcaba las actuales de Camagüey, Holguín, Bayamo y Santiago, sino por su labor como obispo. Escuchando una síntesis de su vida (principalmente en su Autobiografía) le oiríamos una confesión pastoral como esta:

- Visité cuatro veces las parroquias
- Hice la dotación económica del clero y promocioné su formación
- Escribí muchas cartas circulares y cinco cartas pastorales
- Repartí gratis cientos de libros, estampas, rosarios, etc.
- Reparé y organicé el Seminario de Santiago
- Aumenté el número de parroquias (30 nuevas)
- Fundé la Hermandad de la Doctrina Cristiana
- Fundé una Congregación de Religiosas para la enseñanza de las niñas
- Cuidé de los pobres
- Trabajé contra la discriminación racial y la esclavitud
- Visité a los presos en la cárcel y organicé su rehabilitación
- Visité a los pobres en el hospital
- Estuve al lado de los que sufrían en el terremoto y epidemia (se refiere a los de 1852)
- Fundé las Cajas de Ahorro
- Visité las escuelas en todas las poblaciones a las que iba
- Fundé la Granja-Escuela para niños y niñas del campo
- Fui presidente de la Junta de Amigos del País

San Antonio María Claret, el arzobispo de Santiago de Cuba perteneció al mundo de la cultura, en primer lugar porque era un hombre muy preparado intelectualmente, muy lector (en especial de la Biblia, los padres apostólicos y santos padres, de autores de teología moral, de Santa Teresa de Jesús...)

Él fundó en Barcelona (España) la Librería Religiosa para la impresión y difusión barata y gratuita de libros religiosos.

Convaleciendo de las heridas sufridas en el atentado de Holguín de 1856, ideó y luego realizó la Academia de San Miguel, en la que unió a literatos, artistas, personajes influyentes en la sociedad, para la defensa y difusión de la fe desde ese campo del arte y las letras.

Ustedes sesionan en Camagüey. Ahí estuvo presente muchas veces el santo arzobispo. Ahí intervino ante las autoridades coloniales con dos cartas pidiendo el indulto para los cuatro patriotas Joaquín Agüero, Miguel Benavides, José Tomás Betancourt y Fernando de Zayas.

En Camagüey tuvo uno de sus mayores sueños y proyectos: La Granja Escuela para niñas y niños del campo. Comenzó su edificación, escribió sus estatutos, plantó naranjos y escribió un librito titulado Delicias del Campo, que era un tratado de agricultura moderna (de entonces) y que fue de hecho una guía en las haciendas (y no solo de la región sino que llegó a Santo Domingo y Puerto Rico).

La fiesta del santo arzobispo es el mejor augurio de éxito para su evento y para el bien de la iglesia en Cuba y de la misma patria.

Por eso me atrevo a invocar su protección sobre todos ustedes y sobre sus trabajos orando al santo:

San Antonio María Claret: Tú que fuiste obispo de la iglesia de Dios en Cuba, desde tu sede de Santiago, acoge la oración y la esperanza de esta Iglesia Cubana que quiere renovarse para ser fiel a Jesucristo anunciándole como Buena Noticia desde comunidades vivas, participativas, inculturadas y así darle a conocer como Evangelio del Padre, y así promover la dignidad humana, trabajar por la reconciliación, contribuir a la edificación de la civilización de la justicia y del amor.

Tú, Padre Claret, lleno de amor al Padre, dócil al Espíritu, apóstol de Jesús, devoto hijo de Santa María Virgen, inspira y ayuda nuestra oración para que logremos ser evangelizadores según tu estilo y amor... Amén.

A Ud., Mons. Adolfo y todos los participantes, mi saludo fraternal en nombre de la familia claretiana.

P. Arturo González
Claretiano

Mensaje de la Fundación Félix Varela, Inc.

Mons. Pedro Meurice, arzobispo de Santiago de Cuba.
Mons. Adolfo Rodríguez, obispo de Camagüey.
Organizadores y participantes:

Los que hemos venido de fuera de nuestra isla, agradecemos profundamente la invitación de la Comisión de Cultura de la Conferencia de Obispos Católicos de Cuba, a este significativo evento. El Primer Encuentro Nacional de Historia, auspiciado por la Iglesia Católica en Cuba, nos ha permitido reflexionar con ustedes sobre el aporte esencial de nuestra iglesia al desarrollo de nuestra nacionalidad.

Hemos venido –sí, a participar– pero sobre todo a aprender, aportando de nuestra pobreza. Admiramos el heroico esfuerzo de planificar y llevar a cabo un encuentro tan exitoso, no obstante obstáculos bien conocidos. Más que ponencias, que sin duda han sido eruditas, hemos sido renovados por los testimonios auténticos de fe, que en ellas se han palpado.

No hemos venido solamente a compartir un análisis científico, objetivo y desinteresado de períodos anteriores. Dentro del contexto que nos da nuestra fe, esta historia se convierte en «historia de nuestra salvación,» lugar de manifestación de Dios y su Verdad, la cual estamos todos, dentro de nuestras circunstancias, en proceso de descubrir, siempre atentos a los signos de los tiempos. Historia en la cual Cristo es el principal protagonista y agente, y nosotros sus humildes cooperadores y siervos.

Nuestra visión común de fe nos llena de esperanza, ya que reconocemos que la meta de la «historia de salvación» es la comunión de la humanidad con Dios –signo eficaz de la cual es nuestra Santa Madre la Iglesia Católica. Aún cuando reconocemos que este final de la historia será un don gratuito de Dios, aceptamos la responsabilidad de manifestar, en nuestra historia, este sacramento de unión entre la humanidad y Dios, y los hombres y mujeres entre sí, de que habla tan elocuentemente la constitución Lumen gentium. A través de este evento, se nos ofrece a todos –los de dentro y los de afuera de la isla– la oportunidad de compartir, durante nuestra historia, las alegrías y esperanzas..., que experimentamos como una porción del pueblo de Dios, separados por dolorosas circunstancias – manifestación, no obstante, del diseño de Dios.

Aunque el insondable misterio de la providencia divina nos ha puesto en diversas situaciones de vida y desarrollo, nuestra «historia» en la diáspora se ha desarrollado juntamente con muchos de los protagonistas de la historia de nuestro país. Al mismo tiempo, al oír mención de personas conocidas, algunas vivas, otras que descansan en el Señor, nos damos cuenta de que cada día, nuestras decisiones, actitudes, desafíos y esperanzas, forjan lo que se convertirá en «historia» para generaciones futuras. Oremos para que nuestros motivos sean puros, guiados por la verdad que hemos descubierto. Trabajemos para que nuestra meta sea la comunión de fe, esperanza y amor, y así generaciones futuras nos juzguen objetivamente, con compasión y agradecimiento.

El Concilio Vaticano II ha hecho uso frecuente de una «tríada» profundamente teológica, con la que se puede resumir nuestra peregrinación histórica: Amor, unión y paz. Sólo creyendo que «el amor lo puede todo» y motivados por él, trabajemos juntos para lograr una unión que se pueda identificar como existencia de «un solo corazón y una sola alma.» Así podremos llegar, como pueblo cubano –dentro y fuera de la isla– a esa verdadera comunión que nos dará la paz.

Queremos también agradecer la hospitalidad tan calurosa que se nos ha dado en este convento de La Merced y a todos aquellos que se han afanado por darle a nuestra estancia esa dimensión «hogareña». Puedo decir que nos hemos sentido «en casa».

Que María, Madre de la Caridad, Madre del Amor, Madre de la Iglesia, nos ayude a manifestar el reino de su Hijo, ya presente en germen: Reino de Paz y Amor.

Mensaje enviado por el Nuncio Apostólico en Cuba, Mons. Beniamino Stella

NUNCIATURA APOSTOLICA
EN CUBA

La Habana, 23 de Octubre de 1996

Querido Mons. Adolfo y queridos todos los participantes del I Encuentro Nacional de Historia:

Recibí la invitación para participar de ese importante evento que se celebra a partir de hoy en la diócesis de Camagüey, y si bien no puedo estar físicamente con Uds. por los compromisos que bien conocen, no por eso dejo de estarles espiritualmente unido.

He visto el programa que prepararon para este encuentro y que da la clara idea de un repaso general de la historia sobre todo en lo que es vivencia de la fe cristiana en Cuba en estas décadas.

Como bien conocen, en los orígenes de la cubanía está la fe de quienes se reconocen como padres de la patria. Cuba, como los pueblos de toda la América, nació en efecto a la sombra de la cruz.

Este evento que por primera vez se celebra en Cuba, permitirá un mejor conocimiento de esta realidad eclesial y del pensamiento cristiano en la patria cubana.

Al saludarles, quiero hacerles llegar mi reflexión: La iglesia no trata solamente de buscar en el pasado, sino que en momentos tan intensos e importantes de la historia, como es el presente, utiliza esta búsqueda para favorecer el crecimiento de su conciencia, su misión y su compromiso evangélico con la sociedad de hoy. Pueda ella (en lo que debe ser maestra) seguir viviendo la gran lección del Evangelio, sobre todo en lo que se refiere al servicio y a la reconciliación.

No debemos tampoco olvidar, como cristianos que vivimos con esperanza la hora actual que, sin duda, hoy disfrutamos una cosecha que sembraron hombres y mujeres que han dejado huellas de amor de Dios y a la patria a lo largo de esta historia secular.

Al cultivar entonces la memoria histórica, es importante que este encuentro ayude al crecimiento de la vivencia interior de las comunidades cristianas y favorezca la aptitud de reflexión sobre las dimensiones de la sociedad actual, en especial las culturales y la problemática del mundo sin fe que nos rodea.

La Iglesia católica que tiene ya más de 500 años en este continente, aparece hoy como una fuerza espiritual que debe ayudar a esta nación a buscar y encontrar lo que lleve al hombre cubano a un mejor conocimiento de su realidad e indicar caminos de respeto de sus derechos, también en lo que concierne al gran capítulo de las libertades: entre ellas la religiosa, que como el Santo Padre a menudo ha dicho, es la raíz de todas las otras.

Mi deseo es que con la profundización de estos días y al recorrer ejemplos, unas veces tan brillantes y humildes, sintamos todos el estímulo interior de dar lo mejor de nosotros mismos, para hacer más hermoso y atractivo el rostro de nuestra iglesia y dar nuestra contribución a la construcción de una patria unida, justa, fraterna y próspera.

Les acompaño con mi oración y tengo muchos deseos de conocer en los próximos días lo que se ha vivido, comentado y programado.

Les bendigo de todo corazón y les auguro éxitos con la luz y la fuerza del Espíritu Santo.

+Beniamino Stella
Nuncio apostólico

Discurso de clausura

Pbro. Alvaro Beyra Luarca

Mons. Pedro Meurice Estiú, Arzobispo de Santiago de Cuba y Presidente de la Comisión Episcopal para la Cultura.
Mons. Adolfo Rodríguez Herrera, Obispo de Camagüey.
Distinguidos invitados y participantes del encuentro.
Amigos que nos acompañan:

Luego de tres días de intenso y a veces hasta agotador trabajo, concluimos esta mañana este Primer Encuentro Nacional de Historia *Iglesia Católica y Nacionalidad Cubana*.

Creo expresar el sentir general al decir que el mismo ha resultado enriquecedor en grado sumo y ello sobre todo gracias a la calidad de las conferencias, mesas redondas y ponencias aquí presentadas. Ha sido en realidad una verdadera obra colectiva de la cual todos nos podemos sentir satisfechos de haber contribuido, si añadimos las intervenciones y también, por qué no, las polémicas, que lejos de dañarlo le han añadido una sazón propia e insustituible. Me parece que el verdadero enemigo de cualquier actividad como esta no es la polémica sino el bostezo, y aquí, afortunadamente hemos tenido más intervenciones y polémicas que bostezos. Confrontar y compartir ideas y pareceres distintos y hasta opuestos, nunca le han hecho daño a nadie, al contrario, siempre ha servido de acicate para profundizar más en la búsqueda nunca concluida de la verdad de la cual nadie se puede considerar el dueño absoluto, y es muy saludable que de cuando en cuando algún contrincante nos lo recuerde, haciéndonos el gran favor de ayudarnos a no caer en la tentación de absolutismo que siempre está rondando a todo hombre.

La amplia participación es signo inequívoco del interés que a todos nos mueve por nuestra historia; sobre todo si tenemos en cuenta que la mayoría de los que aquí estamos no somos historiadores de profesión. Por tanto el mismo no es fundamentalmente profesional, sino debe ser de otra índole.

Resulta evidente que si hemos venido aquí, algunos luego de un azaroso desplazamiento, es porque en todos nosotros se ha despertado la conciencia histórica, es decir, la conciencia de que vivimos en un tiempo que fluye, que fluye de un pasado más o menos bien conocido hacia un futuro ignoto. Y esto que pudiera parecer una perogrullada, no lo es en absoluto: me atrevería incluso a decir que es un estado de conciencia colectiva más bien excepcional. Entre otras muchas cosas que no puedo detenerme aquí a mencionar, el simple y cotidiano movimiento cíclico de nuestro planeta cada 24 horas, la repetición monótona de las estaciones cada 365 días, siempre han inducido e inducen al hombre a vivir más bien en un tiempo repetitivo. La concepción cíclica del tiempo, el nada nuevo bajo el sol, son concepciones muy antiguas en la historia de la humanidad que siempre han significado, en una forma más reflexiva o más popular, un estado de conciencia completamente distinto, unas coordenadas existenciales de orden más bien geográfico.

Tener conciencia histórica es cambiar de coordenadas, es vivir a otro ritmo. En lugar de vivir en un tiempo en el cual conocemos de antemano la estación próxima que va a llegar, y cuándo va a llegar, y cómo va a llegar, hemos pasado a unas coordenadas en las cuales lo único que sabemos con certeza absoluta es que hoy no es igual que ayer, y a nadie con un adarme de sensatez se le ocurre cómo va a ser mañana. Y este no saber cómo va a ser mañana ya deja de ser un problema científico para convertirse en algo mucho más tremebundo, un problema existencial, es decir, un problema para todos, profesionales o no profesionales.

Y como de existir se trata, y normalmente no estamos dispuestos a renunciar a existir, ante esa imposibilidad de vislumbrar el camino hacia adelante, siempre, automáticamente pudiéramos decir, se le ha ocurrido al hombre hacer la misma cosa, tal vez porque es lo único que se le puede ocurrir, y es mirar hacia atrás el camino ya recorrido, es decir, hacer historia, para tratar de hallar en este camino más o menos claro y cognoscible, algo que le ayude a seguir caminando. Eso es lo que hemos hecho en este encuentro, tratar de ver con claridad al menos algunos puntos de referencia, algunos tramos de ese camino común que nos ha conducido a todos a este mismo punto en que nos encontramos.

Si en muchos de los aquí presentes está latente el deseo de que haya un segundo encuentro, ello se debe a dos razones: la primera es que en este encuentro hemos encontrado alguna luz, y la segunda es que no hemos encontrado toda la que nos hace falta, necesitamos más.

Pero esta iluminación siempre susceptible de intensificarse no basta, pues no se trata de girar 180° y empezar a caminar hacia atrás. Se necesita además otra cosa y es lo que se señalaba en la primera conferencia magistralmente expuesta; una reflexión sobre ese camino iluminado que nos permita descubrir su sentido, su dirección, su orientación, su posible desarrollo. Se necesita no solo conocer, se necesita además comprender, y eso es ya hacer filosofía de la historia. Es comprensible que si esta comienza donde termina aquella, y aquella está aún muy lejos de terminar su labor, los aportes en este campo hayan sido mucho más modestos en este encuentro. Y esto no es un lamento, quiere ser una exhortación a incursionar en este campo.

Si todo lo que llevamos dicho nos resulta evidentemente importante y ya por sí solo son razones más que suficientes para justificar un encuentro como este, aun a nuestro parecer no hemos llegado al verdadero centro de la cuestión. La filosofía, si es verdadera, nos puede dar el sentido verdadero del camino, pero no se necesita mucho esfuerzo mental para caer en la cuenta de que un camino será siempre tan solo una vía de acceso, un medio, no un fin; que la verdadera meta, el sentido último del camino solo se puede encontrar al final de él, después de él, más allá de él. Aun nos faltaría hallar, diríamos, el sentido del sentido.

Y es que la respuesta definitiva a un problema existencial no se llama explicación, ni siquiera comprensión; se llama solución. Y si damos un último paso para llegar al mismo epicentro de la cuestión, tendremos que reconocer que lo que constituye problema no es un aspecto determinado de la vida, sino que es la vida misma la que se presenta como problema y, precisando aún más los términos debemos decir que no se trata solo de un problema existencial, sino de el problema existencial; y si aquella reclama solución, este reclama otra cosa que se llama salvación. Y ya aquí ni la historia ni la filosofía nos pueden dar ninguna respuesta, o sencillamente renunciamos olímpicamente a encontrarla; no hay más alternativas.

No es necesario ante este auditorio recordar que nuestra fe está basada en una revelación histórica, o quizás mejor dicho, en una historia contemplada como revelación, o si se prefiere que se exprese en términos más pos-modernos, en una lectura teológica de la historia. Lo que sí tal vez no percibamos siempre con toda la claridad debida es que esa acción salvadora sigue manifestándose con la misma intensidad cada día y lo seguirá hasta la consumación de los tiempos, en la historia que sigue transcurriendo a todos los hombres, incluyéndonos por supuesto a los habitantes de esta ínsula tropical, en nuestra historia pasada, presente y por venir, sin que haya nadie ni nada que lo pueda impedir como no sea la ceguera de nuestros pecados o nuestra falta de fe.

Esta falta de percepción es tal vez la causa de que, en lo que a reflexión teológica se refiere, lo mejor que se puede decir es que es pobrísima y probablemente lo más cercano a la realidad sería decir que es inexistente. Es una lamentable carencia. Si en esa cadena de eslabones consecutivos que forman la Historia, la Filosofía de la historia y la Teología de la historia, no hemos aun concluido de forjar el primero, no sería aventurado el afirmar que la mayoría de los que aquí estamos no alcanzaremos a saborear los frutos maduros de ese fructífero árbol. Razón de más, pienso yo, para poner inmediatamente manos a la obra. Los 504 años de historia de nuestra evangelización que precisamente se cumplen en el día de hoy, 27 de octubre, así me parecen demandarlo.

Y para concluir una última observación. Si antes dijimos que había razones más que suficientes que justificaban este encuentro en el marco eclesial, ahora podemos añadir sin temor algo que no me hubiera atrevido a decir al principio, y es que además de pertinente el mismo es exclusivo de la Iglesia, y excluyente de otros foros, porque la salvación además de ser la razón de ser de la Iglesia es su tarea exclusiva, pues en ella es donde, a pesar de nuestros defectos, nuestras infidelidades y nuestros pecados, se perpetúa la acción salvadora del Resucitado que es en definitiva el Señor de la Historia.

Muchas gracias.

CONFERENCIAS

Las Corrientes actuales en la filosofía de la historia

P. Pablo Varela

Introducción

Unos días antes de recibir la inmerecida invitación de ustedes, Mons. Marcos G. McGrath, Arzobispo emérito de Panamá y uno de los padres del Concilio, dialogando a propósito de una investigación sobre la recepción del Vaticano II en América Latina, me comunicaba su constatación, para él sorprendente, de la desaparición de la preocupación por una teología de la historia. Muy diversa situación a la de su época de estudiante y, añadiría modestamente, que a la mía también. Por la estrecha relación que la teología ha sostenido y sostiene con la filosofía y por lo que tiene que ver con el trabajo de estos días, pues de lo que le pasa a una le pasa a la otra, comienzo la exposición con una breve referencia a teología e historia.

La Teología y la Historia

Melchor Cano (1509-1560) fue el primero que consideró a la historia como fuente de argumentación teológica. Este señaló dos grandes tipos de lugares teológicos: los «propios», que recurren a la autoridad divina, y los «anexos», que recurren a la razón. En los primeros sitúa a los «fundamentales», la Sagrada Escritura y la Tradición apostólica, los cuales contienen toda la Revelación, de la que se ocupa la teología. Pero también coloca los lugares «declarativos», que tienen un valor de conservación del depósito, de interpretación del dato revelado y de su transmisión, así, la Iglesia, los concilios, el magisterio pontificio (ofrecen principios de argumentación absolutamente ciertos), más la patrística, la teología escolástica y los canonistas (ofrecen principios probables). En los segundos (los «anexos») señala la razón natural, los filósofos, los juristas, la historia y las tradiciones humanas.

Al hablar de historia Cano la entendía tanto como acontecimiento como la historia en tanto que ciencia. Así en la historia incluía los documentos escritos, la epigrafía, la arqueología, la historia de los dogmas, de las verdades no reveladas y de los errores, la crítica histórica, siendo esta última la que más le interesaba para la argumentación teológica.

La historia, como mediación de la Palabra de Dios a ser tomada en cuenta por la teología, fue haciendo largo camino. Pero no la conocida como «historia natural», ni solamente la historia humana, la que construimos gracias al uso de nuestra libertad, sometida a la diversidad de interpretaciones, en el riesgo de las adhesiones y en la tensión entre historia de la verdad y verdad de la historia, sino como una «historia sobrenatural», portadora del sentido de la historia universal, que no pueden encontrar los hombres y mujeres por sí mismos y que se impone como norma de verdad y regla de libertad. Esta historia pretende englobar la totalidad presente-pasado-presente-futuro, a partir de un centro de inteligibilidad, resultando entonces una hermenéutica simbólica de la condición humana.

Tal manera de concebir la historia supone una cristología de la mediación. Es decir, la historia es mediación de la Palabra de Dios porque el Verbo se bajó a nosotros, se hizo carne, naciendo de mujer sometido a la ley. Y es en El que toda la historia es conducida al Padre.

Para el cristianismo es Dios, no como el Ser parmenidiano sino como la Persona absoluta de la Biblia, quien ha iniciado la historia con la creación del mundo y del hombre con quien dialoga y ha entrado después en esta historia asumiendo la condición humana. Así el tiempo queda inserto en la eternidad y deviene Kairos es decir «tiempo oportuno» de salvación y la historia de la salvación deviene «historia sagrada», restableciendo, gracias a la muerte y resurrección de Cristo, la comunión del hombre con Dios interrumpida por el pecado. Se trata de la libertad tanto respecto a Dios (redención del pecado) como respecto del hombre y de la mujer (conversión del pecado).

La fe es factor de apertura hacia un verdadero futuro donde todo deviene posible en la esperanza de Dios. En efecto, ahora, gracias a la esperanza en la resurrección es posible mirar con confianza el futuro porque la muerte no implica más el fin, la destrucción, la pérdida de todo aquello que de positivo se ha conquistado. Cristo ha desfatalizado la historia.

Sin embargo, no todo fue sencillo. Baste recordar la discusión, en los años 40 y 50, alrededor de lo que vino en llamarse «nueva teología». En parte se debió a que, gracias a la historia de la teología se había podido apreciar la contingencia de nociones y sistemas, la distancia que separa un pensamiento de otro y cómo puede ocurrir que, debido a circunstancias externas, ciertas verdades importantes puedan quedar temporalmente en la sombra. En efecto, la teología está ligada al tiempo, a la historia; tanto corriendo los riesgos inherentes, como siendo susceptible de progreso. No solo porque el teólogo pertenezca a la condición humana, porque sea creatura, sino también porque la teología se ocupa de la Palabra de Dios y esta es una Palabra encarnada; una Palabra que se encarna sucesivamente en concepciones y sistemas. Razones de Creación y razones de Redención. Pero la afirmación de que una teología que no sería actual sería una teología falsa, fue mal entendida por no pocos.

Filosofía, Verdad y Bien

La cuestión de la historicidad se presenta con el trasfondo de la cuestión de la verdad y su conocimiento. El hecho de que, por el conocimiento, el hombre y la mujer son capaces de verdad, representa una de las manifestaciones más características de su existencia. Porque son capaces de verdad, dejan de ser piezas de la naturaleza, se realizan como ser-con-otros-en-el-mundo, creadores de civilización y de cultura, se afirman como seres éticos y puede que también religiosos, capaces de «ofrecer» su vida biológica por valores que superan lo biológico.

La filosofía se ocupa de la verdad; está animada por una preocupación de verdad y se elabora a partir de un proyecto de verdad. Ahora bien, la filosofía no es la única que se ocupa de la verdad. De donde la cuestión: ¿qué es lo que hace problema para ella? ¿Qué es eso que caracteriza la problemática filosófica de la verdad?

Dicha problemática es, al mismo tiempo, reflexiva, trascendental, radical. Filosofar es siempre reflexionar y reflexionar es de alguna manera volver sobre, retornar sobre. Pero quien se vuelve y sobre lo que se vuelve, es siempre el pensamiento. La filosofía es, entonces, el pensamiento volviendo sobre sí mismo para hacerse «más pensante».

Sin embargo, esto no ocurre en tranquila seguridad. Están las experiencias de la ilusión, del error, de la contradicción, del desacuerdo entre los humanos. La experiencia multiforme de no-verdad, en efecto, nos hace sentir vivamente que un juicio no es nunca un simple dato de hecho, una realidad natural y objetiva, sino un comportamiento atravesado por una intencionalidad y, por esta razón, portador de un sentido.

Por otra parte, por el hecho de que interroga sobre el sentido o la esencia de la verdad como tal (¿qué hay de la verdad? ¿qué es entonces la verdad?), la problemática filosófica de la verdad se hace tan universal como es posible, es decir trascendental.

Aquí se presenta la cuestión de la relación entre la verdad filosófica y las verdades no-filosóficas, con variedad de respuestas posibles, según la idea que la filosofía se hace de la esencia de la verdad.

Reflexión y trascendencia de la problemática filosófica de la verdad, pero también radicalidad. La filosofía se presenta como una reflexión radical, como un esfuerzo por desvelar la raíz, la esencia o el ser de la verdad. Y aquí la paradoja de la verdad finita o el dilema del empirismo y del apriorismo que, de una manera u otra, ha dominado toda la historia de la filosofía. Y ahí la constante tarea de la filosofía como reflexión sobre los fundamentos; como búsqueda de los principios. Pero ¿cómo llegar a elementos absolutamente primeros, elementos que no presupongan otros? ¿Es posible descubrir una posición caracterizada por la ausencia total de presupuestos como pretendían las filosofías de tipo cartesiano?

La reflexión es explicitación de la precomprensión que habita en la experiencia natural, por llamarla así. A la palabra filosófica, entonces, lo que le caracteriza es su apuntar a una transparencia tan perfecta como sea posible y a la constitución de un sistema conceptual que se esfuerce por devenir adecuado a la realidad total. La filosofía es un componente del mundo y es al mismo tiempo como el reflejo, intentando decir en sus conceptos eso que se vive en el devenir de la cultura y en el tumulto de los acontecimientos.

Ahora bien, ¿puede bastarnos una búsqueda de los fundamentos? Por ejemplo, hoy, en nuestra sociedad, hay un cuestionamiento de los valores; hay un conflicto entre los valores o a propósito de ellos o, en otras palabras, no se están ofreciendo con toda evidencia. ¿Qué hacer? Indiscutiblemente se hace necesario reflexionar, pero en una doble vertiente: por una parte, la ya citada búsqueda de los fundamentos; por otra parte, la búsqueda de criterios de acción. Las dos se relacionan mutuamente y son inseparables.

Toda pregunta, toda búsqueda que hagamos no importa en qué campo, nos remite, en último término, al horizonte de la verdad. Todo objeto particular de la inteligencia no puede ser dado a esta más que en la medida de su situarse en este horizonte, en este englobante último. En la medida de su referirse primera y constitucionalmente a ese campo de verdad en el cual surge todo objeto particular de comprensión.

De igual manera en el campo de la voluntad. Ella se ocupa, en un caso particular, de un bien localizado, determinado, concreto. Pero todo bien particular remite a un movimiento general de la existencia, a un bien que es simplemente nuestro bien, y este solamente nos aparece como tal en la medida en que es dado en el campo universal del bien en general. Así, la voluntad se refiere a bienes particulares solo en la medida en que ella está abierta, primera y constitucionalmente, al campo universal del bien.

Ambos campos, el de la verdad y el del bien o del valor, son solo modalidades particulares de un campo único y fundamental que es el campo del ser. Es decir, por la reflexión el pensamiento se articula con ese horizonte último de claridad y de comprensión que la filosofía tradicionalmente llama el horizonte del ser, que es también el de la totalidad, en una relación de constitución y de envolvimiento al mismo tiempo.

Antropología Filosófica y Filosofía de la Historia

En el seno de lo real el hombre, la mujer, son el ente que se define por su acceso al ser, pero, al mismo tiempo, aparecen como una región particular, como una región privilegiada del ser (en tanto que tienen acceso a él). Hay una filosofía del hombre, de la mujer, en la medida en que el pensamiento que los estudia se sitúa en el punto de vista del ser y trata de captarlos a la luz del ser. Y si tomamos una determinada dimensión de su existencia, ocurre lo mismo. En el caso de la filosofía de la historia, se trata de captar el hacerse historia bajo esta luz del ser. Situándonos en esta perspectiva volvemos a encontrar la experiencia inmediata, la vida-con, la coexistencia con los otros y con el mundo. Y esto porque, precisamente, esta coexistencia es esencialmente y ante todo vida en el ser, aunque a un nivel no reflejo.

La relación al ser se expresa concretamente por el hecho de que el hombre, la mujer, son un ente para el cual hay sentido, o también, para el cual hay fenómenos. El fenómeno es lo que se manifiesta a la luz del sentido. El mundo es para nosotros fenómeno, en el sentido de que el mundo, con todo lo que contiene, se da a nosotros, se manifiesta a nosotros. El mundo del que nos habla la filosofía es el medio preparado por el hombre y la mujer donde se realiza su existencia y donde se construye su destino; medio hecho de acciones humanas y de su sedimentación en obras, instituciones, creaciones del lenguaje, del pensamiento, de la poética. Allí la filosofía tiene algo que decirnos sobre las preguntas del hombre y de la mujer en cuanto a sus identidades y de sus búsquedas del lugar donde el secreto pueda revelarse.

Lleguemos ahora a los campos particulares de la filosofía. La existencia humana está afectada de una cierta multiplicidad y ella se deja analizar, descomponer; se deja proyectar según los diferentes ejes de esta multiplicidad. En cada una de sus proyecciones, en cada una de estas dimensiones, se encuentra toda entera, al mismo tiempo que particularizada. Así una dimensión histórica que puede ser objeto de una reflexión particular. La dimensión es un subespacio del espacio de encuentro; un subhorizonte del horizonte englobante del ser.

En la filosofía de la historia se estudia la historia como dimensión del ser humano, es decir esta filosofía forma parte de la antropología filosófica. Su tarea es la de iluminar el hecho mismo de que el ser humano está constituido en parte por su hacer historia.

Esta aproximación filosófica de la historia debe ser necesariamente una aproximación reflexiva. Debemos estudiarla en relación al fenómeno del sentido. ¿Cómo el fenómeno histórico se constituye para nosotros como fenómeno, es decir en un horizonte de sentido? La cuestión filosófica respecto a la historia es, en definitiva, la siguiente: ¿Cuál es el sentido del fenómeno histórico? Elucidando el sentido, la naturaleza del fenómeno histórico, elucidamos al mismo tiempo la naturaleza del objeto del que se ocupan las ciencias de la historia. De esta manera, constituyendo la filosofía de la historia, establecemos conjuntamente el fundamento de las ciencias positivas de la sociedad.

Se procede a partir del fenómeno, de lo vivido. Después se trata de remontar hacia lo histórico como dimensión, gracias al instrumento que es el concepto, actuando en y por la reflexión. El objetivo a alcanzar es el efectuar el paso de lo vivido al concepto, pero en este caminar la ciencia será útil ayudándonos a mejor comprender el contenido de la experiencia natural.

Ahora bien, no podemos contentarnos con oponer ciencia y filosofía diciendo que la primera se ocupa de los hechos, quedándose en el nivel empírico, mientras que la otra se ocupa de las significaciones, de los fundamentos, pues la ciencia busca dar una explicación lo más englobante posible.

Las ciencias del hombre, bajo el peso del impacto de las ciencias empírico-formales en nuestra cultura, se han servido del modelo y de la analogía de la física. En ella una teoría es tanto más fecunda cuando comporta un gran número de proposiciones que pueden ser coordenadas con enunciados empíricos y que son, por lo tanto, verificables o refutables. Cuando se dispone de una teoría aceptable, se puede explicar y se puede predecir. Explicar es, en suma, proceder a ligar el estado presente del objeto estudiado con un estado anterior de ese mismo objeto, de donde el estado presente deriva necesariamente. Operar una predicción es deducir del estado presente del objeto estudiado, un estado futuro de ese mismo objeto. Todo efectuado en el interior de un sistema teórico. Desde luego, el resultado, para ser utilizable, debe poder ser transformado en un enunciado empírico, como ya hemos señalado.

Evidentemente, es muy difícil aplicar tal cual el procedimiento en física a las ciencias del hombre. En éstas tenemos que ver con fenómenos que tienen un lado subjetivo, una referencia a motivaciones y objetivos. Si se intenta eliminarlo se destruye el objeto mismo de estudio.

No es posible captar leyes de la historia a partir de las cuales se podría hacer predicciones. La historia es el lugar de la libertad; ella se inventa. La lectura del pasado, para servir al presente, debe inscribirse en un horizonte tan vasto como sea posible y no dudar en poner en causa lo que haya de más esencial, las razones de vivir y de esperar y un cierto sentimiento de eso a lo que el hombre y la mujer son llamados.

Naturalmente, también hay que decir que todo depende de la idea que se tenga de la comprensión o de la explicación. ¿Es necesaria una explicación real, por las causas reales, o basta una explicación puramente formal, permitiendo, por ejemplo, hacer previsiones, pero sin necesariamente hacer aparecer las causas reales de los fenómenos? ¿Y cuáles son las causas reales?

Esta dificultad se traduce por una doble orientación de las ciencias del hombre. Por un lado la orientación formal, por el otro la orientación que se podría calificar de «comprensiva». Para esta última, comprender un acto podría ser captar la plenitud de su significación y captar su significación es hacer aparecer la totalidad de sus reenvíos, de sus conexiones; es situarse en la totalidad de la experiencia. Cuando Dilthey, en su Introducción a las ciencias del espíritu, decía que las dos ciencias que han pretendido explicar la historia universal han sido la filosofía de la historia y la sociología, a la que se estaba refiriendo era más bien a esta segunda orientación.

¿Cómo se sitúa entonces la filosofía de la historia? Ella se separa tanto de una orientación como de la otra porque es esencialmente reflexión sobre las condiciones de posibilidad de la historia y así sobre las condiciones de posibilidad de la misma ciencia de la historia.

Hay, sin embargo, entre ciencia histórica y filosofía una interacción, una circulación. La ciencia de la historia contiene una intención filosófica, filosofemas que hacen aparecer una finalidad inmanente que plantea preguntas a la reflexión filosófica. Por otra parte, la filosofía es justificadora respecto de las articulaciones preconcebidas de la ciencia. Pero siempre en la tarea que ya nombramos de la donación de sentido y del horizonte del ser.

De la historicidad en los tiempos del Concilio

En los centros de reflexión teológica más cercanos y colaboradores de la dinámica del Concilio y de sus documentos como, por ejemplo, lo que vino a ser la Constitución Gaudium et Spes, era evidente la sensibilidad por la historia y el sentido de ella. El concepto de historicidad ocupaba un primer plano en la filosofía contemporánea preferida como interlocutora por esa teología «conciliar». Por la historicidad el hombre y la mujer se distinguen de los otros seres que componen el universo, consideraba esta filosofía. Solo el hombre y la mujer son seres históricos y por ende, el estudio de la historicidad representaba una vía de acceso hacia el ser del hombre y de la mujer. Tiempo más libertad, igual historia.

En general, en esa «filosofía contemporánea» se agrupaba a la fenomenología, a los filósofos de la existencia, al marxismo como materialismo dialéctico, en razón de encontrarles en común la preocupación de reaccionar contra el naturalismo, es decir contra las diversas tentativas por hacer del hombre y de la mujer unas piezas de la naturaleza, un simple momento de la evolución cósmica. Por eso, antes que de fatum se hablaba de desafíos.

Ahora bien, esta reflexión comenzaba por tomar distancias de otras concepciones para dejar bien claro lo que entendía por «historicidad».

«Historicidad» no era sinónimo de fugacidad

No se trataba de la fugacidad de las cosas, *«fugit irreparabile tempus»* del poeta. El sentimiento de la inestabilidad y de la inconstancia de las cosas terrestres es el hecho de una conciencia vuelta hacia el pasado. El sentido moderno de la historicidad supone una conciencia que, para comprometerse en el presente, se proyecta hacia el futuro. No es ignorar o subestimar el pasado, sino considerar que hay dos maneras de afrontar el pasado: o se le puede considerar como una caída en la nada, eso que «ha sido y ya no es más»; o también eso que ha sido presente y contribuye a anclarnos en el presente, gracias a un proceso de «retención» y de «reactivación».

La inadecuación del concepto de «motus»

«Historicidad» no era tampoco sinónimo del concepto, muy empleado en el medio neoescolástico, de *«motus»* (cambio, movimiento) en el sentido más amplio de esta palabra, es decir en el sentido de «aparición» de una nueva determinación cualquiera que sea. Demasiado amplio e inapropiado para designar la manera de ser propia del hombre y de la mujer.

«Historicidad» no equivalía a evolución biológica

El concepto de devenir, en el sentido de «maduración de eso que estaba en germen», es más rico que la vaga noción de *«motus»*. Él nos introduce en el modo de la vida y sirve para designar la manera de ser y de aparecer propia de lo viviente; y lo que caracteriza a lo viviente es la actualización progresiva de eso que ya estaba presente en germen. Se trata de un acontecimiento donde el *terminus ad quem* está como predibujado en el *terminus a quo*, y es por lo que el concepto de devenir implica el de fin natural (acto) y de tendencia natural hacia este fin (potencia).

Sin embargo, la noción de historia nos hace pasar al mundo de la libertad situada. Ciertamente la historia no excluye la continuidad, solo que esta no se encuentra asegurada por la eclosión progresiva de eso que ya estaba presente, sino en virtud de una ruptura, de una negatividad, lo cual es el hecho de una libertad. La libertad es ese poder que tenemos de ponernos a distancia del pasado, para hacerlo aparecer tal como él fue, lo cual, ulteriormente, nos permitirá tomar posición a su respecto, sea para reasumirlo, sea para recusarlo. Por esto es que expresiones como «evolución del arte», «de la filosofía» o «del derecho», expresan mal lo que quieren decir.

¿La duración bergsoniana?
Por igual razón no cabe la identificación de la «historicidad» con la «duración» bergsoniana. Es claro que la idea de duración en Bergson es mucho más cercana del concepto de historicidad, puesto que es inseparable del concepto de «tiempo cualitativo» y envuelve el de «libertad» entendida como la autodeterminación de sí y por sí. Pero, esta concepción del tiempo en Bergson es ambigua porque permanece todavía demasiado tributaria de la psicología introspectiva y del pensamiento biológico.

«Historicidad» y «ciencia histórica»
La ciencia histórica es un esfuerzo por reconstruir el pasado humano, histórico, de la humanidad; lo que supone que el hombre y la mujer son históricos, que pueden hacer historia. Ella coopera en la comprensión prefilosófica, preconceptual, de la historicidad.

Tenemos experiencias de historia como el niño que nombra las cosas. También, los cursos de historia en la enseñanza primaria, secundaria y nuestra estancia en la universidad, que nos han enseñado, por ejemplo, el sentido del acontecimiento.

La historia es en algún modo producto de la insatisfacción. Por tener como objeto y horizonte del intelecto el ser y de la voluntad el bien, el hombre y la mujer son irremediablemente curiosos y deseantes: lo que ayer constituía una meta, hoy es memoria. De ahí que el campo de necesidades tienda a ampliarse cada vez más. Cosa que no sucede con el animal, el cual, saciado el instinto, queda conforme. Por eso no pasa de la cueva al edificio, ni de la presa al menú, ni del merodeo al viaje.

El concepto filosófico de «historicidad» apunta más bien a que el ser de la historicidad reside en el ser mismo del hombre y de la mujer. La historia muestra y actualiza nuestro ser. La historicidad nuestra es una consecuencia de que no somos ni pura materia, ni puro espíritu, sino espíritus encarnados, llamados a realizarnos con la ayuda del mundo y en la intersubjetividad. La historicidad es como el resultado y la síntesis de tres existenciales o componentes existenciales, estrechamente ligados : la encarnación, la temporalidad, la intersubjetividad (o interpersonalidad).

Todas las manifestaciones humanas del espíritu (conciencia de sí, presencia a las cosas, encuentro con el otro, todos nuestros proyectos libres) están situados espacio-temporalmente y, por consiguiente, históricamente y para realizarse, el espíritu debe expresarse en la materia, exteriorizarse en una obra. La materia para el hombre y la mujer no es solo un obstáculo a su realización, sino también un instrumento de liberación.

La temporalidad, por su parte, es una consecuencia de la encarnación. Ser presentes para el hombre y para la mujer es ser capaces de retener el pasado, de reconocerlo como algo que ha sido presente y al mismo tiempo proyectar, anticipar un futuro a partir de esta presencia, la cual es siempre un mixto de presencia y de ausencia; la única presencia que conocemos.

En interrelación con la encarnación y la temporalidad está la intersubjetividad, como ya hemos dicho. El mundo que encuentro alrededor mío, como ya ahí, es un mundo humanizado por otro, lleva la huella de generaciones pasadas. Ahora bien, el surgimiento del otro en la existencia humana presenta de golpe una triple significación.

- El otro aparece en nuestra vida como un obstáculo, un concurrente, una amenaza para nuestra libertad.
- El otro es también para mí una ayuda, un compañero por los caminos de mi libertad. Sin el otro yo no sería nada.
- El otro es, además, alguien a quien puedo dar a mi vez, por quien puedo trabajar. Y es esto lo que finalmente me permite encontrar un sentido a mi vida.

Tal es la paradoja de la triple significación del otro para mi libertad y, sobre todo, tarea para mi voluntad para instaurar en el mundo una coexistencia pacífica, respetuosa, tolerante, de los demás. En efecto, nadie puede hacer que el otro no sea también un peso para mí, un concurrente, una amenaza. Lo más simple sería suprimirlo, pero esto sería el colmo de la inmoralidad. Respetar al otro en su alteridad es, primeramente, soportarlo e inventar una solución tan humana como sea posible a la paradoja de la triple significación que el otro posee para mi. En otras palabras, el objetivo de la coexistencia tolerante, su sentido, es precisamente el humanizar las relaciones interhumanas, dándoles una calidad y un estatuto dignos del hombre y de la mujer.

Breve recorrido por la filosofía de la historia

Partamos de la reflexión que Hegel hace sobre las distintas prácticas históricas o formas de hacer historia.

Hegel considera a la razón como la sustancia de la historia y como consecuencia de este planteamiento la filosofía de la historia posthegeliana se va a ir configurando en una serie de etapas que pueden establecerse de acuerdo con el modo como replanteen lo que Hegel denomina razón.

El llama «historia originaria» a la que tiene por objeto las narraciones de acciones y sucesos o acontecimientos que fueron presenciados por el que hace la narración. Esta práctica histórica recoge el concepto etimológico de historia de acuerdo con el cual el historiador es el testigo de lo acaecido; hace una crónica de lo visto u oído. En este sentido la historia solo puede ser historia del presente, sin pretender ningún tipo de explicación. En la Antigüedad y en la Edad Media, esta fue la concepción dominante.

Este significado originario de la palabra historia pasó al campo jurídico dentro de cuyo contexto pasó a significar «informe», ya sea del testigo que ha visto el suceso o de aquel que toma la declaración del testigo presencial y da fe de la misma. Es así como el juez pasa a ser considerado como la persona neutral que da fe de que es verdad que se dijo algo. El criterio de verdad se apoya en la fiabilidad del juez y no tanto en la declaración en sí. Es el juez o tribunal el que estatuye la verdad.

También en el caso de la historia clínica del enfermo, que es la descripción objetiva de la evolución de la enfermedad. Y lo que se ha llamado «historia natural» desde los tiempos de Aristóteles no es otra cosa que la descripción del comportamiento de los seres vivos.

Así llegamos hasta Kant, quien va a distinguir entre el conocimiento de *datos*, que es el conocimiento propiamente histórico y es un conocimiento que el sujeto recibe de fuera o bien directamente como testigo presencial o bien a través de un relato; y el conocimiento racional, que es un conocimiento por medio de principios. Este consiste en la subsunción de los casos particulares bajo un concepto general.

El resultado de esta primera práctica histórica es un relato, narración, crónica o informe gracias al cual las acciones, sucesos o acontecimientos son sacados del olvido y pasan a formar parte del archivo de la memoria colectiva. Y así el resultado de la historia originaria, que solo puede versar sobre el presente, lleva ya en su misma entraña la consideración de la historia como memoria del pasado. Desde esta perspectiva es muy importante lo que la hermenéutica ha denominado *historia de los efectos*, que aplica a los textos y cuyo significado podemos extender a todo acontecimiento. La historia de los efectos supone la realidad como efectividad o efectuación y da pie para distinguir entre crónica e historia. La historia es siempre historia del pasado y por eso el conocimiento histórico no es nunca conocimiento inmediato como la crónica, sino un conocimiento mediato e inferencial que va de los efectos a las causas por mediación de los testimonios.

Hegel considera como segunda práctica histórica la que denomina *historia reflexiva*, la cual ya no es un relato testimonial de lo acaecido, sino un conocimiento mediato practicado por sujetos distantes temporalmente del acontecimiento, que no se limitan a relatar lo vivido, sino que buscan una explicación significativa de algo que fue y sigue produciendo efectos en un tiempo posterior a su acontecer. Esta historia ya no se mueve en el campo de la percepción, sino en el del entendimiento.

De esta hay distintos tipos, como lo que él llama historia universal, que es lo que tiene como sujeto todo un pueblo en su conjunto. Dentro, historias de las sociedades o formaciones sociales como la historia de la sociedad feudal.

Otro tipo de práctica dentro de la *historia reflexiva* es la historia pragmática, que es la que reconstruye el pasado desde los intereses del presente. Un ejemplo podría ser La Ciudad de Dios.

El tercer tipo de historia reflexiva es el de la historia crítica, la cual tiende a reducir a cero tanto la subjetividad del historiador como los intereses y la perspectiva de la propia ideología. Esta práctica histórica es la más estricta epistemológicamente hablando y viene a coincidir con la consideración de la historia como ciencia explicativa. Desde esta perspectiva la historia no solamente comprende, sino que también explica. Este tipo se constituye en la Ilustración y tiene su ejemplificación más acabada en el historicismo para el que la historia es la ciencia suprema.

El cuarto tipo de historia reflexiva es la *historia fragmentaria* que es la que se ocupa de las formas particulares de la historia. Dentro de este apartado encajan las historias que se ocupan de una parcela del ámbito de la cultura o de la sociedad: historias del arte, de la ciencia, de la religión, de la filosofía, de la política, etc.

Esta reflexión hegeliana posibilita la demarcación clara del territorio de la historia; la constitución de la filosofía de la historia como disciplina o saber autónomo sustantivo. Así, la filosofía especulativa de la historia, tal como se constituye dentro del sistema enciclopédico de Hegel, aspira a ser la conciencia de la totalidad y a dar razón del conjunto del acontecer. ¿Es posible una tal ciencia de la historia? Este es el punto que va a cuestionarse a partir de Hegel.

El romanticismo, frente a la idea ilustrada de razón, va a proponer como paradigma articulador la idea de vida. La vida es algo más originario que la razón y es esta la que debe estar subordinada a aquella y no a la inversa.

Schelling interpreta la razón desplegándose en pluralidad de caminos. El destaca el elemento de la individualidad en la historia y enraíza a esta en la naturaleza. La vida es, una fuerza orgánica dotada de potencias que tienden a expresarse en una pluralidad de direcciones. Esas potencias van a ser llamadas, según los autores, *modos de vida* (Marx en La ideología alemana) *o formas de vida*. Es decir, la vida es como el suelo originario a partir del cual hay que explicar las distintas manifestaciones de la cultura.

Esta orientación va a traer nuevas maneras de ver a la filosofía de la historia. Así en Ranke y Nietzsche por un lado y en Marx y el marxismo por otro; ambas direcciones están en la base de lo que va a ser el historicismo moderno.

La concepción romántica de la historia surge en polémica con la concepción ilustrada y su núcleo se centra en la individualidad. Todo fenómeno histórico se caracteriza por su individualidad, la cual es entendida como la expresión de una fuerza universal, que en el proceso histórico va concretándose en una multiplicidad de formas particulares.

Esta posición va a ir evolucionando en dos direcciones diferentes a lo largo del siglo XIX. Una va a cargar el acento sobre la comprensión de la individualidad como elemento fundamental de todo fenómeno histórico y va a acudir para ello a la intuición (Ranke y la escuela histórica alemana); la segunda va a centrarse sobre una filosofía de la historia y va a tratar de explicar racionalmente todo el proceso histórico, haciendo de la razón la sustancia misma de la historia (el historicismo hegeliano ya citado). Esta segunda dirección recibirá la crítica de la izquierda hegeliana.

La izquierda hegeliana (Feuerbach y otros) entiende la historia como un conjunto de relaciones humanas. El individuo, como ser individual sensible, y su relación con la naturaleza es la base de la historia, que deja de ser el escenario de las relaciones entre lo finito y lo infinito y pasa a ser el escenario de las variaciones de las relaciones del hombre con la naturaleza y de los hombres entre sí (relaciones sociales), como dijera Marx (Kierkegaard hará algo similar en el campo de la religión en cuanto a la singularidad y la coincidencia de lo finito y lo infinito).

En este contexto va a aparecer el historicismo contemporáneo. Esta nueva forma de historicismo supone la crítica de la filosofía especulativa tanto romántica como hegeliana y un planteamiento filosófico preocupado por la teoría del conocimiento y no por la metafísica. Dilthey critica la filosofía de la historia e intenta elaborar una teoría del conocimiento de la historia que permita fundamentar las ciencias del mundo humano. Se trata de analizar la historia como el producto de las obras finitas de los hombres y se considera la historicidad como el horizonte dentro del cual vive el hombre y construye su propio mundo de relaciones humanas (la sociología va a ir creciendo en importancia).

Para Max Weber el problema del comprender está unido a la posibilidad de la explicación causal de los fenómenos, la cual viene como desvinculada de un sistema de leyes generales y asimilada a la explicación teleológica bajo la forma de la relación individual entre un medio o un conjunto de medios y el fin producido; ahora la intelección exige ser verificada empíricamente. El conocimiento histórico es interpretación que se cumple gracias a la determinación del nexo causal que permite dar razón de todo el proceso histórico en su conjunto.

La interpretación weberiana evita la dicotomía en los modos del conocer entre ciencias de la naturaleza y ciencias del espíritu. La peculiaridad del conocimiento histórico hay que buscarla en el propio campo de investigación, que tiene que ver con fenómenos del mundo humano, históricamente condicionados y que siempre son interpretables.

La crítica weberiana del historicismo en el campo de las ciencias sociales coincide con otras críticas del mismo: la hermenéutica, la pragmática, la fenomenológica y la analítica, entre otras. En ellas se evidencia el giro de las filosofías contemporáneas hacia el paradigma del sujeto agente que va a sustituir al del sujeto pensante de la filosofía moderna. La acción pasa a primer plano en sustitución de la conciencia. Para Habermas, por ejemplo, la tarea del historiador es una tarea reconstructora, que unos interpretarán arqueológicamente, otros estructuralmente o hermenéuticamente y otros teleológicamente.

La dimensión creadora del sujeto humano como sujeto agente se va a ir configurando en la filosofía contemporánea en una serie de campos en los que se va a tematizar el concepto de acción. La praxis va a ser considerada como la determinación fundamental de la existencia humana entendida como eficiencia y transformación de la realidad. En esta interpretación práxica de la existencia humana el marxismo va a destacar el trabajo como la fuerza fundamental del hombre y va a elevar a primer plano la economía política como la ciencia fundamental de la historia. En consonancia con esta importancia de la praxis lo que va a resaltar el marxismo en el ámbito político es precisamente la acción revolucionaria como transformadora de la realidad social y política. Esta sobrevaloración marxista de la praxis culmina en la importancia que va a conceder a la técnica.

Ahora bien, la interpretación técnica del hacer humano no es exclusiva de la tradición marxista. Ortega y Gasset, por ejemplo, interpreta al hombre como futurización, proyecto y agente transformador del medio. El hombre no es ninguna cosa fija y definitivamente hecha, sino radicalmente una pretensión de ser. Y por eso su vida es un drama. Porque se encuentra con que él aun no es lo que tiene que ser y que la naturaleza (llamada también circunstancia) tiene que ser transformada para que él pueda llegar a ser sí mismo.

La filosofía de la técnica se diferencia de la filosofía de las ciencias en cuanto está estrechamente unida a la epistemología y a la lógica, mientras que esta última se relaciona con la ética y con la filosofía práctica, trayendo nuevos planteamientos. La filosofía definió al hombre como un animal logocéntrico; mientras que la tecnociencia contemporánea le define como demiurgo. ¿Tiene límites la acción demiúrgica del hombre? ¿Dónde y cómo establecerlos?

La filosofía contemporánea ha tematizado también la acción desde una perspectiva narrativa y dramática. Según esta orientación, lo característico de la inteligencia narrativa se encuentra en el uso creador que hace del lenguaje con vistas a transmitirnos no un sistema lógico de signos, ni una serie interesada de usos, sino una configuración literaria que recrea un mundo que es el que nos transmite el sentido de los acontecimientos y de las acciones que van articulados en la historia.

En otro apartado ya hemos hecho referencia a la relación con las ciencias del hombre de orientación «comprensiva». En el caso de la sociología de esta orientación, ella plantea claramente el problema de la interpretación pues parte del hecho de que toda acción está revestida de una serie de aspectos latentes que son los que nos permiten captar la referencia a la hora de buscar el sentido de la acción. Estos hechos necesitan ser interpretados en significado, pero ello lleva consigo modificar el propio sistema de significado del intérprete, lo cual se vuelve más complejo cuando se trata de una interpretación sobre otra interpretación, como puede ser el caso de un documento.

No hay hechos sin más. Todos están en relación con un marco conceptual, gracias al cual adquieren significación; es decir con un sistema de significado, a la vez ligado a un sistema de intereses. Siendo así, cabe el planteamiento de si no hay que abandonar la filosofía de la historia en favor de la teoría de la sociedad. Así lo pensó el neopositivismo y la escuela francesa de los Annales.

Una sensibilidad no alejada de lo anterior es la que señala que no solo no podemos olvidar la vida ordinaria y la gente ordinaria en el estudio de la historia, sino que deben ser centrales. A esto contribuyeron notablemente tanto el marxismo como la fenomenología.

Se parte de la «experiencia natural», de lo cotidiano, pero esto comporta una cierta «imagen del mundo» que lleva asociada una gran cantidad de presupuestos y creencias, que se acumulan en la base de nuestros saberes. Según nuestra visión del mundo será también nuestro acercamiento a él y nuestra manera de realizar y realizarnos en mundos dentro del mundo, como la ciencia, el arte, etc. Todo esto se nos da en una realidad histórica concreta y como tal variable.

Con la primera guerra europea se considera que comenzó el siglo XX. En sus primeros años se dio una gran actividad en la filosofía, que tuvo grandes consecuencias posteriores. A manera de muestra vale la pena recordar la experiencia de K. Popper. La Viena de la postguerra se había vuelto un centro intelectual apasionado. Cuatro doctrinas se disputaban las preferencias: la relatividad de Einstein, la teoría de la historia de Marx, el psicoanálisis de Freud y la psicología individual de Adler. Popper estaba impresionado por el aparente poder explicativo de cada una de las cuatro teorías, al mismo tiempo que ellas eran tanto teorías con pretensión científica, que confesiones que se abrazaban con fervor. En mayo de 1899, gracias a un eclipse, Eddington pudo verificar cuantitativamente la predicción de la relatividad general, respecto de la desviación de los rayos luminosos por los campos de gravitación. Esto impresionó más todavía a Popper por el riesgo que contenía una predicción que podía ser refutada, mientras que con un poco de imaginación, pensaba se podía siempre sostener que los hechos estaban de acuerdo con Marx, Freud y Adler. Popper juzga entonces que es la posibilidad para una proposición de ser contradicha o «falsificada» por la experiencia la que permite considerarla como empírica (o científica).

Con contactos, pero también con diferencias marcadas con Popper, se forma el positivismo lógico de un grupo conocido como el Círculo de Viena. Esta nueva forma de positivismo coincide con el de Comte en el intento de supresión de la metafísica como concepción del mundo, pero distinguiéndose por su dedicación a construir una «ciencia unificada». Con ella, además de intentar construir una «ciencia sin concepción del mundo», intentarán superar el dogmatismo del anterior positivismo. Y para ella también construirán un método.

El problema del conocimiento es replanteado. Ahora ya no se trata de la relación sujeto-objeto, sino cómo un hecho es aceptado por los demás o no lo es. Es decir, el problema del conocimiento, se torna problema de «significado» y problema de «lenguaje». El criterio de verdad o de falsedad de la proposición se hallará en el hecho de que en circunstancias definidas (dadas en la definición) ciertos datos estarán presentes o no estarán presentes. No se trata de si podemos conocer y cómo, sino en qué se significa cuando afirmamos algo de algo. Lo cual solo es decidible mediante la experiencia. Ya se trate de la experiencia de la vida diaria o la de la ciencia.

En lo que a nosotros concierne, esta corriente se interesa por los planteamientos epistemológicos y se plantea la dicotomía entre el explicar y el comprender. Por ejemplo, para Hempel, en su artículo de 1942, *La función de las leyes generales en la historia*, esta se reduce a una forma de explicación.

Explicar un acontecimiento consiste en proyectar una tentativa para asociar unos acontecimientos a otros gracias a principios fundados sobre la experiencia, aunque ellos no sean demostrables por ella. La diferencia entre unos y otros tipos de saberes puede buscarse en los distintos modelos de reconstrucción racional de la explicación, de los que los tres fundamentales son: la explicación formal, la explicación causal y la explicación razonada.

La historia se construye según el tercer tipo de explicación. A ella hay que ponerla en relación con los puntos de vista valorativos; y podemos caracterizarla como ese tipo de explicación en el que se aduce la experiencia en apoyo de las creencias, debido a lo cual se logra una conexión especial, mediante razonamientos, entre un acontecimiento y su realización. Este tipo de explicación no se lleva a cabo mediante el envío a un principio o axioma que haría inteligible el contenido, sino a través del sentido que el historiador proporciona al relato. Explicar un hecho histórico es relatarlo de una forma más penetrante.

Ahora bien, muchos filósofos de esta corriente analítica consideran que la explicación histórica no es propiamente explicación, sino descripción. Su tarea es describir cómo han sucedido las cosas y hacerlas comprensibles. O sea, la tarea de la filosofía analítica de la historia, al menos como la entienden algunos autores, sería la de estudiar frases narrativas. En una frase narrativa están implicadas tres posiciones temporales: la del acontecimiento descrito, la del acontecimiento en función del cual el primero es descrito y la del narrador. Es decir, el carácter significativo de las acciones no puede ser explicado estrictamente en términos causales, sino a la luz de acontecimientos futuros. Y es decir también que hay que distinguir entre la descripción narrativa, la cual es afectada por el resultado de la acción, y la descripción ordinaria de la acción, la cual no se ve afectada.

La tarea principal de la historia no es la de reconocer las acciones como podrían hacerlo los testigos de las mismas, sino como lo hacen los historiadores: en relación a acontecimientos ulteriores y en tanto que partes del todo temporal. Podríamos decir que no hay historia del presente y que el relato es una reorganización del pasado, una reconstrucción. Y esa reconstrucción del pasado se hace siempre en función de los aspectos significativos de las acciones.

Continuando nuestro recorrido, debemos hacer referencia a Heidegger y al año 1927, con la publicación de *El Ser y el Tiempo*. Como es sabido, este autor, en contraposición con el pensar interpretado como logos, como conciencia, como razón, y que en Hegel había pasado a ser la sustancia de la historia, interpretada como espíritu, va a colocar en el primer plano de la filosofía el ser y, en consecuencia, con ello va a interpretar la filosofía no como la historia de la razón o del espíritu, sino como la historia del mundo y de sus diversas manifestaciones epocales.

Algo ya se había adelantado en Dilthey y en Husserl, por ejemplo, pero Heidegger hace un planteamiento radical: si lo nuclear es el «ser-en-el-mundo», hay que realizar una reconstrucción de toda la filosofía del pasado (Derrida, por ejemplo) y una reconstrucción de la filosofía del presente (Merleau-Ponty, por ejemplo), que es la que más nos interesa para nuestro tema.

La orientación fenomenológica, además de la tarea que ha realizado en diálogo con el marxismo y la analítica, también va a ser de suma importancia para la aparición de la hermenéutica contemporánea que pretende articular la razón en la historia (sustancia) y la razón histórica (relatos) en la lingüisticidad haciendo del texto el objeto fundamental de la filosofía. Ahora bien, este texto no es una estructura cerrada sobre sí misma como en el caso del estructuralismo, sino una obra abierta, que solo puede ser interpretada desde el mundo que la constituye como tal obra abierta.

Otra línea será la «filosofía de lo mundano» de Foucault y Deleuze. Ella se diferencia de la hermenéutica por su consideración de los discursos de los textos y su voluntad de verdad en dependencia de los dispositivos mundanos de poder, que tienen que ser desenmascarados genealógicamente.

Quizás la última filosofía de la reconstrucción, hasta hoy, sea la de Habermas y su entorno de la escuela de Frankfurt. Él orienta su investigación hacia la sociedad y su racionalidad, para lo cual elabora una teoría de la acción comunicativa, que intenta articular, no contraponer, lo empírico y lo trascendental, sin pretender por ello la totalidad hegeliana. Se trata de un conocimiento no meramente descriptivo, sino reflexivo. Se trata de argumentación y no de demostración deductiva; distinguiéndose la argumentación por el hecho de que vuelve constantemente a someter a discusión los principios según los que procede.

El origen de las categorías de esta teoría está en la conciencia de la situación de los sujetos actuantes. Los elementos integrantes de la totalidad social tienen como una de sus peculiaridades la conciencia cuya estructura tiene una dimensión psicológica integrada por un espacio interior (intersubjetividad), y una dimensión social expresada por el reconocimiento e integrada por un espacio exterior (contexto histórico). Estas dos dimensiones no son duales, paralelas e irreconciliables, pues pueden articularse en el proceso social de la comunicación, lo que permite hablar de situación común de distintos individuos, en principio verificable empíricamente.

Esa situación común reconocida puede ser expresada por un lenguaje y llegar a ser individual y socialmente comprensible. El significado de las categorías de dicho lenguaje no queda fijado desde el principio por una definición sino que depende de la estructura del objeto y va concretándose en el proceso de la comunicación.

El primado ya no lo tiene la teoría del conocimiento, pues se trata de las presuposiciones de la acción orientada al entendimiento con independencia de los presupuestos trascendentales del conocimiento. Por esto distingue entre ciencias empíricas (descriptivas), formales (normativas) y reconstructivas (articulan los dos elementos anteriores) y pretende recuperar el elemento narrativo de la historia. No se trata ni de disolver la historia en sociología, ni hacer de la historia una simple crónica de acontecimientos. No se trata de ir allende de los fenómenos, sino de explicitar desde la perspectiva de los participantes en discursos e interacciones. Que los supuestos reconstructivos y empíricos pueden articularse en una misma teoría, lo muestra, piensa él, el estructuralismo genético de Piaget.

Y bien, ¿qué pasa con nuestra América? No he hecho referencia en particular porque, a mi limitado entender, lo que fundamentalmente se ha realizado ha sido el replantear, reinterpretar, desde nuestras realidades (lo cual no deja de ser creativo) lo que las distintas corrientes han ido apuntando. Quizás nuestro aporte más relevante ha sido sobre la discusión de quién es el sujeto de la historia y allá dentro la elucidación de lo que se entiende por pueblo. Sin embargo, no vamos a dejar de citar a unos filósofos.

La tarea de Leopoldo Zea, en referencia a nuestro tema, ha marchado en dos direcciones. Una, empeñada en elaborar una historia de las ideas de nuestra América. Otra, buscando una interpretación de esta historia, su sentido como totalidad y como parte de la historia universal. En esta segunda dirección, como fruto de la discusión iniciada en 1969, no ya con positivistas o analíticos, sino con filósofos latinoamericanos, que su filosofía de la historia latinoamericana, se presentará como «liberación», superando su anterior consideración como «dependencia».

La filosofía de la historia latinoamericana consiste en una hermenéutica histórica, una interpretación como autoconciencia de la propia historia (el «acontecimiento» heideggeriano o el «lebenswelt» de Husserl o Habermas, y también en el sentido de «ciencia histórica»). Esto permite a Zea afirmar el nivel concreto (mexicano, por ejemplo), pero tendiendo siempre hacia el nivel universal («sin más»). Por otra parte, insiste en que no podemos negar nuestro pasado, como tampoco podemos dejar que nos dejen «fuera».

Este proyecto de una filosofía de la historia latinoamericana como hermenéutica histórica de los presupuestos concretos del mundo de la vida cotidiana latinoamericana, junto con el de Dussel, a partir del anterior, de la expresión de una filosofía que se proponga construir una filosofía latinoamericana instrumentada con el lenguaje, con la discursividad de la comunidad filosófica hegemónica, son los más visibles hoy.

Dejemos también constancia de las reflexiones de Ignacio Ellacuría recogidas en su obra póstuma *Filosofía de la realidad histórica*. El buscó superar la unilateralidad tanto de quienes entienden la historia como mero desarrollo natural de unas potencias dadas desde un principio, como de quienes entienden la historia como mera transmisión de sentido. Para él la historia hay que volver a colocarla en el núcleo mismo de la ciencia y de la metafísica; ella es campo de desvelación y de revelación, realidad abierta e innovadora, incluso hasta más allá de lo intramundano; verdad y verdad que se está haciendo.

Terminemos este recorrido refiriéndonos a la polémica sobre la modernidad y su proyecto. Para unos proyecto inacabado, para otros proyecto concluido. En este segundo caso, entonces, se habla de postmodernidad.

La concepción hegeliana de la historia ponía el acento en la espera del futuro. La heideggeriana pone el acento en la rememoración o recuerdo del pasado. La filosofía de la historia hoy está centrada principalmente en el esclarecimiento del tiempo desde el presente. Como que ha concluido una época en la que la historia era entendida y vivida desde una tensión apocalíptica y utópica hacia el futuro y se abre otra época en la que es fundamental la interpretación de la historia desde el presente, no entendiéndolo como un instante efímero, sino como ese «entre» el origen y el fin que es donde se cumple la totalidad de la existencia de cada hombre y mujer en particular y de cualquiera de las totalidades que a partir de la existencia de los humanos puedan proponerse.

Esta orientación da un primado a la relación. Es decir, al estilo del enriquecimiento del pasado y de sus obras en función de las interpretaciones que les dará el futuro a lo largo de los siglos. De esto se trata en las «lecturas» múltiples de una misma obra.

Entonces la persona, y sus obras, se vuelve fundamental en una interpretación de la historia desde el presente, porque es la persona la que soporta las relaciones, que a su vez son las que van actualizando la individualidad. El problema será cómo no quedar encerrados en una filosofía del sujeto sin caer en una filosofía del objeto, o en una filosofía de la conciencia sin caer en el naturalismo. Se trata de ir más allá del saber en favor de la vida.

Modernidad y postmodernidad

Nuestra historia presente es la de la modernidad. Término que en una primera aproximación podría indicar simplemente el carácter de lo que es actual, es decir un sinónimo de presente, pero que es portador de otra intención, en parte polémica y en parte reivindicativa. Polémica por su idea de que con el Renacimiento y el comienzo de lo que se ha venido en llamar «tiempos modernos», se instauró una ruptura decisiva en relación al universo medieval, al dogmatismo del antiguo régimen, a una sociedad autoritaria y tradicional, al conformismo, a la intolerancia y a lo que algunos llaman «oscurantismo». Reivindicadora por su idea de que con esta ruptura se inauguró una nueva era, la de la libertad, tanto en el plano del pensamiento y de las formas culturales, como en el de las estructuras políticas y sociales. Fenómeno cuya gestación dura varios siglos, pero cuya irrupción sucede de una manera brusca.

La modernidad es, pues, un fenómeno histórico de amplias y profundas dimensiones. Su nacimiento se dio en Europa y sus antecedentes remontan a los siglos XI y XII, aunque su eclosión será en el siglo XVIII. Se trata de un fenómeno en principio europeo y en contexto cristiano en él se da la desintegración, secularización, de las tradiciones religiosas como fundamento de identidad humana, individual y social; como el elemento que da cohesión al resto de las esferas de la vida de los pueblos.

El fenómeno de la modernidad no consiste solamente en los cambios reales que experimenta la sociedad en la que la modernidad se gesta, sino que incluye además la reflexión filosófica que interpreta esos cambios. Es fácil de identificar en este proceso histórico la emergencia de una forma específica de historicidad, característica de lo que la tradición filosófica llama «razón», no en el sentido estrecho actual en que prácticamente es sinónimo de «calculable», sino en un sentido más universal y profundo, en alguna manera en relación con el «logos» griego.

Hay dos grandes optimismos en la modernidad. El primero es el que se deriva del progreso de las ciencias de la naturaleza, de la técnica y de la industria, gracias a un método de investigación científica, que asegura para el futuro, piensan, un progreso sin límites. Pero, por otro lado, este logro vendrá parejo con la emancipación de las ciencias naturales y técnicas de la tutoría de la teología y la interpretación: el proceso de secularización es signo de mayoría de edad humana.

Este optimismo era acompañado de otro moral. El dominio potencialmente ya logrado sobre la hostilidad de la naturaleza externa, era a la vez preludio inequívoco del logro de un dominio equivalente sobre la propia brutalidad moral del hombre. Ellos no esperaban que el método científico y el avance industrial trajese por si mismo la felicidad al hombre moderno. Para ellos el hombre y la sociedad plenamente felices y realizados eran el hombre y la sociedad plenamente moralizados.

Pero, ¿qué va a sustituir a las tradiciones religiosas como fundamento de identidad y de cohesión social y cultural? Una filosofía moderna de la historia en la que el nuevo tipo de sociedad aparezca como el telos de toda la historia pasada de la humanidad. La movida habría venido de fuerzas objetivas que actúan «a espaldas de los hombres» y, además, por «conflicto» como motor del progreso, pero había llegado el momento de cambio cualitativo del motor y que los hombres, libres y unidos entre sí, comenzaran a hacer, a dirigir su propia historia. Se trata de la historia de la humanidad como una historia de progreso en dos dimensiones fundamentales: en la de la relación del hombre con la naturaleza externa y en la de las relaciones que regulan la convivencia de los hombres entre sí. Claro, habrá fricciones, o incluso contradicciones, entre el progreso técnico y el progreso moral; un cierto nivel de progreso técnico es una condición necesaria pero no suficiente para el progreso moral. ¿Y queda algo de la religión? Una cierta funcionalidad moral o política.

Además, esta filosofía reconstruye la historia de la humanidad como un crecimiento hacia la mundialización de la sociedad humana, reconstruye la historia como un proceso que atraviesa diferentes etapas, en la convicción de que se está viviendo el momento que posibilita la entrada en la etapa final.

Ahora bien, si la filosofía de la historia del siglo XVIII hasta nuestro siglo XX está realmente ligada al fenómeno moderno, cabe hacer la pregunta de si pierde su vigencia por plantearse hoy un más allá de la modernidad.

El modelo de secularización que ha seguido Occidente representa tan solo una variante al lado de otras que también hubiesen sido *posibles*. Recuperar otras posibilidades constituye hoy un tema para la filosofía. Uno de los posibles caminos a seguir sería el de la recuperación de *otro tipo* de pensamiento moderno *flosófico-histórico*, en el que la más profunda sustancia religiosa sigue siendo fundamento de identidad y de cohesión social, en el que la religión no es reducida a moralidad.

Aquí no podemos diluir el desafío que está produciendo la ciencia ante todos los órdenes de la cultura. La filosofía clásica dejaba espacio, al lado de la razón especulativa, a la razón práctica, pero la prioridad era para la primera. Sin embargo, cada vez más ha ido apareciendo con claridad que la ciencia es un modo de captación de la realidad que se refiere esencialmente no a la visión, sino a la acción, siendo la tecnología quien constituye la mediación concreta, material, entre la ciencia y la vida cotidiana. «Todo saber es un poder».

Por su misma dinámica la ciencia ha trastocado completamente la idea que la tradición occidental se había hecho de la razón, de la verdad, de las relaciones entre la razón teórica y la razón práctica, de la finalidad del hombre y de la naturaleza, de la historicidad. Se trata de transformar el mundo, incluyendo las estructuras sociales, de tal manera que la tarea es tanto política como tecnológica. Hasta se podría decir que esencialmente política, pues de lo que se trata es del destino global de las sociedades humanas. Pero, ¿la acción de la ciencia debe ser considerada como causal o pensarse que el mismo desarrollo de la ciencia es simplemente la primera manifestación de un movimiento histórico que solo muy recientemente ha venido a tomar toda su amplitud, el cual supera de lejos el solo sector de la investigación científica?

Como quiera que sea, la ciencia y la tecnología han ido teniendo una influencia decisiva sobre todo lo que constituye la cultura, es decir sobre todo lo que da a la vida de una colectividad histórica su figura particular. Ahora bien, la historicidad propia de la ciencia y la tecnología es profundamente diferente del tipo de historicidad que caracteriza los determinantes más profundos de una cultura. Es posible que un día, bajo la acción de la ciencia y de la tecnología, desemboquemos en una cultura universal, uniforme y procedente enteramente de lo «construido». Pero hasta ahora, las culturas son múltiples, profundamente diversificadas y esencialmente ligadas a tradiciones que le dan el aire de una realidad «dada».

Así se ha vuelto urgente el interrogarse sobre las modalidades de la interacción entre ciencia y tecnología, por una parte, y cultura, por otra. Más específicamente todavía, preguntarse cómo la ciencia y la tecnología afectan el futuro de las culturas, sea en el sentido de una desintegración progresiva, sea en el sentido de la elaboración de nuevas formas culturales. A lo que hay que añadir la dimensión ética, componente normativo de una cultura y que gobierna, en definitiva, las conductas concretas y sus finalidades.

Nuestro contexto está condicionado o conformado por la ciencia y la técnica y desde ahí también hay que redefinir la filosofía pues el modelo de racionalidad viene de otra parte. ¿Cómo es posible hacer filosofía en este contexto?

¿Y la postmodernidad? El término podría indicar, en una primera aproximación, el período histórico que viene después de la modernidad, connotando en ello la idea de un fin históricamente identificable, de los tiempos modernos y de su espíritu. Pero él dice mucho más, como una especie de liquidación de una época que se termina en un clima de desolación y la entrada en una cultura de la resignación para la cual las grandes visiones son vanas, las finalidades inconsistentes, el futuro totalmente incierto, no valiendo más que vivir al día, movidos por la fuerza de las cosas y como en una especie de gran Ananké.

Ciertamente hay discontinuidades en la historia, pero ¿hasta qué punto rupturas? ¿Por qué no pensar la modernidad englobando su propio cuestionamiento radical, al mismo tiempo que preparando, aún quizás no del todo consciente, un nuevo comienzo? Momento de emergencia y momento de ruptura.

Hay dos preguntas en la modernidad que son insoslayables porque conciernen a la existencia en su destino más esencial y más concreto. La esperanza de la razón teórica es la espera de un acontecimiento, pero este no es una superteoría que abarcaría todo el saber, sino el acontecimiento de la misma verdad (en persona); no de aproximaciones abstractas, sino de su manifestación concreta.

Pero, en tanto que reflexión de la razón, solo puede ser presentida formalmente, a través del concepto. La otra pregunta es la de si lo anterior es una ilusión o si en nuestra vivencia en la creación hay trazas de un acontecimiento que sería efectivamente la epifanía de la verdad.

La esperanza de la razón práctica, por su parte, no es ninguna superciudad donde se habría logrado instaurar la justicia integral, sino el advenimiento de una comunidad donde el reconocimiento mutuo de las personas no sería el de la relación abstracta establecida por la ley, sino el de la reciprocidad vivida, donde cada cual sería reconocido en la singularidad concreta de su ser. Esta visual, que todavía es formal, va acompañada igualmente de otra pregunta, la de si lo anterior es una ilusión o si en nuestra vivencia de la lucha por la justicia y por la libertad, podemos encontrar las huellas de un acontecimiento que sería efectivamente el advenimiento de un reino de la reciprocidad universal.

Dos preguntas de una sola pregunta fundamental, quizás la misma del suicida, ¿la vida vale la pena vivirla? ¿La existencia es una ilusión o bien la esperanza que nos conduce está justificada? Pero si ella lo es, es porque viene de más allá de nuestra autocomprensión. Es decir, tenemos que ponernos a la escucha en la espera actuante y gratuita de un signo que, quizás, podría venir del más allá de nuestro pensamiento. Pregunta ligada a otra, la pregunta sobre el mal, pero aquí lo esperado no es explicación sino salvación. ¿Existe una fuerza que pueda vencer el mal? ¿y si existe, ¿podemos recurrir a ella? Siempre nos quedará la duda de si no es una ilusión a menos que, quizás, esa misma fuerza se nos manifieste y nos enseñe la oración de la liberación.

Intersubjetividad compartida. Escuchar al otro, dialogar, algo que requiere paciencia, virtud en total descrédito hoy. Escucha que significa pérdida de tiempo incomprensible a los ojos de los que viven solo para la acción y sus resultados efectivos, incomprensible para quienes dan prioridad a lo urgente sobre lo realmente importante. Sin embargo, ¿por qué no aprender a convivir con esta idea? Orar consiste básicamente en escuchar a ese que está más allá del otro y que ¿no estará muy cerca de nosotros?

Imagen luminosa de un hombre cuestionado. Intento de aproximación a la persona del Eminentísimo Señor Cardenal Manuel Arteaga y Betancourt, Arzobispo de La Habana

Mons. Carlos Manuel de Céspedes

Reflexión inicial

Crecí en un ambiente familiar y social en el que se quería y admiraba al «Padre Arteaga», quien posteriormente pasó a ser el arzobispo de La Habana y luego, con el gozo de los que constituían mi entorno inmediato, primer cardenal de nuestra nación. Existía una relación familiar con la familia De Céspedes, no muy cercana, pero lo suficientemente real como para que mi abuelo Manuel Hilario y él se trataran como «primos». Dependía este parentesco de aquellos tiempos en los que las familias cubanas fundacionales, de un determinado grupo o clase social, se entrelazaban por medio de sucesivos matrimonios. Y si esto ocurría en toda nuestra Isla, *a fortiori* tenía lugar entre las familias afines de Bayamo, Manzanillo y Santa María de Puerto Príncipe, hoy Camagüey, por razones de inmediatez geográfica, de afinidad de intereses y de afectos que, espontáneamente germinan en estas circunstancias. Sin olvidar que el padre del cardenal Arteaga, don Rosendo Arteaga y Montejo, combatió en la Guerra de los Diez Años, la de Carlos Manuel de Céspedes, en el Ejército Oriental, en el que alcanzó el grado de comandante del Ejército Libertador, a las órdenes de mi tatarabuelo, el Padre de la patria cubana.

Ignoro los detalles de la relación antigua de los Arteaga y Betancourt con los García-Menocal (mi familia materna, miembros todos de ese grupo de familias -entre 300 y 500- afincadas en Cuba desde el siglo XVI o XVII y antes de los inicios del XIX, los «patricios», emparentados por los vínculos de la sangre y de los negocios), pero sí conozco de la admiración por el sacerdote don Ricardo Arteaga y Montejo, sacerdote y cubano integérrimo, tío y «segundo padre» del cardenal, quien sirvió como sacerdote en Camagüey y en La Habana y vivió un largo exilio forzado, fecundo sacerdotalmente, en Caracas. Por esa ciudad transitaron los míos (los De Céspedes y los García-Menocal en los exilios del siglo XIX) y me resulta casi absurdo pensar que, compartiendo la nacionalidad, la condición de exilados, la misma fe religiosa y las mismas ideas políticas, no hayan establecido relación con don Ricardo, en La Habana y en Caracas, ciudad en la que vivió durante muchos años el sobrino de don Ricardo que ahora ocupa nuestras lucubraciones (cf. infra: Algunos jalones de su existencia). De hecho una de mis tatarabuelas por línea materna, doña Damiana Hernández, era venezolana.

Además, cuando no era una realidad excepcional que los sacerdotes, en el marco de su acción pastoral, participaran en la acción política explícitamente partidaria, el entonces joven sacerdote Manuel Arteaga y Betancourt, cura párroco de Nuestra Señora de la Caridad en Camagüey, fue electo concejal del Ayuntamiento por el Partido Conservador que dirigía mi tío abuelo materno Mario García-Menocal y Deop, Mayor general de la Guerra de Independencia, la Guerra de José Martí, en las mismas elecciones en las que tío Mario resultó electo presidente de la república. Y, ya estando en La Habana, el padre Arteaga obtuvo de mi tío Mario la autorización de acceso a los campamentos militares con propósitos misioneros, lo cual resultaba inaudito en aquella época, si tenemos en cuenta el clima laicista que arropó el nacimiento de nuestra república (cf. Infra: Algunos jalones de su existencia). Solo la confianza en él explican el gesto de tío Mario y de los miembros de su gobierno para con el joven padre Arteaga, ya concejal de Mons. Pedro González Estrada, obispo de La Habana.

Adelanto estas referencias personales como datos que explican mi pasmo, cuando, ya joven universitario, escuché por vez primera cuestionamientos acerca de la valía de quien era entonces nuestro arzobispo, por el que sentía verdadero afecto, indiscutible simpatía y muy honda y entrañable admiración.

Mi asombro creció cuando me percaté, tanto en mis tiempos de joven de Acción Católica como en mis años de Seminario, de que la figura del cardenal Arteaga era puesta en la picota y abiertamente censurada no solo en algunos ambientes extraeclesiales, sino también dentro de la Iglesia, sin excluir de esta mención a conocidos clérigos del momento, que hacían suyos y repetían en cualquier parte los -a veces sutiles y a veces no tanto- comentarios negativos acerca de nuestro arzobispo y cardenal.

Ya a los sesenta años, puedo decir que una de las cosas que la existencia me ha ido enseñando (con pedagogía a veces muy dolorosa), es que nadie ha ganado el concurso de la simpatía universal; ni siquiera Jesús de Nazareth, el Dios hecho hombre *propter nos homines et propter nostram salutem* y que tampoco nadie ha conquistado la total antipatía también universal. Los hombres y mujeres más santos y sabios que podamos descubrir en la historia de la humanidad, siempre han encontrado censores, contemporáneos y posteriores; los más abominables seres que también podemos descifrar en ese largo discurrir de la especie humana, siempre han encontrado, en su momento y después, seguidores que los admiran y que, una vez desaparecidos, añoran su presencia. Quizás esto sea propio de la condición humana del sujeto en cuestión y de la condición humana de los observadores y analistas.

Además, mis sesenta años también me han abierto los ojos para que pueda percibir que la atención se dirige preferentemente a los «hombres destacados» por cualquier razón, a esos que solemos calificar como «personajes». En los seres anónimos el común de los mortales no pone sus ojos y, consecuentemente, no se preocupa por la formación de juicios acerca de ellos. Las personas cuyo nombre es conocido -aunque no se hayan propuesto ellas mismas divulgarlo, ni se hayan empeñado en un protagonismo inadecuado- despiertan curiosidad y provocan que la mayoría de su entorno esté pendiente de lo que hacen y dicen y de lo que no hacen y no dicen. Además, muchos integrantes del entorno e, incluso, algunos más distantes pero interesados en las personas en vista por alguna buena o mala razón, se sienten con el derecho y hasta con el deber de opinar acerca de todo lo que concierne a tales sujetos, tengan o no elementos suficientes para ello. Y es frecuente que cuando la «buena suerte» o la Providencia amorosa de Dios, ejercida por la mediación de diversas coyunturas existenciales, coloque al «personaje» en cuestión en alguna situación estimada ventajosa, la envidia asome entonces su fea oreja. Y, consciente o inconscientemente, mueve la envidia los procesos cerebrales, los latidos del corazón, los músculos de la lengua y de la mano que escribe. Lamentablemente, los clérigos no estamos vacunados contra las envidiejas, la maledicencia calumniosa y los comentarios venenosos que, quizás sin sopesar las consecuencias, se depositan en los oídos de otros clérigos y de los laicos más cercanos al meollo de la vida eclesiástica. La fuerza que les confiere la repetición pecaminosa o, al menos, irresponsable, confiere al engendro de la envidia un cierto aspecto de veracidad y, con el correr de los tiempos, cuando ya desaparecieron los testigos no tocados por ese virus, se toma por cierto lo que no lo es en absoluto o lo que tiene un cierto fundamento en la realidad pero ha sido desfigurado, odiosamente caricaturizado, por la entraña enfermiza de los envidiosos comunicativos y de los excesivamente crédulos.

Opino que Manuel Arteaga y Betancourt, nuestro arzobispo y cardenal, fue uno de esos hombres grandes, cuyo peso específico personal definió, como -quizás- el de ningún otro eclesiástico, la encarnación o inserción de la Iglesia Católica en la nación cubana, en nuestra «Casa Cuba», que daba sus primeros pasos como estado semi-independiente cuando el padre Arteaga se incorporó a la vida católica en Cuba, a su regreso de Venezuela. Fue apreciado, querido y bien valorado por muchos, pero la Providencia amorosa de Dios no le ahorró ser blanco de incomprensiones, de hostilidad y de envidia. ¡Como si ser concejal de dos hombres muy distintos de él y distintos entre sí, vicario capitular en el momento en el que le tocó serlo y, luego, arzobispo y cardenal, y precisamente entonces y a su edad en aquel momento, fuesen posiciones envidiables! ¡Como si lo fuera cargar con el lustre de su nombre, de su educación, de su cultura y de la estimación de los cubanos más notables, católicos y no católicos, de su época, con las responsabilidades sociales que todo este conjunto de circunstancias suele acarrear! ¡Como si él no hubiera sido merecedor, como lo somos todos, de la mirada benevolente ante las limitaciones y los pecados que a todos nos afligen y coartan!

Recuerdo que hace poco más de veinte años, un seminarista de entonces –hoy sacerdote– ante un comentario muy positivo y cariñoso que hice del cardenal Arteaga, en una de esas conversaciones improvisadas en el Seminario –que los estudiantes solían calificar como «clases de pasillo»– me pidió que les conversara un día ampliamente acerca del cardenal Arteaga. Sus palabras fueron, más o menos, las siguientes: «Yo he oído hablar muy mal del cardenal Arteaga a personas de mi pueblo y he leído en la prensa cosas muy desagradables de él. Sin embargo, Ud. y otros sacerdotes de su generación, que lo conocieron, siempre hablan de él con gran respeto y cariño. ¿Por qué no nos habla un día con amplitud acerca del cardenal?» Y fue un grupo de seminaristas, una tarde, a la casa parroquial de Jesús del Monte, en la que yo vivía en aquella época, para prestar atención a mis anécdotas, opiniones, etc.

Más recientemente, cuando se me propuso que tuviera una conferencia sobre cultura e identidad nacional en el encuentro sobre historia organizado por la Comisión de Cultura de la diócesis de Camagüey, dije que prefería hablar sobre otro tema, ya que sobre el propuesto me había referido en varias ocasiones recientemente y que las repeticiones serían inevitables. Se me pidió entonces que propusiera yo un tema y propuse este, o sea, un acercamiento a la persona del cardenal Arteaga y Betancourt, pues tenía la impresión de que era poco y mal conocido por las generaciones más jóvenes. Mi interlocutor, un joven católico camagüeyano reaccionó –para gran sorpresa mía– con las siguientes palabras: «¿Acaso ese señor sirvió para algo más que para llevar el capelo cardenalicio sobre su cabeza?» Afortunadamente, se me aceptó el tema que ahora trato de despejar. El desconcierto del joven camagüeyano, a quien mucho aprecio, ha sido un mayor estímulo para hacerlo.

Progenie, clima familiar y entorno social

El cardenal Manuel Arteaga y Betancourt provenía del patriciado cubano. Casi todas las ramas que constituyen su árbol progenitor estaban establecidas sólidamente en Cuba desde el siglo XVII. Si nos atenemos a los Arteaga, para no convertir esta aproximación a su persona en un estudio genealógico, consta que el 4 de marzo de 1635, don Martín Arteaga y Eraso, el primero de los Arteaga que se instaló establemente en Cuba, casó en la Catedral de La Habana con Catalina de Roxas y Sotolongo. Era sevillano de origen este Arteaga, pero provenía de Vizcaya, de la merindad de Busturia. Sabemos que muchos vascos, navarros, aragoneses y castellanos se establecieron en Andalucía, en tiempos de los Reyes Católicos y recibieron o adquirieron oficios y señoríos en el sur de España; sobre todo en las cercanías de Sevilla. De ahí vinieron a América en los inicios de la conquista y de la gesta colonizadora. Cuba fue, durante mucho tiempo, estación de paso hacia el continente pero, poco a poco, algunos se quedaron en la Isla y fueron constituyendo paulatinamente el entramado fundacional de nuestra nación. Los Arteaga fueron una de estas familias. Como curiosidad añado que, en vascuence, Arteaga significa «el sitio de la encina». Uno de los descendientes de don Martín Arteaga llegó a establecerse en Santa María del Puerto del Príncipe (hoy Camagüey) y de ese tocón desciende nuestro primer cardenal.

Don Juan de Arteaga y Agramonte, abuelo del cardenal, y su hermano Ubaldo conspiraron con Joaquín de Agüero en 1851. Don Juan fue condenado a diez años de presidio por un tribunal militar, pero pudo marchar al exilio con su esposa doña María Francisca de Guerra-Montejo y Varona y sus hijos, todos menores, Ana María, Carlos, Rosendo, Recaredo, Narciso, Juan y Ricardo. Vivieron, primero en los Estados Unidos de Norteamérica y, posteriormente, en Venezuela, desde donde regresaron a Puerto Príncipe en 1857, acogidos a la amnistía decretada por el gobierno español el 22 de marzo de 1854 para todos los procesados por la conspiración de 1851.

Cuando se inició la Guerra de los Diez Años, todos los varones de la familia Arteaga y Guerra-Montejo, con excepción de Ricardo, que era sacerdote, se sumaron a la misma. Carlos murió en 1871 a manos de voluntarios españoles; Narciso y Recaredo combatieron con el general Julio Sanguily en Camagüey. Rosendo, el padre del futuro cardenal, alcanzó el grado de comandante en el Ejército de Oriente sirviendo a las órdenes de Carlos Manuel de Céspedes. Después de la deposición y muerte de este, ocurrida el 27 de febrero de 1874, don Rosendo emigró a Jamaica (probablemente hacia finales de 1875). Ricardo, el sacerdote, no ocultaba sus simpatías por las ideas independentistas de toda la familia y no dejó de colaborar (como podía) con los insurrectos. Esto le valió cárcel en Santiago de Cuba y deportación a España.

Don Rosendo, ya en Kingston, conoció a otra emigrada de una de las familias fundacionales de nuestra nacionalidad, doña Delia Betancourt y Guerra, de la rama camagüeyana de esta familia (cuyo origen no era español, sino francés, de Normandía y Borgoña; uno de los miembros de esta familia, Maciot de Béthencourt fue conquistador y segundo rey feudatario de las Islas Canarias; en realidad, los Béthencourt, que muy pronto pasaron a ser Betancourt, eran piratas de alcurnia francesa al servicio de los reyes de Castilla; los piratas más respetables eran hombres vinculados en mayor o menor grado a la nobleza y la piratería, así entendida, no era un oficio despreciable; uno de sus descendientes pasó a Cuba en el siglo XVII y la familia se estableció sólidamente en Santiago de Cuba y en Puerto Príncipe), don Rosendo y doña Delia se casaron en la antigua Parroquial Mayor, hoy Catedral, de Kingston, el día 8 de agosto de 1877. Todavía en Kingston les nació la hija mayor; después del regreso a Puerto Príncipe en 1879, al amparo del Pacto del Zanjón, tuvieron a Manuel Francisco del Corazón de Jesús, nacido el 28 de diciembre del mismo año de 1879 y bautizado en la Parroquial Mayor por su pariente, el presbítero don Virgilio Arteaga, el 17 de Abril de 1880. Por último, les nació la hija menor, Rosendina, más conocida por Rosa, poco antes del fallecimiento de don Rosendo, ocurrido el 10 de mayo de 1886.

Familia patricia, posición económica desahogada, prestigio social, cultura refinada, convicciones independentistas y genuina fe católica fueron los ingredientes del entorno familiar, o sea, el clima que respiró, en su inmediatez, Manuel Arteaga y Betancourt; familia en la que, además, habían florecido durante varias generaciones las vocaciones sacerdotales y religiosas.

Jacobo de la Pezuela, en su Diccionario de la Isla de Cuba (tomo IV, p. 300, Madrid 1866), nos dice que Santa María de Puerto Príncipe contaba en 1859 con 25 000 habitantes y en ella funcionaban... seis iglesias parroquiales: la Parroquial Mayor (actual Iglesia Catedral), Nuestra Señora de la Soledad, Santa Ana, Nuestra Señora de la Caridad, el Santo Cristo y San José. A ellas se deben añadir los conventos de Nuestra Señora de la Merced, Nuestra Señora del Carmen, San Francisco, el de las religiosas de Santa Ursula, el Convento-Hospital de San Juan de Dios, el Asilo de Niñas y la Casa de Beneficencia (afectados por las leyes de desamortización del gobierno español) y las ermitas de San Francisco de Paula y de Nuestra Señora de la Candelaria. Ciudad, pues, en la que lo religioso era un componente muy visible; tanto como en otras ciudades cubanas, pero dada la situación geográfica de la ciudad (no es puerto marítimo y, en aquel entonces, lejana de los grandes núcleos poblacionales y rodeada por una sabana muy poco poblada), su composición étnica y otros factores sociales y económicos -y no es este el lugar apropiado para enumerarlos y analizarlos-, tengo la impresión de que lo religioso católico y muchos valores y contravalores de matriz hispánica se conservaron, desarrollaron e interiorizaron más en Santa María del Puerto del Príncipe que en otras ciudades o villas de la Isla. Ello dio origen a un «talante camagüeyano» peculiar que, aun hoy es perceptible, aunque las circunstancias de la región han cambiado y la población de la Isla, a causa de los fenómenos migratorios internos, se ha imbricado inextricablemente.

Dicho estilo de vida del camagüeyano medio, que no coincide con el de ninguna otra región del país; ni siquiera con el de otros centros poblacionales de las provincias de Camagüey y de Ciego de Avila, sino que se ciñe a los ciudadanos de Santa María del Puerto del Príncipe y de sus inmediatos alrededores, incluye los valores y contravalores de matriz hispánica sin otras mezclas, a los que ya hice alusión, y que pertenecen -stricto sensu- al mundo interior («espiritual», religioso, valores éticos tradicionales, una cierta intolerancia con lo que no se acerque a sus parámetros, dificultad en la aceptación de la modernidad y de la evolución de las costumbres, conciencia de la diferencia de los habitantes del resto de la Isla interpretada como superioridad, cultural y educacional, etc.), pero se proyectan al mundo exterior: suelen hablar con mayor propiedad, tanto en el uso de los vocablos como en la pronunciación, son más cuidadosos en los modales, cultivan el refinamiento en el vestir, en la construcción y el adorno sobrio de las viviendas, son espléndidos anfitriones, conservan platos tradicionales de la cocina cubana que preparan con esmeradísimo cuidado, etc. En resumen (y esto ocurre casi siempre y en casi todos los conglomerados humanos): a una cierta elegancia o aristocracia interior, corresponde una indiscutible elegancia o aristocracia exterior, una cultura sui generis, en la que se entrelazan la altivez y la acogida familiar, sencilla, propia de las personas que (con razones o no para ello, consciente o inconscientemente) se estiman superiores al común de los mortales. Tengo la impresión de que los camagüeyanos de antes eran así en su mayoría y que, aun hoy, como ya lo señalé anteriormente, conservan muchas de estas notas características que, a mis ojos, constituyen un encanto muy peculiar. Quizás una de las raíces de la peculiaridad cultural resida en el tipo de economía que sentó las bases de la sociedad camagüeyana: no fue ni el azúcar, ni el tabaco, sino el «comercio de rescate» o contrabando, que requería –entre otras cosas– ganado abundante. El factor económico no es el único a tener en cuenta para entender una cultura determinada, pero su peso es decisivo. Me siento muy bien entre los camagüeyanos (quizás porque, a pesar de que soy habanero, con raíces fundamentalmente bayamesas y habaneras, en mi código genético existen muchos componentes camagüeyanos) ; los aprecio, los comprendo y considero que enriquecen nuestra nacionalidad con su modo de ser, con su estilo propio que no debería diluirse. Lamentablemente, no todos los cubanos formulan el mismo juicio al respecto y ese estilo no les resulta apetecible; los consideran presuntuosos y fatuos, sin penetrar en su sustancia exquisita.

El cardenal Manuel Arteaga y Betancourt, el hombre que hoy ocupa nuestras reflexiones, fue un camagüeyano paradigmático y mantuvo ese talante hasta el final de su vida, lo cual explica tanto el encanto que despertaba en algunos, como una cierta repulsa –por no decir envidia– que generaba en otros cuando vino a servir como sacerdote en La Habana.

Algunos jalones de su existencia. Infancia

Como ya quedó consignado anteriormente, Manuel Francisco del Corazón de Jesús Arteaga y Betancourt fue el segundo hijo del matrimonio integrado por don Rosendo Arteaga y Montejo y doña Delia Betancourt y Guerra. Nació en la ciudad de Puerto Príncipe el 28 de diciembre de 1879 y fue bautizado en la Parroquial Mayor de dicha ciudad el 17 de abril de 1880 por su pariente, el Pbro. Virgilio Arteaga. Sus padrinos fueron doña María Betancourt y don Manuel Arteaga. Siendo aun muy pequeño –lo cual era usual entonces–, el 17 de noviembre de 1882, en la misma Parroquial Mayor, recibió el Sacramento de la Confirmación de manos del arzobispo de Santiago de Cuba (Arquidiócesis que incluía Puerto Príncipe), Mons. José Martín Herrera, a la sazón en visita pastoral en la ciudad.

En 1892 vino a Cuba a visitar a sus familiares, tras quince años de exilio por razones políticas, don Ricardo Arteaga y Montejo, hermano de don Rosendo, sacerdote ejemplar y hombre de finísima cultura, sensibilidad educada y acerina convicción patriótica. Estaba muy bien establecido eclesiásticamente en Caracas: era deán de la Catedral y profesor de Teología Dogmática en el Seminario, después de haber sido párroco muy estimado en diversas iglesias de la capital venezolana, en donde gozaba de un prestigio similar al que había tenido antes en Cuba, tanto en su natal Puerto Príncipe como en La Habana. Era todo un personaje, merecedor de una buena biografía.

En Venezuela

Durante su estancia de varios meses en Cuba, don Ricardo conoció a los sobrinos y propuso a doña Delia hacerse cargo de la educación de Manuel, quien contaba apenas doce años. Teniendo en cuenta el ambiente represivo que acompañaba a las familias de los independentistas notorios (y los Arteaga-Betancourt eran justamente identificados como tales) doña Delia accedió para que Manuel pudiera formarse en un ambiente más sereno. Hacia fines del mismo año de 1892, partió nuestro Manuel con el tío Ricardo a Caracas. Desde entonces, Venezuela fue considerada –con razón– por Manuel su segunda patria, como lo fue también para otros miembros de la familia Arteaga que también adoptaron Venezuela como hogar de sus exilios políticos y en Venezuela se sintieron acogidos e hicieron vida fecunda.

Podemos pensar que para el niño Manuel la separación de su madre, hermanas, familiares y amigos de Puerto Príncipe debe haber resultado muy dolorosa, pero no le faltó el cariño, la comprensión y el apoyo de su tío don Ricardo y de su abuela, doña Francisca Montejo y Varona, a los que consideró siempre su segundo padre y su segunda madre.

Con relación a la formación intelectual y a la educación del niño, sabemos que desde los seis años era alumno del colegio que dirigían los Padres Escolapios en Puerto Príncipe. Pertenecían a la Provincia de Cataluña y esto nos permite suponer que la atmósfera del colegio, unida a la de su hogar, marcó indeleblemente el talante de nuestro Manuel. Regido por aquellos recios sacerdotes que, por ser catalanes y precisamente en aquellos años debían ser, en su mayoría, hombres ilustrados y más abiertos a la modernidad europea que los españoles de otras regiones, el colegio fue muy apreciado por las familias camagüeyanas, incluyendo a las más inclinadas a la independencia de España. Ningún camagüeyano patriota de la época manifestó reticencias ante la educación que sus hijos recibían en aquella prestigiosa institución, en la que –existen testimonios de antiguos alumnos– junto a las disciplinas intelectuales y los contenidos de la fe católica, aprendieron a amar a su patria.

Ya en Caracas, Manuel fue alumno del colegio Acevedo, del colegio San Agustín y del Liceo Bolívar. En la Universidad Central obtuvo el título de Bachiller en Filosofía el 13 de junio de 1898. En ese mismo año terminaba nuestra Guerra de Independencia, pero no como lo habían soñado los cubanos, sino bajo la sombra de la intervención norteamericana que abría un capítulo de ambigüedades e incertidumbres acerca del futuro de la nación. Manuel contaba diecinueve años y vivía con gran intensidad espiritual el discernimiento de su camino. Le oí decir en más de una ocasión que desde muy niño había pensado en la posibilidad de abrazar la vida sacerdotal, pero que su tío don Ricardo le aconsejó siempre que esperara, que madurara su decisión. Quizás don Ricardo pensaba en la vocación del sobrino en el marco de aquella situación, que podríamos calificar de anormal: el exilio, la separación de la familia, el destino incierto de Cuba, etc. Finalmente, en el verano de 1900, o sea, a los veintiún años recién cumplidos y armado con su Bachillerato en Filosofía, fue admitido en el Convento de los Padres Capuchinos de Caracas como aspirante al sacerdocio. La espiritualidad franciscana, que sabe aunar la austeridad con el gozo evangélico y la mirada positiva a la vida, imantaba al joven Manuel.

Formación sacerdotal

Sin embargo, la salud frágil impidió al joven Manuel asumir las austeridades que entonces vivían los frailes capuchinos de Caracas. Juzgando que tenía vocación sacerdotal, el joven Manuel no se amilanó y decidió ingresar en el seminario diocesano de Caracas como aspirante a sacerdote diocesano. Comenzó sus estudios en el Seminario de Santa Rosa de Lima el 12 de abril de 1901. Teniendo en cuenta su formación intelectual y espiritual previa, ingresó directamente en los estudios teológicos, no sin haber pasado por los previstos exámenes de idoneidad para ello. Pocas semanas después , el 6 de mayo del mismo año de 1901 recibió del concejal de la arquidiócesis las licencias para usar de modo permanente el hábito talar. El 10 de agosto del año siguiente, en la iglesia de Nuestra Señora de la Merced (de Caracas) recibió la primera Tonsura Clerical y las cuatro Ordenes Menores de manos del Delegado Apostólico en Venezuela Excmo. Mons. Giulio Tonti. El 10 de noviembre del mismo año de 1902, fue ordenado Subdiácono en la Santa Capilla de Caracas por el obispo de Zulia, Excmo. Mons. Francisco Marvés, quien le confirió también el Orden del Diaconado en la iglesia de San Francisco de Asís. Fue ordenado sacerdote en la Catedral Metropolitana de la capital venezolana el 17 de abril de 1904 por el recién designado arzobispo de Caracas, Excmo. Mons. don Juan Bautista Castro. Una semana después, presidió por primera vez la eucaristía en la ya mencionada iglesia de Nuestra Señora de la Merced.

Inicio del ministerio sacerdotal

Durante un año interrumpió sus estudios en la Facultad de Teología de la Universidad Central de Caracas para atender pastoralmente, por encargo del arzobispo, la parroquia de Baruta, hoy incorporada a la ciudad pero que entonces era una población separada, en las cercanías de la ciudad capital y un poco más elevada que esta, a la que se debía acceder a lomo de caballo por senderos de serranía. Durante el año que estuvo en Baruta, el padre Arteaga reconstruyó el templo, destruido por el terremoto de 1900, y rehizo la comunidad parroquial, más deshecha que el templo pues desde hacía varios años no había en Baruta sacerdote residente.

En septiembre de 1905 volvió a la Universidad para cursar el cuarto y último año de Teología. Obtuvo su Doctorado el 16 de octubre de 1906 después de discutir su Tesis Doctoral, cuyo título fue «Marcha general de la Irreligión», que mereció calificación de «sobresaliente». La dedicó a su tío don Ricardo Arteaga, ya deán de la Catedral. La prensa de la época se hizo eco de la tesis y se refirió asimismo a la ejemplaridad pastoral, al celo apostólico del joven presbítero. La conocida revista «Razón y Fe» de la Compañía de Jesús, en el número correspondiente a mayo-agosto de 1907, publicó una recensión muy elogiosa de dicha tesis.

Después de obtener el Doctorado en Teología, el padre Manuel fue a Cumaná, a pasar vacaciones con la familia de su amigo Don Santos Berrisbeitia, pero encontró una situación pastoral lamentable debida a la ancianidad del padre José María Martiarena, párroco de Santa Inés, y del padre Juan José Castillejo, párroco de Nuestra Señora de la Altagracia. Estos dos ancianos beneméritos eran los únicos sacerdotes que había en Cumaná en ese momento. Con las debidas autorizaciones, se quedó un año como vicario coadjutor del padre Martiarena. En mayo de 1908 fue llamado a Caracas de regreso y allí encontró la sorpresa de su primer viaje a Roma, obsequio de su tío don Ricardo Arteaga.

Embarcó en La Guaira rumbo a Europa el 18 de septiembre. El padre Manuel tenía entonces 28 años de edad. Regresó a Venezuela, por el mismo puerto, el 4 de febrero de 1909 y se encontró con el nombramiento de párroco de Santa Inés y vicario Foráneo de Cumaná, designación realizada con fecha de 8 de enero. Allí permaneció durante tres años que fueron de intensa vida pastoral con frutos visibles, tanto en el aspecto material del templo de Santa Inés a su cargo, como en la renovación de la vida católica en la ciudad. Regresó a Caracas el 12 de mayo de 1911 pero en esta ocasión solo como estación de tránsito: el 20 de mayo del mismo año embarcó en La Guaira rumbo a Cuba como meta, pero pasando primero por el Congreso Eucarístico Internacional de Madrid como representante en el mismo de la arquidiócesis de Caracas, designado por el Excmo. Sr. arzobispo Mons. Juan Bautista Castro.

Regreso a Cuba y ministerio sacerdotal en Camagüey

A fines de julio de 1911 ya estaba en Camagüey, la antigua Puerto Príncipe. Su primer encargo pastoral fue el poblado de Minas pero seis meses más tarde fue designado cura párroco de Nuestra Señora de la Caridad, en su propia ciudad natal. En enero de 1912 tomó la dirección del bisemanario católico La opinión de Camagüey y en febrero de 1913 fundó el semanario Religión y Patria. El título ya nos ilustra acerca de lo que iba a constituir uno de los ejes fundamentales de la vida sacerdotal y episcopal del entonces joven padre Manuel Arteaga: la presencia encarnada o inculturación de la fe católica en la nacionalidad cubana, realidad no desaparecida pero sí maltrecha en aquel momento, alborada de la república. A la luz de esta preocupación quizás podamos entender su postulación y elección como concejal del Ayuntamiento de Camagüey en noviembre de 1912. Con relación al padre Arteaga, los hombres de Camagüey perdieron todo viso de aquel anticlericalismo (explicable históricamente) que caracterizó los primeros años de vida republicana. A la luz de ese eje teológico y pastoral –la inculturación de la fe católica en la nacionalidad cubana– deben entenderse casi todas las iniciativas, o sea, el ser y el quehacer sacerdotal del padre Arteaga, de Mons. Arteaga, del arzobispo Arteaga, del cardenal Arteaga.

Vicario general de La Habana

Al parecer, fue el padre Cándido Arbeloa, sj., consejero del obispo de La Habana, Excmo. Mons. Pedro González Estrada (que a la sazón buscaba un concejal cubano para la diócesis, pues el anterior, Mons. Severiano Saínz y Vencomo, había sido designado obispo de Matanzas) quien orientó la mirada del obispo hacia Camagüey. Oí a sacerdotes ancianos que la expresión que empleó el padre Arbeloa fue: «No busque más, Excelencia: he encontrado una joya escondida en Camagüey». La joya era el padre Arteaga, quien aceptó el cargo, ante la proposición del obispo de La Habana, con las debidas licencias de su obispo propio. El 4 de mayo de 1915 el padre Arteaga tomaba posesión en el Obispado de la capital del cargo de concejal, servicio que continuaría prestando hasta el final del gobierno pastoral de Mons. González Estrada en 1924 y durante todo el tiempo en que Manuel Ruiz y Rodríguez se desempeñó en igual responsabilidad, o sea, hasta su muerte ocurrida el 3 de enero de 1940. En los primeros años, junto a la vicaría general, servía como presidente del Tribunal Eclesiástico y provisor del Obispado, amén de las tareas pastorales que fue asumiendo y a las que haré referencia más adelante.

Desde que se supo que el padre Arteaga era el vicario elegido, hubo manifestaciones de descontento por parte de algunos sacerdotes de La Habana que hubieran preferido que uno de ellos ocupase esa responsabilidad. ¿Regionalismo o provincianismo? ¿Envidiejas clericales? Solo Dios puede juzgar, pero ya antes de llegar a La Habana el padre Arteaga, se comenzó a gestar una guerrita sorda -y, a veces, no tan sorda- en algunos ambientes eclesiásticos habaneros. El único inconveniente que se le señalaba al nuevo vicario era el hecho de ser camagüeyano y de haber pasado una buena parte de su existencia en Venezuela. Los tiros se dirigían, quizás más que al propio padre Arteaga, al obispo González Estrada, responsable de la designación.

El 6 de septiembre de 1916 Mons. González Estrada decretó la incardinación de su concejal en la diócesis habanera y el 29 del mismo mes y año lo designó maestrescuela de la Iglesia Catedral, gesto que ilustra el aprecio del obispo por el sacerdote que ya era canónicamente habanero.

En 1917 comenzaron a llegar a Cuba numerosos sacerdotes mexicanos, prácticamente obligados al exilio por la situación de su país. Uno de los que llegó aquel año –cuya causa de canonización está ya muy avanzada– fue el padre Guízar y Valencia, conocido entre nosotros bajo el seudónimo de «Padre Ruiz». Misionero incansable a quien no paralizó el doloroso destierro, sino que se incorporó inmediatamente a la vida de la Iglesia en el país que lo acogía con un celo evangelizador poco frecuente y una capacidad de trabajo inenarrable.

Fue recibido en el Arzobispado por el vicario, el padre Arteaga quien, con su penetración habitual, descubrió inmediatamente en aquel robusto sacerdote mexicano las dotes que le merecieron aprecio universal y gratitud por parte de los cubanos, a cuyo bienestar espiritual se dedicó inmediatamente. El padre Arteaga lo recomendó al obispo; este lo admitió en la diócesis y el vicario se convirtió en uno de sus benefactores y ambos colaboraron en diversas empresas misioneras.

La más «sonada», dado el momento que vivía la república, fue la organización de una «misión» en la cárcel habanera, autorizada por el secretario de Gobernación (equivalente a lo que hoy llamaríamos Ministro del Interior) del presidente Mario García-Menocal, que mucho apreció al padre Arteaga, por razones personales y de identificación de su cubanía. Por primera vez en la república se permitía la entrada de sacerdotes a los recintos penales. Aquella primera misión terminó con una misa celebrada por el concejal en el patio de la prisión. Posteriormente, el padre Guízar Valencia se dedicó fundamentalmente a las misiones en ambiente rural, hasta que –consagrado obispo en el habanero templo de San Felipe– regresa a su patria mexicana. El padre Arteaga encontró tiempo y colaboradores para continuar atendiendo pastoralmente a los presos hasta que, ya siendo vicario capitular de la arquidiócesis, en 1940, logra la organización de la Obra de San Vicente de Paúl al Servicio del Preso, que funcionó eficazmente hasta inicios de la década de los sesenta. No descuidó el padre Arteaga el Reformatorio de Menores, que entonces radicaba en Guanajay. Allí también organizó varias misiones, asistido por el cura párroco de Guanajay, el padre José María García del Valle.

Lograda la autorización del trabajo pastoral en las prisiones, se empeñó el joven concejal en obtener la autorización para la atención pastoral de las fuerzas armadas de la joven república. El 9 de abril de. 1919, el Estado Mayor General del Ejército autorizó al padre Arteaga a desempeñar su ministerio sacerdotal en el Campamento de Columbia. Lamentablemente, en este caso, se trataba de una autorización personal intransferible y el vicario carecía de tiempo para una atención regular, pero con frecuencia visitó a los militares en dicho campamento para la administración del sacramento de la Penitencia y la celebración de la eucaristía. Los gobiernos posteriores le retiraron la autorización.

En ese mismo período debemos colocar sus frecuentes visitas al Hospital de leprosos de San Lázaro, en El Rincón. Algunos ancianos sacerdotes me han contado que era, entonces, su «retiro» preferido. El Capellán, padre Apolinar López, era amigo cercano del vicario y juntos, se desgastaban en el servicio caritativo a los enfermos y, juntos también, reposaban de sus fatigas compartiendo una hermosa amistad fraterna.

Simultáneamente, desde diciembre de 1918, pasó a formar parte del consejo administrativo de la Granja de Niños Pobres Nuestra Señora de la Caridad, en el reparto Lawton. Había sido fundada por el Dr. Manuel Delfín el 24 de febrero de 1914, como una derivación o desarrollo de la Casa del Pobre, constituida y dirigida por el propio Dr. Delfín en 1904. El padre Arteaga y el Dr. Delfín establecieron una rápida y sólida amistad apenas el primero llegó a La Habana y se interesó en la obra humanitaria del Dr. Delfín. Cuando este murió, el 18 de abril de 1921, asistido espiritualmente por el padre Arteaga, el consejo administrativo de la granja eligió presidente al padre Arteaga, cargo que continuó ocupando durante, prácticamente, el resto de su vida activa; incluso después de ser arzobispo y cardenal. Tanto apego afectivo tuvo a este servicio que, después de la muerte de su madre, doña Delia Betancourt, con la que vivía en una casa en El Vedado después que ésa se trasladó a la capital, el vicario dejó aquella casa y se estableció en un pequeño departamento en la planta alta del edificio de la granja. Los que hemos recorrido las fotos del cardenal Arteaga, en las distintas etapas de su vida y en diversas situaciones, coincidimos en que ninguna de las fotos refleja tanta alegría y gozo espontáneo como las tomadas con los niños de la granja. Creo que son las únicas en las que he visto el rostro del cardenal iluminado por una sonrisa que resulta casi una carcajada, muy lejana de la expresión contenida que lo caracterizó.

El 18 de marzo de 1924, el obispo de La Habana, Mons. González Estrada, designó a su vicario, el ya Mons. Manuel Arteaga su representante personal en el Congreso Eucarístico Internacional de Amsterdam y expidió las licencias para que, después del congreso, se sumara a una peregrinación hispanoamericana a los Santos Lugares en Palestina (o Israel).

En ausencia de Mons. Arteaga se desató en la diócesis habanera lo que Mons. Raúl del Valle, en su biografía del cardenal Arteaga titula *violenta tempestad que culminó en 1925 con la renuncia del ejemplar y virtuoso Monseñor Pedro González Estrada a la mitra del Obispado de La Habana*. Aunque se trata de un tema casi tabú, al parecer la raíz del proceso fue la falsa acusación de mal manejo de fondos de la diócesis por parte del obispo en beneficio personal, acusación realizada por un grupo de sacerdotes de La Habana (cubanos y españoles), apoyados por un *«monsignore»* de la Delegación Apostólica. Ancianos sacerdotes y laicos que vivieron con dolor aquellos acontecimientos consideraron que el principal instigador y congregante de los acusadores, fue el entonces cura párroco de Monserrate, irritado con el obispo por haber dividido su parroquia para erigir la de Nuestra Señora del Carmen. Encontró apoyo en sacerdotes disgustados por otras disposiciones del obispo o aspirantes a beneficios eclesiásticos que esperaban alcanzar del eventual sustituto. Esos mismos ancianos sacerdotes solían afirmar que, en un primer momento, la Santa Sede brindó acogida a la acusación: Mons. González Estrada se sintió bajo sospecha de honestidad administrativa.

Tuvieron lugar todas las investigaciones pertinentes por parte de la Santa Sede. La honestidad del obispo fue puesta en evidencia y lo único que pudo aducirse fue una posible administración inhábil, no deshonesta, por parte del sacerdote responsable de los fondos de «capellanías», ignorada por el obispo. Clarificada la cuestión, Mons. González Estrada renunció de manera irrevocable pues, según la afirmación de los amigos, no quiso continuar gobernando pastoralmente la diócesis después de haber sido objeto de desconfianza por parte de la Santa Sede en cuestión tan delicada y solo por la acusación de sacerdotes cuya antipatía hacia Monseñor González Estrada era conocida en los ambientes eclesiásticos habaneros. Terminó sus días en una modesta vivienda, junto a la parroquia de Los Quemados, en Marianao, ayudando al párroco en los quehaceres ministeriales y rodeado por el afecto de la mayor parte de los católicos habaneros, sacerdotes, religiosos y laicos.

Aceptada finalmente la renuncia del obispo, en 1925 la Santa Sede designó a Mons. Manuel Ruiz y Rodríguez, obispo de Pinar del Río, como administrador apostólico primero y, poco después, como arzobispo de La Habana, elevando la diócesis a la categoría de arquidiócesis. El nuevo pastor ratificó en su cargo a Mons. Arteaga, ajeno a la «tormenta», el 9 de julio del propio año de 1925. Si los causantes de la misma deseaban solamente alejar del gobierno pastoral al obispo, lo consiguieron con su intriguilla; si pretendían favores del nuevo pastor, vieron frustrados sus deseos. Y lo que sin duda no calcularon fue la estatura moral que adquirió Mons. González Estrada, que creció a los ojos de los habaneros, católicos y no católicos, quienes nunca creyeron en la acusación a su obispo y admiraron su dignidad y la humildad sin aspavientos que caracterizaron el resto de su sencilla existencia sacerdotal en Marianao. Perdieron aprecio los calumniadores y resultó maltrecha la imagen de la Santa Sede que, afortunadamente, se rehizo rápidamente y se recompuso gracias a la actitud de los obispos, sacerdotes, religiosos y laicos comprometidos del país, que se esforzaron por poner las cosas en su sitio, así como debido a la buena gestión de los sucesivos representantes del Vaticano en Cuba; de manera muy especial del Excmo. Mons. Jorge Caruana, inicialmente delegado apostólico y luego primer nuncio en Cuba, quien fue literalmente queridísimo por el pueblo cubano.

El 31 de mayo de 1926, S.S. Pío XI elevó a Mons. Arteaga al rango de prelado doméstico. En ese período, o sea, hacia fines de la década de los años veinte, sin dejar sus tareas anteriores ya mencionadas, el concejal emprendía la tarea de dirigir tandas de ejercicios espirituales para laicos y, siempre en esa línea, el 11 de febrero de 1928, dejó oficialmente constituida, en el colegio de La Salle en El Vedado, la Federación de la Juventud Católica Cubana, siendo su primer consiliario general. Los miembros provenían de los colegios católicos, ya numerosos en la capital; el Hno. Victorino, de la Congregación de los Hermanos de las Escuelas Cristianas es considerado el fundador de dicha federación y para ello contó con la colaboración muy eficaz de religiosos y religiosas de los diversos centros educacionales –primero de La Habana y, poco a poco, de todo el país– pero el sostén y, más que sostén, el motor de la institución en aquellos primeros años, fue el dinámico y clarividente vicario que ya por aquel entonces manejaba ideas muy claras acerca del papel del laico católico en la Iglesia y en el mundo en general. Este sería otro de los ejes o ideas-fuerza de su sacerdocio y, posteriormente, de su episcopado. En el propio año de 1928, emprendió el concejal nuevo viaje a Roma. Esta vez para participar en las celebraciones por los cincuenta años de vida sacerdotal de S.S. Pío XI, el Papa de la Acción Católica. Le llevó como obsequio un álbum con quince mil firmas de adhesión a su persona, recogidas precisamente por los jóvenes de la federación. Personalmente, estimo que ese gesto fue el «punto final» de la «tormenta» de los años 1924 y 1925; por detrás de ello estuvo la personalidad sensata, eclesial, conciliadora y sacerdotal de Mons. Arteaga.

No me resulta ocioso recordar el momento político que vivía el país en el año 1928: gobierno ya muy discutido del general Machado; la situación se agravaría después de 1930. Eran conocidas las simpatías del arzobispo por el gobierno del general Machado y las de su vicario por la oposición. Al parecer, esta diferencia de óptica política no produjo quiebras en las relaciones entre ambos; de hecho, el arzobispo mantuvo a Mons. Arteaga como su concejal hasta el final de su gobierno pastoral. En más de una ocasión escuché de labios de familiares y amigos de mi familia (que militaron en la oposición al general Machado y sufrieron prisiones y exilios y algunos murieron en la empresa) que la presencia sostenida de Mons. Arteaga logró parar algunos de los golpes más duros que habrían afectado a la persona del arzobispo y, consecuentemente, a la Iglesia.

Posteriormente, cuando el propio Mons. Arteaga, siendo vicario capitular de La Habana., recibió el encargo de organizar la Acción Católica Cubana, según el esquema universalmente vigente entonces de las «cuatro ramas», la Federación de la Juventud Católica Cubana pasó a convertirse en las dos ramas juveniles.

Otra de las nuevas tareas que asumió el concejal en esta segunda etapa de su vicaría fue la organización de la Obra Pontificia de la Propagación de la Fe. Atendiendo a la solicitud de los obispos de Cuba, la Santa Sede designó a Mons. Arteaga director nacional de la misma con fecha 4 de septiembre de 1936. En 1938 volvió a Europa para participar en el Congreso Eucarístico Internacional de Budapest.

Vicario capitular

El 2 de enero de 1940 murió tras brevísima enfermedad, casi repentinamente, el arzobispo de La Habana, Excmo. Mons. Manuel Ruiz y Rodríguez. Un día después, el 3 de enero, el Cabildo de la Catedral Metropolitana eligió como vicario capitular a Mons. Manuel Arteaga y Betancourt. Es más que probable que los electores no pensaran en Mons. Arteaga como futuro arzobispo. Lo más frecuente es que para una sede de la importancia de La Habana sea trasladado un hombre que haya tenido experiencia como obispo de otra diócesis. Además, Mons. Arteaga tenía ya sesenta años cumplidos y no resulta frecuente que la Santa Sede designe a un hombre de esa edad avanzada para iniciar el ministerio episcopal en una diócesis de tal envergadura y en las precisas condiciones sociopolíticas tan difíciles que vivía el país. Es muy posible que haya sido elegido como el eclesiástico más apto para preparar el camino al arzobispo sucesor de Mons. Ruiz.

No podemos escrutar cuáles eran las motivaciones que circulaban por el mundo interior de Mons. Arteaga, pero lo cierto es que, sin sobrepasar los límites de su misión como vicario capitular, actuó con una gran energía y decisión, sin inhibiciones. Prácticamente, como si fuera arzobispo de La Habana.

La primera tarea que las circunstancias le impusieron fue la atmósfera constitucional. En enero de 1940, o sea, cuando iniciaba Mons. Arteaga su delicada responsabilidad, fue convocada la Asamblea Constituyente que elaboraría la nueva Constitución del país, promulgada en junio de ese mismo año. No es el momento de hacer historia acerca de la misma y de los avatares vividos en el breve período de su ardua elaboración. Básteme recordar que fue aquel uno de los supremos momentos congregantes de nuestra nacionalidad, que gracias a dicha Constitución el país fue saliendo paulatinamente del caos en el que se encontraba postrado desde la dictadura del general Machado y que en el texto constitucional (quizás excesivamente extenso y tocado por utopías irrealizables en la práctica) aparecían recogidas las mejores aspiraciones del pueblo cubano en materia de derechos individuales y sociales de la persona. Es un texto constitucional laico y enderezado a regir una sociedad pluralista, pero reconoce a la Iglesia Católica todos los derechos y deberes que su naturaleza misma requiere. Las relaciones personales de Mons. Arteaga con gobernantes, legisladores y hombres del mundo de la cultura, unidas a su espíritu dialogal, fino y penetrante, a su valoración positiva de la responsabilidad de los laicos en el terreno político y cultural y a la actividad intensa que desplegó en aquellos meses fueron raíces eminentes de ese fruto que sirvió luego de instrumento jurídico para el desarrollo de la Iglesia y de sus instituciones durante los años cuarenta y cincuenta, aunque los desvelos de Mons. Arteaga en esos meses y con relación al proceso constitucional no contemplaban solo la vida de la Iglesia, sino el futuro de la nación considerado globalmente. No era hombre que se dejase encerrar por el mundillo eclesiástico: su horizonte siempre fue más amplio.

Siendo todavía vicario capitular se dio a la tarea de recabar fondos para construir capillas en barrios nuevos y pueblos carentes de lugares de culto y logró iniciar la construcción de algunos y la terminación de no pocos. De ese período data también la bendición de la primera piedra de lo que posteriormente sería el Seminario El Buen Pastor, el 10 de octubre de 1941. La fecha elegida, evidentemente, no fue casual; tenía un valor de signo claramente inteligible: el vicario capitular se preocupaba por las mejores condiciones para la formación de sacerdotes cubanos quienes con su labor pastoral, realizada en colaboración con la presencia de laicos bien formados y comprometidos con la Iglesia y la nación, lograrían una mejor inculturación de la Fe y de la Iglesia Católica en Cuba. Una vez más se hacían evidentes las pasiones de Mons. Arteaga: Cuba y la Iglesia, tal cual eran y tal cual las soñaba como posibles.

Su amor por la cultura y su sentido de responsabilidad eclesial al respecto se revelaron en la inauguración del Museo Arquidiocesano, también en fecha patria señalada: el 24 de febrero del propio año de 1941. En él reunió piezas de valor artístico e histórico y documentos dispersos en los archivos parroquiales. Era un viejo deseo de Mons. Arteaga, manifestado en su momento a Mons. González Estrada y a Mons. Ruiz, quienes acogieron positivamente el proyecto de su concejal, pero no lo llevaron a efecto. De momento, el museo quedó instalado en una sala contigua a la Sala capitular de la Iglesia Catedral; posteriormente, sería trasladado a la planta baja de lo que fue su residencia última, el antiguo Seminario de San Carlos y San Ambrosio, convertido –ya siendo arzobispo y cardenal e inaugurado El Buen Pastor»– en Palacio cardenalicio y en sede de la Junta Nacional de Acción Católica, del Centro Católico de Orientación cinematográfica, de la Librería de los Padres Paulinos y del Museo Arquidiocesano (fue trasladado a su nueva instalación en mayo de 1953).

Por encargo de los obispos y con la colaboración del sacerdote mexicano Ricardo de Alba, se ocupó –también en este período– de la organización de la Acción Católica Cubana. Los estatutos estuvieron listos en junio de 1941 y el 8 de julio del mismo año, el vicario capitular reunió a los párrocos de la arquidiócesis para comunicarles su decisión de establecer dicha organización eclesial en la arquidiócesis, mientras se dedicaba a la fundación de lo que sería la rama femenina adulta, la Liga de Damas, ya que -como apunté anteriormente- las ramas juveniles provinieron de la Federación de la Juventud Católica Cubana y la rama masculina adulta de los Caballeros Católicos, fundados ya en Sagua la Grande y en rápida extensión por el país.

Era notoria la estima de Mons. Arteaga por el sacramento de la eucaristía. Había colaborado regularmente en la revista eucarística El Amor de los Amores y había sido director arquidiocesano de la Asociación de Pajes del Santísimo Sacramento cuando era concejal. Ya vicario capitular, organizó una Jornada

Eucarística Infantil, el 23 de mayo de 1940, que reunió a más de 30 000 niños en el entonces Hipódromo de La Habana, en Marianao.

Arzobispo de La Habana

El 28 de diciembre de 1941, La Habana se despertó con la noticia de que el vicario capitular, Mons. Manuel Arteaga y Betancourt había sido designado por S.S. Pío XII arzobispo de la arquidiócesis. Las bulas expedidas por la Cancillería Apostólica tienen fecha 26 de diciembre. El nuevo arzobispo designado, fiel a su tradición, escogió como fecha de consagración uno de los días celebrados por la patria: el 24 de febrero siguiente, o sea, el aniversario del inicio de la Guerra de Independencia.

Para muchos la designación constituyó una sorpresa debido a las razones apuntadas más arriba; para casi todos los habaneros, católicos y no católicos, fue un día de alegría honda. Los pasos que la Santa Sede recorre antes de la designación de un obispo se caminan en puntas de pie y están envueltos de un cierto silencio. Yo no tengo acceso a los archivos en los que se conserva el eco de la designación de Mons. Arteaga. El rumor que he escuchado muchas veces, proveniente de diversas fuentes, es que la designación fue muy discutida y sopesada. Había cuatro obispos en Cuba en ese momento: Valentín Zubizarreta en Santiago de Cuba, hombre espiritual, teólogo de valía, bienquisto y con toda la confianza de la Santa Sede, pero era aun mayor en años que Mons. Arteaga y no era cubano, era vasco. Esto no significaba un problema legal pues nada impedía que el arzobispo de la capital fuese un extranjero, pero sí era un problema de imagen, condicionante de la inserción real de la Iglesia Católica en nuestra identidad nacional; Enrique Pérez Serantes en Camagüey, un poco más joven que Mons. Arteaga, con la cabeza muy bien puesta, lleno de vida y de simpatía, misionero incansable formado también como tal a la sombra de Mons. Guízar Valencia, pero padecía el mismo inconveniente que el anterior: era gallego, aunque se había establecido en Cuba desde su adolescencia; Eduardo Martínez Dalmau en Cienfuegos, hombre cultísimo y de acendrada cubanía, polemista riguroso y relativamente joven. No tenía el «inconveniente» de la nacionalidad extranjera, pero ya comenzaban a rodar los comentarios acerca de una cierta dependencia familiar (que posteriormente le acarrearía conflictos en su diócesis) y de una excesiva agresividad nacionalista y anti-hispánica en el lenguaje, lo que no lo hacía simpático entre una buena parte de los sacerdotes, religiosos y religiosas que, en su mayoría, en Cuba, en aquella época, eran españoles: Alberto Martín Villaverde en Matanzas, cubano y habanero por añadidura, joven, simpático, inteligente, pastor bueno y bien formado; quizás fue considerado demasiado joven en aquel momento para ser arzobispo de La Habana. La diócesis de

Pinar del Río permanecía vacante pues el propio Mons. Manuel Ruiz, arzobispo de La Habana, había continuado siendo su Administrador Apostólico. De hecho, fue cubierta junto con la de La Habana con la persona de Evelio Díaz Cía quien, con el correr de los años, sustituiría a Mons. Arteaga en la arquidiócesis habanera.

Se dijo entonces y se repite aun hoy que ante las vacilaciones y la demora por parte de la Santa Sede, fue el Excmo. Sr. arzobispo de Santiago de Cuba, Mons. Valentín Zubizarreta quien logró inclinar la balanza en favor del vicario capitular, Mons. Manuel Arteaga y Betancourt. Tenía el inconveniente de la edad, pero la ventaja de 25 años como concejal en La Habana, de dos obispos de muy diverso talante, a los que sirvió con lealtad a toda prueba. Añádanse sus cualidades personales como hombre de trato refinado, vida personal austera sin extremismos ni alardes, cultura eclesiástica y «profana» vastísima; dinamismo evangelizador despojado de populismo pero eficaz; concepción «moderna» (para la época) de la Iglesia y, muy especialmente, del papel del laico; valoración de los aportes de la ciencia y la técnica contemporáneas y de su utilidad para la difusión de la cultura y para la evangelización (p.e., del cine); caridad discretísima, cubanía indiscutible y convicción evidente de la necesidad de la inculturación de la Iglesia Católica en nuestro pueblo (en el que todavía se percibían los rezagos anticlericales o, más precisamente, de actitudes anticatólicas nacidas como consecuencia de los procesos que acompañaron nuestras guerras de independencia política de España y como influjo negativo del protestantismo y de la masonería de raíces norteamericanas), pero siempre suave en sus formas, comprensivo, correcto, respetuoso en todas sus relaciones y dialogante, sin estridencias hirientes para con ningún extranjero, pues apreciaba de corazón a los que vinieron a echar pie en tierra con nosotros, los cubanos, en el quehacer evangelizador y, por supuesto, apreció también, ayudó y valoró muy positivamente a quienes vinieron simplemente como emigrantes por razones económicas o políticas (muy abundantes en aquellos años).

De su primera carta pastoral dirigida a los fieles habaneros con la fecha del día de su consagración, 24 de febrero de 1942, extraigo algunos textos que describen lo que había sido su propósito durante los dos años en los que fue vicario capitular y esbozan su proyecto de gobierno pastoral, en el que no descubro rupturas con todo lo que había sido y hecho antes el nuevo arzobispo:

> *Mi programa está en acción hace dos años ... desde el primer momento actué como si hubiera asumido el gobierno con plenas responsabilidades, aunque, a la verdad, al mismo tiempo pedía a Dios la gracia de desapasionarme del gobierno como si a cada momento hubiera de venirme la cesación en él.*

...he considerado a todos los institutos religiosos y al crecido número de almas buenas que embellecen esta arquidiócesis como el tesoro más precioso de ella. He estimado al clero y al Seminario, donde se forjan los futuros apóstoles de Jesucristo, como la pupila de mis ojos. He sentido para con mi patria verdadera, que esto es la patria terrena. He predicado el amor y el respeto a todos nuestros conciudadanos, aun y quizás principalmente, a aquellos que discrepan de nuestra fe y que tal vez nos odian, solamente porque desconocen la suprema santidad que informa toda la vida cristiana... He proclamado que nuestro triunfo no puede ser otro que captarnos el amor de nuestros contrarios a fuerza de amarlos y he rehusado tenazmente confiar en otra victoria que no sea la victoria de la Cruz.

...Como la Iglesia Católica no necesita de otra cosa que continuar su vida divina, siempre igual a sí misma, mi empeño es y será que nos mantengamos plenamente penetrados de la vida sobrenatural.

Para que la ignorancia se disipe, como hemos laborado, seguiremos laborando por la catequesis, por implantarla en todas partes, realizando así el programa de los últimos años de nuestro ilustre antecesor Mons. Manuel Ruiz y Rodríguez.

Para que los pueblos tengan a donde ir a recibir el pan de divina palabra, nos hemos esforzado y seguiremos esforzándonos para que cada caserío o barrio tenga una casa, siquiera sea humilde, para Dios.

Para que Cuba sea cada vez más cristiana seguiremos apoyándonos en nuestros abnegados sacerdotes y en nuestros celosísimos religiosos, en nuestras santas comunidades, en nuestros ejemplares colegios católicos y, sobre todo, procuraremos levantar a su más alto grado nuestro Seminario Metropolitano.

Seremos siempre sostenedores de la autoridad pública debidamente constituida, procurando la unión espiritual de todos...

...solo procuraremos que nos conozcan y nos amen; ni venceremos por la política, ni por la guerra, sino por el amor...

El centro de toda nuestra santa Religión es Jesucristo Sacramentado y en Él estará nuestra fuerza: «Tu adiutor fortis».

En este inicio de ministerio episcopal debemos colocar un gesto que contribuye poderosamente a ilustrar la personalidad del nuevo arzobispo de La Habana. Me refiero a la ordenación sacerdotal de Armando Arencibia, primer sacerdote negro de la época. Había estudiado en Cuba y en Europa; en el camino de las órdenes, había llegado hasta el Diaconado, pero el arzobispo anterior no lo había querido ordenar como sacerdote. Algunas personas que vivieron muy de cerca toda aquella situación, me han dicho que la decisión de Mons. Ruiz no dependía de una actitud racista con respecto al sacerdocio, sino de que, según su juicio, Armando Arencibia no era un candidato idóneo para el sacerdocio debido a limitaciones intelectuales y temperamentales. Los que abogaban por la ordenación de Arencibia reconocían que no era brillante de entendimiento ni de cultura y que su carácter era peculiar, pero argüían que otros ordenados no eran ni más inteligentes, ni más cultos ni de temperamento más apto que nuestro candidato negro. El hecho fue que, debido a esa decisión, Mons. Ruiz se ganó para la historia la opinión, sostenida aun hoy por muchos, de que consideraba que los negros no eran aptos para el sacerdocio.

Armando Arencibia, el diácono negro que desde hacía años esperaba la ordenación sacerdotal, asumiendo muy humildes menesteres para subsistir y ayudar a su familia, fue el primer sacerdote que ordenó Mons. Arteaga como arzobispo de La Habana. Ante el anuncio de la futura ordenación, algunos sacerdotes, religiosas y laicos fueron a decirle que era una decisión imprudente, que Arencibia no tenía condiciones y, por supuesto, no faltaron los racistas explícitos que argumentaban que los negros no eran aptos: que eran sensuales incapaces de asumir el celibato, que el pueblo blanco no los aceptaría, etc. A todo ello, Mons. Arteaga solía responder que, si tenía limitaciones, eso lo obligaba a él mismo, como arzobispo, a acompañarlo de manera especial. En cuanto al argumento explícitamente racial, la respuesta de Mons. Arteaga siempre fue tajante: nada impide que los negros y hombres de todas las razas y culturas sean aceptados como sacerdotes; si algún sector de los blancos los rechazara como pastores, son esos blancos los equivocados, no el arzobispo en haberlos ordenado.

Mientras la salud se lo permitió, Mons. Arteaga acompañó muy familiarmente no solo al padre Arencibia, sino a todos los sacerdotes y, de manera muy marcada, a los sacerdotes diocesanos jóvenes. No se limitaba a visitarlos con ocasión de eventos festivos, de enfermedades o de requerimientos canónicos; podía aparecer cualquier día en la casa parroquias para conversar un rato, constatar cómo estaba instalado, cómo se sentía, en qué proyectos andaba, etc. Y esa relación personal se extendía habitualmente a la familia del sacerdote e, incluso, a los laicos colaboradores más cercanos. Con frecuencia visitaba así, de manera informal, también a la vieja sacristana de cualquier capilla rural en la que no vivía habitualmente el párroco. Se sentaba a «chacharear» en las habituales comadritas de nuestras sencillas casas de pueblo de campo, tomaba un café o un refresco, jugueteaba con la cotorra o con el perro de la casa y, al compás de todo ello, palpaba cómo andaba la vida de la arquidiócesis en esos pequeños rincones de existencia cristiana. Personalmente conocí a muchas de esas buenas viejas que durante muchos años apuntalaron el culto y la vida de la Iglesia en nuestros poblados sin sacerdote: abriendo el templo, dirigiendo el rosario, impartiendo catecismo, etc. Todas veneraban a Mons. Arteaga; lo recordaban con cariño, simpatía y admiración difícilmente igualables. Nunca les oí decir que su cultura o su refinamiento establecieran una distancia en el trato humano cordial y sencillo que siempre les profesó. Esto sin abundar en el tema de la caridad discreta para con estas personas, a veces muy necesitadas de ayuda material para su subsistencia. Nadie sabrá a cuántas personas y en qué dimensiones ayudó Mons. Arteaga con su peculio personal del que, de hecho, se despojó en favor de la Iglesia.

Siendo ya arzobispo, hizo un viaje a Camagüey en el que se sabe que liquidó las propiedades que allí le quedaban. El dinero así obtenido y el que tenía consigo en La Habana fue depositado en las cuentas bancarias de la arquidiócesis. Alguien muy cercano a él en estos asuntos me dijo en una ocasión que, ante algunas observaciones «prudenciales» que él mismo le hizo, el ya cardenal Arteaga le dijo: No quiero más herederos que la Iglesia y de mí, si en alguna ocasión lo necesitara, cuidará la Iglesia. Siendo yo estudiante en Roma, supe también de la generosidad del cardenal en los difíciles años de la post-guerra para con su parroquia titular de San Lorenzo in Lucina y para con un asilo de niños pobres que atendía el entonces Mons. Tardini (años después secretario de Estado del Vaticano), quien todavía se desempeñaba con Mons. Montini (después Pablo VI) en la Secretaría de Estado durante el Pontificado de Pío XII.

La delicadeza para con los sacerdotes no se puso en evidencia solo en materia de relaciones personales cercanas y en atención material. Ya desde sus años de concejal, era conocida su actitud de comprensión y su disponibilidad a ayudar, a tender una mano, a quien se debatiera en dificultades de orden espiritual o moral. En una ocasión, el arzobispo, Mons. Ruiz, le pidió que fuera a ver a un sacerdote acerca de cuya conducta reprobable el arzobispo tenía evidencias. Mons. Arteaga le pidió al padre Abascal, párroco del Santo Angel Custodio y hombre apreciado por el sacerdote en cuestión, que lo acompañara. Narraba el padre Abascal que cuando subió al auto con Mons. Arteaga, lo que este le dijo fue: Ante todo, veremos en qué podemos ayudarlo todavía ... Tratemos de salvarlo.

Sabía de las críticas que algunos le hacían –sacerdotes, religiosos y laicos– pero ellas, aparentemente, no lo afectaban. Recuerdo que en una ocasión hablándome precisamente de las críticas a Mons. Arteaga, su sucesor, Mons. Evelio Díaz Cía, amigo de las imágenes en el lenguaje, me dijo:

> *Su Eminencia era como los arrecifes del Malecón; le venía encima una avalancha de problemas y de críticas por alguna actitud o alguna decisión o gratuitamente: uno estaría tentado a pensar que lo demolerían pero, era tan contenido que ni se inmutaba. Como los*

arrecifes: llegan los nortes y sus oleajes y pasan los ciclones y, cuando todo se tranquiliza, allí están, igual que antes; nada cambió. Su Eminencia era igual que los arrecifes. Después de unos instantes de silencio reflexivo añadió: A veces pienso que esa contención, que esa inmutabilidad, precipitó su deterioro ... No tenía edad todavía para perder facultades como las llegó a perder desde fines de la década de los cincuenta.

De entre todas las «avalanchas» aludidas por Mons. Evelio, dejo constancia de una de las que nos provocó más disgusto y, simultáneamente, admiración. Me refiero a un seudónimo de contenido muy grosero, firmado por «El Hondero», que circuló ampliamente y llegó, incluso, a la prensa. Corría esa década de los cincuenta; quizás, eran los inicios de la misma. El contenido del seudónimo revelaba la mano sacerdotal que lo había redactado. Ante la difusión del texto, el cardenal no hacía el menor comentario. Tengo entendido que fue su valioso secretario, Mons. Raúl del Valle, quien logró convencerlo de que debía tomar alguna medida, no por motivaciones personales de prestigio social, sino por aprecio a la Iglesia y por valoración de su ministerio como cardenal y arzobispo. La «medida» adoptada por Mons. Arteaga no pudo ser más humilde y caritativa. Simplemente redactó una circular en la que decretaba que el sacerdote que hubiese redactado dicho texto calumnioso quedaba «suspensos a divinis» hasta el momento en que se presentara ante él retractándose privadamente del mismo. La circular del cardenal arzobispo de La Habana fue llevada a mano a todos los sacerdotes que desempeñaban su ministerio en la arquidiócesis por los sacerdotes que colaboraban directamente con el cardenal; debían leer la circular ante el portador de la misma y firmar una constancia de que la habían leído y se percataban correctamente de su contenido.

Todo el mundo en La Habana que se interesaba por estas cuestiones supo cuál fue la medida de su arzobispo y, evidentemente, las pupilas estuvieron muy atentas a todos los sacerdotes para ver si alguno dejaba de ejercitar su ministerio a causa de la «suspensión». Nadie interrumpió el ejercicio de su ministerio; presumiblemente, el sacerdote implicado se habría presentado inmediatamente ante Mons. Arteaga y este le habría levantado la sanción canónica, sin hacer ruidos, sin humillaciones, en el coloquio discreto de su despacho arzobispal. Hubo sospechas y comentarios, provocados por el lenguaje utilizado por algún sacerdote para referirse a su arzobispo (lenguaje soez que continuó utilizando en privado hasta su muerte, acaecida con posterioridad a la del cardenal), lenguaje análogo al que aparecía en el seudónimo, pero nadie oyó de labios de Mons. Arteaga una palabra al respecto y, hasta donde he podido conocer, no quedaron trazas del incidente en los archivos de la Cancillería del Arzobispado.

Uno de los incidentes más desagradables, preñado de conflictos y nunca esclarecido públicamente de modo satisfactorio, relacionado directamente con la persona del cardenal Arteaga, fue el golpe recibido por este en la frente en los primeros años de la dictadura del general Fulgencio Batista. Una mañana se supo que el cardenal estaba recluido en una clínica habanera porque durante la noche anterior había sido herido en la frente. Su vida no peligraba, pero se trataba de una herida seria y ya el cardenal tenía más de setenta años. Ni el Arzobispado, ni el cardenal personalmente ofrecieron explicaciones públicas acerca del hecho. Los rumores comenzaron a correr y los medios de comunicación (prensa, radio, televisión) se hicieron eco de los mismos, inclinándose por una u otra versión, según la orientación de los analistas en cuestión.

Funcionarios del gobierno de Batista echaron a correr la especie de que el golpe se lo había dado un joven con el cual el cardenal mantenía relaciones homosexuales. Alguno habló, incluso, de una «juerga promiscua» en la residencia cardenalicia, durante la cual Mons. Arteaga habría sido golpeado. En los ambientes de la oposición política a la dictadura se dijo que el cardenal había escondido en su casa a un perseguido político y que la policía había ido a buscarlo pues habían descubierto las trazas; al negarse el cardenal a entregarlo, la policía lo habría golpeado. Se llegó a afirmar que cuando la Sra. Marta Fernández de Batista, esposa del general Fulgencio Batista, fue a visitar al cardenal arzobispo en la clínica, se había puesto de rodillas junto a la cama del anciano y le había pedido perdón por lo ocurrido.

Yo tuve ocasión de leer un borrador de informe a la Santa Sede, escrito en Roma, en papel timbrado del Pontificio Colegio Pío Latinoamericano, por Mons. Arcadio Marinas, concejal de la arquidiócesis de La Habana, en el que daba una versión mucho más aséptica y sencilla de lo sucedido. De acuerdo con este informe, el cardenal se había levantado de noche, tropezó a oscuras con un perchero (o gancho para la ropa) que colgaba, vacío, de una percha y el golpe le había producido la herida. Anciano y semidormido, el propio cardenal se asustó y comenzó a llamar a Mons. Raúl del Valle, que dormía en el cuarto vecino, y le dijo que alguien había entrado en su cuarto, lo había golpeado y había huido. Mons. del Valle y otros sacerdotes que vivían en la casa buscaron por todas partes; no encontraron a nadie ni vieron puertas o ventanas forzadas, por lo que llegaron a la conclusión del golpe con el perchero. Avisaron entonces a la Policía (junto a la residencia del cardenal estaba la sede de la jefatura de la misma) y trasladaron al cardenal a una clínica habanera en la que recibió el tratamiento adecuado.

Cuando se restableció, hizo un breve viaje a Roma. La interpretación general, en el pueblo, entre católicos y no católicos, fue que la razón del viaje era explicar al Santo Padre –Pío XII en aquel momento– y, en general, a las instancias vaticanas lo que realmente había ocurrido y cuál era la situación de Cuba después del «golpe de estado» del general Fulgencio Batista, que había interrumpido el lento discurrir hacia una perfección de la democracia en Cuba. Se sabía que, aunque el cardenal mantenía con el general las relaciones protocolares normales en esos casos en aquella época, no había visto con simpatía la movida de Batista y del Ejército y que deseaba un rápido restablecimiento del estado de derecho.

En todo caso, el incidente del golpe quedó envuelto en una cierta niebla y, como hubo quienes prestaron oídos a las versiones calumniosas de algunos funcionarios batistianos, la honra de Mons. Arteaga quedó en entredicho para algunos; no para la mayoría del pueblo, pero sí para una porción. Para la mayoría el incidente constituye –todavía hoy– una pregunta sin respuesta adecuada.

Cardenal

El 24 de diciembre de 1945, los católicos y, en general, el pueblo cubano incrementó la alegría navideña con la noticia de que el arzobispo de La Habana había sido designado cardenal por su Santidad Pío XII, con el título de San Lorenzo in Lucina. Como en toda designación cardenalicia, normalmente, se aúnan en las motivaciones las condiciones personales de quien es promovido a tal servicio y dignidad y las condiciones de la Iglesia local que él representa.

Se trataba del primer consistorio después de la Segunda Guerra Mundial y el Santo Padre debe haber puesto un cuidado muy especial en las designaciones, ya que se trataba de una renovación del colegio de cardenales, diezmado durante los años de la Guerra y de poner de relieve la catolicidad de la Iglesia, incluyendo en el mismo cardenales procedentes de «las cinco partes del orbe» (palabras de Pío XII en el Consistorio Secreto). De los treinta y dos nuevos cardenales, cinco eran latinoamericanos. Mons. Arteaga y Betancourt era el único de nuestra región (México, América Central y el Caribe); los otros cuatro eran sudamericanos. Recuerdo que en una ocasión, en una visita que le hice en su retiro en Roma a Mons. Luigi Centoz (quien fuera posteriormente nuncio en La Habana), cometí la indiscreción de preguntarle por qué Arteaga y no otro. Sus palabras fueron, más o menos exactamente, las siguientes:

> *Por sus cualidades personales, todavía brillantes, y por la vitalidad de la Iglesia Católica en Cuba en aquellos momentos... Ninguna otra Iglesia de la zona vivía entonces un crecimiento tan impresionante; proporcionalmente hablando, ninguna tenía un laicado y un clero nativo con los niveles de formación y compromiso que tenían en Cuba; en ninguna otra Iglesia de la zona había las facilidades que tenía Cuba entonces para que viniesen sacerdotes y*

> *religiosos extranjeros y se estableciesen instituciones religiosas de todo tipo... Las relaciones entre cubanos y extranjeros no eran malas, entre religiosos y diocesanos tampoco; cuando había problemas en estos terrenos eran de menor cuantía... Era una Iglesia floreciente y Mons. Arteaga no solo era el arzobispo de la ciudad capital sino que era, probablemente, uno de los principales responsables de ese positivo estado de cosas... Era conveniente apoyar a esa Iglesia y apoyarlo a él.*

Recuerdo que le pregunté acerca de la ausencia de un cardenal mexicano. Su respuesta tuvo que ver con la situación legal irregular e incómoda de la Iglesia en nuestro país vecino. No me cabían dudas de que la Iglesia Católica en México, humanamente hablando, en términos cuantificables, era ya una Iglesia local más importante que la nuestra, pero hasta tiempos muy recientes su situación legal resultaba inaceptable y la designación de un cardenal en aquel momento hubiera contribuido, probablemente, a incrementar los conflictos o, al menos, a retardar la implementación de un adecuado «estado de derecho» para la Iglesia en México.

Pocos días después de su designación como cardenal, Mons. Arteaga cumpliría 66 años y su salud nunca había sido muy sólida. Sin embargo, durante los primeros años de episcopados a los que ya me he referido y de cardenalato, pudo desempeñarse con las mismas características que habían caracterizado su existencia. Continuó esforzándose en las líneas maestras de su acción pastoral, que podríamos resumir en el empeño por la inserción de la Iglesia y de la fe católica en la cultura y en las estructuras de la nación y en el reconocimiento efectivo de la responsabilidad de los laicos en el seno de la Iglesia. Su prestigio personal, avalado ahora por el capelo cardenalicio, contribuyó poderosamente a ello todavía durante los últimos años de la década de los 40 y los primeros de la década de los 50. Ya hacia fines de los 50, el deterioro físico (dificultades de movimiento e incremento de sus viejos padecimientos respiratorios) y mental (prematuro; debido quizás a las dificultades de irrigación sanguínea cerebral a causa de los mismos problemas respiratorios) se fue haciendo cada vez más evidente.

De sus «buenos años» podríamos añadir, a las realidades ya mencionadas, la designación de su obispo auxiliar, Mons. Alfredo Müller San Martín, el Congreso Eucarístico Nacional y el Congreso Mariano, así como la multiplicación de reuniones internacionales de organismos católicos celebrados en aquel entonces en La Habana; los frecuentes viajes como «legado pontificio» a eventos religiosos de la zona; las visitas de personalidades eclesiásticas a La Habana; la erección de la Universidad Católica (1946), encomendada a los Padres Agustinos; la fundación de numerosas escuelas parroquiales en zonas rurales y la restauración y construcción de templos y capillas en pueblos y zonas nuevas de la ciudad, pues La Habana crecía rápidamente en aquellos años y las nuevas urbanizaciones se multiplicaban como setas; la apertura de casas religiosas, masculinas y femeninas, la multiplicación de casas de formación, de centros de «ejercicios espirituales» de movimientos laicales, una presencia más efectiva de la Iglesia en los medios de comunicación social y en las instituciones sociales y políticas, etc.

En esos «buenos años» se inscribe también la no muy feliz restauración de la Iglesia Catedral, obra en la que el cardenal Arteaga «dejó hacer» al arquitecto responsable de la misma. Más acertada -según mi juicio- fue la obra realizada en nuestro vetusto Seminario «San Carlos y San Ambrosio», conocido después como «palacio cardenalicio» pues en él fijó su residencia el cardenal, aunque en realidad fue un edificio de uso múltiple, como ya hice notar anteriormente.

Los años terminales

Ya en 1958 a todos nos resultaba dolorosa la imagen de nuestro arzobispo. Cuando fue a Roma a fines del verano, no era un secreto para nadie que uno de los propósitos del viaje era lograr la designación de un «Administrador Apostólico» o de un «arzobispo coadjutor» que gobernase efectivamente la arquidiócesis. Cuando llegó a Roma, se iniciaba la agonía de Pío XII, lo cual explica que fuera el cardenal Arteaga el único extranjero (o sea, ajeno a la Curia Romana) que estuviese presente en Roma en el momento de la muerte del Santo Padre y el primero en entrar en el cuarto en el que falleció el Papa a orar por su eterno descanso. Tengo entendido que el cardenal Arteaga quedó profundamente conmovido o, más bien, estremecido ante la vista del cadáver de Pío XII a quien había conocido bien desde que era secretario de Estado de Pío XI. Participó en los funerales y en el Cónclave del que salió elegido Juan XXIII. Regresó a la arquidiócesis y, meses después (febrero de 1959) fue designado Mons. Evelio Díaz Cía, obispo de Pinar del Río, Administrador Apostólico sede plena; posteriormente, sería nombrado arzobispo coadjutor con derecho a sucesión y ocuparía la sede habanera hasta su renuncia en diciembre de 1969.

Mientras tanto, el primero de enero de 1959 han ocurrido en Cuba los eventos que todos conocemos: huida del general Batista, quien ocupaba dictatorialmente el poder desde el «golpe de estado» del 10 de marzo de 1952, y toma del mismo por las fuerzas revolucionarias comandadas por el Dr. Fidel Castro. O sea, –y volviendo un poco hacia atrás en el tiempo– los últimos años de episcopado del cardenal Arteaga, los del deterioro creciente, fueron los de la dictadura de Batista; los años de las ambigüedades para restaurar el estado de derecho, los de todas las posibilidades ensayadas y frustradas por la tozudez y la torpeza del general Batista; los años de la violencia militar de su gobierno y de la lucha revolucionaria, violenta también, como respuesta, que llegó a ser considerada como la única posible por la mayoría del pueblo cubano para recuperar dicho estado de derecho por la puesta en vigor de la Constitución de 1940 y la convocatoria a elecciones generales después que se pudieran reorganizar convenientemente los partidos políticos.

Aunque nuestro arzobispo no era el mismo hombre de los años 40, aunque vivía un envejecimiento prematuro, doy fe de que, al menos en los momentos del golpe de estado y en los años subsiguientes, conservaba lucidez suficiente para valorar todo lo que estaba ocurriendo en el país y las posibles consecuencias de la situación del momento. En varias ocasiones, en mi condición de presidente del grupo de Acción Católica de la Facultad de Derecho de la Universidad de La Habana o de secretario del Consejo Nacional de la Juventud de Acción Católica tuve que visitarlo, acompañado por los que compartían aquellas responsabilidades juveniles en la Iglesia. Doy fe, asimismo, de su actitud de escucha, de su atención, para con nuestros puntos de vista; de su paciencia para tolerar lo que, quizás, algunos clérigos jóvenes de hoy no tolerarían a laicos de sus parroquias, a quienes calificarían de insolentes. No recuerdo una palabra descompuesta sino siempre comprensión e inaudito respeto para con nosotros que éramos tan jóvenes y nos atrevíamos a presentarle la situación universitaria y nuestros puntos de vista sobre el país, sobre lo que debería hacer él o el cuerpo episcopal.

Estos recuerdos me llevan de la mano a un esclarecimiento acerca de la posición política del cardenal Arteaga en aquella época. Es cierto que en los días inmediatamente posteriores al golpe de estado del general Batista, fue al Palacio Presidencial a saludarlo, como era costumbre protocolar en la época y como procedieron otras personalidades del país. Es posible –tendría que revisar cuidadosamente la prensa de la época– que haya enviado un mensaje de saludo y congratulación al general que, una vez más, quebraba el estado de Derecho en nuestra nación. Confieso que, aun entonces, cuando no estaban todavía esclarecidas como lo están hoy, después del Concilio Ecuménico Vaticano II, las responsabilidades sociales de la Iglesia Católica como institución y de los obispos en particular, aquel gesto del cardenal me resultó chocante. Habría preferido que no fuese a Palacio, que no enviara al general Batista mensaje de saludo obsequioso. No habría pretendido un enfrentamiento, pero sí un distanciamiento claro, transparente. Ahora bien, aquel gesto protocolar, que casi todos los cubanos desaprobamos, no significaba adhesión al régimen militar. Por boca del mismo cardenal sé cuánto apreciaba las instituciones democráticas y, posteriormente, tanto él como el resto del Episcopado hicieron lo que estuvo en sus manos para lograr una salida pacífica a aquella situación. Se comprometió muy diáfanamente con lo que entonces se dio en llamar «el diálogo cívico» y firmó la carta colectiva del

Episcopado en la que se pedía dicho diálogo cívico para abrir el camino a una solución satisfactoria de la problemática nacional. Ni el general Batista, ni el Dr. Fidel Castro aceptaron dicho diálogo. Se afirmó entonces que, oralmente, los obispos habían pedido, además, al general Batista su renuncia, por medio de uno de ellos. Algunos dijeron que el «vocero» había sido Mons. Alberto Martín Villaverde, obispo de Matanzas; otros afirman que fue Mons. Alfredo Müller, a la sazón obispo auxiliar de La Habana. De ello no queda constancia escrita conocida por mí.

Este «diálogo cívico» y la posible solución pacífica de la situación por medio de elecciones democráticas (al estilo de la Asamblea Constituyente de 1940 y de las elecciones de 1944) eran el camino del cardenal; por ahí deambulaban sus criterios. Era tan enemigo de la dictadura militar como de la «solución revolucionaria» que, a su entender, podía salirse de los controles jurídicos y engendrar otro tipo de dictadura. Ahora bien, aunque no estuviese de acuerdo con la «solución revolucionaria», de ningún modo aprobaba la represión violenta a los «revolucionarios» del momento; sobre ello le oí expresarse en términos sumamente fuertes. Y sé también cuántas veces intervino para evitar prisiones y muertes, sirviéndose para ello de sus relaciones personales. Es más, una fuente fiable me ha dicho que, cuando los acontecimientos del cuartel Moncada el 26 de julio de 1953, el cardenal Arteaga se comunicó con Mons. Enrique Pérez Serantes, entonces arzobispo de Santiago de Cuba, para que hiciera lo que estuviese en sus manos para evitar las matanzas que estaban teniendo lugar. De acuerdo con esta fuente, esta llamada del cardenal motivó la intervención del Excmo. Sr. arzobispo de Santiago de Cuba que es de todos conocida. El accedió a la gestión, haciéndose acompañar en la misma por un conocido laico santiaguero, Enrique Canto; por su parte, el cardenal Arteaga envió a un laico habanero, Juan Emilio Friguls, quien también participó en aquellos pasos, en nombre del cardenal. Dejo constancia de este hecho poco conocido, coherente con la actitud del cardenal en aquella época. A veces he escuchado y leído opiniones acerca de las relaciones de nuestro arzobispo con el general Batista tan simplistas que se convierten en falsedades históricas. Es necesario situarnos en el contexto de la época y conocer la mentalidad hondamente democrática del cardenal para podernos formar un juicio justo. Reconozco, sin embargo que, lamentablemente, no disponíamos entonces de una «teología de las realidades temporales» con el nivel de hoy, ni una sensibilidad análoga a la contemporánea en el terreno de las relaciones Iglesia-Estado. Estas carencias explican, quizás, las relaciones ambiguas del cardenal con el general Batista. Pero no dejemos a un lado tampoco los matices que me he esforzado por introducir.

No olvidemos tampoco que un hombre deteriorado es un hombre más dependiente que el común de los mortales de sus colaboradores y de su entorno.

Y durante los últimos años de su gobierno pastoral Mons. Arteaga vivió en excesiva pero inevitable dependencia de sus colaboradores y amigos, clérigos y laicos. Y no todos alcanzaban la talla requerida para semejante responsabilidad: ser los puntos de apoyo de un arzobispo y cardenal que había sido un hombre lúcido, brillante, medularmente cubano, profundamente religioso y austero en su vida personal y que ahora se desmoronaba paulatinamente, mientras las circunstancias políticas y sociales del país adquirían tintes verdaderamente dramáticos.

Ya con Mons. Evelio Díaz Cía a la cabeza del gobierno pastoral efectivo de la arquidiócesis, el cardenal Arteaga se fue quedando rápidamente solo, casi totalmente solo. Su casa –el «Palacio cardenalicio»– se convirtió en un auténtico desierto. Por la galería del tercer piso deambulaba, cuando sus condiciones físicas se lo permitían, el anciano cardenal, acompañado por el seminarista de turno o por el fiel secretario, nuestro Mons. Raúl del Valle, quien ya lo acompaña hoy por los caminos mejores. Tenía días en los que apenas reconocía y lo atormentaban alucinaciones. En otras ocasiones, sin embargo, despertaba y pasaba el día con una lucidez sorprendente y con chispazos de humor que rozaban la genialidad.

Recuerdo muy bien la última plática que nos dirigió en el Seminario. El tenía la costumbre de ir al Seminario «El Buen Pastor» hacia el fin del curso y dirigirse a todos los seminaristas para hablarnos muy familiarmente de cuestiones espirituales. En esa ocasión –sería probablemente en junio de 1959– nos reunió en el Salón de Actos y comenzó sus palabras hablando con su voz queda y ya muy jadeante; de manera casi imperceptible su interlocutor varió: ya no hablaba con nosotros, hablaba con el Cristo crucificado que había sobre la mesa. Y sus palabras fueron oración reflexiva acerca del dolor, de la soledad, de la incomprensión, de las frustraciones y todo lo que tiene de crucificante la existencia humana. Pero, en la palabra serena de nuestro cardenal, todo era presentado in Christo, a la luz pascual de nuestra redención.

Poco después, con Mons. Teodoro de la Torre, Mons. Alfredo Petit y el padre Luis Casabón debía partir a Roma a continuar los estudios de Teología en la Pontificia Universidad Gregoriana. Los cuatro viajeros le pedimos a Mons. Raúl del Valle una cita con el cardenal para despedirnos de él. Fuimos el día que Raúl nos señaló, temprano. El cardenal acababa de celebrar misa en su capilla privada. Nos recibió en la terraza pequeña, cercana a su habitación, en el tercer piso del actual Seminario. Se suponía que estaríamos unos minutos, solo para despedirnos, pues *Su Eminencia se fatiga fácilmente ahora*, nos había prevenido Mons. del Valle. Estuvimos toda la mañana. El cardenal no nos dejaba partir; recopilación de sus recuerdos de Roma, consejos para nuestros estudios en esa ciudad y comentarios sobre las incertidumbres que pesaban sobre nuestro país y sobre la Iglesia se amalgamaron en esa inolvidable conversación, la última que sostuvimos con quien había sido nuestro arzobispo, admirado, respetado y, sobre todas las cosas, muy querido.

¿Parapsicología?

Ya en Roma, sabíamos con relativa frecuencia de nuestro cardenal. Conocimos de su traslado, en calidad de «huésped» a la Embajada de la República Argentina cuando los acontecimientos de Playa Girón y de su posterior instalación en el Hogar-Clínica «San Rafael» de los Hermanos de San Juan de Dios. Estábamos al tanto de su consunción galopante y de la previsiblemente no muy lejana muerte física.

El 21 de marzo de 1963 tuvo lugar la peregrinación anual de los estudiantes de la Pontificia Universidad Gregoriana al Santuario de Nuestra Señora de la Mentorella, cerca de Guadagnolo, en la diócesis de Palestrina. En esa ocasión, me habían señalado como sacerdote celebrante de la misa en el santuario. Cuando íbamos de camino por el sendero pedregoso de la montaña, comenté con varios compañeros de estudio que esa noche había tenido un sueño muy triste, que me había despertado con el peso de ese dolor sobre el corazón. Soñé, con una claridad poco común, con el entierro del cardenal. Como su tumba había sido construida años antes, podía visualizarla con exactitud en el sueño; veía a muchas personas que inevitablemente estarían allí: Mons. Evelio Díaz, sacerdotes y laicos conocidos de La Habana, mi abuelo paterno (con su acostumbrado traje gris oscuro, sombrero en mano y apesadumbrado). Tuve una intención muy especial en la misa por el cardenal. Cuando regresamos a Roma en las primeras horas de la noche, nos encontramos con la noticia de que Su Eminencia había fallecido el día 20 y había sido sepultado ese mismo día, 21 de marzo.

Poco a poco, su figura fue introduciéndose en el mundo de las sombras, del olvido, de la calumnia, la incomprensión y la ingratitud... Cuando nos reunimos a hacer historia y a rumiar nostalgias los que mucho le quisimos y lo recordamos aun, su fantasma aparece, sonriente, bondadoso y con aquella majestad que le nacía de adentro, que no dependía de su cuerpo frágil ni de poses estudiadas, sino de la aristocracia del espíritu, infartada en el poso de su ser más genuino.

¿Por qué discutido si era un hombre de la luz?

1.- En primer lugar, a mi entender, porque toda persona humana lo es. Nadie escapa a la crítica y al rechazo de algunos o de muchos. No escapó Jesús en su existencia terrenal ni escaparon los grandes santos. Además, el ámbito de la discusión, del rechazo y, por supuesto, también de la aceptación y del aprecio se incrementan con el ámbito de las relaciones y responsabilidades del sujeto en cuestión. No somos perfectos; somos falibles y pecadores y no faltan las pupilas atentas al error y al pecado en el «otro» para señalarlo a los que no los han percibido o a los que, aun percibiéndolo, tratan de comprender y de echar un manto de amor fraterno sobre los mismos.

2.- En segundo lugar, también según mi pobre entender, porque los que tienen cualidades poco comunes, son objeto de la envidia consciente o inconsciente y esta despierta críticas ácidas. Manuel Arteaga y Betancourt tenía cualidades poco comunes en el clero contemporáneo a él: procedía de familias conocidas por su larga historia de cultura y refinamientos y patriotismo; él mismo era un hombre de trato exquisito, cultura vastísima, buen gusto, amor patrio y cubanía indiscutida, corazón católico y espíritu cosmopolita ajeno a provincianismos limitantes; sus relaciones humanas eran muy amplias y, precisamente por sus dotes personales y, de manera muy especial, por su estirpe patriótica, tenía crédito abierto en ambientes en los que la mayor parte de los sacerdotes y obispos de la época no lo tenían. Quizás podría señalársela como limitación –frecuente en personas de edad avanzada– una cierta incomprensión o falta de sensibilidad con relación a manifestaciones más contemporáneas de la cultura. Esto lo distanció de algunos hombres y mujeres de nuestro país, católicos y no católicos, que cultivaban estas formas.

3.- Señalo como tercera causa de esas críticas desproporcionadas, el hecho de que no solo tenía cualidades sobresalientes, sino que ocupó, posiciones sobresalientes en nuestra Iglesia y gozó de una estimación muy alta en diversos sectores de nuestro pueblo. Esto suele pagarse muy caro. Ser designado concejal de La Habana, proviniendo de Camagüey y habiendo realizado sus estudios y primeros ministerios sacerdotales en Venezuela y ser escogido luego como arzobispo y cardenal, sin haber sido antes obispo de alguna otra diócesis y sin dejar de tener algunos defectos, como el común de los mortales, es explicación más que suficiente para el desarrollo de ese malsano caldo de cultivo de las críticas desproporcionadas, que es la envidieja eclesiástica, tan frecuente como inconfesada.

4.- Evidentemente, el cardenal Arteaga tuvo limitaciones y aquí puede residir la cuarta causa. Una, según mi criterio, depende de lo que fue también una de sus buenas cualidades: una cierta debilidad en el ejercicio del gobierno pastoral. Es la otra cara de la moneda de los hombres comprensivos, humildes y bondadosos. Hubiéramos deseado verle dotado de una mayor energía en algunas circunstancias y frente a algunas situaciones y personas, que prefiero no detallar. Algunos le acusan de que, con relación a algunos problemas, simplemente «se lavaba las manos». Es posible que si hubiera actuado con más energía, se le acusara hoy de haber sido un arzobispo autoritario o un cardenal soberbio... También he escuchado que, en ocasiones, era «caprichoso» en sus decisiones. Habiéndome correspondido trabajar con varios obispos, sé bien que frecuentemente deben actuar, por razones de caridad, sin manifestar los motivos de sus decisiones y en lugar de suponer motivos que el obispo no debe manifestar por discreción en el ejercicio de la autoridad pastoral, algunos califican la decisión de «caprichosa». No niego que un obispo puede ser caprichoso; y más que «caprichoso», autosuficiente, pero en principio no debemos atribuir a este defecto lo que en realidad está enraizado en la virtud. Los obispos merecen, como toda persona humana, una carta de crédito de confianza y un margen de comprensión para con sus errores y pecados. La mitra no es una vacuna contra los mismos. También he oído comentarios negativos acerca del cardenal debido a «estereotipos» episcopales y cardenalicios adquiridos durante el ejercicio de su ministerio. Es cierto, pero no conozco obispo o cardenal que no los haya adquirido. La edad me permite conocer a muchos desde que eran sacerdotes simplemente o, incluso, desde que eran laicos; después de un cierto tiempo de ejercicio del ministerio episcopal, ya sus actitudes y gestos no son totalmente iguales a lo que eran en su situación anterior. En algunos el cambio es tal que se convierte en pose teatral, tocada por el artificio; en otros no llega a tanto, pero un cierto estereotipamiento es tan frecuente que he llegado a la conclusión, en los albores de la tercera edad, de que es inevitable. Y lo lamento, sobre todo por el mismo sujeto pues supongo que eso implica un henchimiento en las contradicciones interiores y externas que, en mayor o menor grado, todo ser humano carga consigo. Feliz es el obispo capaz de conservar, al menos, un círculo de amigos en el que se puede comportar con espontaneidad, tal cual es, y en el que puede manifestar con confianza sus criterios personales reales –acertados o no, pero que son los suyos– y no los que en público debe sostener que, a menudo, no concuerdan exactamente con los suyos. El cardenal Arteaga tenía sus amigos; ignoro hasta dónde llegaba su espontaneidad cuando estaba solo con ellos; en términos generales, era un hombre reservado y, quizás, hasta tímido. En la incorporación de los inevitables estereotipos no ha sido el caso más exagerado que yo he conocido, pero alguna dosis de verdad tiene esta «crítica» que, como ya he apuntado, me parece que se podría hacer a todos los obispos y signatarios eclesiásticos (¡y civiles!).

5.- La quinta y última causa del olvido y las detracciones no es imputable al cardenal Arteaga, sino a los olvidadizos y a los detractores. Se juzga a quien fuera nuestro arzobispo por sus últimos años, los del deterioro y de la dependencia del entorno, sin tener en cuenta sus mocedades y su plenitud adulta. Es el conjunto de la vida lo que nos da la medida de un hombre, no una sola etapa y, mucho menos, si esa etapa es la de las limitaciones de una ancianidad precoz. Muchos de los rasgos negativos que se le señalan a Mons. Arteaga pertenecen a esa etapa, no a sus años de sacerdote joven, de concejal en situaciones muy complejas de la nación y de la Iglesia, de vicario capitular y de arzobispo iniciático. Y se llega a olvidar que, aun en la decrepitud del ocaso, el espíritu profundamente religioso se hacía presente cotidianamente, casi como un reflejo. Le bastaba sentir los pasos del sacerdote que se acercaba a su cuarto en el Hogar «San Rafael» para llevarle la comunión: el cardenal unía las manos en actitud de oración y comenzaba a pronunciar sus preces acostumbradas. Las chispa de la fe genuina que dio unidad a su existencia nunca se apagó. Se le oscurecieron sus facultades humanas, pero su religiosidad y su confianza en Dios se mantuvo despierta hasta el último momento, así como el amor a María. Conservo como un tesoro, entre otros objetos personales del cardenal Arteaga que llegaron a mis manos por diferentes vías, el rosario -muy sencillo y desgastado- que utilizó durante muchos años en su vida cotidiana, desde los tiempos de la Granja Delfín hasta los últimos días en «San Rafael», en los que, probablemente, ya no era muy capaz de rezar el rosario debidamente, pero se lo entrelazaba en las manos y musitaba el «Ave María».

A las calumnias groseras que se han levantado contra la moralidad sexual de nuestro primer cardenal ni me refiero. Ninguna persona medianamente seria les puede dar crédito.

Epílogo

Termino estas páginas como Mons. Raúl del Valle terminó su libro sobre el cardenal, mucho más completo que esta ponencia: con fragmentos de la carta pastoral que el cardenal Arteaga escribió con ocasión de sus cincuenta años de vida sacerdotal. Cierren, pues, las propias palabras del cardenal mi evocación, hija de la admiración, la gratitud –de cubano y de hijo de la Iglesia– y el afecto filial que siempre le he profesado.

La amorosa Providencia de Dios que nos ha colmado de gracias y favores a lo largo de nuestra vida, también nos ha deparado la felicidad de poder celebrar el quincuagésimo aniversario de nuestra ordenación sacerdotal en medio de vosotros, rodeado de incontables pruebas de afecto filial que nunca olvidaremos y que han dejado en nuestra alma una íntima confianza en la sapientisima voluntad de Dios, de quien ya nada nos podrá separar.

Nuestra avanzada edad no nos permite, Venerables Hermanos y amados Hijos, abrigar la esperanza de permanecer cerca de vosotros por mucho tiempo. Por eso, al rendiros este testimonio de nuestro profundo agradecimiento, queremos reiteraros aquellas recomendaciones pastorales que con mayor insistencia siempre os hemos predicado, como padre y pastor, en la convicción de que son para vuestro provecho espiritual y para el engrandecimiento de nuestra amada patria.

Sea la primera que os mantengáis fieles a Dios nuestro Señor, permaneciendo en el seno de la Iglesia Católica, estrechamente unidos al vicario de Jesucristo en la tierra y a vuestros obispos y sacerdotes.

En medio de las dificultades de la vida, buscad en la Sagrada eucaristía la fortaleza necesaria para triunfar sobre las propias pasiones y para crecer en la vida espiritual de la gracia.

Mirad el sacramento del matrimonio como vínculo sagrado que une de por vida al hombre y a la mujer, pues que así fue instituido por Dios Nuestro Señor para el bien de la sociedad y la felicidad de los individuos.

Tened presente que los hijos son el fruto más precioso de un amor santo y que se deben recibir y educar conforme a la voluntad de Dios, aun a costa de sacrificios y abnegaciones a que todo padre y madre está gravemente obligado.

Considerad como un timbre de gloria que Cuba, como nación soberana, no haya cometido ningún pecado de agresión en contra de la libertad de la Iglesia, pudiendo sin sonrojo levantar airosamente su frente en el concierto de las naciones cristianas del mundo. Y en consecuencia, procurad que reinen relaciones de permanente armonía entre la Iglesia y el Estado, pues ello es necesario para el florecimiento de la vida religiosa del pueblo y para el desarrollo de las reservas morales de la nación.

Vivid en paz y armonía, estrechamente unidos por los lazos de la caridad, disfrutando santamente de los bienes con que la Providencia de Dios ha regalado esta patria nuestra que, por la belleza de su suelo y por la bondad de sus hijos, nos llama a la concordia, a la comprensión, al amor de la tranquila y sosegada justicia, a la unión fraternal de todos bajo la bendición de Dios.

(Fragmentos de la Carta Pastoral del cardenal Manuel Arteaga y Betancourt, arzobispo de La Habana, de 21 de Noviembre de 1954.)

Perfil crítico de la enseñanza católica en Cuba

Manuel Fernández Santelices

La situación educacional en Cuba

En un informe del Episcopado Cubano a la Santa Sede con motivo de la Conferencia Episcopal Latinoamericana de Río de Janeiro de 1955, se dice que «en Cuba hay unas 212 escuelas católicas, incluyendo en este número los colegios de religiosos y de religiosas, así como las escuelas parroquiales. En esas 212 escuelas católicas se educan 61 960 alumnos de ambos sexos. En la sección de estadísticas del clero diocesano y religioso se informa también que hay 153 religiosos sacerdotes dedicados a la enseñanza; 299 religiosos laicales en la misma función docente y 1 209 religiosas que se dedican a la enseñanza. En total, el personal eclesiástico que se emplea en funciones educativas en colegios católicos alcanza la cifra de 1661 [1]. Es evidente que no se incluyó aquí el personal docente seglar, empleado por los colegios para complementar el trabajo pedagógico de los consagrados por votos a esta función y cuyo número casi duplicaría la cifra dada.

En cuanto a cifras globales de educación en Cuba, pueden tomarse como aproximadas las siguientes publicadas en 1959: *De más del millón y medio de niños cubanos en edad escolar, prácticamente 600 000 van a escuelas públicas, otros 100 000 a escuelas privadas, una mayoría de 62 000 a las católicas. Hay un 34% de analfabetos. Aunque las parroquias y varios grupos de apostolado seglar, mantienen centros catequísticos de preparación para la primera comunión, el hecho es que de cada cien niños solo cuatro reciben una instrucción religiosa adecuada* [2].

No parece que estas estadísticas de 1955 y 1959 hayan variado sustancialmente hasta la promulgación de la Ley de nacionalización de la enseñanza por el Gobierno revolucionario, hecho que da por terminada la enseñanza privada en Cuba [3].

La institucionalización de la enseñanza católica

Las cifras que anteceden muestran el resultado de una labor educativa de los colegios católicos a lo largo de siglo y medio largo. No quiere decir esto que el trabajo educativo de la Iglesia católica se haya limitado a ese espacio de tiempo. Hay múltiples actividades docentes en etapas anteriores. Se sabe que en 1513 Y 1515, la Corona española ordenó que en cada pueblo de indios hubiese un sacristán para enseñar a leer y escribir y hablar castellano a los indios hasta los nueve años, y que en 1526 dispuso llevar a España muchachos indios a instruirse para que después fuesen maestros entre los suyos; que el primer obispo de Cuba, Juan de Wite (1517-1525), instituyó la Escolastía o Maestrescuela como una de las dignidades de la Catedral cubana y dispuso que debía *desempeñarla quien fuese bachiller en alguno de los derechos o en las artes, graduado de alguna insigne universidad y que debería enseñar por sí y no por otro la Gramática, no solo a los clérigos, sino a todos los del Obispado que quisieran aprenderla*; que en 1532, el colono Manuel de Rojas pidió la creación de una cátedra de Gramática para Bayamo, y Vasco Porcayo de Figueroa sostenía a su costa un capellán letrado, encargado de instruir indios y esclavos; que en 1571 el regidor de Bayamo, Francisco de Paradas, dejó un importante legado para instituir en la villa una cátedra de Gramática y Latinidad que dominicos y franciscanos tuvieron a su cargo; que en la segunda mitad del siglo XVI y principios del XVII la instrucción en las villas cubanas la dieron los mismos franciscanos y dominicos, quienes dotaron de «estudios» a sus respectivos conventos; que en 1607 el obispo Cabezas Altamirano funda un Seminario Tridentino en La Habana, y el obispo Compostela, en 1689 y 1693, los colegios de San Ambrosio y San Francisco de Sales, y obtiene una Real Cédula que crea escuelas públicas de primera enseñanza, las que a principios del siglo XVIII ya las había en Bayamo, Santiago, Puerto Príncipe, Trinidad, Sancti Spiritus y Santa Clara; que los religiosos belemitas, establecidos desde 1701 tenían en La Habana una escuela gratuita con doscientos alumnos en la Convalecencia de Belén; que en 1721 los jesuitas fundan en La Habana el colegio de San José y en 1722 el obispo Valdés el Colegio y Seminario de «San Basilio el Magno» en Santiago; que en 1728 los dominicos crean en la Habana la Pontificia Universidad de San Jerónimo y en 1773 el obispo Echevarría el Real Seminario y Colegio de San Carlos y San Ambrosio, que llegó a ser la institución emblemática de la cultura cubana [3a].

Cuando nos referimos a una institucionalización de la enseñanza católica aludimos al establecimiento permanente de colegios por las órdenes religiosas dedicadas a la enseñanza que tuvieron perdurabilidad.

Esto tiene su inicio en 1803 con la llegada a Cuba de la Orden de las Ursulinas que establecen colegio en La Habana en 1804 y en Camagüey en 1817. Le siguen las Hijas de la Caridad, llegadas en 1847, que aunque no tienen como fin principal la educación, se hicieron cargo de la labor docente en la Casa de Beneficencia y Maternidad, en el colegio San Francisco de Sales (1855) y en La Domiciliaria (1865). Los institutos religiosos del Sagrado Corazón y del Amor de

Dios se establecen en Cuba, respectivamente, en 1858 y 1871 fundando tres colegios cada uno. La congregación del Buen Pastor de Angers, dedicada a la reeducación de la niñez descarriada, establece en 1879 un centro en la Quinta Larrazábal, y las Dominicas Francesas un colegio en el Vedado en 1891. Se funda en ese mismo año la primera congregación religiosa cubana dedicada a la enseñanza, la del Apostolado del Sagrado Corazón, que comienza creando un colegio en La Habana Vieja en 1892 y otro en Marianao en 1896. En vísperas del tránsito a la República, llegan las Hermanas de la Caridad del Sagrado Corazón, que en medio de la vorágine de la Guerra de la Independencia, establecen un colegio en Pinar del Río (1895) y otro en La Habana (1898) [4].

Las órdenes masculinas que se asientan en Cuba en el siglo pasado son la Compañía de Jesús, que se restablece en la Isla en 1853 y funda en 1854 el que llegaría a ser célebre y afamado Colegio de Belén, más otros dos colegios en Sancti Spiritus (1862) y Cienfuegos (1879). También los sacerdotes de las Escuelas Pías, llegados en 1857, fundan primero una Escuela Normal en Guanabacoa que al tener que ser clausurada en 1868 se convierte en un plantel que llegó a tener mucho prestigio; en 1858 habían establecido otro en Camagüey. Finalmente, los Padres de la Congregación de la Misión (Paúles) que llegaron a Cuba en 1847, inauguran en Matanzas el Colegio Sagrado Corazón en 1892 [5].

Los colegios católicos en Cuba Republicana

El acceso de Cuba a la ansiada independencia, alcanzada tras luchas cruentas, representó la liberación de las opresiones y limitaciones impuestas por el poder colonial, aunque esa libertad no fuese toda la que soñaran los forjadores de la patria. Para la Iglesia católica supuso también la liberación del oneroso Patronato regio que la limitaba con interferencias y complicidades en la política colonial. No siendo ya necesarios los permisos reales para establecerse en la Isla, las congregaciones religiosas comenzaron a considerar a Cuba como camino de acción misional, especialmente aquellas dedicadas a la enseñanza, acogidas de buen grado por las nuevas autoridades eclesiásticas por cumplir la doble función de formar a las generaciones de católicos que surgían y contribuir a la reorganización de la educación con los planteamientos del nuevo contexto político social. Aunque esto último probó ser bastante problemático por las suspicacias que rodeaban al catolicismo debido al peso de la historia colonial.

En el medio siglo que va a seguir llegan a Cuba cerca de cuarenta congregaciones religiosas dedicadas a la enseñanza, que fundan colegios en La Habana y en provincias, de los que cabe destacar por su importante labor docente, a los Agustinos (1901), los Hermanos Maristas (1903) y los de La Salle (1905); los Salesianos (1916); las Oblatas de la Divina Providencia (de raza negra) y las

Dominicas Americanas (1900); las Escolapias (1911); las Filipenses (1914) y Teresianas (1916); las Salesianas (1921) y la Compañía de María (Lestomac, 1926) [6]. Estos institutos aportaban dedicación y voluntad de servicio, experiencia pedagógica, nivel profesional y rectitud de principios. Pero todo esto, como veremos, no siempre se supo apreciar.

El anticlericalismo entra en liza

La creciente presencia en Cuba de tantos institutos y congregaciones religiosas, acogidos a las leyes civiles y normas de inmigración, comenzó a despertar las suspicacias de los sectores intelectuales menos proclives al pluralismo de las ideas, particularmente cuando se referían al tema religioso. La influencia del positivismo y de un liberalismo laicista desembocaba en actitudes agresivamente anticlericales que por mucho tiempo circularon en los ámbitos del pensamiento en Cuba.

Dos artículos publicados en la prestigiosa revista intelectual *Cuba Contemporánea*, en 1915, pueden ilustrar bien esta actitud. En el primero de ellos, titulado *El problema religioso*, el director de la revista se alarmaba precisamente de la afluencia masiva a Cuba de personal religioso:

> *Aquí la Iglesia católica va poniendo poco a poco, mas de modo constante y seguro, jalones que marcan el ensanche de su radio de acción. Y habla de indicios claros del peligro que va corriendo la nación cubana si no hay en ella caracteres enérgicos y resueltos a impedir, lícitamente, el avance del poder eclesiástico en detrimento de la indiscutible y absoluta soberanía del poder civil. Para este autor parece que lo lícito era que leyes adecuadas restrinjan o prohiban la no deseable inmigración de religiosos...*

Aunque se lamenta después de que no haya *una estadística donde aparezca exactamente el número de religiosos entrados en Cuba después del cese de la soberanía española*, se las arregla para urdir una estadística que abultando cifras de un modo descabellado llega a la absurda proporción de *más de once mil personas que no dan ninguna utilidad positiva en un país de dos y medio millones de habitantes* [7].

Entrando en el tema de la educación impartida en los colegios católicos, el redactor del artículo, asegura *que la instrucción que reciben los educandos parece distar mucho de ser la enseñanza necesaria a los futuros directores de los destinos patrios*. La muy escasa previsión de futuro de este autor se pone de manifiesto cuando al hablar de la posibilidad *de un clero cubano*, dice que en ese caso, *aun cuando el mal de la enseñanza religiosa prevaleciera, por lo menos serían compatriotas nuestros los profesores y conocerían y explicarían la historia patria, inculcando a los alumnos ideas que hoy no pasan por los cerebros de los actuales maestros.* Sin embargo, asegura que las vocaciones cubanas para ingresar en la clerecía son difíciles *a causa de la indiferencia nuestra en materia religiosa* [8].

El otro artículo de *Cuba Contemporánea* que incide en la temática, es el titulado *Los extranjeros en Cuba*, del connotado escritor de la época José Sixto de Sola. Dice este autor que:

> *Cada día van siendo más poderosos los planteles de educación que el clero español dirige entre nosotros.*
>
> *Esto, necesariamente, tiene que producir una lamentable deficiencia en la formación del alma de muchos cubanos, en cuanto al amor a su patria y a sus grandes se refiera.*
>
> *Esos sacerdotes catalanes, vizcaínos, asturianos, etc., serán muy buenos y muy sabios, no lo pongo en duda; enseñarán quizás muy bien la gramática, la geografía, la aritmética; pero cuando lleguen a la formación del alma nacional del cubano, cuando lleguen a la enseñanza de nuestra historia, de nuestra literatura, de la instrucción cívica cubana, tienen necesariamente que fracasar. ¿Se imagina el lector a uno de esos robustos clérigos hispanos, con su rancio acento, presentando en apoteosis, como debe ser, los martirios, sacrificios y enseñanzas de un Martí, de un Maceo, de un Agramonte, de un Aguilera? ¿No es probable que siga considerándolos como eran para ellos hace quince años: detestables cabecillas?* [9].

A lo que podríamos añadir esta perla de nuestro sabio Enrique José Varona, de 1921, entresacada de sus aforismos de la serie *Con el eslabón*: *¿Quieres mutilar el alma de tu hijo? Mándalo a una escuela de religiosos* [9a].

El nacionalismo extremo

Pero las críticas no provenían solo del anticlericalismo militante, sino de un nacionalismo, que también circulaba en el primer tercio de este siglo y que pretendía defender y sostener a toda costa la cubanía. Aquí los ataques tenían a veces su origen en sectores más cercanos. Es el caso de la educadora cubana María Corominas, rectora de un prestigioso colegio privado, que llevaba su nombre. En un discurso, leído en 1935, con motivo de la Fiesta Intelectual de la Mujer titulado *La nacionalización de la enseñanza en Cuba*, la Sra. Corominas proponía para la realización de los fines que enunciaba el título de su conferencia unas bases que, en síntesis, eran: a) todo maestro debía tener un título obtenido o revalidado en Cuba; b) la enseñanza primaria, pública o privada, estará a cargo de maestros nativos exclusivamente; c) la segunda enseñanza, pública o privada, podrían desempeñarla nacionalizados con diez años por lo menos de residencia en Cuba, y según vayan vacando las plazas serán cubiertas por nativos; d) toda la enseñanza en Cuba será laica.

Es evidente que esta normativa, de realizarse, hubiera sido un golpe mortal en el corazón mismo de la enseñanza católica, entonces mayoritariamente a cargo de religiosos de origen extranjero. Las razones que la Sra. Corominas aducía para tan radical reforma *nacionalista* eran de muy escasa consistencia para ser planteadas por una educadora culta, que debía tener más información y mejor conocimiento de la antropología social, cuando, por ejemplo, afirma *que la formación de un carácter ideal cubano, no puede hacerse a priori, sino después de conocer el papel de Cuba en la civilización mundial, por lo cual veía la necesidad de que el niño cubano sea educado en cubano y por cubanos.* Su juicio acerca de los religiosos extranjeros que realizaban tareas educativas en Cuba era francamente negativo, cuando dice que debilitan el sentimiento patriótico al explicar religión, *ya que la patria cristiana es la tierra*, opinión que roza el disparate; lo mismo que en su afirmación de que las religiosas manipulan la mente a sus alumnas para que se hagan monjas, es decir, *esposas estáticas de Dios.* En cuanto al laicismo, declara que *las religiones no pueden formar parte de los ideales educativos de un país, dentro de la realidad de la libertad de cultos, constituyendo un error permitirlas en el campo definido de la escuela.*

La Sra. María Corominas confiesa al final de su trabajo: *Soy católica, apostólica y romana.* No parece que esta profesión de catolicismo sea apresurada o superficial; consta que las antiguas alumnas de su colegio, suscribieron en 1928 el acta fundacional de la Federación de la Juventud Católica Cubana y formaron parte de ella en los años subsiguientes y no es probable que lo hicieran a espaldas de la directora y dueña del colegio.

Dos observaciones finales de la conferencia parecen tener más visos de sensatez: *Las religiones se fortalecerían más si las familias fueran las responsables de la educación religiosa.* Y también la propuesta de que la religión se impartiese en las catequesis de las Iglesias *en locales exclusivos para ese fin* [10].

Si no es justo dudar del catolicismo de la Sra. Corominas, una vez que ella misma lo ha confesado, sí se puede notar en su caso de qué manera el laicismo, imperante en el mundo intelectual cubano, así como los prejuicios contra la profesión del estado religioso o sacerdotal, habían permeado incluso la mentalidad de personas de buena voluntad, de convicciones democráticas y patriotismo también indudable.

113

La cobertura legal

Sin embargo de estos ataques a la enseñanza católica, esta se veía puesta a cubierto por la vigente legislación republicana. La Constitución de 1901, en su artículo 10 promulgaba que *los extranjeros residentes en el territorio de la República se equiparan a los cubanos.* Y el artículo 2do consagraba la libre profesión de todas las religiones, aunque *la Iglesia estará separada del estado, el cual no podrá subvencionar en caso alguno ningún culto.* El artículo 31, aunque especificaba que todas las enseñanzas estarán a cargo del estado, promulgaba que *toda persona podrá aprender o enseñar libremente cualquier ciencia, arte o profesión y fundar o sostener establecimientos de educación y enseñanza,* reservándose el estado las condiciones y requisitos que establezcan las leyes [11]. La legislación complementaria posterior reguló la enseñanza primaria, concedió facultades al Secretario de Educación para *ejercer la alta inspección de la enseñanza privada en todos sus grados,* y el Código de Defensa Social (1938), protegió la libertad de enseñanza señalando graves sanciones al *funcionario público que ordenare la clausura o disolución de un establecimiento privado de enseñanza, a no ser por causas expresamente previstas por la ley* [12].

Otra vez al ataque

No obstante la cobertura legal que prestaba la legislación vigente entonces, los ataques sectarios a la enseñanza privada, puesta la mirilla en la escuela católica, continuaron más o menos oblicuamente. Al convocarse la Convención Constituyente en 1939, los partidos que aspiraban a postular candidatos a delegados estaban en la obligación de presentar las bases para un proyecto constitucional. He aquí lo que proponía, en lo referente a educación, la conjunción Unión Revolucionaria Comunista:

> *...los organismos encargados de la educación propenderán hacia la constitución de la Escuela Cubana, laica y unitaria, fundando progresivamente escuelas primarias, urbanas y rurales y secundarias de toda índole que sustituyan a las escuelas privadas. No obstante ello y mientras no existan los medios suficientes para garantizar esa educación toda la población escolar, se permitirá el ejercicio de la enseñanza a los particulares y a las instituciones, pero esta quedará sometida a la vigilancia y supervisión de los organismos educacionales del estado, seguirán los programas que aquellos determinen para todas las escuelas y solo el estado podrá otorgar títulos con validez oficial.*

> *Toda enseñanza será laica, quedando expresamente prohibido al maestro impartir, directa o indirectamente una educación religiosa a sus discípulos.*

Ante tales pronunciamientos, no parece que la movilización que entonces emprendieron los católicos, principalmente para defender la libertad de enseñanza, estuviese dictada por sobresaltos infundados o sospechas injustificadas. La Carta Magna de 1940 no inscribió en su articulado las previsiones mezquinas que postulaba Unión Revolucionaria Comunista, aunque sí otras limitaciones y el mismo laicismo excluyente que había consagrado la Constitución de 1901.

Los ataques a la enseñanza privada no cejaron. Al año siguiente un intento de nacionalización del magisterio privado, *venía a ser una mortal estocada contra el régimen de escuela libre, del que, por merced de la Constitución, gozan los ciudadanos cubanos y un modo ladino de arropar este otro grito: que en Cuba no enseñen los clérigos y las monjitas; que toda la enseñanza sea laica, arreligiosa* [14]. La norma fue rechazada por el Consejo de Educación. Pero lo que colmó el vaso de las inquietudes fue el nombramiento de un connotado comunista, Juan Marinello, para presidir la Comisión de Enseñanza Privada del Consejo de Educación. Fue una torpeza política, porque Marinello era enemigo declarado de la privada. Nuevamente se movilizaron los católicos, y un año justo después que el anterior y en el mismo Teatro Nacional se celebró otro acto masivo bajo el lema *Pro Patria y Escuela*. Hubo esta vez una declaración de principios a modo de Conclusiones y se constituyó *una entidad permanente, ajena a todo partidarismo político, limitada su actuación a gestiones puramente de carácter níveo, guiada por el ideal de la patria y por las más nobles aspiraciones del mejoramiento moral, económico y social del pueblo cubano*[15].

La situación entonces fue tan tensa, que el «Semanario Católico» pudo hacer esta grave afirmación: *Como en ningún otro momento de su historia, Cuba se halla hoy a las puertas de una lucha religiosa*. Añadiendo: *Se pretende arrojar sobre la Iglesia Católica y sus instituciones la tacha de extranjerismo, asignando a toda su obra, no solo desafecto, y falta de interés por lo cubano, sino también propósitos antipatrióticos* [16].

La última batalla

En los albores de la revolución triunfante de Fidel Castro, los obispos cubanos quisieron creer que antiguos prejuicios laicistas perderían su vigencia, y declararon: *El pueblo de Cuba en el año de la liberación se sentirá defraudado si no consigue que en la escuela privada y en la escuela pública se enseñe a los niños cuyos padres lo pidan, la religión que ellos profesan*. A pesar de esto, hubo voces contrarias y, nuevamente las Iglesias evangélicas se encargaron de las notas discordantes en un manifiesto *interpretando el sentir de más de medio millón de evangélicos*[19], al que replicó el obispo Pérez Serantes: *Que así se expresen oficial y solemnemente los que dicen que tienen por misión inculcar el decálogo y enseñar la doctrina de Cristo en todas partes, inclusive en las escuelas, eso es en verdad inconcebible* [20].

Pero las cosas habían de rodar por caminos adversos y esta fue la última batalla por la enseñanza religiosa en Cuba.

Peligros de la memoria rencorosa

La Revolución socialista de 1959 creyó encontrar motivos para eliminar totalmente la escuela privada. La Ley de nacionalización de la enseñanza, de 6 de junio de 1961, lo postulaba de este modo en los Por cuantos: a) la función de la enseñanza es deber del estado que no debe transferirlo; b) debe impartirse gratuitamente sin distinciones ni privilegios; c) en muchos centros de enseñanza se explotaba a maestros y empleados; d) en centros educacionales privados, especialmente los católicos, se realizaba una activa labor contrarrevolucionaria; e) a estos centros privados solo, tenían acceso los alumnos de clases privilegiadas y la Revolución quiere poner la educación y la cultura al servicio de todos. Así, pues, *se declara pública la función de la enseñanza y gratuita su prestación* [21].

La memoria rencorosa de sus detractores gravitó fatalmente sobre la enseñanza católica en Cuba, finalmente fenecida.

Algunos juicios de valor

En su informe a la Santa Sede en 1955, los obispos cubanos habían dicho:

> *La eficacia de los colegios católicos es notable. Casi puede decirse que es una de las principales causas del florecimiento religioso que ha tenido lugar en Cuba de treinta años a esta parte. El prestigio de estos colegios es grande, sobre todo el de los colegios dirigidos por religiosos. Sin embargo, algunos colegios católicos, en particular dirigidos por religiosas, no están a la altura de la pedagogía moderna* [22].

Sin la voluntad específica de responder políticamente a las objeciones de que muchas veces ha sido objeto la enseñanza católica en Cuba, es importante hacer algunos juicios de valor ahora que podemos situarnos a un nivel de perspectiva histórica.

Se cometió el error de juzgar, que casi todos o la mayoría de los colegios católicos eran de instituciones españolas y españolizantes, pero lo cierto es que un gran número de ellos ni eran de origen español ni lo eran sus miembros. Un número importante de educadores religiosos en Cuba eran franceses, norteamericanos, italianos, mexicanos, canadienses. Aunque también es verdad que no dejó de haber algún rebrote aislado de españolismo integrista, como revelan publicaciones de la época.

Por otra parte, en las congregaciones religiosas de enseñanza muy pronto proliferaron las vocaciones nativas. En su *Historia eclesiástica de Cuba*, el P. Testé relaciona estas vocaciones en la casi totalidad de las congregaciones, con nombres y apellidos, y en algunos casos con datos biográficos. Valgan como ejemplo las siguientes cifras: jesuitas 137; escolapios 30; Hermanos de la Salle 83; Hijas de la Caridad 193; Sagrado Corazón 170; Apostolado del Sagrado Corazón 100; Amor de Dios 40; Filipenses 35; salesianas 40 [23]. Otro elemento nacional de los colegios católicos era el personal docente auxiliar formado por laicos cubanos en un 100 %. Estos eran casi todos de un alto nivel académico. Se tendía a que también los religiosos estuviesen titulados, y era normal encontrar en las aulas universitarias alumnos con el hábito religioso de las diversas congregaciones.

No se puede ignorar sin cometer una gran injusticia, la aportación de religiosos educadores a la cultura cubana. Valgan los ejemplos del Hno. León, de la Salle, incansable investigador de la naturaleza cubana, a quien se deben, además de numerosas monografías, su monumental obra en tres volúmenes *Flora de Cuba* y los *Itinerarios botánicos en la Isla de Cuba*, obra hecha en colaboración con otro Hermano de La Salle, el canadiense Marie Victorin; el Hermano León, francés de origen, se dedica a la docencia en Cuba más de cincuenta años. ¿Y cómo ignorar el trabajo de los jesuitas en el Observatorio del Colegio de Belén? No solo mediante la información y predicción meteorológica puntual en tiempos de ciclones, sino por la publicación de obras científicas como las de los Padres Benito Viñales (*Leyes sobre la circulación y traslación ciclónica*), Simón Sarasola (*Los huracanes en las Antillas*) y Mariano Gutiérrez Lanza (*Génesis y evolución del huracán del 20 de octubre de 1926*)25. En el mismo Colegio de Belén hay que recordar al P. Emilio Hurtado, habanero, que logró reunir la más importante biblioteca de temas cubanos que había en un centro docente de la Isla. Otro profesor de Belén, el P. Franganillo Balboa, autor del trabajo sobre *Los arácnidos en Cuba hasta 1936*, fue considerado el mejor especialista cubano en la materia [25].

Debe mencionarse también que en los Colegios de La Salle y Belén se habían establecido las Academias Literarias Heredia y La Avellaneda, donde los bachilleres se entrenaban en el conocimiento y profundización de la obra de los escritores y próceres cubanos.

La culminación del rigor académico de la enseñanza católica en Cuba fue el establecimiento, primero, de la Universidad Católica de Santo Tomás de Villanueva por los PP. Agustinos en 1946, con siete facultades en cinco edificios y un cuerpo profesoral cubano de graduados de universidades cubanas: llegó a tener cerca de un millar de alumnos . Más tarde, en 1957, patrocinada por los Hermanos de La Salle, se creó la Universidad Social Católica de San Juan Bautista para estudios comerciales que llegó a contar con más de 400 alumnos en su corta vida de cuatro años.

El «clasismo» de los colegios católicos

Queda por considerar un aspecto sensible de la enseñanza católica en Cuba: su posible tendencia al «clasismo». Este es un aspecto que también preocupó en su tiempo a los católicos cubanos por lo que ello podía resultar de negativo ante la opinión general. Sin embargo, no era así en todos los casos. Algunos centros de enseñanza católica como, por ejemplo, los de las Hijas de la Caridad, las Hermanas del Amor de Dios o las dos ramas de los salesianos, se dedicaban principalmente a las clases menos favorecidas. Las escuelas salesianas de Artes y Oficios en La Habana, Camagüey, Santiago de Cuba y Santa Clara, pudieron llegar a formar un artesonado cualificado entre hijos de las clases trabajadoras. En línea de un esfuerzo semejante está la Escuela Electro-Mecánica del Colegio de Belén, inaugurada en 1941, que llegó a impartir a un alto nivel de formación profesional técnica a varias promociones de trabajadores.

Ciertamente, también los grandes colegios que recibían a los hijos de la burguesía cubana mantenían escuelas gratuitas, pero estas eran sensiblemente inferiores a aquellos en número de alumnos y calidad, pedagógica y a menudo ofrecían por comparación una imagen discriminatoria. Y si es verdad que ciertos colegios educaban a una clase media de hijos de pequeños comerciantes, empleados y profesionales de grado medio, casi siempre debían quedar fuera la mayoría de los económicamente más débiles. Las escuelas parroquiales quisieron paliar estas faltas, pero eran poco numerosas y sus recursos escasos.

La explicación que se daba a esta situación era que careciendo de subvención oficial una enseñanza que como la privada de hecho contribuía a la educación general en el país, no le quedaba otro remedio que mantener los colegios con el pago de las matrículas de los alumnos y esto apenas alcanzaba para mantenerlos y sostener las pequeñas escuelas gratuitas. Se sabe que en estos colegios existían becarios entre el alumnado o beneficios individuales en los costos de algunas matrículas; pero su cuantificación siempre fue difícilmente discernible. Cuando este asunto, se planteó en Cuba en el seno mismo del catolicismo, por la contradicción que suponía con el sentido de la doctrina evangélica y los fines mismos de algunos institutos religiosos, una de las soluciones que se propuso fue que las familias más pudientes costeasen la posibilidad de acceso de alumnos menos favorecidos mediante costos de matrícula proporcionados a los ingresos, para lo cual hubiese sido preciso también que el nivel de ostentación en algunos colegios se bajase a una media de modestia general, en lo que no siempre las familias estaban dispuestas a ceder. Lo mismo que en la aceptación de alumnos de raza negra, otro problema social que planteaban las escuelas privadas y que era más doloroso en las católicas.

El XV Congreso de la Confederación de Colegios Cubanos Católicos, celebrado en La Habana en agosto de 1959, aprobó una Conclusión que decía: *Reafirmar el espíritu de austeridad, de que está lleno el Evangelio, y desterrar lo mundano, lo vanidoso y lo vacío en el espíritu de nuestra educación y en la vida de nuestros colegios*. También concluyó la extensión de la enseñanza hacia zonas más bajas de la sociedad, espíritu de colaboración con otros organismos, integración racial, mayor sentido y conocimiento de los temas sociales, mayor compenetración con el pueblo y con la opinión popular, formación más integral y humanista de los alumnos, etc. [26]. Lástima que tan generosos acuerdos carecieran de tiempo para ser aplicados.

Las catequesis

Uno de los medios que la Iglesia revalorizó en Cuba para que la enseñanza de la religión alcanzase a los estratos más bajos de la sociedad, a donde no llegaban los colegios católicos, fue la catequesis en las iglesias. Un Congreso Catequístico Nacional celebrado en La Habana en 1937 quiso, y logró, incrementar cuantitativa y cualitativamente las catequesis. El testimonio de una abnegada catequista seglar de época nos ofrece el cuadro, a menudo estremecedor, de los sectores hacia donde los católicos debían dirigir su acción educadora. Esta catequista decidió un día ir al encuentro de los que no acudían a la iglesia e intentó organizar una catequesis en un *solar* habanero, ese lugar de vecindad colectiva típicamente urbana, que en este caso hacinaba a más de 200 personas en la parte más meridional de La Habana Vieja: el barrio de San Isidro.

Al aparecer la catequista,

> *gente en el patio, en los balcones del colgadizo que lo circunda, en las puertas de las habitaciones, en el muro de la azotea... Aglomeración, curiosidad, gritería, confusión, burla, interés...*
>
> *Pero ¿quiénes son estas gentes? Hombres y mujeres como nosotros. Con las mismas necesidades materiales y ansias espirituales*

que nosotros. Con un alma dotada de tres potencias, igual que nosotros. Con defectos y virtudes de clase como nosotros. Y sin embargo, sin una anotación demográfica en el libro de la parroquia ni en el Registro Civil del juzgado, o lo que es igual: ¡sin ley, sin nombre! ¡Abandonados a su abulia, a su ignorancia y a su suerte, sin más función que la de vivero humano en horrible promiscuidad!

Muy pocos saben leer, y poco o nada les interesa fuera del marco en que viven. Las mujeres trabajan en lavanderías o sirven de cocineras y sirven a su destino de maternidad con una generosidad anonadante. Los hombres juegan, huelgan, discuten y dormitan... De los niños, poquísimos asisten al colegio; no les Interesa el colegio. Además si no tienen ropa ni zapatos ¿cómo van a ir? Apenas saben quién fue Martí. Apuradamente tararean algún compás del Himno Nacional. Desconocen la honda vibración de la patria...

El desconocimiento religioso de todos corre parejo con su ignorancia general. ¿Cómo empezar a hablar de Dios si no sienten su necesidad?

Entre las 206 personas que habitan en aquella casa, ninguna sabe a derechas hacer la señal de la cruz. Una sola ha podido recitar el Padrenuestro. Cinco han hecho la primera comunión y olvidaron casi todo. Dos están casados por la Iglesia y poquísimos están bautizados: tal es el balance de una sola casa, de una sola calle, de un solo barrio de La Habana. Y La Habana tiene cuarenta y tres barrios, y una superficie cuadrada, según cálculos aproximados de hace dos años, de 3 millones de metros. Y su población alcanza la cifra de 550 000 y pico de habitantes. Y como agravante esta casa solar que nos sirve de tipo, se encuentra casi inmediata a catequesis tan nutridas como las de La Merced y el Espíritu Santo, la primera de las cuales clausuró el curso con 425 alumnos entre 4 y 19 años [27].

El Congreso Catequístico celebrado el año anterior animó y promovió la presencia en estos sectores deprimidos y en otros. Hizo que los alumnos de los colegios católicos se prestaran a la acción catequística en las varias iglesias, con lo cual la actividad educadora de aquellos tenía un efecto multiplicador. Pero ¿era suficiente la existencia y acción de estas catequesis, a menudo con recursos menguados, precarios, y con el fondo de depresión económica y cultural descrita antes? Ya entonces la respuesta afirmativa era dudosa.

Conclusiones

La enseñanza católica institucionalizada en Cuba se desarrolló en forma creciente durante un siglo y medio, a pesar de las críticas, no siempre justificadas, de quienes desde posiciones agnósticas o francamente ateas, recelaban de una enseñanza orientada católicamente. Se quería una educación laica a ultranza, negando, con escaso espíritu democrático y liberal, que los sectores creyentes tuviesen derecho no solo al culto privado, sino también a proclamar públicamente su fe y a enseñarla libremente en centros propios. Es evidente que las escuelas católicas de Cuba, además de contribuir a la educación de las generaciones emergentes, pudieron formar una élite de dirigentes católicos que vigorizó una Iglesia surgida a la vida *independiente* con las rémoras de la época colonial, y debilitada y empobrecida tanto de medios como de personal.

La imposibilidad que tuvo de organizar unos recursos educativos que alcanzaran a todas las clases sociales del país y especialmente las más pobres, acorde con la doctrina evangélica, no debió servir de coartada para destruir una red de educación cualificada.

Fue un error no aprovechar esos recursos, lo que hubiera sido incluso más revolucionario . Aunque ciertamente también estaban necesitadas de rectificación las instituciones educativas católicas. Y así la experiencia del pasado debía permitir no solo congratularse de lo bien hecho, sino reconocer lo menos bueno para no repetir la historia.

NOTA

(1) *Resumen de las respuestas del Episcopado de Cuba al cuestionario de la Sagrada Congregación Consistorial para la Conferencia de Latinoamérica en Río de Janeiro.* La Habana, 30 de marzo de 1955. Mecanografiado.

(2) Pena Monte, Gustavo: *No es favor sino justicia enseñar religión a los niños - Enérgica pastoral del Arzobispo de Santiago de Cuba.* Noticias Aliadas, 20 de febrero de 1959, Washington, Págs. 4-5.

(3) *Ley de nacionalización de la enseñanza. (6 de junio de 1961).* Seis leyes de la Revolución. Editorial de Ciencias Sociales, La Habana, 1973, Págs. 101-105.

(3*) Pichardo Moya, Felipe: *La edad media cubana.* Revista Cubana, XVIII, N° 2, 1943. Pág. 388

(4) Testé, P. Ismael: *Historia Eclesiástica de Cuba,* tomo IV. Complejo de Artes Gráficas Medinacelli, S.A., Barcelona, 1974.

(5) *Ibid.*

(6) *Ibid.*

(7) Velasco, Carlos de: *El problema religioso.* Cuba Contemporánea, tomo VIII, Núm. 3. Habana, julio de 1915. Págs. 210-213.

(8) Ibid. Págs. 213-214.

[9] Sola, José Sixto de: *Los extranjeros en Cuba*. Cuba Contemporánea, tomo VIII, Núm. 2, Habana junio de 1915. Pág.19

[9*] Cuba Contemporánea, Año X, tomo XXVII, La Habana, enero-abril 1922.

[10] Corominas de Hernández, María: *La nacionalización de la enseñanza en Cuba*. Revista Bimestre Cubana, Vol. XXXVII, N° 4, enero-febrero, 1936. Págs. 61-76.

[11] *Constituciones cubanas. Desde 1812 hasta nuestros días*. Ediciones Exilio, New York, 1974. Págs. 138, 139, 140.

[12] García Tudurí, Mercedes: *La enseñanza en Cuba en los primeros 50 años de Independencia*. Historia de la Nación Cubana, tomo X, Libro 2°. Editorial Historia de la Nación Cubana, S.A., La Habana, 1952. Pág. 1333.

[13] *Bases para el Proyecto de Constitución. Unión Revolucionaria Comunista, 1939*. Hortensia Pichardo, Documentos para la Historia de Cuba, IV, segunda parte. Editorial de Ciencias Sociales, La Habana, 1980. Pág. 294.

[14] *Una decisión cuerda*. Editoriales, Semanario Católico, La Habana, año XXXII, agosto 3 de 1941, Núm. 165, Pág. 16.

[15] *Vida nacional católica. Mitin pro Patria y Escuela*, Semanario Católico, La Habana, año XXXII, Junio 1 de 1941, Núm. 156, Pág. 23.

[16] *Campaña de difamación*, Editoriales, Semanario Católico, La Habana, año XXXII, junio 22 de 1941, Núm. 159, Pág. 16.

[17] *Al pueblo de Cuba. Circular del Episcopado cubano*. La Habana, 18 de febrero de 1959. Testé, P. Ismael: Historia Eclesiástica de Cuba, Op. Cit., Pág. 598.

[19] Ibid.

[20] *La enseñanza privada. Carta Pastoral del arzobispo de Santiago de Cuba*, 13 de febrero de 1959. Testé, P. Ismael, Op. Cit. Pág. 548.

[21] *Ley de nacionalización de la enseñanza*. Op. Cit. Págs. 101-105.

[22] *Resumen de las respuestas del Episcopado de Cuba...* Doc. Cit.

[23] Testé, P. Ismael, Op. Cit.

[24] Marrero, Leví: *En la muerte de un sabio. Escrito ayer, papeles cubanos*. Ediciones Capiro, Puerto Rico, 1992, Págs. 109-201.

[25] Sarasola, S.J.: *Los huracanes en las Antillas*. Gutiérrez Lanza, Mariano: *Génesis y evolución del huracán del 20 de octubre de 1926*, Bruno del Amo, editor, Madrid, 1928.

[25*] *Historia de la Nación Cubana*, tomo X, libro III, capítulo III Ciencias Naturales. Editorial Historia de la Nación Cubana, S.A. La Habana, 1952. Pág. 178

[23] Testé, P. Ismael, Op. Cit.

[24] Marrero, Leví: *En la muerte de un sabio. Escrito ayer, papeles cubanos*. Ediciones Capiro, Puerto Rico, 1992, Págs. 109-201.

[25] Sarasola, S.J.: *Los huracanes en las Antillas*. Gutiérrez Lanza, Mariano: *Génesis y evolución del huracán del 20 de octubre de 1926*, Bruno del Amo, editor, Madrid, 1928.

[25*] *Historia de la Nación Cubana*, tomo X, libro III, capítulo III Ciencias Naturales. Editorial Historia de la Nación Cubana, S.A. La Habana, 1952. Pág. 178

[26] *XV Congreso de la Confederación de Colegios Cubanos Católicos, La reforma de la enseñanza católica va...* por M. Azcoaga. La Quincena, La Habana, año V, N° 15, La Habana, 15 de agosto de 1959. Pág. 38.

[27] Huertas, María T.: *El catecismo en el solar*. Semanario Católico, La Habana, año I, N° 7, 24 de julio de 1938. Págs. 29-31.

Labor educadora y evangelizadora de los Escolapios en Cuba

Juan Florenza, schp

Introducción

Los primeros escolapios llegaron oficialmente a Cuba el 10 de enero de 1857; aquel mismo año abrieron dos colegios: la Escuela Normal de Guanabacoa y el colegio de primaria y secundaria de Camagüey (entonces Puerto Príncipe). Hasta 1904 no se fundó otro colegio, el de San Rafael en La Habana. Los primeros cincuenta años de vida de la Escuela Pía como gestora de enseñanza solo se llevó a cabo desde dos centros y ninguno de ellos en las grandes capitales de la isla.

El prestigio de los escolapios y su influencia se gestó en las escuelas y en los internados; estos fueron los portavoces o voceros de la obra educadora de aquellos religiosos. Cada generación de alumnos –externos o internos– que abandonaba las aulas calasancias, era una nueva oleada de jóvenes que se desparramaban por distintas poblaciones y pregonaban la formación recibida.

El origen geográfico de los escolapios llegados a Cuba era de tierra catalana; al principio hubo religiosos de las distintas provincias escolapias españolas puesto que la fundación de Cuba fue competencia de la Vicaría Española; mientras los religiosos catalanes asumieron desde el primer momento los cargos directivos y se afincaron en el pueblo cubano, los no catalanes lo aceptaron como estancia transitoria y temporal. En 1871 el P. Vicario asignó las dos casas cubanas a la provincia de Cataluña y esta envió quince religiosos para suplir a los de las otras tres provincias que abandonaron la isla. Podemos hablar, pues, de ascendencia catalana de los religiosos y en Cataluña es donde podemos buscar la mentalidad de estos escolapios.

En mi trabajo me circunscribo casi exclusivamente a los años de la Cuba colonial. A partir de la independencia cambiaron las circunstancias y los escolapios tuvieron que estudiar nuevas formas de relación con las autoridades educativas de la República de Cuba. El bagaje acumulado a través de cincuenta años les permitió encontrar la manera de sobreponerse a la crisis y de expansionarse. Entrar en estos pormenores me alejaría del propósito inicial; solo alguna referencia a hechos posteriores a la independencia serán recordados en las páginas que siguen.

Existen ya algunos escritos publicados años ha en que se puede encontrar la exposición del desarrollo de las Escuelas Pías con sus fundaciones y obras realizadas en la isla de Cuba [1]. A estos libros básicos e iniciales se han de añadir posteriormente algunos artículos [2], alguno de ellos exponen posibles fuentes [3], que complementan aquella primera información.

Veamos, pues, algunos puntos que nos irán explicando cómo los escolapios evangelizaron desde la enseñanza.

La enseñanza reglada

A los pocos meses (1857) de llegar los PP. Bernardo Collaso y Agustín Botey a Cuba abrieron centros de enseñanza; el primero en Guanabacoa, la Escuela Normal y, el segundo, en Camagüey, un colegio de primera y de segunda enseñanza según la legislación española entonces vigente.

Camagüey siguió una marcha regular. Guanabacoa desde 1868, cuando cerró la Escuela Normal, se convirtió en un centro adelantado de primaria y secundaria. Ya en el primer curso (1868-1869) se dio una especial importancia a la aritmética comercial en los estudios primarios; y en el curso 1869-1870 empezaron a crear unos cursos dedicados especialmente a la enseñanza del comercio; diez años después, curso 1880-1881, el P. Francisco Clerch equiparó la enseñanza comercial a los estudios secundarios del bachillerato oficial; con ello mejoró el prestigio de las materias comerciales. Esto fue posible gracias a las adelantos introducidos desde la publicación por el P. J. Miracle de su libro *Cálculo Mercantil* (La Habana 1877) junto a otro material de caligrafía y de taquigrafía que él mismo mandó a la imprenta. El P. Clerch se adelantaba así al fallido intento del P. José Gispert en Barcelona (1885). Una de las novedades en el nuevo plan de estudios del P. Clerch fue la clase práctica que se describe de esta manera: Sintetizar en una casa, oficina, sociedad, etc., cuanto en los cursos anteriores se ha enseñado sobre contabilidad. Exponer las operaciones y principales negocios a que puede dedicarse un comerciante, y la marcha y procedimientos de que puede valerse. Ejercicios prácticos de Cálculo y de Teneduría de Libros (*Memoria de Guanabacoa* de 1880-1881, p. 16). A esto se le llama hoy simulación de empresas.

En el colegio hubo un aula convertida en oficina bancaria y de operaciones mercantiles, como en cualquier empresa (existen muestras fotográficas hasta 1958) [4]. La enseñanza del comercio no era un mero ejercicio escolar, sino que para los escolapios era la palestra de formación de un grupo social numeroso e influyente en la sociedad: esta clase media de tenderos, comerciantes y oficinistas empleados que podían crear, en sus relaciones con la clase alta y con otras menos favorecidas, un ambiente de honradez y de buena marcha de la sociedad en general. En el último curso se daba la asignatura de filosofía moral; el objetivo de esta materia, entre las otras meramente comerciales, era arraigar en el espíritu y corazón de los jóvenes las convicciones y sentimientos de honradez y moralidad que necesitan en el ejercicio de sus profesiones, al mismo tiempo que ilustra y fortalece sus creencias (*Memoria de Guanabacoa* de 1880-1881, p. 16).

La escuela era un instrumento para llegar a la sociedad y cristianizarla; no se concibió ni como un negocio ni como exhibición cultural. Son sumamente interesantes los discursos que se pronunciaban a final de curso en la entrega de premios y que conservamos impresos. Principalmente los de los PP. José Jofre, Francisco Clerch y Pedro Muntadas (otros escolapios los pronuncian esporádicamente). La doctrina de todos los autores es prácticamente coincidente [4]. Hay que regenerar la sociedad por medio de la educación religiosa e intelectual; no hay duda sobre el poder de regeneración que tiene la enseñanza religiosa; pero para los escolapios también la sola enseñanza intelectual es un medio de mejora, porque el saber no puede separarse del bien; la formación del hombre como tal su formación intelectual, siempre es un camino, un paso hacia su evangelización ya que le acerca a Dios, sabiduría suma. La enseñanza es la gran palanca que mueve el mundo moral en las evoluciones regeneracionistas, dijo el P. Muntadas (*Memoria de Guanabacoa* de 1891, p. 8).

La escuela –pregonan una y otra vez los escolapios– no puede ella sola ser agente de regeneración de la sociedad; la familia debe cooperar con los maestros en la formación de los niños. San José de Calasanz ya propuso la implicación de los padres en la obra educativa de la escuela, quería que los padres se interesaran por las tareas escolares de sus hijos, que leyeran sus escritos, que repasaran las lecturas, etc. No se trataba solo de una tarea supletoria, como de unas clases de repaso o refuerzo, sino que su intención era aprovechar esta colaboración para formarles. Así en el nº 213 de las Constituciones que escribió para su orden dice: Todo Superior local será muy diligente en que los niños que aprenden a leer usen libros no solo de bella estampación, sino de contenido tal que puedan sacar provecho ellos y sus padres.

Los escolapios de Guanabacoa (y también los de Camagüey aunque no tengamos tanta documentación) utilizaron los actos de final de curso para infundir en los padres de sus alumnos los ideales educativos que su vocación impulsó a la tarea escolar. Estos discursos se imprimían y quedaban como materia de lectura para aquellos que no habían podido asistir o para repaso de los que se interesaban y querían reforzar las ideas escuchadas en el salón de actos del colegio. Veamos unas palabras del P. Muntadas: Luz, mucha luz necesita el mundo en nuestro siglo para no perder el camino de su prosperidad moral; mucha luz hoy en que tanto humo por desgracia arrojan la ciencia prostituida, el arte degenerado y el sentido común pervertido; mucha luz en el hogar y en la escuela para que la inteligencia y el corazón no se dejen sorprender por los mentirosos halagos de rastreros sentimientos y de indignas resoluciones (*Memoria de Guanabacoa* 1890-1891, p. 16).

La intervención de la familia en la educación de los niños y jóvenes era, sobre todo desde principios del siglo XIX, uno de los puntos de permanente referencia de los sumos pontífices, de los obispos y de innumerables sacerdotes que fundaron congregaciones religiosas para mantener la familia en la línea cristiana. Los escolapios vieron así reforzada su tradición.

Cuando en los últimos años del siglo XIX se enciende la guerra de la independencia, los escolapios aluden en algunas ocasiones al terrible conflicto y de manera velada indican cómo desde la escuela se puede y debe prevenir. El P. Jofre en el discurso de fin del curso 1894-1895 (*Memoria de Guanabacoa*, p. 4) lanza este grito: No a los preparativos de guerra, sí al preparativo de una buena educación. Si lo que se invierte en guerra, en hombres, en dinero, en industria, etc., se invirtiera en educación, en escuelas, probablemente nos ahorraríamos padecer los estragos bélicos.

La regeneración de la sociedad, es decir, formar una sociedad capaz de vivir en paz puede conseguirse con una buena educación; pero hay que invertir en ello. Es tarea de maestros, de padres de familia, de autoridades, de los estados.

El Museo de Historia Natural

Acabamos de ver lo que podríamos llamar el núcleo básico de la enseñanza impartida por los escolapios de Guanabacoa; las materias que llenaban los horarios escolares.

Veamos uno de los elementos que desde los albores fundacionales prestigió a los escolapios de Guanabacoa: el Museo de Historia Natural [6].

Se fundó en 1859, cuando era Escuela Normal, y se concibió como un instrumento pedagógico para la formación práctica de los alumnos y como un medio para integrar a estos en la tierra en que vivían. Tal vez el P. Faustino Míguez [7] fue quien lo inició, aunque era más un hombre de laboratorio y de investigaciones farmacéuticas que un investigador de la geología sobre el terreno; enseñó agricultura, física, química y geografía a los normalistas. Quien de hecho configuró el Museo fue el P. Francisco Clerch [8]; este religioso recorrió diversos lugares de la isla recogiendo ejemplares de minerales; uno de los puntos claves de sus investigaciones fue la Loma de los Cristales. Varias especies de conquiliología propia de Cuba llevan el nombre del escolapio, como el *macroceramus clerchi* y el *scinindella clerchi*. No es el momento de historiar la evolución del famoso Museo de los escolapios que después del P. Clerch contó con las aportaciones de los PP. Pío Galtés, Modesto Roca y Modesto Galofré; recibió aportaciones de científicos y de coleccionistas cubanos que confiaron el fruto de años de investigación a los escolapios guanabacoenses, como el Dr. Carlos de la Torre y Huerta.

Los alumnos se aprovechaban del material existente en el Museo; alumnos de los escolapios de otras poblaciones visitaban aquel centro de la cultura cubana. Los alumnos seguían, acompañados de sus profesores, los caminos que estos previamente habían recorrido en sus investigaciones.

Mirado desde el ojo del científico era un centro de primera línea en la pedagogía cubana. Pero la finalidad inicial de los escolapios iba más allá.

Aquellos religiosos procedían de Cataluña y en aquel país se habían formado y habían estudiado. Como catalanes conectaban con tantos otros catalanes que estaban en la isla; pero como religiosos y sacerdotes llevaban las inquietudes que en su tierra de origen y en sus respectivos obispados se estaban viviendo. Desde principios del siglo XIX en el seminario conciliar de Barcelona (no fue el único de este género en los obispados catalanes) se había instalado un pequeño museo con monedas, minerales y objetos diversos patrocinado por su obispo. El espíritu coleccionista, que no era exclusivo de eclesiásticos –como en el conocido caso de los farmacéuticos barceloneses Salvador–, se transformó en investigación científica a raíz de los avances de la ciencia y en especial con la eclosión de las teorías de Darwin (publica en 1859 su primera gran obra *Origen de las especies*). La Iglesia debía responder al nuevo reto de la ciencia; se encontraba ante una situación en cierta manera similar a la vivida siglos atrás con Galileo. ¿Qué respuesta debía darse a la teoría de la evolución de las especies? Los sacerdotes de Cataluña optaron por una postura de conciliación, de diálogo entre la fe y la ciencia; había que tranquilizar las conciencias de los hombres de ciencia que querían aceptar las nuevas teorías sin dejar su fe. La Iglesia en Cataluña se esforzó en ser conciliadora (también hubo quienes optaron por posturas radicales e integristas), procurando evitar traumas y escisiones. La teología neotomista que surge en aquellos momentos ayuda a dar contenido [9]. El Dr. Jaime Almera fue como uno de los eslabones más insignes y destacados de una serie de sabios sacerdotes dedicados a la investigación (unos le precedieron pero muchos otros le siguieron hasta el presente); Almera [10] funda en 1874 en el Seminario barcelonés el primer Museo de Geognosia y Paleontología de Cataluña que aun hoy es considerado uno de los mejores y más completos de Europa.

Jaime Balmes, el sacerdote de Vic que tanta influencia ha tenido en el pensamiento catalán, se distinguió también por su talante conciliador; según las más recientes investigaciones [11], Balmes aceptó la industrialización como un camino para mejorar las condiciones de vida de los ciudadanos, si bien otros aspectos del liberalismo no le parecieron tan aceptables ni aprovechables; intentó la reconciliación de los bandos en que estaban divididos los españoles entre carlistas y liberales; el fracaso de sus propuestas políticas le entristecieron e incluso apagaron las propuestas que sobre otros puntos había formulado.

Los escolapios llegaron a Cuba penetrados de estas ideas de conciliación entre fe y ciencia, entre bandos opuestos; en su quehacer diario en la escuela trabajaron para inculcar en sus alumnos estos valores y principios de reconciliación, de tolerancia, de comprensión. Las nuevas propuestas de la evolución de las especies podían conciliarse de alguna manera con la fe hasta ahora profesada; los escolapios eran concordistas. Si en aquel momento se detectaban contradicciones, había que suponer que era porque no se sabía lo suficiente para armonizarlas. Convenía investigar más, dedicarse a profundizar en la geología, la zoología, la biología, etc. A estos fines respondieron las investigaciones y el Museo.

El P. Antonio Perpiñá publicó el libro *El Camagüey, Viajes pintorescos por el interior de Cuba y por sus costas con descripciones del país* [12]. Es, como indica el subtítulo, un libro de viajes, pero al mismo tiempo es una obra apologética como muchas otras editadas en Cataluña en la segunda mitad del siglo XIX; estos libros intentan conservar los valores cristianos y tradiciones de la cultura, sin negar del todo los valores nuevos. El P. Perpiñá se extasía ante los bosques frondosos de Cuba, ante las variadas especies de animales, ante los paisajes fantasmagóricos que tiene la dicha de contemplar: todo es obra de Dios en la creación; es el mismo Dios quien ha dado a cada una de sus criaturas unas leyes para su recto gobierno; el hombre no debe sustraerse a estas leyes porque destruiría el plan magnífico de Dios. He aquí un ejemplo en sus propias palabras: *Veis, amigos, como la infinita sabiduría y gran bondad de Dios ha hecho que todas las cosas que vemos en el vasto universo estén destinadas bajo un fin útil al hombre... (p. 39 de la 2a ed.) leyes imperiosas que ha establecido Dios para el sostenimiento del orden moral, y para la salvación de los intereses generales.* (p. 60) Josep Mª Torres y Bages o el mismo Verdaguer fueron buenos maestros en esta línea. El libro del P. Perpiñá no es una obra de gran valor literario, pero sí es una muestra más del espíritu que animaba a los escolapios que trabajaron en Cuba durante la segunda mitad del siglo XIX.

Educar en la piedad y en las letras

La Escuela Pía ha tenido por lema desde sus orígenes dos palabras –Piedad y Letras– que conservan aun hoy todo el frescor, capaz de nutrir un concepto de educación acomodado a nuestros días. De forma expresa, o con palabras sinónimas, estas han sido las inspiradoras de la pedagogía calasancia y escolapia.

La Real Cédula en que la Reina manda a los escolapios a Cuba en 1852, dice que los escolapios han ejercido un grande y benéfico influjo en la educación moral y religiosa de la juventud. La influencia de los escolapios no se apoyaba en otra fuerza que en su espíritu expresado en su lema antes mencionado.

Es suficiente repasar cualquiera de los discursos de fin de curso en el colegio de Guanabacoa para percatarnos de la pervivencia de estos dos conceptos que juegan siempre en la dialéctica de la argumentación escolapia. Conocimiento y ciencia sí, pero moderados por la piedad y el temor de Dios; no basta la instrucción, es necesaria además la educación fundada en la moral, etc. En una de las memorias (la de 1937-1938) se expresa el concepto de hombre y dice lo siguiente: Para la pedagogía calasancia, que no tiene otro cimiento y base que la doctrina católica, el hombre no es solo animal, sino igualmente espíritu; es la unión substancial del cuerpo y del alma; a la vez individuo y ser social; miembro de una familia, de un pueblo, de un estado, de la Iglesia, de la Humanidad y del reino de Dios; un ser ligado con lazos históricos y sociales; pero, al propio tiempo, un ser individual, libre, creyente y pensante, racional e irracional, temporal y eterno.

Me permito reproducir unas palabras del insigne filósofo cubano Enrique José Varona, alumno de las Escuelas Pías de Camagüey, en las cuales resume sus vivencias escolares:

> *Mis memorias de nuestro Camagüey y en el mejor de aquel período, están penetradas del ambiente de ese Colegio de las Escuelas Pías, al que puedo llamar mi «alma parens » ' pues en él se abrió mi mente a la contemplación del vasto mundo espiritual de Grecia y Roma, de que estuvo empapada en los primeros años de mi vida literaria. Allí florecieron en mí las sólidas amistades que tanto vigorizan la adolescencia; allí aprendí a amar el estudio, panacea en las tormentas de mi vida azotada por las borrascas políticas; allí se templó mi espíritu por la admiración de los grandes iniciadores de la humanidad y se hizo apto para comprender y aquilatar a nuestros insignes compatriotas, los que fecundaron el alma de Cuba. En mi vida posterior no encuentro sino el desarrollo de los gérmenes plantados por mis maestros de aquellas escuelas, los cuales supieron ponerse a tono con mi alma que pugnaba por tener alas. Voló después, quizás muy lejos. Esto es lo propio de la existencia del hombre, cuyos horizontes se dilatan con el curso de los años, pero nunca ha perdido de vista aquel romance espiritual que envuelve un halo de luz de aurora. (Memoria de Guanabacoa de 1956-1957, p. 79)*

Para cualquier escolapio esta doble vertiente de la educación es algo como connatural; no puede pensar en educación sin ver que debe imbuir en la piedad, sin descuidar las letras, la ciencia. San José de Calasanz creyó en la ciencia; fundó escuelas para enseñar a leer, escribir y contar; en la formación integral del niño no podía evidentemente faltar la formación cristiana religiosa y moral, pero tampoco es buena escuela aquella que no da una formación para la vida de trabajo. Las letras no son un mero anzuelo con que captar al niño y a sus padres para enseñar la doctrina cristiana; en la escuela calasancia no hay trampa: se enseña piedad y letras porque todo, absolutamente todo, es indispensable para la formación integral y completa de la persona.

Asociacionismo

Una de las características del último tercio del siglo XIX es el asociacionismo; se da en la sociedad civil y en la Iglesia se palpa la necesidad de trabajar en grupo. Los escolapios catalanes no habían sido muy amigos de crear cofradías o asociaciones; no tenemos conocimiento de que existieran en sus colegios entre los alumnos, ni de fieles en sus templos; alguna previamente existente se acogió al amparo de sus iglesias pero los escolapios no intervinieron mucho en ellas.

En cambio, a partir de 1868, después del movimiento conocido como la Gloriosa, los escolapios crearon diversas asociaciones tanto entre los alumnos como entre aquellos fieles que acudían a sus templos. Era un nuevo espíritu; como defensa y como medio para integrar mejor los alumnos en la nueva sociedad civil y laicizante.

Examinemos algunas de las creadas en Cuba en esta época. Destacamos en primer lugar la Academia Calasancia creada en 1872 por el P. Eduardo Llanas. Esta agrupación de alumnos pretendía una formación de intelectuales cristianos bien preparados para dedicarse al apostolado tanto de la pluma como de la palabra; sus juntas y sesiones –privadas o públicas– eran palestras en que sus socios exhibían la madurez que iban adquiriendo [13]. Se conservan crónicas de varias sesiones públicas, actas de los actos académicos, discursos, etc. Durante cinco años el P. Llanas la dirigió; después, otros escolapios continuaron su obra, en especial el P. Muntadas que intentó transformarla según el nuevo modelo de la de Barcelona también fundada por el P. Llanas en 1888: esta no era una asociación de alumnos del colegio barcelonés sino de estudiantes universitarios, preferentemente de derecho, y por esto su intensidad formativa era mayor; se esperaba que los frutos también respondieran a esta nueva orientación. Ambas Academias tuvieron larga vida y realmente muchos fueron los profesionales que a ellas debieron buena parte de la solidez de su formación cristiana, humana y profesional. En 1881 el cronista de la de Guanabacoa confiesa que la Academia está integrada por los alumnos más aprovechados y de mejor comportamiento, que es una escuela de declamación y que forma una sociedad científico literaria en pequeño [14].

El Papa Pío X insistió en intensificar la frecuencia de la comunión; a esta llamada del padre común de todos los creyentes, los escolapios respondieron a nivel de orden con la creación de los Turnos Eucarísticos. En cada clase se formaban grupos de alumnos voluntarios que se comprometían a acercarse a comulgar un determinado día de la semana, como mínimo; así ningún día faltaba un grupo de cada clase que comulgase; era un medio para introducir y habituar a la comunión frecuente. En 1913 el P. General Tomás Viñas lo propuso y en el curso 1913-1914 sabemos que por lo menos en Guanabacoa ya funcionaron [15].

El deporte y el canto fueron motivo también de organizar grupos de alumnos que intervenían en competiciones deportivas o que participaban en celebraciones religiosas y de culto. El baloncesto comenzó a practicarse durante el rectorado del P. Muntadas (1887-1899) aunque de forma organizada y competitiva no funcionó hasta el curso 1912-1913 [16].

Durante el siglo XX, los escolapios colaboraron en la Acción Católica diocesana y crearon centros internos de aspirantes y de jóvenes. Se distinguieron los escolapios PP. Ramón Pujol, Evaristo Ullastres, Julián Centelles, Julián Ortí, etc. Del primero de ellos leemos el siguiente elogio cuando dejó de ser Consejero Nacional de las Aspirantes de la Acción Católica de la Habana: *Labor callada, paciente, constante; eterna sonrisa en los labios, afecto en el corazón; entusiasta en cada obra, optimismo en cada proyecto; celo por la salvación de las almas, especialmente por la niñez, por esas aspirantes a las que ha dedicado sus sacrificios y su abnegación* [17]. Hubo –que sepamos– centros de Acción Católica en los colegios de San Rafael de la Habana, en el de Guanabacoa, en el de Camagüey y en el de Pinar del Río.

Es bien conocido que los escolapios fueron quienes introdujeron en Cuba la devoción a la Madre de Dios bajo la advocación de Nuestra Señora del Sagrado Corazón; el P. Pablo Marqués en 1871, recién llegado a la isla, comenzó a difundir en Guanabacoa esta devoción que él había conocido durante su estancia en nuestro colegio de Reus; rápidamente se difundió y arraigó entre los fieles; de simple devoción se transformó en cofradía y después en archicofradía; Guanabacoa se convirtió en el centro de esta advocación mariana del Caribe. En nuestra iglesia de Guanabacoa (que hoy tiene esta advocación por titular, gracias a las gestiones del P. Ramón Marimón) se conserva la primera pintura que representó a Nuestra Señora del Sagrado Corazón en América. Una larga lista de escolapios cuidaron y promovieron esta devoción mariana: desde el célebre y omnipresente P. Muntadas, hasta los PP. Casallarch y Galofré, pasando por los PP. Calonge, Fábregas, Soler, Roca, Puig, Homs, etc.

Entre los cristianos que han frecuentado nuestros templos y entre los familiares de nuestros alumnos, se han promovido muchas asociaciones; no las conozco todas y temo olvidar más de una; por ello solo las menciono de forma general; se agruparon bajo la advocación de la Virgen de los Dolores o de la del Carmen; tuvieron como titular al Corazón de Jesús o a algún santo; lo esencial era trabajar en grupo para mantener y propagar la fe que Dios ha dado en el bautismo.

Especial mención merece la asociación de los antiguos alumnos que creo que comenzó a existir hacia 1928, aunque tomó más vuelo a partir de las fiestas del tercer centenario de la muerte de san José de Calasanz en 1948. Esta asociación es la que ha mantenido unidos a muchos cubanos en el exilio y les ha ayudado a mantener la fe a pesar de los cambios que comporta todo exilio.

El magnífico proyecto

El tema en que ahora pretendo entrar me era desconocido; empecé un vaciado de las revistas cubanas que tenemos en el Archivo Provincial Escolapio en Barcelona y quedé sorprendido al encontrarme con esta información. Para el desarrollo de este apartado me sirvo únicamente de las publicaciones que mencionaré; seguro que existen otras muchas fuentes archivísticas; convendría profundizar en el tema para poder comprender y saber con mayor detalle su gestación y, sobre todo, el porqué de su fracaso; podría servir de útil experiencia.

Veamos en primer lugar la cronología de unos hechos.

En 1870 existía en la Habana una organización que llevaba por nombre Juventud Católica y que funcionaba como una academia, es decir, como centro de formación y de cultura; publicaba una revista que tenía el mismo título que la entidad y en cuyo subtítulo se expresaba la finalidad de la asociación: *Revista religiosa, científica y literaria*. A partir de setiembre de 1873 está al frente de la revista el escolapio P. Eduardo Llanas; este religioso inteligente, preocupado por la situación que vive el mundo, inquieto y emprendedor, expone con fecha 20 de setiembre de 1873 que la gran cuestión que debe preocupar a todo católico es la cuestión social. (p. 1; citaré en adelante en el mismo texto con las siglas JC, fecha, nº y p.)

Mientras España –Cuba era todavía una colonia española– vivía momentos políticamente confusos e inciertos, el P. Llanas intuye que en el centro de los problemas está la cuestión social; se ha de remediar la triste situación en que se encuentran tantos y tantos ciudadanos de todo el orbe si se quiere la paz; la política tiene fácil solución si todos los ciudadanos viven y gozan de un mínimo grado de bienestar. Era una primera llamada general, un toque de alerta para captar respuestas.

Dos meses después (JC 21/11/1873, nº 10, pp. 154-156), el P. Llanas plantea en un nuevo artículo algo vital en aquel momento: la unión de los católicos. Invoca lo que está pasando en la mayoría de los países europeos y americanos del norte y del sur para pedir que se unan todos los católicos de Cuba en torno a una Asociación de Católicos. Indica que los objetivos (los toma del reglamento de la española) preferentes de la Asociación son: Fundar o auxiliar y propagar periódicos o cualquier otra clase de publicaciones que juzgue útiles a su fin especial; crear y sostener escuelas de primera enseñanza para párvulos y adultos, y cualesquiera otros institutos, para el cultivo de las ciencias y artes cristianas; promover y auxiliar obras de caridad cristiana; cooperar eficazmente a la propagación y fomento de Asociaciones para mantener y acrecentar la frecuencia y el decoro del culto católico; promover la formación de círculos permanentes, literarios y de recreo, y la celebración de reuniones, en donde los socios activos, o auxiliares de esas respectivas obras de piedad, enseñanza y caridad, estrechen los vínculos que deben hacer de todos una sola familia, bajo el amparo y dirección de su madre común, la Santa Iglesia católica, apostólica y romana.

Un reto que debían contestarse los cristianos en aquel momento era si la cuestión social debía afrentarse desde la caridad o desde la justicia. La respuesta que intentan las asociaciones de católicos y a la que se suma el P. Llanas es que hay que resolver el problema por la vía de la justicia, aunque evidentemente no puede en ningún momento prescindirse de la caridad; pero la caridad sola no resuelve el problema.

Desde principios de 1874, la Juventud Católica de la Habana se transforma en Asociación de Católicos (SJ, 10/1/1874, nº 17, pp. 257-258); la primera muere para dar vida a la segunda; no claudica ni se rinde sino que pretende en su transformación agrupar a mayor número de católicos y servir más amplios intereses. Todos los hombres que creen en el porvenir y en la influencia salvadora de la idea católica caben en la Asociación de Católicos: todos los que reconocen en la persona de Pío IX al Vicario de Jesucristo deben pertenecer a la misma, puntualiza el P. Llanas en el mencionado artículo.

La fecha escogida para la solemne inauguración de la Asociación de Católicos fue el 2 de febrero de 1874, festividad de la Purificación de María. La ceremonia tuvo lugar en el palacio episcopal de la Habana con asistencia de muchas personalidades que fueron inscribiendo su nombre en la Asociación (SJ, 7/2/1874, nº 21, pp. 321-322). Parecía que la nueva institución arrancaba firme y decidida, pero no fue así; quedó embarrancada a los primeros pasos.

La revista *Juventud Católica* de la Habana mudó su título por el de *Revista Católica* (abreviaré RC) y empieza con nueva numeración.

Después de cinco meses de la inauguración el P. Llanas vuelve a la carga con una interrogante como título de su artículo (RC, 27/6/1874, nº 19, pp. 239-241):

¿Qué hacen los católicos de La Habana? Responde el articulista que la asociación lleva una existencia lánguida y que así morirá de pura consunción.

Finalmente lanza el mismo P. Llanas lo que él tituló Magnífico Proyecto (RC 4/7/1874, n° 20, pp. 251-254). En dicho artículo expone de forma general sin excesivas concreciones lo que se pretende con este proyecto; explica, en primer lugar, que el proyecto no es nuevo, sino que en otras circunstancias y por otras personas ya había sido propuesto; ahora los de la Asociación de Católicos lo retornan, lo hacen suyo y vuelven a lanzarlo; se plantean dos obras benéficas... la una campestre y agrícola; la otra urbana y hospitalaria. La primera, más que casa de labranza, ha de ser un grande establecimiento industrial y agrícola; la segunda ha de ser una fonda, donde el que arribe a las playas cubanas halle los consuelos de la caridad cristiana... Debe empezarse por la adquisición de extensos terrenos, pero terrenos que hoy valgan poco, y que deben beneficiarse por la industria agrícola. En estos terrenos debe radicar un grande establecimiento, donde los jóvenes destinados a la industria, a la agricultura y al servicio doméstico, reciban una sólida educación primaria intelectual, moral, religiosa y física, basada esta última en la enseñanza, el aprendizaje y la práctica de las diferentes labores propias de la agricultura, de la industria y del comercio... En relación con el establecimiento agrícola se hallaría otro establecimiento de hospedaje, para cuyo consumo se destinarían las primicias del agrícola y cuyo servicio se llenaría por jóvenes educados en aquel, excepto el servicio de enfermos que estaría a cargo de Hermanas de la Caridad...

En dos artículos posteriores vuelve a hablarse del proyecto de manera elogiosa y parece que ha caído bien entre algunas de las personalidades más significativas de la Habana; pero no creo que se llevara a la práctica. Quedó nuevamente como proyecto. Repito que sería interesante conocer con otras bases documentales más amplias las circunstancias que impidieron la puesta en escena de esta interesante iniciativa.

Examinemos ahora el contenido del proyecto; propone la creación de una escuela principalmente agrícola pero también industrial y comercial; materias que requieren una preparación técnica y científica mínima para hacer que en nuestro mundo de finales del siglo XIX, pudiera vislumbrarse que tendría futuro; como nos dice un comentario al proyecto, se desea dar a la agricultura muchos hombres que se distingan por su trabajo inteligente, y no por su levita (RC, 11/7/1874, n° 21, p. 274). El Conde de Mopox y de Jaruco en carta abierta dirigida al P. Llanas escribe adhiriéndose al proyecto: Acreditemos que la verdadera ilustración, el amor a las letras y a las ciencias, así como al bien público, son inseparables de la fe cristiana... (RC, 10/10/1874, n° 34, p. 481). Palabras que bien podríamos resumir en el lema escolapio de *Piedad y Letras*.

Dos males intenta afrontar el proyecto: la lucha contra el vago y maleante o el trabajador sin preparación, el peón que casi se ve esclavo por no saber ni el cómo ni el porqué de nada de lo que toca; en varias ocasiones el P. Llanas en los artículos aquí mencionados se refiere a los niños y jóvenes que vagabundean por la ciudad de la Habana buscando trabajo y que, al no encontrarlo, se entregan al pillaje o a la mala vida; contra todos esos males no hay otro remedio que el que en circunstancias semejantes conmovió el corazón de San José de Calasanz en las calles de Roma ante los niños que se peleaban, blasfemaban e injuriaban a los transeúntes: la escuela, la formación integral. El P. Llanas, por ejemplo, en el último de sus artículos (RC, 10/10/1874, nº 34, p. 480) dice: *Nuestro proyecto se propone principalmente arrancar del lado del embrutecimiento y del seno de la ociosidad a ese germen fecundo y abundante del crimen social que hoy llena nuestras plazas y calles y mañana oculta su vergüenza en la cárcel pública, tendiendo a transformar al vago y menesteroso en ciudadano activo y útil a sus semejantes, y al trabajador honrado en pequeño propietario...*[18] Hoy diríamos que se trata de la lucha contra el paro.

La segunda de las dos obras propuestas queda pendiente y vinculada a la primera; no nos expone con tanta precisión su desarrollo; pero sí comprendemos que se trata de un centro de acogida de inmigrantes; muchos eran los que llegaban a Cuba en aquella época procedentes principalmente de España, pero también de otras naciones europeas e incluso de Asia. El inmigrante casi siempre, y más a finales del siglo pasado, llegaba desamparado, sin cobertura alguna que protegiera su situación; si no tenía suerte al llegar, fácilmente caía en una tal miseria de la que era difícil salir. El centro que ideó la Asociación de Católicos de la Habana pretendía cubrir esta situación dando acogida, orientando, encauzando y, a veces, curando heridas y cicatrices para que no ahondaran más.

Fijémonos que el Magnífico Proyecto responde a la perfección al problema planteado al principio por el P. Llanas: la cuestión social, la gran cuestión, como él decía.

Podemos ahora recordar algunos de los puntos analizados anteriormente; retomar lo que entonces dijimos y verlo ahora a la luz de este Magnífico Proyecto. La sociedad en general durante el siglo XIX se fue descristianizando; las costumbres, la vida en general cada vez fue más laica; aquella tradición cristiana que envolvía y unificaba todas las actividades, se desmoronó; la parroquia en la ciudad, pero también en el mundo rural, dejó de ser el centro alrededor del cual giraba toda la actividad de las instituciones locales, desde las cofradías, hasta la beneficencia; otras instituciones desvinculadas de la Iglesia asumieron esta función. Las ideas socialistas penetraron en las masas obreras vinculadas a grandes ciudades y alrededor de centros fabriles; parecía que el cristianismo no tenía respuesta para esta nueva situación, quedaba marginado.

Los católicos, pues, se replantearon la nueva situación y al organizarse intentaron dar respuestas a los problemas surgidos[19]. Había que regenerar la sociedad y el medio para conseguirlo era la educación, la cual debía abrazar tanto la instrucción como los principios morales y religiosos; la escuela en sus diferentes formas (la escuela convencional primaria, o en granja agrícola, o en centros especiales de enseñanza de comercio, etc.) y según las edades tenía que jugar un papel importantísimo.

Las respuestas que apuntaban los distintos grupos católicos no eran uniformes; unos pretendían la creación de partidos y de sindicatos netamente católicos y confesionales para actuar directamente; otros preferirían hacerlo de manera indirecta a través de la formación de personas que después intervinieran en la política y en la vida social y sindical. La primera de la dos soluciones llevó en más de una ocasión a radicalismos e integrismos; la segunda, menos eficaz y con éxito solo a largo plazo, era una postura tolerante, dialogante y que aceptaba la realidad política y sindical (la hipótesis como se decía en Italia).

Volvamos a otro de los aspectos que apuntaba en anteriores apartados: los escolapios que vinieron a Cuba eran catalanes (el mismo P. Llanas que no era nacido en Cataluña, se formó en ella y perteneció a aquella provincia escolapia). En el llamado Magnífico Proyecto encontrarnos también la huella y el espíritu de esta actitud de compromiso con la realidad político-social o como se ha llamado después la autonomía de las realidades temporales; no fue siempre esta la respuesta que en el resto de la península hispana se dio al problema social y a otras cuestiones que llevaron a enfrentamientos bélicos fratricidas [20].

El fin último está claro y es común para todos los católicos; el camino difiere y va por senderos a veces incluso opuestos. San Pablo dijo: Hacer que todo tenga a Cristo por Cabeza, lo que está en los cielos y lo que está en la tierra (Ef 1, 10). Esta realidad cósmica final es a lo que todos aspiran, pero mientras unos lo quieren hoy y ahora, y si es necesario incluso por la fuerza; otros saben esperar y respetar la libertad de los hombres a los que hay que predicar el evangelio para que crean y se hagan bautizar, sin imposición ni violencia: la escuela y la educación han de ser, según estos últimos, el camino. La respuesta que se pretendiera dar no podía ser en modo alguno un simple acto de caridad; había que tener una respuesta intelectual, un sistema que pudiera enfrentarse al socialismo que había encontrado su apoyo en el marxismo.

Notemos aún que este Magnífico Proyecto se propuso en Cuba en 1874; vemos que los católicos de Cuba se adelantaron a los españoles que parece que comenzaron a plantearse esta cuestión en 1876 [21]. No es cuestión de discutir ni entablar discusión sobre quién llegó antes (como si se tratara de un récord olímpico), sino simplemente de ver que el camino por el que llegaban a Cuba las doctrinas católicas sobre la cuestión social no podía proceder de España sino de otros países europeos (como pasaba también en Cataluña): Francia, Bélgica, Italia, etc. eran los modelos.

Los Escolapios ante la independencia de Cuba

Vistos ya los precedentes expuestos, creo que no extrañará mucho la postura que los escolapios adoptaron durante la última guerra hispano-cubana (1895-1898) hasta que Cuba consiguió su libertad, independencia y soberanía: será una consecuencia lógica de los principios ya expuestos anteriormente.

Los escolapios eran españoles (pero de las provincias catalanas), habían entrado en Cuba de la mano del gobierno español y habían mantenido siempre buenas y amistosas relaciones con las autoridades españolas. Los escolapios de Guanabacoa incluso tuvieron buena amistad con el general Valeriano Weyler; el odiado general tenía sus hijos internos en las Escuelas Pías de Sarriá en Barcelona [22]; las relaciones entre militares y escolapios deben remontarse a los años de 1825 a 1845 en que el P. Jacinto Feliu (el que después como Comisario Apostólico introdujo la orden en Cuba) ejerció como profesor de matemáticas en la Academia Militar de Segovia; muchos de aquellos militares pasaron por las guarniciones españolas establecidas en Cuba y fue fácil entablar relaciones amistosas con los escolapios; algunos de aquellos sabiendo que su estancia en tierra cubana ni sería larga ni tal vez tranquila, optaban por dejar en internados escolapios a sus hijos para que se fueran formando al amparo de aquellos religiosos que ellos habían tratado en Segovia. Weyler, en este sentido, no fue un caso aislado.

Los escolapios estaban en Cuba para servir al pueblo cubano y usaron de sus amistades para provecho y beneficio de este pueblo, no para sus intereses.

Durante la segunda mitad del siglo XIX se dieron frecuentes casos de condenas con sentencia capital o de deportación a presidios lejanos (una separación de por vida). Era especialmente traumático cuando se trataba de madres de familia. Si los escolapios invocaban en sus sermones y discursos la integridad de la familia, debía dolerles que estas se rompieran para siempre y por motivos a veces ni claros ni justos. Lucharon para paliar los efectos de las condenas. El P. Esteban Terrades llegó a apoderarse de las llaves de una cárcel e introducir por unas horas a la esposa y a la hija de un condenado para consuelo de todos y conseguir arreglar situaciones confusas entre ellos; el condenado se llamaba Acosta y había sido alumno suyo en Camagüey. Un grupo de mujeres de Camagüey fueron trasladas a la Habana para ser deportadas a penales españoles (las Islas Canarias, generalmente); los PP. Pablo Trías, Esteban Terrades y finalmente Pedro Muntadas intercedieron ante el capitán general Weyler y éste decidió su liberación total [23].

Muchos de los oficiales y soldados que combatieron por Cuba en la años de guerra se habían sentado en los pupitres de las aulas escolapias de Camagüey y de Guanabacoa. Se han publicado diversas listas en las memorias escolares de los dos colegios y no es necesario repetirlas [24]. Como recordaba años después un antiguo alumno los escolapios... fueron extranjeros... pero su alumnado operó en la hora adulta, sin trabas provenientes de la infancia, el desarrollo pleno de sus ansias espirituales [25]. Los patriotas cubanos confiaron en los escolapios porque a pesar de ser españoles, estaban identificados con el país al que servían, sabían que no serían traicionados. Muchos de los hijos de esta tierra... cuando al partir para la manigua redentora confiaron sus hijos a este plantel, el colegio de Guanabacoa, y algunos de sus propios educandos trocaron los libros por el machete, y hoy mismo se cuentan entre los alumnos de los escolapios de Guanabacoa, nietos o bisnietos de ilustres libertadores, porque las familias respectivas se hallaban convencidas de que allí han de recibir sus hijos una educación netamente cubana, además de hallarse basada en la más sólida moral cristiana [26]. El mismo padre de la patria, José Martí, confió a su hijo José Francisco Martí y Zayas a los escolapios de Camagüey en 1889, como consta en las memorias de este colegio.

Los escolapios trataron de interceder entre los dos frentes, sembrando concordia y mutua comprensión; amigos de unos y de otros, intentaron la reconciliación imposible; procuraron atemperar los daños que la guerra y la represión –feroz en el caso de Weyler– infligían en la población cubana.

Los nombres de escolapios ya citados podrían aumentarse con las de otros como el P. Santiago Ollé en Camagüey. Pero sin duda quien más influencia tuvo sobre las autoridades militares fue el P. Pedro Muntadas (bien merecido tiene el busto que se conserva en el patio del claustro del convento de Guanabacoa); la anécdota varias veces repetida pero ilustrativa de su influencia es la siguiente: Hubo una de tantas escaramuzas entre tropas españolas y cubanas con muertes en ambos lados; en el cementerio de la Habana se celebró una ceremonia religiosa en el entierro de los españoles muertos; presidía el capitán general Weyler; éste encargó al P. Muntadas unas palabras de exaltación patriótica antes de la oración final; el P. Muntadas acabó su discurso pidiendo lágrimas y oraciones por las víctimas españolas de aquella guerra civil... Pero también pidió oraciones y lágrimas por los caídos del bando cubano que, al fin y a la postre, también son hermanos nuestros; y por todos rezó el Padre Nuestro. Weyler dio una sacudida de estremecimiento; se contuvo, pero al recibir el saludo de despedida del predicador le espetó a quemarropa: *Si no fuera porque conozco bien al P. Muntadas, ahora mismo le mandaba fusilar. No quiero compasión para los enemigos de España* [27].

Cuando la guerra estaba en sus últimos momentos, el general español de la plaza de Camagüey, Emilio March, había recibido ya orden de evacuar sus tropas hacia Santiago para embarcar para España. March decidió el degüello de todos los que quedaban en la ciudad. Las señoras camagüeyanas fueron a los escolapios. El P. Pablo Trías y el P. Santiago Ollé corrieron a Palacio y lograron convencer al general para que desistiera de tan tremenda crueldad. Una vez más intervinieron los escolapios para evitar más y más muertes y desgracias [28].

Un recuerdo infantil nos describe la actitud de los maestros escolapios durante la contienda; un antiguo alumno de Guanabacoa allá por los años 1893-1895, explica que los viernes los escolapios acompañaban a los alumnos a la Loma de Cruz para que jugasen; los niños, que fácilmente reviven lo que ven en los mayores, inmediatamente formaban en dos pandillas *Cuba y España*; cada bando se atrincheraba y comenzaba un tiroteo de piedras hacia el contrario. Los sacerdotes, dice el testigo, no se metían en asuntos políticos y, cuando más, hacían todo lo posible para sofocar nuestra guerra chica. Nos decían ellos que éramos compañeros de estudios, sin distinción de nacionalidades, niños que teníamos un mismo credo y todos éramos hijos de Dios [29].

Esta sencilla anécdota resume la postura de los escolapios en aquellos difíciles y trágicos momentos.

Conclusión

Los escolapios que llegaron a Cuba a partir de 1856 procedieron en su casi totalidad de Cataluña y de allí trajeron un espíritu abierto, dialogante, conciliador; como en todo colectivo, cabe pensar que hubo sus excepciones, pero la mayoría y sobre todo el tono general que dieron fue el de una colectividad democrática. Como afirmó D. Mariano Aramburo en un discurso: De cuantos institutos religiosos han trabajado [en Cuba].. quizá ninguno sea tan popular, tal vez ninguno haya logrado arraigar tan profundamente en la entraña de Cuba como la democrática Escuela Pía, cuya llaneza constitutiva y cuya sencillez casi familiar tanto cuadran y convienen a la idiosincrasia de nuestro pueblo [30].

Pero el espíritu abierto tenía un sentido peculiar: trabajaron para la regeneración de la sociedad (no era solo cuestión cubana, en todas partes era necesaria esta toma de sentido cristiano en aquellos momentos) creyendo firmemente que la educación era el elemento y la base para formar una sociedad que fuera capaz de convivir en paz y fraternidad, basada en la justicia social. Buscaron la conciliación en el seno de la familia, entre los alumnos, entre la ciencia y la fe, entre los bandos enfrentados en lucha fratricida.

En sus colegios intentaron especialmente la formación de una clase social media que uniera a su competencia profesional una moralidad cristiana ejemplar;

promovieron el estudio de las ciencias de la naturaleza con un sentido apologético y concordante con la fe; el saber ha de ayudar a robustecer la fe, no tiene por qué alejar de Dios.

Colaboraron en la creación de asociaciones entre los alumnos, pero sobre todo intentaron la unión de todos los católicos isleños para afrontar con espíritu de hermanos las diferencias sociales existentes: la regeneración de la sociedad no podía ser obra de algunos, debía ser el resultado de un esfuerzo colectivo; más que al aspecto político debía atenderse al social. Sin remediar las enormes diferencias sociales existentes, todo intento de formar un pueblo unido y que viva en paz, es una quimera.

La educación o enseñanza en la piedad y en las letras era el norte que orientaba siempre los pasos de los escolapios. Creyeron ante cualquier conflicto que la regeneración de la sociedad debía hacerse educando en la piedad y las letras. La formación integral era tarea de todos, en especial de los padres y de la escuela que amparada en la Iglesia poseía los principios indispensables para que la sociedad del niño pudiera ser más justa, más equitativa, más solidaria. La regeneración por la enseñanza debe llegar a todos; todos tienen derecho a una educación y formación con que encontrar los medios que le permitan vivir honradamente; y por la educación de quienes ya tienen una formación, se puede hacer cambiar la mentalidad, hacer comprender aquello tan sencillo y tan difícil de que todos somos hermanos e hijos de Dios. Con la educación, San José de Calasanz auguraba la reforma de la sociedad –y lo dejó escrito en el nº 2 de sus *Constituciones*–: si desde la infancia el niño es imbuido diligentemente en la piedad y en las letras, ha de prevenirse, con fundamento, un feliz transcurso de su vida entera.

NOTAS

[1] Especialmente C. Bau: *Historia de las Escuelas Pías en Cuba durante el primer siglo de su establecimiento (1857-1957)*, La Habana, 1957 y M. Galofré: *Notas históricas de la Fundación de la Escuela Normal, Elemental y Superior y del Colegio de Guanabacoa*, La Habana 1951.

[2] J. Florensa: *Els escolapis a Guanabacoa durant l'etapa colonial*, en *Analecta Sacra Tarraconensia*, Barcelona, 1993; vol. 66, p. 79-109 (lo citaré abreviado: AST, p.); muchos artí-

culos de carácter muy diverso se pueden seguir en la revista de régimen interior de la Escuela Pía de Cataluña Catalaunia.

(3) Recordemos el inventario del fondo sobre los escolapios en Cuba existente en el Archivo Provincial de la Escuela Pía de Cataluña y publicado en *Analecta Calasanctiana*, Salamanca, 1992; nº 68, p. 541-543. También la publicación del Regesta documental de la Vicaría General de las Escuelas Pías de España en que abunda la documentación sobre los escolapios en Cuba, en *Analecta Calasanctiana*, Salamanca, 1992, nº 67, pp. 71-406.

(4) En mi comunicación L'ensenyament del comerç als escolapis (1902-1909) publicada en *Actes de les 7énes. Jornades d'Història de l'Educació als Països Catalans*, Perpinyà 2-5 maig 1985 (Vic 1985, pp. 155-163).

(5) Sigo el estudio más detallado sobre el pensamiento educativo manifestado en los discursos de final de curso que ya publiqué en AST, especialmente en las pp. 94-97 y 103-106.

(6) Además de las historias generales del colegio, se recogen datos históricos sobre el Museo en las Memorias de Guanabacoa de los años 1918-1919 (pp. 31-33), 1926-1927 (p. 25), 1935-1936 y 1938-1939.

(7) Sobre el P. Míguez véase por ejemplo A. del Alamo: *Biografía del Siervo de Dios P. Faustino Míguez, escolapio, fundador de la Congregación «Hijas de la Divina Pastora» Calasancias*, Madrid, 1975 en que recuerda cómo recogía plantas medicinales y las estudiaba (p. 47); y *Faustino Míguez, documentos presentados para la «positio super virtutibus»*, Roma 1984, p.23-25.

(8) Datos biográficos y bibliografía en *Diccionario Enciclopédico Calasancio*, vol. II, Biografías de escolapios, Salamanca, 1983, p. 161; en este diccionario se pueden encontrar las biografías de todos los religiosos que se mencionan en el presente trabajo; también se pueden consultar los cuatro volúmenes del *Diccionari dels catalans d'Amèrica*, Comissió Amèrica i Catalunya, 1992, generalitat de Catalunya.

(9) Sobre este tema véase E. Vilanova: *Historia de la teología*, vol. III, Barcelona, 1989, p. 422 especialmente; el autor recuerda algunos nombres de sacerdotes que a lo largo del siglo XIX procuraron el diálogo entre la fe y la ciencia, como: Antoni Comelles (1832-1884), Joaquim Rubió y Ors (1818-1899), Joaquim Roca Cornet (1804-1873), Josep Mª Quadrado (1819-1896), etc.

(10) Francesc Nicolau: *El Dr. Almera i la seva escola de geologia*, Barcelona, 1987 y del mismo: Fe i ciència es donen la mà, en Teología Actual, Barcelona, abril 1994 nº 4, pp. 25-35.

(11) J. M. Fradera: Jaime Balmes. *Els fonaments racionals d'una política catòlica*, Vic, 1996.

(12) La primera edición en Barcelona 1889; la segunda, con selección de pasajes, se publicó en Banyoles con prólogo de Xavier Xargay.

(13) Sobre esta Academia puede verse mi trabajo inédito: *L'Acadèmia Calassància del P. Llanas (1888-1898)*. Granollers, 1979, principalmente en las pp. 58-60.

(14) Memoria de la Academia Calasancia de Guanabacoa del curso 1880-1881, p. 19.

(15) *Memoria 1913-1914*, p. 39; más información sobre estos Turnos a nivel general puede encontrarse en J. Florensa: *L'esperit d'associació als escolapis de Catalunya (1875-1923) en Catalunya i la Restauració. Actes del Congreso Internacional d'Història*, Manresa, 1-3 mayo.

(16) *Memoria 1912-1913*,p. 30.

(17) *Anhelo* (La Habana julio-agosto 1949), Nº 31-32, p. 1; el P. Pujol también fue Consejero Nacional de Aspirantes.

(18) Podríamos comparar estas palabras con las que en 1645 escribía San José de Calasanz aunque en circunstancias diferentes: De lo que se deduce claramente cuán lejos está de la piedad cristiana y del sentimiento de Cristo aquella política que enseña ser perjudicial a la sociedad enseñar a los pobres, por desviarles -dicen- de las artes y oficios mecánicos, lo cual prueba la misma experiencia que es falsísimo, pues aquí en Roma, después de 50 años en que las escue-

las Pías enseñan a los pobres, no se ve escasez en ningún oficio, sino que vemos que la mayor parte, gracias al beneficio de las escuelas, son capaces de llevar las cuentas de sus negocios, sin necesidad de que se las hagan otros, como ocurría antes de empezar estas escuelas... (S. Giner: *San José de Calasanz. Maestro y Fundador*, Madrid, 1992) p. 594.

[19] Sobre las asociaciones de católicos veáse, por ejemplo, J. Andrés-Gallego: *La Asociación de Católicos*, en XX Siglos, Madrid, 1995, n° 25, pp. 71-73.

[20] Expone y documenta con amplitud y detalladamente este tema el P. E. Vilanova: *Historia de la Teología*, vol. III, Barcelona, 1989, pp. 420-424.

[21] Así lo afirma F. Montero: *Recepción católica de la Rerum Novarum en España*, en *XX Siglos*, Madrid, 1991, n° 7, p. 86.

[22] *ES, Butlletí de l'Associació de Pares de Família de l'Escola Pia de Sarrià*, marzo 1994), n° extra, p. 16.

[23] Ambos casos los explica la *Memoria de Camagüey 1858-1908*, p. 56. El señor Silvio Betancourt Agramonte (antiguo alumno de los escolapios de Camagüey) ha recogido muchos testimonios sobre este particular que amplían y corroboran lo expuesto en el texto; le agradezco que me haya facilitado estos datos.

[24] Véase por ejemplo la *Memoria de Guanabacoa 1941-1942* o en C. Bau: *Historia de las Escuelas Pías en Cuba*, La Habana, 1957, p. 282.

[25] *Memoria de Guanabacoa 1956-1957*, p. 50.

[26] *Memoria de Guanabacoa 1942-1943*, p. s/n.

[27] C. Bau: *Historia de las Escuelas Pías en Cuba*, p. 274; la anécdota puede leerse en el Libro de Secretario de Guanabacoa; la Memoria de las Escuelas Pías de la Habana 1935-1936 también se hace eco del hecho.

[28] *Boletín de Camagüey*, diciembre 1942, n° 2, pp. 2-12.

[29] *Ecos Guanabacoenses*, noviembre 1957, n° 1, p. 10.

[30] *Memoria de Guanabacoa* curso 1941-1942.

Félix Varela:
El primer cubano

José M. Hernández

Las opiniones de los cubanos sobre la significación histórica de la figura del Padre Félix Varela distan mucho de ser unánimes. Para José de la Luz y Caballero fue el *primero que nos enseñó a pensar*. Otros le han asignado el rol, un poco más modesto, de mentor de la juventud cubana o de precursor de la independencia. Según la inscripción que aparece en la base del monumento que le fue erigido en la Universidad de La Habana fue nada menos que el «Padre de la Patria». En 1943, José A. Fernández de Castro sostuvo que era el verdadero fundador de la nacionalidad cubana, y, algunos años más tarde, Antonio Hernández Travieso lo presentó en su conocida biografía como el forjador de la conciencia cubana. Más recientemente, Jorge Mañach ganó el premio periodístico José I. Rivero con un enjundioso artículo sobre «Varela, el primer revolucionario»[1].

De todas estas altisonantes caracterizaciones del humilde sacerdote, sin embargo, quizá la más sugestiva y, al propio tiempo, más exacta, sea la que sirvió de título a un documental hecho en La Habana con motivo del bicentenario de su natalicio: «El primer cubano»[2]. Varela, en efecto, vino al mundo el 20 de noviembre de 1788, cuando ya decursaba el crítico período en que el secular proceso de formación de la nación cubana estaba empezando a cristalizar. Fue este un proceso que tuvo una dimensión externa, la de diferenciación entre cubanos y españoles, que fue la primera en ponerse de manifiesto. Pero tuvo también una dimensión interna, la de integración de los elementos componentes del núcleo nacional en gestación. Debido a la tremenda expansión de la esclavitud y a los cambios demográficos que ello acarreó, este subproceso de fusión racial y cultural fue sumamente dilatado (abarcó casi todo el siglo XIX), dio lugar a gravísimas contradicciones en el seno de la sociedad colonial, y de hecho frenó la consumación de la nacionalidad. No fueron muchas las figuras representativas de la época que se dieron cuenta cabal del rumbo que la historia estaba tomando en la Isla, y, entre todas ellas, fue Varela el que caló más hondo y vio más lejos. Por eso es él el que nos descubre nuestra nacionalidad, como escribió no hace mucho Dulce María Loynaz. Hasta él, agrega la insigne poetisa, los cubanos parecen ignorar que son cubanos. La documentación de estas décadas cruciales así lo confirma.[3]

143

La nacionalidad antes de Varela

De acuerdo con las fuentes más autorizadas, la coexistencia en Cuba de un sector criollo y un sector español claramente identificados data de la segunda mitad del siglo XVI, período en que la población de la Isla está ya mayoritariamente constituida por los naturales de la tierra (los descendientes de las uniones de españoles con españolas en algunos casos y, en la mayoría de ellos, con indias y negras). La heterogeneidad de la población también se reafirma en esta época, porque si bien el número de indios siguió disminuyendo, el de los africanos aumentó considerablemente a causa de las introducciones de esclavos del asentista portugués Gómez Reynel en la última década del siglo [4]. No fue, sin embargo, hasta que la industria azucarera cubana comenzó su prodigiosa carrera ascendente a fines del XVIII y principios del XIX que aquellos criollos que se sentían ya enraizados en el terruño que habitaban (como lo demostraron, por ejemplo, con la hostilidad con que recibieron a los ingleses que ocuparon La Habana en 1762) empezaron a considerarse cubanos y a tomar conciencia de que sus intereses y aspiraciones no coincidían necesariamente con los de los peninsulares. Es también en este período (1780-1820) que entran en la Isla más de 300,000 esclavos para satisfacer las demandas de mano de obra barata de ingenios y trapiches [5].

Así quedaron definidas y planteadas las dos grandes cuestiones que los criollos debieron resolver antes de poder llamarse cubanos. ¿Debían los habitantes de la Isla seguir siendo parte de la metrópoli, como los vascos, catalanes y gallegos, o debían cercenar el cordón umbilical que los vinculaba a la madre patria y establecer una entidad separada e independiente? ¿Quiénes eran verdaderamente los cubanos? ¿Debía reservarse ese nombre exclusivamente para los hijos de los españoles o debía considerarse también cubanos a los descendientes de africanos, los integrantes de esa enorme población negra y mulata, esclava y libre que había surgido en la Isla? Las diversas respuestas que a lo largo del siglo XIX dieron los criollos a estas preguntas marcan la ruta seguida por Cuba para superar la fase inicial de diferenciación e integración y alcanzar el rango histórico de nación.

Uno de los primeros en abordar estos problemas fue Francisco de Arango y Parreño (1765-1837), quien comenzó su carrera de líder de la burguesía azucarera cubana al recibir el cargo de apoderado del Ayuntamiento de La Habana ante la Corona española en 1789, un año después del nacimiento de Varela. En esa fecha Arango, estadista sin estado, como se ha dicho dio inicio a sus gestiones para obtener las concesiones que eventualmente transformaron la faz de la Isla: el libre comercio y la libre importación de esclavos. Ningún criollo ascendió jamás tan alto en la burocracia colonial y peninsular. Estrechamente vinculado a la Sociedad Económica de Amigos del País, fue además creador del Real Consulado de Agricultura, Industria y Comercio, Intendente de Hacienda y Consejero de Indias. Pero porque defendía los intereses del patriciado criollo y favorecía la autonomía de la colonia fue siempre tachado de independentista, aunque lo cierto es que si bien miraba a Cuba como su «adorada patria» y llamaba a los cubanos «compatriotas míos» (le alarmaba además el «coloso» que veía crecer en el septentrión y que amenazaba tragarse si no nuestra América entera, al menos la parte del norte) nunca pudo concebir la existencia de una nacionalidad cubana separada políticamente de la nación española. Es cierto así mismo que, arrepentido de su actitud pro-esclavista hacia el final de su vida, se declaró enemigo de la trata (seis años antes de que Varela pensara en someter a las Cortes españolas su proyecto abolicionista) pero tampoco su idea de la nacionalidad pudo sobreponerse a los prejuicios raciales de su tiempo. El concepto que Arango tenía en su mente era el de una Cuba uniformemente blanca, objetivo que creía podía alcanzarse «blanqueando» a los negros mediante cruces raciales [6].

Arango es, por consiguiente, una figura de transición, al igual que lo fueron también en diverso grado sus contemporáneos y colegas de la Sociedad Económica de Amigos del País, Tomás Romay (1764, 1849) y José Agustín Caballero (1762-1835), médico y científico el uno, sacerdote y filósofo el otro. Romay comprendió también la injusticia de la malhadada «institución doméstica», pero, dueño de esclavos, temblaba ante la perspectiva de suprimir la esclavitud y *abandonar nuestras vidas y propiedades a la ferocidad de los africanos*. Y fue tal el calor con que defendió la causa de España en un folleto que publicó en 1808, que las autoridades coloniales dispusieron que se imprimiera también en Buenos Aires, Lima y México como medio de contrarrestar el entusiasmo con que los suramericanos estaban empezando a pronunciarse en favor de la independencia[7].

Caballero (o el Padre Agustín, como le llamaban sus alumnos del Seminario San Carlos) fue tal vez un poco más liberal. Su condena de la esclavitud fue ciertamente más tajante y categórica (aunque en el terreno de la práctica sus propuestas fueron bastante modestas), y sus ideas políticas fueron mucho más radicales, como resulta de su *Proyecto de gobierno autonómico para Cuba* de 1811. En las Cortes provinciales electivas que en el proyecto se contemplaban (por tratarse de un *país donde existe la esclavitud y tantos libertos como tenemos*) Caballero «amarró», sin embargo, el derecho del sufragio de tal manera que lo hizo descansar *exclusivamente en la calidad de español de sangre limpia con bienes de arraigo en tierras o casas urbanas o rurales* [8]. Su visión de la nacionalidad cubana era, pues, parcial y limitada, bastante limitada.

Tanto Arango como Romay y Caballero fueron hombres que marcharon al ritmo de su tiempo, reflejando en gran medida en sus escritos, discursos y propuestas la mentalidad de la burguesía ilustrada de la época: los hacendados, cafetaleros, terratenientes, rentistas y profesionales ricos responsables de la riqueza de la colonia. Todos ellos temían los excesos que la violencia revolucionaria había desatado en Francia (1789); querían evitar la posible ruina de Cuba como consecuencia de un conflicto con la metrópoli; y, sobre todo, al tiempo que deseaban mantener incólume la esclavitud y el libre comercio de esclavos, vivían con la constante preocupación de que en Cuba pudiera producirse una sublevación como la de Haití (1791). De ahí que invariablemente rechazaran las conspiraciones iniciales por la independencia, que también empiezan a manifestarse en Cuba en este período. Tan circunspectos fueron en esta materia, que cuando el propio Capitán General Someruelos propuso en 1808 crear en Cuba una Junta Provincial al estilo de otras que se habían constituido en el continente para gobernar la colonia mientras la familia real permaneciera cautiva de Napoleón, fue imposible reunir el número de firmas de personas de prestigio y representación social que Arango juzgó necesarias para viabilizar la iniciativa. En el documento que fue circulado al efecto no aparece la firma de ningún criollo connotado.

Es verdad que los dirigentes del que generalmente se considera como el primer movimiento político de importancia (1810) encaminado a lograr la independencia de Cuba fueron miembros de familias ricas cubanas: Román de la Luz, Joaquín Ynfante y Luis Francisco Bassave. Pero aunque este último fue eventualmente acusado por las autoridades de que *convocaba y excitaba a los negros y mulatos y a la hez del pueblo para sublevarse*[10], no parece que los conspiradores tuvieran una idea lo suficientemente clara y lo suficientemente amplia de la cubanidad. Ynfante, que era el ideólogo del grupo y, según los que instruyeron la causa que se siguió contra los conspiradores, *el mayor revolucionario que jamás ha pisado el territorio cubano*, logró escapar a Venezuela, donde publicó, probablemente a principios de 1812, su *Proyecto de Constitución para la Isla de Cuba*. En el articulo 84 del proyecto se disponía que en la sociedad cubana llevarán los blancos la prelación en cuya posesión se *hayan por origen y anterioridad de establecimiento*. Y, casi a renglón seguido, el artículo 89 establecía que la esclavitud *continuaría mientras fuere precisa para la agricultura*[1]1.

Entre los elementos reclutados por Bassave figuró el negro libre José Antonio Aponte, obrero ebanista y ex cabo del batallón de pardos y morenos de las milicias habaneras, quien logró eludir la persecución policíaca y, aprovechando la difusión de la noticia de que en las Cortes españolas de 1810 se había propuesto la abolición de la esclavitud y la supresión de la trata, encabezó otro movimiento de rebeldía. Fue esta la llamada conspiración de Aponte de 1812, que se propuso el levantamiento de los negros de las zonas azucareras del interior y el incendio de los ingenios y trapiches aledaños a La Habana así como el de los barrios extremos de la ciudad. El objetivo fundamental de los conspiradores, desde luego, era arrasar con la sociedad esclavista, y solo aludía en forma rudimentaria a la sustitución del régimen colonial por otro exclusivamente cubano. Fue otra visión parcial e incompleta del futuro de Cuba, contemplado desde la perspectiva de las clases oprimidas. Como la élite criolla logró saber que Aponte esperaba recibir refuerzos del rey Henri Christophe de Haití, una de las consecuencias importantes de esta tentativa fue retrasar la maduración de la idea independentista [12].

La nacionalidad en Varela

Si no hubiera sido por la rémora de la esclavitud, quizá el proceso histórico de la autoidentificación del cubano habría avanzado a un ritmo más acelerado. Pero las importaciones masivas de africanos crearon condiciones objetivas y subjetivas que dificultaron tanto a la clase dominante como a la dominada ensanchar suficientemente su concepción de la nacionalidad. En el orden de las realizaciones prácticas hubo que esperar a que los acontecimientos mismos desenmascararan las realidades, despejaran las incógnitas y aclararan los entendimientos. Pero en el orden intelectual no había nada que impidiera a los espíritus más lúcidos descubrir cuál era el rumbo a seguir. Indudablemente, hubiera sido demasiado pedirle a un hacendado o a un bozal recién llegado de Africa que ilustraran a sus conciudadanos sobre este punto. Pero sí podía hacerlo un hombre exento de intereses mundanos, como un sacerdote, o un hombre encerrado en los recovecos de su torre de marfil, como un poeta. En Cuba habló primero el poeta.

Fue en un poema titulado *En la abolición del comercio de negros*, poco conocido y de escaso vuelo, escrito a fines de 1817, cuando el autor aún no había cumplido catorce años. Pero como en los sesenta versos que lo componen aquel adolescente se hizo eco de los argumentos capitales en favor de la abolición de la esclavitud conditio sine qua non de la integración de la nación cubana es preciso otorgarle a José María Heredia (1803-1839) la prelación cronológica en la materia, diérase o no cuenta en aquellos momentos de la trascendencia histórica de su posición ideológica. Lo mismo ocurre con su composición *A la insurrección de la Grecia en 1820*, donde, por primera vez, se incluye una franca y directa alusión a la independencia de Cuba en el apasionado canto a la sublevación de los griegos contra los turcos. Esta composición se publicó el 6 de agosto de 1822 en el periódico habanero El revisor político y *literario*, una semana antes de que comenzaran las detenciones de los implicados en la conspiración de los Rayos y Soles de Bolívar (1821-1823). En esa coyuntura Heredia era un impresionable joven de diecinueve años cuyas opiniones eran poco estables (en 1820 había publicado una quintanesca oda llamando a España «patria mía»), al extremo de que él mismo no tenía reparo en hablar del «atolondramiento» de sus versos en contraposición a la «prudencia y reflexión» aprendidas de su padre, varón ejemplar amante de la paz y el orden. Había una indiscutible discrepancia entre su temperamento fogoso y romántico y los dictados de su razón (evidente en su correspondencia sobre los motivos de su extrañamiento de Cuba), que quizá tuvo algo que ver con el débil eco que su lirismo revolucionario tuvo entre sus contemporáneos. Con el correr de los años se convertiría en un símbolo para sucesivas generaciones de cubanos. Pero no mientras vivió. Cuando regresó a La Habana en 1836 tras trece años de destierro aun sus más íntimos amigos lo recibieron con notoria frialdad. Los más crueles se referían a él como el «ángel caído»[13].

Heredia se vio obligado a ocultarse y huir de Cuba, como se sabe, por haber mantenido estrechas relaciones con los Caballeros Racionales, rama de los Rayos y Soles de Bolívar. Fue esta una conspiración vasta, sin duda (el número de los encausados llegó a 602), típica de un agitado y confuso momento histórico en que lo mismo se fraguaban en la Isla planes de anexión a los Estados Unidos que agentes mexicanos y colombianos urdían complots revolucionarios con la finalidad de privar a España de la última base de operaciones que le quedaba para lanzarse a la recuperación del imperio que había perdido en el continente. Más que a los intereses de Cuba la conspiración respondió a los de la Gran Colombia, y en ella participaron numerosos hispanoamericanos que residían en La Habana junto a elementos de la clase media cubana, quienes en realidad fungieron de instrumentos auxiliares o aliados a los cuales se les dejaba ver solamente parte de la verdad. Necesariamente no tenía que desembocar en la independencia de Cuba ni muchísimo menos en la emancipación de los esclavos. En una proclama firmada por su jefe, José Francisco Lemus (cubano al servicio de Colombia), y dirigida a los «hijos de Cubanacán», se solicitaba que se tratara con *dulzura a esos infortunados esclavos... mientras que los representantes de nuestra patria proponen los medios de su feliz redención sin a perjuicio de particulares intereses*. Esta declaración no fue óbice para que los representantes de esos «particulares intereses» censuraran acremente la conspiración e incluso que algunos de ellos pidieran que los responsables fueran severamente castigados[14].

En el primer número de *El Habanero* (publicado en Filadelfia en 1824) Varela también tuvo algo que decir sobre los Rayos y Soles, y lo que dijo no fue muy encomiástico. Con su habitual ausencia de miramientos y tapujos, declaró sencillamente que la «decantada conspiración» no había sido más que una *«jarana», unos esfuerzos inútiles por innecesarios para generalizar entre los naturales la opinión de independencia para cuando llegue el caso*. Así, con este peso y este tono fue que el sacerdote dio inicio a su predicación cívica, unos meses después que el poeta y con menos vehemencia y exuberancia que él, pero con más rigor analítico, más mesura y mayor serenidad de espíritu. En ese momento Varela acababa de llegar a los Estados Unidos huyendo de las iras de Fernando

VII, después que este disolvió las Cortes de 1822-1823 con el respaldo de los cañones franceses. Era considerablemente más equilibrado, maduro y experimentado que Heredia, andaba ya por los treinta y cinco años y había rebasado la etapa formativa de su pensamiento político. Sus ideas más revolucionarias ya habían tomado cuerpo y se habían concretado en fórmulas específicas. La de la abolición había quedado plasmada en la *Memoria que demuestra la necesidad de extinguir la esclavitud de los negros en la Isla de Cuba* que no pudo presentar a las Cortes a causa de la turbulencia reinante en España. Y la relativa a la independencia había crecido y se había desarrollado al tiempo que comprobaba sobre el terreno la doblez de los diputados liberales españoles (cuyo liberalismo estaba confinado a la metrópoli) y la poca confianza que merecía aquel Rey, gozador y trapalón.

Con su bien meditado abolicionismo (ostensiblemente propuesto para atender a los intereses de los propietarios de esclavos, según reza el subtítulo de la *Memoria*) Varela dio la única respuesta posible al pavoroso problema de la identidad etniconacional del cubano. Durante toda la primera mitad del siglo XIX la mayoría de la población de la colonia fue siempre negra o mulata (el 60 por ciento del total alrededor de 1840), y en 1841 había casi medio millón de esclavos (436,495 para ser exactos)[16]. Pensar en «blanquear» esta masa humana, como proponía Arango, o en deshacerse de ella, como pretendieron otros después, traspasaba los límites de lo posible (para no hablar de los aspectos éticos de la cuestión). Si Cuba iba a devenir nación algún día el único camino era que las razas integrantes de su población se fundieran en una sola unidad cultural. Pero esto que en sí mismo era ya difícil dada la inexistencia de vínculos que ligaran al africano recién llegado al resto de la población, era totalmente imposible bajo el régimen de la esclavitud y de la posición de inferioridad que ocupaban los libres de color en la sociedad colonial. Para que Cuba llegara a constituirse en esa *comunidad de intereses, unidad de tradiciones y unidad de fines* de que habló Martí más de medio siglo después[17], lo primero era liberar los esclavos y establecer el imperio de la igualdad, que fue precisamente lo que Varela tuvo en mente cuando escribió en su *Memoria*: *Desengañémonos: constitución, libertad, igualdad son sinónimos; y a estos términos repugnan los de esclavitud y desigualdad de derechos. En vano pretendemos conciliar estos contrarios*. No solo era vano empeñarse en semejante tarea; era también peligroso. Porque hacer «ilusoria» la libertad que se diera a los esclavos convirtiéndolos en *españoles privados de derechos políticos*, excluidos *de formar la base de la población representada* en las Cortes era *comprometer la tranquilidad de la Isla*. Cuba era *un coloso, pero que estaba sobre arena*, y si soplaba el huracán de un conflicto político-social antes de que se le consolidaran los cimientos *su caída sería tan rápida y espantosa como inevitable* [18].

Por tanto, los que en La Habana dijeron que Varela *merecía que se le arrancara la lengua* cuando se enteraron de su antiesclavismo fueron no solamente interesados y egoístas sino ciegos e irresponsables. No puede decirse lo mismo, no obstante, de los que desaprobaron o hicieron caso omiso del independentismo radical que propugnaba *El Habanero*. Porque había una alternativa a la actitud tajante de Varela que en teoría no carecía de atractivo puesto que garantizaba la transición a la independencia con un mínimo de perturbación del orden público. Esta alternativa era la ofrecida por el reformismo, o sea, el logro de la emancipación política por la vía evolutiva. Tan razonable parecía esta tesis reformista que el mismo Varela la había compartido antes de ser elegido diputado a Cortes. Sin duda fue su estancia en una España abocada a la guerra civil y su participación en aquella asamblea donde abundaban los «traficantes de patriotismo» y los «cambia colores» lo que lo indujo a torcer el rumbo y convertirse en abanderado del cambio político total, drástico e inmediato [20].

Varela salió de España convencido de que *nadie jamás conseguiría que los españoles dejaran de creer que eran amos de la mitad del Nuevo Mundo*. Porque todo eso de la maternidad de la península con respecto a América no pasaba de ser una «farándula». El gobierno de España, *un palmo de tierra pobre e ignorante*, estaba a «millares de leguas» de los nuevos países allende del océano, y ni los conocía ni mucho menos los amaba. Era un gobierno, además, solo *fuerte para la opresión*, miraba a esos países *solo como una hacienda donde trabajan sus esclavos para proporcionar los medios de sostener sus hijos, que son los peninsulares*. Los americanos, pues, y consiguientemente los cubanos, solamente podían aspirar a recibir de la metrópoli *mandarines y órdenes de pago o de remisión de caudales. Esperar que ese pueblo sin gobierno, sin orden ni concierto, más infeliz por sus errores que por su miseria, incapaz de cura sino por milagro manifiesto de la omnipotencia divina* se dispusiera a promover el engrandecimiento de Cuba era una ilusión, porque a la larga ese mismo engrandecimiento sería el medio de que la Isla se serviría para sacudir el yugo [21].

De la implacable lógica de este análisis a la justificación formal de la independencia de Cuba (inspirada, por cierto, en la filosofía política cristiana) no había más que un paso, y Varela lo dio con plena conciencia de que no había otra salida. *Todo pacto social*, escribió, *no es más que la renuncia de una parte de la libertad individual para sacar mayores ventajas de la protección del cuerpo social, y el gobierno es un medio para conseguirlas. Ningún gobierno tiene derechos. Los tiene sí el pueblo para variarlo cuando él se convierte en medio de ruina, en vez de serlo de prosperidad*. Esta era precisamente la coyuntura en que Cuba se encontraba. Porque la Isla por su debilidad *estaba todavía en el triste estado de colonia, esto es, en el de producir para los goces de otro más fuerte*, y esa desigualdad social solo se podía sobrellevar *en virtud de una recompensa que se encuentre en la protección y garantía que se le preste*. Pero si la «débil y exhausta» España, ocupada como estaba en esos momentos por un ejército extranjero (el francés) y dividida en partidos que se hacían una guerra a muerte, no podía hacer nada por la Isla, prácticamente abandonada a sí misma, *¿bajo qué pretexto podía exigírsele a los cubanos el sacrificio de seguir siendo fieles a un gobierno sin recursos y embestido por mil y mil necesidades, que delira, se aturde y casi se derroca a sí mismo? Es preciso estar muy alucinado*, concluyó Varela, *para sostener semejante absurdo* [23].

La de insistir en la unión de Cuba con España, sin embargo, no era la única forma de «alucinarse». Otra de ellas era malograr la nacionalidad y borrar su perfil optando por la asociación de la Isla con Colombia, México o los Estados Unidos. Varela rechazó categóricamente esta posibilidad. Yo soy el primero, aclaró desde el principio, *que estoy en contra de la unión de la Isla a ningún gobierno, y desearía verla tan isla en lo político como lo es en la naturaleza*. Con la misma rotundidad descartó la emancipación política alcanzada bajo el patrocinio de otras naciones. *Una revolución formada por auxilio de extranjeros*, advirtió, *aunque sean hermanos, no tiene el carácter de espontaneidad que es necesario para inspirar confianza*. Y, contestando a los que pensaban que el respaldo de una invasión del exterior era indispensable, agregó: *Todas las ventajas económicas y políticas están en favor de la revolución hecha exclusivamente por los de casa, y hacen que deba preferirse a la que pueda practicarse por el auxilio del extranjero*. Ciertamente es imposible ser más terminante y específico en cuanto a los requerimientos históricos de la nacionalidad cubana que Varela. Habrá que esperar a que surja Martí al final de la centuria para encontrar quien se le iguale [24].

La nacionalidad después de Varela

El séptimo y último número de *El Habanero* salió a la luz probablemente en la primavera de 1826. Cuando el periódico comenzó a publicarse, España era poco menos que un «cadáver» (como le dijo Varela a Joel R. Poinsett en su conocida carta de enero 27 de 1824)[25] que sin embargo estaba obstinada en recuperar las colonias que había perdido en el continente exponiendo así a Cuba a los ataques de México y Colombia. En esas circunstancias parecía factible convencer a los hacendados cubanos en primer término, pero también a los comerciantes peninsulares de la Isla y al resto de la población blanca que la mejor manera de proteger sus intereses radicaba en la separación inmediata de la metrópoli. *Los mismos desórdenes que es indispensable que haya*, leemos en el tercer número, *serán contenidos con mucha más facilidad y empeño cuando la revolución sea hecha enteramente por personas a quienes perjudiquen esos desórdenes* [26].

Pero en 1826 cambió el panorama. Ese año se cerró el ciclo emancipador en América del Sur; los Estados Unidos hicieron saber que se oponían a cualquier alteración del *status quo* en Cuba; el Congreso de Panamá convocado por Bolívar culminó en fracaso; y tanto México como Colombia perdieron interés en el destino Cuba. El espectro de la repetición de los sucesos de Haití volvió a convertirse en obsesión dominante de la clase acaudalada cubana y Varela se vio forzado a archivar su proyecto independentista. Después de la condena en 1830 de los conspiradores de El Aguila Negra (la versión mexicana de los Rayos y Soles de Bolívar) tuvieron que pasar largos años para que los cubanos se interesaran nuevamente en tentativas separatistas.

A pesar de su radicalismo, sin embargo, Varela nunca había sido indiferente a los temores de los «hombres de provecho» a quienes conceptuaba como guías de la sociedad colonial. De las páginas de *El Habanero* se desprende con bastante claridad que su autor desaprobaba la participación en el movimiento emancipador de capas y clases sociales capaces de soliviantar la masa negra y mestiza. Y en vano se buscará en dichas páginas algo más que veladas alusiones al problema de la esclavitud (problema cuya solución aparentemente Varela había pospuesto para después que se consumara la separación de España). El ex-diputado a Cortes, pues, no carecía de prudencia ni de flexibilidad táctica, como lo demostró cuando el replanteo de las fuerzas internacionales dejó a Cuba aislada frente a un recrudecido colonialismo español. En estas circunstancias no vaciló en recomendar cautela a sus discípulos de la Isla, como consta de la larga carta que él y Tomás Gener (1787-1835) dirigieron a tres de ellos el 12 de septiembre de 1834, con motivo de la publicación de la obra de Charles Compte sobre la esclavitud. La obra no debía publicarse, rezaba la carta, porque lo que predicaba el autor francés equivalía a decirle a *los negros que [ellos] deberían tener también su Washington y su Lafayette, quiere decir, que deberían levantarse y ser libres o matar blancos*. El mensaje del libro era un «vota fuego», y por eso era preferible no darle publicidad. Lo aconsejable era tratar de *aumentar la población blanca y concluir el tráfico de negros*, porque así se preparaba el campo y se abreviaba el término de la esclavitud. De lo contrario la detestable «institución doméstica» *no tendría fin a menos que no fuera con la destrucción de los blancos* [28].

Esta sugerencia de Varela (inspirada en la premisa de que *la esclavitud de los negros es la causa de la esclavitud de los blancos* [29]) tampoco tuvo acogida en la Isla. La ignoraron, por supuesto, los abolicionistas radicales que protagonizaron las conspiraciones antiesclavistas de 1837-1845, instigados principalmente por Inglaterra. Esta trataba de presionar a la débil España para que la imitara en ponerle fin a la trata y a la esclavitud misma, y para ello se valió de su cónsul en La Habana David Turmbull, quien dio inicio a un movimiento que eventualmente se encaminó a hacer de Cuba un protectorado negro bajo la tutela inglesa. Este movimiento se ramificó en una serie de levantamientos de dotaciones de esclavos en la región de Matanzas, todos los cuales fueron brutalmente sofocados por las autoridades españolas como eslabones de la tristemente célebre conspiración de La Escalera (1844).

Fueron tales las proporciones de esta conspiración, que en ella se vieron involucrados hasta discípulos de Varela como José de la Luz y Caballero (1800-1862) y Domingo del Monte (1804-1853), quienes fueron acusados de favorecer la supresión de la trata, entre otras cosas. Pero ni Don Pepe, ni del Monte, ni tampoco José Antonio Saco (1797-1879) fueron enteramente fieles a los postulados de su maestro. Es verdad que combatieron el tráfico negrero, pero Saco, por ejemplo, fundado en las conclusiones de la antropología racista de su tiempo, creía que la *nacionalidad cubana... la única de que debe ocuparse todo hombre sensato, es la formada por la raza blanca*. De ahí que tratar de integrar blancos y negros en una sola unidad cultural no pasara de ser un desatino. Lo que había que hacer era deshacerse del negro, barrerlo, eliminarlo, *limpiar a Cuba de la raza africana*, como escribió del Monte, que compartía los mismos prejuicios[30]. Esta tesis (eco de la sustentada décadas atrás por Arango y Parreño) era la que predominaba entre los liberales criollos de la época, y era igualmente la de Luz y Caballero, amigo de Saco y gran admirador del *tono digno y elevado que sabía adoptar* en sus debates con sus antagonistas. No puede negarse que estos próceres, voceros del sector más avanzado de la burguesía cubana, contribuyeron notablemente a la formación de la conciencia nacional con sus persistentes censuras al sistema colonial español. Pero comparados con su maestro se quedaron cortos.

Lo mismo debe decirse de su actitud con respecto a la cuestión de la independencia. En relación con esta cuestión el ejemplo más ilustrativo es también el de Saco, cuyo nacionalismo se suele exaltar porque se opuso a la anexión de Cuba a los Estados Unidos, manteniendo que ello conllevaría la pérdida de la nacionalidad. Su larga vida le permitió contemplar cómo la intransigencia española le dio el puntillazo a las ilusiones reformistas de los cubanos en la Junta de Información, y ser testigo igualmente del primer estallido independentista. Saco, sin embargo, condenó la Guerra de los Diez Años como una «funesta insurrección», igual que antes había dicho que los que pensaban en la independencia eran «tontos o pícaros» y calificó de «piratas de la peor especie» a los expedicionarios de Narciso López [32]. Del Monte dijo cosas por el estilo en su tiempo al enjuiciar los partícipes en los Rayos y Soles de Bolívar[33] y Luz y Caballero no se quedó atrás al dar su opinión sobre esta y otras intentonas revolucionarias. La idea de la independencia, a su juicio, no cabía en la mente de las personas sensatas [34]. Rafael María Mendive (1821-1886), el mentor de Martí, fue otro intelectual criollo que albergó serias dudas sobre cualquier cambio que no fuese alcanzado por vía evolutiva. No fue hasta que fue reducido a prisión y deportado a España en 1869 que se adhirió a la causa independentista.

Después de la conmoción de La Escalera algunos discípulos de Varela como Don Pepe se alejaron de la palestra política, pero otros llegaron incluso a unirse a la carreta del anexionismo. Durante la década que siguió fue esta la tendencia predominante en la burguesía criolla (y en la española radicada en la Isla), que vio en la anexión a los Estados Unidos el modo de eliminar el peligro de que la metrópoli cediera a la presión inglesa y aboliera la esclavitud. El anexionismo tuvo facetas diferentes y las motivaciones y propósitos de sus propugnadores fueron muy variadas: además de los interesados en preservar la esclavitud o eximirse de pagar los aranceles que gravaban el azúcar en los Estados Unidos, los había que escribieron versos condenando los horrores de La Escalera, como el rico mecenas de Saco, Luis Alfonso (1810-1881), o que lo eran solamente por cálculo y que eran abolicionistas a largo plazo, como Gaspar Betancourt Cisneros (1803-1866). Otros creían que la anexión era la antesala de la independencia, o simplemente la consideraban como el medio más adecuado para disfrutar los derechos civiles y políticos de que gozaban los norteamericanos. Pero ni siquiera los que soñaban con las bienandanzas del paraíso cívico norteño estaban dispuestos a admitir a negros y mulatos como iguales. Los criollos se habían situado en los antípodas de Varela. El concepto de la nacionalidad estaba en crisis [35].

Como la mayoría de los hacendados cubanos siguió aferrada a la esclavitud hasta el instante mismo de su desaparición (1886), en lo que a ellos se refiere esta situación se prolongó durante varias décadas. Pero aun así las cosas empezaron a cambiar. No se debió esto a la creciente tecnificación de la producción del azúcar como han planteado los historiadores marxistas, porque estudios recientes han demostrado que mientras más compleja se hizo la tecnología más productivo fue el trabajo esclavo[36]. Los cambios se debieron más bien a factores no económicos. La institución servil había entrado en plena decadencia, y no era ya Inglaterra su único enemigo. Otras naciones europeas también la habían eliminado y condenado, y era ya obvio que España no tardaría mucho en seguir el mismo camino. En lo relativo a Cuba, además, hay que tener presente el hecho decisivo de la Guerra de Secesión norteamericana (1861-1865), la cual no solo enarboló el impresionante ejemplo de la proclama de emancipación de Lincoln, sino que dio también un golpe casi mortal al tráfico de esclavos a Cuba, que hasta entonces había estado mayormente en manos norteamericanas. Como resultado de todos estos acontecimientos, cambios de actitud comenzaron a hacerse ostensibles, no solo entre los exiliados cubanos en los Estados Unidos sino entre los elementos progresistas de la Isla. Gradualmente empieza a abrirse paso la idea de que, además de suprimir la trata (lo cual ocurrió, de todos modos, a partir de 1868), había que acabar también con la nefasta «institución doméstica». Y lo que es sin duda más importante desde el punto de vista de la nacionalidad: los ilustres cubanos de la clase dominante que son designados para representar a Cuba en la Junta de Información que se convoca en Madrid, abandonan el exclusivismo racista que había prevalecido anteriormente y proclaman su fe en la fusión de las razas y en la participación política de los libres de color. ¿Estarían conscientes de que simplemente estaban desempolvando las ideas de Varela [37]?

En el orden político los acontecimientos también tomaron un nuevo giro. El anexionismo, tras fracasos repetidos, tuvo que ser descartado al quedar liquidada la esclavitud en los Estados Unidos. Algunos anexionistas como Gaspar Betancourt Cisneros y el Conde de Pozos Dulces (1809-1877) comenzaron a derivar hacia el independentismo, y Pozos Dulces, en particular, llegó a establecer la correlación entre independencia y abolición como facetas diversas de un proceso único. La liberalización de la política española a partir de 1858, sin embargo, y las concesiones a la opinión pública cubana que hizo el general Francisco Serrano al tomar posesión como Capitán General de la Isla al año siguiente hicieron renacer entre los criollos la esperanza de obtener de la metrópoli cambios fundamentales en la vida política y social de la colonia. Así nació un nuevo movimiento reformista cuyos líderes fueron los que hablaron a nombre de Cuba en la Junta de Información que inició sus labores en la capital española el 30 de octubre de 1866. El objetivo de la Junta era discutir posibles reformas de la estructura política de Cuba y Puerto Rico, intercambios y conversaciones que sustancialmente no pueden haber diferido mucho de los debates de Varela con los diputados españoles en las Cortes cuarenta años atrás. Aparentemente, sin embargo, los delegados cubanos habían olvidado lo que ocurrió en aquella oportunidad. Pero si así fue, en efecto, no tardaron mucho en persuadirse de que se habían equivocado al abrigar nuevas esperanzas sobre la posibilidad de obtener la autonomía evolutivamente y por la vía pacífica. Al regresar a La Habana comprendieron que la metrópoli no les había dejado más que una alternativa: la guerra.

Realización histórica del modelo de Varela

No sabemos en que medida, pero es bastante probable que al alzarse en La Demajagua el 10 de octubre de 1868 Carlos Manuel de Céspedes (1819-1874) y el grupo de «impacientes» que él capitaneaba hayan precipitado la reacción cubana al fracaso de la Junta de Información. Por eso no deja de ser un tanto desconcertante que Céspedes no haya exhibido el mismo radicalismo en lo relativo a las cuestiones capitales de la nacionalidad. Que personalmente era abolicionista, por ejemplo, no puede dudarse, porque dio la libertad a sus propios esclavos el mismo día del alzamiento. Durante los primeros meses de la revolución, no obstante, siguió un curso zigzagueante que oscilaba entre la emancipación gradual con indemnización y la posposición del problema hasta después del triunfo de la bandera republicana. Entre otras consideraciones, Céspedes no deseaba alarmar a los hacendados y otros elementos acomodados que habían apoyado su gesto de rebeldía. Fue esa misma preocupación la que llevó también a los camagüeyanos, a pesar de sus anhelos democráticos y el radicalismo de sus ideas, a convertir en ilusorio el conocido precepto de la constitución de Guáimaro que declaró libres a todos los habitantes de la República sin distinción. Obviamente lo incluyeron por mantener la fidelidad a sus principios liberales y para satisfacer las ansias de los elementos populares que se habían incorporado al ejército libertador. Pero, pocos meses después, la Cámara de Representantes que ellos mismos crearon en Guáimaro, aprobó el llamado «Reglamento de Libertos», que reguló de tal manera la vida y el trabajo de los esclavos segregados de sus amos que en la práctica lo que hizo fue prolongar la servidumbre. Tal fue la situación que prevaleció en el campo insurrecto durante los dos primeros años de la guerra [38].

Más o menos durante este mismo período, ni Céspedes ni mucho menos los camagüeyanos tuvieron tampoco una idea muy clara del otro aspecto de la nacionalidad: la independencia. No es necesario insistir, por supuesto, en su patriotismo, su desinterés, su amor a la libertad y su férrea determinación de separar a Cuba de España. En lo que se nubló su visión de la realidad fue en su creencia de que el mejor modo de lograr esa finalidad era mediante la anexión de la Isla a los Estados Unidos. Durante los meses que siguieron a La Demajagua Céspedes envió varias cartas a la república norteña (la primera de ellas, avalada por las firmas de otros jefes insurrectos, dirigida al Secretario de Estado William H. Seward) solicitando la unión de Cuba a esos importantes Estados. El, que tantas diferencias tuvo con los camagüeyanos, en esto no discrepó en lo más mínimo de ellos, puesto que la tendencia anexionista era muy fuerte en Camagüey, mucho más que en Oriente. Así lo evidenciaron Ignacio Agramonte (1841-1873), Salvador Cisneros Betancourt (1828-1914) y otros líderes de la región en los mensajes que también ellos dirigieron al gobierno y a diversas personalidades norteamericanas, incluyendo una comunicación de 6 de abril de 1869 al General Ulises Grant, presidente electo de la Unión, expresándole que *Cuba desea, después de conseguir su libertad, figurar entre los Estados de [esa] Gran República*. No es sorprendente, por tanto, que cuando cespedistas y camagüeyanos confluyeron en Guáimaro con el objeto de institucionalizar la revolución, uno de los primeros acuerdos que se adoptaron (acuerdo de la Cámara de Representantes de 29 de abril de 1869) fuera el de informar al pueblo y al gobierno de los Estados Unidos que era deseo casi unánime de los cubanos incorporarse a la federación norteamericana. El acuerdo fue debidamente sancionado por Céspedes, y se tomó accediendo a una petición suscrita por 14 mil ciudadanos, en su mayoría camagüeyanos[39].

Las razones que tuvieron los hombres del 68 para adoptar estas actitudes equívocas y a veces contradictorias no fueron muy distintas de las que en el pasado habían movido a reformistas y anexionistas. Por una parte, desconfiaban de la capacidad de los cubanos para conquistar la independencia por sí solos y temían que la «temible contienda» en que estaban envueltos fuera a prolongarse demasiado. Por otra, respetaban y admiraban las instituciones y el régimen de vida de los Estados Unidos, que para ellos constituía una garantía de seguridad y estabilidad. Además, estaban todavía amedrentados por el «abismo de males» en que podía sumirlos una «encarnizada guerra de razas», palabras usadas por el propio Céspedes en su carta de 3 de enero de 1869 a José Valiente, representante de la república en armas en los Estados Unidos[40]. Aquellos hombres, pues, a pesar de que casi todos procedían de regiones donde el porcentaje de esclavos era comparativamente bajo, no habían podido librarse aún del lastre que las tensiones y conflictos de las décadas precedentes (incluyendo los temores azuzados por la propaganda española) habían acumulado sobre la mentalidad de las clases dirigentes criollas.

Como es sabido, no pasó mucho tiempo antes de que los avatares de la guerra los llevaran a sacudirse de encima semejante impedimenta. El designio anexionista falló fundamentalmente a consecuencia de la inveterada renuencia de los Estados Unidos a aceptar la incorporación de Cuba a la Unión en otros términos que no fueran los suyos propios. Y el miedo a los excesos raciales fue amenguando gradualmente a medida que el ejército libertador fue nutriéndose de elementos de color (negros y mulatos libres y esclavos recién liberados) y estos fueron subiendo de grado y adquiriendo autoridad e influencia sin pretender aplastar a los blancos. La violenta reacción española al levantamiento cespedista también contribuyó a desvanecer ilusiones, afilar percepciones y definir actitudes. Cuando los líderes insurrectos se convencieron de que ya nada podía esperarse del gobierno de Grant y de que tendrían que enfrentarse al poderío de la metrópoli únicamente con los recursos que tenían a su disposición en la manigua, adoptaron dos decisiones trascendentales: una fue descartar los titubeos y ambigüedades y enarbolar gallardamente el pendón de la independencia total y absoluta; la otra fue completar la redención de los esclavos proclamando el cese inmediato de la servidumbre en el campo insurrecto (*Circular* de Céspedes de 25 de diciembre de 1870).

No puede suponerse que estas medidas tuvieron el efecto inmediato de apartar definitivamente a los cubanos de sus viejos resabios. Aún hubo cubanos anexionistas (con los que tuvo que habérselas Martí) y reformistas (que constituyeron el núcleo autonomista posterior al Zanjón), y costó tiempo y esfuerzo para neutralizar los residuos discriminatorios que persistieron en la misma manigua y sobrevivieron a la abolición de la esclavitud en el país. Pero después del paso dado por los hombres del 68 estas actitudes pasaron a un nivel secundario en la vida política cubana. El independentismo se convirtió en la tendencia predominante y la integración racial en su condición fundamental. Cuando al mulato Antonio Maceo se le permitió visitar La Habana en febrero de 1890 y se hospedó en el hotel Inglaterra, el general español Camilo Polavieja informó horrorizado al Ministro de Ultramar en Madrid que *fue visitado y acompañado por considerable número de representantes de familias criollas, algunas muy notables por su posición social, y singularmente por la juventud que llena los salones y los centros literarios y científicos de la capital. Ninguna de estas personas se recataba de dar a Maceo el título de General* [41]. Polavieja obviamente no se dio cuenta de que estaba asistiendo a la inauguración de una nueva era en la historia de Cuba.

Fue así como al cabo de los años, en el terreno de los hechos y por virtud de su fuerza incontrastable entró en vías de realización el proceso de diferenciación e integración de la nación cubana. Este proceso se puso en marcha en plenitud solo cuando los cubanos convinieron en la inseparabilidad del independentismo y el abolicionismo, los dos elementos esenciales del modelo de nacionalidad desarrollado por Varela hacía ya casi medio siglo. No hay elementos de juicio para sostener que su pensamiento determinó o influyó en el curso de los acontecimientos. Pero si hay indicios bastante claros de cuál puede ser el resultado de las investigaciones que se emprendan. Por ejemplo, el sacerdote integrista Juan Bautista Casas, que vivió en La Habana siete años durante el interregno del Zanjón, publicó en España poco después del Grito de Baire un libro titulado *La guerra separatista de Cuba, sus causas, medios de terminarla y evitar otras*. Según Casas, entre las causas principales e inmediatas del conflicto se encontraban las *filosofías de Varela (si no recordamos mal el apellido) en el Real Colegio Seminario de San Carlos y San Ambrosio, donde hallaron un eco profundo en la generación actual, como lo hallaron en la precedente*[42]. Otro indicio, quizás más elocuente y revelador: en 1892, al visitar Martí un nuevo club revolucionario fundado por un grupo de jóvenes en Cayo Hueso que se llamaba *Rifleros de La Habana*, lo primero que hizo su presidente al saludar al Delegado del Partido Revolucionario Cubano y evocar con ese motivo *todas las libertades que gozar deben los pueblos libres del continente americano* fue rendir tributo a Varela[43]. ¿Por qué habrían de recordar aquellos jóvenes cubanos el nombre de Varela cuando estaban enfrascados en la organización de la guerra de independencia si su pensamiento no tenía vigencia histórica?

La irrefutable lógica de esta pregunta se irá viendo cada vez con más claridad a medida que la investigación progrese y aparezcan indicios cada vez más concluyentes.

NOTAS

(1) Para las correspondientes referencias *bibliográficas véase Enildo A. García, ed., Bibliografía de Félix Varela Morales (1788- 1853)*, New York, Senda Nueva de Ediciones, 1991.
(2) *Ibid.*, p. 139.
(3) *Ibid.*
(4) Ramiro Guerra, *Manual de historia de Cuba, desde su descubrimiento hasta 1868*. Madrid, Ediciones R., 1975, pp. 91-95.
(5) Jorge e Isabel Castellanos, *Cultura Afrocubana*. Miami, Ediciones Universal, 1988, vol. 1, p. 135.
(6) Hernán Venegas Delgado, *El pensamiento temprano de la ilustración cubana como expresión de su nacionalidad: Francisco de Arango y Parreño (1765-1837)*. Islas, 93 (mayo-agosto, 1988), pp. 69-73.
(7) José López Sánchez, *Tomás Romay y el origen de la ciencia en Cuba*. La Habana, Academia de Ciencias, 1964, p. 143, p. 154.
(8) El texto del Proyecto puede verse en Hortensia Pichardo, *Documentos para la historia de Cuba*, La Habana, Editorial de Ciencias Sociales, 1977, Tomo 1, pp. 211-216.
(9) Véase López Sánchez, *Tomás Romay*, p. 141.
(10) María Rosario Sevilla Soler, *Las Antillas y la independencia de la América Española (1808-1826)*. Madrid-Sevilla, Consejo Superior de Investigaciones Científicas, 1986, pp. 70-71.
(11) El texto de Ynfante puede verse en Pichardo, *Documentos*, I, pp. 253-260.
(12) Véase Sevilla Soler, *Las Antillas*, pp. 75-76; José Luciano Franco, *Las conspiraciones de 1810 y 1812*, La Habana, Editorial de Ciencias Sociales, 1977, p. 17, pp. 22-25.
(13) Véase Instituto de Literatura y Lingüística de la Academia de Ciencias de Cuba, *Perfil histórico de las letras cubanas desde los orígenes hasta 1898*, La Habana, Editorial Letras Cubanas, 1983, pp. 170-190.
(14) El texto de la proclama de Lemus puede verse en Leví Marrero, *Cuba: Economía y sociedad*, Madrid, Playor, 1992, XV, p. 92.
(15) Conspiraciones en la Isla de Cuba, *El Habanero*, I.
(16) Hugh Thomas, *Cuba: The Pursuit of Freedom*, New York, Harper & Row, 1971, p. 168.
(17) *La República española ante la Revolución cubana*. Madrid, 15 de febrero de 1873.
(18) *Memoria que demuestra la necesidad de extinguir la esclavitud de los negros en la Isla de Cuba, atendiendo a los intereses de sus propietarios*, por el presbítero Don Félix Varela, diputado a Cortes.

(19) José Antonio Saco, *Historia de la esclavitud de la raza africana en el Nuevo Mundo y en especial en los países Américo-Hispanos*, La Habana, Cultural, S.A., 1938, III, pp. 145-146.

(20) «Máscaras políticas», «Cambia colores», *El Habanero*, I.

(21) Véase «Amor de los americanos a la independencia», *El Habanero*, I; «Reflexiones sobre la situación de España», «Diálogo que han tenido en esta ciudad un español partidario de la independencia de la Isla de Cuba y un paisano suyo anti independiente», *El Habanero*, III; nota 20, *El Habanero*, VII.

(22) Véase sobre este punto Gustavo Amigo, S.J., *La posición filosófica del Padre Félix Varela*, Miami, Editorial Cubana, 1991, p. 181.

(23) «Tranquilidad de la Isla de Cuba», *El Habanero*, II; «¿Necesita la Isla de Cuba unirse a alguno de los gobiernos del continente pare emanciparse de España?», *El Habanero*, V.

(24) Especialmente «Paralelo entre la Revolución que puede formarse en la Isla de Cuba por sus mismos habitantes y la que se formará por la invasión de tropas extranjeras», *El Habanero*, III.

(25) Herminio Portell Vilá, «Sobre el ideario político del Padre Varela», *Revista Cubana* (La Habana) I, (2-3): febrero-marzo, 1935, pp. 243-265.

(26) Véase «Paralelo».

(27) Olivia Miranda Francisco, «El pensamiento de Félix Varela: coherencia y sistematicidad en sus ideas filosóficas, políticas y sociales», *Revista de la Universidad de La Habana*, no. 232, pp. 15-40.

(28) Texto en Domingo del Monte, *Centón Epistolario*, La Habana, Academia de la Historia, 1923, II, pp. 92-96.

(29) *Ibid*.

(30) Citado por Castellanos, *Cultura Afrocubana*, I, p. 269.

(31) *Ibid*., I, p. 258, pp. 273-274.

(32) Citado por Rafael Soto Paz, *La falsa cubanidad de Saco, Luz y del Monte*, La Habana, Alfa, 1941, p. 42.

(33) Citado por Max Henríquez Ureña, *Panorama histórico de la literatura cubana*, Puerto Rico, Ediciones Mirador, 1963, I, p. 160.

(34) Soto Paz, *La falsa cubanidad*, pp. 75-78.

(35) Castellanos, *Cultura Afrocubana*, II, pp. 34-51, pp. 68-70.

(36) Uno de los estudios más recientes es el de Laird W. Bergad, *Cuban Rural Society in the Nineteenth Century: The Social and Economic History of Monoculture in Matanzas*, Princeton, N.J., Princeton University Press, 1990, pp. 217-239.

(37) Castellanos, *Cultura Afrocubana*, II, p. 134.

(38) *Ibid*., pp. 142-145.

(39) Véase Alberto García Menéndez, *Tendencias anexionistas en los movimientos de independencia de 1868 en el Caribe hispánico*, San Juan, Puerto Rico, *Separata del Boletín de la Academia de la Historia*, VIII, 30 de julio de 1983), *passim*.

(40) *Ibid*., p. 17.

(41) Camilo García Polavieja y del Castillo, *Relación documentada de mi política en Cuba*, Madrid, Minuesa, 1898, p. 109, p. 114.

(42) Citado por Manuel Maza, S.J., «J. B. Casas, un cura político en la Cuba de los 1890», *Estudios Sociales* (República Dominicana), 73 (julio-septiembre, 1988), p. 15.

(43) José Martí, «Rifleros de la Habana», *Patria*, Nueva York, 28 de mayo de 1892.

INTERVENCIÓN PLENARIA

Catolicismo popular cubano: fenomenología y hermenéutica

Dr. Israel Moliner

La cultura popular

En la III Conferencia General del Episcopado Latinoamericano (CELAM) efectuada en Puebla, México, entre enero y febrero de 1979, se llegó a una definición fenomenológica de la cultura que ha devenido en clásica, cuando en el Documento Final se expresa:

> *Con la palabra cultura se indica el modo particular como en un pueblo, los hombres cultiven su relación con la naturaleza, entre sí mismos y con Dios... La cultura así entendida, abarca la totalidad de la vida de un pueblo: el conjunto de valores que lo animan y de desvalores que lo debilitan y que al ser participados en común por sus pueblos, los reúne en base a una misma conciencia colectiva. La cultura comprende, así mismo, las formas a través de las cuales aquellos valores o desvalores se expresan y configuran, es decir, las costumbres, la lengua, las instituciones y estructuras de conveniencia social, cuando no son impedidas o reprimidas por la intervención de otras culturas dominantes* [1].

Pero esa «relación» y su «cultivo», tanto en lo referente al habitat humano («naturaleza»), como a lo social («entre los hombres») o lo ideológico («con Dios»), en lo fundamental va a depender de un grupo de factores que inciden determinantemente en la vida de los hombres, tales como las condiciones económicas, entendidas como la posesión de medios de subsistencia y el acceso a la tecnología; factores materiales como las características geográficas del habitat, el clima, etc.; como también las tradiciones. Toda relación humana está determinada en alguna medida por esas condiciones, factores y costumbres.

No obstante, entre ellas, son las condiciones económicas las que más claramente definen la tipología de esas relaciones. La cuestión es muy clara: un hombre con escasos o ningún recurso económico (y, por supuesto, no se trata únicamente de dinero, sino de posibilidades de existir y de calidad de vida) no verá del mismo modo a la naturaleza, los otros hombres y a Dios, como aquel hombre que posee abundantes bienes.

Y como en la totalidad de las sociedades que han existido y hoy existen, los hombres *con abundantes bienes* resultan una élite minoritaria, mientras aquellos que viven en condiciones perentorias son los más, constituyendo las grandes masas populares, vamos a hallar unas formas de «relación» específicas de las élites y otras típicas del pueblo.

Como en todas las sociedades contemporáneas siempre las élites económicas también ejercen el poder político y represivo, en consecuencia sus expresiones culturales tienen la categoría de *dominantes*, mientras las del pueblo o *populares*, no pocas veces resultan subvaloradas, marginadas y hasta reprimidas por los grupos de poder, especialmente aquellas expresiones o manifestaciones que los mecanismos comerciales de las élites no pueden aprovechar.

Acercándonos al centro del problema que nos ocupa, nos encontramos con la realidad de que el modo de concebir a Dios, de vivir la fe o la no creencia en él, no puede ser el mismo para estos dos hombres en condiciones tan disímiles.

No se trata en modo alguno de cuestionar el don divino que es la fe, sino que el problema está en la capacidad, o mejor aún, en la *posibilidad* de ambos para responder al llamado, al compromiso o la relación que la fe o su ausencia suscita.

Mientras el hombre con recursos y participante de la cultura de élite tiene la posibilidad de asumir esa relación desde una dimensión netamente espiritual, partiendo hasta de un ejercicio intelectual y con el exclusivo fin de su autoperfeccionamiento desde la esperanza de la mediatez; para el hombre desposeído el carácter de esa *relación* está marcado por lo perentorio, por la necesidad impostergable de la vida y sus necesidades esenciales, lo cual determina su comportamiento religioso ante lo desesperanzador de su inmediatez.

Es muy fácil desde la posición de élite criticar esa religiosidad de pueblo y calificarla como una *fe de contrato*, donde si Dios me da yo hago tal cosa y si no me da, pues no lo hago. Pero bien cabe preguntar: ¿a quién va a recurrir el hombre cuando no tiene más que a Dios? Por supuesto que es una legítima aspiración pastoral el pretender que esa fe crezca más allá del *te doy y me das*, pero también hay que estimar cuánto de bueno hay en que ese hombre tenga una fe que todavía le permita tratar con Dios. Y si pese a todas las frustraciones y desesperanzas que laceran las sociedades latinoamericanas, esta fe se mantiene como columna marmórea de nuestras identidades, nadie dude que se debe al hecho inobjetable de que para ese pueblo de fe sencilla Dios siempre ha resultado un buen comerciante, patrón o socio.

> *Al enjuiciar la religiosidad popular no podemos partir de una interpretación cultural occidentalizada, propia de las clases medias y altas urbanas, sino del significado que esa religiosidad tiene en el contexto de la subcultura de los grupos rurales y urbanos marginados* [2].

La religiosidad popular

Desde una consideración fenomenológica es posible definir la religiosidad popular como el conjunto de creencias y prácticas animistas, fetichistas y mágicas que realizan los amplios sectores populares y que no pueden ser enmarcados dentro de los sistemas teológicos ni rituales de las llamadas religiones universales.

Consecuentemente, a toda llamada religión universal corresponde paralelamente una religiosidad popular, por lo que anteriormente razonamos en cuanto a la manera diferente de vivir la fe que en toda sociedad tienen las capas elitistas y medias con referencia a los sectores populares o clases bajas.

Por supuesto, esta definición y análisis no contradice la precisión establecida en Puebla cuando se indica:

> *Por religión del pueblo, religiosidad popular o piedad popular, entendemos el conjunto de hondas creencias selladas por Dios, de las actitudes básicas que de esas convicciones derivan y las expresiones que las manifiestan. Se trata de la forma o de la existencia cultural que la religión adopta en un pueblo determinado...* [3].

El modo insuficiente como fue realizada la evangelización de las amplias capas populares en Cuba durante el período colonial y la república, dejó a amplios sectores de la sociedad a su libre albedrío en materia de religión. Estas áreas poblacionales suplieron las necesidades religiosas que las desigualdades, injusticias y frustraciones que el medio les imponía con la asimilación, imitación, adaptación y creación de una variada gama de creencias que pueden ser clasificadas como religiosidad popular.

El ateísmo oficial implantado poco después del triunfo de la revolución, a imitación de los esquemas stalinistas de la Unión Soviética, pero sin satisfacer ni en lo económico, ni en lo social, las necesidades de los sectores tradicionalmente más desposeídos del país, no produjo más que una práctica de enmascaramiento de esas creencias, génesis misma de una descomposición social caracterizada por la doble moral y la apatía; religiosidad que estimulada por procesos irreversibles de la historia, vuelve a resurgir con inaudito vigor.

La religiosidad popular en Cuba conjuga elementos que se integraron a las creencias de la tradición popular religiosa del sur español y el archipiélago canario, así como prácticas mágicas devenidas de las diferentes etnoculturas subsaharianas traídas a la isla durante el sistema esclavista por los secuestrados africanos, así como expresiones de un espiritismo popular que amalgama algunos principios kardesianos con el animismo tradicional afroide.

A pesar de lo disímil, estas prácticas presentan una serie de características esenciales que son comunes a todas sus formas, siendo las principales las siguientes:

1. *Finalidad práctica*, pues tales creencias siempre buscan obtener un fin material inmediato.

2. *Compatibilidad, complementación y tendencia a la interrelación entre las distintas variantes que componen esa religiosidad popular.* Al tener muchas de sus modalidades finalidades distintas, son entre todas complementarias y compatibles, lo que hace que una misma persona pueda practicar más de una de esas formas religiosas a un mismo tiempo.

3. *Urgencia inmediata*, como esta religiosidad popular se ejerce para tratar de remediar una situación muy objetiva y concreta, incluso hasta acuciosa; requiere siempre de una respuesta apremiante dable en un corto período de tiempo.

4. *Carácter espontáneo*, ya que su ejercicio no está normado por ningún tipo de canon o reglamento rígido, sino que brota de una motivación muy personal y se ejerce siempre partiendo de lo individual.

5. *Mutabilidad constante*, por ser el resultado directo de un determinado contexto socioeconómico, todo aquello que afecte o modifique a este encuentra un eco o respuesta inmediata en esa religiosidad popular, ora aceptándole, adecuándole u oponiéndose.

6. *Inexistencia de una organización institucional y jerárquica*, porque la misma esencia espontánea de tales prácticas excluye todo tipo de ordenamiento institucional.

7. *Interpretación personal*, pues fundamentalmente cada creyente asume su práctica religiosa desde un punto de vista estrictamente personal, aun en las cuestiones fundamentales del culto que practica. A una escala mayor este nos lleva a estimar también el valor local y regional de tales prácticas.

8. *Creencia en un Dios supremo, creador de cielo y tierra.* Característica y unitariamente, toda la religiosidad popular latinoamericana, tanto la conformada a partir de la inculturación del cristianismo entre los aborígenes (aunque muchas de esas religiones precolombinas fueran politeístas), como las que resultan de la

evangelización de los esclavos africanos y sus descendientes, presenta una muy fuerte fe en un Dios único, omnipotente y creador de cielo y tierra, mientras que la veneración, no sin muchas veces rayar en la idolatría, a santos, vírgenes, etc., no es otra cosa que canales por donde discurre esa misma fe.

9. *Dependencia espontánea y tradicional a la Iglesia católica, apostólica y romana*, que se expresa con la aceptación de algunos sacramentos (bautismo, primera comunión y unción de los enfermos), los ritos fúnebres y el respeto hacia los obispos, sacerdotes y religiosos en general.

La religiosidad popular cubana está sedimentada sobre un fuerte catolicismo popular que constituye la matriz de toda ella, pues la Iglesia católica, apostólica y romana ha devenido en el centro de referencia al cual observan y del cual se nutren las creencias populares para generar las imitaciones, sustituciones y préstamos necesarios para el funcionamiento de los plurales modos que la conforman.

El catolicismo popular

Existe una zona de creencias en el pueblo latinoamericano, que ubico entre la fe militante y los cultos sincréticos; que en el caso cubano no debe ser entendida como resultado exclusivo de las razones económicas antes analizadas, porque entre nosotros la existencia de un catolicismo popular no obedece solamente a las desigualdades económicas entre la élite dominante y las clases populares, sino también a las insuficiencias y a las dificultades que afrontaron los agentes de pastoral en reiterados momentos de nuestra historia para lograr una completa y verdadera inculturación evangélica en Cuba.

Por supuesto, aunque ello afectó a todos los grupos sociales, siempre los más humildes fueron los más relegados. Con razón en el documento final del Encuentro Nacional Eclesial Cubano (ENEC) se reconoce:

> *En aquellas ocasiones en que la Iglesia se vio limitada en sus posibilidades de prestar servicios sociales y disminuida en sus agentes de evangelización más cualificados, fue notablemente empobrecida en el ejercicio de su misión. De esta forma quedó reducida a esfuerzos aislados que cada vez la alejaban del resto del pueblo* [4].

Aunque discrepo de la exclusión de los fundamentos económicos que hace Manuel Marzal cuando explica la religiosidad popular, ciertamente tiene razón en consignar la insuficiente preparación religiosa como promotora de la misma. Con ese reparo asumo su definición: *Manera como se expresa religiosamente el pueblo*, pero entendido no como categoría económica sino como manera de escaso cultivo religioso... religión del hombre de la calle [5].

Como la Iglesia Católica constituye el centro de referencia de todas las creencias populares cubanas, existen corrientes que fluyen periódicamente (sobre todo en los momentos de cambios socioeconómicos o de trastornos sociales) de ella hacia estas; pero también una vez que los mecanismos de adaptación natural propios de los cultos sincréticos las adecuan y reinterpretan, tienden a refluir hacia la zona de origen. Pero como dichas *reinterpretaciones populares* nunca van a poder penetrar en los núcleos del catolicismo oficial o militante, su repercusión queda limitada a la zona que apelamos como catolicismo popular, siendo este doblemente influido, de una parte por la doctrina católica oficial y, de otra, por los cultos sincréticos, aunque su matriz esencial sea el catolicismo.

Pese a su importancia, resulta este catolicismo popular la parte menos estudiada de nuestra cultura tradicional, aunque sean inobjetables su legado a la formación y desenvolvimiento del *etno cubano*. Tal vez la razón de esta indiferencia la encontremos en la realidad de que una indagación sobre lo popular entre nosotros, por regla general, se ha limitado a la simple descripción de lo folclórico, buscando lo más llamativo o espectacular tanto de lo afrocubano como de lo hispanocubano. Aun en los pocos estudios verdaderamente científicos que existen sobre los sistemas mágico-religiosos en el país, se han obviado las aportaciones cristianas o el papel del catolicismo como *foco de referencia y factor modificante* en esas creencias.

Por supuesto, también ha existido una lastimosa indiferencia de la iglesia y los laicos más comprometidos hacia esta religión del pueblo y en el mismo documento de la ENEC se reconoce que *no está lejos el tiempo en que solíamos afirmar que esta religiosidad era propia de personas ignorantes* [6].

No obstante, los católicos cubanos no debemos sentirnos solos en esta culpa, pues ello fue una constante en el comportamiento de la iglesia tanto en España como en Latinoamérica hasta fines del Concilio Vaticano II. Luis Maldonado al estudiar la religiosidad popular española escribe:

> *Frecuentemente se afirma que la religiosidad popular, con toda su constelación de rituales, fiestas y ceremonias, está en las antípodas de la liturgia oficial de la Iglesia y concretamente de la liturgia romana. Hoy ciertamente se trata de dos polos contrapuestos... Esa relación es la de dos líneas distintas, pero no paralelas, pues se entrecruzan a menudo, se rozan, se confunden, se alejan. Es una historia que desgraciadamente no está escrita, sino que está olvidada y*

como reprimida. Hay un cierto interés en olvidarla y aun en ignorarla (7).

Afortunadamente la posición de la Iglesia Latinoamericana en las últimas décadas ha cambiado radicalmente y las reuniones del CELAM en Medellín (1968), Puebla (1979) y Santo Domingo (1992) muestran la preocupación y el valor que los obispos de esta parte atribuyen a la religiosidad popular, llegando a manifestar en Santo Domingo que *la religiosidad popular es una expresión privilegiada de la inculturación de la fe. No se trata solo de expresiones religiosas sino también de valores, criterios, conductas y actitudes que nacen del dogma católico y constituyen la sabiduría de nuestro pueblo, formando su matriz cultural* (8).

Ahora bien, este catolicismo o *piedad popular* asume nueve factores o condiciones que tenemos que tomar muy en cuenta para un conocimiento que nos revele las claves hermenéuticas del mismo, además de los comportamientos y valores que de ello provienen. Estas son:

I. *Lo mágico*:
Si entendemos por magia las transformaciones que de acuerdo a la fe de los creyentes pueden operarse en determinados objetos, transmutando su aspecto o significado, podemos aceptar que la magia es un componente indivisible en la práctica de toda forma religiosa y muy especialmente dentro de las populares. Apoyados en los presupuestos de J.G. Frazer, quien con su clásico libro *La rama dorada* (9) fue el `primero en exponer un estudio verdaderamente científico sobre la magia, muchos otros antropólogos han continuado estudiando este aspecto de la religión.

Comentando esto escribe el teórico español Luis Maldonado: *El fundamento último del pensamiento y actitud mágicos es, viene a decir Frazer, la ley general de la simpatía, según la cual las cosas se pueden relacionar unas con otras en virtud de dos causas o leyes concretas: la de semejanza (magia homeopática) y la del contagio (magia contaminante o contagiosa)* (10).

Siguiendo el anterior razonamiento podemos deducir dos principios fundamentales de la magia: lo semejante que produce *lo semejante y las cosas que una vez estuvieron en contacto se influyen recíprocamente a distancia, aun después de haber sido cortada toda cercanía física,* como señala Maldonado, el primero es denominado ley de semejanza y el segundo ley de contagio o contacto (11).

Para el francés Marcel Mauss[12], las leyes de la magia son la de *contigüidad, semejanza y oposición, que dicho de otro modo serían la simultaneidad, identidad y oposición. La ley de contigüidad simpatética parte de la realidad de que un ser es indiviso* y reside en cada una de sus partes. La semejanza es una prolongación del principio de la contigüidad y halla su expresión en los aforismos latinos de *similia similibus evocantur, similia similibus curantur, attractio similium*, etc., lo que podemos resumir como lo *que la parte es respecto del todo, eso es la imagen respecto de las cosas*, por lo tanto, como bien escribe Maldonado *una simple imagen es, aun fuera de toda comunicación o contacto directo, integralmente representativa* [13].

La ley de *oposición* deriva de la ley de s*emejanza*. Cuando lo semejante cura lo semejante, provoca lo contrario pero también cuando lo semejante evoca lo semejante desprende un contrario, por lo cual toda idea de semejanza es inseparable de la de oposición.

La acción mágica en la religiosidad popular y, muy especialmente, en lo que vemos en Latinoamérica, aparece muy vinculada a los modos curativos y en tan estrecha relación con la palabra que hasta me atrevo a sostener que en la expresión hablada encuentra más su sostén que en cualquier tipo de acción.

Para que la palabra sea *mágica*, esto es, *potenciada* o *potenciadora* ha de poseer tres condiciones básicas:

1.- Que la fórmula que se diga (textos) haya sido aceptada por la tradición de los fieles como *efectiva* para el fin por el cual se pronuncia.

2.- Que la persona que lo diga tenga *prestigio* (autoridad mágica) para pronunciarla o que pueda ser dicha por cualquier persona en un acto de fe sincera.

3.- Que sea emitida en el lugar requerido, si esto es condición necesaria para el acto mágico.

Algunos ejemplos concretos pueden ilustrar lo antes expuesto. En nuestra religiosidad popular existe la tradición de curar determinadas dolencias, especialmente trastornos estomacales o estados febriles agudos, mediante la aplicación de ciertos plasmas vegetales, cuya acción de colocarlos sobre alguna parte del cuerpo del paciente debe ir acompañado por el rezo de una oración a un santo, santa o virgen. Aquí el texto de la plegaria tiene la categoría de *palabra mágica*, pues es la fe de esos creyentes lo que potencializa el plasma más que la acción de aplicarlo.

En las ocasiones en que la iglesia, con el pretexto de actualizar y adecuar más esas oraciones a su espíritu evangelizador y catequista las ha modificado, popularmente han sido rechazadas y los fieles continúan orando con las fórmulas antiguas que las mismas tenían, pues las nuevas, aunque aprobadas por la jerarquía católica, no lo han sido, hasta el momento, por la fe popular.

En muchas partes del oriente cubano existe la costumbre de que para curar infecciones producidas por picadas de insectos se lleve a la persona a un río o arroyo y luego de lavada la parte afectada, recen tres avemarías a la Santísima Virgen de la Caridad del Cobre. En este caso encontramos las tres condiciones de la magia: el lugar, la acción (lavado) y la palabra (rezo).

II. *Lo simbólico*:

Si la religiosidad popular es, como muchos pretenden, una constelación de ritos, ceremonias, cultos, dramaturgias, representaciones, escenificaciones, danzas y mimos, entonces es fácil asimilarla bajo la categoría de lo *mítico-simbólico*, pues todos esos son rasgos característicos de una realidad tropológica.

Pero hay que tener en cuenta que el símbolo es una *realidad remitente*: envía a algo como distinto de sí porque representa algo que no es él mismo, pero con lo que está unido por participar de su fuerza y significación. Coincido con Maldonado cuando acota: *Así desvela un sector de la realidad, una dimensión de suyo inaccesible; revela una modalidad, una dimensión de lo real no patente en el plano de la experiencia inmediata. Cuando tal dimensión es la de la profundidad, la de lo fundamental-último, entonces tenemos el símbolo religioso. Su dimensión de la realidad postrera es la dimensión de lo sagrado* [14].

Para completar la noción de símbolo, puede ser tomada la definición clásica que da Paul Ricoeur:

> *Las significaciones análogas espontáneamente formadas o inmediatamente dadoras de sentido... Ser símbolo es reunir en un nudo de presencia una masa de intenciones significativas, las cuales, antes de dar que pensar, dan que hablar. La manifestación de la cosa es como la condensación de un discurso infinito. Manifestación y significación son estrictamente contemporáneas y recíprocas. La concreción en la cosa es la contrapartida de la sobre-determinación de un sentido inagotable que se ramifica en lo cósmico, lo ético y lo político. Así, el símbolo-cosa es potencia de innumerables símbolos hablados que, por su parte, se asocian a una manifestación singular del cosmos* [15].

III. *Lo imaginario*:

El cosmo religioso-popular es (por *insitus peculiaris*) el mundo de la imaginación, de lo pintoresco, de lo fantástico o, incluso, de lo hipersensible, que en acción cíclica brota de la emoción y a su vez genera la emoción y la fuerte carga afectiva que le es propia e indivisible.

Sin que ello provenga de una reducción simplista, siempre podemos encontrar en el mundo ilusorio de la religiosidad popular cuatro imágenes primarias, primordiales, fundamentales y poco absolutas: el agua, el fuego, la tierra y el aire (elementos naturales de la cosmología cristotélica), por medio de las cuales se llega al fondo onírico, no ya del individuo, sino de toda la humanidad.

La actividad imaginativa tiene sus causas, itinerarios, su normativa, de acuerdo a su propia naturaleza. El tino de un rito popular que mantenga su lozanía y vigor a través de los tiempos consiste en que sabe combinar lo nuevo de la creatividad y lo viejo del arquetipo. Así la *contradicción conciliadora* es el secreto de la eficacia imaginativa dentro de la religiosidad popular, que parte de su esencial carácter mutable: saber interpolar lo nuevo en el viejo arquetipo, de manera tal que pueda variar su forma, pero nunca su sentido, ni finalidad.

En otro orden del razonamiento tenemos que considerar la estrecha relación que siempre existe entre lo simbólico-imaginativo y el mito, toda vez que este es una representación imaginaria de la vida humana. El mito refleja las inclinaciones más vivas del hombre hacia el poder, el amor, la gloria y la sabiduría.

Por su función simbólica, precisa Jean Chevalier, *el mito contiene una verdad y conduce a ella, verdad que reside no en la letra de lo narrado y expuesto en él, sino en la significación profunda que la hermenéutica tiene por tarea descubrir* [16].

IV. *Lo místico*:

Si el misticismo no es tanto una doctrina determinada como un talante o tendencia del espíritu a ver en todo un signo de Dios y a buscar en toda acción la intimidad con Dios o con un poder integrado por el amor; abordemos esta dimensión emocional de la interioridad y la subjetividad religiosa que llamamos también mística, sin preocuparnos por mayores precisiones terminológicas.

Nos encontramos frente a un conjunto de disposiciones afectivas y morales que privilegian la intención y el amor sobre la razón y la acción generosa en los comportamientos de la vida religiosa.

Aunque Maldonado, siguiendo en este a teólogos como J. Sudbrach, L. Bouyer y H. de Lubac (*Das Mysterium und die Mystik, Wurtburg*, 1974) sostiene que

> *la vivencia mística del pueblo no se da en la intimidad de la cámara del ánima, como ciertas concepciones quizás tocadas de gnosticismo quieren, acaso dentro del contexto de la celebración festiva y de la liturgia. Así, de golpe, se patentiza la dimensión social, colectiva, exterior, sensible y celebrativo-festiva de la mística, rasgos todos muy olvidados a lo largo de la evolución de las escuelas de espiritualidad y que, justamente, son característicos de la religiosidad popular* [17].

Aunque de cierto modo puede resultar aceptable el anterior razonamiento, pienso que es un error negar una dimensión individual o interior a la mística, o mejor aun, a la capacidad mística popular. Para los clásicos españoles como Santa Teresa de Jesús o San Juan de la Cruz, lo místico es abandono, entendido como renuncia a sí mismo y cesión de la voluntad a lo divino, lo cual tiene por signo manifiesto el amor, con su connatural actitud de servicio, lo cual es un elemento indivisible en la genuina piedad popular y un rasgo que marca el carácter social de muchos pueblos, llegando a ser en el caso del etno cubano, un valor de identidad.

Entre los cubanos una manifestación de la mística popular es esa actitud, vivida por las personas de fe sencilla, de servir a los que le rodean, ese deber de «hacer el bien» o «hacer la caridad», sin necesidad de recompensa alguna, que parte desde lo pequeño de la habitual cotidianidad, hasta la solidaridad irrestricta en los momentos de agudas crisis, para desgracia nuestra tan abundantes en los últimos tiempos.

V. *Lo festivo*:

Por supuesto, que lo festivo es una dimensión tan propia de la religiosidad popular que resulta en tal grado evidente que no necesita demostración alguna. Para mí, la búsqueda de lo festivo en la piedad del pueblo, brota de sus características espontaneidad y armonía, donde no rige organismo institucional ni jerárquico alguno.

Debemos ver, como señala Jean Duvignaud, lo festivo como una apertura de conciencia, donde esta se abre y ensancha en un mundo abierto, el de la fiesta, que es un mundo también sin códigos, sin normas, desculturalizado. Precisa este autor:

> *la fiesta es distinta del juego, pues si bien el juego supone reglas, la fiesta no es que las viole reconociéndolas; es que las destruye. La fiesta no es transgresión, sino destrucción superior, pues confronta al hombre con un universo sin normas, desculturalizado. La armonía festiva es la manifestación de un universo no desarreglado, sino sin reglas* [18].

También de enorme trascendencia para la formación del etno cubano resultó este rasgo de la religiosidad popular, porque posibilitó el escenario imprescindible de donde partieron tendencias y procesos hibridadores de los disímiles componentes humanos conformativos de nuestra etnoconciencia, pues la fiesta está ahí, en esa descomposición de una cultura por ella misma y en el alumbramiento de otra nueva.

VI. *Lo farsesco*:

Lo farsesco constituye la llave de lo risible en el festejo popular, lo que origina la burla, la broma, la hilaridad, la parodia mordaz, la algazara, el donaire, el humor, la sátira o la chanza. Desde la estrecha vinculación entre la fiesta y la religiosidad popular, también es posible asumir lo farsesco como clave para entender la alegría propia y característica de la religión del pueblo.

La genuina hilaridad popular es siempre signo de un contramundo, un modo de oposición a los grupos de poder, *la publicación de la verdad no oficial del pueblo* y gracias a ella lo amenazante queda disminuido, transformado en *cómico* y lo terrible es alegre espantajo, pues la risa ha sido siempre *un arma libre en manos del pueblo*.

Una muy conocida interpretación de lo farsesco es la que hace H. Cox (*Las fiestas de locos*, Madrid, 1972; cap. 10), donde ve en Cristo resumidas y conjuntadas todas las actitudes propias de lo festivo.

Cristo, es verdad, se compromete con el mundo hasta dar su vida. Pero a la vez es el hombre de la contemplación y de la fiesta. Celebra y concelebra las liturgias de su pueblo judío. Y con sus discípulos va creando nuevas formas de celebración. El santo y seña que cifra y sintetiza el talento festivo, pero comprometido de Jesucristo es el humor. He aquí un intento curioso, sugestivo de renovar la cristología. Cristo es en realidad, piensa Cox, el verdadero arlequín...

Comentando lo anterior, Luis Maldonado escribe:

> *Vestir a Cristo de payaso puede ser expresión de nuestra duda, de nuestra reticencia (el humor linda con el escepticismo), pero también de nuestra fascinación y nuestra esperanza. Lo cómico surge siempre del contraste de dos realidades: en nuestro caso, de la fe y de la vivencia humana. Nuestra capacidad de reír y sonreír, incluso cuando oramos, es un inapreciable tesoro que no entienden los creyentes puritanos ni los ateos igualmente puritanos.*

Cristo arlequín es la alegría, el humor, la broma en medio de la oración; o mejor, es la oración como humor y el humor como oración. Es el espíritu del juego en un mundo lleno de la ramplona seriedad de la utilidad y el cálculo [19].

VII. *Lo teatral*:

La religiosidad popular, aun en su ámbito más reducido, en la dimensión particular de lo propio y personal, es un conjunto de actos gestuales y palabras-signos, que aunque no se hagan para ser observados o percibidos por humanos, al menos irán dirigidos a pobladores de lo supraterrenal, por ello lo representativo o lo teatral le es propio e inseparable.

Naturalmente, todo se agiganta, bulle, cuando esa religiosidad popular es proyectada en el festejo, donde ceremonias y rituales conforman un espectáculo único, de tal manera, que en ocasiones llega a calar tanto en sus participantes-protagonistas que a la par de integrarlos a una identidad determinada, los marca en modo tal que por vida se sienten convocados, asumidos y atados a él.

Un elemento muy característico de la *teatralidad* en la piedad popular es la preponderancia visual, donde la imagen a menudo llega a monopolizar todo el interés, pues la satisfacción plena no llega en las ideas, sino en las imágenes. Tal vez esto encuentre su fundamento en la acotación de Joseph Huizinga de que los medios pictóricos, mucho más desarrollados que los literarios, contribuyen al predominio de esa inclinación [20].

A mi modo de ver, esa fue la trampa en la cual sucumbieron los teóricos marxistas de Cuba al pretender secularizar los festejos de ascendencia religiosa, podando toda connotación sacra. Pensaron que se trataba solamente de juegos de artificios, juegos, baileteos y músicas, que podían ser conservados lejos de todo vínculo religioso; por ello suprimieron las procesiones y hasta llegaron a cambiarlos de fechas, para que no coincidieran con el día de referencia eclesiástica.

Entonces, además de politizadas, las reproducciones fueron frías y si gozaron de cierto y esporádico éxito fue porque sus ofertas venían a satisfacer en algo las perentorias necesidades económicas del mancillado pueblo, ofertando un poco de comida y algún que otro producto habitualmente endémico. Tal absurdo fue calificado de *revitalizaciones* y se esgrimió el argumento de *sanear las tradiciones*, como si alguna tradición genuinamente popular fuese insana. Como es lógico suponer, lo único que lograron fue cercenarlas, minimizarlas y manipularlas, pero al final el pueblo las abandonó al no reconocerse en ellas.

En resumen, podemos afirmar que la esencia del festejo religioso popular radica en su condición sagrada y no, en modo alguno, en los medios expresivos que se emplean en la fiesta. Es la finalidad religiosa, por muy oculta o solapada que se encuentre, lo que provoca, organiza y proyecta esos medios. Dicho en lenguaje dramatúrgico, no es el libreto o la escenografía, sino el superobjetivo que tiene, rige y persigue la fe.

VIII. *Lo comunal*:

El carácter colectivo de la piedad popular se vincula íntimamente con lo festivo. En la actualidad, ciencias como la antropología, sicología y la fenomenología han establecido el término potlach (de origen norteamericano) para denominar la forma concreta que reviste lo comunal dentro de los festejos religiosos del pueblo. En su clásico *Ensayo sobre los dones*, Marcel Mauss [21] señala tres características del potlach que pudiéramos resumir en: *dar, recibir y devolver*.

1. El potlach consiste en una serie de intercambios de dones que se realiza no entre personas aisladas, sino entre colectivos o grupos, mientras lo que se intercambia no son únicamente bienes materiales, sino también ceremonias, cortesías, ritos, festividades, desfiles, etc.

2. Existe un predominante sentido de rivalidad y antagonismo, pues se trata de eclipsar al otro grupo con lo que se da, pero también con la destrucción santuaria de lo recibido en don.

3. Siempre está presente el imperativo de devolver el equivalente a los dones recibidos, bajo pena de perder prestigio.

Por lo tanto, es posible ver al potlach como un sistema de circulación económica, toda vez que el movimiento permanente hace que las riquezas pasen por todos, para disfrute y gozo, a la vez que genera prestigio y solidez personal. Sobre este aspecto Maldonado escribe:

> *En la fiesta, y concretamente en la fiesta religiosa, es donde el pueblo celebra el potlach de su efusión y su comunicación que le convierte en una comuna total, quizás pasajera, pero intensa y profunda. El elemento religioso y concretamente cristiano da a este festejo de lo comunal y lo comunero su dimensión última, su raíz de perenne vitalidad, su verdor purificante y purificado, su venero de aguas lustrales que hace nuevas todas las cosas. Entonces lo popular se convierte en eclesial. El pueblo deviene en Iglesia y la Iglesia vuelve a ser pueblo; pueblo de hombres y pueblo de Dios por el que circula sin barreras el espíritu del bien, de la alegría, de la enajenación, de la difusión.*
>
> *Frente a esa multitud articulada y vertebrada donde el hombre se mueve a placer sin perder su identidad, antes al contrario, reencontrándola y reforzándola, tenemos la masa anónima de la gran ciudad, de los estadios, de las concentraciones políticas. En este magma indiferenciado cualquier personalidad acaba naufragando* [22].

Pienso que existe una matriz potlach en ciertas tradiciones y hábitos tradicionales cubanos. Muy claro resulta, por ejemplo, en la costumbre de intercambiar platos y golosinas entre familias avecinadas en ciertas fechas del año como onomásticos, la Navidad, el Año Nuevo.

También podemos citar los afamados *combates* con fuegos artificiales que se dan entre los dos barrios antagónicos de las conocidas parrandas remedianas. Aquí cada barrio, en la preparación de su artillería (fuegos) y sorpresas (adornos), durante el año que media entre un festejo y otro, funciona como una verdadera comuna. Luego, en el festejo, en el esperado duelo de artillería con fuegos de artificios, donde la hermenéutica nos revela el ofrecimiento de la luz y su obligada devolución a cada propuesta de uno u otro grupo, tiene su decisión cuando el volumen del fuego que pone un barrio no puede ser contestado adecuadamente por el otro, que solo así queda vencido, pero con la esperanza de una propicia revancha en el próximo año.

IX. *Lo político*:
La fe en su dimensión colectiva, como soporte de las aspiraciones más genuinas de un grupo, comunidad o nación, también es un hecho político. En Latinoamérica fue la creencia religiosa del pueblo inspiración de muchas gestas emancipadoras, *con sus cristos, sus vírgenes y sus santos, con sus estandartes y sus medallas, con sus rezos y sus cantos, el pueblo cristiano, embebido en una profunda religiosidad, ha sido el actor principal de múltiples procesos liberadores* [23].

En nuestras guerras de independencia (aunque la historiografía oficial marxista pretenda obviarlo) el pueblo cubano se asió a su devoción por la Santísima Virgen de la Caridad del Cobre de tal modo que fue para él un arma de combate más. Ella nos protegía e inspiraba, por eso al iniciar sus mortíferas cargas al machete, junto al grito de ¡Viva Cuba Libre!, también se escuchaba el de ¡Por la Caridad del Cobre!

Claro está, que muchos todavía hoy recuerdan en Cuba, cuántos rosarios y medallas prendidas en el pecho trajeron los soldados del Ejército Rebelde al llegar de la Sierra Maestra a la Habana, luego de derrotar a las tropas de la tiranía batistiana.

El retorno masivo, aunque gradual, del pueblo a las iglesias en busca de la esperanza necesaria para una sociedad sumida en el caos económico y moral, donde los más afectados son, como siempre ha sucedido, los que menos tienen; unido a tantos desencantados de los hechizos de sirenas que provocó la utopía marxista entre nosotros y que hoy miran a Cristo y a la iglesia, buscando una palabra que les ayude a reorientar sus vidas. Eso todo es, plena e indubitablemente, un hecho y una realidad política vivida en la matriz de la religiosidad popular del cubano.

Factores Étnicos

Los factores étnicos y humanos que conformaron la nación cubana son múltiples y diversos, como consecuencia del poblamiento que originó el sistema de explotación agraria conocido como plantación, máxime cuando este se desarrolló a destiempo y en condiciones atípicas.

Digo a «destiempo» porque se implanta o hace efectivo en el Caribe hispano hacia el segundo lustro de la década de 1780, cuando ya comienza en su manera fundamental de monocultivo-trabajo esclavo y poca elaboración, a ser obsoleto en el resto de las colonias europeas; mientras la califico como atípico, porque siendo la esclavitud la manera propia de obtener la fuerza de trabajo, en Cuba y en el resto de las colonias españolas del gran Caribe (incluyendo la costa atlántica de Centroamérica y la parte más tramontana de la América del Sur) es la ilegalizada, merced a los compromisos suscritos por España con Inglaterra y Francia desde 1819, teniendo que recurrirse a una trata clandestina e ilícita.

A la hora de un análisis de los componentes étnicos de la nación cubana que rebase toda reducción simplista o esquemática, tenemos que percatarnos que aun los llamados factores principales (español y africano) no son bloques unitarios de personas con una misma cultura, sino individuos de múltiples ascendencias trayendo un manojo de culturas que si bien resultaban conexas dentro de cada grupo, no por ello dejaban de ser lo suficientemente distintas para provocar por sí mismas aportes transculturales.

A. *Lo hispano*:

Entre los españoles que emigran hacia Cuba durante los siglos XVIII y XIX, que son los decisivos para el surgimiento y formación de la cubanidad, podemos cuantificar 12 grupos de culturas regionales con suficiente población como para influir en las expresiones culturales que caracterizarían a la nueva nación. Luego de revisar documentos sacramentales como los libros de bautismo de blancos en múltiples parroquias de las arquidiócesis cubanas de La Habana y Santiago de Cuba, así como de las diócesis de Pinar del Río, Matanzas y Camagüey, puedo establecer la siguiente tabla proporcional de los grupos regionales ibéricos en la Isla durante los siglos antes mencionados.

Canarios	34,5 %
Catalanes	24,0 %
Gallegos	9,0 %
Asturianos	7,0 %
Gaditanos	7,0 %
Malagueños	6,0 %
Cordobeses	5,0 %
Vascos	4,0 %
Navarros	3,0 %
Montañeses	0,3 %
Baleares	0,1 %
Valencianos	0,1 %

Según el ordenamiento clásico hecho por Luis de Hoyos Saínz y Nieve de Hoyos Sancho [24] sobre las zonas del folclor español para el estudio del traje típico y partiendo de los valores demográficos antes presentados, induciendo que la religiosidad popular es un componente inseparable de la cultura popular, que es a lo que dichos autores llaman *folklore*, es posible considerar las *regiones populares españolas* con mayor peso en la formación del etno cubano de la manera siguiente:

ZONA ANDALUZA (Huelva, Sevilla, Córdoba, Jaén, Valencia, Alicante, Granada, Málaga, Cádiz, Murcia e Islas Canarias)	52,0 %
ZONA LEVANTINA (Gerona, Barcelona, Tárraga, Castellón e Islas Baleares)	34,4 %
ZONA CANTÁBRICA (Coruña, Oviedo, Santander y Navarra)	23,0 %
ZONA CENTRAL IBÉRICA (Soria, Zaragoza, Teruel, Segura, Toledo, Cuenca, Ciudad Real, Castilla y Sur de Huesca)	0,5 %
ZONA OESTE SERRANA (León, Salamanca, Valladolid y Avila)	0,1 %

El factor hispano constituye el sedimento sobre el cual se asienta y conforma nuestra nacionalidad, aunque esta se perfile y defina a la luz de la acción e interacción de este y otros factores. Opino que tal papel conformativo de lo español está dado por los siguientes aspectos:

a) Función de lo ibérico en la colonización de la Isla.

Resulta inobjetable que durante la colonización y, posteriormente, en el dominio colonial, todo el espectro de la vida social cubana se planteó a partir de la concepción española, que podemos desglosar en los siguientes órdenes:

- Social
- Económico
- Físico
- Político
- Religioso
- Idiomático

La interrelación de los mismos permitió que la vida colonial cubana se manifestara partiendo del acondicionamiento de tal herencia, donde se trató de repetir los modelos metropolitanos en la cotidianidad insular. Sin embargo, la repetición perseguida no se logró, ni podía lograrse en la mayoría de los casos y es, esencialmente, la suma de tales diferencias lo que definitivamente lleva a la aparición de una realidad distinta del modelo, en otras palabras, a una identidad o particular carácter nacional, a la suma de intereses y realidades que nos definen como nación.

b) Carácter de cultura oficial.

Por ser precisamente el sector hispano el que ejercía el poder económico, político y social de la isla, su cultura adquiere la condición de *cultura dominante* y solo se irá transformando en la medida en que la realidad vital lo vaya cambiando o lo sustituya por otro.

Así, al irse desplazando el poder real (no oficial) en los seis órdenes antes mencionados hacia una mayoría nacional (cubana), nos encontramos que esas euritmias transitan por unas mutaciones que las llevan de lo español a lo cubano, esto último como una categoría nueva y ahora predominante, donde en esencia perdura lo ibérico, pero ahora revestido con nuevos valores ganados en su permanente evolución.

Pero además de los aspectos sociales o colectivos antes tratados, hay que tener muy en cuenta lo humano e individual en estos españoles inmersos en la aventura de «las Indias».

Como aquellos que junto al descubridor abordaron las naos que luego de interminable espera los llevó a unir el nuevo continente a la noción renacentista de *mundo conocido*, luego llegarían otros improvisados navegantes, también devenidos en improvisados colonos, sustraídos de un ámbito incuestionablemente marginal, que en el riesgo de la empresa vivida experimentaron una metamorfosis tal, que nunca más volvieron a ser lo que antes eran, independientemente de que alcanzaran la gloria o el fracaso, la riqueza o la miseria, el éxito o la muerte.

Por supuesto, siempre las condiciones en Las Antillas fueron más perentorias que en la América continental, por la simple y única razón de que éstas ofrecían menos riquezas que aquellas, al menos durante los primeros siglos del gobierno colonial.

Por lo tanto, estos blancos peninsulares o isleños que vienen a Cuba no van a traernos la gran cultura de la España renacentista o barroca, ni el cristianismo católico y robusto de la contrarreforma gestada al pie de los severos claustros de Avila, sino la cultura marginal de las tabernas y los cubiles, de las parrandas y pillerías; con una religiosidad que, aunque bendecida por un genuino culto popular mariano, no dejaba de estar plagada de reminiscencias paganas y morerías, aun en el propio clero que nos llegó durante la casi totalidad de la etapa colonial, donde un Antonio María Claret siempre resultó una excepción.

Desde el punto de vista sicológico, la travesía era capaz de cambiar todo para ellos, incluso al margen del mayor o menor éxito económico que pudiera tener a su paso por el Nuevo Mundo, ya que dejaban de ser lo que antes eran, para ser ahora identificados y autoidentificarse como *indianos*.

Y es que ser *indiano* representaba la posibilidad palpable de no ser más un marginal, por la simple razón de que en las sociedades de «allende los mares» los marginales resultaban los aborígenes y los negros, ambos sumidos en una cruel esclavitud y explotación. Si del otro lado esos inmigrantes eran los peores en la escala social, acá otros ocupaban esa posición y ellos, sin pertenecerles en propiedad, tenían cierta ascendencia sobre estos, según estipulaban las *leyes de Indias*.

Pero no fueron pocos los indianos afortunados, por el contrario, muchos se beneficiaron de tal modo en la aventura que acumularon tal caudal de riquezas que se permitieron el lujo de borrar cuanta mancha inadecuada existiera en sus antecedentes y antecesores para llegar a adquirir determinados títulos nobiliarios. Aunque entre nosotros tal práctica no fue tan frecuente como en otros lugares de *tierra firme*. Si muchos lograron el suficiente capital para constituirse una vida nueva y al final, el adjetivo *indiano*, que en los primeros momentos resultaba peyorativo, terminó siendo sinónimo de gente acaudalada y de bien.

B. *Lo africano*:

A diferencia del español, que vino como dominador, el africano fue traído como siervo, destinado a ser la mano de obra o fuerza bruta que asumiría los peores trabajos tanto en la empresa colonizadora como durante la propia colonia.

Contrariamente a lo ocurrido en las posesiones francesas, inglesas u holandesas del Caribe, donde los proveedores de esclavos actuaron sobre un determinado territorio subsahariano para obtener sus «presas», lo cual condujo a una relativa uniformidad étnica entre la población negra en esos países; en el caso de los dominios españoles y muy especialmente en Cuba, primero, durante los siglos XVII y XVIII, por la forma en que la metrópoli concedía los llamados «derechos de asientos de negros» (nombre dado al permiso o monopolio para la introducción de los esclavos en la isla) y luego, a partir de 1821, por la realidad de una trata clandestina, resultó que al no poder accionar los tratantes de negros sobre una zona del Africa, fueron introducidos secuestrados de los más disímiles puntos de la costa atlántica al sur del Sahara, por todo lo cual, una verdadera multitud de etnoculturas africanas fue de algún modo trasladada a la isla.

El sabio cubano Don Fernando Ortiz indicó un total de 96 denominaciones diferentes de grupos africanos en Cuba [25], las que pueden ser fundidas en cinco grandes bloques etnoculturales:

Bloque Senagambiano   Formado por los secuestrados en Senegal y Gambia, pertenecientes a las etnias mandé o mandinga y gangá.
Bloque Nigero-Yorubá   Conformado por los subgrupos étnicos yorubá de los cyoés, sangás, edwardos, ileshas, endos, ketos, así como los empes, nupes o takuas.
Bloque Nigero-Carabalí   Integrado por los akois, efik, afor, bríkamos, elugos, isusmas, bibí e ibó.
Bloque Dahomeyano   En el aparecen los grupos étnicos adjá, ewes y fongs.
Bloque Bantú   Compuesto por los múltiples subgrupos de lenguas bantú que se extienden por la costa atlántica africana desde el sur de Camerún hasta Angola y en la índiga por todo el territorio de Mozambique

Debemos tener muy presente que la justificación sostenida por la corona ibérica para que el pontificado romano aprobara la introducción de esclavos en sus colonias americanas fue la supuesta conversión de los negros. Al llegar a la isla, los ilotas aprendían un rudimentario catecismo, se les bautizaba y los dueños quedaban en plena libertad para hacer con ellos lo que quisieran.

De ese modo los negros tuvieron su primer encuentro con el cristianismo en la isla, pero el mismo trascendió más allá de un mero rito realizado con la superficialidad de un requisito legal. Algunos valores cristianos llegaron a ellos y fueron asimilados en sus vidas. También conocieron de una multitud de beatos y vírgenes con funciones míticas muy cercanas a la de sus ancestrales entes sobrenaturales. Mientras lo primero sirvió de soporte para reorganizar sus vidas en un medio a la par que nuevo, plenamente hostil, lo segundo les posibilitó enmascarar sus tradicionales prácticas religiosas, al menos en la insustancial nomenclatura de aquellos ancestros en los cuales creían.

Lógicamente, dicho proceso fue más amplio en las ciudades que en las zonas rurales, por la sencilla razón de que éstas gozaron de mayores libertades, resultado de la conformación paulatina de una población de negros y mulatos libres.

Además de los llamados *factores principales* (lo hispano y lo africano) que concurren en la formación del etno cubano, tenemos que considerar otros secundarios, llamados así por tener un menor peso demográfico y, consecuentemente, en sus aportaciones. Entre estos últimos aparecen los franceses (venidos bien de Haití o de la Luisiana en el sur de los Estados Unidos); los llamados franco-haitianos, que eran los negros de Haití que siguieron a sus amos al destierro cuando se produce la revolución en ese país; los antillanos, que eran braceros provenientes de Jamaica, Gran Caimán y otras Antillas Menores que acudieron en determinados momentos de nuestra historia para laborar en los campos de la parte oriental de la isla; así como a los aborígenes encontrados por los españoles a su llegada a suelo cubano.

De todos ellos, solamente el factor francés tendrá alguna influencia en la formación del catolicismo popular cubano, especialmente por la introducción de las ideas espiritistas, sobre todo hacia las provincias orientales donde se originó un llamado espiritismo popular que alguna aportación ha hecho a la piedad católica popular del país.

Pero en términos generales, podría asegurar que el catolicismo popular cubano va a ser principalmente el resultado de la hibridación de diferentes prácticas de piedad popular regionales españolas, predominando las canario-andaluzas, con creencias animistas africanas que se basaban en principios religiosos muy parecidos a los hispanos.

Procesos antropológicos

La formación del catolicismo popular en Cuba, como en el resto de los países hispanoparlantes del Caribe, es resultado de dos procesos antropológicos: el *sincretismo* y la *hibridación*, que aunque resultan complementarios, son diferentes entre sí.

No obstante, antes de adentrarnos en las madejas de ambos embrollos, conviene tener muy presente que el catolicismo popular no es un sistema religioso, sino la manera que tiene el pueblo de practicar una religión. Consecuentemente, lo importante no está en descubrir formas transculturales, que por demás en este caso no existen, sino las premisas y tendencias que van a acondicionar los múltiples valores que conforman nuestra piedad popular.

a) *El sincretismo*:

Si por sincretismo vamos a entender el proceso mediante el cual dos culturas se influyen mutuamente, está muy claro que nuestro catolicismo popular es el resultado de un proceso sincrético, o mejor aun, de sucesivos procesos sincréticos que relacionaron el modo popular de practicar el catolicismo en España, con creencias y actitudes mágico-religiosas provenientes de las religiones tradicionales sudsaharianas introducidas en Cuba por los africanos traídos como esclavos.

Al enfrentarnos a todo proceso sincrético es necesario tener presente dos aspectos: el *ámbito* y el *modo*. Lo primero constituye la zona o área social donde se produce, mientras el segundo será la forma o formas cómo se realiza el proceso sincrético.

En el caso que nos ocupa, por efectuarse el proceso fundamentalmente entre sectores populares, conjugó a españoles con bajos recursos económicos y escasa preparación religiosa y cultural, junto a negros y mestizos en idéntica situación. Es posible entender este proceso como lo que muchos teóricos franceses denominan *bajo sincretismo*. No obstante la disimilitud de los factores involucrados complica el desarrollo sincrético por lo cual pienso que entre nosotros es necesario encauzar el análisis en dos direcciones, a las que he denominado *líneas*. Hay que considerar una *línea interna*, que recoge el amalgamiento de prácticas y creencias dentro de cada factor participante y otra *externa*, que refleja la interrrelación entre ambos componentes.

En el crisol de las ciudades, pueblos o, incluso, zonas rurales de la Cuba colonial fueron mezclándose las maneras cómo los distintos subgrupos regionales españoles practicaban popularmente el catolicismo y dado que ninguno de ellos resultaba numéricamente tan mayoritario para imponer sus formas por encima de los otros, resultaron amalgamientos múltiples, que paulatinamente eran aceptados por todos, deviniendo en *populares*.

Por ejemplo, si en un primer momento, festejos como los correspondientes a la Virgen de la Candelaria o la de Monserrate, eran exclusivamente de canarios o catalanes, en el caso de que alguna de estas advocaciones tuviera la categoría de patrona del pueblo o ciudad, pronto era asimilada como tal por todos y con el paso del tiempo cada grupo fue incorporando al festejo popular (indivisible y complementario del religioso) las peculiaridades de las fiestas patronales que se realizaban en sus lugares de origen, ocurriendo de esa misma manera con el resto de las prácticas y creencias por medio de las cuales expresaban su fe religiosa.

Del mismo modo podemos suponer el proceso sincrético entre los diferentes grupos de africanos, solo que aquí debió ser doble, pues primero tenía que vincular a los subgrupos de su misma etnia o de etnias afines, para posteriormente hacerlo con los de etnias diferentes. En todo caso la premura o tardanza en ello fue proporcional al número de subgrupos y etnias involucrados en cada región, pues es de suponer que donde eran menos el proceso fue más rápido y viceversa.

Por su parte, la línea externa amalgamó los elementos provenientes de ambos grupos, en un proceso que corrió aparejado con la propia integración étnica del pueblo cubano, para dotarnos de un mestizaje cultural que se corresponde con el físico que nos define y caracteriza.

Pienso que mucho facilitó el desarrollo de esta *línea externa* la realidad de que en ambos factores existían una serie de premisas o creencias religiosas comunes tales como:

1. Creencia en un Dios único, creador de cielo y tierra.
2. Fe en la existencia de personajes que pueden actuar como intermediarios entre los hombres y ese Dios todopoderoso. En el caso de los españoles eran las distintas advocaciones a la Virgen María y a los santos, mientras que para los africanos resultaban sus orishas, foldunes, mpungos, etc.
3. La fe en una vida más allá de la muerte.

Para el antropólogo mexicano José L. González Martínez, el estudio del sincretismo tiene relación con dos procesos: la aculturación y la mezcla resultante del encuentro de tradiciones provenientes de culturas diferentes[26].

Si por *aculturación* (del vocablo inglés «aculturation») podemos definir el proceso mediante el cual una cultura más desarrollada se impone sobre una de menor evolución, suplantando los valores de esta, fácilmente deducimos que este no es el caso que nos ocupa.

En todo caso estaríamos más cerca del concepto expuesto por el antropólogo norteamericano William Madsen cuando define al sincretismo como un tipo de adaptación caracterizado por un acto consciente[27]. Por su parte, el también estadounidense H. G. Barnet distingue *aceptación por sincretismo y aceptación por imitación* [28], estimando que en la modalidad por sincretismo existe una contraparte o un elemento propio equivalente al elemento extraño que se acepta. Si aceptamos que estas equivalencias constituyen el motor o punto de apoyo que hace mover todo proceso sincrético, no tengo objeción en denominarlo puente *sincrético*, como hace el mexicano González Martínez [29].

En el caso nuestro, el puente sincrético estuvo dado por las tres coincidencias que antes precisamos, pero también hay que estimar el factor socioeconómico. Aunque concedo que con diferentes matices, ambos factores, los blancos pobres y los negros y mestizos libres, estaban en idéntica posición ante las clases dominantes en la sociedad colonial cubana del siglo XIX. Ambos eran desposeídos, marginados, explotados y discriminados. Vivían en habitats muy semejantes o en el mismo habitat. Los dos grupos tenían que realizar idénticos trabajos o trabajos que se complementaban unos con otros. De esa manera necesariamente hubo de surgir el puente sincrético que los vinculara definitivamente.

b) *La hibridación*:

La antropología social entiende por *hibridación* el proceso de interrelación y mezcla de varias culturas sin que ninguna predomine sobre las demás. Este proceso en la formación del etno cubano solamente pudo darse en el ámbito popular donde ninguna de las etnoculturas concurrentes tenía una posición hegemónica. Al definir nuestra cultura como eminentemente híbrida, por supuesto que aludimos a la cultura popular, porque entre nosotros la hibridación no era posible en el marco de la cultura elitista.

Todo lo anterior conduce a un problema muy característico dentro de las formas o manifestaciones conformativas de nuestra cultura y modos de religiosidad popular, siendo posible establecer las siguientes categorías o hibridaciones:

1. Manifestaciones con formas y finalidades semejantes pueden tener orígenes diferentes:

En este caso debemos tener muy en cuenta las coincidencias culturales que pueden darse entre etnoculturas con idéntico desarrollo. Un ejemplo lo encontramos en la creencia popular que atribuye el carácter de bendita a la lluvia caída como primera del mes de mayo o el día de San Juan. En la raíz española vemos como su origen se remonta a los antiguos ritos paganos de los celtas referidos a la primavera y al solsticio de verano; pero también está presente en los ritos primaverales de las culturas tradicionales al sur del Sahara y en los cultos racionalistas tao de los culíes chinos.

2. Una misma expresión cultural, con idéntico origen, puede tener formas diferentes en las distintas regiones o partes del país:

Tal caso va a estar en dependencia de los factores modificantes que actúan sobre la manifestación básica o primaria, de acuerdo a la estructura etnogenésica del territorio o región donde se produce y desarrolla la manifestación.

En este aspecto puede resultarnos un buen ejemplo la devoción a la Virgen de la Candelaria en diversas zonas cubanas. Veamos como paradigmas dos poblados bastante similares: Ceiba Mocha, en la provincia de Matanzas, zona central de Cuba, y San Luis, en la provincia de Santiago de Cuba, en el oriente de la isla.

Mientras en Ceiba Mocha, lugar fundado por colonos venidos del archipiélago canario y actualmente con una población mayoritaria con esa ascendencia, el festejo y las creencias populares se refieren al fuego y su acción benéfica; en San Luis, donde no fue significativo ese origen, la Virgen de la Candelaria y su festividad está referida a los difuntos, debido a la acción modificadora que sobre esta devoción mariana jugaron las creencias afroides, al identificar dicha advocación con la deidad u orisha africana Oyá-Yanzá a la cual tienen por «dueña de los cementerios».

Principales manifestaciones del catolicismo popular en Cuba

Conviene recordar que nuestro catolicismo popular es una zona de creencias que se ubica entre el catolicismo oficial o militante y los sistemas mágico-religiosos. Pero aunque sus formas y creencias mayormente provienen de ese catolicismo oficial, debido a la insuficiente preparación religiosa de las personas que lo practican, sus enseñanzas y liturgias fueron reinterpretadas, en un proceso donde también influyeron no pocos elementos provenientes de los cultos afrocubanos y el espiritismo popular.

Por lo tanto, a la hora de plantearnos los componentes de la piedad popular católica, debemos estimar la existencia de creencias, prácticas y devociones coincidentes en las etnoculturas concurrentes, así como otras básicamente católicas, pero en alguna medida fueron alteradas o modificadas por la influencia de los cultos sincréticos.

Como claros ejemplos de prácticas coincidentes debemos mencionar el sacramento del bautismo y las misas en sufragio de las almas de los familiares difuntos. Si nos damos cuenta que a la luz de la antropología socio-cultural, el bautismo es un rito o acto de iniciación, es fácil comprender por qué es aceptado como práctica obligatoria en todas las etnoculturas conformadoras de nuestra piedad popular, pues originariamente *todas tenían actos de iniciación religiosa*. Lo mismo puede decirse con la misa de difunto y los respectivos cultos fúnebres.

Entre los ejemplos del segundo tipo tenemos la devoción no al San Lázaro obispo que sostiene la iglesia, sino al popular Lázaro leproso de la parábola. Otro ejemplo que bien ilustra lo tratado es la enorme devoción que existe en el pueblo cubano hacia Nuestra Señora de Regla o, simplemente, la Virgen de Regla, pese a que en Cuba solo existe un templo dedicado a esta advocación mariana, que es la parroquia situada en el ultramarino municipio de Regla en Ciudad de La Habana.

Sea de un modo u otro, los rasgos y expresiones más características del catolicismo popular son:

- Vigoroso culto popular mariano que se manifiesta principalmente en la devoción a las advocaciones de Nuestra Señora de la Caridad del Cobre, venerada y aceptada como patrona y madre de todos los cubanos; Nuestra Señora de Regla y Nuestra Señora de las Mercedes.

- Devoción a múltiples vírgenes, santas y santos, especialmente a los que popularmente se les atribuye efectividad para solucionar problemas de salud, viviendas, relaciones afectivas, etc.

- Empleo habitual o doméstico de estampas, medallas o imágenes de las vírgenes, santas y santos a los que se les profesa devoción, de manera tal que muchas personas tienen un lugar de sus casas dedicado a estos, sin que ello implique ningún vínculo o asociación con las deidades de los cultos afroides.

- Utilización de adminículos católicos como escapularios, crucifijos, agua bendita, etc.

- Empleo cotidiano de las principales oraciones católicas como el Padre Nuestro, Ave María, Credo, Gloria, etc. Aunque pocas, aún quedan familias que suelen rezar el rosario en conjunto.

- Devoción hacia el cuadro del Sagrado Corazón de Jesús, muy abundante por todo el país, aunque en algún momento fuese retirado de la sala de la casa para algún sitio menos visible.

- Respeto, aceptación y participación en algunas fechas importantes de la iglesia, como la Navidad, el Viernes Santo, el Domingo de Resurrección y los patronales.
- Aceptación de los sacramentos como algo bueno o bendito, aunque no todos sean practicados del mismo modo.

- De forma general, el pueblo tiene una visión cristiana de la muerte.

Influencia en la formación y ulterior desarrollo del etno cubano

Pese a que muy pocos de los estudiosos de lo cubano se hayan preocupado por esta indagación, lo cierto es que muchos principios cristianos han penetrado en los sectores populares de un modo tal que, luego de asimilados, devinieron en rasgos definitorios e inseparables de la cubanidad.

Por solo mencionar una faceta del asunto, puesto que en el resto de la obra analizaremos otros, me detendré en aquellos que pueden ser estimados como pilares de la moral cubana. Resulta interesante como, proviniendo del decálogo bíblico (Ex 20, 3-17), algunos de ellos han sido acogidos dentro de los códigos normativos de sociedades populares como los llamados Ñáñigos o Abakuá. Entre todos, los más significativos y trascendentes resultan:

- No mencionar el nombre de Dios en vano: Popularmente se estima que *jurar por Dios* solamente debe ser hecho en caso extremo y cuando se sostiene una verdad. Si una persona, a conciencia de que dice mentira jura por Dios, *se hace maldita* y, por lo tanto, es susceptible de *recibir un castigo divino*.

- Honrar al padre y la madre: Ser un buen hijo es muy estimado dentro de la ética popular cubana. Aquellas personas que maltratan o abandonan a sus padres en caso de necesidad, son tenidos por *indignos* y *malos*. Incluso, es bastante generalizado el criterio de que ningún buen hijo envía a sus padres a un asilo de ancianos. Entre los ñáñigos constituye el requerimiento principal para ingresar en esa sociedad de hombres, aun más que la propia masculinidad probada.

- No matar: Independientemente de la violencia que en los últimos tiempos ha acompañado la vida cubana, motivada por sentimientos políticos manipulados, el asesinato siempre ha sido mal visto entre los cubanos, como lo demuestran las cifras históricas en ese sentido y el hecho de que pese a las diferentes épocas de agitación política en el país nunca ha sido cometido un magnicidio. Pero es más, en los accidentes, especialmente los de tránsito, cuando una persona involuntariamente y sin culpa alguna, provoca la muerte de otra, considera que le ha ocurrido una gran desgracia.

- No cometer adulterio: El adulterio ha sido muy mal visto en el pueblo cubano y su prohibición aparece claramente reflejada en el código agráfico de los ñáñigos. La cuestión radica, por un lado, en la explotación de lo sexual en los medios de comunicación (especialmente el cine y la televisión) y, por otro, la paulatina laxitud que afecta los valores morales en la sociedad cubana a partir de 1959, donde bajo el pretexto del razonamiento científico-materialista la práctica social ha tendido hacia una anarquía de lo sexual y la pretendida «modernidad» no ha llevado más que a un estado sistemático de inestabilidad en las parejas, reflejado en el altísimo número de divorcios que ocurren en el país cada año.

No obstante lo señalado anteriormente, estos valores cristianos, unidos a otras manifestaciones de la fe popular, aún continúan perfilando el etno cubano como expresión de su mejor herencia y esperanza en un futuro más digno y edificante.

NOTAS

[1] *III Conferencia General del Episcopado Latinoamericano (CELAM), Puebla, México. Documento aprobado.* Biblioteca de Autores Cristianos, Madrid, 1979. Pág. 172, Nos. 385 y 387.
[2] *II Conferencia General del Episcopado Latinoamericano (CELAM). Conclusiones.* Medellín, Colombia, 1971. Pp. 116-117.
[3] CELAM, Puebla, *Op. Cit.* Pág. 187, No. 446.
[4] *Encuentro Nacional Eclesial Cubano (ENEC). Documento final.* Tipografía Don Bosco, Roma, 1987. Pág. 48, No. 97.
[5] Marzal, Manuel: *Investigación e hipótesis sobre la religiosidad popular.* Bogotá, Colombia, 1972. Pág. 20.
[6] ENEC: *Op. Cit.* Pág. 36.
[7] Maldonado, Luis: *Religiosidad popular: nostalgia de lo mágico.* Ediciones Cristiandad. Madrid, 1975. Pág. 321.
[8] *IV Conferencia General del Episcopado Latinoamericano (CELAM). Documento Final. Santo Domingo.* Octubre de 1992. Imp.
[9] Venecia, S.A. México, 1992. Pág. 74, No. 83.
[10] Frazer, J. G.: *La rama dorada.* Fondo de Cultura Económica. México, 1944.
[11] Maldonado, Luis: *Ob. Cit.* Pág. 69.
[12] *Idem.* Pág. 70.
[13] Mauss, Marcel: *La Magia* en *Obras II.* Barcelona, 1971. Pp. 193 y 239.
[14] Maldonado, Luis: *Ob. Cit.* Pág. 30.
[15] *Idem.* Pág. 95.
[16] Ricodeur, Paul: *Finitude et culpabilité.* París, 1980. Pág. 18.
[17] Chevalier, Jean: *Las religiones.* Editorial Mensajero. Bilbao, 1978. Pág. 327.
[18] Maldonado, Luis: *Ob. Cit.* Pp. 185 y 187.
[19] Davignaud, Jean: *Fetas at civilizations.* París, 1978. Pp. 125-126.
[20] Maldonado, Luis: *Ob. Cit.* Pág. 142.
[21] Huizinga, Joseph: *El otoño de la Edad Media.* Madrid, 1973. Pág. 233.
[22] Mauss, Marcel: *Ensayo sobre los dones* en *Sociología y antropología.* Madrid, 1971. Pp. 186 a 258.
[23] Maldonado, Luis: *Ob. Cit.* Pp. 293 a 297.
[24] *Idem.* Pág. 297.
[25] Hoyos Saínz, Luis y Nieves Hoyos Sancho: *Manual de Folklore.* Manuales de Revista de Occidente. Madrid, 1947. Pág. 523.
[26] Ortiz, Fernando: *Los negros esclavos.* La Habana, 1915. Capítulo II.

(27) González Martínez, José Luis: *La Conquista española y los procesos sincréticos*. México, 1986. Pág. 1.
(28) Madsen, William: *Religious syncretism en Handbook Middle American Indians*. Vol. 6, Social Anthropology. Texas University, Austin, 1967.
(29) Barnet, H. G.: *Innovation: the basic of cultural change*. New York, 1953.
(30) González Martínez, José Luis: *Op. Cit*. Pág. 2.

PANELES
Aportes de la cultura católica a la cultura nacional

DEL ESPEJO A LOS ORÍGENES
Cinco siglos de cultura católica en Cuba

Lic. Roberto Méndez

Pórtico

A las puertas de este trabajo nos interrogamos: ¿qué es historiar? No es acumular datos sobre un tiempo que ya no es, tampoco es manipular el pasado para que sea retratado en conformidad con el presente, ni siquiera es la relación de hermosas acciones de las figuras eminentes que nos precedieron. Quizá la única tarea útil del historiador sea filosofar sobre el tiempo, encontrar la lógica oculta en los acontecimientos (que la mayoría de las veces parecen no tenerla), y ofrecer una reflexión y una imagen: la primera es una enseñanza ética; la segunda, el signo de lo perdurable en lo transitorio. Historiar es a la vez educar y evocar. Un extremo de la historia es el mito, lo fabuloso que está en lo profundo del alma humana, el otro es la política, la acción inmediata con todos sus espejismos, ningún historiador puede librarse de los peligros de ambos, evitar tanto la fabulación delirante como la manipulación interesada será su problema esencial. En fin, y esto ya lo sabían Herodoto, Michelet y Gibbon, estudiar historia es interrogar ruinas. Como afirma María Zambrano: *La contemplación de las ruinas cura, purifica, ensancha el ánimo haciéndole abarcar la historia con sus vaivenes, como una inmensa tragedia sin autor. Las ruinas son en realidad una metáfora que ha alcanzado categoría de tragedia sin autor. Su autor es simplemente el tiempo.*

El problema se amplifica cuando se trata de la historia de la cultura, por abarcar esta todas las creaciones de la inteligencia humana y más aun si se introduce una dimensión religiosa: una historia de la cultura católica en Cuba exige instrumentos más aguzados en el investigador que una historia simple de la nación, pues se mezclan el arte, el pensamiento, las costumbres, lo cotidiano y contingente con lo universal y trascendente. Las siguientes páginas no son la relación de las buenas obras que la Iglesia como institución ha realizado en Cuba durante cinco siglos, ni la historia del gusto estético o falta de él de la jerarquía eclesiástica, ni siquiera un inventario de grandes intelectuales católicos sean clérigos o laicos, sino el acercamiento a una imagen o mejor a una especie de evaporación: el alma de una cultura católica en Cuba, procurando huir tanto del mito como de la manipulación, mostrando más la cotidianidad, la cadena invisible que ata los hechos que la anécdota excepcional, al menos esa fue nuestra intención.

Para comenzar, a fuer de hacer precisiones tendríamos que decir: Cuba es una isla y ¿qué es una isla? Dulce María Loynaz en genial síntesis poética nos responde:

> *Una isla es*
> *una ausencia de agua rodeada*
> *de agua: Una ausencia de*
> *amor rodeada de amor...*

Por ahora nos basta con esa intuición.

La tutela

Frente al inicio de la historia cubana, los investigadores barajan cien dicotomías: descubrimiento o encuentro, misión civilizadora o fatal destrucción de una edad dorada, leyenda blanca o leyenda negra. Lo constatable es que el encuentro de la civilización renacentista occidental con los aborígenes americanos fue traumática y se impuso de un modo tal que implicó mutua resistencia. Cuba no era el paraíso de los siboneyes como no fue El Dorado, tampoco Colón o Narváez venían a traerlo. Pero los conquistadores y entre ellos la Iglesia traían una visión, un proyecto casi utópico para estas tierras y eso dio un sentido superior a la resistencia. Recordemos uno de los sustanciosos editoriales-poema de Lezama *Para nadie parecía*:

> *...No caigamos en lo del paraíso recobrado, que venimos de una resistencia, que los hombres que venían apretujados en un barco que caminaba dentro de una resistencia, pudieron ver un ramo de fuego que caía en el mar porque sentían la historia de muchos en una sola visión. Son las épocas de salvación y su signo es una fogosa resistencia.*

Durante casi tres siglos de historia de Cuba (XVI, XVII y gran parte del XVIII), la labor de la Iglesia se manifiesta como una tutela sobre la Isla, su misión no es puramente espiritual sino que de forma subsidiaria asume las tareas culturales que descuida el gobierno colonial.

El primer Obispo nombrado para la Isla, el flamenco Jan de Wytt, aunque nunca visitó su sede, mandó edificar junto a su «catedral» una escolonía, aunque no hay trazas de que esto se lograra hasta décadas después, cuando gracias al Obispo Sarmiento la Catedral de Santiago de Cuba se convirtió en el primer centro de educación de Cuba, iniciado por un criollo, el canónigo Miguel Velázquez, egresado de la Universidad Complutense de quien se dijo que era *mozo en edad y anciano en doctrina y ejemplo*. El siglo XVI no concluye sin la sucesiva fundación de colegios en La Habana, de jesuitas (1568), franciscanos (1574) y dominicos (1578).

El primer testimonio concreto de cultura cubana, el poema épico *Espejo de Paciencia*, fue compuesto por Silvestre de Balboa, natural de Islas Canarias, residente en Puerto Príncipe en 1608. Haciendo derroche de referencias clásicas y de gusto barroco, el poeta canta la prisión del Obispo Cabezas Altamirano por el corsario francés Gilberto Girón y su ulterior liberación por los vecinos de Bayamo. Se han dado enfoques opuestos a este texto, mientras Lezama ha llegado a verlo como uno de los mitos que fundamenta nuestra cultura, Manuel Moreno Fraginals llegó al extremo de considerarlo: *el poema de un contrabandista, sobre un obispo contrabandista rescatado por otros contrabandistas*. Pero es evidente que la adhesión de los vecinos de la villa al Prelado y la manera hiperbólica con que el poeta lo presenta rodeado de deidades mitológicas está asociado a una unidad, a una catolicidad que rebasa lo puramente institucional y que es uno de los fermentos de nuestra cultura.

Con el siglo XVIII llega un período de institucionalización cultural; la cultura hasta el momento ha sido un artículo de importación, se obtiene en el extranjero y se posee como algo de lujo, pero el desarrollo económico y demográfico de la Isla permiten pensar ya en mecanismos que multipliquen ese quehacer cultural. El Obispo Jerónimo Valdés abre en 1722 el Seminario de San Basilio en Santiago de Cuba y en 1728, en medio de pugnas con los padres dominicos, se crea la Universidad de San Jerónimo en el Convento de San Juan de Letrán. Mientras los jesuitas, abrían dos colegios con las más modernas reglas pedagógicas de esa época, el de San José de La Habana, famoso por tener la mejor biblioteca de su momento en 1724 y el de Puerto Príncipe en 1756.

En 1755 el Obispo Morell de Santa Cruz hace una visita eclesiástica que comprende toda la Isla, en la relación que de esta escribe relata con agudeza su situación, tanto en lo económico como en materias de urbanismo, salubridad, calidad de las edificaciones e instrucción. En ningún momento se limita o cohibe de señalar problemas civiles, siente que su misión son los hombres concretos y completos, bajo su tutela están todos los aspectos de la vida y procura ponerles los remedios a su alcance. En 1759 propuso la creación de una Universidad en Santiago de Cuba para evitar que los jóvenes de escasos recursos tuvieran que gastar su dinero en viajes a La Habana, aunque este empeño no fructificó. Cuando los ingleses tomaron La Habana (1762) el Obispo entra en conflicto con ellos, su negativa a entregar un templo para el culto anglicano de los invasores va más allá de las convicciones de fe y hasta de la política, se trata de la protección a los suyos, de la convicción pastoral de que su misión está en el «aquí y ahora». Aunque nacido en Santiago de los Caballeros, se siente ligado a Cuba de una manera especial: a través de la cultura que obliga al servicio.

Un puente entre dos épocas es la obra de Esteban Salas (1725-1803), que desde su capilla de música en la catedral santiaguera dio a la luz algunas de las mejores partituras de la Hispanoamérica de entonces. Hombre humilde y caritativo, perseguido por los celos y las envidias locales, fue capaz, a partir de los modelos de su tiempo: Paisiello, Cimarosa, Pergolese, de componer no solo misas, Stabat Máter, Lecciones para la Semana Santa, sino villancicos, cantatas y pastorelas donde la tradición española va impregnándose de un sabor criollo, piezas como *Una nave mercantil* o *Pues la fábrica de un templo* o *Resuenen armoniosos* muestran ya la grandeza de una cultura que se abre a mayores empeños.

El aire griego

Nada hay más ilustrativo como leer en las imágenes como si fueran un libro de texto, para ello podemos tomar la Catedral habanera. Su fachada barroca, ondulante, nos recuerda que se le destinaba a ser la iglesia del colegio de la Compañía de Jesús, pero su construcción se paralizó en 1767 cuando la Compañía fue expulsada por Carlos III de todos sus dominios, una de las torres es más amplia que la otra, por razones fortuitas relacionadas con una reparación, están vacíos los cuatro nichos (¿será por la acción destructora del tiempo, por olvido, por descuido?). Su interior poco tiene que ver con tal pórtico: en 1777 se trasladó a ella la Parroquial Mayor y el primer obispo de La Habana, José F. Trespalacios, consumió sus rentas para dotarla, mas ya en 1820 su piso de losas de piedra fue sustituido por uno de mármol y cambiados los altares barrocos por otros neoclásicos que sirven de marco a lienzos influidos por la imaginería de Murillo, todo por decisión del Obispo Espada que asociaba el barroco con la oscuridad y la barbarie contraria al progreso; para completar esta labor, por iniciativa del Cardenal Arteaga, entre 1946 y 1947 el arquitecto Cristóbal Martínez Márquez cambio la bóveda de arista un tanto tosca, revestida de yeso, por una bóveda de cañón, además de añadir algunos óculos y ventanas, algunos nada menos que con ventanas. ¿Qué es la Catedral? Ni barroca, ni neoclásica, ni moderna, más fachada que interior, con un pórtico que recuerda el barroco jesuita y un interior limitado como una iglesia de pueblo. Tal edificio muestra: súbitas rupturas, caprichos, desmesuras, frustraciones, desengaños, olvidos, épocas que se superponen desconociendo a las anteriores, ella sola podría ser el libro que historiara desde 1570 hasta 1950, dos siglos de la cultura católica cubana.

En su artículo a la memoria del sabio Antonio Bachiller y Morales, publicado en el «Avisador Hispanoamericano» de Nueva York en 1889, Martí evoca aquellos años iniciales del siglo XIX (1800-1830) cuando:

> *El aire era como griego, y los conventos como el foro antiguo, a donde entraban y salían resplandecientes de la palabra, los preopinantes fogosos, los doctores noveles, con su toga de raso, los escolares ansiosos de ver montar en su calesa amarilla de persianas verdes, a aquel obispo español, que llevamos en el corazón todos los cubanos, a Espada que nos quiso bien, en los tiempos que entre los españoles no era deshonra amar la libertad, ni mirar por sus hijos.*

El escritor sueña con un mundo que no conoció, aquel ambiente del Seminario de San Carlos donde descubría Varela, tundía *Saco y La Luz arrebataba*, aunque todo ello estaba asentado en una contradicción al parecer insoluble:

> *Abajo, en el infierno, trabajaban los esclavos, cadena al pie y horror en el corazón, para el lujo y señorío de los que sobre ellos, como casta superior, vivían felices, en la inocencia pintoresca y odiosa del patriarcado; pero siempre será honra de aquellos criollos la pasión que, desde el abrir los ojos, mostraban por el derecho y sabiduría, y el instinto que, como dote de la tierra, los llevó a quebrantar su propia autoridad, antes que a perpetuarla.*

Si el aire era «como griego» traía con él demasiadas contradicciones. La Ilustración en Francia había sido un movimiento intelectual, laico, antiabsolutista, en España, sin embargo, desde Carlos III pudo pensarse en la paradoja del *absolutismo ilustrado*. Esas luces las trae a Cuba, Juan José Díaz de Espada y Landa, cuya ejecutoria aun suscita polémicas entre los historiadores. Culto, de carácter enérgico, muchas veces impuso por la fuerza lo que no podía lograr por la persuasión, forzó a la élite criolla a pagar los diezmos, para emplearlos en la educación, impulsó la Sociedad Económica de Amigos del País, que para la Isla fue casi un gobierno ilustrado dentro de otro anodino (el de la Corona), criticó la trata y procuró convencer a los hacendados del valor de la mano de obra calificada, luchó a brazo partido contra el clero tradicionalista y les impuso medidas correctivas como el *impuesto de campanas*, impulsó el arte neoclásico y académico, pues el barroco le parecía atado a los atavismos de otro siglo, impulsó la polémica y la experimentación en el Seminario de San Carlos, creó la cátedra de Constitución allí para Félix Varela y... quedó preso de una contradicción esencial: el absolutismo de Fernando VII no toleraba matices y la reacción conservadora del Vaticano en tiempos de Pío VIII y sus sucesores tampoco, en Europa no podía entenderse por entonces a un obispo liberal, constitucionalista, amigo del racionalismo y del progreso técnico, solo su muerte en 1832 lo libró de un proceso y el Patronato Regio se encargó de que el caso no volviera a repetirse en las sedes episcopales cubanas. Al deslindarse así los campos, los liberales fueron impulsados hacia el anticlericalismo y la masonería y se dieron al laicismo matices infernales.

El destierro de Félix Varela, la abierta persecución contra Luz, Del Monte, Saco, en la que se unieron la administración española, los hacendados esclavistas y la jerarquía eclesiástica, cortaron tempranamente las apenas tres décadas de nuestra Ilustración.

A pesar de la contradicción señalada por Martí se intentaba, a través de la enseñanza y las reformas, un país equilibrado en la prosperidad y la virtud; las *máscaras políticas*, la *impiedad* y el *fanatismo*, los grandes fantasmas de la época, pudieron más que la santidad de Varela y la nobleza de Luz. A partir de ese momento quedó abierto un foso de funestas consecuencias en la cultura cubana: de un lado la oligarquía pragmática sentada sobre los esclavos y las cajas de azúcar, apoyada por un clero mayormente español que sospechaba de todo intelectual y del otro los criollos capaces de *quebrantar su propia autoridad* para lograr su independencia, influidos por los ideales de la Revolución Francesa, cristianos pero no clericales, librepensadores en filosofía y nada sujetos a la tradición. El equilibrio neoclásico iba a ser sustituido por el vendaval romántico.

La Patria romántica

Los escritores católicos cubanos, aun en la actualidad, tratan con mucho cuidado la etapa de 1830-1899, cuesta afirmar que se rompió el diálogo entre los intelectuales y la jerarquía católica, no hay ejemplos para contradecirlo, ni siquiera la labor asistencial de un San Antonio María Claret que cubre más de seis años; patriotismo y religión parecían estar reñidos.

Sin embargo, la serenidad y la reflexión nos ayudarían a comprender que la lógica de los acontecimientos llevó las cosas hasta allí (o hasta aquí para ser más exactos). Habían pasado los tiempos de la tutela y también los de la utopía ilustrada, la cultura cristiana había cambiado de signo y era necesario buscarla en otra parte.

En la procesión del Corpus Christi de 1868 en la Iglesia de San Salvador de Bayamo se tocó un himno compuesto por un ciudadano eminente, Perucho Figueredo; el Gobernador allí presente afirmó que aquello, más que música religiosa parecía himno de guerra: era la melodía que meses después se convertiría en Himno de Bayamo. La obra tenía incluidos unos compases de la Marsellesa y además su comienzo recordaba mucho una marcha de la popular ópera *Norma* de Bellini. El patriciado, que mezclaba en su sensibilidad la pasión operática, el ansia revolucionaria y la sinceridad religiosa no se había cerrado a la trascendencia: se ha juzgado el hecho como una manifestación subversiva encubierta; solo lo fue en parte, el sentido era más hondo: se procuraba santificar un sueño de libertad, una nación, desde su raíz.

El 11 de mayo de 1873 cae en combate, Ignacio Agramonte, el Mayor, símbolo de una eticidad en que se unen lo liberal y lo cristiano. Su cadáver fue arrojado en un corredor del Hospital San Juan de Dios. Dos hombres de Iglesia, el presbítero Martínez Saltage y Fray Olayo Valdés lo lavan y tienden, dedicándole las últimas oraciones. Esta actitud de buenos samaritanos ayuda a echar las bases de una ética nueva, en medio de violencias, pasiones encontradas, fanatismos, ellos defienden la dignidad humana que es el núcleo esencial de una cultura.

El 11 de octubre de 1874 se celebró en la Iglesia de Santiago (protestante) en Nueva York una fiesta religiosa dirigida por el Reverendo J. J. Palma para conmemorar el alzamiento del 10 de octubre de 1868. Se leyó el evangelio de la entrada triunfal de Jesús en Jerusalén y se cantó un Te Deum en el que participaron norteamericanos y cubanos emigrados. La tesitura de soprano estaba confiada a Amalia Simoni y en el órgano estaba el músico camagüeyano Emilio Agramonte, fundador de una Escuela de Ópera y Oratorio en esa ciudad, elogiada por Martí. Los participantes unen el fervor cristiano y el amor a Cuba, ven en la entrada de Cristo en la Ciudad Santa un anuncio de la victoria de Cuba en armas, se borran las diferencias entre católicos y protestantes en lo que debió ser nuestro primer acto ecuménico.

El siglo XIX cierra con la figura de José Martí. En él está lo esencial de la cultura cubana: él defendió un espiritualismo opuesto al ramplón positivismo de la época, admiró al Jesús evangélico, a Santa Teresa, de quien se empapó su prosa (algunas de sus páginas rezuman un aliento místico que recuerda a los profetas y a San Juan de la Cruz). Martí soñó con una religión ideal que reuniera lo mejor de todas, criticó duramente a la jerarquía eclesial de su tiempo, se puso de parte del padre McGlynn cuando el cisma de los católicos en Nueva York, rechazó el conservadurismo de Pío IX y León XIII respecto a la causa de la unidad italiana, vio a la Iglesia más como institución que como presencia del Espíritu, pero dejó páginas excepcionales dedicadas al amor, la reconciliación, tan vivas que 100 años después los obispos cubanos pudieron invocarlas en su llamado al pueblo *El amor todo lo espera*. Su visión del sacrificio, consumado en él mismo, borró toda posible sombra de su figura y le da un lugar propio en nuestra cultura cubana y cristiana.

Cuando al peso de la cruz,
el hombre morir resuelve,
sale a hacer bien, lo hace y vuelve,
como de un baño de luz.

La Cuba secreta

El tránsito de la Colonia a la República, puede mostrase a partir de dos hechos ilustrativos: el General Calixto García envió a su Estado Mayor al Santuario de la Caridad del Cobre para asistir a una misa de acción de gracias, a los pies de la Virgen, una vez proclamada la separación de España. El segundo ocurre durante la Asamblea Constituyente de 1901, y es la polémica sobre la presencia del nombre de Dios en la Constitución.

El primero de los hechos viene a demostrar la existencia de una fe popular, sincera, no vinculada a los esquemas ideológicos, ajena a la alianza que entre catolicidad y colonialismo habían querido establecer las autoridades españolas y que ha arraigado hondamente en la cultura cubana.

El segundo evidencia la escisión, existente hasta hoy, entre intelectuales y hombres públicos cubanos, respecto al papel de Dios en la historia humana y además, de forma más velada, respecto al papel de la Iglesia en la cultura. De un lado está el pensamiento más radical, laicicista y anticlerical, marcado por el trauma de la escisión entre jerarquía y pueblo en la lucha independentista, que queda representado excelentemente por Salvador Cisneros Betancourt y por otro el pensamiento de inspiración cristiana, no necesariamente vocero de las posiciones eclesiales oficiales, que tiene un importantísimo papel (unas veces público; las más veces, secreto) en la consolidación de la nación cubana y que en la Constituyente estuvo enmarcado por el jurista P. González Llorente.

No es casual que los protagonistas de ambos hechos fueran laicos.

El período republicano, sobre todo entre 1930 y 1959, fue un período de protagonismo del laicado en la cultura cubana; es cierto que la enseñanza religiosa tuvo un crecimiento notable en el período, que hubo figuras eminentes en el episcopado, que las congregaciones religiosas jugaron un rol notable en campos como la salud, la asistencia social y hasta en el deporte, pero estos elementos sirvieron sobre todo para formar un laicado moderno, independiente, seguro, que condujo las más lúcidas iniciativas intelectuales de esa etapa.

Tiende a asociarse, por ejemplo, la enseñanza cristiana con aquella impartida por los institutos religiosos, sin embargo se olvida el papel auténticamente evangelizador de los educadores laicos, baste con recordar el colegio «El Angel de la Guarda», fundado y dirigido por Mariana Lola Alvarez, o aquellos que animaron cátedras en la Universidad de La Habana, en la Universidad Católica de Villanueva o en los Institutos Provinciales: José María Chacón Calvo, Mercedes y Rosaura García Tudurí, Antonio R. Martínez, Angela Pérez de la Lama. Bastaría para ilustrar su papel un pequeño ejemplo: cuando a mediados de la década del 30 el ilustre historiador Emilio Roig de Leuschering dicta una conferencia en el Instituto de Camagüey, en la que hace fuertes planteamientos anticlericales, se produce una polémica entre los educadores cristianos del centro y los librepensadores, de la que se hace eco el diario «El Camagüeyano», llevada a la vez con un respeto y una energía notables.

Aunque parezca contradictorio, si quisiéramos buscar lo mejor de la literatura, la plástica y otras manifestaciones artísticas cristianas de esos años, no podríamos hallarla en las páginas de las revistas religiosas, sino en el mundo laico. Es doloroso constatar el divorcio que durante décadas se produjo entre el arte de vanguardia del siglo XX y el gusto de los que controlaban los medios de difusión eclesiales, el conservadurismo estético se une al conservadurismo del pensamiento. Baste con recordar que cuando el pintor Mariano Rodríguez fue a realizar su vitral de San José para la Iglesia de Bauta, tuvo que modificar la imagen para que coincidiera con una estampa que tenían los donantes a la que consideraban como la vera efigie del Santo; cuando Amelia Peláez está al concluir su mural para la Capilla del Hogar Salesiano de Santa Clara, unas religiosas se quejan porque no reconocen a San Juan Bosco en la pintura. Esa es la razón por la que mientras en las exposiciones y colecciones particulares se muestran las Catedrales de Portocarrero, los Cristos de Fidelio Ponce, la Virgen de la Caridad de Diago, los templos habaneros, camagüeyanos y de todas partes se siguen llenando de imágenes italianas, vitrales alemanes y murales de adocenados pintores españoles cuando no simples aficionados.

Lo culto y lo popular coinciden por esos años para expresar la feliz coincidencia entre lo cristiano y lo cubano a partir de muy diversos credos estéticos, así la Patrona de Cuba inspira lo mismo una canción, «Imagen protectora» de Sindo Garay que «Nuestra Señora del Mar», cuaderno poético de Emilio Ballagas, pinturas de Diago y Escobedo y obras musicales como la «Plegaria» de Ernesto Lecuona y las «Sonatas a la Caridad del Cobre» de Argeliers León.

Mención aparte merece lo que María Zambrano llamara «la Cuba secreta», el Grupo Orígenes, en el que ella vio un *despertar poético, decimos de su íntima sustancia, de lo que ha de ser el soporte, una vez revelado, de la Historia y que ha de acompañar al pensamiento como su interna música.*

Estos creadores, en su mayor parte cristianos, buscan un sentido oculto de lo nacional, una definición como diría Lezama de la *ínsula indistinta en el cosmos*, sus huellas en la cultura cubana no han sido totalmente contabilizadas, pero sus palpables aportes llenan toda una época: la Iglesia de Playa Baracoa, proyecto común de Eugenio Batista y el Padre Gaztelu, en el que también colaboraron Portocarrero y Lozano, la poesía del propio Gaztelu, de Eliseo Diego, de Fina García Marruz, de Octavio Smith, la ensayística de Cintio Vitier y de Mario Parajón, por solo citar algunos.

A esto habría que añadir una tradición musical que viene desde Esteban Salas y que contribuyó, a pesar de muchas resistencias abiertas o encubiertas a la renovación de la música religiosa en Cuba. Allí podrían incluirse los villancicos «criollos» de Gisela Hernández, Carlos Borbolla y el Hermano Alfredo Gabriel.

No es posible, en tan reducido espacio citar a todas las asociaciones católicas que aportaron algo a la cultura cubana, baste con recordar la Casa Cultural de Católicas de las Damas Isabelinas, el Centro Católico de Orientación Cinematográfica de la Acción Católica y el trabajo de la ACU en el medio universitario que incluía la labor de conferencistas de la talla de José Ignacio Lassaga y Marino Pérez Durán.

Salvo unos pocos enterados, pasó poco menos que inadvertido el que en el mural de Eberto Escobedo para la Iglesia de San Juan Bosco en la Víbora el pintor, su maestro Fidelio Ponce y el poeta José Lezama Lima aparecen arrodillados en actitud de adoración. En él está el signo de esa Cuba secreta y viva, tan vertical en lo social y tan abierta a lo trascendente, que no ha dejado de alentar la cultura cubana.

Nostalgia o esperanza

Toda revisión histórica puede conducirnos a la nostalgia: es su riesgo. La distancia muchas veces agranda las cosas, les borra detalles y puede parecernos que antes hubo un estilo, un modo de educar, de hablar, de hacer cultura que ya no sabríamos hacer hoy tan bien. Pero es solo un espejismo: el hoy también tiene su estilo; falta todavía la imprescindible distancia para considerar las ganancias y las pérdidas, para descubrir una nueva manera de hacer cultura y frente a cualquier peligro de frustración, volvamos al citado texto de María Zambrano sobre las ruinas:

> *La realización es siempre una frustración. En ese sentido toda la historia, aun la más espléndida es un fracaso: un fracaso que en sí mismo lleva su triunfo: el renacer incesante de la esperanza humana simbolizada por la yedra. La yedra metáfora de la vida que nace de la muerte, del trascender que sigue a todo acabamiento de algo*

que fue lejos en la esperanza. Y si Calderón dijo «obrar bien que ni aun en sueños se pierde» cabría entenderlo pensando que de toda la realidad lo único que quede será su sueño. Que el soñar bien ni aun muriendo se pierde.

La Iglesia Católica y el cine en Cuba

Walfredo Piñera

El cine vio la luz por primera vez como espectáculo público en París, el 28 de diciembre de 1895. En Cuba, el domingo 24 de enero de 1879 en el local de la calle Prado No. 126, traído por Gabriel Veyre, uno de los camarógrafos de los hermanos Lumiere, quien también filmó por primera vez en Cuba, realizando el reportaje *Simulacro de incendios*.

Con la fuerza de sugerencia de las imágenes y el desarrollo de la narrativa cinematográfica, el cine se convirtió rápidamente en un espectáculo capaz de ejercer, sobre sus espectadores, para bien o para mal, una notable influencia normativa. Al principio, la actitud de las iglesias cristianas ante el cine fue de recelo. Más que para estudiar su desarrollo estético, se organizaron sociedades para combatir sus malas influencias morales. Animadas a veces por un puritanismo excesivo, no faltaron condenaciones radicales al nuevo espectáculo, declarado por algún autor como culpable ante los tribunales de la moral y de la ciencia, por divulgador del mal y socavador de la salud de los espectadores que abarrotaban las salas oscuras.

Las diferentes reacciones éticas ante el cine en los distintos países, estados y regiones, llegaron a perturbar la economía de la industria cinematográfica, particularmente en los Estados Unidos, lo que condujo a la elaboración de un reglamento preventivo que se conoció por Código del Pudor o Código Hays y fue redactado en 1929, por un jesuita norteamericano con el objetivo de *salvaguardar las buenas costumbres y el orden público*. La Iglesia Católica jugó un papel muy importante en este proceso. Y, consecuentemente, en Cuba, su actitud reflejó los resultados de una serie de acontecimientos que se produjeron casi todos bajo el pontificado del Papa Pío XI (Aquiles Ratti), impulsor de la Acción Católica, quien, bajo su lema de «Restaurar todo en Cristo» trazó los senderos de lo que habríamos de llamar el apostolado cinematográfico. Esta visión alentadora del cine como un don de Dios fue mantenida y ampliada por el Papa Pío XII (Eugenio Pacelli) y sucesivos pontífices a partir de 1939.

En 1928, en La Haya, por iniciativa de la Unión Internacional de Ligas Femeninas y según los deseos del Santo Padre, tuvo lugar un congreso con participación de personalidades del mundo cinematográfico y delegados de 15 naciones, en el que se decidió la creación de una Oficina Católica Internacional del Cine (OCIC), cuyos estatutos fueron aprobados en un segundo congreso en

Munich, en 1929, con la asistencia de delegados de 20 naciones. Fue su primer presidente el sacerdote alemán George Stern.

Desde entonces, la OCIC agrupa a las asociaciones de cine oficialmente reconocidas por la jerarquía eclesiástica católica de los diferentes países, con la doble finalidad de ayudarlas en su propio trabajo y de coordinar con ellas las tareas que excedan los límites de una organización nacional. En la actualidad, la OCIC se denomina Organización Católica Internacional del Cine y ha extendido su acción a los medios audiovisuales, ejerciendo sobre todo un apostolado de presencia y animación de los medios con vista a la promoción de obras que alienten el pleno desarrollo de los valores humanos.

En marzo de 1930 fue promulgado por la Asociación de Productores de Películas de América el Código del Pudor o Código Hays, por el nombre del presidente de la asociación en ese momento, William Hays.

En 1933, con la presencia del delegado apostólico Amleto Gicognani, especialmente enviado por el Papa Pío XI, la asamblea general de los obispos estadounidenses acordó la fundación de la Legión Nacional de la Decencia, que nombró primer presidente a Mons. Mac Clafferty. Como primer fin de la Legión, se propuso hacer respetar rigurosamente el Código del Pudor. Así se hizo, presionando a los productores mediante un compromiso moral de no asistencia a las proyecciones de las películas prohibidas por la Legión.

Pero las regulaciones del Código eran excesivas y poco matizadas. Los realizadores cinematográficos desarrollaron el arte de la sugerencia y poco a poco las temáticas prohibidas fueron siendo abordadas y a mediados de los años 50 el Código Hays, ya inoperante, había pasado a la historia. Muchos de sus preceptos solo habían servido para condicionar la filmación de películas falsas e insinceras, que no podían competir con la frescura y autenticidad de las obras de otras cinematografías, como la italiana, que había conmovido al mundo en la post-guerra con el profundo humanismo de sus testimonios neorrealistas.

La Legión de la Decencia, como institución, hizo una tardía aparición en Cuba a principios de los años 50, efectuando protestas públicas en algunos cines en ocasión del estreno de películas que habían sido anunciadas como provocativas y escandalosas, sin serlo tanto en realidad. El resultado fue contraproducente e intervino la asociación de críticos para pedir moderación publicitaria y una clasificación más matizada a la Comisión Revisadora de Películas del Ministerio de Gobernación.

El 29 de junio de 1936, año XV de su pontificado, el Papa Pío XI dio a conocer la encíclica «Vigilanti cura»[1], que muy pronto se consagró como la carta magna de la labor de la Iglesia en el apostolado del cine. Sin disminuir la importancia de la clasificación moral de las películas, más bien enalteciéndola y precisando cómo debe estar animada, subraya la necesidad de dignificar el cine y alentar la realización de películas positivas de calidad.

El historiador cubano Raúl Rodríguez, miembro del equipo OCIC-Cuba y autor del libro *El cine silente en Cuba*, dice en este que en enero de 1914 ya se anunciaba en La Habana el cine denominado Círculo Católico, radicado en Egido No. 2 (Palacio Villalba), que ofrecía *proyecciones instructivas, recreativas y morales, los domingos a las 2 y a las 8 p.m. y los martes y viernes a las 8 de la noche. Salón de gran capacidad y bien ventilado, donde se reúne lo más selecto de la sociedad habanera –Aparato último modelo– Precio por dos tandas: 10 centavos.*

Y en 1915, en Cuba y Jesús María, zona eminentemente ñáñiga de nuestra capital, funcionaba otro Círculo Católico dedicado a los obreros, que ofrecía *películas estrictamente morales* por 10 centavos la entrada.

Ambas referencias son muestras de la preocupación que desde muy temprano tuvo en Cuba sobre el cine la Iglesia Católica, y constituyen los antecedentes más remotos de las iniciativas que se tomaron por la Iglesia, mediante la Acción Católica, a partir de la divulgación, en 1936, de la encíclica «Vigilanti cura».

En 1937, la Juventud Católica Cubana fundó la Comisión del Cine, que tenía por objetivo orientar en el orden moral sobre el contenido de las películas. Sus listados reflejaban las clasificaciones procedentes de la Legión de la Decencia y otras fuentes, pero de acuerdo a las orientaciones de la encíclica también integró un equipo de clasificadores, entonces llamados censores, que analizaba el contenido de las películas, y publicaban los resultados mediante señalamientos de categoría moral, desde «Para toda la familia» hasta «Prohibidas por la moral católica», pasando por «Jóvenes», «Mayores», «Mayores con reparos» y «Desaconsejables». Para los filmes cuyo argumento desbordaba los límites convencionales de los entonces muy fácilmente identificables géneros cinematográficos, se estableció la categoría «Clasificada separadamente», indicando así que estarían destinados a un público especializado o que requerían de un excepcional estudio y explicación previo a la proyección. En ese casillero se ubicaban las cintas relacionadas con temas científicos o políticos, como las rusas clásicas que reflejaban aspectos de la Revolución de Octubre.

La Comisión del Cine inició así una etapa «clasificadora» que duró algo más de diez años y fue presidida primero por Rosita Etchegoyen, con el asesoramiento del malogrado Fray Pablo de Lete, sfm memorable por su seráfica bondad, quien pereciera en el trágico accidente del avión «Estrella de Cuba» y fue sucedido por Fray Ignacio Biain, ofm, prestigioso intelectual y orador sagrado.

La actividad de la Comisión del Cine y sus conceptos fueron madurando y hacia 1946 ya se había establecido contacto con la OCIC-Bruselas, y la incorporación de jóvenes laicos con definidas aptitudes para la apreciación cinematográfica, propició la creación de un Centro más sólido, con diversas actividades, que se llamó Centro Católico de Orientación Cinematográfica, (CCOC).

Para mí fue una experiencia fascinante la visita a Cuba del Secretario General de la Oficina Católica Internacional del Cine, doctor André Ruszkowski, en 1948, quien llegó predicando que el cine es un arte y que si un filme es artístico no puede ser inmoral, pues todo lo bello es bueno, de acuerdo a la más ortodoxa tradición tomista. Este filmólogo, de origen polaco y quien fue después, por muchos años, profesor de la universidad limeña de San Marcos, venía con dos películas en sendos baúles, pues no existía todavía el videocasete, ambas sobre vidas de santos: una muy buena, Gran Premio del Festival de Venecia de 1946, «Monsieur Vincent», de Maurice Cloche, con la memorable actuación de Pierre Fresnay en el papel de San Vicente de Paul; y la otra mediocre, sobre la vida del famoso padre Damián entre los leprosos de la isla Molokai, titulada «El peregrino del Infierno» que apelaba, entre otros recursos convencionales, a un uso sensiblero de las sobreimpresiones. Ambos filmes se proyectaron en el cine «Riviera», con presentaciones y debates que pusieron en evidencia cómo la realización influye sobre el contenido y la importancia de los elementos expresivos del cine: guión, fotografía, actuación, etc. en la transmisión del mensaje que, consciente o inconscientemente, toda película emite.

Ruszkowski nos enseñó a efectuar cine-debates y con su metodología sería inaugurado el primer cine-club del Centro Católico en mayo de 1952. Poco después se iniciarían las sesiones del cine-club de Camagüey, en el cine «Casablanca», en las que participé por mucho tiempo como moderador de debates.

Los finales de los años 40 y el decenio del 50 fueron de creciente desarrollo de las actividades de la Iglesia católica en el campo de la cultura cinematográfica. El Centro se integró a la OCIC en 1948 y comenzó a becar a sus miembros en el curso anual de la Escuela de Verano de la universidad de la Habana «EL cine, industria y arte de nuestro tiempo», que dictaba el profesor José Manuel Valdés Rodríguez, pionero de la educación cinematográfica en Cuba. En marzo de 1952, comenzó a publicarse la revista Cine-Guía, que llegó a tener una tirada de mil ejemplares, en ocasiones mil quinientos mensuales, que llegaron a distribuirse en los estanquillos públicos. La revista fue dirigida hasta 1960 por Manuel Fernández, de reconocido buen gusto en el arte editorial.

De mucha utilidad, por su permanente valor como libros de consulta y referencia, fueron los anuarios de la Guía Cinematográfica publicados de 1954 a 1959 y que todavía hoy son solicitados por investigadores y estudiosos del cine. También se organizaron con éxito cursos de formación cinematográfica para educadores de las escuelas católicas, religiosos y laicos. De particular importancia fue el ofrecido en 1953 por el Padre dominico italiano Gabriel Sinaldi, especialista en la materia.

El centro estuvo presente en todos las reuniones internacionales de la OCIC desde su incorporación a ella y organizó en La Habana, en enero de 1957, un Congreso Internacional de la OCIC al que acudieron numerosas personalidades, entre ellas el director del Festival Internacional Cinematográfico de Venecia, Pier Paolo Poneschi y el prestigioso crítico Lo Duca.

América Penichet, que dedicó su vida a la Acción Católica y al apostolado del cine, presidió el Centro Católico hasta 1959 y a su partida al extranjero asumió sus tareas Gina Preval, quien por más de 25 años supo mantener las actividades del grupo OCIC-Cuba, su representación internacional y el diálogo continuo y fructífero en las relaciones con el Instituto Cubano del Arte y la Industria Cinematográficos (ICAIC). La sucedió en 1985 Abelardo Meneses hasta 1993. En la actualidad preside la OCIC-Cuba Gustavo Andújar.

El Centro Católico de Orientación Cinematográfica, hoy OCIC-Cuba, fue siempre una organización laical muy compenetrada con sus obispos, de los cuales depende. Llegó a asesorar 42 cine-clubes en la isla, y grupos OCIC en Santiago de Cuba, Camagüey y Sagua la Grande, entre otras ciudades que eran sedes de cine-clubes. El Padre Ignacio Biain, ofm fue su conciliario durante once años, al cabo de los cuales cesó en esa labor, llamado por sus crecientes responsabilidades como director de la revista «La Quincena». Ante la proliferación de los cine-clubes, fue designado asesor para estas actividades el P. Tomás Macho, sj.

Otro importante miembro activo y eficaz consejero del Centro en todas sus etapas fue el doctor Julio Morales Gómez, devenido sacerdote, cuyas virtudes y solidez intelectual no requieren descripción. Ya en los años 60, el Padre Fernando de la Vega Benson, cuya presencia es tan conocida y apreciada en los medios profesionales de cine y televisión, con frecuencia como consultante en escenas de carácter religioso, comenzó a asesorar las actividades de la OCIC-Cuba.

El Concilio Vaticano II profundizó la evolución de los conceptos en torno a la clasificación moral de las películas que ya se había ido produciendo a lo largo de los años 50. En sucesivos encuentros internacionales, se analizó lo contraproducente que resultaba el enfrentamiento directo con las películas definidas como escandalosas o inmorales o la explicación detallada, mediante claves numéricas, de aquellos elementos negativos apreciados en ellas. El término «censor» fue sustituido por el de «clasificador» y los resultados de esa clasificación pasaron a ser utilizados como una referencia interna para los diferentes equipos nacionales de clasificación, dando a conocer un juicio global de la película lo más adecuado posible, que incluye información argumental sobre la misma, un juicio moral y una valoración estética, de modo que los espectadores puedan ejercer su propia facultad de juicio. Este servicio ha resultado de muy buena acogida y complementa la labor formativa de los cine-debates.

Sin afirmar que fue la Iglesia Católica la primera en Cuba que discutió las películas ética y culturalmente, ya que hay constancia de la existencia anterior de grupos de análisis del cine, como el Cine-Club de La Habana, en 1928, sí puede afirmarse que el aporte de los debates en la metodología de los llamados cine-clubes católicos a partir de 1952 constituyó una novedad acogida con entusiasmo por los aficionados y generalizada en las instituciones culturales de cine hasta divulgarse ampliamente en los cine-debates populares que se organizaron en varios cines de la capital en los primeros años de la Revolución, por iniciativa de Angel del Cerro, entonces director municipal de Bellas Artes. No era costumbre hasta entonces debatir las películas. Hoy ello es esencial a cualquier actividad de apreciación de una obra audiovisual.

Con los años, la OCIC-Cuba fue consolidando su función promotora de los valores humanos, pasando de la mentalidad «moralista» y clasificadora a la de presencia en el mundo cinematográfico, lo que motivó que al ser fundado el ICAIC en 1959, fuera llamada a colaborar con la participación de algunos de sus miembros.

Ya en 1960 se habían iniciado en el centro actividades de filmación en 16 mm. por un grupo experimental que animó el desaparecido cineasta aficionado Paulino Villanueva con el asesoramiento de los Padres Dominicos. Por entonces se efectuó en el Palacio Cardenalicio un curso de apreciación al que acudieron numerosos participantes de diversas cosmovisiones; se dictó una conferencia por el profesor José Manuel Valdés Rodríguez, de la Universidad de La Habana, y se rindió homenaje a los cineastas fundadores supervivientes del cine cubano silente.

En 1984, la OCIC-Cuba comenzó a formar parte del jurado de la OCIC internacional que inició sus premiaciones en el festival cinematográfico internacional de La Habana. De igual modo, la OCIC-Cuba otorga premios y menciones en varios de los festivales y encuentros de cine que se efectúan en el país, como es el premio «Catedral» que se otorga anualmente en el marco del concurso Caracol de la Unión Nacional de Escritores y Artistas de Cuba (UNEAC).

El Centro de la OCIC en Cuba llegó a estar integrado hacia 1958 por unos 25 miembros. Varios de ellos llegaron a ser críticos reconocidos, realizadores cinematográficos, funcionarios del ICAIC y comunicadores sociales de diversa índole, dentro y fuera de Cuba. Y si bien las tensiones de los primeros años de la Revolución afectaron aspectos de las actividades del equipo y mermaron en etapas su actividad externa, el análisis de filmes y su clasificación moral nunca dejó de funcionar, así como las relaciones internacionales de la organización. Esto lo atribuyo al diáfano espíritu de diálogo que siempre la ha caracterizado, patentizado en la cordial fraternidad y respeto mutuo que ha existido desde el más remoto pasado con los integrantes de nuestro medio cinematográfico. Los delegados extranjeros de la OCIC que vienen a Cuba se sorprenden de esta presencia nuestra en el mundo profesional, que muchos de ellos no han llegado a tener en sus países.

Otro factor que explica esta fraternidad acogedora es la existencia de intereses comunes y coincidencias de criterios. En la promoción del buen cine, los premios y menciones, fundamentados en diversos motivos según las instituciones que los otorgan, suelen coincidir en las mismas películas.

Esta actividad apostólica de la Iglesia en Cuba, realizada desde su origen con la autorización y el apoyo jerárquicos, no siempre ha sido de algunos bien comprendida y ha habido que luchar contra la tendencia de algunos a pensar que se trata de fomentar la presentación de películas religiosas, historias edificantes y vidas de santos, o de otros de una encomienda superflua, lejana a las urgencias pastorales del momento. Y se ha mantenido gracias al perseverante esfuerzo de algunos de sus tradicionales promotores.

Pero el hecho es que la labor de la Iglesia católica en el terreno de la apreciación cinematográfica se hizo sentir y formó un público bastante amplio y representativo. Una parte considerable de él emigró a otros países, donde han mantenido y divulgado estas mismas inquietudes.

La OCIC-Cuba hoy, con su proyecto de integración y desarrollo de equipos diocesanos, trabaja animada por el espíritu de fe, esperanza y amor que es característico de todo apostolado cristiano. Organiza sus recursos al compás de los nuevos tiempos, y colabora con ella un valioso grupo de profesionales de los medios de comunicación social.

Después de la aparición de las nuevas tecnologías audiovisuales, el mayor problema que ha surgido en la promoción del buen cine es la distorsión del buen gusto que se ha producido en la generalidad de los espectadores por la presencia masiva en video de un cine alienante, superficial y monocorde, solo ocasionalmente meritorio, saturado de trucajes espectaculares, monstruos, masas viscosas, truculencias, androides, sexo injustificado y violencia física, que deja muy poco margen, particularmente en los jóvenes, a la comprensión y el gusto por un cine de valores superiores.

Estamos en una situación similar a la que existía cuando se inició el movimiento de los cine-clubes: una minoría inquieta frente a una mayoría fascinada y absorta por los atractivos del serial brasileño, las cintas de pura acción y el «sistema de estrellas» y sus derivados.

No se trata propiamente de volver a empezar, porque ya existe toda una tradición cultural cinematográfica al interior de la sociedad y de la Iglesia, quizás dispersa y desconcertada, pero presente. Y toda la prédica derivada de las iniciativas pontificias de los años 30 mantiene plena vigencia.

Donde las condiciones lo permitan, los cine-clubes y los video-clubes, o el menos los cine-debates ocasionales deben mantener su función formativa. No son pocas las dificultades, pero la organización y la buena voluntad pueden lograr muy buenos y alentadores frutos.

FUENTES CONSULTADAS

Guía Moral del Cine (1937-1951). Ediciones OCIC, 1951.
Memorias del 1er Taller de la crítica cinematográfica Camagüey 93. Pág. 28, *La función social del Cine-Club*. Ediciones Centro Información del ICAIC, 1993
Revista *Cine-Guía* del OCIC, No.5, julio de 1953.
Rodríguez, Raúl: *El cine silente en Cuba*. Editorial Letras Cubanas, 1992.
Sadoul, Georges: *El Cine. Breviarios del Fondo de Cultura Económica*, México-Buenos Aires, 1950.
Archivo de la OCIC-Cuba.
Archivo del autor.

Medio siglo de prensa Católica en Cuba

Juan Emilio Friguls

Se nos ha asignado el tema «La prensa católica en Cuba (radio, televisión, prensa escrita): su surgimiento, características generales y sus incidencias en la realidad socio-económico-cultural de nuestro país», para exponer en quince minutos. Como se comprende, la extensión del tema no se ajusta con el poco tiempo disponible, por lo que hemos optado por ofrecer una visión panorámica, una síntesis que sin afectar a lo esencial del objetivo, sirva como guía o proyecto para un futuro estudio enriquecido con un enfoque científico y una mayor investigación histórica. El presente trabajo en tal sentido es un segmento de la ponencia que presentamos hace algún tiempo en un encuentro de la Comisión de Estudios de Historia de la Iglesia en América Latina (CEHILA) sobre el desarrollo del periodismo católico nacional desde 1900 a 1959 y que en esta ocasión ampliamos con la singlatura que la prensa católica ha recorrido hasta el 20 de mayo de 1968, que marca el colapso de la presencia de información religiosa en los medios de comunicación social del estado, al convertir el Gobierno Revolucionario al diario «El Mundo» en taller para la Escuela de Periodismo y cerrarse así el único espacio (aunque reducido) que insertaba, junto a una columna de noticias del sector protestante, información religiosa. Por último vale señalar que para la elaboración de esta visión actualizada de la prensa católica cubana, nos hemos guiado por fuentes bibliográficas, consultas de diarios y publicaciones y de los apuntes de nuestras agendas del ejercicio profesional a lo largo de las últimas cinco décadas.

La Junta Nacional de la Acción Católica Cubana, en la breve reseña histórica que presentó al Congreso Mundial del Apostolado Seglar, celebrado en Roma de 7 al 14 de octubre de 1951, al referirse a la prensa católica en Cuba, señalaba con datos elaborados en 1949 lo siguiente: *Aunque abundan los buenos escritores y periodistas católicos, no tenemos empero prensa diaria católica en un sentido estricto y militante.* Y agregaba: *tampoco tenemos una revista católica con influjo extenso y de altura.* Una década después, en los inicios de 1959, la publicación «Juventud Obrera Católica», órgano de la Juventud Obrera Católica (JOC) señalaba: *desgraciadamente en Cuba no tenemos aún un periódico, que con plena autoridad y respaldo de la jerarquía, pueda representar el sentimiento de nuestra Iglesia.*

Claro está -agregaba el comentario de la JOC- *que las publicaciones de la Acción Católica sí representan el criterio de nuestros católicos; pero estas publicaciones son de tipo eminentemente formativo y no llegan de forma asidua a las manos del pueblo.*

Los motivos que influyeron en el ánimo de los obispos de Cuba, a lo largo de este siglo, para no poseer como instrumento evangelizador, una fuerza de opinión pública como suele representar un periódico, fueron de distinta índole, de acuerdo con diversos criterios. El principal tuvo un origen material, representado por el alto costo que origina fundar y mantener un diario. La Iglesia cubana no fue buena inversionista. No tenía el carácter latifundista de algunas jerarquías de América Latina. Sus entradas no alcanzaban más allá de las necesarias para cubrir el presupuesto de las diócesis. Otra razón es que la Iglesia, pese al laicismo y la masonería no tuvo que afrontar a nivel nacional una campaña sistemática de hostilidad agresiva en los medios de prensa, que la hubiera obligado a una respuesta por igual conducto. Una tercera razón, pero por motivación contraria, fue la defensa gratuita que la Iglesia y sus valores cristianos (familia, moral, educación, propiedad privada) recibió del Diario de la Marina, en los 128 años que circuló en la Isla, desde 1832 a 1960. La manipulación sin embargo de la religión en la política editorial del rotativo, confundió a amplios sectores del país al considerar al Diario como un vocero oficioso de la jerarquía eclesiástica, criterio que alcanzó mayor fuerza con el nombramiento del Cardenal Manuel Arteaga Betancourt como miembro de la Junta Consultiva del periódico. Empero, si las páginas del decano de la prensa cubana, avalado por un prestigio reconocido en el exterior (un obispo latinoamericano lo calificó como el mejor periódico del mundo), representaron por un lado un apoyo frente a corrientes anticlericales y a ideologías ateas, no es menos cierto que también le originaron efectos negativos en la opinión pública, incluso en medios religiosos. No se compaginaba, según esos sectores, que el periódico más ultraconservador de la prensa nacional, vocero del integrismo colonial español en las luchas por la independencia, partidario del franquismo en la Guerra Civil Española y abanderado de la oligarquía del país frente a demandas de justicia social, se erigiera al mismo tiempo como un representante oficioso del catolicismo cubano en el ámbito doctrinal y social cuyas líneas directrices no coincidían en la mayoría de los casos.

Pero si la Iglesia cubana no tuvo un periódico oficial, no le faltaron, en cambio, publicaciones al servicio del apostolado de la buena prensa. Desde los principios del siglo, a raíz de la independencia en 1902 se fundaron revistas, boletines, hojas parroquiales de difusión doctrinal y un que otro folleto dedicados a la promoción cristiana. Ven la luz con escasos materiales, escaso número de ejemplares y reducida circulación. Son la semilla primaria de un esfuerzo apostólico dedicado a fortalecer entre el pueblo la acción evangélica. Algunas de esas publicaciones tendrán vida limitada; otras como la revista «San Antonio», de los padres franciscanos, dirigida por el P. Mariano G. Andoaín, alcanzará una larga ejecutoria periodística y con imprenta propia, hasta su cierre en 1963.

Con el nombre del santo paduano en su primera etapa, aumentó años después su radio de acción periodística al ampliar sus enfoques sobre el cristianismo social y la actualidad nacional, tomando entonces el nombre de «Semanario Católico», en la década de los cuarenta y, posteriormente, el de «La Quincena», revista quincenal dirigida hasta su cierre por el Padre Ignacio Biaín con el lema *Una respuesta cristiana a los problemas de hoy*. No fue una revista de información, sino una publicación de formación y contó con las mejores plumas de intelectuales católicos. Sus páginas quedan grabadas en la historia del periodismo nacional por su ejemplaridad en la exposición de sus puntos de vista con veracidad y profundidad de análisis, dentro de la inmediatez y la ética propia a todo quehacer profesional relacionado con la Deontología.

No fueron los frailes franciscanos, desde luego, con su amplia producción (1723-1942) recogida en el libro de Fray José Ramón Zulaica, que vio la luz en 1942, los únicos aportes importantes publicados en nuestra Isla y relacionados con la prensa católica. El erudito Mario Sánchez Roig, por ejemplo, en su Bibliografía Religiosa Cubana, impresa a fines de 1945, presentó 277 piezas hasta aquel momento incluidas dentro de entre los cerca de cien mil títulos de información religiosa examinados. A los efectos, de este trabajo, como guía de ejemplo, obligados por la premura del tiempo, nos limitamos ahora a la simple mención de algunas de las publicaciones tomadas en buena parte entre las tenidas más a mano o presentes en la memoria, y por tanto sin escala cualitativa o cuantitativa.

Al inicio de la etapa republicana, en 1902, tiempo señalado por la descristianización de las masas, el anticlericalismo, la indiferencia y la incultura, proliferaron las publicaciones religiosas. Una que otra información eclesiástica era insertada en el «Diario de la Marina». Los creyentes seguían contando con «El Almanaque de la Caridad», fundado en 1882 y que como directorio eclesiástico de Cuba publicó su última edición en 1973 y tuvo por lema el de *instrumento útil al servicio de nuestra Iglesia cubana*. Otra publicación veterana, fue la «Revista de La Anunciación», órgano de la Congregación Mariana de la Anunciata, dirigida por padres jesuitas. Fundada la congregación en 1875 en La Habana, fundó su Boletín en 1911, elevado a revista hasta su extinción después del primero de enero de 1959. Si La Habana, como plaza principal del país, concentra los mayores medios materiales, en provincias el apostolado de la prensa no está ausente. Por mencionar solo a Camagüey, por su razón de sede de este Encuentro, vale recordar al bisemanario «La Opinión de Camagüey», de la que fue director en 1912 el joven sacerdote camagüeyano Padre Manuel Arteaga, quien un año después fundó el semanario «Religión y Patria». En años sucesivos, durante la primera mitad de este siglo, las revistas y boletines alcanzan un número considerable. En su mayoría eran órganos oficiales de instituciones y congregaciones religiosas. Entre las publicaciones que sirvieron a su fin de propagar el ideario de la Iglesia hasta entrado el año 1962, se destacaron «El Mensajero del Corazón de Jesús», de los padres jesuitas; «Mensajes», de los Caballeros de Colón; la Acción Católica Cubana, surgida a fines del 30 pero puesta en marcha en 1942, publicó como órgano oficial la revista mensual «Brocal» en la rama de hombres, «Juventud Católica» por las dos ramas juveniles y «Pax» de la Liga de Damas. Tuvo también influjo en el pensamiento y la vida cristiana cubana la publicación «Lumen» de la Agrupación Católica Universitaria, primera revista católica científica de Cuba. De la propia institución, fundada en 1932 por el Padre Felipe Rey de Castro, tuvo amplia difusión su hoja «Sto Vir» y como obra de su Buró de Información y Propaganda la edición de importantes folletos sobre temas de capital interés social y religioso. Bajo la dirección del doctor René de la Huerta, se publicaron diez folletos por años, con un total de treinta títulos de diversas materias, que convirtió a estas ediciones en la publicación católica de más rápido progreso en Cuba y amplia difusión en países latinoamericanos. El Buró de Información y Propaganda de la Agrupación Católica Universitaria realizó además trabajos de investigación de la opinión pública, entre ellas una encuesta sobre las ideas del pueblo y otra sobre el protestantismo en Cuba. Otros aportes a la prensa católica fueron la antigua revista «El Amor de los Amores», «El Rosal Dominicano», «Armas del Carmelo», los boletines de la «Democracia Social Cristiana» y «Cuba Claretiana», cuyas ediciones eran sufragadas por sus respectivas asociaciones religiosas.

El 6 de octubre de 1943 se abrió en La Habana la primera Escuela Profesional de Periodismo de Cuba. El hecho, indirectamente, tuvo que ver con la prensa católica ya que de sus aulas egresó un número limitado de laicos católicos que comenzaron a ejercer el apostolado dentro de la gran prensa del país, más allá del radio limitado de las publicaciones religiosas. Un talentoso periodista, el doctor Santiago Claret, emparentado con San Antonio María Claret, arzobispo de Santiago de Cuba, fue el primer director, desde su periódico «Información», en llamar a uno de esos laicos para crear una crónica católica diaria, manejada desde el prisma profesional. El 14 de febrero de 1945 salió a la luz la nueva sección, con extensión de tres columnas, que incluía un comentario o crónica, caricaturas de representativos eclesiásticos, religiosos y laicos. El éxito editorial de «Información», hizo que el «Diario de la Marina», que con anterioridad publicaba en forma no estable materiales de información católica, introdujera también en junio de 1947 una crónica católica con temática ampliada y mayor espacio, a sugerencia de Gastón Baquero, su jefe de redacción. Ya a finales de la década de los cuarenta, el diario «El Mundo» da cabida en sus páginas a una crónica católica más allá del anuncio de los cultos.

La revista más importante de la prensa cubana, «Bohemia», de perfil liberal, elevada circulación y poder editorial, comienza a fines de 1945 a publicar reportajes, entrevistas e informaciones católicas, con firma también de periodistas salidos de la Escuela Manuel Márquez Sterling.

Pero la acción personal más importante dentro de la prensa católica cubana corresponde al Padre Hilario Chaurrondo, sacerdote navarro de la Congregación de la Misión. Su labor pastoral abarcó más de medio siglo, desde 1918 hasta 1972, año de su regreso a España. Su intensa obra apostólica, que comprendió distintas fundaciones de carácter social y misional, tuvo en el ejercicio del periodismo una de sus principales atenciones. En los primeros decenios de este siglo, el Padre Chaurrondo dirigió durante catorce años un espacio dominical de propaganda católica desde la emisora CMW, la más importante emisora del país en aquellos años. Atendió una página de información religiosa durante un tiempo en el «Diario de la Marina» y posteriormente en «El Mundo», además de colaboraciones en diversas revistas a la vez que atendía la confección del «Almanaque de la Caridad». Dejó al morir en 1973 tres volúmenes mecanografiados con sus memorias, testimonio de algunos hechos sobresalientes de nuestra historia política, social y religiosa.

Entre tanto, la presencia de la Iglesia en la radio y la televisión fue menor que en la prensa plana, al no contar con medios propios y ante la complejidad de ambos medios de comunicación social. Con excepción del ya mencionado programa «... Y dice el Padre Chaurrondo», la programación católica en las emisoras se limitó a espacios dedicados para el rezo del santo rosario o a la difusión noticiosa; en horarios de limitada audiencia y con guiones o libretos deficientes, al margen del arte radiofónico. Lo propio sucedió con la pequeña pantalla, donde alcanzó buen nivel de realización el programa «El hombre y Dios» de la Agrupación Católica Universitaria, trasmitido por el Canal 2 y que incluyó la misa dominical. Durante un tiempo el Padre Jaime de Aldeaseca y otros sacerdotes tuvieron comentarios en algunos programas.

De todo lo expuesto y al margen de desaciertos humanos, es de reconocer la voluntad, celo y sacrificios de cuantos, con espontáneo celo apostólico, aunaron esfuerzos para ocupar un lugar dentro del apostolado de la prensa católica. Máxime cuando aun ni el Concilio Vaticano II, ni las reuniones de Medellín y Puebla, posteriores al tiempo analizado, habían urgido a suscitar y promover vocaciones en el campo de la comunicación social, especialmente entre los seglares. Sin olvidar la Constitución «Gaudium et spes» que obliga a la Iglesia a estar presente en este campo de la comunicación social con una pastoral dinámica, a la par que recomienda la acción profesional de los laicos en órganos ajenos a la Iglesia. Un deber apostólico que se hace aún más necesario allí donde los obstáculos sean mayores y el mensaje evangélico más perentorio.

De ahí el aliento que representa el previsto taller de comunicadores católicos anunciado para el 6 de noviembre en esta ciudad de Camagüey, como antesala de labores futuras en el campo de la prensa católica nacional.

La arquitectura católica cubana

Arq. Amarilis Echemendía Morffi

Casi tan antigua como la propia humanidad, la religión ha acompañado la fundación de diferentes civilizaciones y asentamientos humanos. Desde la misma comunidad primitiva el hombre eligió lugares privilegiados para el recinto donde realizaría sus ritos y cultos. El edificio religioso ha sido preferiblemente monumental o al menos relevante por proporciones y composición dentro del contexto natural o construido donde se encuentra. Han sido espacios envueltos en formas simbólicas de una época o civilización cargados de disímiles significados para la sociedad con quien convive.

Con la religión cristiana el templo deja de ser la idolátrica casa del dios pagano para convertirse en la «Casa de todos los fieles». Por lo que será el espacio interior lo verdaderamente importante, toda vez que debía proporcionar la posibilidad de reunir en él a toda la comunidad creyente. Esta concepción transforma al templo cristiano en el centro de participación social más activo y frecuentado. Por lo que durante muchos siglos fue el instrumento formativo y generador de la arquitectura.

En la arquitectura cubana también ha ocupado un lugar importante.

Durante el siglo XVI y primera mitad del XVII, las inversiones más importantes en la Isla fueron las fortificaciones, a causa de convertirse algunos puertos del país en puntos de escala y almacén del circuito comercial hispanoamericano. Mientras, las construcciones religiosas no tendrían la misma importancia que en el continente americano, por no existir las grandes masas de aborígenes a evangelizar, entre otras causas.

Esta situación condicionó el carácter modesto de las primeras construcciones religiosas cubanas, las cuales fueron levantadas con las técnicas y materiales empleados en los bohíos aborígenes. Se sabe que en la tercera década del siglo XVI las Iglesias de los siete pueblos que existían en Cuba eran todas de paja y que incluso había algunos que no la poseían y se decía misa en casa de particulares. Todavía a principios del siglo XVII (1620) había iglesias de paja, unas pocas de teja y otras menos de piedra.

A fines del siglo XVI y en el XVII llegaron las órdenes religiosas, fundando y construyendo sus casas conventuales. Organizaron sus espacios alrededor de un gran patio claustral y otro o varios más pequeños rodeados de galerías. En uno de los extremos que daba a la calle ubicaban el templo generalmente uninave y algunos posteriormente ampliados a dos o más naves.

El emplazamiento de los conventos comúnmente solía ser en las afueras de la ciudad para poder disponer en sus inmediaciones de áreas de cultivo. Pero el continuo crecimiento urbano los iba incorporando a las zonas de expansión urbana.

A finales del siglo XVII, principios del siglo XVIII, se erigen otras ermitas en las villas y poblaciones fundadas que van nucleando a su alrededor, plaza por medio, las casas de los vecinos, constituyéndose en el foco que dio origen a los barrios, los cuales además se nombraban según el santo venerado en su templo.

Las relaciones viales entre los barrios, de estos con la Plaza y Parroquial Mayor, y de todos o algunos con los principales caminos de comunicación con el resto de la Isla, fue generando un sistema de enlaces que caracterizó con formas irregulares o de cuadrícula la estructura urbana de las ciudades coloniales cubanas.

> *La presencia volumétrica compacta de los conventos, conjuntamente con la señalización de los sitios privilegiados que emana de las fachadas de las iglesias, establece el único elemento urbanístico estructurador a escala de toda la ciudad. Iglesias y conventos configuran la primera unidad de servicios a nivel de barrio -la parroquia- distribuidos en las diversas zonas de expansión urbana, ejerciendo así Influencia ideológica y cultural sobre los diferentes grupos sociales* [1].

Regían en la enseñanza y educación, el arte, los casamientos, bautizos y extremaunción. Pero no solamente velaban por el espíritu de los pobladores, sino también por sus cuerpos, creándose hospitales al cuidado de las Ordenes Religiosas.

Aún a mediados del siglo XVIII (entre 1755-1757), según la descripción de Morell de Santa Cruz, de aproximadamente 50 templos, este edificio católico cubano es en su inmensa mayoría de una sola nave, menos de la mitad posee una torre campanario a un costado, solo 14 con espadaña y el resto, aproximadamente 34, poseían sus campanas arcaicamente colgadas de horcones de madera frente la fachada principal.

Por materiales se usaron la piedra en occidente, la mampostería en la región central y el ladrillo en la oriental (incluye Camagüey). La cubierta más generalizada lo fue el artesonado y la teja de barro, en algunos casos interceptados por cúpulas ubicadas sobre o ante el presbiterio.

Con relación a la composición plástica de las fachadas, no aparece testimonio en La Visita Eclesiástica de Morell. Pero otros autores afirman que se clasifican de un barroco muy simple y de influencia hispanomusulmana: alfiz, alero de tejaroz, aletones curvos, hastiales mixtilíneos, columnas pareadas superpuestas. Dentro de estos pudiera mencionarse Santo Tomás Apóstol, en Santiago, la Capilla de Dolores en Bayamo, La Merced y La Soledad en Camagüey, la

Parroquial de Remedios y la de Sancti Spiritus, casi a esto se reduce en el interior. Por su parte en La Habana San Francisco, Belén, Paula, el Potosí, La Catedral, entre otras.

En el siglo XIX, el tema de la arquitectura religiosa pierde la supremacía, a nivel internacional, también en Cuba, ante el auge de otras temáticas del repertorio civil y habitacional. A principios de siglo se reestructura y amplía la red parroquial en las provincias, pero en las ciudades lo que ocurre, fundamentalmente, es la ampliación de los templos y la reconstrucción de sus fachadas con un carácter herreriano o neoclásico. Es en este siglo donde se concluyen, construyen o reconstruyen las torres campanarios, en su gran mayoría, a eje con el acceso principal sobre un cuerpo central afrontonado o nártex (o portal) de arcada triunfal. No es característico de nuestro país en ninguna etapa, el templo con 2 torres.

Un elemento común a todos los templos de la época colonial, es la gran connotación urbano-arquitectónica que poseen tanto, cuando se presentan individuales o cuando lo hacen en conjuntos, acompañados de conventos, hospitales o asilos. Esta connotación se reforzó intencionalmente, y hasta fue normada por documentos expresos, mediante:

- la ubicación al frente o un lateral de la plaza.
- la separación de edificios colindantes.
- ubicación en la cota topográfica más alta del sitio donde se enclavan, o en su defecto se elevan sobre un basamento alto o podium.
- el cierre, con su figura, de la perspectiva de calles que mueren al frente o esquina.
- esbeltas torres y arcaicas cúpulas casi exclusivas de este repertorio arquitectónico.
- la composición volumétrica compacta de mayor escala y mejores proporciones de las que lo rodean.

Con el advenimiento del siglo XX y las nuevas condiciones sociales, político-económicas y religiosas, la actividad constructiva de la iglesia católica no disminuye, por el contrario exige nuevas iglesias, capillas y colegios, los cuales fueron adoptando nuevas formas constructivas y estilísticas sin abandonar del todo las características de la época colonial. La influencia romántica es la desarrollada con más fuerza desde finales del siglo XIX hasta la década de 1940, específicamente el neogótico y un poco menos el neorrománico. Los cuerpos son de una o tres naves y el predominio de la torre en el centro sobre un nártex o portal. Se caracterizan por poseer ábside semicircular, clásico del estilo, pero extraño a los antecedentes coloniales.

No obstante, la Iglesia Católica con más de dos siglos de herencia constructiva, no logra desvincularse de los códigos coloniales durante la etapa republicana y así aparecen ejemplos neocoloniales desde 1924 hasta 1950. Distinguiéndose por el uso de los aleros de tejas, formas mixtilíneas, óculos cuadrifoliados, arcos de medio puntos, espadañas o una torre lateral o al centro.

Los ejemplares de la arquitectura racionalista en el repertorio religioso cubano constituyen una muestra bastante pequeña, en comparación con el resto de tendencias estilísticas. Abarcan desde 1952 hasta 1954 aproximadamente y se caracterizan por la carencia de la ornamentación tradicional, la visualización de la estructura constructiva expuesta, y el destaque de los volúmenes lisos y geométricos. Además, son edificios que se destacan volumétricamente mucho menos que los de las épocas anteriores.

A estas tres tendencias: romántica, neocolonial y racionalista, se reducen las principales manifestaciones plástico-compositivas y constructivas del templo católico del siglo XX. Otras aparecen en los colegios católicos: el neoclásico, el ecléctico y el art decó.

Como aspecto común a todos, época colonial y republicana, está que el aspecto espacio funcional no cambia en su esencia, manteniendo la distribución espacial similar en todos los tiempos, en dependencia de los recursos financieros y materiales en disposición. No ocurre lo mismo con la connotación urbano arquitectónica, pues los templos del siglo XX no aparecen antecedidos por una plaza, no constituyen cierre de perspectivas, la composición plástica y volumétrica aparece condicionada por la jerarquía social de la zona en que se enclava o se adapta a este sin sobresalir formalmente, no se levantan sobre pódium o sobre la cota más alta, pero sí van a destacarse en el perfil urbano por altas torres, especialmente las agujas neogóticas.

Por último reflejaremos la importancia del templo, estrechamente vinculado al concepto de identidad.

Estos sitios privilegiados físicamente y reforzados por la connotación ideológica que representa la institución religiosa, además, tenían un especial significado sociocultural por las múltiples actividades que aglutinaban. Ferias procesiones, paseos en coches y calesas, torneos, cabildos, reinados, congas y comparsas fueron de los principales festejos que se desarrollaron en las plazas hasta mediados del siglo XX, un poco después y otros, hasta hoy día. Por lo que, la práctica social las ha identificado como los lugares más importantes de la estructura urbana, donde el edificio religioso resulta el protagonista. La apropiación social del espacio urbano hecha por los ciudadanos, determinó el otorgamiento de una fuerte carga simbólica para estos sitios. Son representativos del lugar en que viven, de la ciudad a que pertenecen, incorporados a la estructura de imágenes del individuo y la colectividad, como resultado de sus experiencias y observaciones personales, en fin de la práctica social. Son incluso elementos recurrentes para la orientación dentro de la trama urbana. Se han convertido en hitos cuya significación se propagó a las generaciones posteriores y ha sido heredada por las actuales, para creyentes y no creyentes, *porque es ley general del desarrollo del arte que sus obras más importantes sean incorporadas al tesoro espiritual de la humanidad* [2], porque además, poseen un gran valor estético derivado precisamente de producir admiración y deleite independientemente de los sentimientos religiosos. Como cuando admiramos las pirámides egipcias, el partenón o la mezquita de Córdoba.

Por otra parte poseen los templos, como edificios, un gran valor educativo por cuanto nos comunican acerca de la técnica constructiva y material con los cuales han resistido muchos años, siglos, varios siglos, y siguen en pie, mostrando la capacidad y habilidad de nuestros antepasados para lograr sistemas plástico-compositivos y espaciales, hermosos y funcionales.

Es importante para la sociedad y el individuo tener conciencia de su identidad lo cual se fundamenta en dos percepciones: la de igualdad a sí mismo y la continuidad de existencia. Y el reconocimiento por los demás de dicha igualdad y continuidad.

> *No es posible separar el problema de la identidad, del proceso de protección de las huellas del pasado. Proteger las huellas del pasado es proteger las pruebas objetivas de la continuidad desde el pasado hasta el presente* [3].

Es importante considerar y proteger los templos católicos cubanos, como una muestra física de un estadío determinado del desarrollo de la cultura de nuestra nación y porque, por lo tanto, constituyen un medio cognoscitivo de la vida social y de la educación estética moral y religiosa de nuestra sociedad, dignos de ser conservados.

Termino citando a Chanfón:

> *Es imprescindible comprender que, donde hay restauración hay conciencia de identidad, acción de proteger, permanencia de las pruebas objetivas del conocimiento. Fomenta y refuerza la convicción de la individualidad cultural propia, que se proyecta al futuro a la posibilidad de lograr prolongar la madurez sociocultural* [4].

CITAS

(1) Rallo, Joaquín y Roberto Segre: *Introducción a las Estructuras Territoriales y Urbanas en Cuba. 1519-1959.* ISPJAE. Habana, 1978. Pág 150.
(2) Konstantinov, F et. al.: *Fundamentos de la Filosofía Marxista-Leninista.* Editorial Ciencias Sociales. Habana, 1976 p. 252.
(3) Chanfon, Carlos: *Fundamentos teóricos de la Restauración.* México, 1983.
(4) *Ibídem.*

BIBLIOGRAFÍA

Borromeo, Carlos: *Instrucciones de la fábrica y el ajuar eclesiástico.* Introducción, traducción y notas de Bulmaro Reyes Corias, Instituto de Investigaciones Estéticas. UNAM. 1ª Edición. México, 1985.
Castell, Manuel: *La Cuestión Urbana.* Siglo XXI. Editores, S.A. México, 1976.
Chanfon, Carlos: *Fundamentos teóricos de la Restauración.* México, 1983.
Colectivo de autores: *La religión en la Cultura.* Dpto. de Estudios Sociorreligiosos del Centro de Investigaciones Sociológicas y Sicológicas. Editorial Academia. Habana. 1990.
Echemendía, Amarilis et. al.: *Centro Histórico de Camagüey. Compendio de resultados.* Ediciones Universidad de Camagüey. Camagüey, 1989.
_____ : *Arquitectura para el culto. Lo culto* y lo oculto. Ponencia a la III Conferencia Internacional sobre Conservación de Centros Históricos y Patrimonio Edificado. Guanajuato, México. 1991.
Echemendía, Amarilis y Adia Menéndez: *Características del repertorio religioso camagüeyano del siglo XX.* En *Centro Histórico de Camagüey 3.* P. 95. Ediciones Universidad de Camagüey, 1991.
Konstantinov, F et. al.: *Fundamentos de la Filosofía Marxista-Leninista.* T. II. Editorial de Ciencias Sociales. Habana. 1976.
Morell de Santa Cruz. Pedro A: *Visita Eclesiástica.* Editorial de Ciencias Sociales. Habana, 1985.
Pichardo V., Hortensia: Documentos para la Historia de Cuba. T. III. Editorial Pueblo y Educación. Habana, 1984.
Rallo, Joaquín y R. Segre: *Introducción histórica a las estructuras territoriales y urbanas de Cuba. 1519-1959.* ISPJAE, Habana 1978.
Segre, Roberto et. al.: *Historia de la Arquitectura y el Urbanismo desde sus orígenes hasta el siglo XIX.* ISPJAE. Habana, 1984.
Torres Cuevas, Eduardo: *El Obispo Espada. Ilustración, Reforma y Antiesclavismo.* Editorial Ciencias Sociales. Habana, 1990.
Weiss, Joaquín: *Arquitectura Colonial Cubana.* T. II. Editorial Letras Cubanas. Habana, 1974.

Obra educativa de la Iglesia en Cuba

(Resumen)

Ana Smith

La labor educativa de la Iglesia en Cuba, como en todos los países en que la Iglesia está presente, abarca toda la vida del individuo.

En los primeros años la comienzan los laicos que constituyen una familia. Trasmiten a sus hijos la fe en «Papá Dios» y a la luz de esta fe las primeras vivencias de amor, justicia, equidad con el cariño y el respeto por los hijos y las nociones de lo mío, lo tuyo, lo nuestro y el compartir entre hermanos. Aún las nociones básicas de conocimiento que sistematizarán en la etapa escolar se adquieren en esta primera etapa de la vida familiar. En la Iglesia se atiende la preparación de los padres como tales, que puedan constituir lo que en algún momento se ha llamado Iglesia doméstica.

Las instituciones de la Iglesia específicamente dedicadas a la educación continúan, amplían y sistematizan lo que ya la familia ha iniciado. La conferencia «Perfil crítico de la educación católica en Cuba», por Manuel Fernández ha enfocado este aspecto ampliamente, tal como se ha desarrollado en Cuba desde el siglo XIX hasta 1961.

Al terminar la etapa escolar toman fuerza educativa en la vida del joven o del adulto las asociaciones de laicos a que voluntariamente se incorpore. Estas asociaciones son múltiples y variadas. Arrate, en *Llave del Nuevo Mundo* nombra las que en el siglo XVIII ya existían en cada parroquia de La Habana y en los templos atendidos por órdenes religiosas. Se nombraban cofradías, hermandades, etc. Cirilo Villaverde en el capítulo VIII de la novela *Cecilia Valdés* al describir el grupo que acompañaba al patíbulo a un reo de muerte habla de la presencia en él de hermanos de la Caridad y la Fe, institución religiosa compuesta exclusivamente de gente de color, que se ocupaba en asistir a los enfermos y moribundos y en enterrar a los muertos, principalmente los cadáveres de los ajusticiados; añade que esta institución o Hermandad llevaba la intención de suplir en la atención al cadáver, a los parientes o amigos del criminal, privados por la ley o las costumbres de hacerlo. Con esta descripción Villaverde muestra la presencia de estas asociaciones en la vida social cubana del siglo XIX como antes las había citado Arrate. Este nombraba también asociaciones de artesanos agrupados por su oficio.

Con la mayor precisión de la personalidad del laico en la Iglesia que se ha venido haciendo en los últimos siglos, podemos citar del siglo XX, asociaciones que se organizan sobre perfiles más específicos de la vida del laico católico en la sociedad. Por ejemplificar citaremos la Acción Católica en sus diferentes ramas, los movimientos de familia y las agrupaciones de universitarios y profesionales. En estas, y seguimos ejemplificando, los miembros buscan profundizar en su propia formación profesional y ética, para el ejercicio de su profesión como un servicio a la sociedad en que viven o para alcanzar ese mismo fin en labores de investigación y de divulgación. En todos los casos, lo educativo de estas asociaciones se extiende al medio en que se desarrolla civilmente cada uno de sus miembros. En los años cincuenta los universitarios de distintas asociaciones, agrupados en el Comité de Asociaciones Universitarias Católicas (CAUC), ofrecíamos servicios de orientación vocacional a los bachilleres que lo solicitaban, ayuda personal para la adaptación a la vida universitaria, conferencias abiertas sobre temas científicos relacionados con las distintas carreras y de cultura general, y asesoría de profesionales en ejercicio para los primeros pasos en la vida del recién graduado. Han quedado de esa etapa, además, encuestas de aspectos socio-económicos y otras que investigaban el nivel cultural del universitario de la época, realizadas por las asociaciones universitarias, constituyen indicadores serios de esas realidades de la década.

Queda referirnos a otro espacio de vida misma de la Iglesia que es base y fundamento de los ya nombrados. Es la vida de comunidad que se desarrolla alrededor del ambón y el altar de un templo. Escuela de convivencia entre las generaciones y entre los grupos sociales, que dominicalmente forma a sus miembros en la comprensión e identificación con la vida de Cristo y renueva el espíritu de amor hacia los que participan de la misma fe y hacia los que no la han recibido. De esta proyección hacia el exterior un ejemplo muy actual entre nosotros es «Cáritas», que adiestra en mirar y ver las necesidades del «otro», sean espirituales o materiales, con un sentido de promoción del necesitado al darle ayuda. Igualmente a apoyar lo que ya se hace por otras instituciones públicas o privadas.

De los espacios educativos que hemos hablado, la existencia misma de la Iglesia, mantiene siempre la comunidad eclesial básica y la familia. En los últimos años las escuelas han sido suprimidas y las asociaciones limitadas, pero podemos afirmar que la obra educativa de la Iglesia no ha cesado en Cuba, a pesar de esas limitaciones.

La primera Escuela Normal de Guanabacoa, obra de la Iglesia

P. Liñán, schp

Nota preliminar

Este pequeño trabajo que presento a la consideración de esta Asamblea, no es un trabajo de investigación profunda y de primera mano, para el cual no dispongo del tiempo necesario, a pesar de conocer el Archivo de Guanabacoa. Por mis manos han pasado todos los documentos que se pudieron salvar, después de la intervención de los cinco Colegios de que disponía la Escuela Pía en Cuba, como los que quedan de los fondos de la Vicaría Provincial y gran parte del Archivo de la Normal Elemental y Superior Escolapia de Guanabacoa.

Conozco también los trabajos que se han publicado sobre la Normal de Guanabacoa por el P. Bau en *la Historia de las Escuelas Pías en Cuba e Historia de las Escuelas Pías en Cataluña*, como la tesis del P- Galofré *Notas Históricas de la Fundación de la Escuela Normal y Superior y del Colegio de Guanabacoa*.

Se trata de un intento de dar a conocer esta parte de Iglesia, que se llama Escuela Pía, dedicada a la formación de miles de jóvenes cubanos, desde 1857, fecha de la inauguración de la Normal guanabacoense, hasta el día de hoy, es decir, a lo largo de estos 139 años en que los hijos de Calasanz, en su mayoría catalanes, han hecho todo cuanto pudieron para la formación y la cultura de esta Isla admirada, que forma parte del acervo sentimental de la provincia escolapia de Cataluña, la primera que se interesó por Cuba y la que hizo cuanto estuvo de su parte para que hombres eminentes de la provincia desfilaran por la Perla de las Antillas. Enamorados de esta bella nación, conservaron durante el resto de su vida el aprecio y el interés por la cultura cubana.

Cuando no se recuerdan, las cosas más importantes se olvidan. La iglesia tiene la obligación de refrescar la memoria de muchos cubanos interesados en conocer la verdad, sobre el origen y desarrollo de la cultura patria.

Aunque, repito, no es un trabajo de investigación profunda, estoy tranquilo porque a petición mía tendremos el gusto y el honor de escuchar la voz de una persona autorizada, el Dr. Juan Florensa, historiador agudo y docto archivista que ha clasificado el Archivo de Guanabacoa y conoce y ha ordenado y cotejado los ricos fondos cubanos del Archivo Provincial Escolapio del que es Director, comparándolos a los de Guanabacoa y ha dirigido la catalogación del archivo de la Beneficencia de Naturales de Cataluña en Cuba, la más antigua de las sociedades catalanas en América.

Acepten, pues, la buena voluntad de un admirador de Cuba y del trabajo que mis hermanos han hecho durante casi un siglo y medio de permanencia en esta hermosa Isla.

Uu poco de lo mucho que hizo la Escuala Pía

El 13 de agosto de 1948, tercer Centenario de la muerte de San José de Calasanz, Pío XII firmaba, en su residencia de Castelgandolfo, el siguiente excepcional Decreto:

Hechas las oportunas consultas

Con toda la plenitud de nuestra autoridad apostólica, y para siempre, a San José de Calasanz, lo constituimos, elegimos y declaramos celestial patrono ante Dios de todas las escuelas populares cristianas del mundo, sin que valga cosa en contrario.
Dado en Castelgandolfo, bajo el Anillo del Pescador, el día
13 de agosto de 1948, X de nuestro Pontificado.

Para la larga familia escolapia fue un día de júbilo al comprobar el reconocimiento de la Iglesia a la labor que la Escuela Pía ha desarrollado en estos casi quinientos años de trabajo educador y evangelizador.

Cuando Calasanz moría en Roma, el 25 de agosto de 1648, su orden había llegado a Polonia y a gran parte de Italia.

De todas partes reclamaban nuevos colegios y a él le angustiaban las continuas negativas que tenía que dirigir a ciudades, prelados y autoridades, que hacían valer su influencia cerca de obispos amigos, del Cardenal protector, y hasta del mismo Papa, para forzar, al venerable General, en favor de sus pretendidas fundaciones.

Cualquier lector se preguntará ¿qué hizo este santo que después de trescientos años merece una tal distinción como el decreto papal que acabamos de leer?

BREVE ESBOZO DE LA VIDA DEL SANTO: Nacido en Peralta de la Sal, villa del antiguo Reino de Cataluña y Aragón, en 1556, ario singular porque en él abdica en Bruselas el gran César Carlos V y empieza el reinado de Felipe II. José, a sus quince años, celebrará la victoria de Lepanto sobre los turcos y a los 22, el feliz término del Concilio de Trento que supondrá una gran recuperación para la Iglesia que él sintió siempre como Madre.

Docto por haber estudiado Teología en las universidades de Lérida, Valencia y Alcalá de Henares, ordenado sacerdote por el obispo de Urgel, será secretario de varios obispos. Vuelto a su diócesis de origen, Urgel, ocupará cargos de responsabilidad como secretario del Cabildo catedralicio, visitador de los Arciprestazgos de Tremp, Sort, Tirvia y Cardós, y vicario general.

Se traslada a Roma, posiblemente comisionado por su obispo, para agenciar la provisión de una canongía. Este tiempo lo emplea en una serie de obras de caridad, hasta que el Señor le hace comprender la urgente necesidad que tiene la Iglesia de alguien que se dedique a la educación cristiana y humana de tanto muchacho y joven de la calle.

Había ido a Roma con la ilusión de una canongía y después de una serie de fracasos y negativas, que Dios permite para que encuentre el camino de su conversión total al gran ministerio de la evangelización de los niños más pobres.

Desde este momento, cambia totalmente la vida del hombre de Dios. Contesta al secretario del embajador español que le anuncia que finalmente el canonicato deseado será una realidad, estas palabras que dan sentido pleno a toda su vida: He encontrado la manera mejor de servir a Dios y no la dejaré por nada de este mundo.

Desde este momento cambia de rumbo y de estilo. Hasta ahora firmaba sus cartas con un rotundo Doctor José Calasanz, en adelante, lo hará con el sencillo nombre de José de la Madre de Dios.

Lo que hizo el santo es lo que da sentido a esta frase lapidaria. Durante los 50 años que dura su ministerio específico, fundó 6 provincias, 37 casas o colegios gratuitos, y formó a más de 500 religiosos.

Por bajas pasiones que envenenaron a hombres fáciles de manejar, la Iglesia, a la que amaba apasionadamente, fue dura con él hasta destruir toda la obra que con tanto amor había levantado. Su respuesta fue de una obediencia y sumisión total y de una entrega a la voluntad de Dios que le valió el título de Job de la nueva ley.

Su respuesta, a los hijos que le pedían que intentase actuar contra los que le perseguían abiertamente y hacían todo lo posible por hundir lo que constituía el sentido más profundo de su vida, era: *¡dejemos obrar a Dios!*

¿Cuándo empieza la labor Escolapia en Cuba?

La primera mitad del siglo XIX fue para Cuba un tiempo de prosperidad y de euforia y, en cambio, para la metrópoli, uno de los períodos más calamitosos de todos los tiempos.

Napoleón invadía España con dolo y alevosía. Los naturales desgarraban la patria con las sangrientas guerras carlistas.

Antes, las Cortes de Cádiz, que podían ser un principio de paz y armonía, ponían un abismo entre los mismos intelectuales españoles.

La desamortización de Mendizábal se convertía en un expolio de los bienes eclesiásticos y en la peor administración del producto del mismo.

La supresión de casi todas las corporaciones religiosas en represalia y venganzas políticas que en 1933 acabaría en incendios y degüellos de frailes, como se resolvía en España el fracaso de los toros, hizo que una cantidad enorme de exclaustrados se dirigieran, legal o ilegalmente, hacia América para poder entregarse a sus apostolados con tranquilidad y eficacia.

A pesar de que la Escuela Pía fue una de las órdenes menos perjudicadas, por miedo o por otros motivos, también se encuentran emigrados procedentes de la orden calasancia, como los que fundaron los colegios de León, en México, y de Montevideo, en Uruguay.

Escolapios catalanes agrupados con el P. Hemenegildo Coll de Valdemía en Camagüey y del P. Gaspar Comas de los Reyes, en Bayamo, empezaron a dar a conocer a los cubanos la fuerza evangelizadora de los escolapios.

El más destacado de todos ellos fue el P. Ramón Otero, orador y eminente pendolista, antiguo Director del Internado de Getafe, de la provincia de Castilla, que fundó en la propia Habana el colegio prestigioso conocido por la Academia Calasancia. Colegio internado similar a los colegios que la Orden tenía en España; al final, al dividirse la academia, daría lugar a los dos colegios más acreditados, cuando no había en toda Cuba colegios de segunda enseñanza que la ley Moyano no crearía hasta 1863.

Los colegios a que dio lugar la disolución de la Academia Calasancia fueron los famosos San Cristóbal y San Fernando en que se formaron tantos jóvenes que después brillarían en la universidad y en las más prestigiosas carreras liberales.

Con el P. Otero colaboraron varios escolapios catalanes, los PP. Gabriel de la Guardia, Casimiro Rosés, Ramón Cuspinera y el célebre Agustín Botey que más tarde formaría parte del primer equipo de profesores de la Normal de Guanabacoa.

En Trinidad primero y luego en Camagüey, trabajó incansablemente el franciscano Juan de la Cruz Espí, más conocido por el P. Valencia. Valenciano él, y discípulo preclaro del colegio escolapio de San Joaquín, de la capital del Turia.

Fundó en Camagüey, con solo apoyo popular y limosnas particulares, los hospitales de San Lázaro para varones y el del Carmen para mujeres. Se interesó vivamente para que los escolapios, que llegaban a Cuba, se establecieran en Camagüey. El 3 de febrero, en un colegio llamado Liceo Calasancio del Príncipe, empezaron los primeros escolapios llegados a Puerto Príncipe a educar en la piedad y las letras.

A Holguín habían llegado antes los PP. Hermenegildo Coll de Valdemía, Ramón Crivillé y el subdiácono Peregrino, todos escolapios catalanes.

La primera llegada de escolapios exclaustrados a Cuba, es decir, no enviados por sus superiores, obedecía a los trastornos de las guerras carlistas, mientras que los últimos, eran frutos de disturbios, incendios de conventos y degüello de frailes ocurridos en 1835.

El más simpático de todos estos exclaustrados fue el P. Gaspar Comas, barcelonés, profesor del que más tarde será el primer presidente de la primera república cubana independiente, Estrada Palma, que siempre guardó un recuerdo agradecido del P. Comas; fue compañero de Céspedes, caído en manos de sus enemigos y confinado al castillo de Figueras, fue sucesor de Martí, en la delegación del gran Partido Revolucionario. No quiso volver a Cuba si no era para hacerla independiente. Su gestión, el primer mandato, fue un modelo de honradez y de virtudes que acreditan la valía de su mentor el P. Comas.

Cuando en España las aguas volvieron a su cauce y la paz y la tranquilidad dominaron otra vez en la Península, el P. Comas volvió a su Orden enseñando después en varios colegios de Cataluña, pudo seguir los acontecimientos de su añorada Cuba, y morir, lleno de virtudes, viendo que su discípulo, el Primer Presidente Cubano, seguía fiel a los ideales que él le había inculcado. Sin duda, este grupo de precursores prepararon el terreno a las fundaciones posteriores. Cuando terminó, el P. Comas, su largo peregrinar, supo que su amada Escuela Pía había abierto colegio en Puerto Príncipe y dirigía con maestría la Normal de Guanabacoa.

¿Cuándo inició la Escuela Pía su labor cubana? No se puede negar a estos generosos precursores el mérito y el honor que por su entrega al carisma calasancio merecieron honradamente.

¿Cuándo termina la Escuela Pía en Cuba?

A medida que va transcurriendo el tiempo, desde que un grupo numeroso de escolapios, a su pesar, abandonaron la Isla y con ella aquellos colegios en que habían dado una parte de su vida y, en ocasiones, ya consideraban a Cuba como su propia patria, como el P. Ramón Clapers, de feliz memoria, que desde los treinta años llegó a Cuba y nunca más regresó a su patria de origen, muriendo a los 96 años; o como el P. Rosendo Casallarch que después de treinta años, de forzado exilio, todavía se sentía espiritualmente cubano, creíamos que la Escuela Pía había arriado su bandera para siempre de la Perla de las Antillas.

Las noticias que nos llegaban de los pocos que se mantuvieron en Cuba después de la expulsión, eran tan pocas y tan parcas que nos hacían sospechar que estábamos en un doloroso tiempo de agonía.

Muchos maestros íntimamente ligados a la labor escolapia y numerosos antiguos alumnos, o se habían exiliado para siempre, o habían muerto llenos de nostalgia y de obligada inactividad.

Al poder regresar a Cuba en los años 90, vimos con admiración la ingente labor que desarrollaron los pocos y beneméritos escolapios que con esfuerzo sobrehumano quisieron suplir a los hermanos exiliados.

El P. Ramón Clapers, héroe solitario de Camagüey, tuvo la valentía de seguir en su puesto cuando el obispo y la mayoría del clero habían tenido que abandonar sus parroquias. Su hombría y fortaleza espiritual alentó a no pocos sacerdotes y laicos comprometidos. Más adelante, y también en solitario, se retiró a Guanabacoa para que no quedase abandonado el Centro que fue la cuna de toda la Escuela Pía cubana.

Los PP. Miguel Magri y Marimón en San Nicolás y en Guanabacoa, siguieron enseñando y significando la Liturgia en el Seminario y en una de las parroquias más populares de La Habana.

El P. Joaquín Hereu, recientemente fallecido, después de una brillante campaña vocacional en Los Angeles, se multiplicó en Guanabacoa y Regla visitando enfermos, preparando para el matrimonio cristiano a jóvenes y dirigiendo personalmente los coros de las dos parroquias.

Guantánamo fue la patria adoptiva del P. Pastor González, hombre eminente, guanabacoense ilustre, que ha marcado con su ciencia y celo apostólico la parroquia de Guantánamo que regentó con acierto y eficacia apostólica, durante muchos años.

A pesar de su enfermedad crónica, nadie olvida al P. Julio García que siguió hasta su muerte, sirviendo humildemente al pueblo fiel de Guanabacoa.

En Pinar del Río, la antigua capilla del colegio escolapio, tiene una biblioteca ejemplar que lleva el nombre del P. Jaime Manich que sirvió a aquella curia, antes de trasladarse a La Habana donde actuó de canciller del Obispado. Todos los fieles lo recuerdan como buen pastor de San Nicolás y San Judas, siempre abierto a sus feligreses, incansable en el confesionario y en la pastoral activa y abnegada con fama de santo.

Hubo otros escolapios que por su enfermedad tuvieron que regresar a Barcelona como los PP. Ignacio Rubies y José Antonio Vizcaíno, que sirvieron de puente entre los escolapios que actualmente intentamos seguir tras las huellas de nuestros mayores.

Sólo cuatro sacerdotes intentamos servir a la Capilla de Guanabacoa, a la de Nuestra Señora del Sagrado Corazón, herencia del precioso colegio de la Víbora, último de los colegios que la Escuela Pía levantó en La Habana; seguimos al frente de la venerable parroquia de San Nicolás y San Judas, amén del semanal servicio a la capilla de Bacuranao y la del Potosí; en el Seminario y en el Tribunal Eclesiástico también servimos.

Por tanto, la Escuela Pía, aunque modestamente representada, sigue por el camino que Calasanz nos trazara, al decir: Si los niños, desde su más tierna edad son educados en la piedad y las letras, se puede esperar una vida feliz.

La buena semilla da buen fruto

Parecería que el recuerdo de cinco colegios escolapios que, en el Año Centenario, llenaban de gloria y de esperanza a la Escuela Pía Cubana se iría difuminando lenta pero inexorablemente. El tiempo no perdona.

No obstante. y con gran sorpresa de nuestra parte, van aumentando en Guanabacoa y en Camagüey principalmente, los antiguos alumnos agradecidos. Se nos acercan llenos de legítimo orgullo, a demostrar el respeto, gratitud y admiración que sienten por sus antiguos educadores.

Camagüey ha logrado que en más de una ocasión los visitemos para decirnos lo dichosos que serían si sus hijos pudieran ser educados como ellos lo fueron. Con una invitación suya han logrado que el P. Luis María Ferrer los visitara en el pasado verano. La crónica de aquella visita demuestra hasta qué punto el ideal calasancio prendió en aquellos antiguos alumnos.

En Guanabacoa, cada cuarto domingo de mes, se reúnen los antiguos alumnos en la Eucaristía para recordar al añorado P. Agustín Munfort que fue el abnegado apóstol de la juventud humilde de Guanabacoa. El año pasado se inauguró el Aula P. Agustín Munfort donde los antiguos alumnos se reúnen. Tres clases gratuitas mantuvo durante varios decenios con limosnas, el abnegado Padre que, obligado a regresar a Cataluña, siguió ayudando a no pocos cubanos que lo visitaban a menudo.

Las distancias y las dificultades de transporte y alojamiento no han hecho posible una reunión, en Guanabacoa, de antiguos alumnos de los cinco colegios escolapios. No nos despedimos de este soñado proyecto, si logramos vencer todas las dificultades.

Largo prólogo a la Normal de Guanabacoa

La Escuela Pía llegó a Cuba de la mano de un obispo santo, de un enamorado de la educación cristiana. Cuando el joven Claret seguía sin ilusión la vida de un humilde tejedor en Barcelona, necesariamente había de conocer uno de los colegios más populares de la ciudad condal, el colegio escolapio de San Antón.

Tenemos constancia de que, ya sacerdote e ilustre misionero, conoció en Mataró, uno de los colegios escolapios más identificado con la capital del Maresme.

En la vestición canónica del P. Jaime Saurí de la Dolorosa, primer acto llevado a cabo después que las órdenes religiosas habían sido suprimidas durante diez largos años, se invitó al P. Claret a predicar en la venerable iglesia de Santa Ana. El santo acreditó una vez más su afán misionero y su ardiente celo apostólico. Seguramente que desde aquel día la corriente de simpatía que se estableció entre el P. Claret y los escolapios fue cada vez más profunda.

Pero el hecho primordial de su acción en favor de la Escuela Pía cubana data del 29 de noviembre de 1850. Preconizado arzobispo de Santiago de Cuba, el P. Claret visitó el colegio de San Antón de Barcelona, enclavado en uno de los barrios más populares. No se limitó a una visita de cortesía, presidió la Eucaristía, saludó y alentó a los alumnos reunidos en el templo, a vivir en profundidad la vida cristiana y se ganó la admiración y el cariño del alumnado y de la comunidad. El santo misionero, a su vez, quedó prendado de la piedad y del orden que reinaba en el colegio y cuando después de compartir la mesa con la comunidad, se despidió, amablemente, no pudo menos de repetir al padre provincial y al rector del Colegio, los PP. Tió y Tarter respectivamente: *Lo primero que pediré a Su Majestad la Reina será que abra en Cuba colegio de las Escuelas Pías.*

El P. Clerch, de joven, se encontró con el P. Claret en su patria, Sabadell. El Santo le pronosticó que sería escolapio y los años que estaría destinado a Cuba. Fue una simpática profecía que el P. Clerch recordó con agradecimiento toda la vida.

El P. Claret, como se le conocía familiarmente, cumplió su promesa. Al año de haber tomado posesión de su arzobispado de Santiago de Cuba, la Reina Isabel II, firmaba una Cédula Real que después de un elogio sincero y emocionante de la labor escolapia en España, disponía la creación de dos colegios escolapios en Cuba para que iguales beneficios reportaran al pueblo cubano que tanto necesitaba de la educación humana y cristiana, como el pueblo español, anhelo el más grande del celoso arzobispo.

No se contentó el santo en conseguir cédulas reales para que el panorama cubano cambiase, sino que seguía insistiendo para que no quedasen en buenos deseos, sino que pronto tuviesen una realización plena.

La cédula del 26 de noviembre de 1852 dice así:

> ... *Convencida además de que la educación religiosa de las clases pobres, y en particular la de numerosos párvulos, no está atendida en esa Isla como conviene y es conforme a mis deseos y católicos sentimientos, confiándose la de las clases más acomodadas a manos mercenarias que frecuentemente la convierte en objeto de especulación mercantil, y aun a veces en instrumento de reprobadas y apasionadas miras políticas; y conviniendo por último que la*

numerosa población de color que reside en las fincas del campo, pueda recibir en ellas la enseñanza religiosa que considero como un deber de estricta conciencia y aun de humanidad procurarle, para su bien y el de esos mis amados súbditos, me he persuadido de la necesidad de establecer en la Isla algunas de aquellas Ordenes Religiosas que por su instrumento puedan contribuir más directamente a los rectos fines que me he propuesto: y en vista de todo, y de acuerdo con el parecer de mi Consejo de Ministros, he venido en expedir esta mi Real Cédula, por la cual declaro y mando lo siguiente: Uno de los Institutos más piadosos, y del que más útiles y sazonados frutos ha reportado la Iglesia bajo una forma modesta, aunque en calidad, de grande y benéfico influjo en la educación moral y religiosa de la juventud, lo es y ha sido desde su origen el de los Padres de las Escuelas Pías, cuya importancia no solo fue reconocida por las Cortes de la Nación en la ley de 5 de marzo de 1845, sino que las miras de su Santo Fundador fueron generalmente adoptadas por las naciones católicas, estableciéndose en ellas diversas Congregaciones Religiosas consagradas a la enseñanza de la juventud, y deseando yo que participen de iguales ventajas todas las clases de esa Isla, pero más especialmente la de artesanos que viven en las grandes poblaciones, supliendo el vacío que en la Habana y Cuba dejó la de los PP Betlemitas, es mi voluntad que se establezcan en los puntos que estimareis conveniente y permitan los recursos destinados a este objeto, dos casas de PP. Escolapius, en cuyos Colegios además de la enseñanza primaria para las clases pobres, puedan recibir las acomodadas la esmerada y religiosa educación que se da en los de la Península.

El P. Jacinto Felíu, Vicario General y Comisario Apostólico, a pesar de su deseo de cumplir lo que la Reina mandaba, carecía de personal para cumplir de una manera eficaz los deseos reales pero en cuanto tiene el primer respiro, después de atender lo más urgente de la Península, escribe al provincial de Cataluña que los PP. Collaso y Botey se pongan en movimiento para iniciar los primeros trámites de los dos colegios que la Reina y el P. Claret ardientemente deseaban.

En Cuba era Gobernador y Capitán General D. José Gutiérrez de la Concha, que debería dar un giro providencial al propósito de las fundaciones escolapias cubanas. Era obispo de la Habana, el Ilmo. Fleix y Solans que se puso, en todo y para todo, al servicio de los primeros escolapios llegados oficialmente a Cuba.

Conocemos paso a paso los distintos estadios por los que hubo de pasar la fundación de Puerto Príncipe, porque el protagonista principal dejó anotado con todo rigor cada uno de los peldaños de la fundación hasta llegar a la gozosa inauguración.

Con el acierto que caracterizaba al P. Jacinto Felíu, hombre ducho y práctico en toda clase de negocios, desde que rigió la cátedra de Matemáticas de la Academia Militar de Segovia durante 20 años, escogió los dos escolapios idóneos para la fundación cubana.

En primer lugar los dos conocían Cuba. El P. Collaso era habanero, aunque se trasladó a España a sus 12 años para iniciar sus estudios de secundaria en el internado del colegio de San Antón de Barcelona. Allí conoció la Escuela Pía. De San Antón pasó al Noviciado Escolapio. Del P. Botey hemos hablado antes.

Sería largo y tedioso el relato de las idas y venidas, de las propuestas y contrapropuestas para lograr la definitiva ubicación de los futuros colegios.

Bastará saber que hasta que el P. Felíu aprobara el cambio de rumbo que tomaron las cosas, pasaron muchos meses, porque el obispo de la Habana quería hacer servir a los escolapios para evitar que el gobierno incautase el convento de San Felipe y el General Concha, habiendo comprobado que las providencias que tomaba para que los municipios cuidaran de la educación de los niños, que estaban del todo olvidados, y que no podía remediarse esta lamentable situación, por falta de maestros, soñaba no en colegios, que los había y prestigiosos en La Habana, sino en una Normal que remediaría todos estos extremos.

Aceptado por el P. Felíu el proyecto del capitán general que obraría como efecto multiplicador, el 6 de junio de 1857 se firmó la cesión del Convento de San Antonio de Guanabacoa para que en él se instalara la Normal Elemental que regirían los PP. escolapios.

Desde que Isabel II dio la cédula fundacional hasta que se dio el primer paso firme, con la cesión del convento de San Antonio, habían pasado cinco años de dilaciones, de discusiones, de farragosa correspondencia, en muchas ocasiones, interesada.

El 4 de septiembre el P. comisario da los nombres de los 14 religiosos que, en breve, se pondrán en camino para hacer realidad las gestiones llevadas a cabo por los infatigables PP. Collaso y Botey.

De este primer lote de escolapios los PP. Querol, Jofre y Clerch con el tiempo serían reconocidos hombres eminentes en piedad y en ciencia; del P. Faustino Miguez, que fundaría las Religiosas Calasancianas, está abierto el proceso de beatificación. Todos los religiosos debían trabajar en Cuba por lo menos 8 años. El 3 de noviembre llegaban a La Habana estos catorce pioneros de la añorada fundación escolapia cubana.

Al llegar quedaron en Guanabacoa hasta mayo del año siguiente, 1858.

El general Concha encargó al P. Collaso que redactara el decreto de erección de la Normal y este decreto que aquí transcribimos anunciaba la inauguración de la misma para el 19 de noviembre de 1857.

> *Secretaría de Gobierno.- Convencido el Gobierno de la necesidad de formar un magisterio entendido y convenientemente educado, que pudiera dirigir las escuelas en que la niñez recibe instrucción primaria, proyectó en 1851 (primer período de mando del General Concha) la creación de una Escuela Normal de Profesores semejante a las establecidas con tan buen éxito en todas las capitales del Reino. Circunstancias y dificultades del momento (léase relevo de Concha y descuido e indiferencia de Cañedo y de Pezuela) dejaron por entonces sin efecto su planteamiento, pero la Real Cédula de 30 de noviembre de 1852 y el arreglo de los presupuestos municipales lo hacen hoy enteramente posible...*

1º Creación de una escuela Normal Elemental, que pronto transformaremos en Superior.
2º Será dirigida por los PP escolapios.
3º El método, duración y organización de las enseñanzas así como las condiciones de admisión del alumnado serán objeto de un especial Reglamento.
4º Los Ayuntamientos que a continuación se expresan pensionarán el número de normalistas que se les indica, hasta sumar un total de 40, para dar comienzo. El Ayuntamiento de la Habana pensionará a 6 normalistas; el de Trinidad, a 2; el de Pinar, a 2; Sagua la Grande 1; Bejucal 1; Jaruco 1; Cuba 2; Manzanillo 1; Baracoa y Guantánamo 1; Matanzas 3; Cárdenas 2; Sancti Spiritus 2; San Antonio 1; Santa María del Rosario 1; San Cristóbal 1; Puerto Príncipe 2; Holguín 1; Cienfuegos 2; Villaclara 2; Remedios 1; Guanajay 1; Güines 1; Guanabacoa 1; Bayamo 1; y Nuevitas 1.
5º La elección de normalistas corre a cargo de cada Ayuntamiento.
6º El pago de pensiones será por trimestres adelantados. Se encarece en esto la puntualidad.
7º El normalista pensionado, al lograr su título, habrá de servir por lo menos tres años en el Ayuntamiento que le pensionó.
8º Causarán baja en su pensión los desaplicados, incapaces que pierdan dos años y los de mala conducta a juicio del Director.
9º La inauguración será el 19 de noviembre de 1857 en San Francisco de Guanabacoa y
10º De este decreto se dará cuenta a Su Majestad la Reina.

Por todo comentario digamos que la tarea que se echaba encima a los padres, al tener que contender más que con los normalistas con los ayuntamientos pensionantes, era imponente. En España el cuerpo de maestros no logró estabilidad ni personalidad hasta que el ministro Romanones no los desligó de los ayuntamientos y adscribió su nómina al presupuesto nacional. Piénsese en lo que iba a pasar a los religiosos, teniendo que depender de antemano, no de uno, sino de tantos ayuntamientos.

Parecía que todo estaba en marcha y que se habían superado todos los obstáculos, pero no se tenía en cuenta que no es fácil adaptar un convento, que no exige mucha luz y sí mucho recogimiento, a una escuela Normal o a un colegio en que debe haber grandes espacios y luz abundante. Por eso, durante los tres primeros años, hubo problemas continuos de adaptación y estrecheces que poco a poco se iban solucionando.

No obstante, las previstas dificultades se obviaron y la solemne inauguración se llevó a cabo en la fecha prevista.

El acta que firmaron el P. Collaso como director y el P. Manuel Espinosa como secretario, da fe de aquel solemne acto que además de su significación propia suponía la introducción de la Escuela Pía oficialmente en América.

El reducido número de aspirantes que se presentaron el primer día, una docena escasa, facilitaron la adaptación a los locales recién terminados.

Los sudores de los abnegados y eficaces fundadores, superados todos los obstáculos, quedaron condensados por la realidad de la Normal que empezaba su marcha.

Para iniciar el curso faltaban muchos detalles importantes, no se habían firmado ni siquiera los contratos fundacionales. La fiesta del santo de la Reina adelantó la inauguración hasta más allá de lo que exigía la prudencia elemental. Pero los fundadores tenían temple de héroes y no se arredraban ante ningún obstáculo.

La llegada de los Escolapios a Guanabacoa

Entre las historias de Guanabacoa que se conservan en nuestra biblioteca, existe una *Historia de la villa de Guanabacoa (Desde la Colonización de Cuba por los españoles hasta nuestros días)*, escrito por D. Félix Vidal y Cirera, antiguo alumno. De mano del donador hay esta preciosa dedicatoria: *Con mi mayor afecto dedico esta historia a la Biblioteca de las Escuelas Pías de Guanabacoa. Su exalumno de septiembre 1881 a junio de 1888. Félix Fernández de Castro y Castro.*

Con la sinceridad de una persona agradecida y con el estilo propio de aquellos tiempos (la edición es de 1887) describe así la llegada de los escolapios a Guanabacoa y el prestigio de que venía precedida la orden:

La popular y simpática Institución de las Escuelas Pías debe su fundación al noble aragonés San José de Calasanz. Erigida en Roma a los 25 de marzo de 1617, se extendió rápidamente por todos los estados de Italia; prosperó muy luego en las mejores ciudades de Hungría, Austria y Polonia; y en 1 de julio de 1683 abrió en Cataluña su primer colegio en la importante villa de Moyá...

... los PP. Bernardo Collaso y Agustín Botey, propuestos por el Comisario Apostólico, y confirmados en 5 de noviembre por el Gobierno, salieron de Barcelona para nuestra Antilla. Llegados a la Habana en 14 de enero de 1857, instaláronse provisionalmente en la Congregación de San Felipe; acordaron en 6 de junio con el Vice Real Patrono D. José Gutiérrez de la Concha y el Diocesano D. Francisco Félix Fleix y Solans las bases de las dos indicadas fundaciones en Guanabacoa y Puerto Príncipe; admitieron así mismo del Gobierno la propuesta de adjuntar a la primera fundación el establecimiento de la Escuela Normal Elemental; tomaron en 14 de agosto posesión de la Iglesia y Convento de San Francisco de esta Villa; y en 3 de noviembre llegaron de la Península catorce Religiosos escolapios, con destino a la Villa de las Lomas.

Guanabacoa recibió dignamente a los hijos de Calasanz, el Teniente Gobernador D. Mariano Fortuny, una comisión del Municipio, el Cura D. José Rafael de Fuentes y otras muchas respetables personas se adelantaron para dar a los PP escolapios la más cariñosa bienvenida; y en 19 de noviembre el inolvidable Prelado Sr. Fleix y Solans, que estuvo aquí en representación del Vice Real Patrono, inauguró solemnemente la Escuela Normal. El P. Bernardo Collaso quedó de Rector del Colegio y Director de la Escuela, fue nombrado Vice Director el P. José Jofre, y el P. Ramón Querol desempeñó la Prefectura, de la que en el siguiente curso se hizo cargo el P. Francisco Clerch.

También entonces se abrió la Escuela Práctica, que se apresuró a frecuentar la juventud de la Hermosa Villa; en menos de tres meses ascendieron a 137 los alumnos del nuevo plantel de educación; y a fines de julio de 1858 el Gobernador General, Sr. Marqués de la Habana, presidió los exámenes de fin de curso, altamente sorprendido por los rápidos progresos de los Normales. En 24 de febrero de 1859, quedó instalado el magnífico órgano de la Iglesia; se erigió para satisfacer la piedad de todos, en 9 de septiembre de 1860 la Congregación de Nuestra Señora de La Escuela Pía y San José de Calasanz; hízose en 1861, bajo la ilustrada dirección del P. Querol,

> *una general reparación en la Iglesia y en los altares; y en 3 de febrero de 1863 se elevó por el Gobierno a la categoría de Superior la Escuela Normal...*
>
> *... El 8 de diciembre de 1873 fue día de gloria para el Colegio y de satisfacción para la Villa. Se inauguró solemnemente la Academia Calasancia. Las autoridades de Guanabacoa honraron con su presencia el acto, la prensa de la capital envió aquí altísimos representantes, y una escogida concurrencia llenó de bote en bote el salón-teatro...*
>
> *Y no se crea que a esto solo se concrete la regeneradora acción de los PP. escolapios. También el vecindario de la Villa ha sentido y siente el civilizador influjo de los PP. de la Escuela Pía. Ellos han socorrido con largueza al necesitado en las calamidades públicas; ellos han llevado a la sagrada Cátedra dignísimos oradores; ellos han atendido al huérfano, a la viuda, al infeliz agonizante; ellos, en fin, han logrado que se destacase Guanabacoa por frecuentar su Iglesia y asistir a sus religiosas solemnidades...*
>
> *... En conclusión: la hermosa villa tiene en los PP. escolapios ilustradísimos maestros, sabios consejeros, desinteresados amigos y virtuosos sacerdotes.*

Organización de la Normal Superior

En 1558 se inició solo la Normal Elemental, para en 1863 elevarla a Superior. De la Normal existe el Reglamento detalladísimo. El artículo 2º define la finalidad de la misma:

> *... La Escuela Normal tiene por objeto formar maestros idóneos y competentemente instruidos para la dirección de las escuelas elementales y superiores de instrucción primaria. La Escuela Práctica tiene por objeto ofrecer a los alumnos un medio de ejercitar los principios pedagógicos que han aprendido teóricamente, presentar un tipo o modelo al que deberán arreglarse todos los establecimientos de instrucción primaria de esta Isla, y servir de escuela pública en el punto donde esta se encuentra establecida.*

Además del Reglamento Oficial existía también el Reglamento Interior en el que se daban normas de piedad, buena conducta, educación, etc.

Los exámenes de la Normal de Guanabacoa

Los actos más solemnes que celebraba la Normal de Guanabacoa eran invariablemente los Exámenes de fin de curso. Asistían las Autoridades más importantes de la Isla con las de la ciudad y las de la provincia.

Se conservan más de 34 actas, desde el acta de inauguración del 19 de noviembre de 1857, siendo capitán general y gobernador el general Concha y obispo de La Habana el antiguo alumno el Excmo. Fleix y Solans, hasta los exámenes de 1968, siendo gobernador el general Lersundi y obispo el Excmo. Fray Jacinto María Martínez.

Los primeros exámenes dieron una gratísima sorpresa para los examinadores delegados por el Gobierno y lo acusan en unos oficios que dicen los siguiente:

> *Excmo. Sr.- Cumpliendo con el honroso encargo que V. E. se sirvió cometernos en calidad de jueces delegados, tuvimos el honor y la satisfacción de acompañar a V. E. el domingo diez y nueve del actual al acto solemne de los exámenes generales del Colegio de las Escuelas Pías de la Villa de Guanabacoa erigidas por la piedad de S M. y bajo la inmediata protección de V. E. a cargo de los respetables Padres escolapios, continuando el acto el lunes día 20 en que terminaron a las cuatro de la tarde aquellos interesantes ejercicios cuyo resultado aplaudió V E. justamente y dejó satisfecha la expectación de los Delegados, de las comisiones asistentes y del público, toda en la manera leal y sencilla que aparece del acto cuya copia acompañamos. En esta vez como siempre, la acreditada Institución de las Escuelas Pías ha dado al Gobierno de S. M. (q. D. g.) un irrefragable testimonio del mérito calificado de tan modesta, como piadosa institución, revelándose en todos los pormenores del profundo y detenido examen de los alumnos normales, el exquisito tacto, el constante buen método, y la sólida instrucción de los venerables Padres que desde tiempo inmemorable llenaron el orbe entero de instruidos y piadosos alumnos, honor de las escuelas, sin que los delegados hayan podido hacer más que confirmar la justa idea que desde mucho tiempo tenían formada del positivo y nunca desmentido mérito de las Escuelas. Su Institución en la Isla es sin duda alguna, uno de los más eminentes servicios, que el calificado celo de V E. ha podido hacer al país, y presupuesto el decidido empeño del Gobierno de S. M en fomentar y proteger la institución, al país toca seguramente secundar tan saludables tendencias, aprovechándose de los inmensos beneficios que puede proporcionar a sus hijos,*

beneficios que no conoce sin duda todavía cuando no se ha llenado aún el número de cuarenta discípulos normales que es la dotación de la Escuela. Cuando los buenos padres de familia se penetren de que en el santo asilo de la Escuela gozarán sus hijos gratuitamente la más esmerada educación religiosa y civil, la instrucción más sólida en todos los órdenes de la instrucción primaria Elemental y Superior, cuando comprendan que en dos o tres años pueden salir de allí sus hijos adornados con todas las virtudes y todas las dotes que el hombre necesita no solo para ser feliz, sino para poder contribuir de la manera más eficaz y efectiva a la felicidad de sus semejantes correrán presurosos a depositar allí con la más segura confianza todas las esperanzas y el porvenir de millares de familias bajo la salvaguardia del protectorado del Gobierno y bajo influencia poderosa del profundo saber y de las virtudes ejemplares de los venerables directores y profesores de las Escuelas Pías. Dígnese V. E. si lo tiene a bien disponer la publicación del acta de los exámenes y de este informe, para conocimiento del público, honor y satisfacción de las Escuelas y estímulo de los que necesitan acogerse a ellas; aceptando entretanto la seguridad de la consideración y respeto de los Delegados.- Dios guarde a V. E. ms. as.- Habana diciembre 23 de 1858.- Excmo. Sr. Francisco González, Antonio Zambrana, Excmo. Sr. Presidente Gobernador Civil y Vice Real Protector.- Es copia. El Secretario en Comisión Manuel Suárez Vigil.

A esta gentileza por parte del Excmo. Sr. Capitán General contestó el P. Rector Bernardo Collaso con la siguiente comunicación:

Excelentísimo Señor: La comunicación honorífica que se ha dignado dirigirme con fecha 19 del presente enero, manifestando a todos los Profesores escolapios de esta Escuela Normal, lo satisfecho que había quedado V. E. de los exámenes celebrados en la misma los días 19 y siguientes de diciembre anterior es para nosotros y toda la Corporación de tan alto precio, que en ningún tiempo podrá borrarse de nuestra grata memoria. A V. E. como autor y promovedor de la Escuela Normal en esta siempre fidelísima Isla pertenece seguramente la principal gloria del feliz éxito de exámenes y a nosotros nos cabe también la dulce satisfacción de haber acertado a corresponder, como hijos de S. José de Calasanz, a las benéficas miras del Gobierno de S. M (q. D. g.) y a la confianza que V. E. fiel intérprete de las mismas nos dispensara y que procuraremos con todo esfuerzo no desmerecer en lo sucesivo. Dígnese V. E. recibir de parte de toda esta Comunidad y de nuestro Superior General a quien se lo comunicaré para su satisfacción, la firme seguridad de nuestra viva gratitud y profundo respeto y adhesión a la persona de V. E. cuya vida guarde Dios muchos años.- Guanabacoa 28 de enero 1859.

El resultado halagüeño de los resultados obliga al Gobierno a preocuparse de que los egresados puedan encontrar el trabajo que necesitan. Veamos el oficio siguiente:

Hace tres años se estableció en esta Isla de orden del Gobierno y bajo la dirección de los PP. escolapios una Escuela Normal con el objeto altamente benéfico y civilizador de formar maestros de Instrucción Primaria Elemental que se distingan no solo por su inteligencia sino por su moralidad. Este Establecimiento principió a dar ahora los resultados apetecidos, habiendo terminado ya la carrera varios de sus alumnos que desde luego pueden ocupar otras tantas plazas de maestros de primera enseñanza y consagrarse a difundir entre sus discípulos los conocimientos literarios, morales y religiosos que constituyen la base de una esmerada y sólida educación. El influjo, sin embargo, que la Escuela Normal está llamada a ejercer en el porvenir de las Escuelas Públicas de primera enseñanza y en la ilustración y cultura del país, se malograría de lu manera más lastimosa, sino se facilitasen por las respectivas municipalidades a los maestros instruidos en dicho Establecimiento los medios indispensables para desempeñar satisfactoriamente y decorosamente el magisterio. En esta atención, pues, he estimado oportuno disponer que cada uno de los Ayuntamientos que tienen alumnos en la Escuela Normal, cuya carrera ha terminado ya y que están por lo mismo en disposición de dedicarse a la enseñanza deliberen e informen a la mayor brevedad posible sobre la conveniencia de que se adopte por este Gobierno Superior las disposiciones siguientes. Primera.- A fin de utilizar cuanto antes los servicios de los maestros procedentes de la Escuela Normal, los Ayuntamientos propondrán, sin pérdida de tiempo a este Gobierno Superior la creación para cada uno de dichos maestros de una nueva Escuela Pública de instrucción primaria elemental; o designarán a los mismos para ocupar en las escuelas ya creadas, las plazas de maestros que se hallen vacantes si los establecimientos de esta clase, existentes a la sazón, bastan para las necesidades de la enseñanza en el distrito municipal respectivo. Segunda.- Los referidos Ayuntamientos propondrán además a este Gobierno la dotación que deberá percibir cada maestro bajo el supuesto de que estos disfrutarán por ahora y hasta que se fije aquella de una manera uniforme y estable, una tercera parte más de sueldo que el del Maestro de la Escuela Pública de instrucción primaria elemental que lo disfrute mayor en la demarcación de la respectiva municipalidad. Tercera.- Con el objeto de proporcionar a los maestros de que se trata el local y los enseres indispensables para ejercer dignamente el magisterio, los Ayuntamientos, sin perjuicio de facilitarles provisionalmente lo necesario en la parte material o de menaje y una casa bastante capaz para que les sirva de habitación y les permita recibir el conveniente número de alumnos, propondrán a este Gobierno la construcción para cada uno de dichos maestros de un edificio especial, destinado así a la habitación del preceptor, como a servir de escuela pública y provisto de todos los objetos indispensables para la enseñanza. Este edificio se costeará con cargo al presupuesto municipal respectivo, quedará terminado en un plazo que no ha de exceder de dos años; se construirá con arreglo al plan y presupuesto que deberán someterse a la aprobación de este Gobierno y tanto en el trazado, como en la ejecución, procurará conciliarse la sencillez y economía de la obra, con las condiciones pedagógicas del local, reducidas a que el edificio se halle situado en un punto sano y conveniente, bajo todos conceptos y a que su distribución interior permita la vigilancia de todos los alumnos y facilite así a estos como al maestro, la exactitud y la comodidad en el servicio. El Gobierno Superior Civil proporcionará oportunamente a los Ayuntamientos el proyecto de un plano y presupuesto para la construcción de una escuela de instrucción primaria elemental de niños con el objeto de que sirva de norma a los trabajos de este género que cada Ayuntamiento ha de elevar a este Gobierno, magnificando, extendiendo o reduciendo las bases y proporciones en dicho proyecto establecidas, según se estima conveniente en cada caso particular. Con la preferente urgencia que el caso reclama, enterará a V. S. de esta comunicación al Ayuntamiento que preside y participará al Gobierno cuanto a dicha Corporación se le ofrezca sobre los particulares de que hemos hecho mérito. Dios g. Habana, Agosto 2 de 1860.- Francisco Serrano.

La Dirección de la Normal estuvo casi siempre en manos del P. José Jofre que pronunciaba el discurso inicial con el estilo barroco que se acostumbraba en aquella época. Solía recopilar lo mejor de lo que había ocurrido a lo largo del año escolar.

El último discurso del P. Jofre ya insinuaba el terreno resbaladizo sobre el que se movía, indicando la agonía de la famosa Normal. Ni el gobierno se dio por enterado, ni los ayuntamientos se apresuraron a satisfacer las deudas que año tras año seguían arrastrando, por todo lo cual el P. José Jofre tomó la resolución irrevocable de no admitir ninguna matrícula para el año siguiente, contra la voluntad y el deseo de las autoridades que nada hacían para remediar una situación totalmente insostenible.

A José de Calasanz que fundó la primera Escuela Popular y confiaba en los contratos con los gobiernos locales para impedir que sus alumnos tuvieran que satisfacer dinero alguno por la enseñanza, que deseaba totalmente gratuita, siempre le ocurrió lo mismo, por la informalidad de las autoridades locales.

En Cuba se hicieron promesas por parte del gobierno de erección de varias Normales; se tuvo que esperar hasta el año de 1890, más de veinte años, hasta que en La Habana erigieran las dos primeras Normales después que se extinguió por incuria oficial, la Normal regida por los escolapios de Guanabacoa.

Da pena consignar por escrito este fin nada glorioso de una Institución que costó tantos sacrificios y tantos quebraderos de cabeza a hombres eminentes, pero ésta fue la verdad. La coincidencia con el grito de Yara, que sería el inicio de la Independencia, fue eso, mera coincidencia.

Los antiguos normalistas, durante mucho tiempo, llevaron por todos los rincones de la Isla el orgullo de haberse formado en la famosa Normal de Guanabacoa que se extinguió prematuramente.

Sello conmemorativo

El 19 de noviembre de 1957 el Ministerio de Comunicaciones, con motivo de celebrarse el primer centenario de la apertura de la Normal, emitió tres bellos sellos conmemorativos y se hizo una acuñación especial «Primer día» en el colegio de Guanabacoa. Simpático tributo a los héroes de la primera Normal de la isla.

Los primeros problemas

El 10 de octubre de 1857 mientras se preparaba la precipitada inauguración de la Normal para festejar el cumpleaños de la Reina, el Gobierno dio el siguiente decreto que expresa el pensamiento oficial:

Convencido el Gobierno de la necesidad de formar un magisterio entendido y completamente educado que pudiera dirigir las escuelas en que la niñez recibe la instrucción primaria, proyectó en 1851 la creación de la Escuela Normal de Profesores, semejante a las establecidas con tan buen éxito en todas las capitales del Reino. Circunstancias y dificultades del momento dejaron sin efecto su planteamiento, pero la Real Cédula de 26 de noviembre de 1852 y el arreglo de los presupuestos municipales lo hacen hoy enteramente posible.

La primera proporcionó el Instituto de Sacerdotes de las Escuelas Pías consagrados por un voto religioso a la enseñanza, justamente acreditado, en todos los países donde existen, y el más a propósito, por consiguiente, para confiarle la dirección de un establecimiento destinado a formar maestros. Por otra parte debiendo de sostener de los fondos de Regulares, como Corporación Religiosa, y estos pueden tener una ampliación más conforme a la voluntad de S. M. significada terminantemente en la Real Cédula, ni sería dable obtener con menor sacrificio, un resultado tan ventajoso como el que ha de producir la Escuela Normal de que se trata.

Los presupuestos municipales permiten a su vez a los Ayuntamientos y Juntas Municipales consignar cantidades que sirvan para sostener la educación de cierto número de alumnos, que puedan un día ejercer como profesores en la jurisdicción respectiva. Como estas Corporaciones son por su propio carácter representantes inmediatas de los intereses locales, justo es que contribuyan al mejoramiento de la enseñanza primaria, y justo también que tengan el derecho que se les concede para elegir esos mismos alumnos. Designados así e imponiéndoles la obligación de servir por cierto tiempo a las Escuelas Públicas para que sean presupuestos por el Ayuntamiento o Juntas que los nombró. Las Municipalidades recogerán el fruto de su sacrificio. Los agraciados cumplirán un deber sagrado y la enseñanza mejorará notablemente.

Para realizar este pensamiento que viene expuesto de acuerdo con M R. Arzobispo de Cuba y el R. Obispo de La Habana, y oída la Inspección de estudios ha tenido por conveniente decretar:

Art. 1º Se crea en la Isla de Cuba una Escuela Normal de Profesores de Enseñanza Primaria Elemental, que se ampliará oportunamente a la enseñanza superior.

Art. 2º Esta Escuela se dirigirá por los Sacerdotes de las Escuelas Pías, con el auxilio de los profesores especiales que los mismos consideren necesarios.

Art. 3º Los métodos de enseñanza, duración de ella, cualidades de los alumnos, condiciones de admisión de los mismos, todo lo relativo a la organización de la escuela será objeto de un Reglamento General de la misma.

Art. 4º Los Ayuntamientos y Juntas Municipales pensionarán para que reciban en la Escuela la instrucción necesaria el número de alumnos que a continuación se expresa, consignando en sus presupuestos respectivos, a razón de $20.00 mensuales por cada uno.

DEPARTAMENTO OCCIDENTAL

Habana 6; Matanzas 3; Cienfuegos 2; Trinidad 2; Cárdenas 2; Villa Clara 2; Pinar del Río 2; Sancti Spiritus 2; Remedios 1; Sagua la Grande 1; San Antonio 1; Guanajay 1; Santiago y Sta. María 1; Güines 1; Jaruco 1; San Cristóbal y Bahía Honda 1; Guanabacoa 1.

DEPARTAMENTO ORIENTAL

Cuba 2, Puerto Príncipe 2; Bayamo 1; Manzanillo 1; Holguín 1; Tunas, Jiguaní y Nuevitas 1; Baracoa y Guantánamo 1.

En total: 40.

Art. 5º La elección de estos alumnos se hará por los Ayuntamientos o Juntas Municipales, cuidando de que reúnan las condiciones y conocimientos que el Reglamento determina, y con la aprobación del Gobierno Civil, si corresponden al Departamento Occidental; a la del Gobernador del Oriental, si perteneciesen a aquél.

Art. 6º El pago de las pensiones se hará por trimestres adelantados al Director de la Escuela con Letra girada a su favor, que le será entregada por conducto de la Secretaría del Gobierno Superior Civil (cuidando los Ayuntamientos de remitirlas con puntualidad).

Art. 7º Los alumnos pensionados contraen la obligación, después que terminen su carrera y reciban el Título, de aceptar y servir por tiempo de tres años, por lo menos, la Escuela Pública para que sean propuestos por el Ayuntamiento que los pensionó.

Art. 8º Perderán el derecho a la pensión por falta de aptitud para aprender a enseñar, debidamente calificada por el Director y Profesores de la Escuela; por perder dos cursos seguidos y por mala conducta, justificada en los términos de incapacidad; en cualquiera de estos casos el Ayuntamiento a que corresponda elegirá a un nuevo alumno.

Art. 9º La instalación de la Escuela Normal se verificará el 19 de noviembre próximo venidero, en el edificio del Convento de San Francisco de Guanabacoa.

Art. 10º De este Decreto se dará cuenta a S. M.

Las anteriores bases parecen indicar que la Escuela Normal de Guanabacoa iba a tener una vida próspera y larga, ya que estaban muy bien previstos los extremos todos para que ello fuera una realidad.

Ya en 1860 la Normal de Guanabacoa, acabado el ciclo de dos años como estaba previsto, expidió los primeros títulos y los normalistas ocuparon, en los pueblos de origen, las escuelas. No faltaron dificultades, porque algunos ayuntamientos, preferirían pagar menos y seguir contratando maestros que no tenían ninguna preparación seria.

Desde un principio, muchos ayuntamientos eran remisos en satisfacer las pensiones convenidas, lo que a la larga ocasionaría el cierre doloroso de la acreditada Normal que daría al país en los diez años de funcionamiento un total de 110 maestros elementales y 22 superiores. Medio siglo después, Norteamérica les concedió validez académica, sin necesidad de ningún examen y el Gobierno de la República Cubana equiparó el título de Normalista Superior al de Doctor en Pedagogía para acceder a Inspector provincial: Que se posea el título de Doctor en Pedagogía de nuestra Universidad Nacional o el de Maestro Normalista expedido por la extinta Normal Superior de Guanabacoa.

Hubo un proyecto que no pasó de tal, que era el de fundar en Cuba una Normal Femenina que se pensaba encomendar a las MM. escolapias, pero en aquellas fechas la congregación de las Hijas de María, escolapias, no disponía de personal suficiente para esta delicada labor. Una prueba más del prestigio que habían alcanzado los escolapios en la Normal guanabacoense.

Existen las listas completas de los normalistas con las calificaciones obtenidas, de entre ellos algunos destacaron extraordinariamente en el campo de la educación.

Fue una pena que la informalidad por parte del gobierno preocupado por otros menesteres, como de parte de los ayuntamientos, obligara al P. José Jofre a cerrar definitivamente una obra tan benemérita y a transformar la Normal en un colegio internado de segunda enseñanza.

La Escuela Práctica anexa a la Normal

El 7 de enero de 1858 empezó a funcionar la escuela práctica donde los alumnos de la Normal ejercerían sus prácticas. Los PP. Perpiñá y Solís fueron los primeros encargados de la misma.

La primera sección llegó a contar 180 alumnos, la superior constaba de sesenta. Era el principio de la primera escuela primaria de la isla.

Con todos los defectos por el número y falta de práctica de los primeros normalistas, no obstante muy pronto se dio cuenta la población de la calidad y eficacia de aquella Escuela Práctica que con el tiempo y desaparecida la Normal, se transformaría en el colegio de primaria y secundaria que sería una de las glorias de Guanabacoa y de toda la Escuela Pía Americana.

Prestigio Escolapio

En el año de 1863 se creó en el Instituto de Segunda Enseñanza la cátedra de Doctrina Cristiana y de Historia Sagrada por lo que en el Colegio de Guanabacoa se recibió la siguiente comunicación:

> *Debiendo hacerse cargo de la enseñanza de la Doctrina Cristiana e Historia Sagrada en el Instituto de Segunda Enseñanza, que con esta fecha se crea en esta ciudad un Padre escolapio de esa Escuela Normal, el cual ha de gozar por dicha enseñanza la gratificación de cuatrocientos pesos anuales, espero que a la mayor brevedad posible se sirva V. S. proponerme el que considere más a propósito para el referido cargo. Y lo digo a V E. para su conocimiento y efectos oportunos.- Dios g. Habana septiembre 28 de 1863.- Domingo Dulce.- Sr. Rector de la Escuela Normal de Guanabacoa.*

A esta comunicación se contestó proponiendo para dicha cátedra al P. José Jofre de María Santísima, que era Director de la Escuela Normal.

A la propuesta del P. Rector contestó el gobierno con el siguiente oficio:

> *Secretaría de Gobierno.- De conformidad con la propuesta de V. S. el Excmo. Sr. Gobernador Superior Civil ha tenido a bien nombrar al Rdo. P. de esa Congregación José Jofre de María Santísima Director de la Escuela Normal para que desempeñe la cátedra de Doctrina Cristiana e Historia Sagrada en el Instituto de Segunda Enseñanza creado en esta Capital, con arreglo a lo dispuesto en el nuevo plan de estudios. De orden de S. E. Lo digo a S. S. para su*

conocimiento y efectos consiguientes. - Dios g. Habana, octubre 9 de 1863.- El Secretario José Valls y Puig.- Sr. Rector de la Escuela Normal.

Cuando el P. Jofre hubo de ser sustituido por traslado, lo sustituyó el P. Ramón Querol y al P. Querol, el P. Francisco Clerch.

Exposición de París

Con fecha 11 de enero de 1867 el colegio recibió un oficio invitando a la Exposición de París y suplicando a los padres que trabajaran para que la isla de Cuba estuviera bien representada en dicha exposición universal. La comunidad tomó con empeño esta invitación y al mes justo contestaba con un oficio en que se detallaba el material que Guanabacoa mandaba a la exposición. Véase el esfuerzo realizado por los padres para que la isla de Cuba tuviera una representación digna en aquel importante evento:

Caja Número 1.
  47 variedades de la Serpentina de Guanabacoa

Caja Número 2.
  35 variedades de la Serpentina de Guanabacoa

Caja Número 3.
  11 variedades de Serpentina de Guanabacoa
  26 variedades de asbesto de Guanabacoa
  15 variedades de Lausurita de Guanabacoa
  20 variedades de Basalto de Guanabacoa
  8 variedades de Petrosílex de Guanabacoa
  12 variedades de pórfido de Guanabacoa
  9 variedades de dioríta de Guanabacoa
  6 variedades de grafito de Guanabacoa

Caja Número 4.
  4 variedades de granito de Guanabacoa
  16 variedades de jaspe de Guanabacoa
  9 variedades de cuarzo sílex de Guanabacoa
  22 variedades de calcedonia de Guanabacoa
  7 variedades de calcedonia cristalizada de Guanabacoa
  11 variedades de cuarzo cristalizado de Guanabacoa

    10   *variedades de caliza de Guanabacoa*
    2   *variedades de magnesia carbonatada de Guanabacoa*
    3   *variedades de asfalto de Guanabacoa*

Caja Número 5.
    35   *variedades de serpentina de Guanabacoa*
    15   *variedades de basalto de Guanabacoa*
    14   *variedades de pórfido de Guanabacoa*
    28   *variedades de cuarzo jaspe de Guanabacoa*
    12   *variedades de cuarzo calcedonia de Guanabacoa*

Caja Número 6.
    Una cristalización de cal carbonada romboédrica de
    las cuevas de Bellamar en Matanzas.

Tal fue la contribución de este colegio a la Exposición de París; el envío servía para demostrar la riqueza en minerales de una pequeña porción de la isla de Cuba, recogidos probablemente todos en aquellas lomas que años antes había pisado el gran naturalista Humbold que al contemplar las lomas de Guanabacoa le hizo exclamar que constituían el paraíso del minerologista.

Tal era el prestigio de la Escuela Normal que la Junta de Educación o mejor dicho de Instrucción Pública de Cienfuegos envió al P. Director de la Escuela Normal de Guanabacoa el informe de la distribución de clases y de horarios de la escuela de aquella villa a fin de que informara si realmente estaban de acuerdo con las exigencias pedagógicas; era en realidad lo que hoy llamaríamos el Departamento Técnico de la Enseñanza.

La expansión escolapia en la Isla

La primera intención de los PP. Collaso y Botey, haciendo caso de la cédula real que hablaba de dos colegios, era fundar después, a la par del colegio de Guanabacoa, que pronto se convertiría en Normal, en Santiago de Cuba. La respuesta de las autoridades a la propuesta del general Concha fue que no existía ningún local disponible, por lo cual se pensó en la tercera ciudad de la isla, Camagüey. Después de iniciar las conversaciones, visitas y cartas que permitirían la soñada fundación en Guanabacoa, los dos fundadores se dirigieron a Camagüey. Llegaron a la ilustre ciudad el 8 de mayo de 1857. Les habían prometido dos posibles emplazamientos del futuro colegio, San Francisco y La Merced. Tanto uno como otro edificio estaban en estado lastimoso. Después de deliberar entre sí, coinciden con el comandante de Ingenieros D. Juan Marín que visto el estado de los dos edificios propuestos, lo más sensato y conveniente será pensar en edificio de planta. Otro menos audaz y menos constante que el P. Agustín Botey habría renunciado inmediatamente.

El P. Collaso después de diez días de cálculos, de proyectos y de pensar todas las posibles soluciones, regresa a Guanabacoa para continuar la obra empezada y adelantar la puesta en marcha de la Normal.

El P. Botey quedó con la preocupación inmediata de la obra ingente que debería realizarse, con todo el papeleo, burocracia y dilaciones necesarias o inventadas, que harían más difícil llegar a buen término.

La Iglesia de San Francisco fue entregada al P. Botey, para iniciar las reparaciones, el 9 de abril de 1958, más tarde fue cedido el convento, que más o menos ocupa parte de lo que será más adelante la Iglesia del Sagrado Corazón y el colegio, que durante tanto tiempo fue gloria y honor escolapio.

La propiedad del edificio franciscano hizo que el P. Botey pasase un calvario. La visita del P. Jofre recién llegado de España, con sus 13 compañeros hizo más fácil la tramitación en marcha.

Mientras el P. Collaso adelantaba las obras de adaptación de la futura Normal, el P. Botey, ayudado por el P. Jofre, iba trabajando incansablemente en la adaptación del convento de San Francisco. El 19 de abril entraban en Camagüey, con el P. Collaso, seis escolapios que acompañarían al P. Botey en el nuevo colegio escolapio camagüeyano.

El 3 de mayo, se inauguró solemnemente el colegio e iglesia escolapios con gran satisfacción de la población. Pasaron años de angustia hasta que se pudiera tener un colegio en condiciones para los muchachos y jóvenes que acudieron en masa.

Hubo un momento en que la paciencia del P. Botey llegó a agotarse, y decidido, se presentó en la Capitanía General de La Habana para despedirse del general Serrano viendo que la edificación del colegio de Camagüey no prosperaba.

Recibido de manera intempestiva, el capitán general comprendió el disgusto del padre y prometió solemnemente darle una mano. Lo que hizo reemprender el viaje al P. Botey para comprobar que la palabra del general se cumplía y las obras comenzadas seguían a buen ritmo.

La constancia del P. Botey dio su fruto y el colegio, edificado de planta, reunía las condiciones deseadas. La guerra fue la causante de no pocas dilaciones pero finalmente se llegó al fin deseado.

La guerra de independencia prendió primero en Oriente y en medio de una población, analfabeta en su mayoría, destacarían Céspedes, Estrada Palma y los hermanos Pedro y Luis Figueredo, todos discípulos del escolapio Gaspar Comas de la Asunción que los preparó para la madurez y hombría que más adelante demostrarían.

En 1871 el colegio de Camagüey y toda su comunidad, que ya constaba de 14 padres y 4 hermanos, fue incorporada a la provincia escolapia de Cataluña que daba a aquella comunidad la estabilidad indispensable para continuar su obra admirable, continuadora de aquel «Liceo Calasancio» fundado por los francotiradores arrojados a la isla por los tristes avatares de la metrópoli.

Los dieciséis años que el P. Botey trabajó en Camagüey fueron de agobios y pesares, pero cuando gracias a la protección del general Concha nombrado en 1874 nuevo capitán general, el P. Botey pudo retirarse a Guanabacoa para descansar, el colegio de Camagüey era una preciosa realidad.

Después de cinco años de descanso en su querida Guanabacoa, el luchador P. Botey, volvería como rector al colegio de Camagüey por el que había dado gran parte de su vida y allí muere después de revitalizar aquel colegio de sus amores.

Guanabacoa: de Normal a Colegio a Internado

El que fuera sede de la primera Normal de la isla se convirtió, en poco tiempo, en uno de los primeros internados de la isla; del curso 1876 a 1877 llegó a tener 192 internos y 132 externos, es decir un total de 324 alumnos.

En el Libro de secretario hay una anotación que dice:

Una comisión del Ayuntamiento de esta Villa de Guanabacoa ha estado esta mañana a saludar al P. Rector, entregándole un oficio laudatorio del muy Ilustre Sr. Alcalde y acompañándole de un certificado de una sesión de dicho Ayuntamiento, en la que propuso y aprobó por unanimidad voto de gracias al P. Rector y demás Padres, Por la enseñanza gratuita que en este Colegio se da a más de 200 alumnos externos, y por venir dando comida y libros a unos 40 niños de los más pobres.

En este período de adaptación de Normal a colegio internado se hacen notar escolapios eminentes como el P. Eduardo Llanas que fue el creador de la Academia Calasancia de La Habana precursora de las de Villanueva y Geltrú y de la célebre Academia Calasancia de Barcelona. Las academias eran escuelas de declamación y una sociedad científico-literaria en pequeño, donde nuestros alumnos se aficionaban al saber, se estimulaban al estudio y se ejercitaban en trabajos proporcionados a su capacidad.

Hombres eminentes en la piedad y en la ciencia

El P. Pío Galtés se destacó como eminente naturalista y especialista en Geología. Una comunicación suya a la Exposición Internacional de Barcelona de 1888 le valió Medalla de Oro. Sus artículos sobre Geología eran esperados y leídos con admiración por ilustres científicos.

Del P. Pedro Muntadas se podría decir mucho; él fue el que tuvo los primeros contactos para la fundación escolapia en Puebla de los Angeles (Méjico). De Guanabacoa partieron también los fundadores de la Escuela Pía en Panamá, aunque eran de los escolapios llamados generalicios, que estaban a las órdenes directas del P. General. Lo más curioso de este escolapio valiente es la anécdota que recoge el Libro de secretario de Guanabacoa:

> Pero el incidente que más acusó y acentuó la recia personalidad del P. Muntadas fue ajeno a la Orden y tuvo lugar en el cementerio de la Habana. Ya entonces estaba vigente la costumbre de despedir el duelo con un discurso de circunstancias al terminar el sepelio. Hubo un acto solemne de enterramiento de soldados españoles caídos en combate en la guerra del 95. El General Weyler rogó al P. Muntadas se encargase de la consabida oración fúnebre. Predicó con grandilocuencia nuestro Padre y al llegar a la peroración pidió enternecido «lágrimas y oraciones por las víctimas españolas de aquella guerra cruel... Pero también pidió oraciones y lágrimas por los caídos del bando cubano que al fin y a la postre también son hermanos nuestros». El Capitán General dio una sacudida de estremecimiento; se contuvo un instante; pero al recibir el saludo de despedida del predicador le espetó a quemarropa: «Si no fuera porque conozco bien al P. Muntadas, ahora mismo le mandaba fusilar. No quiero compasiones para los enemigos de España».

La anécdota es auténtica y consta en nuestro libro de secretaría. Pinta el carácter sanguinario de aquel hombre sin humanidad. Mas refleja también hermosamente el valiente temple sacerdotal de nuestro P. Pedro Muntadas del Corazón de Jesús.

El P. Modesto Roca y antes el P. Clerch hicieron del desaparecido Museo de Guanabacoa un museo a la altura de los más prestigiosos de todo el país. Las colecciones de moluscos y mariposas llamaron la atención de muchos visitantes ilustres. Albergó también la mejor colección de maderas cubanas.

El célebre naturalista cubano D. Carlos del la Torre y Huerta colaboró con el P. Clerch en muchas ocasiones.

Ultimamente, ya en vísperas de la intervención y posterior dispersión del Museo de Guanabacoa, el P. Modesto Galofre fue un digno émulo de todos los escolapios anteriores en velar por el famoso museo.

Inevitables contratiempos

El 10 de marzo de 1908 un incendio en el internado que pudo acabar con el Colegio de Guanabacoa, conmovió a toda la ciudad y se convirtió en una especie de referéndum de admiración, simpatía y deseo de que el colegio se pudiera rehacer de aquel luctuoso percance que por fortuna y al ocurrir a pleno día, no hubo que lamentar víctima alguna.

Desfilaron por el colegio cantidad de autoridades, antiguos alumnos y padres de familia que, oportunamente organizados, facilitaron la próxima rehabilitación del internado.

El célebre ciclón del 20 de octubre de 1926, un terrible ciclón que duró cinco días y azotó despiadadamente la ciudad fue la ocasión de que el colegio correspondiera a la simpatía que siempre había manifestado por los más humildes. El alcalde de la villa acudió al rector para pedir ayuda para una serie de familias que habían quedado sin hogar. El rector ofreció amablemente el salón de las clases de Comercio que se iba a inaugurar, y estas familias recibieron hogar y alimentos hasta que pudieron resolver la grave situación.

Al terminar, después de varios meses, en el patio central del colegio, se celebró una simpática fiesta de despedida se legalizaron 6 matrimonios y se bautizaron 16 niñitos. No olvidó el P. Mendiola, encargado de las familias, junto con el alimento material facilitarles también el espiritual.

Formación cristiana

Tanto en la Normal de Guanabacoa, como en todos los colegios escolapios de la isla, primaron siempre en primer término, la formación integral de los alumnos y la preocupación por su formación cristiana. Cierto que en algunas ocasiones la misa diaria se podía volver rutinaria, pero no faltaba nunca el sacerdote animador que sabía imprimir, en las prácticas religiosas, un ritmo que pudiera, sin cansar excesivamente a los alumnos, atraerlos suavemente a la práctica de los sacramentos de los cuales no siempre hemos sacado los frutos pedagógicos y normativos que bien administrados servirían para alentar en los jóvenes la práctica de la virtud.

Por experiencia propia puedo asegurar, por haber sido encargado de la formación de los últimos cursos de bachillerato, que la única queja de los más sensatos, era la falta de silencios en la misa que permitieran un poco más de reflexión. Hemos abusado a menudo de las moniciones, cantos, y reflexiones sobre la marcha, y hemos olvidado que el silencio ayuda enormemente a saborear las bellezas de la liturgia.

Funcionaban en todos los centros escolapios asociaciones eucarísticas, la Acción Católica colegial y un sin fin de agrupaciones voluntarias en que a la formación humana añadía la sal y pimienta de la piedad.

Singularmente en Guanabacoa creó el P. Modesto Roca, un hombre eminente e indispensable en cualquier acto religioso de la diócesis, como el orador adecuado para los grandes eventos (inauguración de la Iglesia de Reina en La Habana, etc.) fundó la Academia Calasancia, especie de círculo literario para los alumnos más aprovechados, en la que se formaban en la piedad y las letras de manera espontánea y agradable.

Dicho medio de formación fue después imitado en varios colegios de Cataluña y daría lugar, más adelante, a la célebre Academia Calasancia de Madrid y Barcelona que serían el plantel para eminentes hombres del periodismo y de la buena política.

La formación religiosa que se daba en los colegios y para la cual se solicitaba la colaboración familiar, no se limitaba a los alumnos. Todas las poblaciones que han tenido la suerte de poseer un colegio calasancio saben perfectamente que los escolapios hemos sido en todas partes colaboradores natos de todo movimiento juvenil que se plantease en la diócesis. Asociaciones piadosas, Caballeros de Colón, Hombres de Acción Católica encontraban siempre en los escolapios entusiastas colaboradores. El P. Buenaventura Rigola, ya anciano, vicario provincial, aceptaba llegar a altas horas de la noche a casa para no dejar a los Caballeros de Colón sin asistencia. El P. Castellar, eminente orador sagrado; el malogrado P. José Homs que murió a sus cuarenticinco años prematuramente, fue un hombre que había dado mucho y prometía más, había sido nombrado por el cardenal Arteaga consiliario nacional de los Hombres de Acción Católica; los PP. Entralgo, Pastor González, Modesto Roca, Joaquín Hereu, Miguel Magri, Ramón Marimón y una etcétera interminable, siguiendo el pensamiento inspirador de Calasanz, que quería que los padres de los alumnos participaran del apostolado escolapio en beneficio del pueblo de Dios, pusieron siempre a disposición de la diócesis todas las energías y a pesar de tener que privarse del descanso bien merecido, cooperaban gustosamente en la pastoral diocesana.

Para el escolapio y desde sus orígenes, el aula magna de cada colegio es la iglesia. Calasanz no se contentaba con un oratorio minúsculo al servicio únicamente de los alumnos, requería en todas sus fundaciones una iglesia notable para que la pastoral sacramental jugara un papel preponderante.

Un colegio no es escolapio si la primera y más importante asignatura no es la catequesis; como un colegio religioso no educa porque tenga uno o dos religiosos eminentes, que los tuvo Cuba, sino porque todo el centro ha de tener un ambiente en el que las relaciones profesores-alumnos, profesores-educadores entre sí y padres, alumnos y educadores se muevan en una única atmósfera de relación evangélica, es decir, los superiores, directores y formadores se consideren como servidores de los alumnos que son la encarnación práctica del Jesús que predicamos. Que al lavar los pies de sus defectos, de sus impulsos primarios, de sus carencias, lo hagamos con la humildad con que lo hizo Jesús a sus apóstoles.

Hubo en Cuba catequistas eminentes y por eso sus frutos fueron espléndidos. En las parroquias, en todas las diócesis donde hemos actuado los escolapios, nuestros alumnos han sido laicos comprometidos al servicio de la comunidad y de la pastoral diocesana.

Colegio San Rafael en La Habana

Hacía tiempo que numerosos alumnos y padres de familia urgían la necesidad de fundar un colegio en La Habana. El primer pensamiento del provincial de Cataluña insinuaba que el lugar más conveniente sería el Vedado.

Se hizo una prospección y los terrenos disponibles eran de un precio que superaba las posibilidades del colegio de Guanabacoa.

El P. Sumalla, rector a primeros de siglo de Guanabacoa, se lanzó a la aventura de alquilar, con promesa de compra, una casita en la calle San Rafael, que no reunía las condiciones deseadas. Toda la operación fue un tremendo fracaso. En agosto de 1904 se abrió el colegio en la casa n° 50 y la comunidad habitaba en la 82 de la calle San Nicolás. El nuevo rector P. Miguel Simón recibió un legado de 11 000 pesos, con lo cual pudo comprar la casa n° 52 contigua a la primera y se pudo ampliar el colegio en ciernes. En el Rectorado siguiente, del P. Eloy Vidal, el colegio llegó a 200 alumnos con algunos internos.

Con los dos colegios iniciales de Guanabacoa y Camagüey y los de San Rafael y Cárdenas se convirtió el vicariato en vicaría.

En 1909 llegó la segunda gran expedición de escolapios jóvenes que iban a inyectar nueva vida y energía, a la recién estrenada Vicaría.

El vicario, P. Fábregas, pensó en fundar en El Salvador, Santo Domingo y Costa Rica; pero ninguna de estas posibles fundaciones llegó a cuajar.

Mientras tanto, el colegio de San Rafael por haber seguido un plan inteligente y perseverante fue creciendo y afianzándose. Al poco tiempo, con una comunidad decidida logró convertirse en un colegio de la misma categoría que Camagüey o Guanabacoa.

Las últimas memorias que se imprimieron, en tiempos del último rector, P. Salvador Salitjes, en nada tienen que envidiar a las de Guanabacoa.

Más todavía, fue la comunidad de San Rafael la que con la de Guanabacoa preparó el segundo colegio de La Habana, situado en la Víbora, verdadero orgullo de la Escuela Pía cubana, hoy en estado tan lastimoso como todos los demás.

Colegio en la Víbora

El colegio habanero de San Rafael hacía tiempo que sentía la necesidad de ampliarse, ya que encerrado en terrenos excesivamente edificados, sus alumnos suspiraban por nuevos horizontes.

En 1930 se abrieron las primeras aulas en un hotelito del reparto de la Víbora que, derribado, daría lugar a uno de los colegios más risueños, y adaptado al momento presente.

El tesón de una serie de escolapios entusiasmados por la idea de renovar, el nuevo colegio, hicieron ya en 1952, que el colegio de la Víbora pudiera ser canónicamente independiente.

La visita del P. general, Vicente Tomek, fue el espaldarazo a la moderna y luminosa edificación. Afirmó públicamente que era el mejor colegio de la orden.

El noviciado de Guanabacoa

Con mucho acierto, al celebrar el primer centenario de la Escuela Pía en Cuba, se pensó en un monumento que asegurase el crecimiento y cultivo de vocaciones escolapias, porque cada vez se veía más clara la necesidad de no esperar de fuera nuevas inyecciones de sangre. Cuba y los cubanos podían resolver el primer problema que toda institución extranjera tiene al iniciar una labor de apostolado como la Escuela Pía, en tierra extraña.

El 25 de marzo de 1956 el cardenal Arteaga bendecía la primera piedra de un edificio moderno, sencillo y adaptado a la independencia, silencio y facilidad para la oración y el estudio junto a la cuna de la Escuela Pía cubana, situada en Guanabacoa. Antes, el 13 de octubre de 1941, se habían iniciado los primeros pasos del noviciado de Guanabacoa. Ahora el Noviciado de planta, permitía una formación total indispensable. La independencia de jóvenes y maestro fomentaría el florecimiento de abundantes vocaciones. Pero los caminos de Dios no son nuestros caminos.

Colegio de La Habana, en el Cerro

Una nueva sucursal que duraría de 1900 a 1919 funcionó en el Cerro y se llamó Colegio del Pilar. Daría, entre otros alumnos ilustres, al obispo auxiliar del cardenal Arteaga y vicario general de la diócesis, Dr. Alfredo Müller.

El edificio no reunía las condiciones indispensables y a los pocos años se tuvo que abandonar.

Colegio de Cárdenas

Un grupo de seglares muy bien intencionados, ofrecieron a los PP. escolapios un colegio en Cárdenas llamado «El Progreso» que pasaba por un mal momento y requería una orden religiosa prestigiosa, que lo llevase a flote.

Quizás no se midieron bien las condiciones del colegio, mal edificado y peor conservado porque el fundamento era inadecuado. A pesar de ello, el colegio resistió hasta que en 1919 un golpe de mar inundó la ciudad y el colegio, lo que agravó la precaria edificación y obligó a los PP. a abandonar la fundación que, desde el principio, se vio que difícilmente se consolidaría.

Monseñor Ruiz y el colegio de Pinar del Río

En 1910 y después de una insistente petición de Mons. Ruíz, obispo de Pinar del Río y de La Habana, llegaron los escolapios a Pinar y después de las dificultades normales en toda fundación, la ayuda determinante del Sr. obispo facilita el crédito que permitirá edificar el colegio de planta que duró desde 1912 a 1959 en que fue intervenido.

La Escuela Pía en todos estos colegios llevó a cabo la misma labor y de todos conservan el grato recuerdo de la eficacia, seriedad en todas las disciplinas, pero singularmente en una piedad inteligente y acomodada al momento presente que preparaba a sus alumnos para el compromiso cristiano y no dejaba de incidir en la vida religiosa de la familia, como se ha demostrado a través de los años de clara influencia marxista.

Por sus frutos los conocerán

La valía de una institución pedagógica, como la Escuela Pía, se ha de medir por los frutos que aporta a través de los años. La educación es tarea larga.

La Escuela Pía en Cuba puede presentar un archivo que no cabe en un trabajo como el actual. Existen en los archivos y en las memorias escolares las listas de muchos cubanos que se gloriaron de haber recibido en las aulas calasancias la formación que ha dado sentido a toda su vida.

Vamos a dar únicamente una muestra de algunos alumnos que sobresalieron en el campo de la piedad y de las letras en los 139 años en que la Escuela Pía, en distintas condiciones y en momentos fáciles o difíciles, ha intentado llevar a término el carisma de José de Calasanz adaptado a las circunstancias de cada momento. Enrique José Varona, filósofo eminente y gran educador escribe:

> *Mis memorias de nuestro Camagüey y en lo mejor de aquel período están penetradas del ambiente de ese Colegio de las Escuelas Pías, al que puedo llamar mi alma parens pues en él se abrió mi mente a la contemplación del vasto mundo espiritual de Grecia y Roma, de que estuvo empapada en los primeros años de mi vida literaria. Allí florecieron en mí las sólidas amistades que tanto vigorizan la adolescencia, allí aprendí a amar el estudio, panacea en las tormentas de mi vida azotada por las borrascas políticas, allí se templó mi espíritu por la admiración de los grandes iniciadores de la humanidad y se hizo apto para comprender y aquilatar a nuestros insignes compatriotas, los que fecundaron el alma de Cuba. En mi vida posterior no encuentro sino el desarrollo de los gérmenes plantados por mis maestros de aquellas Escuelas, los cuales supieron ponerse a tono con mi alma que pugnaba por tener alas.*

Citemos únicamente al primer cardenal de Cuba, Mons. Manuel Arteaga y Betancourt; a Mons. Pedro González Estrada, primer cubano, obispo de La Habana; al obispo auxiliar de La Habana, Alfredo Müller; Mons. Manuel Ruíz, obispo de la Habana y de Pinar del Río. Además, más de 30 sacerdotes del clero regular y secular.

Si tuviéramos que citar a todos los que han ejercido altos cargos en la Administración Pública tendríamos que fatigar al lector con listas interminables, con el peligro de ser injustos, omitiendo sin querer, hombres eminentes.

Nos encontraremos a los presidentes de la República: Tomás Estrada Palma, D. Miguel Mariano Gómez y Dr. Carlos Prío Socarrás, y a D. José Martí Zayas hijo del Apóstol y brigadier del Ejército Nacional.

Que la Escuela Pía formaba al hombre entero y lo formaba para ser fiel a sí mismo y a la patria, lo demuestra el número elevado de discípulos que dieron la vida por la patria en la guerra de la Independencia como fueron 4 generales, 7 coroneles, 15 tenientes coroneles, 30 comandantes, 27 capitanes, 14 tenientes, 12 subtenientes y numerosísimos de clases y soldados.

Escolapios cubanos

Entre los escolapios de esta hermosa tierra hemos de recordar después del P. Collaso tantas veces citado, al P. Antonio Ma. Entralgo de tan grato recuerdo, que moriría en Miami, después de servir a la Escuela Pía en Cuba, en Cataluña y en Miami. Al P. Julio García que a pesar de una enfermedad congénita, sirvió a los niños y a los fieles con una entrega abnegada y total. Al P. Eduardo García, muerto prematuramente y heroicamente en Veracruz intentando salvar a dos clérigos escolapios. Al P. Pastor González, hombre de ciencia y piedad, párroco añorado de Guantánamo y líder de jóvenes católicos cubanos.

Queda en Cuba el P. José Coviella, último escolapio cubano, vocación tardía y entusiasta, sirve abnegadamente a la Iglesia y a la Escuela Pía, después de servirla como admirado profesor durante muchos años.

El P. Rafael Hernández, habanero, sigue en México como asistente provincial y formador.

El P. Haroldo Guerra ejerce su ministerio en una parroquia de EUA.

No podemos olvidar el P. Raúl Palma, hondureño formado en Cuba, ni a los PP. Mario Vizcaíno y José Antonio Vicaíno que siguen como escolapios, el primero atendiendo a los hispanos en Estados Unidos en ocho diócesis del Sur, con un trabajo ingente y muy apreciado por obispos y fieles y el segundo, al servicio de la parroquia de San Bernardo en la barriada de Ca N´Oriac (Sabadell - Cataluña) atendiendo además a varias comunidades catecumenales.

Asociaciones piadosas y publicaciones

Entre las múltiples asociaciones piadosas que se crearon en las distintas iglesias de los escolapios, las más populares y de mejor contenido fueron siempre las del colegio de Guanabacoa. Había la Asociación de Santa Mónica, de San José de Calasanz, de la Virgen del Carmen; pero, entre todas, sobresalía la de Nuestra Señora del Sagrado Corazón que acabaría siendo la titular de la Iglesia, sustituyendo, con los permisos debidos, al titular tradicional San Antonio de Padua.

La fiesta titular se preparaba con una novena y los cultos eran muy concurridos por el pueblo fiel. En Guanabacoa, la procesión de los santos y la tutelar, constituían las fiestas más notables del año.

En todos los colegios había distintas publicaciones escolares para ponerse en comunicación con las familias de los alumnos.

De las de Guanabacoa podemos entresacar las siguientes:

- Memoria escolar anual
- Memoria de los antiguos alumnos
- Boletín escolar (mensual)
- Ecos guanabacoenses (mensual)
- La voz estudiantil, con distinta periodicidad

Desiguales en contenido y duración, todas ellas contribuían a la formación de familiares y alumnos y en todas ellas se admitía la colaboración de los principiantes, preparándoles para futuras aficiones artísticas y siempre formativas.

Conclusiones

Para concluir, sabiendo que quedan tantas facetas de la formación impartida por los escolapios que el tiempo y el espacio nos impiden consignar en este trabajo necesariamente limitado, citamos como colofón:

- La medalla «BENEMÉRITA» concedida por Pío XII por el trabajo de la Escuela Pía en Cuba durante el primer centenario.
- La Orden de Manuel de Céspedes ofrecida por el presidente de la República.

La Medalla de Oro de la Ciudad de Guanabacoa otorgada a la Escuela Pía por el ayuntamiento en sesión memorable y con el asentimiento unánime de todo el Consejo Municipal.

Labor educativa de los Jesuitas en Cuba*

P. José Luis Sáez, sj

Aunque los jesuitas estuvieron presentes en el quehacer de la Iglesia cubana desde mediados del siglo XVI, sin embargo su labor educativa no se materializó hasta el siglo XVIII con el establecimiento de dos colegios, uno en La Habana y otro en menor escala en Camagüey. Expulsada la Compañía de Jesús de España y sus territorios de Ultramar en 1767, y suprimida luego durante cuarenta y un años (1773-1814), la presencia jesuítica no volvería a tener participación en la educación cubana hasta 1852, al amparo de la política colonial de Isabel II. Por eso, nuestra exposición se divide obviamente en dos partes:

1ª. La educación jesuita durante el siglo XVIII, que se centra y personifica en el Colegio San José de La Habana (1722-1767)
2ª. La educación jesuita a partir de mediados del siglo XIX, que abarca los colegios de Belén (La Habana), Monserrat (Cienfuegos), Sagrado Corazón de Jesús (Sagua), y Ntra. Señora de los Dolores (Santiago de Cuba), y concluye con la supresión de la enseñanza privada en 1961.

Educación Jesuita durante el Siglo XVIII: el Colegio San José de La Habana (1722-1767)

El Primer centro educativo de los jesuitas en Cuba fue el Colegio San José, aunque algunos dicen que el pueblo se refirió siempre a él como Colegio San Ignacio o de la Compañía. Como la isla pertenecía entonces a la demarcación jesuita denominada Provincia de Nueva España, la dotación del colegio y su personal provenían de México, y como se verá, seis de sus rectores y catorce de sus profesores, todos jesuitas, eran nativos de aquella colonia española, y en su mayor parte de Ciudad de México y Puebla de los Angeles.

El colegio fue fundado oficialmente mediante Real Cédula de Felipe V (Lerma, 19 diciembre 1721), gracias a las gestiones del mexicano José de Castrocid (o Castro Cid) (1687-1764) y el guatemalteco Jerónimo Varaona (1688-1749). Sin embargo, la ciudad y la misma Compañía de Jesús siempre reconocieron como fundador al sacerdote cubano Gregorio Díaz Angel (✝1735) que,

---
* Esta ponencia fue presentada por el P. Mariano Tomé, sj

además de donar buena parte de sus haciendas, dejó en su testamento otros bienes fundacionales (18 septiembre 1734), y expresó su deseo de que el colegio estuviera bajo el patrocinio de San José. Del mismo modo, había contribuido con su apoyo moral y económico el jesuita cubano Eugenio de Losa (o Lasa) (1635-1750), y el obispo Diego Evelino de Compostela (1635-1704), que cedió buena parte del terreno situado en la llamada Placita de la Ciénaga.

El local del colegio, cercano a la costa, ocupaba lo que luego sería Seminario de San Carlos y San Ambrosio. Su entrada principal era prácticamente la misma que conserva el antiguo seminario a un costado de la Catedral. La capilla del colegio, cuya construcción se empezó el 19 de marzo de 1748 y no se había terminado cuando ocurrió la expulsión, se convirtió en Catedral de La Habana a partir de 1772.

El conjunto que componía el colegio San José incluía, además de las habitaciones para los alumnos internos, una Casa de Ejercicios, sin duda la primera que existió en el Caribe, a la que parece acudía también el clero, por orden del arzobispo Pedro Agustín Morell de Santa Cruz. De ambas cosas, haciendas y conjunto estructural del colegio, se conservan los planos, provenientes del Archivo General de Indias.

Por las aulas de San José pasaron profesores tan eminentes como el humanista e historiador mexicano Francisco Javier Alegre (1729-1788), el científico italiano José Javier Alagna (o Alaña) (1707-1767), a quien se debe el primer mapa de La Florida, el irlandés Thomas Ignatius Butler (1712-1770), misionero y maestro del P. Alegre, y el español Pedro Ignacio Altamirano (1693-1770), procurador electo de México ante el Consejo de Indias.

Entre sus alumnos, se destacaron el primer obispo de New Orleans, Luis Ignacio Peñalver y Cárdenas (1749-1810), el P. Francisco Javier Conde y Oquendo (1733-1799), según algunos el mejor orador del siglo XVIII nacido en América, y sobre todo al P. José Julián Parreño, sj (1728-1785), filósofo y teólogo, que impulsó el neo-escolasticismo en México. Aunque la dispersión de 1767 obstaculizó la perseverancia de muchos, también sabemos que más de diez alumnos del colegio ingresaron a la Compañía de Jesús.

Durante sus 45 años de existencia gobernaron el colegio los siguientes diez rectores: José de Castro Cid (México: 1722-1727), Pedro Ignacio Altamirano (Málaga, España: 1727-1736), Jerónimo Varaona (Guatemala: 1737-1748), Pedro de Lucena (Veracruz, México: 1748-1751), Martín Goenaga (Vergara, España: 1751-1753), Joaquín Munave (Tlaxcala, México: 1753-1758), Antonio Muñoz (Puebla de los Angeles, México: 1758-1761), José Urbiola (Navarra, España: 1761-1763), Estanislao Ruanova (Veracruz, México: 1763-1766), y Andrés Prudencio Fuentes (Guanajuato, México: 1766-1767).

Fiel a la tradición jesuítica de la gratuidad de la enseñanza, la base de sustentación del Colegio San José se componía de tres ingenios (Nuestra Señora de Aránzazu o Barrutia, San Juan Bautista de Poveda, y San Ignacio de Río-Blanco), y cuatro haciendas de ganado: Puercos Gordos, Guayquiva, Hatillo de Santo Domingo y Salado. A finales del siglo XVIII, esas haciendas tenían un total de 8 034 cabezas de ganado y 423 esclavos negros (330 hombres, 66 mujeres y 27 niños).

Cuando se leyó el decreto de expulsión de la Compañía (15 Junio 1767), la comunidad jesuita del Colegio San José se componía de 13 sacerdotes, 1 escolar y 2 coadjutores. Habían trabajado hasta entonces 41 jesuitas (34 sacerdotes y 7 coadjutores). Sin embargo, no disponemos aún de documentación más precisa para determinar qué número de alumnos admitía el colegio, probablemente solo internos, o cuántos pasaron por él durante el breve período de cuarenta y cinco años.

A partir de 1744 dos sacerdotes de la Compañía, gracias a Eusebia y Rosa Varaona, habían abierto una residencia en Puerto Príncipe (Camagüey), que sería el inicio del colegio de la Ciudad, fundado por Real Cédula de Fernando VI (7 octubre 1750). Dado el carácter provisional de la fundación, en los datos de que disponemos solo se menciona como primer vicerrector del colegio al P. José de Urbiola (Navarra, 1755-1761). A partir de ese momento, encabeza la lista como autoridad suprema el padre superior de la residencia, el cubano Pedro Palacios. El último que figuró como rector del colegio es el mexicano P. Miguel Gadea, que con los otros tres jesuitas se encaminaría al destierro desde La Habana el 5 de julio de 1767 en el bergantín Nuestra Señora del Carmen y San José.

Aunque los jesuitas enviados a aquel colegio (parece que no pasó de considerarse incoado por parte de las autoridades romanas), nunca pasaron de cinco, y sabemos muy poco acerca de sus características, alumnado, edificios, podemos decir que siguió las mismas normas y sistema educativo que el colegio habanero y los otros veinticinco de que disponía la Provincia de Nueva España.

La educación Jesuita a partir del Siglo XVIII (1854-1961)

Una vez restablecida la Compañía, la Provincia de Castilla destacó en Cuba un grupo de jesuitas que llegaron el 29 de abril de 1853, y un año después (2 marzo 1854), abrieron el nuevo colegio de La Habana, esta vez en el local del antiguo Convento de Belemitas (Compostela entre Luz y Acosta), y con el pomposo nombre de Real Colegio de Belén.

El plan de estudios aprobado por la reina Isabel II comprendía, además de la instrucción religiosa, común a todos los alumnos y distribuida según los cursos y niveles, la enseñanza secundaria elemental (3 años) y la enseñanza secundaria superior (4 años). En esta última, el primer curso se denominaba Humanidades y correspondía al primero de Filosofía de la Universidad; el segundo o Retórica equivalía al 2º de la misma rama y centro, y los dos restantes se denominaban simplemente tercero y cuarto de Filosofía.

El colegio abrió sus puertas con cinco profesores jesuitas y, cuarenta alumnos, que permanecían allí desde las seis de la mañana hasta las seis de la tarde. Al iniciarse el segundo curso, ya eran 17 jesuitas (11 sacerdotes y 6 hermanos), y 150 alumnos (cincuenta internos y cien externos). Diez años después, el local albergaba ya 270 internos, y al cumplirse medio siglo habían pasado ya por sus aulas 5 237 alumnos (72,5% internos y 27,4% externos).

En la nómina de sus alumnos se inscribieron figuras tan destacadas y eminentes como el sabio Carlos J. Finlay, el Dr. Emilio Roig Leuchsenring, Braulio Orúe Vivanco (obispo de Pinar del Río), y por supuesto, tres de los presidentes de la República. De los profesores jesuitas de esa etapa destacan el matemático catalán Baltasar Homs (1856-1860), el físico colombiano Lorenzo J. Arrubla (1881-1901). Más adelante destacarían el químico Román Galán Sánchez (1934-1940), los naturalistas Pelegrín Franganillo Balboa (1918-1955), y Faustino García Peralta (1941-1961), el literato gallego José Rubinos Ramos (1932-1961), y el historiador Emilio Hurtado (1905-1954), entre otros.

Una de las obras que daría merecida fama al colegio fue el observatorio meteorológico, establecido en 1857 por Antonio Cabré (Tarragona, España: 1829-1883), un joven escolar jesuita. Sin embargo, fue el P. Benito Viñes Martorell (Tarragona, España: 1870-1893), el que prestigió aquella obra gracias a su teoría de la predicción y circulación de los ciclones de las Antillas (1876). Doce directores y más de veinte asistentes jesuitas estuvieron a cargo de aquella institución durante sus 104 años de existencia. En esa labor se destacaron también los padres Lorenzo Gangoiti (1893-1926), Simón Sarasola (1897-1901, 1943-1947), Mariano Gutiérrez Lanza (1926-1943) y Rafael Goberna (1947-1961).

El aumento de matrícula y la antigüedad del edificio determinaron que en 1923 se construyera el nuevo colegio en el barrio Buenavista (Marianao), cuyas alabanzas nos dan una idea de lo desproporcionado y ambicioso de aquel local, inaugurado el 31 de julio de 1925, y en donde luego se pensó instalar una universidad a fines de la década de los cincuenta.

Durante sus 107 años de existencia en Cuba, gobernaron el colegio veintiséis rectores: el primero fue Bartolomé Munar (Mallorca, España: 1854-1857), y el último sería Ramón Calvo (Salamanca, España: 1959-1961). Los únicos cubanos que gobernaron el colegio fueron Daniel Baldor de la Vega (Habana: 1940-1947), y Eduardo Martínez Márquez (Habana: 1956-1959).

El único centro educativo de los jesuitas de Cuba abierto también en el siglo XIX fue el Colegio de Monserrat (Cienfuegos), establecido primeramente el 1º de noviembre de 1862 en Sancti Spiritus con el nombre de Sagrado Corazón de María, trasladado por decirlo así a Cienfuegos en 1879, y clausurado en 1942. Aunque en menor escala, ese colegio también tuvo su observatorio meteorológico, fundado en 1910 por el P. Simón Sarasola. La escasez de personal y lo reducido de la matrícula decidieron que las autoridades jesuitas dispusieran el cierre del colegio, que el 14 de diciembre de 1941 se convertiría en el primer noviciado jesuita de Cuba.

Las obras educativas que se abrirían o asumirían durante el siglo XX fueron el colegio Sagrado Corazón de Jesús (Sagua la Grande, 1914), regentado primero por los HH. de la Salle (1914-1922), el de Dolores (Santiago, 1911), la Escuela Electromecánica de Belén (Habana, 1941), y la escuela del Niño de Belén (Habana, 1905), que durante sus primeros quince años también estuvo bajo la dirección de los HH. de la Salle.

Balance provisional de 152 años de educación Jesuita

Para calibrar en su justa dimensión el aporte (positivo o negativo) de los jesuitas en la educación cubana durante siglo y medio, sería preciso estudiar qué tipo de formación se impartió, quiénes fueron sus maestros y qué hicieron en el futuro los que asistieron a sus aulas. Como ya anotamos algunos de esos datos al referirnos al Colegio San José y al de Belén, baste por ahora decir que en las instituciones jesuitas se formaron por lo menos seis generaciones de cubanos eminentes en varias ramas del saber, en la administración pública, en el clero y en la educación.

No podemos decir hasta qué punto los educadores jesuitas sabían que la educación no es ni puede ser obra exclusiva del colegio, y que la sociedad misma es la que modela al individuo. Por eso, no es extraño que la educación jesuita, más inclinada al rigor y el exclusivismo, sirviese también a la larga para promover el cambio social.

No podemos pretender que la Compañía de Jesús fuese la más destacada en este área. Durante estos dos siglos, seis congregaciones masculinas y diez femeninas mantuvieron setenta y siete colegios y una universidad, y cada uno a su modo, en su ámbito y con su clientela incidieron en la educación y la sociedad cubana. Los defectos propios de esa educación, en muchos casos elitista, y en su mayor parte en manos de extranjeros no son nuevos, ni sus efectos tan difíciles de calcular.

RESUMEN DE LAS PONENCIAS PRESENTADAS

Ciencia y fe en el pensamiento cubano

Inv. Rufino Pavón Torres
Holguín

La historia más reciente del pensamiento cubano se ha caracterizado por llevar a sus últimas consecuencias las contradicciones entre ciencia y fe. Testimonio de ello, entre otras, está la implantación de un sistema educacional ateísta y el asumirse una ideología excluyente de aquellos que asumen la fe religiosa como sustento de sus vidas.

Múltiples intentos se han hecho para justificar esta política como una adopción consecuente con el pasado histórico. Existen suficientes estudios que hacen ver una «lógica natural del desarrollo» y asumir el ateísmo «científico» como presupuesto teórico de una práctica social que se proponía superar el «idealismo religioso» para construir una sociedad más justa.

El presente artículo demuestra lo infundado de los presupuestos históricos esgrimidos, por cuanto en el pensamiento cubano más progresista, desde el siglo pasado, no hubo disyuntiva excluyente entre fe y ciencia, como lo demuestra la vida y la obra de Félix Varela y José Martí, figuras en las que se centra la investigación realizada.

Se amplía el estudio con un acercamiento a la recepción de esa herencia a través de nuestra historia, donde se ha manipulado la información, con el fin de justificar posiciones predeterminadas. Se agrega una actualización de los criterios científicos que le dan razón al pensamiento que señala que lo contrario a la fe no es la ciencia sino el temor.

El artículo explicita la afirmación de que dentro de la tradición católica nació la ciencia cubana, y continuó su desarrollo sin que se plantearan disyuntivas ajenas al legado intelectual cubano. Magisterio que hoy algunos en el mundo descubren sin conocer este antecedente.

La utilidad de estas reflexiones encuentran su sustento en la práctica social de nuestra patria, donde sobreviven, en la cultura y la política, estas posiciones excluyentes, a contrapelo de las medidas que se han tomado para superar las posiciones más dogmáticas y conservadoras.

● ● ● ● ●

Significación y uso de los Archivos Parroquiales

Lic. Waldina García Machado
Lic. Pilar Hernández Ortiz
Lic. Nora Valdés Cortañet
Ciego de Avila

Los archivos parroquiales poseen significativa importancia para la iglesia al atesorar la actividad sacramental de las parroquias en lo que a la observancia religiosa se refiere del bautismo, la confirmación y el matrimonio, desde la fundación de los templos. También estos archivos constituyen fuente de datos fidedignos para fines civiles en casi todos los países e internacionalmente.

Ahora bien, pocas veces se abordan los archivos parroquiales por su valor histórico-religioso con el fin de ratificar cuantitativamente la situación cualitativa de las comunidades parroquiales (en cuanto a los sacramentos mencionados). En tal sentido, nos propusimos (mediante un rastreo socio-estadístico en los archivos de la parroquia Nuestra Señora de La Candelaria de Morón) validar el significado de estos registros para la historia de la iglesia en el país y, al hacerlo, encontrar con satisfacción cómo estudios estadísticos a un nivel territorial, reflejan las sabias valoraciones que, sobre la iglesia en Cuba, se recogen en el ENEC (1986) y ECO (1996).

Al respecto, fueron revisados 6 libros de bautismo que contienen los últimos 26 años (1970-1995, ambos inclusive), para un total de 7 484 asientos del sacramento; 2 libros de confirmaciones y 2 de matrimonios, en igual período. De estos se extrajeron datos suficientes para hacer un estudio observacional-descriptivo y expresarlo en indicadores tales como promedios, porcentajes, tendencias, etc. Así se constató cómo el número de bautizados decreció de forma oscilante en los años subsiguientes a 1970 (punto de partida) con 617 hasta llegar a 57 en 1980 y experimentar ligeros incrementos, siempre oscilantes, por años hasta llegar a 679 (1993), 733 (1994), 732 (1995), con una tendencia francamente ascendente a expensas del último quinquenio.

Sin lugar a dudas, los archivos atesoran numéricamente la etapa eclesial del «testimonio silencioso»; así como las divinas consecuencias de la pastoral de los obispos cubanos en septiembre de 1993 «El amor todo lo espera» y el reflejo de una Iglesia «orante», «encarnada» y «evangelizadora» propuesta en el ENEC y corroborada como tal por Su Santidad el Papa Juan Pablo II en su mensaje al ECO.

•••••

Apuntes sobre una obra olvidada del patrimonio cultural avileño: retrato al óleo de San Eugenio de la Palma

Lic. Manuel Toledo Alejo
Lic. Manuela Rodríguez Espinosa
Lic. José Gabriel Quintas Santana
Ciego de Avila

El trabajo consta de dos partes: una primera donde se proporcionan datos sobre la historia de la parroquia de San Eugenio de la Palma de Ciego de Avila, la cual se articula con una segunda parte donde se analizan tanto los valores formales como de contenido del cuadro del santo patrono de la hoy diócesis de Ciego de Avila, un retrato al óleo pintado en 1825.

Se trata de insertar la obra dentro del contexto de la actividad pictórica de su época, se indaga acerca de la personalidad de su autor (Agustín Rodríguez) y las posibles influencias recibidas por este creador durante su quehacer artístico y que se pueden advertir en la obra de referencia.

Finalmente se intenta definir la creación del cuadro de San Eugenio de la Palma como el bien de índole cultural, o más bien artístico, más antiguo de los que se conservan no solo en la ciudad y parroquia de Ciego de Avila, sino de toda la provincia y diócesis avileña.

Por último, se recomienda a las instituciones competentes su cuidado y salvaguarda como bien patrimonial.

•••••

Apuntes histórico-arquitectónicos de la Parroquial Mayor de San Juan Bautista de los Remedios

Ing. Pablo A. Alvarez Rebollar
Lic. Dely Capote Gemoneda
Arq. Ricardo Pérez Guzmán
Santa Clara

El estudio que se aborda se ubica en el contexto de las investigaciones que desarrolla el Equipo Técnico de Monumentos del Sector Municipal de Cultura de Remedios.

Comprende un análisis histórico-arquitectónico sobre la Iglesia Parroquial Mayor de San Juan Bautista de Remedios, el cual ha arrojado un estudio estructurado por etapas, atendiendo a los diferentes estilos que han dejado sus huellas en tan valioso monumento, hasta la restauración llevada a cabo por Falla Bonet en 1943, que condujo el inmueble a la imagen que presentó en el siglo XVIII.

El estudio ha llevado a la confirmación de la importancia que en el orden patrimonial posee el objeto de esta investigación y la necesidad de divulgar incesantemente esta rica experiencia.

Al final de esta investigación hemos llegado a la conclusión de que el edificio que ocupa la Parroquial Mayor, por su ancestral origen, constituye uno de los exponentes de la etapa formativa de la arquitectura cubana. Posee características de la arquitectura morisca, representando una fase muy evolucionada de la misma.

Este trabajo constituirá a partir de la conclusión de su segunda parte, en la que abordaremos el estudio de los exponentes: muebles de la parroquias, un documento de consulta para los investigadores y un expediente completo de la misma, a partir del cual podrá ser elaborado un proyecto, absolutamente necesario, de mantenimiento y conservación, por presentar la edificación elementos de deterioro que reclaman de una urgente intervención, así como el resto de los bienes patrimoniales que la misma encierra.

•••••

Presencia hispano-cristiana en la toponimia del Valle de los Ingenios

Lic. Silvia (Teresita) Angelbello Izquierdo
Cienfuegos

La autora se propone compartir inquietudes, búsquedas y reflexiones motivadas por uno de los tantos aspectos de interés observados durante el proceso de la investigación, fichado y redacción de «La toponimia en los elementos geofísicos y geopolíticos del Valle de los Ingenios (Silvia Angelbello, Ofelia Barceló y Berta García –inédito–): el significativo porcentaje de nombres correspondientes a santos de la Iglesia Católica, presentes en el conjunto de antropónimos localizados.

El dato estadístico es tomado como punto de partida y signo de otra realidad reconocida en su contemporaneidad lingüística como hecho que ha transcendido –y vive– pese a ser desconocido u olvidado –incluso– por los habitantes del territorio: la hispanidad y la fe de los pobladores que les precedieron.

Los nombres de ríos, montañas, fincas y poblados son testimonios de nuestras raíces; la toponimia, también, es reveladora del componente hispano-cristiano y de la presencia de la Iglesia católica en la formación de la nacionalidad cubana.

El universo de estudio abarca un área de 250 km2, en un sitio patrimonio cultural de la humanidad, y 269 topónimos (de los cuales, 190 son hispanismos), localizados sincrónica y diacrónicamente en fuentes documentales, cartográficas y bibliográficas que abarcan desde los cronistas de Indias hasta el presente. Obras de lingüística, arqueología, historia, botánica, zoología, geografía, hagiografía y, por último, calendarios, han formado la bibliografía secundaria consultada.

El trabajo se acompaña de tablas y gráficos.

•••••

Para un estudio de las iglesias habaneras del siglo XX

Lic. Hugo García González
La Habana

A la llegada del siglo XX las zonas que hoy en día conforman los municipios 10 de Octubre, Plaza de la Revolución y Playa no contaban con características que permitieran asegurar la presencia en ellos de definición urbana y desarrollo arquitectónico, y es durante los primeros sesenta años de este siglo que dichos territorios toman definitiva configuración citadina, debido al auge urbanístico-arquitectónico que en ellos tiene lugar. Dentro de los nuevos repartos que aparecen, surgen una buena cantidad de templos católicos que, por sus características, diagraman tres períodos dentro de la tipología.

El primer período lo hemos denominado de la Fisonomía Neogótica y abarca desde 1900 hasta 1939, momento en el que la arquitectura de la iglesia muestra una imagen perfectamente reconocible a partir de la utilización de un canon estilístico: el neogótico que, como influencia estética fundamental, la identifica dentro del perfil urbano porque la diferencia del resto de los edificios que en la ciudad se elevan. Los más destacables exponentes de esta etapa, en las zonas que analizamos, son la parroquia del Vedado y las iglesias de San Juan de Letrán, la del Sagrado Corazón de Jesús y San Pablo de la Cruz (Los pasionistas).

El segundo estadío, denominado de Transición o Pre-racionalista, se inicia en 1940 con la creación de la iglesia de San Agustín. Las características más apreciables son la utilización de novedosos sistemas estructurales, simplificación de la planta que trae aparejado el mejor aprovechamiento del espacio, relativa supresión de la decoración aplicada a la arquitectura y mayor sujeción del diseño a la funcionalidad específica del edificio, con lo que se lograron diseños arquitectónicos que ya se van acercando al racionalismo y que establecen en la fisonomía de la iglesia una diversidad de formas nunca antes apreciada, para tratar de crear correspondencia estilística con el quehacer constructivo habanero del momento. Las obras más encomiables de esta etapa son las iglesias de San Agustín, de Santa Rita de Casia, de Santo Tomás de Villanueva, del Corpus Christi, de San Juan Bosco y la de Nuestra Señora de la Medalla Milagrosa.

El tercer estadío de la arquitectura católica que analizamos es el período racionalista, que comienza en 1952 para quedar trunco al finalizar el año 1958. Este postrer momento se caracteriza por la aparición de pocas obras, todas ellas de pequeña envergadura, de las que únicamente sobresale la Iglesia de Santa Catalina Labouré, por ser en ella perceptible el estudio de los cánones del racionalismo y la acertada adecuación de este lenguaje plástico a los requerimientos que un edificio de corte religioso exige. El resto de los templos (las iglesias de Cristo Rey, de Nuestra Señora del Sagrado Corazón y de Nuestra Señora del Rosario; y las capillas de Santa Catalina y de la Virgen del Loreto) no tienen la fuerza necesaria como para ofrecer consolidación a este último período no obstante, cuentan ellas con una cabal utilización del espacio, mejor ventilación, mayor iluminación en todo el recinto y la adopción total del racionalismo, que rige la imagen estética del edificio, en la que se suprime toda la decoración adosada y afuncional, se destacan los volúmenes y las líneas horizontales, y se hacen perfectamente visibles los sistemas estructurales (que desde el período anterior habían comenzado a aparecer), al tiempo que los materiales constructivos se erigen como decorativos. Estas particularidades, presentes en las obras observadas, testimonian la sincronía lograda por las obras arquitectónicas de la Iglesia Católica con las influencias estilísticas del resto de las tipologías habaneras del momento, hasta quedar detenida la evolución constructiva de la Iglesia habanera.

•••••

Algunas consideraciones en torno a: Nacionalidad, Historia y Pedro Morell de Santa Cruz

Lic. Beatriz Ruth Suárez Font
Holguín

El trabajo parte de algunos planteamientos sobre nacionalidad para llegar al vínculo que existe entre ella y la producción histórica, que aparece en Cuba a mediados del siglo XVIII a través de la obra de varios criollos como Arrate,

Urrutía y referirse específicamente a la de Morell. Teniendo en cuenta los aportes y limitaciones de la misma dentro del contexto en que se produjo.

●●●●●

Cultura que cree (Referencias para una definición cristiana de las expresiones artísticas y literarias producidas en la región de Cienfuegos entre 1819 y 1995)

Inv. Rogelio Leal Martínez
Cienfuegos

Los primeros monumentos culturales relacionados con la región de Cienfuegos (las crónicas de Bartolomé de Las Casas y el Castillo de Nuestra Señora de los Angeles de Jagua) responden ya, en última instancia, a presupuestos conceptuales de lo que pudiera denominarse «la voluntad hispanocatólica» de sus creadores, y a modelos y filosóficos del pensamiento pre y post renacentista que, en nuestro entorno, se particularizan con matices y reminiscencias autóctonos, hasta alcanzar un perfil específico en cuya estatura y permanencia, la Iglesia Católica ha ejercido una influencia positiva e ineludible.

Síntesis de esa idéntica voluntad de espíritu, la obra de los artistas y escritores de la diócesis de Cienfuegos (menores o trascendentes, promovidos o anónimos, reconocidos o no), en los diferentes periodos históricos, traza una parábola de convergencias cristianas que, sin lugar a dudas, identifica con una fisonomía particular el ámbito y la cultura de este *pueblo grande de Dios bendecido por su fe...*[1].

El presente trabajo se propone ofrecer a investigadores y especialistas puntos de referencias que posibiliten valorar con objetividad la dimensión cristiana de la producción intelectual de la región, concretamente en sus expresiones artísticas y literarias.

La metodología utilizada se fundamentó en el análisis de numerosos textos literarios activos, críticas, catálogos, programas de teatro, partituras, fotos, creaciones plásticas, testimonios y documentos conservados en el Departamento de Fondos Raros y Valiosos de la biblioteca «Roberto García Valdés», en el Archivo Histórico Provincial, en colecciones particulares y, fundamentalmente en el fichero personal del historiador de Cienfuegos, Florentino Morales.

Complementan este trabajo, anexos, tablas y gráficos esclarecedores.

●●●●●

---

[1] Versos conclusivos del himno local de Cienfuegos.

Algunas consideraciones sobre Nuestra Señora de la Caridad del Cobre como símbolo de la nacionalidad en Cuba

Lic. Ana Jústiz
Lic. Marcos Morales
Camagüey

Esta ponencia contiene una reseña histórica sobre el hallazgo de la Virgen en la Bahía de Nipe por los tres Juanes y los diferentes traslados efectuados desde el hato de Barajagua hasta su ubicación final en El Cobre.

También se hace un análisis sobre la formación de la devoción popular a la Virgen de la Caridad por la clase más pobre, visto en un proceso histórico-religioso, donde han estado presentes los milagros concedidos como Madre de Dios y su participación como Virgen peregrina en todas las esferas de la vida del pueblo, incluso en las luchas por la independencia de la Isla del coloniaje español, que la erigió definitivamente como patrona y reina de los cubanos.

Además se valora cómo la Madre de Dios, devenida en la Virgen de la Caridad, se presenta en la Iglesia Católica de Cuba a través de un mensaje evangélico y mariano, que encierra la verdadera esencia del cristianismo: el amor. Se significa a la Basílica del Cobre como el centro de veneración a la Virgen en el país.

Se reconoce en el ámbito cultural y folklórico la veneración a la Virgen reflejada en la literatura, el cine y el arte en general, como blasón de auténtica cubanía. Tampoco se deja de mencionar el sincretismo, en el que se ve envuelta por el proceso de transculturación con países fundamentalmente africanos.

Se descubre, al final del trabajo, que la Virgen María vino con un mensaje de amor para sus hijos en esta tierra, se vistió de india, cubana y prieta, se alzó en un pedestal de gloria, tan esbelta como la palma real, tan blanca como la flor de la mariposa, tan libre como el tocororo y tan cubana como nuestra bandera, para quedarse como un símbolo imperecedero de Cuba, resumido en un nombre: Nuestra Señora de la Caridad del Cobre.

●●●●●

De la Iglesia a la plaza: las parrandas remedianas

Lic. Martha A. Flores Díaz
Santa Clara

Siendo Remedios una de las villas coloniales más antiguas del país, tiene en su historia un largo periplo de sucesos interesantes y relevantes para la conformación de la cultura cubana.

Las Parrandas Remedianas extendidas por toda la región central de la isla son hoy un festejo de carácter nacional y con proyecciones turísticas insospechadas.

Con este trabajo nos proponemos indagar en los antecedentes histórico-sociales que dieron origen a esta celebración, así como reflexionar sobre los elementos que la constituyen en su vínculo con la Iglesia Católica.

Pretendemos demostrar que desde su génesis esta tradición estuvo vinculada a una de las celebraciones más importantes en la vida religiosa (la Navidad) y sus componentes son traslaciones de la iglesia a la plaza.

•••••

La teología de la poesía en Cuba: cuatro autores del siglo XX

Lic. Rafael Almanza
Camagüey

Este trabajo estudia la «teología poética» de José Lezama Lima, Samuel Feijoo, Eliseo Diego y Cintio Vitier, como parte del proceso mundial de teologización de la expresión artística propia de la modernidad, así como las concepciones individuales, contrastantes y a la vez concertadas de estos autores, sus posibles aportes originales y también sus fuentes doctrinales en la filosofía y la teología propiamente dicha.

Estos cuatro poetas presentan un importante abanico de temas, problemas y actitudes desde una particular intensidad y ejemplaridad en la búsqueda de Dios desde la poesía, al más alto nivel contemporáneo, y representan lo mejor de los poetas cubanos del siglo XX, mayoritariamente creyentes cristianos.

•••••

Presencia de la Iglesia en la historia del pueblo de Cascorro. Dos tradiciones

Inv. Marum Gómez Chacour
Inv. Marien C. Gómez Chacour
Camagüey

En las verdes llanuras camagüeyanas, al este de un río creció un pueblo; río y pueblo tienen un mismo nombre, que la tradición señala como nombre de un cacique: Cascorro.

En la actualidad, el pueblo de Cascorro pertenece al municipio de Guáimaro. Conjuntamente con su zona rural correspondiente, granjas, fincas, etc., tiene una extensión territorial de aproximadamente 152 km2 y cuenta con más de 7600 habitantes.

Desde la primera mitad del siglo XIX, los habitantes del incipiente caserío desearon tener un templo y un sacerdote, que residiera en el poblado, mas no pudo ser. Sin embargo, al pasar el tiempo y luego de muchas vicisitudes, a veces con un crecido número de fieles, otras con un pequeñísimo número, la presencia de la Iglesia se ha mantenido en Cascorro, lo mismo que el ansia de tener un templo, manifestación de casi todos sus habitantes, católicos, o no.

La devoción a San José, su patrono, se arraigó profundamente en la religiosidad popular de los moradores, desde la segunda mitad del siglo XIX, repercutiendo en la vida social de estos.

La construcción del templo y la devoción al patrono, devinieron en tradiciones de Cascorro. Los sucesos histórico que dieron origen a estas tradiciones forman parte, tanto de la historia de la Iglesia local, como de la historia de este poblado.

La comunidad católica San José de Cascorro, ha pertenecido siempre a la parroquia de Sibanicú, fundada en 1791, y desde 1911, cuando se creó la diócesis de Camagüey, la parroquia pertenece a esta.

El día 2 se inicia con un Rosario de la Aurora, bautizos, y por la noche es la misa solemne, casi siempre presidida por el obispo y con extraordinaria concurrencia de devotos, pues no solo los moroneros celebramos a nuestra patrona, también recibimos esa noche una gran cantidad de fieles de otras comunidades que al igual que en tiempos anteriores vienen para acompañarnos en esta fiesta a nuestra amada Virgen.

A finales de la década del '80 se rescató en nuestra comunidad una antigua y bonita costumbre: la de regalar una canastilla al primer recién nacido después

273

de las 12 de la noche del día 1º en el hospital de Morón, sin tener en cuenta si es o no de la ciudad, si sus padres son creyentes o no.

•••••

Cuba en la octava década del siglo XVII: visita del obispo Díaz Vara Calderón **

Lic. Pablo J. Hernández González.
Puerto Rico

Se presenta una visión de la Cuba del 1670-1680, según datos colectados del recorrido que a lo largo de la isla realizara el obispo Gabriel Díaz Vara Calderón, quien ocupara la silla episcopal entre 1673 (año de llegada a Cuba) y 1676 (año de su oscura muerte en La Habana).

La visita del obispo se inició en el otoño de 1673 en Santiago de Cuba y finalizó en febrero del año siguiente con la llegada a La Habana, en un recorrido de aproximadamente 250 leguas. Los comentarios generados sobre la visita, resumidos en varios despachos remitidos a la Corona, dan cuenta del estado y condición de la isla: habitantes, poblaciones, estado material, atención espiritual y condición moral.

Asombra que de tan largo y provechoso viaje el obispo Díaz Vara Calderón dejara apenas restos fragmentarios.

•••••

La Iglesia Católica. Proyección social del obispo Espada

Inv. Maibell Padilla Pérez
Inv. Manolo Fernández Rocha
La Habana

La Iglesia Católica en Cuba es historia, pero no porque se hubiera mantenido como religión oficial de la isla por siglos, sino porque en el ordenamiento social y cultural de nuestra patria hay que tener presente la obra realizada por innumerables eclesiásticos que, sin correr por sus venas nuestra sangre, hicieron suyo este suelo en aras de su ministerio y del pueblo.

** Esta ponencia fue presentada por el Lic. Ramiro Fuentes Álamo

La historia de Cuba lleva implícita la obra de grandes próceres: patriotas, militares, científicos, artistas, investigadores, eclesiásticos e intelectuales, por lo que no se puede obviar la Iglesia Católica, la que desde la conquista y colonización, participó activamente en la construcción de poblados y villas, y estuvo presente en lo más intrincado de nuestros campos, adonde llevó la instrucción, la salud pública, participando activamente en la formación de la nacionalidad cubana.

Este trabajo se refiere, brevemente, a la obra social del obispo Espada, como cariñosamente lo llamó aquel pueblo suyo. El obispo marcó pautas iluministas y progresistas en diferentes ámbitos de la Cuba de principios del siglo XIX.

Se podría hablar de Compostela, Valdés, Morell de Santa Cruz,... la lista sería incalculable; pero queremos rendir este pequeño homenaje a la memoria del obispo Espada en el 164 aniversario de su muerte.

Son muchos los niños y jóvenes que desconocen esta parte escondida de la historia de Cuba, y que debemos encontrar en las más profundas raíces de nuestra nacionalidad, en el propio pueblo donde vivimos, que si no es nuevo, en él está la huella del catolicismo.

•••••

Papel de la Iglesia en el surgimiento y formación de Bayamo: cuna y encrucijada de la nacionalidad

Ing. José Manuel Fernández-Vega Barreto
Bayamo-Manzanillo

El comienzo de la evangelización en estos territorios se produce dentro del proceso de la conquista en América, desde entonces comienza a sembrarse esta semilla hasta llegar a ser parte ineludible del alma nacional. La referencia más antigua que alude a la devoción de la Virgen y a la transmisión de la fe, la tenemos en la labor del soldado español, que ya en 1509, catequiza a los indios en la región de Macaca, hoy Niquero. En 1513 Diego Velázquez funda la segunda villa de la isla bajo la advocación del «Santísimo Salvador de Bayamo» y se celebra la primera misa en la que luego va a ser parroquia en 1613. A principios de este siglo y casi coincidiendo con la aparición de la Virgen de la Caridad en la bahía de Nipe, ocurre un episodio que revela el aprecio que se tenía por el obispo Juan de las Cabezas Altamirano, el cual es capturado por un pirata y rescatado con gran arrojo por los pobladores; estos sucesos dan lugar a la primera obra épica de la literatura cubana, *Espejo de Paciencia*.

Surgen aquí también escuelas de frailes, contribuyendo a la educación, enseñando las primeras letras, filosofía y teología, como el convento de Santo Domingo y San Francisco, que luego proliferan en más de 6 colegios para hembras y varones. Ya había comenzado la expansión poblacional por toda la región con la consiguiente reiteración de apellidos como: Estrada, Céspedes, Milanés, Tamayo, Ramos, etc. Se construyen Iglesias como San José de Guisa, San Pablo de Jiguaní, Barranca, La Sal, San Fructuoso de las Piedras (Veguitas), San José de Yara, Cauto, Guamo, El Horno, etc. En 1810 se proclama parroquia La Purísima de Manzanillo y comienza a incrementarse la vida católica de esta población que adquiere jurisdicción propia y gran importancia como centro poblacional y religioso de la villa; en 1820 hay parroquia en San Francisco Javier de Bicana.

Florecen las vocaciones autóctonas, más de 60 sacerdotes, la mayoría bayameses. Destacamos también el paso corto, pero fructífero del obispo misionero y santo Antonio María Claret con sus obras en favor de los más pobres. Surge una pléyade de intelectuales: José Antonio Saco, José Joaquín Palma, Juan Clemente Zenea, José María Izaguirre, etc.; así como gran cantidad de patricios: Carlos Manuel de Céspedes, Francisco Vicente Aguilera, Perucho Figueredo, Francisco M. Osorio y Donato Mármol, estos últimos presentes el 11 de junio de 1868 en la primera interpretación de la melodía del Himno Nacional en este templo.

Clave para entender los sucesos que se desencadenarían el 10 de Octubre, es el Padre Batista, bayamés de probadas virtudes y patriotismo, que supo forjar la generación que llevaría a cabo la lucha por la independencia, en los que sembró los valores del evangelio, reflejados en las palabras de Céspedes en La Demajagua, consagrando los principios de la igualdad, el rechazo al rencor y la ambición, el amor a la tolerancia y la justicia, así como su apelación al Creador como garante de sus intenciones. Un hecho que muestra el aprecio por la fe, es la decisión del gobierno de Cuba en armas de sacar la noche antes de ser inmolada la ciudad, la imagen antigua del Salvador.

Me gustaría destacar la devoción a la Virgen de la Caridad en la lejana fecha de 1648, la que contaba con capilla y altar en esta Iglesia Mayor, según consta en archivos. Por todos es conocido que Céspedes al visitar El Cobre, sube a poner bajo sus pies la justa lucha que él encabezara. El mismo enarboló la bandera que fue bendecida en este templo como consta en el cuadro que adorna el arco superior de este presbiterio.

Estas luchas nos empobrecieron materialmente y en la pérdida de los mejores hijos, de las numerosas iglesias que había en esta ciudad solo quedó milagrosamente la capilla de «La Dolorosa» y la iglesia de la Luz, muchos sacerdotes fueron hechos prisioneros o trasladados a otros lugares.

Comienza una lenta restauración en la que la fe del pueblo se mantuvo, como lo muestra la reconstrucción de este templo en 1919 con la ayuda y donaciones del pueblo. Se restauraron templos, se abrieron nuevos colegios por comunidades religiosas, un asilo y vinieron sacerdotes. Tuvieron auge también los movimientos apostólicos, la Acción Católica con su presencia en los ámbitos sociales. Los cristianos no estuvieron ajenos a la revolución que triunfó en 1959, en el transcurso de esta, la iglesia también sufrió la pérdida de instituciones y agentes de pastoral.

En toda esta historia vemos como se entremezclaron la historia de la salvación y la humana. Podemos concluir diciendo que la fe cristiana y católica ha estado presente en las alegrías y las penas de este pueblo, confortándolo y promoviéndolo; esperamos que así siga siendo, la erección de esta nueva diócesis así lo indica.

•••••

La obra salesiana en Santiago de Cuba

Lic. Marisel González de la Cruz
Santiago de Cuba

Santiago de Cuba, erguida en la parte sur de la región oriental de nuestro país, con su figura de herradura, envuelta en el verdor de sus enormes montañas, bañadas por el intenso azul del Mar Caribe, con sus emocionantes leyendas históricas, madre de tantos hijos heroicos y tierra que acogió con amor filial a la Virgen de la Caridad del Cobre -patrona de Cuba-, es la ciudad que recibe como suyos a los hijos de San Juan Bosco, quienes este año 1996 celebran el 75 aniversario del inicio de la obra salesiana en esta parte de Cuba.

Nuestra familia parroquial se siente gozosa y agradecida a Dios por estos tres cuartos de siglo en Santiago de Cuba y brinda como pequeño aporte a esta celebración esta breve reseña histórica que es la vida misma de nuestra comunidad.

En el transcurso de todo este tiempo, los salesianos libraron una lucha titánica para mantener su fundación por las dificultades económicas, las cuales lograron superar por la cooperación del pueblo santiaguero, siempre generoso y acogedor.

Desde su enclave de Punta Blanca, barrio humilde de Santiago de Cuba, los hijos de Don Bosco lograron desarrollar, e incluso expandir hacia otros puntos de la geografía oriental, su obra social y educativa.

Por razones conocidas de todos, la obra de Don Bosco ha quedado limitada momentáneamente a las áreas y actividades de la parroquia María Auxiliadora, mas la semilla sembrada hace 75 años -que conoció momentos de esplendor y dinamismo-, espera por un nuevo florecer y fructificar que, de seguro, está en el corazón de Dios el potenciarlo y hacerlo realidad.

•••••

Establecimiento y desarrollo del Colegio Champagnat de Ciego de Avila desde su fundación en 1926 hasta 1961

Lic. Dulce María Rosquete
Lic. Juan Ramón Sosa Yero
Lic. Leonides García Morales
Ciego de Avila

Este trabajo tuvo como objetivo analizar el establecimiento y desarrollo del Colegio Champagnat de Ciego de Avila desde su fundación en 1926 hasta 1961. Para ello se dividió en cuatro capítulos: el primero, establecimiento del Colegio Champagnat de Ciego de Avila; el segundo: características de instrucción y educación que se ofrecía en el colegio; tercero, actividades patrióticas, deportivas, culturales y recreativas que se desarrollaban en el colegio; y el último, principales actividades religiosas en el colegio.

En el primer capítulo se reflejan las características de la situación socioeconómica de Cuba y Ciego de Avila durante la etapa 1926-1961, la fundación de la Congregación Maristas y el establecimiento del Colegio Champagnat en Ciego de Avila. En los restantes capítulos se hace referencia al funcionamiento general del plantel, acerca de la instrucción y educación que permitía la formación de sus educandos, se analizan las actividades patrióticas, deportivas, culturales, recreativas y religiosas.

Para la obtención de la información el método utilizado fue el histórico-lógico y como técnicas: la revisión bibliográfica, el análisis documental y las entrevistas. A partir de ellas se pudo comprobar que el Colegio Champagnat de Ciego de Avila brindó una enseñanza y educación de alta calidad, aspectos de gran significación para la burguesía avileña, pues proporcionaba la posibilidad de preparar a los futuros dirigentes de la economía en esta ciudad.

Este trabajo puede servir como material de consulta a maestros y trabajadores de la Escuela Alfredo Alvarez Mola (antiguo Colegio Champagnat), profesores y estudiantes que imparten y reciben la asignatura Historia de la Educación, alumnos de cuarto grado al trabajar la historia local y ampliar el «historial del centro».

•••••

Sor Petra Vega. Su obra social y educativa

Inv. Carlos Bartolomé Bergues
Inv. Esperanza C. Ojeda Cabrera
La Habana

La formación de la nacionalidad es un proceso permanente condicionado históricamente a varias etapas, e infinidad de aspectos integrantes. Es propósito de este trabajo valorar el aporte de la Iglesia Católica a la nacionalidad cubana en su obra social y pedagógica, a través de una personalidad admirable, la sabia religiosa hispano-cubana Sor Petra Vega Ordás.

Ofrece datos biográficos y el fructuoso antecedente de la escuela donde ella fue madre superiora: el Colegio del Salvador, que dirigiera José de la Luz, forjador de patriotas y relevantes hombres de la cultura y las ciencias cubanas. Valora cómo un humilde colegio para huerfanitas, pudo parangonarse –en alguna medida– con el célebre colegio de Don Pepe.

Sobre la obra educativa se precisan los siguientes epígrafes:

- Sor Petra: Evangelio Vivo.- Se emplaza a rescatar su vocación en el magisterio cubano.
- Enseñanza feminista.- Menciona aspectos de este movimiento donde los católicos tienen un papel fundamental. Señala las asignaturas para la formación de la mujer que se impartían en el colegio de Sor Petra, aun antes de que se estableciera la primera escuela hogarista en el país.
- El principio de la integración estudio trabajo.- La Iglesia Católica, primera en aplicar este método, con el que Martí se identificó. El colegio San Vicente de Paul, de Sor Petra Vega, desarrolló varios aspectos de este precepto.
- Sistemas de cuidos.- Fue un novedoso método de enseñanza adoptado por Sor Petra Vega, posiblemente retomado de la experiencia industrial del Cerro, sobre cómo se enseñaba a los obreros aprendices.
- Taller y autofinanciamiento.- Los talleres en la escuela facilitaban la formación de oficio en las alumnas, pero además permitían una interacción con la comunidad y el barrio donde se les ofrecía educación popular e instrucción religiosa. Se valora, a su vez, cómo los talleres se convirtieron en una importante fuente de ingresos, que en gran medida, contribuyó a su autofinanciamiento.

Culmina la ponencia con una aproximación general a las virtudes de Sor Petra. Aunque claman por su recordación y la vigencia de obra, saben que no es posible recompensar con actos sus desvelos. Como escribiera en versos una de las huerfanitas-alumnas:

> *la tierra no puede premiar sus sacrificios*
> *ni coronar su heroísmo*
> *lo hará con creces el cielo*
> *¡Bendita sea!.*

•••••

La ACU y el desarrollo de la nacionalidad cubana

Dr. Benito Prats Respall
Washington

Utilizando una reseña compendiada de la historia de Cuba desde los finales del siglo XVIII, con el comienzo del gobierno de Luis de las Casas, uno de los llamados «déspotas ilustrados», el autor señala la progresión accidentada pero siempre ascendente de la isla hacia destinos cada vez mejores, incluyendo la cristalización de la nacionalidad integral del «criollo» y luego del cubano, ya separada la isla de su dependencia colonial. Se mencionan figuras señeras de nuestra historia, relacionadas con ese ideal patriótico, especialmente el P. Félix Varela, cuyos pensamientos filosóficos y nacionalistas resumen y compendian este ideal de la nacionalidad cubana.

Al mostrar los cambios políticos en la Metrópoli y sus repercusiones en la isla, y los esfuerzos emancipadores del siglo XIX, se resaltan los accidentales efectos negativos, políticos, materiales y de interrelación humana sobre la Iglesia Católica cubana.

Se describen los cambios ocurridos llegado ya el siglo XX, llevando a la isla a un optimista progreso tanto en lo material de prosperidad económica, como a un renacimiento religioso-moral inusitado en el número y resultado de instituciones católicas de diverso carácter.

Se describe entre ellas a la Agrupación Católica Universitaria (ACU), parte de su historia, sus esfuerzos y realizaciones. Se anotan los indudables beneficios en favor del pueblo cubano de todas estas instituciones, movidas en cumplimiento de un ideal evangélico, por llevar a su realización los propósitos del P. Varela, sacerdote católico y patriota medular, de una nacionalidad cubana integral.

•••••

Algunas consideraciones en torno a la influencia de la Iglesia Católica en la educación y cultura remedianas

Inv. Fe María González Peña
Santa Clara

Este trabajo forma parte de todo un conjunto de investigaciones que, acerca de las costumbres, tradiciones e historia de San Juan de los Remedios, se viene realizando por parte del personal técnico del Museo Municipal «Francisco Javier Balmaseda».

Contar con una vieja tradición museal y un nutrido número de exponentes relacionados con la religión católica, posibilitó la conservación, estudio y agrupación de los mismos en las diferentes secciones de Documentos, Publicaciones, Arte, Mobiliario, Historia y Numismática. A partir del análisis exhaustivo de cada fondo se pudo constatar las principales características y peculiaridades de la práctica del cristianismo en Remedios desde su instrumentación ligada al propio proceso de conquista y colonización con la adopción del catolicismo y la edificación de templos para realizar los oficios religiosos.

Es objetivo principal de esta investigación demostrar la influencia ejercida por la Iglesia dentro de los usos, costumbres, educación y memoria histórica remedianas, pero sobre todo referir que las principales tradiciones de la otrora jurisdicción tienen su génesis dentro de las festividades y oficios del cristianismo y su red institucional, además de establecer cómo diferentes escritores, investigadores y artistas en general, han tomado el tema religioso y sus motivaciones para conformar con originalidad, imaginación y riqueza expresiva una obra perdurable donde sobresale la creación popular de hombres y mujeres sencillos, quienes inspirados en un mundo donde se entreteje la realidad con la maravilla y la leyenda, han dejado un legado de valores humanos y estéticos para las actuales y futuras generaciones.

El método empleado para el desarrollo de este estudio apoyado por una copiosísima bibliografía en la que se destacan fuentes documentales originales contenidas en los fondos del museo, permitió desarrollar toda la investigación y demostrar una vez más la necesidad de aplicación de una eficiente política cultural para promover, con esfuerzo conjunto, la salvaguarda y promoción de sus tradiciones, costumbres, monumentos e historia, con un adecuado proyecto de animación sociocultural, donde prevalece la defensa de la identidad de la patria chica.

●●●●●

Educar, otra manera de servir. Ejercicio de la Iglesia Católica en la labor educacional en Cuba de 1515 a 1961

Inv. Reinel Rodríguez López
Inv. Marlene Betancourt Jiménez
Inv. Leonardo Morales López
Santa Clara

El presente trabajo es un modesto estudio sobre la intensa labor educativa desarrollada en Cuba desde el año 1515, destacando el papel crucial de la Iglesia Católica en esta.

Investigamos con el objetivo de demostrar que nuestra iglesia desempeñó un magisterio abundante y digno de destacar. Fundamentado en la verdad, el amor a Dios y al prójimo; de donde nace el incontenible amor a la patria.

Dedicamos el tiempo que comprendimos necesario para resaltar esos seguros pasos que se dieron en esta tierra cubana por sacerdotes, religiosos, religiosas y laicos de la iglesia, los cuales contribuyeron en gran medida a la formación de una nación y de una identidad.

Nuestra obra es una tentativa a la formación de una memoria histórica, sobre los caminos recorridos por la iglesia cubana a través de los siglos así como sus logros en esta hermosa isla. Por tal motivo hemos consultado el recuerdo de antiguos alumnos, donde queda latente e intacta la dulce imagen de sus colegios.

Cronológicamente, y en una ponencia constituida por dos partes y cinco capítulos desarrollamos un devenir de hechos y obras, en las que la iglesia estuvo presente y que vinieron a formar la antes mencionada labor, destacando figuras luminosas de la época referida.

Salvamos también del olvido al más merecido hogar de la enseñanza que guiara la iglesia, el Seminario de San Carlos, y algunos otros colegios, sumándose la tarea del laicado cubano.

Con todo hemos deseado mostrar el bien que la iglesia produjo en ente pueblo y el amor de madre que siempre le profesó.

●●●●●

La Iglesia Católica y el negro en Cuba

Inv. Daniel Ernesto Agüero Luaces
Inv. Josephine Henrietta Price Gregori
La Habana

Al hablar de la cultura cubana se hace constante referencia a una religión popular conocida por santería, la cual surgió como resultado del sincretismo entre elementos del panteón yorubá y de la Iglesia Católica. Los practicantes de la misma vinculan sus ritos al catolicismo de tal forma que no puede existir la santería sin la presencia de la Iglesia Católica.

Resulta curioso el hecho de que Elizabeth Lange, una hija de dominicanos de la que no se ha podido demostrar el lugar de nacimiento, haya partido de Santiago de Cuba y que en Baltimore, E.U.A., fundara la congregación de las Hermanas Oblatas de la Providencia (la primera en que profesaran mujeres negras), y se establecieran en Cuba durante 60 años y en la cual se integraron más de 50 negras cubanas.

La Madre María Elizabeth Lange O.S.P. fue la primera superiora general en una etapa en que las Oblatas de la Providencia trabajaban en el Seminario de Santa María en Baltimore. En esa época, en el año 1841 el Padre Félix Varela Morales recibió un grado académico en ese seminario norteamericano.

En la actualidad la Madre Lange y el Padre Varela están en proceso de canonización y resulta interesante pensar en la posibilidad de que tan extraordinarias personalidades se hubieran conocido, lo que sería una gran coincidencia histórica:

- Ambos salieron de Cuba
- Los dos estuvieron en Baltimore en el mismo año y en el mismo Seminario de Santa María
- Ambos están en proceso de canonización
- La cultura cubana no tuviera las características que posee sin la presencia de la Iglesia Católica.

●●●●●

La Escuela Parroquial y el Patronato de Varadero. Obra social y educativa de la Iglesia Católica (1940-1962)

René Castiñeiras Díaz
Lic. Julio A. Obregón Calderín
Matanzas

A partir de 1898 se consolida el dominio norteamericano en el país y despuntan Matanzas y Cárdenas como grandes centros urbanos, con economía floreciente y esplendor social y cultural. En Varadero la actividad turística desplaza a la salitrera. Después de un descenso poblacional iniciado el siglo, la población se incrementó con el desarrollo del turismo.

Abandonada desde la etapa colonial, la educación, continuó siendo muy descuidada en las primeras décadas del siglo actual. En medio de esta crítica situación educacional y en pleno crecimiento económico de la localidad, surgió la escuela parroquial para niños pobres, promovida por la Iglesia, ante una necesidad social que el gobierno no atendía.

La orden claretiana asume la parroquia de Cárdenas y destina al Padre Magin Redorta a Varadero. En ocho años fundó el coro, la catequesis, la Escuela Parroquial, el Patronato Escolar que promovió la erección de la Parroquia, y dio un vuelco a la situación social y religiosa del poblado.

La Escuela Parroquial, fundada precariamente en 1940, se había convertido, en 1954-61, en la mayor del país, con características muy singulares en Cuba y Latinoamérica. Moderno centro educacional con integralidad asombrosa e instalaciones de primera calidad, en función de las clases más humildes.

El Patronato se originó como una asociación de laicos católicos para sostener y dirigir la escuela, pero su proyección social fue más abarcadora: eliminación del analfabetismo, difusión cultural, promoción social y económica de sectores humildes, construcción de barrios obreros, etc. Por lo que no será una simple organización benéfica o altruista, su objetivo mira al futuro del desarrollo perspectivo del turismo en Varadero y su importancia en la economía local y nacional. Esta proyección social estará firmemente enraizada en la renovación, que por aquellos años se venía realizando en la Iglesia cubana, y que prendía con entusiasmo en el laicado.

La obra del Patronato va a estar indisolublemente ligada al colegio, el cual fue, ante todo, un colegio católico. El principio de gratuidad fue siempre una constante. La formación integral de los alumnos se apoyó en un método de enseñanza de acuerdo a la moderna pedagogía. La decidida y constante ayuda del

Patronato estuvo presente siempre en todas las obras de la Parroquia, y su acción imperecedera contribuyó al acercamiento del pueblo sencillo a la Iglesia durante aquellos años.

●●●●●

SEGUNDO ENCUENTRO

Presentación

Coincidió la celebración del II Encuentro Nacional de Historia «Iglesia Católica y Nacionalidad Cubana» con la visita de agradecimiento de todo el Episcopado cubano al Papa por su entrañable visita a Cuba en Enero del 98. No pudimos, pues, los obispos, participar en él. Sin embargo, como Presidente de la Comisión Episcopal para la Cultura, pude seguir muy de cerca la génesis y la preparación del evento, y pude comprobar, poco después, el éxito logrado gracias al interés y al serio trabajo de todos sus participantes.

Este segundo encuentro, que tuvo lugar junto al Santuario Nacional de Nuestra Señora de la Caridad del Cobre, en Santiago de Cuba, con motivo de la celebración del 275 aniversario de la fundacion del Seminario San Basilio Magno y que, por lo mismo, fue organizado por la Comisión Episcopal para la Cultura y por dicho Seminario, creyó llegado el momento de centrar su atención en el tema «Obra educativa de la Iglesia Católica en Cuba». La educación en todas sus formas es una preocupación constante de la Iglesia, porque deriva del mandato del Señor Resucitado: *Vayan y hagan que todos los pueblos sean mis discípulos.*

Las conferencias, las ponencias y el panel giraron en torno al tema de la educación católica en nuestra isla. Fue como sacar de un cofre, largamente cerrado, puñados de pequeñas joyas que brillaban de nuevo bajo la luz de tanta palabra exacta y cálida. Valdrá la pena leer por vez primera o repasar atentamente estos documentos que destacan datos, figuras o instituciones de nuestra iglesia a lo largo de su historia y que supusieron un aporte valioso para nuestra nación cubana. Ellos son capaces de inspirar nuevos relevos educacionales para nuestro presente y para el futuro.

Quisiera destacar y agradecer de un modo singular la presencia y participación en el evento del Nuncio de Su Santidad, monseñor Beniamino Stella. Presidió la Eucaristía celebrada en la Basílica a los pies de nuestra Madre de la Caridad y con ella clausuró, a un tiempo, el Encuentro de Historia y el Aniversario de la Fundación del Seminario.

En nombre de la Comisión Episcopal para la Cultura es un deber y una satisfacción personal agradecer el empeño que la Comisión Diocesana de Camagüey ha puesto, junto con el equipo del Seminario de Santiago, en la organización de este evento, y reconocer con gratitud la rica contribución de todos sus participantes. La idea de repetir cada dos años estos Encuentros de Historia nos ha de animar a seguir investigando dondequiera la Iglesia llevó a cabo su labor de servicio a la causa de Jesús.

Santiago de Cuba, 8 de septiembre de 1998

Mons. Pedro Meurice Estiú
Arzobispo de Santiago de Cuba
Presidente de la Comisión Episcopal para la Cultura

Crónica

Rafael Jorge González

La Iglesia, desde sus primeros tiempos, entre otras cosas, ha intentado con más que menos éxito, enseñar, en el más amplio de los sentidos. Esta enseñanza no solo se ha limitado a cuestiones de fe y dogmáticas; también, desde que la Iglesia se define ya como institución, se dedicó a instruir en los distintos campos del saber humano de su época: ciencias, filosofía, religión, etc.

La riqueza que aporta la Iglesia a la historia universal está dada por su propia inserción en la misma. No se puede desvincular una historia de otra, pues una influye en la otra, muy especialmente, en nuestro mundo occidental.

En Cuba esto no fue una excepción, y aunque existía desde mucho antes la instrucción pública, las escuelas religiosas desempeñaron un papel muy importante en nuestra historia. Los seminarios «San Carlos y San Ambrosio» (La Habana) y «San Basilio Magno» (Santiago de Cuba), la Universidad de La Habana y hasta las pequeñas escuelas parroquiales fueron responsables de la formación de muchas personalidades que luego incidirían positivamente en todos los aspectos de la vida cubana: patriotas, intelectuales, artistas, clérigos, políticos y otros que aportaron a nuestra nacionalidad los valores cristianos recibidos en sus primeros años de vida.

Con el propósito de ser fieles a esa tradición, la Iglesia Católica cubana viene realizando, desde 1996, los Encuentros Nacionales de Historia, encaminados a conservar y sostener la memoria histórico-eclesial en Cuba y la influencia de la Iglesia en nuestra nacionalidad, además del ansia de la misma de trascender los muros de nuestros templos, para llevar al pueblo valores buenos de todo tipo.

En Santiago, diócesis primada de Cuba, se efectuó del 11 al 14 de junio el segundo encuentro. El Cobre, a 17 Km. de la ciudad, con sus encantos de todo tipo, pero muy en especial la presencia en el Santuario Nacional de la imagen tan amada y venerada, la cubanísima Virgen de la Caridad, recibió, en uno de los locales que tuvo el Seminario «San Basilio Magno» a los 64 participantes.

En las palabras de apertura el Lic. Joaquín Estrada, promotor de estos eventos, afirmó:

> *Podemos hablar de luces y sombras en el tema que nos ocupa, pero estamos seguros de que el brillo opaca lo oscuro... Lo que podemos asegurar es que hubo quizás, muchos errores en estos*

cinco siglos, mas, como en la parábola bíblica el trigo no puede ser fácilmente separado de la cizaña, aunque en este caso las espigas han arraigado de tal modo que ningún vendaval pudo arrancarlas.

El P. Jorge Catasús, responsable de la Comisión Diocesana para la Cultura en la arquidiócesis santiaguera, a nombre de Mons. Pedro Meurice, dio la bienvenida a los participantes y recordó a Martí cuando decía:

> *Historiar es juzgar, y es fuerza para historiar estar por encima de los hombres, y no soldadear de un lado de la batalla. El que pueda ser reo, no ha de ser juez. El que es falible, no ha de dar fallo. El que milita ardientemente en un bando político, o en un bando filosófico, escribirá su libro de historia con la tinta del bando. Mas la verdad como el sol, ilumina la tierra a través de las nubes. Y con las mismas manos que escribe el error, va escribiendo la verdad. La pluma arrebatada por un poder que no conoce, va rompiendo las nubes que alza. Y a despecho de sí mismo y de sus pasiones, la verdad quedará dicha, porque reposa en el fondo de los actos humanos, como la felicidad en el fondo de la muerte.*

El Lic. Roberto Méndez impartió la primera conferencia, «Papel del laicado cubano en la educación», sobre los insignes educadores José de la Luz y Caballero, Mariana «Lola» Álvarez y Antonio Ricardo Martínez y Martínez, un verdadero tratado que suscitó variadas polémicas y enriquecedoras reflexiones, acerca del legado de estos educadores laicos, imbuidos de una firme mentalidad cristiana, a diferentes generaciones.

Alrededor de esto venía a mi mente cómo se habla en nuestros tiempos de la pérdida de valores en muchos de los jóvenes y en una gran parte de nuestra población y pensaba que se ha querido omitir, en ocasiones de una manera insistente y hasta imperativa, el aporte de estos hombres y mujeres a la transmisión de valores cívicos y morales.

La intervención especial en plenaria: «Aportes de la Iglesia Católica a la Educación Gratuita en Cuba», del prestigioso reportero Juan Emilio Friguls (Premio Nacional de Periodismo Cultural), trató, de forma muy abarcadora, la responsabilidad de la Iglesia Católica en el desarrollo de las llamadas escuelas parroquiales, dedicadas a la educación de niños y adolescentes cuyas familias no poseían suficientes recursos económicos y cómo la Iglesia de entonces acogió para sí esta tarea con mucho entusiasmo y con considerables resultados, quizás en ocasiones no de forma muy pedagógica pero que siempre, y cito palabras del mismo Friguls: *aportó el pan de la educación a muchos hogares de niños y niñas pobres*, además de las verdades de la fe cristiana. Dentro de toda esta enseñanza gratuita llama la atención que la mayor parte del profesorado fuera de origen cubano y que su alumnado comprendiera a pequeños de diferentes razas y procedencias.

En la mañana del día 12 se leyó el mensaje de Mons. Adolfo Rodríguez a los participantes y que decía en una de sus partes:

> *A muy corto tiempo del nacimiento de esta feliz iniciativa se nota, se extiende, se siente que estos pasos aparentemente cortos han despertado un nuevo interés y una nueva conciencia en nuestra Iglesia sobre la necesidad de mirar lo mejor del pasado, para incorporarlo al presente y proyectarlo al futuro, no solo a nivel de los grandes temas nacionales sino, lo que valoro mucho, a nivel de parroquias, de comunidades incluso sin templo y de instituciones de la Iglesia cubana, en la esperanza de que el porvenir será siempre mejor que el pasado.*

La conferencia «Historia del Seminario San Basilio Magno» por la Dra. Olga Portuondo, Historiadora de la Ciudad, el P. Joan Rovira, s.j., Rector del Seminario «San Basilio Magno» de Santiago y el Arq. Omar López, Director de la Oficina del Conservador de la Ciudad, fue todo un recorrido histórico de la vida del seminario santiaguero y sus momentos de esplendor y de carencias. Los diferentes locales en que estuvo ubicado durante sus 275 años, además de las características de su arquitectura (que merece una historia aparte) y su protagonismo en la formación de un gran número de sacerdotes y laicos que estarían marcados por la impronta de su espiritualidad.

El Sr. Walfredo Piñera tuvo una intervención especial: «Aportes de la Iglesia Católica a la Educación Cinematográfica», en las décadas del 40 y del 50.

«El Centenario del 98 y la Iglesia Cubana», fue el tema de la conferencia magistral de Mons. Carlos Manuel de Céspedes y García-Menocal, que aunque se salía del tema del evento, dada la maestría a que nos tiene acostumbrado Monseñor fue muy bien recibida. La Iglesia y su posición ante la Guerra de Independencia contra España fue en unos a favor y otros en contra, especialmente la jerarquía que era de origen español. En toda esta gesta independentista tuvo un papel fundamental la ilustración católica representada, en su mayoría, por laicos.

La noche del 12 partimos hacia la ciudad de Santiago y allí, en el primer local del Seminario «San Basilio Magno», fue develada una tarja conmemorativa de su fundación en el año 1723. La Dra. Olga Portuondo en sus palabras reiteró en la influencia de este centro de enseñanza, el primer instituto de educación superior en nuestro país. Luego, en el patio interior del mismo un grupo teatral de jóvenes, «Calibán», representó una original versión de la obra *Espejo de Paciencia*, además de que disfrutamos de la actuación del coro «Orfeón Santiago».

«Congregaciones Religiosas dedicadas a la enseñanza en Cuba», fue un panel en el que participaron teresianas (representadas por la Hna. María Dolores Centurión), religiosas del Sagrado Corazón, (Hna. Raquel Pérez), padres dominicos (Dr. Salvador Larrúa, Doctor en Ciencias Sociales y profesor del Seminario «San Carlos y San Ambrosio»), padres jesuitas (P. José L. Saez, s.j.) y hermanos de La Salle (Hno. Alfredo Morales).

Las palabras de Jesús *por sus frutos los conocerán*, se hicieron presentes en antiguos alumnos y alumnas de estos colegios, marcados para toda su vida, no importa los caminos que después emprendieran cada uno de ellos, por una educación inspirada en los valores evangélicos. A través de toda la isla, hasta en los lugares más lejanos, estuvieron presentes los colegios y educadores católicos. Es curioso que existían familias que aunque no eran católicos prácticos, ni siquiera creyentes, ponían toda su confianza en la formación que impartían estas instituciones, lo cual ilustra con elocuencia la calidad de su enseñanza, formadora de hombres y mujeres, conscientes de ser hijos de Dios, con una dignidad propia, individual, pero formados en el amor a los demás y su entrega total por la causa del Reino.

Para mí, relativamente joven, es realmente asombroso e impresionante lo que lograron con su obrar estas congregaciones religiosas dedicadas a la educación de seres humanos pensantes. Y me vuelvo a preguntar si no precisamos más que nunca de estos educadores, entre otras cosas, para sostener nuestros valores, cuidarlos y hacerlos crecer en nuestra patria. Valores que en los últimos tiempos se ven amenazados y en ocasiones hasta vilipendiados. Enseñar la noción justa de Dios, que no es más que enseñar la noción justa del hombre y su sentido trascendente.

Además de las conferencias y las intervenciones plenarias se presentaron 26 ponencias en dos comisiones, todas de reconocido rigor investigativo.

Otras personalidades invitadas fueron Eva Hernández, de la Asociación de Historiadores; el Sr. Joel Mourlot, periodista e investigador histórico; Rafael Duharte, investigador histórico, escritor y profesor del Seminario «San Basilio Magno»; Elsa Santos, profesora de crítica literaria y literatura, Lohania Aruca, profesora de la Universidad de la Habana e investigadora histórica; Aida Morales, licenciada en Historia del Arte y jefa del Departamento de Investigaciones Históricas Aplicadas de la Oficina del Conservador de la Ciudad, entre otras.

El día final contamos con la presencia del Sr. Nuncio Apostólico en Cuba, Mons. Beniamino Stella, Nuncio Apostólico en Cuba, quien compartió con los participantes y destacó la importancia de que

> la Iglesia cubana investigue su propia historia, (...) esto se está haciendo en un plan que es preciso continuar. El Nuncio manifestó su alegría por el intercambio y expresó su aspiración de que muy pronto se presente a la opinión pública, sacando a la luz la memoria de una Iglesia tan viva. Calificó como muy satisfactorio el camino de comprensión y diálogo emprendido y afirmó que hay un clima de cierta apertura en lo relacionado con la educación católica (...), para nadie es un secreto que hay un acercamiento entre la Iglesia y las autoridades cubanas, pero la dificultad es cómo retornar, recuperar cosas que tuvimos: no es solo un sueño con finalidades educativas, ambas partes tienen el deseo pero no encuentran la forma de hacerlo sin interferir los intereses mutuos.

El Lic. Joaquín Estrada, junto a los principales organizadores del evento, dio las gracias a todos los que trabajaron para su feliz realización. El P. Joan Rovira, s. j. dejó oficialmente clausurado el mismo.

En misa de Acción de Gracias, presidida por Mons. Beniamino Stella, el Nuncio aseveró que la historia de Cuba

> está llena de luces y también tiene sus sombras y limitaciones, como toda historia humana (...). El Santo Padre nos enseña que a la historia no solo hay que acercarse con la sed de conocer la verdad, de investigar los acontecimientos, sino que a la historia se ha de acudir con la actitud de abrirse a su influjo bienhechor, de modo que nos dejemos interpelar por sus figuras relevantes y por sus hechos, con el fin de cambiar nuestra propias vidas y aceptar el reto que supone escribir nosotros hoy la historia que otros estudiarán mañana.

El Espíritu Santo nunca dejó de soplar en Cuba y esa fuerza se nota cada vez más en lo que se hace en los últimos tiempos. El Señor de la Historia está presente también en la historia de nuestra patria, dejemos que sea él quien influya en nuestras vidas.

Listado de participantes

HABANA
Conferenciante:
    1. Mons. Carlos Manuel de Céspedes

Ponentes:
    2. Lic. Juan E. Friguls
    3. Hna. Raquel Pérez
    4. Lic. Salvador Larrúa Guedes
    5. Lic. Walfredo Piñera
    6. Lic. Manuel Barcia
    7. Lic. Daniel Agüero
    8. Lic. Maybell Padilla
    9. Lic. Lohania J. Aruca
    10. Lic. Navia García.
    11. Lic. Esperanza Ojeda
    12. Lic. Carlos Bartolomé

Invitados:
    13. Mons. Beniamino Stella.
    14. Inv. Eduardo Mesa

MATANZAS
Ponente:
    1. Inv. Diego Echemendía

SANTA CLARA
Ponentes:
    1. Lic. Dely Capote
    2. Lic. Martha A. Flores
    3. Lic. Fe M. González

Invitada:
    4. Laura M. Fernández.

CIENFUEGOS
Ponentes:
    1. Rogelio Leal
    2. Elisa Martínez
    3. Reynaldo Fernández Chávez
    4. Mayra de los A. Toboso

CIEGO DE AVILA
Ponente:
    1. Waldina García Machado

CAMAGÜEY
Conferenciante:
1. Roberto Méndez Martínez

Ponentes:
2. Hna. Dolores Centurión stj
3. Lic. Daysi Lorenzo
4. Inv. Juan Antonio Balboa
5. Inv. Pedro Camacho

HOLGUÍN
Ponentes:
1. Lic. Alfredo Saín Blanco
2. Lic. Rufino Pavón
3. Lic. Beatriz Suárez
4. Inv. Emilio Arnaiz

Invitados:
5. Manolo Martínez
6. Rafael A. González

BAYAMO- MANZANILLO
Ponente:
1. Isabel Aguilera

Invitado
2. José Fernández-Vega Barreto

SANTIAGO DE CUBA
Ponentes:
1. P. Joan Rovira
2. Dra. Olga Portuondo Zúñiga
3. Arq. Omar López
4. P. Jorge Catasús
5. Lic. Verenia Savón

Invitados:
6. Eva Hernández
7. Aidita Morales
8. Joel Mourlot
9. Teresita Argüello
10. Cristina Colás
11. Elsa Santos

REPÚBLICA DOMINICANA
1. P. José Sáez
2. Hno. Alfredo Morales

COMITÉ ORGANIZADOR
1. Lic. Joaquín Estrada
2. P. Joan Rovira
3. P. Jorge Catasús
4. Lic. Roberto Méndez
5. Dr. Rafael Duarte
6. Dra. Olga Portuondo
7. P. Alvaro Beyra
8. Lic. Ramiro Fuentes

DISCURSOS Y MENSAJES

Palabras de bienvenida

Pbro. Jorge Catasús Fernández

Estimados amigos:

En octubre de 1996 la Casa Diocesana de La Merced, en Camagüey, sirvió de acogedor espacio para celebrar el Primer Encuentro Nacional de Historia: Iglesia Católica y Nacionalidad Cubana.

Hoy tengo el gusto y el honor de darles la más cordial bienvenida al iniciar esta segunda edición, que tiene como temática la obra educativa de la Iglesia Católica en nuestra patria, en el marco celebrativo del 275 aniversario de nuestro seminario «San Basilio Magno».

Nos hemos congregado en esta Casa de Retiros y Convivencias del Cobre, tan cerca de ese sagrado recinto -matriz, surtidor inagotable de evocaciones patrias y de profundas y silenciosas experiencias íntimas-; precisamente en este año centenario del final de la llamada Guerra de Independencia, la *guerra necesaria y sin odio* que organizara nuestro Apóstol y que culminó en medio de ambigüedades y frustraciones, pero también con buena dosis de dignidad mambisa y, más aún, el mismo día 11 de junio, también de Corpus, aniversario 130 de la primera interpretación instrumental de nuestro himno insignia, dentro del histórico templo -hoy catedralicio- del Santísimo Salvador de Bayamo.

Pronuncio estas palabras en nombre de quien, como arzobispo anfitrión y presidente de la Comisión Episcopal para la Cultura, Mons. Pedro Meurice, hubiera querido estar aquí en esta espléndida mañana y no ha podido por encontrarse en Roma, en misión de gratitud al Santo Padre Juan Pablo II, junto a los demás Obispos cubanos, sacerdotes y laicos, por su reciente viaje a Cuba.

Permítanme, para terminar, compartir la lección martiana que una historiadora santiaguera, la Dra. Rebeca Rosell, a quien acabo de conocer hace apenas un mes, ya anciana octogenaria pero lúcida, recordara, a manera de sana advertencia de imparcialidad, a sus ilustres colegas presididos por Don Emilio Roig de Leuchsenring, al comenzar los trabajos del Séptimo Congreso Nacional de Historia en Santiago de Cuba, en noviembre de 1948, reunidos alrededor de la tumba del Apóstol en el cementerio de Santa Ifigenia. *Oigámosle* -decía la Dra.

Rosell, citando a Martí en el periódico caraqueño *La Opinión Nacional*, 8 de marzo 1882 -*la lección inolvidable:*

Historiar es juzgar, y es fuerza para historiar estar por encima de los hombres, y no soldadear de un lado de la batalla. El que pueda ser reo, no ha de ser juez. El que es falible, no ha de dar fallo. El que milita ardientemente en un bando político, o en un bando filosófico, escribirá su libro de historia con la tinta del bando. Mas la verdad como el sol, ilumina la tierra a través de las nubes. Y con las mismas manos que escribe el error, va escribiendo la verdad. La pluma arrebatada por un poder que no conoce, va rompiendo las nubes que alza. Y a despecho de sí mismo y de sus pasiones, la verdad quedará dicha, porque reposa en el fondo de los actos humanos, como la felicidad en el fondo de la muerte.

Amigos: Bienvenidos a esta tierra sagrada, fecundada con sangre y sudor cobreros: El Cobre, donde vinieran los valerosos y extenuados mambises aquel 8 de septiembre de 1898, encabezados por Calixto García, con Agustín Cebreco al frente, para celebrar el triunfo cubano a los pies de la Madre y Patrona de todos los cubanos: la Virgen de la Caridad.

Buen trabajo y muchas gracias.

Palabras de apertura

Lic. Joaquín Estrada Montalván

Distinguidos participantes en este encuentro:

Damos hoy inicio al Segundo Encuentro Nacional de Historia *Iglesia Católica y Nacionalidad Cubana*, dedicado en esta ocasión a la obra educativa de la Iglesia Católica en nuestra patria. El tema escogido como central en esta ocasión no ha sido al azar, sino como culmen de la celebración del 275 aniversario de la fundación del seminario San Basilio Magno», centro que en sus casi tres siglos de existencia ha irradiado la luz del evangelio hecho cultura, por esta razón ha sido organizado en conjunto por la Comisión Episcopal para la Cultura de la COOC y el propio seminario.

Súmesele a esta importante celebración, el peso que nuestra querida Iglesia ha tenido en la educación, formadora del cubano desde la llegada del ibérico a este territorio al que le podemos llamar Cuba y amar, gracias, entre otras cosas, a esta labor. Esta Iglesia hoy nos convoca a investigar para encontrar, recordar, reconocer, pero sobre todo, a reflexionar sobre nuestro pasado, única forma sólida de proyectar un futuro nacional desde este complejo presente.

Podemos hablar de luces y sombras en el tema que nos ocupa, pero estamos seguros de que el brillo opaca lo oscuro, no por esto menos real. Pero qué sería de la vida sin el contraste. Lo que podemos asegurar es que hubo quizás, muchos errores en estos cinco siglos, mas, como en la parábola bíblica el trigo no puede ser fácilmente separado de la cizaña, aunque en este caso las espigas han arraigado de tal modo que ningún vendaval pudo arrancarlas.

Recientemente ha aparecido una importante investigación donde se recogen 558 congregaciones religiosa dedicadas a la educación en Cuba entre colegios privados y parroquiales, desde 1581 hasta 1961, pero todo esto, es solo una parte. Los temas que tendremos el privilegio de escuchar son la mejor prueba, la obra educativa de la Iglesia cubana se manifestó desde la catequesis, hasta el cine, las publicaciones, bibliotecas públicas, la música, e inclusive el ballet. Esta no se reduce solo a lo que desde las congregaciones religiosas se hizo, muchos laicos desde los albores de la nación supieron cumplir su parte en la formación de personas, que era un modo especial de forjar la patria.

Para aquellos que gustan de estadísticas podemos decir que según los datos del informe de los obispos cubanos a la Conferencia Episcopal Latinoamericana de Río de Janeiro en 1955, existían en nuestro país unas 212 escuelas católicas, incluyendo en este número los colegios de religiosos y religiosas, así como las escuelas parroquiales. El personal eclesiástico dedicado a las funciones educativas ascendía a 1661. En 1959 asistían a estos colegios 62,000 alumnos.

No por repetido deja de ser verdad aquello de que en las aulas del seminario «San Carlos y San Ambrosio» se forjó en gran medida la nación y nacionalidad cubanas. Con orgullo escuchamos cada día a determinadas personas, decir: ¡yo estudié con los padres tales, o tales hermanitas fueron quienes me enseñaron...! Así ocurre aún en los barrios residenciales o marginales, en las ciudades, y también en nuestros campos. Cuántos años han transcurrido desde la nacionalización de la educación religiosa y aun continúa dando fruto.

Aunque este encuentro se ocupa del presente, solo a través de su pasado, no podemos dejar de mencionar en estas palabras iniciales, los esfuerzos actuales que la Iglesia realiza en el campo educativo, una de sus tres prioridades pastorales: la obra nacional de la catequesis, el catecumenado, los estudios de Doctrina Social de la Iglesia, el Plan Nacional de Formación de Pastoral Juvenil, las publicaciones católicas, los diversos centros de formación en cada diócesis, y estos mismos Encuentros Nacionales de Historia.

Esto y mucho más, que no mencionamos por no extendernos, refleja que nos ocupamos de la historia de una Iglesia viva, preocupada y ocupada en la formación humano - cristiana de todos y cada uno de los cubanos.

Los objetivos de este evento, tal y como señalamos en su primera edición, son:

- Colaborar en el rescate de la memoria histórica en lo concerniente al aporte de la Iglesia Católica a la nacionalidad cubana, particularmente en esta ocasión, a todo lo referente a su obra educativa.
- Estimular el estudio de esta área de la historia.
- Continuar avanzando unidos a todos los intelectuales cubanos, creyentes o no creyentes de buena voluntad, en el camino de formar una conciencia de amor a Cuba como patria y como «matria».

El tema que nos ocupa, rebasa en mucho el tiempo del que disponemos en estas jornadas. Ojalá sepamos multiplicarlo al ciento por uno, ajustándonos sin demasiado apasionamiento a sus objetivos: reflexionar sobre nuestro pasado, sus luces y sus sombras, para al regreso tener mayor conocimiento, que podamos convertir en mayor sabiduría al proyectarnos al futuro, que de hecho ya está contenido en el presente.

Por supuesto debemos mencionar que hoy estamos celebrando el 130 aniversario del himno «La Bayamesa» devenido en nacional e interpretado por vez primera en la solemnidad del Corpus Christi, nuevamente iglesia y patria aparecen unidas en nuestra historia, como para dejar claro que una sin la otra no pueden existir.

Pedimos a San Antonio María Claret, al P. Félix Varela, a nuestra Virgen de la Caridad y a todos los maestros católicos que hoy gozan de la presencia del Señor, que intercedan por el buen desarrollo del Segundo Encuentro Nacional de Historia, que a nombre del Comité Organizador declaro oficialmente inaugurado.

    Santuario Nacional del Cobre
    Santiago de Cuba. 11 de junio 1998.

Homilía del Nuncio, Mons. Benniamino Stela, en la Misa de Clausura

Distinguidos invitados a este II Encuentro Nacional de Historia:
Queridos hermanos y hermanas:

Con la celebración de esta Eucaristía clausuramos el II Encuentro Nacional de Historia «Iglesia Católica y Nacionalidad Cubana» organizado par la Comisión Episcopal para la Cultura y que este año está dedicado a estudiar el importantísimo tema de La Educación Católica en Cuba» al coincidir con las celebraciones por el centenario del insigne seminario de San Basilio Magno que tanto bien y esplendor ha dado a la Iglesia cubana desde estas diócesis orientales.

Deseo agradecer al Sr. Arzobispo primado y a su Comisión episcopal para la Cultura, así como a los organizadores de esta diócesis y de Camagüey, de donde surgió la idea primigenia, todos los esfuerzos que han hecho para que este evento sea un nuevo hito en el estudio y valoración de la historia de la Iglesia Católica en Cuba.

Esta historia está llena de luces y también tiene sus sombras y limitaciones, como toda historia humana. Las lecturas de la Misa de hoy nos hablan con toda claridad de que la historia de salvación de los hombres y de los pueblos está escrita de gloria e infidelidades, de pecados y de perdón, pero al final, se puede comprender que Dios es el Señor de la Historia, que los hombres escriben con renglones en ocasiones torcidos.

El Rey David escribió páginas verdaderamente imperecederas como rey de su pueblo, pero el profeta está cerca de él, no para consentir con él, sino precisamente para denunciar sus fallos y errores, que pudiéramos llamar «históricos», de modo que el Rey no se ensoberbeciera olvidando su condición humana. Así, con esa actitud de humildad -que es la verdad, como reconociera Santa Teresa, la Doctora de Ávila- es como debemos acercarnos a toda historia. De modo que las grandes obras den gloria a Dios y los fallos nos conduzcan a una actitud de reconciliación y perdón que es el único camino sano para hacer avanzar la historia.

En efecto, historia sin perdón y reconciliación es fanatismo que desemboca en violencia y revancha. Historia sin reconocer los fallos es soberbia que nos enajena de la realidad y obstaculiza la necesaria fraternidad. Historia, como leyenda negra que no reconoce lo bueno, es visión apocalíptica que, por lo menos, desanima, cuando no destruye las raíces y referencias que deben alimentar el presente y dar sentido a toda proyección futura.

Tengo la certeza de que la Iglesia cubana se ha acercado a su propia historia y a la de la Nación en la que está injertada inseparablemente, sin estos extremos sino con esta perspectiva de perdón, reconciliación y rescate de todo lo bueno, animada por lo que pudiéramos llamar, quizá, como una «mística» para la investigación histórica, que no permita ni las lecturas triunfalistas, ni los enfoques tan negativos que arrasen con toda luz que ilumine el presente y el porvenir.

Precisamente, en su todavía reciente visita pastoral a Cuba, que muchos han llamado, no sin razón, como «histórica», el Santo Padre Juan Pablo II ha tratado la historia como lo que es y debe ser: maestra de la vida y luz para el camino.

Nada menos que 18 veces, el Papa hizo referencia a la historia de Cuba y de su Iglesia en sus cinco días de visita a esta Isla. En este sentido, podemos decir también que su magisterio en Cuba ha sido histórico: desde las misma palabras de bienvenida en el Aeropuerto comenzando con la referencia a la Cruz de la Parra, hasta sus últimas palabras, improvisadas y proféticas, en las que hacía votos para que la lluvia *sea un signo bueno de un nuevo Adviento en vuestra historia.*

Esta fue la última palabra que pronunció el Santo Padre para nosotros. Una palabra llena de esperanza y de desafíos para el futuro. En fin de cuentas esa es la dinámica con la que el Sumo Pontífice nos ha enseñado a tratar la historia en su reciente magisterio en Cuba: cada mensaje, cada homilía, cada discurso, tuvo su referencia a las raíces de nuestra nacionalidad, a la matriz cristiana de nuestra cubanía, a nombres y hechos que marcan y definen nuestro devenir patrio.

Les confieso (habría que hacer la investigación) que por lo que conozco del magisterio pontificio de Juan Pablo II, en el que siempre hay alguna referencia histórica, creo que los mensajes de Cuba han marcado una cumbre en el sentido de acudir a las raíces, de partir de la historia, para sacar las lecciones para el presente y, sobre todo, iluminar, animar, y abrir nuevos caminos para el porvenir. Prueba preclara de esto es que una de las frases que ha quedado grabada más profundamente en la memoria de este pueblo y que fue pronunciada en tres ocasiones de diversas maneras es, justamente: *Ustedes son y deben ser los protagonistas de su propia historia personal y nacional.*

En el Aula Magna, junto a los restos del Padre Varela, el Sucesor de San Pedro había realizado el gesto cumbre de su visita: no era venerar sólo los restos del «santo cubano»; no era sólo encontrarse con el mundo de la cubanidad, sino inclinarse, para beber en su fuente: en *el padre de la cultura cubana, en la piedra fundacional de la nacionalidad cubana.* Allí el Pontífice lanzó un reto que está todavía por asumir y concretar: *Recuerden la antorcha que aparece en el escudo de esta Casa de estudios: no es solo memoria, sine también proyecto.*

Así el Santo Padre nos enseña que a la historia no solo hay que acercarse con la sed de conocer la verdad, de investigar los acontecimientos, sino que a la historia se ha de acudir con la actitud de abrirse a su influjo bienhechor, de modo que nos dejemos interpolar por sus figuras relevantes y por sus hechos, con el fin de cambiar nuestras propias vidas y aceptar el reto que supone escribir nosotros hoy la historia que otros estudiarán mañana... y en este sentido, ¿qué dirán de cada uno de nosotros las generaciones por venir?

Hay sobre cada uno de nosotros, sobre cada comunidad cristiana, sobre cada iglesia local y sobre cada nación una responsabilidad histórica, que debemos asumir como un compromiso emanado no sólo de nuestra condición humana sino de la gracia inefable de ser cristianos, lo que coloca sobre nuestros hombros la única y multiforme responsabilidad de ser sujetos conscientes y activos de la historia humana con la que se entreteje inseparablemente la historia de la salvación.

Por eso debemos mantenernos abiertos a la Verdad, a la verdad histórica y a la verdad que encontramos en el presente. La evangelización de la cultura radica precisamente en cultivar esta actitud de apertura de espíritu, de mentes, de corazones. Nada humano es inmutable. Todo puede cambiar y debe cambiar para mejorar. La historia es justamente el relato y la filosofía de los cambios del devenir humano. El cambio no tiene necesariamente que ser sinónimo de caos o de anarquía. Estos surgen, precisamente, cuando hay fuerzas, inercias o actitudes que se oponen al cambio saludable y progresivo, propio de la naturaleza humana y de la vida social, de todo lo que viva.

La historia nos enseña que el cambio es lo propio de la cultura de la vida y el inmovilismo es propio de la cultura de la muerte. Nuestra fe es una fe en el Dios vivo, el Dios de nuestros Padres, el Señor y Dador de Vida, que renueva constantemente la faz de la tierra con su aliento de conversión. Por eso la evangelización de la cultura no puede quedarse en el rescate de las memorias, sino que es, sobre todo, purificación lenta, cambio profundo, renovación progresiva de toda la vida del hombre y de la sociedad en la que vive hasta llegar a su plenitud, hasta que cada hambre y cada cultura pueda decir como San Pablo en la lectura de hoy: *Vivo, pero es Cristo quien vive en mí* (Gal 2, 19-20)

Cada Encuentro de estudios de la historia debe ser memoria y proyecto, raíz y fruto, rescate del pasado, pero también y sobre todo, lecciones para el presente, estímulo y motivación para el porvenir. Cada dato histórico tiene su moraleja, su desafío, su proyección. Y cuando los tiempos son de crisis de crecimiento, entonces lo histórico cobra mayor vigencia, es asidero y razón para la fidelidad aún en los cambios necesarios, es estímulo para la creatividad, y espacio para encontrarse en la diversidad. Así nos exhortaba el Papa desde el Aula Magna:

Los animo a proseguir sus esfuerzos por encontrar una síntesis con la que todos los cubanos puedan identificarse; a buscar el modo de consolidar su identidad cubana armónica, que pueda integrar en su seno sus múltiples tradiciones nacionales. (No. 6).

Yo también quiero unirme a la voz del Vicario de Cristo para animarlos a proseguir en estos esfuerzos de investigación, estudio, análisis y síntesis de la historia de la Iglesia y la nación cubanas. Pero no es para quedarse aquí anonadados, mirando al cielo, a las glorias pasadas y dormir en los laureles de sus luces. Si lo hacemos así, entonces no escribiremos la historia de hoy, ni encontraremos la síntesis tan pluralista y abierta en la que todos puedan identificarse. ¿No será esta una de las causas de que haya cubanos que no encuentran hoy su propia identidad y no tienen un proyecto de vida coherente con sus raíces, su historia y su tierra, y opten por el exilio interno o externo, que constituye *un dolor de la patria y de la Iglesia*, como han dicho los obispos cubanos en su reciente Mensaje?

Ningún fanatismo favorece la síntesis plural, ningún sectarismo estimula la integración de las múltiples tradiciones nacionales. Es por ello que debemos contribuir a una educación para la apertura, el cambio gradual y la integración, que es lo contrario de la cerrazón, el inmovilismo y la segregación. Este es un estilo educativo que la Iglesia debe promover y proponer. Ella debe empezar por sí misma y debe dar testimonio de estas actitudes. La historia nos enseña, en este sentido, que cuando la Iglesia se cerró al cambio y a la conversión cometió aquellos errores que precisamente hay reconocemos y deseamos evitar.

He aquí la importancia del tema que han escogido para este II Encuentro: la educación católica en Cuba. Sé que hay ponencias que han marcado los hitos de este servicio de la Iglesia a esta sociedad en el pasado. Aprendamos de aquellos errores para poder servir mejor al hombre cubano de hoy, y aprendamos también de aquellas luces para comprender por qué es tan apremiante el llamado del Papa en Santa Clara para que *la familia, la escuela y la Iglesia formen una comunidad educativa donde los hijos de Cuba puedan crecer en humanidad* (No. 4).

Cuando la Iglesia estudia el tema de la educación católica no está pensando sólo en clases de doctrina teológica o catequética, se trata también, y sobre todo, de aportar los valores cristianos que son universales, las actitudes más humanizadas y personalizantes, *los criterios de juicio, los puntos de interés, los modelos de vida*, que –como decía el Papa Pablo VI en su Exhortación Apostólica Evangelii Nuntiandi– debe cambiar con su fuerza de renovación toda la vida del hombre y de los ambientes donde viva, es decir, de su cultura.

De modo que educación católica no es siempre y en todas partes idéntica a escuela católica en el sentido tradicional del término y la experiencia. Educar es preparar al hombre para la vida, según decía uno de los maestros insignes de este pueblo, por tanto esta obra educativa no debe circunscribirse al colegio o la universidad sino que debe tomar múltiples caminos de carácter formal y no formal, de modo que la educación católica, que es como ya dijimos educación en valores y virtudes humanas, cívicas y religiosas, pueda llegar coda vez más a promover ambientes alejados tanto de la Iglesia como de la escuela tradicional, hasta llegar a la familia, el barrio, la comunidad, las organizaciones de la sociedad civil, los sectores marginados, los más pobres.

Esta visión amplia y pluriforme de la educación católica ya va encontrando en Cuba positivas y prometedoras experiencias en centros de formación, escuelas informales, cursos a distancia, escuelas de padres, proyecto de virtudes y valores, innumerables talleres, seminarios y encuentros para la formación participativa e integral, que demuestran que la labor educativa de la Iglesia es inseparable de su misión evangelizadora y de su dimensión profética.

Por estas experiencias que progresan en las diversas diócesis y que favorecen una *educación ética, cívica, bíblica y catequética* como lo pidió el Papa en reiteradas ocasiones durante su reciente visita pastoral a Cuba, es que podemos decir que la educación católica en Cuba nunca ha sufrido una interrupción total. Las escuelas y la universidad católicas fueron intervenidas y cerradas, pero no el servicio formador y educativo de la Iglesia que no puede ser detenido por nada. Algún día cuando se reabran los colegios y las universidades católicas en Cuba no podremos decir que comienza la educación católica que tiene cinco siglos en este país; ni comienza, ni se reanuda la educación católica que nunca cesó, sino que se restablecen los servicios más formales de la escuela católica.

Al final de esta reflexión, me permito recordarles a ustedes, que han estudiado el tema e intentarán llevarlo a la práctica, esta contundente exhortación del Santo Padre en su Mensaje a los jóvenes cubanos:

> *El mejor legado que se puede hacer a las generaciones futuras es la transmisión de los valores superiores del espíritu. No se trata sólo de salvar alguno de ellos, sino de favorecer una educación ética y cívica que ayude a asumir nuevos valores, a reconstruir el propio carácter y el alma social sobre la base de una educación para la libertad, la justicia social y la responsabilidad. En este camino, la Iglesia, que es experta en humanidad se ofrece para acompañar a los jóvenes... (No. 4).*

La Iglesia en Cuba tiene ante sí muchos desafíos que han sido planteados durante la visita apostólica del Vicario de Cristo, pero este de la educación para la libertad, la justicia social y la responsabilidad pudiera ser considerado como uno de los más importantes y urgentes por su influencia decisiva en la reconstrucción del carácter del cubano y del alma nacional, como también ha expresado el Santo Padre: *No tengan miedo, abran las familias y las escuelas a los valores del Evangelio de Jesucristo que nunca son un peligro para ningún proyecto social*. (Homilía en Santa Clara, No. 4)

Pondré sobre este altar, dedicado a la Reina y Madre de Cuba, estos anhelos y desafíos. Pondré también los estudios y conclusiones de este II Encuentro de Historia, pero sobre todo colocaré en el ara del altar todos aquellos esfuerzos y personas que se dedican hoy a la trascendental tarea de la formación católica en Cuba, todos los centros de formación, cursos, seminarios, talleres, guarderías, catequesis, publicaciones y tantas iniciativas que están marcando el paso educativo de la Santa Madre Iglesia en esta nación. Ellos son el corazón de la Iglesia y la garantía de su esperanza.

Que la Eucaristía que celebramos sea una ofrenda de acción de gracias al Padre por estos dones y sea también la primicia de un nuevo soplo de su Espíritu para que, sobre el presente y el futuro de la educación católica en Cuba, *los cielos destilen su rocío y las nubes lluevan la Justicia*. Ella fecundará, con la renovación deseada, la entrada de esta amada nación en el Tercer milenio de la Era cristiana.

Que así sea.

Palabras en la develación de la Tarja Conmemorativa de los 275 años de la Fundación del Seminario San Basilio Magno

Pbro. Joan Rovira S.J.

Dentro del marco del II Encuentro Nacional de Historia *Iglesia Católica y Nacionalidad Cubana*, es para nosotros un gozo grande poder inaugurar esta tarja conmemorativa de los 275 años de la fundación del Seminario «San Basilio Magno».

Por las aulas de este recinto se forjaron desde el año 1722 hasta el 1908 innumerables jóvenes, muchos con la vista fija en el sacerdocio, otros muchos también con el ánimo de crecer humana, cultural y religiosamente en un mundo donde se iban poniendo los cimientos de una patria nueva y esperanzada.

Instituciones como el Seminario «San Basilio Magno» tienen en Cuba la solidez y la relevancia del fundamento. A la hora de contemplar el edificio ya levantado no nos podemos olvidar de aquello que lo sostiene de raíz y que lo ha configurado de un modo sustancial.

No obstante, el seminario no es una realidad paralizada en este bronce artístico que nos habla de tiempos pasados, ni es solo el recuerdo de unas piedras y de sus tejados coloniales, sino un ser vivo que continúa presente con las mismas aspiraciones de antaño, deseoso de colaborar en la formación de un clero cubano en plena sintonía con su pueblo y con una vocación de diálogo cultural en la ciudad y en la región que lo vio nacer.

Parece mentira, pero Santiago hubiese sido distinto si no hubiese existido el Seminario «San Basilio Magno». Y no porque en algún momento de su historia haya movido masas estudiantiles. Siempre el número de sus alumnos fue y continúa siendo escaso. Sino porque, aparte de ser el primer centro de enseñanza superior de la isla de Cuba, como reza nuestra tarja, cosa que sin dudas honra a nuestra ciudad, es y continúa siendo una institución con alma. Hay en ella, desde sus orígenes, la convicción nunca perdida del todo, de que su tarea es irrenunciable. La celebración de este aniversario ha dado pie para que los actuales responsables del seminario hayan decidido ampliar el ciclo de estudios que hasta ahora impartía y crear el Aula San Basilio Magno, como oferta de diálogo cultural a nuestra ciudad de Santiago.

La tarja que hoy develamos no quiere ser en ningún momento un suspiro de nostalgia sino un hito en el camino que el seminario se propuso desde su fundación.

Muchas gracias.

Palabras en el Acto de Clausura

P. Joan Rovira SJ

La celebración del 275 aniversario de la fundación de nuestro seminario nos ha dado la oportunidad de poder colaborar en la organización de este II Encuentro Nacional de Historia, nacido para recuperar el pasado de la acción de la Iglesia y descubrir la huella que esta acción ha dejado en la nacionalidad cubana. El tema que mejor encajaba con la efemérides de un centro cuya preocupación fundamental era y continúa siendo la educación desde la perspectiva de la Iglesia pero para la Iglesia y para el mundo, era, sin dudas, la obra educativa de la Iglesia Católica en nuestra patria a través de su historia. De aquí el carácter monográfico de este segundo encuentro y la especificidad educativa del mismo.

Instituciones y personajes han acaparado la atención de la mayor parte de los ponentes del encuentro. Instituciones y personajes de nuestra historia que necesitaban ser rescatados del olvido circundante y que formaron parte de la vida de la Iglesia de su tiempo. Hemos escuchado relatos emocionados y estudios que han buscado simplemente el dato objetivo. En algunos casos, más allá del relato histórico, nos han ayudado a entender la razón de ser, la clave, el carisma fundacional, de un determinado Instituto religioso. Y entonces nos hemos dado cuenta de la tremenda vigencia de aquella comunidad religiosa en la Cuba de hoy y para la Cuba de hoy.

El Seminario San Basilio Magno» es una de aquellas instituciones. Hemos intentado, dentro del actual encuentro, bucear en su historia. Todavía hay puntos oscuros, sobre todo en las etapas más recientes. Sin embargo, para nosotros, lo más importante es que tiene presente, que está vivo.

Y no solo esto. Pienso que lo más nuevo de estos últimos años es que, poco a poco, se ha ido dando a conocer a la ciudad de Santiago en su modesta realidad. Hoy en día su nombre empieza a tener rostro.

Dentro del marco de este acto de clausura del II Encuentro Nacional de Historia *Iglesia Católica y Nacionalidad Cubana*, queremos también cerrar el año a través del cual hemos festejado el hecho de la fundación de nuestro seminario. Deseamos que nos ayuden a dar gracias a Dios por la obra realizada por tantos hombres de Iglesia que han pasado por sus aulas a lo largo de esos 275 años y que han entregado, con gusto, gran parte de su vida en el afán educativo propio del colegio Seminario. Queremos dar gracias al Señor por los frutos conseguidos: en primer lugar por el sacerdocio de tantos jóvenes cubanos que se dieron luego con tesón a la misión evangelizadora de la Iglesia, y en segundo lugar por el alto nivel que consiguieron en sus aulas tantos alumnos que fueron más tarde hombres insignes y patriotas fervientes.

La ampliación de los estudios del seminario al ciclo filosófico completo es la primera tarea que nos hemos impuesto para estos próximos años. Simultáneamente nos veremos impulsados a buscar el adecuado reconocimiento académico a partir de alguna institución universitaria, de modo que avale la seriedad de nuestro trabajo. Queremos también dar mayor solidez al Aula San Basilio Magno, que viene a ser como la plataforma que nos pone en contacto con el mundo universitario y profesional.

Tenemos la esperanza de que el Señor nos guiará en nuestro empeño por hacer del Seminario San Basilio Magno un Centro que, sin renegar de lo más rico de la tradición, sintonice con lo más rico de la modernidad, según aquello del Evangelio de Mateo: *todo letrado que entiende del Reino de Dios se parece al dueño de una casa que saca de sus arcas lo nuevo y lo viejo* (Mt 13,52).

Mensaje de Francesco Marchisano, presidente de la Comisión Pontificia para los Bienes Culturales de la Iglesia

PONTIFICIA COMMISSIO
DE BONIS CULTURALIBUS ECCLESIAE

Prot. N. 352/98/2

Ciudad del Vaticano, 24 de marzo de 1998

D. Joaquín Estrada Montalván
Director del Comité Organizador de los
Encuentros Nacionales de Historia
Iglesia Católica y Nacionalidad Cubana»

Apreciado Licenciado:

En el día de hoy he recibido su amable carta del 11 de marzo próximo pasado, por medio de la cual me hace llegar las Memorias del I Encuentro Nacional de Historia *Iglesia Católica y Nacionalidad Cubana* celebrado en Camagüey del 24 al 27 de octubre de 1996, a la vez que me anuncia el segundo encuentro a celebrar del 11 al 14 de junio próximos en la Arquidiócesis de Santiago de Cuba.

Ante todo, quiero agradecerle el envío de esta publicación. A la vez que le agradezco su gesto le hago partícipe de mi apoyo a esta iniciativa y le garantizo que cuenta con mis oraciones de cara al éxito de la segunda edición de estos encuentros nacionales de historia.

Reiterándole mi agradecimiento por esta oportunidad que me ofrece de estar en contacto con la historia de la Iglesia cubana, aprovecho la ocasión para ofrecerle mi obsequio más distinguido, mientras me profeso devotísimo en J. C.

Francesco Marchisano
Presidente

Rev. Prof. Carlo Chenis, sdb
Secretario

Mensaje de Monseñor Adolfo Rodríguez, Obispo de Camagüey

Junio 10, 1998

A los organizadores del II Encuentro Nacional de Historia Iglesia Católica y Nacionalidad Cubana
El Cobre - Santiago de Cuba

Para ustedes, que han tenido la pasión y han llevado el peso de organizar este evento, para los conferencistas, ponentes, invitados, para los auxiliares de la casa, desde aquí envío un fraterno saludo y mis sinceros votos en el Señor por el éxito de este Encuentro Nacional de Historia de la Iglesia Católica y Nacionalidad Cubana.

A muy corto tiempo del nacimiento de esta feliz iniciativa se nota, se extiende, se siente que estos pasos aparentemente cortos han despertado un nuevo interés y una nueva conciencia en nuestra Iglesia sobre la necesidad de mirar lo mejor del pasado para incorporarlo al presente y proyectarlo al futuro, no solo a nivel de los grandes temas nacionales sino, lo que valoro mucho, a nivel de parroquias, de comunidades incluso sin templo y de instituciones de la Iglesia cubana, en la esperanza de que el porvenir será siempre mejor que el pasado.

En este año del Espíritu Santo, dador de vida, me uno a ustedes en el recuerdo y la oración pidiendo para todos la iluminación del Señor que nos advirtió: He venido para que tengan vida y vida abundante.

Con sincero afecto los saluda y bendice,

Mons. Adolfo Rodríguez Herrera
Obispo de Camagüey

Mensaje enviado al Santo Padre por los participantes en el Encuentro

S.S. Juan Pablo II
Ciudad del Vaticano.

Santo Padre:

La Comisión Episcopal para la Cultura de la Conferencia de Obispos Católicos de Cuba y el Seminario San Basilio Magno de Santiago de Cuba están celebrando, con motivo de los 275 años de fundada esta institución, pionera de la enseñanza cristiana en la Isla, el Segundo Encuentro Nacional de Historia Iglesia Católica y Nacionalidad Cubana, que tiene por esta vez como sede al Santuario Nacional de Nuestra Señora de la Caridad del Cobre.

A los pies de la Patrona de Cuba, reflexionamos sobre el papel que nuestra Iglesia ha tenido en estos cinco siglos en la educación, contribuyendo a formar al cubano con integridad ética e incidiendo de manera determinante en la forja de nuestra nacionalidad. No nos motiva la nostalgia por la memoria pasada, sino sobre todo el ansia de hallar aliento para la enorme tarea evangelizadora que el presente reclama de nosotros. Conocer y amar la tradición religiosa presente en las raíces de nuestra cultura nos nutre para ser protagonistas en la edificación de la Cuba futura.

Los participantes en el evento: sacerdotes, religiosos y religiosas, laicos comprometidos, así como hombres y mujeres de buena voluntad, le rogamos humildemente que ore por este encuentro para que Cristo, Señor de la Historia, permita que la obra comenzada llegue a buen fin y solicitamos su bendición apostólica.

Participantes al Segundo Encuentro Nacional de Historia
Iglesia Católica y Nacionalidad Cubana.

12 de junio de 1998. El Cobre. Santiago de Cuba.

Mensaje de SS Juan Pablo II a través del Cardenal Angelo Sodano

SECRETARÍA DE ESTADO

Vaticano, 14 de junio de 1998.

Señor Nuncio:

Con referencia a su amable Relación con fecha 12 de los corrientes, le ruego tenga la bondad de transmitir el siguiente mensaje:

Mons. Pedro Meurice
Arzobispo de Santiago de Cuba.

Su Santidad Juan Pablo II saluda cordialmente a los participantes en el Segundo Encuentro Nacional de Historia, que sobre el tema «La Iglesia Católica y Nacionalidad Cubana», tiene lugar en estos días en el Santuario de Nuestra Señora de la Caridad del Cobre, celebrando así el 275 aniversario de la fundación del Seminario San Basilio Magno, y les asegura su recuerdo en la oración por los frutos de esa reunión.

Así mismo, el Sumo Pontífice les alienta a proseguir con renovado entusiasmo en sus tareas, ofreciendo el testimonio de la acción eclesial en la formación de la nacionalidad cubana, que, como puso de relieve en su viaje pastoral, tiene profundas raíces cristianas. De ese modo se podrá dar un decisivo impulso a la nueva evangelización y a la promocóon de los genuinos valores cristianos para bien de toda la sociedad cubana.

Con estos sentimientos, y bajo la mirada amorosa de la Virgen de la Caridad del Cobre, Patrona y Reina de Cuba, el Santo Padre les imparte la implorada bendición apostólica.

Cardenal Angelo Sodano
Secretario de Estado de Su Santidad.

CONFERENCIAS

Papel del Laicado cubano en la educación

Lic. Roberto Méndez Martínez

Son pocos en nuestros días los que se atreven a negar el papel que la Iglesia Católica ha desempeñado en la educación cubana, lo que en último término quiere decir como formadora de nuestra nacionalidad; aún los más anticlericales callan ante el ejemplo excepcional del Padre Varela y son escasos los que puedan ignorar la significación de los seminarios «San Carlos y San Ambrosio» y de «San Basilio Magno» en el complejo entramado de la cultura insular; sin embargo, un poderoso estereotipo tiende a frenar las mentes y lamentablemente se hace más fuerte en la medida en que más comprometidos están los cristianos con las estructuras temporales de la Iglesia-, al relacionarse los términos religión y educación, se piensa automáticamente en presbíteros y religiosos; *la enseñanza religiosa es cosa de curas y monjas* nos dirían la mayoría de los destinatarios de una hipotética encuesta que sobre el asunto podríamos hacer.

Al parecer, la memoria particular se detiene sobre todo en las congregaciones: jesuitas, dominicos, ursulinas, maristas, se llevan la palma con olvido de un laicado que en el mejor de los casos solo es visto como un auxiliar discreto cuyo papel parece estar destinado a mantenerse en la sombra. ¿Es esto una realidad histórica?, ¿es una fatalidad que hay que aceptar con resignación? A ambas cosas puede responderse con un categórico NO y estos instantes que compartimos estarán destinados a argumentar esta negación a partir de tres figuras: una muy popular, aunque más de nombre que por evaluación real de sus méritos, dos menos conocidas, que, cada una en su momento y con sus peculiares carismas, demostraron que el laicado tenía voz –y bien potente por cierto– dentro del más o menos armónico concierto de la formación de la nacionalidad cubana.

Cada una de ellas nos mostrará un desafío, pues más que arqueología del conocimiento o evocación sentimental, lo que buscamos es la reflexión serena y desprejuiciada que impulse a hacer hoy, según nuestros modos y posibilidades, lo que ellos con tanta sabiduría hicieron durante los días que en este mundo Dios les otorgara.

Primer desafío:
¿Cómo formar cristianos cubanos?

Avanzamos ahora en compañía del primero de estos laicos, Don José de la Luz y Caballero, figura más nombrada que conocida y, por tanto, mal apreciada en nuestra historia. Lo primero será mostrarlo allí, en medio de su tiempo y para ello tenemos el poderoso auxilio de la prosa de Martí, quien con sin igual lucidez en su artículo en memoria de Antonio Bachiller y Morales, publicado en *El Avisador Hispanoamericano* de Nueva York el 24 de enero de 1989, describió con brillantez no igualada, aquellos días en que

> *el sublime Caballero, padre de los pobres y de nuestra filosofía, había declarado, más por consejo de su mente que por el ejemplo de los enciclopedistas, campo propio y cimiento de la ciencia del mundo el estudio de las leyes naturales; cuando salidos de sus manos, fuertes para fundar, descubría Varela, tundía Saco y La Luz arrebataba.*

Se refiere Martí a ese hervor que es la génesis de lo cubano, ubicado en la primera mitad de nuestro siglo XIX, sobre todo en las cuatro primeras décadas, momento de una importancia inigualable pues en un tiempo brevísimo se plantearon los problemas fundamentales de una nación que surgía de una envejecida estructura colonial y lo más asombroso es que unos pocos hombres, sería hiperbólico decir un puñado, intentaron solucionar problemas como la necesidad de una filosofía propia, la renovación del derecho, la actualización de la enseñanza, la naturaleza de las reformas políticas que reclamaba el país, la aplicación de la ciencia al progreso y necesaria concordancia entre fe y cultura en un instante en que la Iglesia a nivel mundial pasa por una especie de crisis de crecimiento de la que salió engrandecida y purificada. Eran demasiados asuntos, pero a casi todos estos hombres dieron respuestas satisfactorias de las cuales hoy usufructuamos muchos resultados, aunque el mismo Martí, en el artículo citado nos refiera la contradicción fundamental en medio de la que debieron vivir y trabajar:

> *Abajo, en el infierno, trabajaban los esclavos, cadena al pie y horror en el corazón, para el lujo y señorío de los que sobre ellos, como casta superior, vivían felices, en la inocencia pintoresca y odiosa del patriarcado; pero siempre será honra de aquellos criollos la pasión que, desde el abrir los ojos mostraban por el derecho y la*

sabiduría, y el instinto que, como dote de la tierra, los llevó a quebrantar su propia autoridad, antes que a perpetuarla.

La esclavitud, he ahí la falta que propició la caída, para decirlo en términos bíblicos; ningún pensador de ese tiempo pudo eludir esa mancha en el entramado de la cultura naciente y, así hablase de economía, constitución, educación o ciencia, había que aludirla, eludirla o buscar la pócima que remediara enfermedad tan corrosiva. En todas partes se había filtrado la esclavitud: en la agricultura y en los hogares, en la industria y en la prensa, en colegios y en conventos, dañó por igual a amos, a esclavos y a testigos; sus secuelas fueron la doblez, la hipocresía y sobre todo la apertura de una honda zanja en el arte y la cultura cubanos: de un lado la ópera, el quitrín, la novela europea, la contradanza; del otro, el cepo, el bocabajo y sobre todo el envilecimiento de los dominados que competía con el de los dominadores. La máscara política, para usar un concepto acuñado por Varela, el acomodamiento mental, se hicieron términos comunes, se podía a la vez leer en la prensa el éxito de una diva en el Tacón y la venta de una negra con sus hijos, era factible que en salones de grandes esclavistas se hablara de ilustración, de progreso social, a la vez de cómo sacar más provecho de las dotaciones de las plantaciones, y lo más abominable es que con olvido de la Carta a Filemón de San Pablo (sería que las Biblias de ese tiempo no la tenían) se argumentara que era posible ser cristiano y esclavista, pues los negros parecían destinados por voluntad divina a su condición y que esto se llegara a argumentar en catequesis al parecer bien intencionadas con citas evangélicas; la figura de un Juan Bernardo O'Gavan, hombre inteligente, de amplia preparación filosófica, educador formado en el Instituto Pestalozziano de Madrid y defensor del esclavismo, encarna muy bien una iglesia que atrajo sobre sí misma por su silencio, o peor por su rol apologético, el marbete de esclavista y en la que no quedaban libres ni obispos, ni sacristanes por no decir ya las monjas de clausura. En medio, la voz de Luz es una de las que se alza: *La introducción de negros en Cuba es nuestro verdadero pecado original, tanto más cuanto que pagarán justos por pecadores... Pero justo es también que los miembros de la sociedad sean solidarios y mancomunados en esa deuda, cuando ninguno de ellos está exento de complicidad.*

Y es de destacar que en su medio es esta una de las voces más limpias y radicales, solo comparable con la de Varela. Otros naufragaron en las agitaciones del momento, Domingo del Monte, llamado por Martí *el más real y útil de los cubanos de su tiempo*, defendió el abolicionismo en sus tertulias, colaboró con los ingleses para hacer propaganda al respecto pero las sublevaciones de esclavos lo horrorizaron de tal modo que a través del norteamericano Everett las denunció al gobierno español y escribió cartas abominables a este donde, poseído del terror por su bienestar y buen nombre, escribe renglones despreciativos hacia Manzano, Plácido y en general sobre todos los negros. José Antonio Saco, autor de una monumental *Historia de la esclavitud* no creyó jamás en los negros como parte de lo cubano y fue sueño suyo, como el de tantos otros hasta hoy, el de blanquear al país para lograr su progreso. Solo Luz fue capaz, en 1844 en plena Conspiración de la Escalera, de regresar de París donde estaba seriamente enfermo, para responder personalmente a las acusaciones que le hacían los fiscales españoles, mientras otros trataban desesperadamente de exiliarse para huir de aquella atmósfera de delaciones, torturas y chantajes. Luz no solo dijo que *la verdad nos pondrá la toga viril*, sino que lo puso en práctica. Por eso su pensamiento está tan claramente cimentado sobre la virtud cívica.

Opúsose el educador al pragmatismo que corroía a aquella sociedad e inclusive a la mentalidad reformista que creía que todo bien se agotaba en el beneficio económico, útil es un ferrocarril –dijo– pero más útil es la justicia. Cintio Vitier cita en *Ese sol del mundo moral* su crítica de esa moral pragmática: *La moral del interés nos abre un abismo de males: he aquí sus consecuencias forzosas: 1a. el olvido de nuestros derechos, 2a. la pretensión de contentar al hombre sólo con goces físicos. 3a. la degradación del carácter nacional.*

Precisamente para formar una moral del desinterés y forjar el carácter nacional, consagróse Luz a la enseñanza y él, que había sustituido a Saco en la cátedra del Seminario de San Carlos dedicada a la Filosofía entre 1824 y 1828 y que entre 1839 y 1843 fue profesor de la misma disciplina en el Convento de San Francisco, una de nuestras más antiguas instituciones educativas, no pasó de recibir las órdenes menores, cerrándose así una carrera como presbítero y predicador que parecía tan prometedora como la de su tío José Agustín Caballero, con lo que de paso demostró, además, y es el primer ejemplo realmente relevante, que un laico podía enseñar en las más altas cátedras sin que necesitase ser ungido con el santo crisma. Por la misma razón tampoco se encerró a escribir libros que le dieran notoriedad, como le dijo en una ocasión a Juan José Peoli: *Yo no hago libros, hijo, porque nos hace falta el tiempo ahora para hacer hombres.*

Este hombre, que en sus viajes fue recibido por Goethe, por Humboldt, por Michelet, prefería consagrarse a la secreta labor de formar hombres libres; hasta hoy repetimos, no siempre pensando en todas sus implicaciones su aforismo: *Instruir puede cualquiera, educar sólo quien sea un evangelio vivo.*

Por los frutos puede conocerse el valor de esta educación, cuando después del destierro de Varela y la muerte de Espada parecen apagarse en Cuba las luces de la Ilustración, estas van a refugiarse en el Colegio El Salvador, de allí salieron Enrique Piñeiro, Manuel Sanguily, Rafael María Mendive, todos ellos dejaron emocionados juicios sobre su maestro y el último hizo lo más fecundo: abrir el Colegio San Pablo donde se forjaría la conciencia de José Martí, con lo que la herencia de Luz llegaría a las puertas de nuestro siglo. En esas aulas creció la figura excepcional de Ignacio Agramonte cuya vida, como asegura su coterránea Aurelia Castillo de González es *una de las más excelsas en que puso algo de sí el grande educador, que es de justicia abonársela en su brillante cuenta, para eterno amor de las almas cubanas.* Y, si pudiera convencernos el juicio de sus amigos y discípulos, nunca está de más el escuchar el de sus adversarios, pues nunca crece tanto un hombre sino cuando queda claro por qué se le combate y baste con el de Marcelino Menéndez y Pelayo, celebre filólogo hispánico, sabio pero harto apasionado en sus juicios contra la independencia americana que incluyó al Maestro dentro de sus *Heterodoxos españoles* -¿y por qué heterodoxo, si nunca atacó la doctrina sino procuró por el contrario su sano ejercicio? y dijo algo que hoy nos parece un elogio: *Educó a los pechos de su doctrina una generación entera contra España y creó en el Colegio del Salvador un plantel de futuros laborantes y de campeones de la manigua.*

Es cierto que Luz estaba lejos del integrismo religioso, que no pudo ver con buenos ojos la avalancha de clero peninsular que el Real Patronato lanzó sobre la Isla para que no volviera a haber un Espada, que en él nada recuerda a los curas «de misa y olla» o a los laicos fanáticos, pero diferimos de Cintio Vitier cuando asegura en su citado libro que *se fue alejando suave y firmemente del aspecto dogmático y sacramental de la Iglesia*, si se alejó de algo fue de los malos eclesiásticos ?a los cuales nunca atacó públicamente que sepamos, pues nada tan ajeno a Luz como el escándalo? y de aquellas posiciones de los que quieren convertir en dogmas nimiedades que no lo son ni lo serán jamás; pero Luz nunca se alejó de la sana doctrina cristiana ni de su corpus dogmático ni de la profunda vivencia de sus misterios. Si dijo, como cita Cintio: *Para mí el estoicismo, para el prójimo el cristianismo; bien que todo lo bueno del estoicismo se trasfundió en el cristianismo*, no es porque apartó de sí el cristianismo sino porque halló para sí una ascética de más altas exigencias y este conocedor de Séneca y Marco Aurelio sabía que ese había sido el camino de los místicos reformadores cristianos. De cuerpo entero le retrata esa frase que es el centro de su magisterio: *La doctrina del sacrificio es la madre de lo poco que somos. Dígalo el Gólgota.*

Luz y Caballero se puso a un lado en la sombra del XIX para que ese tiempo acabara de ofrecer lo que traía en su seno. Supo claramente -y en esto coincidió con Varela- que no era el tiempo aún para la independencia y la democracia, por eso se dedicó a formar hombres para ellas. Vio con claridad su papel de laico en épocas en que toda polémica se hacía entre bandos clericales, fue dialogante y formó para el diálogo. No solo renovó la educación a nivel de programas o de instrumentos científicos -pues todo eso es efímero-, sino que tocó la ética más honda de la patria y Martí, su heredero, lo vio como *padre amoroso del alma cubana*, renovador ?no heterodoxo ni disidente? de la religiosidad en Cuba: *él, que de la piedad que regó en vida, ha creado desde su sepulcro, entre los hijos más puros de Cuba, una religión natural y bella, que en sus formas se acomoda a la razón nueva del hombre, y en el bálsamo de su espíritu a la llaga soberbia de la sociedad cubana.*

A veces pienso que Luz es tan modesto y poco convencional que apenas logramos verlo en nuestra cultura, de alguna manera se disolvió en sus discípulos, vive sobre todo por su impronta en otros, por eso cuando leemos sus recopilaciones de textos siempre nos parece que falta algo, tal vez su propia actitud vital, su testimonio laical en tiempos en que la definición de laico era algo hecho por negación con cierto matiz minimizador. Entre sus consejos y advertencias andamos aún y no acabamos de aprenderlos todos. Parece el más modesto de los notables de su época y está cerca de ser el mayor. Hacia él deberíamos mirar en tiempos de relativismo y desesperanza y tal vez volviera a decirnos como en la última de sus pláticas *antes quisiera, no digo yo que se desplomaran las instituciones de los hombres –reyes y emperadores–, los astros mismos del firmamento, que ver caer del pecho humano el sentimiento de la justicia, ese sol del mundo moral.*

Segundo desafío:
¿Cómo formar cristianos auténticos?

En medio de las conmemoraciones por el centenario de 1898, no está de más referirse, aunque sea muy brevemente a los problemas que la Iglesia encontraba entre nosotros. La Cuba de 1898 tiene no solo una economía destruida, una población diezmada por el hambre y las epidemias y una política con rumbo incierto pues España ha perdido el terreno, pero la sombra norteamericana no parece favorecer el crecimiento del árbol de la independencia, sino que en el terreno espiritual la Isla está desconcertada.

El Patronato Regio dejó una herencia funesta, la alianza jerarquía eclesiástica-trono, obligó a los cubanos a una polarización interna y el librepensamiento y la masonería ganaron el terreno que se había negado a los católicos independentistas. Es sintomático que junto con los funcionarios españoles y el ejército colonial tuviera que retirarse el Obispo Santander y Frutos, quien dejaba detrás un clero escaso y mal preparado, templos destruidos y un laicado en un grado de estupor tal que necesitó décadas para salir de él. La nueva República no las tenía todas consigo con la Iglesia, nació con el terror a su intromisión, ejemplo de ello es la polémica sobre el nombre de Dios en la constitución de 1901, que en realidad ocultaba la aversión del liberalismo a los obstáculos que el catolicismo pudiera poner a la formación de un estado laico; el escándalo que suscitara el nombramiento de Monseñor Donato Sbarretti Tazza como Administrador Apostólico de la Habana en hombres públicos como Salvador Cisneros Betancourt es sintomático, el problema no era de xenofobia a pesar de su airada frase de no quiero extranjeros aquí sino de concebir a la Iglesia como institución internacional que ofreciera otro peligro de intervención sobre la ya intervenida isla de Cuba.

Desde luego, el problema era más amplio, la Iglesia a lo largo del siglo XIX rechazó el liberalismo porque este venía con las invasiones napoleónicas lo que fue tan traumático para Pío VI y Pío VII, como la unidad italiana para Pío IX. El Concilio Vaticano I condenó el liberalismo y el modernismo y la Iglesia pasó, a conciencia o no, a la posición de conservar una herencia del pasado –o como tal la veían– y mantuvo una desconfianza atroz por todo lo que pareciera «nuevo», lo que en nuestro siglo tuvo como paladín a una figura que aún esgrimen algunos, santo por demás, el papa Pío X, y solo comenzó a abrirse una brecha en este panorama con SS Pío XII. Este fenómeno se hizo particularmente agudo en España en que la religión quedó enfrentada en las luchas dinásticas y políticas, lo que alentó la formación de un tipo de laicado dependiente del clero, conservador en política (en lo posible carlistas), en educación, en ciencia y hasta en arte; integristas en materia estatal y más papistas que el Papa, cuestiones todas que nos trasmitieron y de las que no nos hemos librado totalmente.

En estas nuevas condiciones, la emergente Iglesia que pugnaba por ser cubana debió rediseñar su labor pastoral, gradualmente le iban siendo arrancadas de las manos por el Estado laico los registros públicos, las influencias en el sector jurídico y en el castrense; los políticos librepensadores hostilizaron a los clérigos que ocupaban algún cargo público. Entonces vino la opción por la educación: no solo permanecieron en la nación congregaciones que habían comenzado su labor en el periodo colonial: dominicos, franciscanos, jesuitas, escolapios, ursulinas, sino que fueron, escalonadamente agregándose otras: teresianas, oblatas de la Providencia, carmelitas misioneras, hermanos maristas y otros muchos, a esto se unirían en planos más modestos, pero no menos importantes las escuelas parroquiales, pero la llama laical no iba a apagarse.

En diversos puntos de la Isla surgieron colegios fundados y dirigidos por laicos pero con una más que ortodoxa orientación religiosa, así ocurrió en Camagüey con el Colegio «San Agustín» creado por el eminente pedagogo Narciso Monreal, cuya labor fue continuada por sus hijas, o «El Porvenir» a cargo de las hermanas Larrauri o de María Larín que estuvo tan vinculada por décadas a la actividad musical de la Iglesia de la Merced; en la Habana irían fundándose colegios como la prestigiosísima Academia Baldor, modelo de instituto con un prestigio no solo local sino a nivel latinoamericano, planes de estudio y textos avanzadísimos y profesores de la talla del pensador José Ignacio Lassaga, pero el centro que se ha convertido en arquetípico, dado los especialísimos carismas de su fundadora fue el Colegio «El Angel de la Guarda», obra a la que consagró su vida Mariana Lola Alvarez.

Nacida en Jaruco el 15 de septiembre de 1873, en medio del año crítico de la contienda de los Diez Años, en el hogar de Don Nicasio Alvarez Villamil y Doña Felicitas Martínez Elizarán, familia de hondas raíces cristianas. Su madre, una de esas vigorosas matronas criollas, piadosas y a la vez ilustradas, se encargó de su formación, a través de profesores particulares, entre ellos estudiantes universitarios de vacaciones en el pueblo y, cosa no común en su época, la niña recibió no solo instrucción general, piano y bordado sino también pintura dibujo, francés y latín. Por entonces iban a forjarse su tenaz disciplina y su férrea voluntad, cada día sus clases y ocupaciones, aún en los días invernales debían comenzar desde las siete de la mañana.

Ya a los trece años, obtuvo en La Habana, ante un tribunal competente el título de maestro y de inmediato comenzó en Jaruco sus labores de educadora con hijas de familias del pueblo en un colegio que llamó «El Angel de la Guarda». Estos estudios y tempranas ocupaciones intelectuales no hicieron de ella una persona excesivamente intelectualizada, su temperamento tenía mucho de contemplativo y pasaba horas en el templo orando ante el Santísimo. Acción y contemplación fueron los dos ejes de la espiritualidad de Mariana Lola.

Su vida hubiera continuado hasta el fin de ese modo, pues su modestia no parecía registrar mayores ambiciones, pero la historia entraría también en su hogar de manera impensada. En 1896, Jaruco se vio envuelto en la confrontación independentista, en la que colaboraban de manera clandestina varios miembros de la familia Martínez Elizarán, especialmente su prima Mercedes Martínez Díaz, mujer de ideas avanzadas, amiga de Enrique José Varona, de Ignacio Cervantes, de José Fornaris, que necesitaría para ella de un estudio especial, pero la familia Alvarez Martínez se decidió por el exilio ante la creciente penuria y se establecieron en Santiago de Compostela, patria chica del padre hasta el alborear republicano en 1902.

En ese mismo año, el 5 de noviembre, reabría sus puertas «El Angel de la Guarda», ahora en una modesta casa de la habanera calle de Luz; antes de los dos años la institución había crecido notablemente gracias al traspaso de las alumnas del vecino Colegio «Victoria» con lo que llegaron a la cifra de 160 matriculadas, entre ellas varias pupilas.

El creciente interés de las familias por este colegio hizo que en poco tiempo tuviera que mudarse varias veces hacia locales más amplios en las calles de Muralla, Villegas, Merced y Cuba. Merced y Habana, donde ocupó tres casas- y por fin su sede más estable en Carlos III y San Carlos, a partir de junio de 1923. Desde la sede de Merced y Cuba en 1909, poseyeron capilla privada bajo la advocación del Sagrado Corazón de Jesús.

La institución desde 1902 tuvo por capellanes a los jesuitas: el P. Cándido Arbeloa desde ese año hasta 1919, al que sucedieron el P. Amalio Morán de 1919-1922, el P. Esteban Rivas desde ese año hasta el 1925, en que lo sustituyó el P. Camilo García que permaneció hasta 1929, cuando volvió a desempeñar su función el P. Rivas por el resto de la existencia del Colegio. Todas estas figuras notables de la compañía ignaciana dejaron su impronta en el centro que estrechó nexos primero con la capilla del antiguo colegio de Belén y luego con la Parroquia del Sagrado Corazón. En 1952, con motivo del cincuentenario del plantel, el P. Arbeloa envió un mensaje desde el Castillo de Javier en España donde se ocupaba de la formación de misioneros, allí afirmaba: *Muchos colegios se podrán enorgullecer en la Habana por sus prestigios en ciencia y virtud; pero ninguno, a mi juicio, le va en zaga, en el fruto luminosísimo en lo humano, y divinísimo en lo religioso del colegio «El Angel de la Guarda».*

El P. Rivas, figura excepcional en nuestra historia eclesial, quien fuera rector en el Colegio de Dolores en Santiago de Cuba, luego echó en Sagua los cimientos para la fundación en 1925 de los Caballeros Católicos, dejó un sello particularísimo en las alumnas del colegio, donde se tenía como alimento espiritual la confesión semanal, la Cruzada Eucarística, el Apostolado de la Oración, además de la colaboración en las colectas, misiones, procesiones y otras celebraciones piadosas.

Sin embargo, el ambiente de rigor espiritual no iba allí asociado como en otros colegios al exceso disciplinario que convierte la institución en cárcel para el alumno. Una antigua discípula, María Josefa Domínguez de Pando, recuerda que en los primeros tiempos las pupilas que aún añoraban sus hogares eran acunadas por Felicita Martínez «la abuela Sicita» para que pudieran dormir. Las inspectoras de pupilaje no eran esas secas vigilantes que tantos filmes y novelas se complacen en caricaturizar, algunas de ellas eran todavía evocadas por las alumnas cuando ya eran adultas, como sucedía con Dulce María Corrales y la casi legendaria señorita Isabel Morillas, a lo que habría que añadir el papel jugado por Piedad Alvarez, hermana y colaboradora de Mariana Lola hasta su fallecimiento en 1942.

En los comienzos de la institución ésta solo abarcaba hasta el sexto grado. La primera alumna graduada fue Virginia Román el 12 de diciembre de 1912. En 1921 se extendieron hasta el 8vo grado, para el que la Directora trazó un programa que incluía Economía Doméstica, Francés, Tejidos, Repujado, Pirograbado, Corte y Costura, Repostería, Redacción de documentos y trabajos manuales, lo que podría considerarse un antecedente de lo que sería después la

Escuela del Hogar. Por esa época también se daban clases en el colegio de Mecanografía y Taquigrafía, Dibujo y Pintura, impartida esta última por la propia fundadora.

El cuadro profesoral tuvo a lo largo de su existencia un nivel admirable, bastaría con citar los nombres de Isidoro Castellanos, Raimundo Lazo, León Ichaso Díaz, Juan Fonseca, Jesús Lista y la profesora de música María Luisa Facciolo, fundadora del Conservatorio que llevó su apellido. A esto habría que sumar profesores tal vez menos célebres pero sumamente eficientes en su labor como Rosario Caula, Bertha Fernández Cuervo de Diego, madre del eminente poeta Eliseo Diego, Lolina Canosa, Carmen Baldor de Corrales y Carmen de Pazos. No es extraño que el periodista y escritor Francisco Ichaso, hijo de León, afirmara en un artículo:

> *El colegio «El Ángel de la Guarda» ha contribuido con muy considerable grado a la formación de nuestra juventud femenina. En sus aulas la mujer cubana ha aprendido algo más que lo que encierran los libros, saber frío, cuadriculado, que encierra en el concepto, por fortuna superado, de la asignatura. Ha aprendido a modelar su espíritu, a modelar su sensibilidad, a regir su conducta, a ser un carácter, en una palabra. Y ha sido, además, este Colegio un centro de cubanía que ha contribuido en gran escala a la forja de nuestra nacionalidad.*

Esto sería corroborado por quien gusta de llamarse *nieto espiritual de Mariana Lola,* Walfredo Piñera Corrales, quien en 1952, cuando era un joven estudiante de la Escuela de Arquitectura y la de Periodismo «Márquez Sterling» escribió el artículo «El colegio de mi madre».

Cuando se trata de una alumna de «El Angel de la Guarda», tras la prueba de la vida, surge heroica, inexpugnable, superior a sí misma, cual la mujer fuerte del Evangelio, un alma que da la talla necesaria a todas las situaciones. Un alma que bien forjada, también sabe forjar, y puede y sabe extender más allá, hacia otras generaciones, las enseñanzas recibidas. Multiplicad ese resultado por el número de alumnas y antiguas alumnas del colegio, ese será el saldo de la labor educadora de Mariana Lola, en estos cincuenta años gloriosos...

Tan fuerte era esta formación que el célebre jurista profesor Dr. Manuel Dorta Duque aseguró que la influencia de la formación moral impartida por Mariana Lola trasciende a los hijos y nietos por ley de herencia, aun cuando no hubiesen sido sus discípulos directos, lo cual resulta mi propia experiencia familiar.

Se calcula que en el colegio llegaron a formarse unas 12000 alumnas. Surgieron de allí numerosas vocaciones a la vida religiosa, habría que citar las tres hermanas: Rosa, Teresa y Josefina Negra, Madres Reparadoras; Carmen Lagomasino y Lourdes Llanio, Hijas de la Caridad; Ana Solaún, religiosa del Sagrado Corazón y Teresa Fernández, Superiora hoy del Convento de Santa Teresa de las Carmelitas Descalzas. Pero su cosecha fundamental fue de laicas madres de familia, intelectuales, catequistas, misioneras, unidas a grandes empeños por la promoción humana y la evangelización, baste con recordar a Dulce María Müller de Gorrín, Margarita Pérez Tabío de Fernández, María Josefa Domínguez de Pando, las hermanas Alicia y Martha Oliver, la pedagoga Casta María Aguiar Vda. de Vilaret.

En muchos aspectos la labor del colegio fue singular: fueron el primer plantel cubano que sostuvo una misión en el extranjero antes de 1915. Se trataba de aquella que los jesuitas habían fundado en Anking, China Continental; gracias a las colectas fue posible no solo construir el Santuario de Nuestra Señora en Hofei sino también reconstruir la Iglesia del Sagrado Corazón y fundar una Escuela de Niñas que llevó el nombre de «El Angel de la Guarda» que fueron arrasados por la invasión japonesa; después de la liberación, el régimen chino no permitió la reconstrucción de la misión y ésta se trasladó a Formosa donde continuaron recibiendo ayuda; se hizo célebre el tesón de la exalumna Rita Calvo para lograr las cuantiosas recaudaciones que se enviaban a aquel remoto rincón del Oriente.

Sería imposible enumerar cuántas misiones se hicieron en barrios por entonces periféricos como el de Zapata, o la fundación en San Miguel del Padrón de la escuela para niños pobres «Santa Teresa de Jesús» fundada por Olga Núñez de Fhermann, pero la más audaz fue sin duda la Academia Nocturna de Obreras y Empleadas, iniciativa de una evangelizadora de las filas obreras: María Luisa del Pozo, quien logró organizar una primera Conferencia sobre Santa Teresita de Lisieux en la sala de juntas de la Iglesia de Reina el 10 de Octubre de 1931 y que luego fue sistematizándose con el apoyo de Mariana Lola, Piedad y del Padre Rivas; se constituyó en abril de 1932 en el propio local del colegio como una verdadera Academia que ofrecía las disciplinas de Gramática, Aritmética, Inglés y Mecanografía, a las que se adicionaron en el curso siguiente, Corte y Costura, Taquigrafía Dibujo, a lo que se añadían clases de Religión y Moral por la propia directora, así como la preparación para los sacramentos de la Primera Comunión y la Confirmación; llegaron a poseer biblioteca y hasta Caja de Ahorros y en la década del 50 ya planeaban la construcción de una Casa de la Empleada semejante a la que Mons. de Andrea realizó en Argentina.

En 1952 el Colegio celebró sus bodas de oro. Por esta razón se organizaron durante el año diferentes festejos y SS Pío XII concedió a la Fundadora la Cruz «Pro Ecclesia et Pontifice», que le fue impuesta por su Eminencia Manuel Cardenal Arteaga en el Palacio Episcopal el 31 de enero de ese año. El prelado camagüeyano expresó con motivo de esta imposición:

> *Aquí en nuestra Patria tenemos una mujer extraordinaria, que con el cetro del amor en las manos ha sido luz, faro y guía para tres generaciones de cubanas, a quienes inculcó los más sanos principios que las hacen ser ornato bellísimo de la sociedad pues en su colegio más que la ciencia que brilla resplandece, refulge como un sol la enseñanza moral y religiosa que transmite a sus alumnas tomándolas del cofre de su corazón abrasado en amor a Cristo...*

En septiembre de 1953 fallecía en La Habana, Mariana Lola, a los ochenta años de vida fecunda; poco tiempo después el Colegio, falto de su vivífica presencia física, desaparecería, mas no la labor que ella inspirara. Como afirmara Mons. Alfredo Müller, entonces Obispo Auxiliar de la Habana, dirigiéndose a sus alumnas:

> *Ni es lo más sublime en ella que pasara toda su vida enseñando, lo mejor es que pasó toda la vida educando, dando su corazón y su virtud la que aprendió del divino Maestro, que pasó su vida sembrando el bien en torno suyo. Y por eso imprimió en todas vosotras algo que es un sello indefinible de su modestia, de su sencillez, de su amor, de su consagración a la familia, a la práctica continua y sacrificada del bien. No sé definirlo, pero en pasando esos umbrales, todas parecéis hermanas, todas vestís con el mismo tono de sencillez y elegancia cristiana, todas tenéis el mismo aire de familia, aire que es un espíritu, el espíxitu del Santo Angel.*

Gracias a ese espíritu, más de cuatro décadas después siguen reuniéndose las exalumnas en La Habana o en Estados Unidos, sus hijos y nietos seguimos impregnados de esa sensación de haber conocido y escuchado a esta eminente educadora cubana cuyo proceso de beatificación comenzó a instruirse hace años y esperamos que con resultados halagüeños pues sería la primera mujer y por añadidura maestra y laica cubana que estuviera en los altares como ejemplo de sembradora de la Palabra evangélica en nuestro pueblo. Tal vez nuestras cortas vidas no lo vean, pero muchos en el mundo oran pidiendo la intercesión de esta Madre quien dijera: *Cuantas hayan estado bajo las alas de «El Angel de la Guarda» jamás se verán privadas de mi interés ni de mi cariño.*

Tercer desafío:
¿Cómo formar cristianos con la palabra activa en el mundo de hoy?

Se ha vuelto una especie de lugar común el afirmar que en la primera mitad de nuestro siglo, la Iglesia de Cuba había perdido su lugar en el ambiente intelectual y científico de la Isla, conquistado por corrientes laicistas, librepensadoras, marcadas por el izquierdismo y otros ismos. Aunque hay mucho de verdad en la afirmación, no debe llevarse ella hasta el ridículo. No debe olvidarse que en las propias puertas del siglo se alza la figura del eminente y modesto científico católico Carlos J. Finlay, ejemplo de fe que nutrió su ciencia con humildad que estuvo a prueba de todo tipo de humillaciones y olvidos. También resalta por entonces la figura del destacado jurista Manuel González Llorente quien entre las tormentas de la Convención Constituyente de 1901 defendió, en medio de los ánimos exaltados, la presencia del nombre divino en el encabezamiento de la Carta Magna.

Si bien en la enseñanza laica de nuestra Universidad o de los Institutos de Segunda Enseñanza, no eran abundantes los profesores católicos consecuentes y comprometidos, porque católicos de nombre abundaban, los que había eran realmente notables y la impronta de su labor no podía ser silenciada. Aquí podríamos incluir al camagüeyano Mariano Aramburo y Machado, célebre ensayista, catedrático y diplomático, fundador en colaboración con los Padres Dominicos de la Academia Católica de Ciencias Sociales y director de la Revista Antillana o de otro ensayista y profesor notable, José María Chacón y Calvo, uno de los grandes filólogos de la lengua española, Decano de letras de la Universidad Católica de Villanueva, amigo de vanguardistas y comunistas, pero cristiano consecuente hasta el final. Brillaron en la Escuela de Derecho de la Universidad de la Habana profesores como Manuel Dorta Duque y Julio Morales Gómez -antes de descubrir este una tardía pero fecunda vocación sacerdotal–; a esto habría que añadir en otras cátedras a las hermanas Mercedes y Rosaura García Tudurí, Rosa Trina Lagomasino, Hortensia Martínez Amores, Raimundo Lazo, Juan Fonseca.

En este ambiente surgirá la última de las figuras que nos servirán de ejemplo, Antonio Ricardo Martínez y Martínez, nacido el 9 de junio de 1905 en la calle Villegas 109, en La Habana. Su padre, Joaquín Ventura Martínez Díaz, pertenecía al linaje de los Martínez de Jaruco y el infante era sobrino nieto de Felicitas Martínez Elizarán, la madre de Mariana Lola, quien junto a su esposo Nicasio, sirvieron de padrinos del niño en su bautismo efectuado en la Parroquia del Santo Cristo.

Uno o dos meses después de nacido, su familia se trasladó a Camagüey, donde el pequeño realizaría sus estudios, primero en el Kindergarten de Cristina Xiques, luego en la escuela primaria El Lugareño. Iba a continuar estos en dos instituciones que debían marcarle: la escuela «San Agustín» donde fue alumno de su fundador Narciso Monreal, hombre recto y probo, legítimo criollo que fomentó una institución en donde se unía el espíritu cívico con un catolicismo bien orientado; luego se prepararía para el ingreso al bachillerato en la Academia Garay, dirigida por Graciliano Garay, hombre de raza negra, correcto, culto, progresista, formador de varias generaciones, de un prestigio tal que aún en momentos del más vergonzante racismo nadie hubiera detenido a Don Graciliano a las puertas del club más exclusivo: la ciudad entera sabía que le debía algo. En estas instituciones debió formarse Antonio en la tolerancia, la amplitud de miras, la voluntad dialogal y el espíritu moderno que le caracterizaron, virtudes que no siempre alentaban ciertos institutos religiosos marcados por un conservadurismo integrista cuyas huellas aún no se han borrado totalmente de algunos mentes.

Su temperamento debía probarse en el dolor ampliamente: el 1 de noviembre de 1914, cuando apenas contaba 9 años, falleció su madre y solo cuatro años después la seguía su padre. El adolescente quedó a cargo de su tía paterna Mercedes Martínez Díaz -de quien ya hemos hablado- la que lo condujo con bastante firmeza pues solo 40 días después de la pérdida de su padre, Antonio se presentaba con éxito a la prueba de ingreso a la Segunda Enseñanza en el Instituto Provincial de Camagüey y el día de Nuestra Señora de la Caridad de ese año entraría como pupilo en el Colegio de Belén de los Padres Jesuitas en la Habana. Allí viviría una rápida maduración intelectual, esa que le permitió cursar después en la Universidad de la Habana las carreras de Derecho Civil, Derecho Público, Filosofía y Letras.

No debe suponerse que fuera el joven uno de esos seres apartados que se refugian en el estudio por temor al mundo. Muy por el contrario, tenía facilidad para hacer amistades, especialmente con personas que tuvieran inquietudes afines, fueran de un carácter semejante al suyo o no. Así podía relacionarse igualmente con José María Chacón y Calvo o con el poeta y arqueólogo Felipe Pichardo Moya, quien le dedicó una de sus composiciones y con el que excavó en busca de arqueología indocubana en el sitio de Limones y otras áreas del sur de Camagüey; sin que esto le impidiera estar cerca del pintor Carlos Enríquez, alcohólico y atormentado, quien dejó muchas obras en la casona de República 57 y no era raro ver al artista deambular por la casa con una infaltable botella de ron, pintando rincones del interior colonial o el típico patio camagüeyano sin que por esto se escandalizara la legión de tías que allí residían. Creció en esa casa una de las mayores colecciones de arte de Cuba, los muros se atestaban de piezas de Landaluce, Chartrand, Melero, Víctor Manuel, Ponce, Amelia Peláez, Lam y otros muchos, más o menos relevantes, sin contar las piezas arqueológicas, antigüedades, los discos y una biblioteca que aún hoy resulta un mito para los viejos camagüeyanos.

Su curiosidad intelectual era infatigable. Viajó a 27 países de Europa y América, pero no como turista común y lo mismo hablaba de una función de ópera en Nueva York que de la célebre cupletista Raquel Meller a quien vio en París; trajo curiosas antigüedades de muchos sitios y fue uno de los primeros en Cuba en ir a Haití para adquirir la pintura primitiva de ese país cuando apenas se le conocía entre los grandes coleccionistas.

En su intelecto no había conflicto entre fe y ciencia, sabía dar a cada una su lugar. Fue un asiduo colaborador de los empeños pastorales de aquel singular párroco que fue Mons. Miguel Becerril; Caballero de Colón distinguido; tuvo larga trayectoria como conferencista, eso no le impidió interesarse en el sicoanálisis y formarse en él por lo que pudo abrir el primer consultorio de psicoanalista de la ciudad, con su diván freudiano que no dejó de preocupar a algunas almas timoratas, y llegó a dominar el uso de algunos test como el Rorsach o el TAT cuando estos eran apenas conocidos en La Habana. Sus incursiones en las profundidades del inconsciente para nada debilitaron su fe militante v fue consultado por muchos sacerdotes, seminaristas y obispos, como el criterio psicológico más confiable a la hora de discernir una vocación o en un caso de conciencia.

A pesar de ser una persona con tedencia a la obesidad, pausada, amigo de la buena mesa aunque una diabetes lo mantenía a raya, su sentido de la disciplina le permitía lograr cosas muy dispares. Fue profesor en el Colegio «El Angel de la Guarda» donde el testimonio de su cercana parienta Mariana Lola acabaría de formarlo y luego durante décadas catedrático de Lógica y Psicología del Instituto de Segunda Enseñanza de Camagüey.

Era esta última institución la más alta desde el punto de vista docente en el territorio con un claustro que salvo excepciones era sumamente prestigioso, entre ellos hizo Antonio muchos amigos, pero se mantuvo vertical en cuestiones tocantes a la fe, en una época en que ésta parecía tratarse de un asunto para mujeres y personas «de escasa cultura». Por eso no es de extrañar que cuando alrededor de 1937, en medio de la efervescencia de cambios estructurales que sufría la Nación y de inquietudes revolucionarias no apagadas, fue invitado el historiador Emilio Roig de Leuchsenring a dictar una conferencia en el Aula Magna del Instituto en la que el respetable historiador la emprendió de manera un poco efectista contra la Iglesia y su clero, Antonio y un grupo de profesores católicos publicaran en el diario «El Camagüeyano» su protesta contra esas declaraciones; junto a él estaban laicos prestigiosos como el Dr. Manuel Beyra, las hermanas Angela y Margarita Pérez de la Lama y Elisa Arango. Esta protesta fue respondida por otros profesores librepensadores, enemigos de que se pusiera cualquier restricción a la expresión oral -entre ellos estaban el Dr. Luis Martínez, los hermanos Agüero Ferrín y otros-. Ambos documentos fueron muy respetuosos y tras el cruce de espadas ahí murió la polémica, pues ambas partes eran amigos y nada enturbió que continuaran juntos en almuerzos campestres, paseos y tertulias.

Las instituciones de la ciudad, fuera el añejo Liceo, el Camagüey Tennis Club, el Lyceum, lo tuvieron como conferencista invitado, que actuaba como difusor de temas de psicología, arqueología, geografía, arte. Apoyó los grupos teatrales que surgían, la actividad de la Sociedad de Conciertos, la fundación del Museo de Camagüey, y otras tantas iniciativas que iban sacando a la ciudad de una modorra secular.

Al triunfar la Revolución en 1959, este maestro seguía sintiéndose útil. Trabajó en la reforma de la enseñanza: estaba convencido de que se debía avanzar hacia una escuela cubana modelo, pero las circunstancias tomaron otro rumbo. A pesar de su talante dialogal, este maduro profesor, católico y letrado no fue de la simpatía de algunas nuevas autoridades del Instituto; él podía haberse marchado, pero nada era tan ajeno a él como la marginación y prefirió, ya que no tenía su cátedra de siempre, trabajar como simple empleado en la oficina del mismo plantel, donde seguía recibiendo el respeto de la mayoría.

En los momentos más agitados para nuestra Iglesia su actitud fue heroica: protegió sacerdotes, guardó en su casa lo que fue la única reserva del Santísimo por muchos días, en una capilla improvisada donde se oraba y él daba la comunión a las personas que ocultamente acudían, por lo que sirvió de diácono cuando eso no podía soñarse en el mundo preconciliar. Cuando las tristemente célebres UMAP, su residencia fue centro de colecta de ayuda para las personas de toda la Isla allí confinadas, a las que él iba a visitar con otros laicos. Sirvió como cercano consejero al joven obispo Adolfo Rodríguez y fue quien diseñó su escudo episcopal para lo que debió estudiar con urgencia las leyes de la heráldica. Se dedicó al estudio y difusión de los documentos del Concilio Vaticano II, a cuyas reformas prestó un apoyo sincero y convencido, colaboró primero con los líderes de la Acción Católica y luego en la preparación del Apostolado Seglar Organizado. Ya no tenía una cátedra pero seguía siendo maestro.

Presentósele entonces uno de esos conflictos que ni su saber psicológico podía mitigarle. Habían fallecido sus tías; su hermano y sobrinas decidieron abandonar el país: ¿podría él quedarse, ya entrado en años y delicado de salud, solo en aquella casona? Muy a su pesar, salió al exilio el 18 de marzo de 1966. Residió en Puerto Rico y en Maryland, fue profesor de Español en el Hood College y en el Bridgewater College, pero nunca llegó a adaptarse totalmente a aquel país, donde falleció víctima de un derrame cerebral el 25 de Agosto de 1982.

A manera de conclusión

Tres figuras de laicos nos han acompañado esta mañana, uno: Luz y Caballero, que nos ha mostrado la vía de formar cubanos; la segunda, Mariana Lola, que es el mejor ejemplo de cómo hacer de los jóvenes, cristianos auténticos; y el tercero, Antonio, que enseña que un cristiano puede estar en la más avanzada postura científica y cívica y ser un consecuente maestro cristiano.

Hoy las circunstancias son otras, otras las dificultades, pero debemos recordar la advertencia evangélica que el vino nuevo necesita odres nuevos. Cuando Su Santidad nos llamó en Santa Clara a recobrar los valores tradicionales de la familia cubana y a que familia, escuela y sociedad formaran una comunidad educativa, pensé en Varela, en Luz, en Martí, pero también en Mariana Lola y en Antonio; que rueguen ellos por los formadores laicos que tan enormes tareas tienen hoy sobre sus hombros.

El Colegio San Basilio el Magno (1722-1898)

Dra. Olga Portuondo Zúñiga

Introducción

Todos los textos que se refieren al seminario San Basilio el Magno, tema importante para la historia de Santiago de Cuba y de la educación cubana en general, nos dejan la duda de si realmente desempeñó este centro de enseñanza superior un significativo papel en la formación de la identidad nacional y de la conciencia de modernidad entre la juventud que transitó por sus aulas. Hemos pretendido llenar este vacío, no solo interpretando la información que poseemos sobre él, sino proporcionándola para que los lectores puedan juzgar sobre sí mismos.

Santiago de Cuba, fundada en 1515 por Diego Velázquez y primera capital de su tenencia de gobierno dependiente del virreinato de La Española, durante los dos siglos posteriores, padeció la precariedad de una enseñanza que salta a los ojos de cualquier investigador.

Para una sociedad que vivía la mayor parte del tiempo en vastísimos hatos y corrales, cuya aristocracia terrateniente apenas si radicaba por cortos períodos en el núcleo urbano, la educación era sencillamente un artículo suntuario.

Para cambiar esta correlación, un primer obstáculo a conquistar era la seguridad citadina, perdida por los continuos ataques de corsarios y filibusteros. Desde la segunda mitad del siglo XVII, el sistema de fortificaciones quedó garantizado en la boca de la bahía santiaguera con la erección del castillo de San Pedro de la Roca, el de La Estrella y las baterías de Santa Catalina y Aguadores.

Un segundo obstáculo a vencer era despertar el interés por la instrucción del patriciado criollo. Ellos, ante todo, se preocupaban por acrecentar sus propiedades y su servidumbre. Pocos se aplicaban al conocimiento de la Gramática Latina. Para estos existían los preceptores privados, una exclusiva escuela o el convento de los franciscanos; eran más escasos los que se inclinaban hacia los estudios universitarios en la Nueva España o en la península.

Probablemente el discreto fomento de la economía azucarera y los crecientes contactos clandestinos para el suministro de ganado y tabaco a las colonias foráneas vecinas de Jamaica y Saint-Domingue, provocaron el cambio progresivo de mentalidad en los patricios y les aconsejó la imperiosa tarea de crear un centro de enseñanza superior para los jóvenes de su clase en sus propios predios, cada vez más necesario. en tanto que la oligarquía criolla se proyectaba en el Imperio Ultramarino español como una élite dispuesta a competir por los cargos administrativos, eclesiásticos y hasta aspiraba a servir en los centros de poder metropolitanos.

Aires renovadores trajo la monarquía borbónica al despuntar el siglo XVIII, favorecedores de las potencialidades educativas que comenzaban a anidar en las mentes de los dones dueños de haciendas.

Ya en 1706 algunos miembros del patriciado aportaron hasta $ 6 800 en imposiciones, con sus réditos, para sostener clases de Gramática Latina y Filosofía en el convento de San Francisco en acuerdo con fray Salvador Bueno de esta orden. La única cláusula fue que debían conservarse estas clases para aprovechamiento de los hijos de Cuba sin que los recursos se aplicasen a otro objetivo [1].

LA SIEMBRA

Preliminares fundacionales

Artífice del colegio seminario San Basilio el Magno sería el provisor de Santiago de Cuba en 1719, Pedro Agustín Morell de Santa Cruz, cuya labor no se detuvo al iniciar las diligencias para su fundación ordenadas por el obispo Gerónimo de Nosti y Valdés sino que entonces, como deán, completaría la misión de conformarlo [2].

El prelado Valdés, aplicó el 3% del diczmo para el sostenimiento del colegio sin excepciones [3], y así lo aprobaría la junta celebrada en la catedral el 17 de junio de 1720 e integrada por el Cabildo eclesiástico y el clero de la diócesis. Los autos enviados por el obispo Valdés a Felipe V recogían el interés de todas las partes *de que se erigiese un Colegio Seminario, en que se lograse la buena educación y enseñanza de la juventud y se consiguiese en aquella Ysla el mejor lustre de los eclesiásticos* [4]. También imponía $ 12 5000 donados para formar tres cátedras. Por Real Cédula expedida en Balsaín el 19 de septiembre del siguiente año quedaba autorizada la fundación del colegio, según lo establecido por el Patronato y por el Concilio de Trento para estos casos [5].

La casa y su apertura

El seminario quedaba bajo el patronazgo de San Basilio el Magno, a cuya orden pertenecía fray Gerónimo Valdés, y fue instalado en dos casas próximas a la catedral, adquiridas por el obispo en $ 5 000 a los albaceas testamentarios del chantre dr. Antonio Escalante. Todo hace suponer que dichas viviendas habían sido construidas en el siglo XVII, Morell asegura hallarse en sitio apto y contar con los espacios necesarios para sus funciones. Años después, el entonces obispo las consideraba poco apreciables por estimar el terreno reducido; pocas, estrechas e incómodas sus habitaciones y porque el solar que tenía al oriente descargaba sus aguas sobre las paredes de este lado[6]. Las dos casas eran de madera y teja con paredes de cal y piedra sobre horcones, suelo de hormigón y sus divisiones de madera. La principal tenía cuatro ventanas voleadas con sus celosías y tres puertas hacia la calle, la otra servía de oratorio y poseía tres ventanas voleadas y dos puertas. El retablo del altar era también de madera sin dorar y tenía pintada la efigie de San Basilio.

El 14 de abril de 1722, el deán Pedro Agustín Morell de Santa Cruz y el chantre, provisor y vicario general Toribio de la Bandera[7], por delegación de su prelado, procedieron a crear dicho seminario y establecer sus reglamentos y ordenanzas.

Se elegían a perpetuidad, según lo establecido por el Concilio, entre los prebendados más ancianos dos diputados como asesores de la administración salvo lo concerniente a las rentas y como rector del seminario al propio chantre Toribio de la Bandera con la obligación *de cuidar de la buena educación, y enseñanza de los colegiales, atendiéndoles puntualmente con la manutención y el bestuario competente* con una asignación de $ 200 anuales y la alimentación. También se nombraban, entre clérigos, un maestro de Gramática y vicerrector y un maestro de Canto Llano con $ 150 y $ 100 de salario respectivamente más la manutención [8].

Habrían de contratarse médico, barbero, sastre, zapatero, quienes lavaran la ropa y sirvieran en la cocina. Todo parece indicar que, para estas últimas labores se alquilaron esclavos.

Ordenanzas para la élite patricia

Las ordenanzas establecían para los colegiales un límite de edad no menor de 12 y no mayor de 20 años, limpieza de toda mala raza, ser hijos legítimos, saber leer y escribir, además de tener vocación para el sacerdocio.

Al otorgarse las becas de número se darían a quienes cumplieran con estos requisitos ya fueran pobres o no. Los diputados se ocuparían de recibir la información correspondiente ante el notario del juzgado eclesiástico y cobrarían por su trabajo. Los primeros en ocupar las plazas de numerarios serían los cuatro monaguillos de la catedral, siempre provistas ante el deán y su cabildo para quienes demostraran reunir las condiciones debidas. En caso de poseer bienes se matricularían como supernumerarios pagando $ 100 anuales por habitación y comida.

Una vez admitidos, llevarían de uniforme una ropa parda, bonete y beca colorada en cuyo lado derecho portaría el escudo con las armas de la iglesia y del obispo fundador. Además, recibirían anualmente 6 cuellos blancos, dos sobrepellices, tres camisas, dos chupas, dos pares de calzones, tres de calzoncillos, tres de calcetas y al mes un par de zapatos.

El colegio estaría en la obligación de asignar cada día, mañana y tarde, seis discípulos de los de número para servir de monaguillos y todos sus educandos asistirían en los días de fiesta y al coro y misa mayor.

Orden interno

Los colegiales se levantarían al amanecer para dedicarse a estudiar hasta las seis, y en todo tiempo que estuviesen libres. A esta hora de la mañana escuchaban misa y luego se les daba de almorzar. Cada día, excepto los jueves, recibirían sus lecciones de Gramática entre las ocho y las diez de la mañana y durante las tardes desde las tres hasta las cinco. El maestro de Canto impartiría clases entre once y doce. A esta hora entrarían en el refectorio para comer, la cena se efectuaba a las ocho: en ambos casos presididos por el rector o los maestros, mientras uno de los alumnos leía[9]. Después el rosario, hasta las nueve de la noche que correspondía dormir. Cada cambio de actividad se anunciaba con la campana.

Debían comulgar los domingos terceros de cada mes y durante las fiestas del Señor, de la Virgen y de San Basilio en el oratorio del colegio.

Los días festivos, el de San Basilio y los jueves, en cuya semana no hubieran fiestas, los alumnos podían salir a la calle de dos en dos para ir a sus casas, exceptuando aquellos que tenían que cumplir con la obligación de monaguillos en la catedral.

Y aunque se les exigía en principio tener vocación eclesiástica, las ordenanzas permitían salir del colegio luego de perfeccionar la Gramática y el Canto Llano para que cualquier otro que cumpliera los requisitos ocupara su lugar.

La verdad sobre su decadencia y cierre prolongado

A pesar del estricto reglamento y de la generosidad del obispo Valdés, el seminario San Basilio el Magno no funcionó con la efectividad prevista. Morell de Santa Cruz dirá, años más tarde, que el *Seminario comenzó a correr, aunque sobre un pie verdaderamente inútil*[10]. Solo existía la cátedra de Gramática Latina, que el obispo Santiago Hechavarría, antiguo discípulo, catalogó de *varia fortuna según los maestros que la suerte deparaba*[11] y lecciones de canto eclesiástico. No hubo profesores para las cátedras de Filosofía y Teología moral. El Cabildo eclesiástico, en julio de 1729 solicita a Felipe V, la conveniencia de entregar a 5 sacerdotes y 2 hermanos de la Compañía de Jesús de la provincia de Santa Fe, la rectoría y administración del colegio, poco después de fallecido su fundador. Se pretendía entregar la cátedra de Filosofía al padre jesuita Vicente Ramos y que su provincial de Santa Fe enviase otros dos sacerdotes para leer Teología moral y Escolástica[12]. Dominicos y jesuitas fueron animadores de la renovación tomista en América, mientras la presencia de cartesianismo evidenciaba en España la retirada de muchos de sus más arcaicos principios.

Para dar curso a dicha solicitud, en Reales Cédulas de 1730, 1734 y 1736, se reiteraba la necesidad de conocer la documentación testimonial relativa a la fundación, cátedras, rentas y formas de empleo del donativo de $ 12 500 del obispo Valdés. La callada de todos por respuesta[13] confirma que el rector y hasta el propio Cabildo se hallaban implicados en el desorden que reinaba en la empresa, sin eximir la distracción del 3% del diezmo. El nuevo obispo, fray Juan Lazo de la Vega y Cancino debió responder, en abril de 1738, a los apremios del monarca. Rindió informes sobre la administración de las rentas y de haber colocado catedráticos de Gramática, Filosofía y Teología moral a su llegada, sin que perdurasen, y hasta dejó dudas sobre la existencia de la imposición legada por su antecesor. El obispo criticaba al rector Bandera, quien disfrutaba del seminario como si fuera su propia casa y porque prefería las cátedras cerradas antes que colocar sacerdotes seculares que no fueran de su agrado.

La Real Cédula de febrero de 1739 exigía responsabilidades al propio obispo, quien debía ejercer controles a través de su provisor, tomar las cuentas al administrador y rector del seminario, castigar a los incorregibles, conservar la asignación de colegiales, mantener las cátedras al corriente con sacerdotes diocesanos y la contribución del 3%.

Ante la indudable avalancha que les venía encima, las autoridades eclesiásticas se precipitaron a cerrar las puertas del seminario con el inicio de la llamada Guerra de la Oreja de Jenkins en 1738, cuyo escenario fue todo el Caribe y en la que Santiago de Cuba estuvo amenazada por la ocupación del ejército británico entre junio-diciembre de 1741. Sus aulas se convirtieron en hospital militar [14].

En 1743, por los motivos antes expuestos, el síndico procurador general del Cabildo secular, Francisco Rubalcaba denunciaba la prolongada suspención de las clases en el seminario[15]. En realidad, no había ningún interés por parte del Cabildo eclesiástico en abrir aquella caja de Pandora. La insuficiente educación de la juventud patricia era amortiguada con las clases de Filosofía que se impartían en el convento de San Francisco.

Con el fallecimiento de Lazo de la Vega en 1752, se inició de inmediato una nueva ofensiva sobre el silenciado seminario. Un vecino santiaguero ponía sobre el tapete una urgente solución para abrir al servicio de los jóvenes de la comunidad tan importante institución educacional[16]: [...] *respecto de ser gran compasion el que los delicados entendimientos que produce aquel País, por falta de caudales y cultibo no se hagan memorables en virtudes y letras, mediante a haver muchos Pobres* [...]

El monarca, con asesoría de su consejo, analizaba la posibilidad de resolver la reapertura por falta de profesores, si era imprescindible, mediante el empleo de tres o cuatro padres de la Compañía de Jesús[17].

Reapertura por voluntad del obispo Morell de Santa Cruz

Tras quince años del cierre de las aulas del Seminario San Basilio el Magno a la docencia, Pedro Agustín Morell de Santa Cruz prestó, una vez más, sus buenos oficios para promover su reorganización en los comienzos mismos del obispado en 1754. Se valía de la Real Cédula de 1739, durante tantos años incumplida, que pretendía ponerlo al corriente, se valía también de su experiencia en la inextricable selva de intereses que se movían en las entrañas del Cabildo catedralicio santiaguero y su clerecía. No hay que dudar, que el recién estrenado obispo pretendiera neutralizar la aristocracia capitular tocando su punto más débil para así demostrar quién era la autoridad.

De manera que procedió a nombrar nuevo rector y profesores con sus respectivos salarios anuales, a partir de la imposición de los $ 12 592 r. de fray Gerónimo Valdés, en la forma siguiente: rector y administrador, Miguel Regueiferos con $ 200 más el 8% de cuanto cobrare y el maestro de Gramática y vicerrector, Miguel Joseph Serrano con $ 210, ambos con habitación y comida; catedrático de Filosofía, el bachiller Baltasar Carrión; catedrático de Moral, el doctor Ignacio de Ribera. Estos dos con el mismo salario que el de Gramática y el maestro de Canto Llano, Francisco Bernal con $ 120.

Consideraba que debían admitirse no más de 30 colegiales en el seminario, facilitándole ropas a los pobres, y proceder a la compra de esclavos varones que mantendría el propio colegio. Exigió al Cabildo eclesiástico ejecutar sus órdenes con prontitud, de forma que, restablecido el colegio, pudiera tomar medidas de inmediato para el cobro del 3% de la renta decimal e informar al monarca[18].

El deán y provisor, Toribio de la Bandera, su chantre, dr. Manuel Francisco Calzado y Cadenas, canónigo penitenciario y comisario del Santo Oficio, comprendieron que en aquella oportunidad no había escapatoria y notificaron el 20 de abril a Regueiferos, quien, de inmediato, procedió al inventario de bienes.

El obispo de Cuba *quería un Seminario que compita con los principales de esta América*: partió de considerar, en aquellas cajas, la presencia de los fondos que halló documentados y remitió varias partidas. Eran un total de $ 15 292 y 4 r. colocados en un arca de tres llaves a los que se agregarían los nuevos ingresos, algo más de tres mil pesos, que habían comenzado a cobrarse por motivo del 3% del diezmo [19].

El 28 de mayo de 1754 se producía la reapertura del curso con 22 seminaristas ya que era imposible completar el número exigido por el obispo debido a la falta de espacio. Comenzarían con clases de Gramática y Canto Llano y el 15 de junio con las de Filosofía, Teología y Moral. Se colocaban cedulones en las puertas de la catedral y del seminario para conocimiento de los interesados en asistir.

El obispo designó un regente para promover y presidir las funciones literarias, el canónigo penitenciario dr. Manuel Francisco Calzado y al provisor Toribio de la Bandera entregó la responsabilidad del buen funcionamiento de la institución en su nombre.

Quería una Universidad criolla

El propietario de la mitra proponía al rey trasladar el seminario a sitio más ventajoso y vender las casas antiguas [20]; después informaba el estudio del receptor entre las cuentas del 3% decimal, por lo que estimaba la renta suficiente para los trabajos en el seminario y hasta para formar escuelas de Teología Escolástica y Derecho que recibirían aquellos alumnos preparados de antemano. Lo que Morell de Santa Cruz proponía al monarca era la creación de una Universidad:

> *[...] con lo qual al mismo tiempo que se lograrían estos importantes fines se afiansaria el adelantamiento de aquella plasa tan util, y necesaria a V.M.; asi por la concurrencia de escolares, que de aquel partido irian a versarse en las letras gastando en su manutencion; como porque algunos Padres de aquella Ciudad, y demas Poblaciones, que destinan sus hijos a esta en solicitud de estudios maiores, gosarian la comodidad que les ofrese la economia de sus casas, evitando los gastos que ocasiona mantenerlos fuera de ellas* [21].

Su exaltado entusiasmo a favor de una Universidad, *porque con la erección de ella floreseran las letras en aquella Capital, y en los lugares de su dependencia*, le hizo escoger para la cátedra de Teología escolástica al dr. Miguel de los Santos y para la de Derecho Canónico al dr. Martín Palacios Saldurtum. La primera comenzaría a impartirse desde el 27 de julio y la segunda el 29 del propio mes. Advertía que estos, como los anteriormente nombrados, eran nativos de Santiago de Cuba por lo que ponía de manifiesto los innecesarios nombramientos de foráneos.

No hay que suponer cambio en el contenido de las materias que condujeran al alejamiento de las prácticas escolásticas, tampoco recibirían modificaciones los reglamentos que establecían la condición de privilegio para el patriciado; pero la mentalidad criolla de los catedráticos con un promedio de edad que no sobrepasaba los 40 años y, cuando menos, la vuelta a las aulas de aquel centro de educación superior fueron acicate para el progreso santiaguero: *y últimamente abundarán sugetos instruidos para la obtencion de los empleos de todas Clases, y la Cathedral, que en mi estimacion deve ser la primera, logrará los adelantamientos, que deseo, y corresponden a su carácter* [22]. Las disciplinas se impartirían según los criterios del Angélico Maestro sobre la lógica aristotélica. Todo estaba dicho y era la verdad, se necesitaba únicamente incorporarlo a los conocimientos de cada cual; pero este escolasticismo era mejor que ninguna enseñanza y la élite culta del patriciado santiaguero añadió un nuevo recurso para canalizar los valores éticos con los que se acuñaba la conciencia de identidad criolla.

Dos años después de restablecido el seminario, durante su visita pastoral a Santiago de Cuba, a la mirada sagaz del obispo Morell de Santa Cruz no escaparon las inconveniencias, como la ocasionada por quienes ponían reparos al traslado a un nuevo edificio, aunque se percibía su beneplácito por el crecido número de estudiantes en la cátedra de Gramática[23].

En 1759 el monarca agradecería al prelado sus esfuerzos por los adelantos del seminario sin brindar respuesta alguna a la solicitud de Morell sobre convertirlo en Universidad[24]. Corrían años en que la centralización borbónica prefería no menoscabar la capitalidad colonial de La Habana.

Impulsos ilustrados del obispo santiaguero

Durante el último tercio del siglo XVIII en España, fray Gerónimo Feijoo era la viva expresión del eclecticismo y el seminario vasco de Vergara cultivaba el enciclopedismo en las ciencias y las humanidades; mientras tanto en La Habana, la filosofía clásica ortodoxa recibía los primeros amagos del iluminismo con la creación del seminario de San Carlos y San Ambrosio en 1773. Surgía el habanero liberado del lastre peripatético pues, antes de la Real Cédula de 1768 en la que se autorizaba el empleo de los bienes embargados a los jesuitas para la creación de este colegio, Carlos III llamaba a juicio respecto al escolasticismo y los sofismas [25].

Bajo los auspicios del obispo criollo Santiago Hechavarría y Eleguezúa, se redactaron los estatutos del seminario, no limitado a la enseñanza eclesiástica. Sin romper con el dogmatismo, el voluntarismo agustiniano fue la llave que abrió las puertas a la negación de buena parte de la patrística, para referirse a la certeza inmediata de la experiencia interna.

¿En qué medida el contenido de los estatutos del nuevo seminario se corresponden con las necesidades prácticas de una élite criolla que adecua las viejas materias y la filosofía tomista a una realidad cotidiana más dinámica, muy bien conocida por el exalumno del colegio San Basilio, el santiaguero Hechavarría?

> *[...] entre las tres carreras que podían abrazarse por los hijos del país, es a saber, la del campo, la milicia, y la eclesiástica, esta era la de mayores ventajas, como la que más pronta y fácilmente llevaba a situaciones de esplendor y aun de caudal.- Algunos ordenados acumulaban numerosas capellanías y los empleos de la Iglesia eran profícuos y además, y en un país entonces en que con muy poco gasto se vivía era seguro que el clero componía la clase más acomodada; siendo natural y consiguiente que sus familiares disfrutasen, alrededor de la Iglesia, de las conveniencias de buenas habitaciones. De esas mismas familias antiguas, o bien saliendo unos que otros del país, llegaban a obtener puestos eminentes por las letras o por las armas, o dentro del país mismo con los empleos eclesiásticos los concéjiles o en el batallón de milicias, logrando empleo de alta clase, daban ilustración a su propias familias y también con los enlaces ventajosos con funcionarios que su misma posición les proporcionaba* [26].

Durante una visita pastoral a su ciudad natal en agosto de 1774, el obispo se propuso renovar su colegio seminario para ponerlo al mismo nivel que el de La Habana para que puestos en ambos cabos de nuestra Diócesis dos talleres de instrucción, para nuestros amados subditos, tendrán donde acudir para ella sin dificultades ni gastos [27].

Santiago Hechavarría comentaba que Morell de Santa Cruz no había hecho más que disponer el embrión. El seminario santiaguero recibió una inyección de vitalidad en el momentos en que sus cátedras carecían de locales idóneos: El propio obispo describe la situación en estos términos:

> *En lugar de Colegio, hallamos una casa tan desmantelada que no podría habitarla un padre de familia tranquilamente, aun en Ciudad que no fuese perseguida de terremoto; sin fortaleza en sus fabricas, sin distribución en sus oficinas, y sin orden en nada, carecen de Aulas las enseñanzas. Son unos calabozos los aposentos de los jóvenes, falta de muebles y decencia se echan de menos las piezas de primera necesidad; y el todo es verdaderamente un caos con-*

fuso, que solo presencia la ruda e informe materia para su producción [28].

Las disciplinas eclesiásticas, comentaba Hechavarría, ni siquiera se habían impartido en las aulas del seminario con todo y ser su obligación: la Teología Moral se recibía una vez por semana y Cánones se limitaba a un maestro.

Había que hacer transformaciones en la sede del seminario, enriquecer y modificar la estructura orgánica de la institución y adecuarla a los nuevos tiempos de la filosofía y la enseñanza ilustrada. En el remozamiento de la casa se invirtieron $ 8 734 y los nuevos estatutos le abrieron las puertas a las luces, aunque restringida su matrícula a la élite patricia.

En los primeros artículos se seguía exigiendo la limpieza de sangre para los aspirantes a seminaristas, tampoco se admitían los hijos de obreros o artesanos, ni a los mestizos ni a los negros. Cada pensionista debía pagar $ 200 anuales, además de proporcionarse los textos. Los educandos serían de más de 8 y menos de 14 años; saber leer, escribir, conocer de ortografía y de doctrina cristiana. En cuanto al uniforme usarían traje de lana color violado, la calidad restante de lino muy blanco, cuello, bonete y medias negras, beca encarnada sobre los hombros portando escudo de plata con las armas de la Iglesia y de los obispos Valdés y Hechavarría grabadas. Todo denunciaba la condición social de quienes únicamente podían asistir a sus aulas[29].

Como ya las había soportado Morell de Santa Cruz en su condición de deán y luego de obispo, también Hechavarría recibió la crítica acerba de quienes representaban la rémora para el progreso: en enero de 1775 el racionero de la catedral, Miguel Antonio Serrano Padilla, se dirigía por escrito a su Cabildo para criticar, sin demasiado tacto, las nuevas disposiciones y los estatutos del seminario. Reclamaba de todos cuidar las reglas tridentinas para evitar la ruina y la perdición: *Los seminaristas es razon se mantengan como pobres, y al uso de la tierra y añadía, deben aprender solo las ciencias eclesiásticas*. Estimaba excesivos los salarios de los maestros y del rector y consideraba inapropiado que estos vivieran en el propio colegio. Negaba el provechoso establecimiento de nuevas cátedras y recomendaba el ahorro de sus fondos para prever los desastres naturales[30]. Este clérigo, posiblemente compulsado por otros que no ofrecían la cara, era incapaz de entender que lo que se pretendía era adecuaciones a los nuevos tiempos de fomento comercial capitalista desde los que se despedía la oscura época feudalizante de las haciendas ganaderas. No sin razón, al concluir su obra Hechavarría afirmaba: *Hemos sembrado, a ellos toca regar y cultivar.*

Organización y doctrina

Al despuntar 1775, Santiago de Cuba ya poseía un centro de altos estudios donde su patriciado podía criar *sus hijos a la vista sin los crecidos Costos y Riesgos que tenían que sufrir, en su dilatado tramite y unico recurso a la Universidad de La Habana* [31].

Abanderado de la ilustración entre los miembros de su clase, el obispo Santiago Hechavarría incluyó en el plan de estudios del seminario la Física Experimental, la Matemática y el Derecho Civil. En cuanto a la Filosofía, postulaba que no debía ceñirse a un solo autor sino a lo que al maestro le pareciera más conveniente, *según los nuevos experimentos que cada día se hacen y nuevas luces que adquieren en el estudio de la naturaleza* [32].

Los estatutos del Seminario «San Basilio el Magno» eran aprobados por Carlos III según Real Cédula de 11 de octubre de 1781, exceptuando aquellos acápites referidos a los motivos de inhabilitación para las becas: solo se considerarían invalidantes para la matrícula aquellas evidencias públicas de poseer ascendencia negra o que los educandos fueran hijos de artesanos con oficios reputados de viles; también, prohibía que los colegiales llevaran objetos de metales preciosos para evitar ostentación [33].

Los numerarios se incrementaban a 18 por considerarse el colegio un lugar donde debían formarse sacerdotes diocesanos de forma tal que el cabildo eclesiástico pudiera influir en la formación del clero del Departamento Oriental y dejar sentados los rigurosos cánones para su comportamiento entre la sociedad criolla.

Según las reformas episcopales, el seminario quedó organizado con sus nuevas cátedras de forma siguiente:

Cargos y cátedras	Sueldo anual
- director (el canónigo magistral)	$ 400
- pedagogo	$ 300
- mínimo	$ 200
2 maestros de Gramática	
- Retórica	$ 200
- Escolástica	$ 220
3 maestros de Teología	
- Escritura y Liturgia	$ 300
- Moral e Historia eclesiástica	$ 300
- Prima	$ 300
2 maestros de Cánones	
- Vísperas	$ 300
Maestro de Canto Llano	$ 50

También contrataron un médico, un barbero, un sastre y un zapatero. Dos esclavos se desempeñaban como cocineros y dos o tres más en diferentes labores domésticas.

En esa especie de eclecticismo elemental, la visión aristotélica prevalecía como doctrina que formaba conciencia en la oligarquía criolla tanto de su relación con el terruño entrañable como de su provincialismo hispano asimilista: el racionalismo y el pragmatismo llegarían con pasos mesurados y cautos.

La renovación del seminario santiaguero no constituyó un fenómeno aislado, estaba inspirada en los nuevos aires americanos del iluminismo, los mismos que permitieron la creación de la Sociedad Patriótica de Amigos del País en 1788 que, desde su fomento, se preocupó por el establecimiento de una escuela de primeras letras, o los que conminaban a la introducción de la imprenta. Si la pedagogía procedía con dogmatismos y algunas cátedras garantizaban el estatismo de las ideas, la vanguardia culta del patriciado, agrupada en torno a la Sociedad Patriótica y apoyada por gobernadores ilustrados como Juan Bautista Vaillant, Juan Nepomuceno Quintana o Sebastián Kindelán, le fue posible en su seno ocuparse de las nuevas materias prácticas para enriquecer el razonamiento de la generación de relevo. Uno de sus ejemplos fue Juan Bernardo Hechavarría O'Gaban y Guerra quien fuera su alumno brillante después, el vicario provisor de la diócesis habanera, colaborador estrecho del obispo ilustrado Juan José Díaz de Espada y Landa.

Retardos y clausura

El seminario de San Basilio el Magno estuvo funcionando sujeto a las reformas introducidas por el obispo Hechavarría, mas requería acelerar las transformaciones que adecuaran el contenido de sus estudios al ritmo vertiginoso del devenir de la sociedad santiaguera.

Hasta el 29 de agosto de 1789 el producto del 3% del diezmo gozaba de un incremento considerable, gracias al desarrollo agrícola plantacionista en ascenso; la crisis sobrevino a partir de la división de la diócesis de la isla de Cuba en dos obispados. De un momento a otro, el seminario quedó solo con los beneficios del 3% de la renta decimal, más las capellanías (según razón, $ 1 199, cuando antes se percibían $ 5 000) de la parte oriental y retenidas las demás [34]. El rector, dr Matías Boza[35] renunció a su cargo, se dice que por irregularidades en el cumplimiento de su responsabilidad, el obispo Antonio Feliú y Centeno tomó la decisión de clausurar el colegio, alegando tal escasez y miseria, por causa de la disminución de sus ingresos, que le era imposible costear los salarios y ni tan siquiera alimentar los catedráticos y colegiales. Ahora bien, ¿era entonces tan dramática la situación del seminario? La máxima autoridad de la diócesis santiaguera se expresaba en términos rotundos:

> [...] agotados los fondos antiguos de dicho Colegio quedan por la división y desmembración del obispado reducidos a la mayor escases y miseria con imposibilidad de costear ni los salarios que llevan el Director y los Catedráticos, ni el consumo diario que se invierte en el alimento de sus individuos, que inmediatamente y de todo punto se suspenda desde este día la continuación del sobredicho Colegio, despidiendose de él a todos los Catedráticos y Colegiales que lo habitan, cerrandose sus puertas [...] [36]

Se necesitaba dinero para las reparaciones y para el incremento de las becas hasta 24, según lo propuesto por Hechavarría. Quizás los recursos con que se contaban no deseaban invertirse en una institución cuyos resultados financieros no parecían tan halagüeños en lo porvenir como los ingenios azucareros. ¿Acaso puede ser casual la Real Cédula de 1 de junio de 1799 prohibiendo el empleo de las recaudaciones del 3% del diezmo en algo distinto que no fuera el establecimiento y sustento de los seminarios, razón de su existencia?[37]

El obispo decidió subsanar la falta de profesores de Filosofía y Teología entre los jóvenes y nombró tres lectores interinos que recibirían sus salarios a cambio de impartir clases en sus casas: Latinidad de Mayores y Retórica el presbítero José Nicolás Correoso con $ 200, Mínimos y Menores el presbítero Vicente Palacios con $ 150 y Teología Moral e Historia Eclesiástica el presbítero Esteban de Salas con $ 100[38]. Difícil de explicar semejante medida, por el estado ruinoso en que se había declarado el colegio, al punto que se decidió vender los varios esclavos e inmuebles, por la suspensión de las rentas, ya que la Junta de Diezmos de La Habana mandó depositar en Arcas Reales la mitad de la pensión hasta que el monarca decidiera.

Al aproximarnos a los orígenes y decursar del seminario San Basilio el Magno a través del siglo XVIII, nos parece como si siempre estuviera en precario; pero no fue así, los tiempos de los obispos Morell y Hechavarría permitieron su arraigo dentro de la sociedad santiaguera para convertirlo en una institución imprescindible y hacia donde todos dirigían las miradas cuando se trataba de cultura. Cumplió su razón esencial de ser: con lo mejor de la enseñanza superior, educar en y para su tierra al patriciado criollo, además de formar sacerdotes nativos para su diócesis. Acaso el mejor ejemplo de sus resultados sea el propio obispo Santiago Hechavarría y Elguezúa.

Se riega y se cultiva

Autoridad e ilustración con Joaquín Osés Alzúa

Muy poco más podría hacer Feliú y Centeno en su diócesis, pues le sobrevino inesperadamente la muerte. Lo sustituyó en la mitra Joaquín Osés Alzúa y Cooperacio[39] en 1792 e inmediatamente dispuso la reapertura del Seminario. Llamó a los lectores interinos a sus aulas y a habitarlo al de Teología Moral. Todos darían cuenta a los diputados de lo que había quedado a su cargo y estos a su vez informarían sobre las necesidades del edificio a sus conciliarios[40]. Se designaba como rector y catedrático de Derecho Canónico e Instituto Civil al presbítero Lic. Juan de Dios Montiel con la asignación de $ 250, casa y comida; un vicerrector y lector de Filosofía, el Dr. Juan Bautista Creagh[41] (después de la renuncia del Dr. Fernando Corneoso) y Esteban Salas seguiría con Teología Moral, ambos $ 200 de salario. Mayores y Menores mantenían sus asignaciones y Matías Alqueza se nombraba maestro de Canto Llano con el salario de siempre[42]. Dogmática y Escritura quedaría a cargo del Canónico Lectoral. Las funciones del Pedagogo eran cubiertas por los propios profesores en rotación cada ocho días. El mayordomo tendría un salario $ 50 y el portero de $ 12. Como Osés recomendaba economizar, de acuerdo con los tiempos, se establecían solo diez becas numerarias con los requisitos de los estatutos de 1774 distribuidas de esta forma: 4 para Santiago, 1 para Baracoa, 1 para Holguín, 2 para Puerto del Príncipe y 2 para Bayamo; aunque no ponía límites a los pensionados[43].

Parece que la reapertura fue el comienzo de una de las mejores épocas del seminario santiaguero, a la que contribuyó la Real Cédula del 18 de diciembre de 1793 en que se habilitaba para que pensionados y asistentes a sus cátedras pudieran recibir los grados correspondientes en las universidades aprobadas; otra Real Cédula de 23 de febrero de 1796 sancionaba las reformas de Osés en el colegio San Basilio. Un año más tarde, en virtud de la cesión a Francia de Santo Domingo, el Cabildo de Santiago de Cuba reclamaba del monarca, a través de su síndico procurador general y entre otras gracias, el traslado a este suelo de la Universidad y convento de la orden de predicadores de Santo Domingo[44].

Durante los largos años de su obispado -en 1804 el papa Pío VII eleva su iglesia a metropolitana y en 1805 a archidiócesis- Joaquín de Osés prestó especial atención al seminario. Bien conocido por su espíritu ilustrado, por su defensa del comercio libre, de la pequeña producción agrícola y del desarrollo del Departamento Oriental contra el monopolio económico habanero, fue recalcitrante con los inmigrantes franceses a quienes culpaba de muchos cambios en las costumbres santiagueras del siglo anterior e incluso como causantes de la pérdida del interés de los jóvenes por los estudios eclesiásticos: *Deistas, materialistas y ateístas, esparciendo sus doctrinas y libros obscenos, que pintaban la Sagrada Escritura como una fábula, y los apodos ignominiosos con que señalan a todos los eclesiásticos; los han retraído de su estudio y aplicación de ellas* [...] [45]. El prelado santiaguero fue una personalidad en Santiago de Cuba donde ejerció con rigor sus funciones mientras vivió, sabía que el seminario era un instrumento fundamental para contribuir al arraigo de los hombres a su tierra.

Procedente de Saint-Domingue, la inmigración francesa fue vehículo impulsor de la desintegración del sistema feudal, nunca la razón esencial de los cambios que despuntaban en lo finisecular; la causa verdadera fue la inserción progresiva de la jurisdicción santiaguera en el mercado capitalista y el fomento de la plantación cafetalera y azucarera con fuerza de trabajo esclava que generaron nuevas formas de pensar.

El propio obispo, en septiembre de 1799, disponía la entrega de $ 30 000 de los fondos del colegio al presidente del convento y hospital de los belemitas al interés del 5%, recibía como garantía el rico ingenio Jutinicú, la hacienda Caujerí, 96 negros esclavos, etc.[46] Así se burlaba la Real Cédula emitida meses atrás.

A la convocatoria a Cortes de Cádiz, el síndico procurador general interino Miguel Bestard, preparó las instrucciones para el diputado que se designaría por el Departamento Oriental. Entre otros temas, aludía al abandono en que se hallaba la enseñanza de las primeras letras y reprochaba la desorganización del colegio seminario, al punto de solicitar la instalación de la Universidad en el convento de predicadores de Bayamo [47]. A nombre de la regencia de gobernación de Ultramar se respondía en noviembre de 1812 solicitando los detalles necesarios para decidir donde radicar la Universidad [48].

Cátedras, método y principios

Osés defendió el buen funcionamiento del seminario alegando algunos cambios en la doctrina y en el método de impartición de las clases. La inexistencia de rector durante los muchos años de su gestión al frente de la mitra oriental demuestran su atención directa. Añadió una Academia de Dibujo para los niños, conocimientos de Astronomía, Geografía y Botánica (es decir, Esferas Celestes y Terrestres y Geografía de las Flores); hasta pretendía una cátedra de Física Experimental para lo que había adquirido el Diccionario de Brisson y buscaba el maestro idóneo. Por su cultura, podía percatarse de la necesidad de abreviar el tiempo dedicado a la enseñanza del Latín, como ya había reducido el de la enseñanza de la Filosofía (incluida la Lógica, la Metafísica y la Física) de más de tres años a dos. Sus textos ofrecían elementos teóricos de la Física moderna. En su análisis del plan de estudio, asignaturas y bibliografía para los educandos del seminario San Basilio el Magno, el obispo Osés ratificaba: *Se ha desterrado la suma y pura escolástica, pero sin que dexe de conocerse que el Hombre por naturaleza es racional, y discursivo; y asi cada tres dias hay una conferencia domestica, y al cabo de cada parte de la Filosofia, dos actos publicos* [49].

El Derecho Civil y Canónico era de preferencia de los jóvenes, pues los padres aspiraban a tener hijos que los socorrieran en los numerosos litigios que les causaban enormes estragos económicos; sin embargo, los jóvenes pudientes despreciaban la carrera eclesiástica *a las que se solo se aplican algunos pobresitos*. El arzobispo destacaba el estudio de la Constitución de 1812 en las clases de Derecho Civil [50].

La distribución de matrículas entre cátedras mostraba claramente el interés que se despertaba en la juventud por los cambios económicos de su contemporaneidad [51]:

Cátedras	No. de alumnos
Gramática Latina Mínimo	20
Gramática Latina Mayores	35
Filosofía	14
Derecho Civil y Canónico	13
Teología Moral	8
Teología Dogmática y Escritura Sagrada	3
Canto Eclesiástico Gregoriano	10
Dibujo	34

A lo dicho hay que añadir, que los planes de estudio de la enseñanza superior quedaron sujetos a la tutela de la Universidad de San Gerónimo de La Habana, controlada por los dominicos, del homólogo seminario San Carlos y del estricto celo del Patronato Real.

Luego de restablecido en el trono Fernando VII, el Cabildo secular instruyó en 1814 a su apoderado en la Villa y Corte de Madrid, Pedro Alcántara de Acosta, para que solicitara el establecimiento de Universidad Literaria, una vez más, para el Seminario San Basilio el Magno, aumento de dotaciones para sus cátedras –sin despilfarros– y nuevos estatutos; todo lo cual significaba liberarse del influyente dogmatismo de los dominicos. Se argumentaba que había *lastimosa decadencia o mejor dicho infancia de las ciencias e ignorancia o defectuosa instrucción* que obligaba a enviar los hijos a La Habana. La oligarquía burguesa tenía conciencia del apremiante fomento comercial e industrial, y pidió especial atención al establecimiento de una cátedra de Matemáticas, útil a la formación de buenos militares y por la aplicación de sus diversos ramos a la Agricultura e industria [52].

Tampoco se atendió en esta oportunidad, en 1817 ni 1819 cuando el arzobispo, el gobernador departamental y el Cabildo se pusieron de acuerdo para reclamar una universidad para el oriente de la isla de Cuba [53]. La Capitanía General no se interesaba por desmembrar la centralización política y favorecer la originalidad y autonomía, añádase que la Universidad de San Gerónimo no quería renunciar a las ventajas de recibir los derechos por los exámenes que rendían los alumnos procedentes de la región oriental.

No marcha con los tiempos

Aun antes de la muerte del arzobispo Osés, el seminario comenzó a padecer nuevos quebrantos. La comunidad santiaguera exigía más de lo que su añeja estructura estaba dispuesta a aportar y que había sido motivo de su creación: educar a la élite patricia y formar sacerdotes para la diócesis. Durante la década de 1810 la presencia en el deanato de una figura tan notable como Bernardo Antonio del Pico y Redín, exalumno del seminario, provisor y vicario general, contribuyó al beneficio de la instrucción. Aparecieron escuelas de primeras letras en manos de sacerdotes, el convento de los belemitas ofrecía sus servicios a la educación, al igual que los franciscanos donde todavía se enseñaba Gramática, Filosofía y Teología.

Es de mi parecer que el celo de algunas figuras prominentes de La Habana, como el deán y provisor general Bernardo O'Gaban, respecto al desarrollo cultural en el resto de la isla de Cuba estaban mediadas por numerosas diferencias jurisdiccionales y financieras, entre los obispos Osés y Espada [54]. Si el seminario «San Basilio el Magno» no alcanzó la altura del de «San Carlos» en muchas de las cátedras, tampoco su enseñanza, en las primeras décadas del siglo XIX, pueden aparecer como un ejemplo del más oscuro escolasticismo, según se deduce de las palabras autobiográficas de José Antonio Saco. Sus cátedras fueron ocupadas por hombres ilustrados de la sociedad santiaguera, como el presbítero Juan París de Canto Llano, el dominicano dr. Juan de Mata Tejada de Dibujo, el bachiller Francisco Muñoz del Monte en Filosofía o Juan Bautista Sagarra en la de Lógica, más tarde se encargaría de las de Filosofía empleando los textos de Félix Varela, hasta que el carlista arzobispo fray Cirilo de Alamedad y Brea se los prohibió [55].

Relación de profesores del seminario entre 1812-1818 [56]

	1812[57]	1814[58]	1818[59]
Rector	vacante		
Vicerrector y pedagogo: Manuel Muñiz	X	X	X
Teología Moral: Manuel Acosta	X	X	X
Derecho Canónico y Civil: José N. Bravo	X	X	
Gramática Mayor: N. Ambrosio Mancebo	X	X	X
Gramática Mínimos: Manuel Muñiz	X	X	X
Canto Llano: Juan París		X	X
Dibujo: Juan de Mata Tejada		X	X
Derecho Canónico y Civil: José Villar P.			X
Filosofía: Francisco Muñoz			X

El colegio seminario San Basilio el Magno seguirá siendo el único centro de enseñanza superior, fuera de la Universidad de San Gerónimo de La Habana, para la juventud del Departamento Oriental, que acudía a sus aulas en busca de instrucción general con el nivel académico requerido para obtener los títulos de la Universidad habanera. Allí estudiarían el poeta Manuel Justo Rubalcaba y Sánchez, el presbítero Gabriel Marcelino Quiroga, el médico homeópata y presbítero José Wenceslao Callejas y Asencio, el compositor Laureano Fuentes Matons y otros muchos [60].

Múltiples voces se alzaron en busca de la solución para extender cualitativa y cuantitativamente la enseñanza, incluso en el Cabildo secular. Se procuró introducir el método lancasteriano (mutuo) para un mayor número de estudiantes, pero sin aportar nada a la pedagogía ya conocida. Los periódicos de los 1820 se hallan cuajados de anuncios publicitarios sobre escuelas modernas de niños y niñas con profesores franceses.

Críticas y más críticas

Al igual que en el primer período constitucional de 1812-1814, el de 1820-1823 desempeñó un papel singular en el despertar de las ansias de saber entre la población. Ello fue facilitado notablemente por la libertad de imprenta –a pesar de los censores– sazonada con los frutos del progreso, prohijado por la bienandanza económica de la burguesía criolla propietaria de ingenios, cafetales y algodonales. Se incrementaba el intercambio comercial y la población urbana: por supuesto, era también más urgente la instrucción con disciplinas vinculadas a la localización de mercados y el mejoramiento de la producción agrícola.

En 1823 al seminario San Basilio el Magno se reintegran las rentas retenidas desde 1789 por el 3% del diezmo. A pesar de lo cual, no se aprecia ningún cambio favorable, y solo se alerta su decaimiento. No hay que extrañarse, por consiguiente, que el periódico satírico El dominguillo de Santiago de Cuba se haga eco de una opinión generalizada sobre el centro superior de enseñanza. Aunque los escritos no aparecen firmados, sabemos que fueron redactados por su editor, Manuel María Pérez, destacado escritor santiaguero de comienzos del siglo XIX. Versará sobre la superficialidad de los estudios de un colegio *purgado de goticismo*:

> *¿Qué debe suceder a un hombre, de Cuba, cuya educación está circunscripta a nosiones superficiales, que no se reducen a otra cosa que a leer mal, escribir peor, estudiar la lengua romana antes de saber la suya; entrar en filosofía, salir de filosofía: farfullar cuatro principios de moral, y una estéril nomenclatura de leyes y cánones, que es lo único que aquí se conoce?* [61]

Manuel María Pérez ataca la falta de conocimientos sobre la ley fundamental del estado, las ordenanzas de su municipio, la historia del país natal, las relaciones políticas y comerciales con otros países. Habla de la regeneración de un colegio que antes era taller donde se formaron tantos grandes hombres y responsabiliza a la propia burguesía agrícola y comercial para que este vuelva a ser: *[...] un depósito de buena semilla que germine, vegete y se sasone en pro de nuestra propensa juventud, para que Cuba florezca, se perfeccione en las siencias modernas y en las artes de utilidad [...]* [62].

No fue esta la única crítica que M. M. Pérez hizo al seminario en este periódico santiaguero. Durante el mes de febrero se publicaron otros dos números que, en tono satírico, hablaban de las cátedras que debían existir en el seminario ponerlo a tono con su entorno en transformación. En «Sueño Literario» y «Concluye el sueño literario que quedó pendiente en el número anterior», se refiere a un seminario imaginario donde todo había cambiado de acuerdo a sus deseos. Por ejemplo, en el reformado se enseñaba lengua española antes que latín, aunque pensaba que los estudiantes, para servir el sacerdocio y la abogacía, debían seguir perfeccionando esta lengua. Soñaba con un colegio donde se impartía la Filosofía especulativa y práctica, sin olvidar la ontológica y teológica, soñaba que se enseñaban otros idiomas como el francés, el inglés y el italiano. Por último, reclamaba un espacio para las Matemáticas, aunque atribuía su importancia a la formación militar [63]. Puede colegirse que el periodista quería llegar a un entendimiento, sin dejar de considerar, que el seminario debía seguir cumpliendo con su cometido tridentino sin menoscabar su papel académico laico por carencia de otros centros de enseñanza que lo ejercieran.

Supongo que las opiniones continuaron apareciendo en otros periódicos porque al año siguiente, en La miscélanea de Santiago de Cuba Pérez publicaba el artículo titulado «Instrucción pública» en el que se ofrecía otra solución: separar la educación civil y la instrucción religiosa para ser ambas fortalecidas. Proponía liberar al seminario de la tutela eclesiástica para reformarlo, regenerarlo y protegerlo con el amparo del soberano [64]. Otro autor anónimo, proponía en «Educación de la juventud» algo diferente. Se trataba de crear un colegio en toda la archidiócesis que no tuviera la finalidad del seminario tridentino, *donde se de una educacion practico teorica de las principales artes y ciencias en diez años de tiempo, de modo que antes de cumplir el joven los veinte de edad, se halle capaz de emprender por si una carrera o un estudio genial* [65]. Las propuestas de asignaturas eran: Lectura, Escritura, Lógica, Idioma (inglés, francés e italiano, en este orden), Dibujo, Baile, Esgrima, Música y Talleres, Se anunciaba así lo que sería el futuro colegio Santiago, privado, de primera y segunda enseñanza.

En este mismo periódico, M. M. Pérez volvía a la carga para tratar asuntos de mayor envergadura: la importancia de la instrucción para los hombres, de los conocimientos agrícolas, industriales y comerciales. Si el militar debía conocer de Matemáticas, el labrador no podía quedar rezagado en la Astronomía, el Cálculo y la Botánica; y ponía sus esperanzas de reformar el seminario en el nuevo arzobispo, Mariano Rodríguez de Olmedo [66]. El escritor y poeta volvió con nuevos comentarios, y un largo artículo sobre «Historia Insular», no escapará a su sagacidad la importancia de esta disciplina en la formación del educando [67].

El nuevo arzobispo no parece cubrir las expectativas de mejoramiento en el seminario con el argumento de escasas rentas. En las cátedras de latinidad había 82 matriculados, en Filosofía 14 y en Derecho 19. Los que pagaban eran unos ciento veinte externos y había 14 seminaristas becados [68].

A pesar de que la renta anual ascendía en los años 1830 a $ 5 584 y seis y medio reales, las cátedras eran pagadas anualmente con muy bajos salarios y seguían sin introducirse nuevas materias: Gramática Latina de mínimo $ 96 y mayores $ 200, Filosofía $ 360, Teología Moral $ 120, Derecho Civil y Canónico Castellano $ 50. El pedagogo recibía $ 420 y el director $ 400. Lugares Teológicos y Teología Escolástica se impartían gratuitamente [69]. Ya anciano, el Canónigo Lectoral Miguel Hidalgo seguía siendo su maestro desde 1821. Al resto de los catedráticos, el Lic. Joaquín Ferrer, al Ber. Luiz Gozmán y al pedagogo presbítero Bernardo Llaneza se les mandaba cobrar su sueldo de los adeudos [70]. Y como no se nombraba rector, el ahora administrador del seminario, Manuel Lores, se ocupaba del cobro de las rentas desde que, por su ancianidad, había renunciado en 1833 el vicerrector Muñiz [71].

Nadie quería responsabilizarse con la ingente tarea de reorganizar el seminario. Parece que desde 1834 fungía como rector o director interino Antonio

Díaz Llovet, miembro del Cabildo eclesiástico, quien delega esa responsabilidad en 1840. Lo mismo sucede con el también interino Pedro Ramírez de Estenoz, que lo abandona al año siguiente con el argumento de su ascenso al curato de la catedral[72]. El Cabildo accedía a que uno de sus miembros ocupara la dirección con la condición de que su administrador hiciera un balance de los ingresos, pues se juzgaba existían serias irregularidades en el manejo de las rentas [73]. Las clases de Filosofía para 60 estudiantes se daban en el mismo local que se impartía la de ambos Derechos [74]. El colmo del desorden lo informa el Cabildo al gobernador del arzobispado, Juan Pacheco, cuando le aseveraba que no había catedráticos de latinidad y filosofía y reclamaba la convocatoria a la plaza de director, de inmediato, para resolver estos problemas [75].

Desde 1841 se aplicaba en las islas de Cuba y Puerto Rico el Plan General de Instrucción Pública, con el objetivo colonial de ganar en centralización metropolitana. Las nuevas disposiciones formaban tres niveles de enseñanza: elemental, secundario y universitario. Para este último solo se reconoció en la isla de Cuba a la Universidad de La Habana, devenida, desde entonces, solo en Real y suprimida su condición de Pontificia. A pesar de haberse tomado esta decisión, los colegios seminarios de San Carlos de La Habana, San Basilio de Santiago de Cuba y de San Juan de Puerto Rico quedaron incorporados a la Universidad de La Habana, según la Real Cédula de 24 de agosto de 1842, limitando su enseñanza a la Sagrada Teología.

Los colegios privados se favorecieron con la estatalización de la enseñanza y se multiplicaron. Algunas materias técnicas y científicas se contemplaban en el plan, sin dejar de impartirse la Historia Sagrada y la Religión. Como ya hemos explicado más arriba, esta medida provocó la crisis en el seminario, bajo la dirección interina del anciano presbítero José Delgado, también capellán de la Brigada del Real Cuerpo de Artillería de la plaza [76]. Entre 1843 y 1849 no hubo contención para la decadencia.

El canónigo Wenceslao Callejas Asencio y el abogado catalán Miguel Estorch reclamaron en 1844 la reforma del seminario San Basilio en el que apenas quedaban alumnos [77]. También el Ayuntamiento y la Sociedad Económica de Amigos del País pidieron la reinstalación de las facultades universitarias.

Al finalizar la década de 1840, el alma de todas estas gestiones fue el gobernador del arzobispado el padre Gerónimo Mariano de Usera y Alarcón quien, ante la negativa del capitán general a considerar la solicitud, se dispuso a reorganizar el seminario como centro de segunda enseñanza, preparar la facultad de Filosofía y establecer el adecuado nivel en las cátedras teológicas [78].

El plantel no había cerrado, pero la mayoría de los padres de familia preferían enviar a sus hijos al colegio particular Santiago aunque pagaran $ 10 mensuales. Creado bajo la inspiración del notable pedagogo Juan Bautista Sagarra había dearrollado en sus aulas el método explicativo. Como el colegio Santiago estaba instalado en el mismo edificio que ocupaba el arzobispado, anexo al seminario, se prohibió el contacto entre sus alumnos por el abandono y poco nivel académico de los San Basilio el Magno [79].

Gerónimo de Usera se propuso elaborar un nuevo plan de estudios para el seminario San Basilio el Magno. Por supuesto, lo primero que hizo fue sustituir al achacoso rector Delgado y tratar de aplicar su proyecto antes de la llegada del recién nombrado arzobispo Antonio María Claret y Clará. Pretendía formar sacerdotes instruidos, según el progreso de las ciencias de la Física y de la Matemática, en general educar una juventud cubana con inclinación por la Agricultura, la Industria, la Mecánica y el Comercio. La obra del padre Gerónimo de Usera era la acción renovadora más notable, hasta entonces, en el seminario San Basilio el Magno, ensombrecida únicamente por la presión, desde La Habana, del seminario San Carlos que lo obligó a sujetarse a los elencos académicos establecidos y por la dependencia absoluta de la Universidad de La Habana.

Primera parte de la Segunda Enseñanza 80:

PRIMER AÑO	LIBRO DE TEXTO
Perfección de Gramática castellana	Ferradillos-Salvá
Principios id. de la latina	Hornero-Carrillo
Elementos de Historia Sagrada	Fleury
Religión y Moral	Ripalda-García
Música y Canto Llano	Método de Vila
SEGUNDO AÑO	
Continuación de la latinidad	Hornero-Carrillo
Principios de traducción	Selectas
Historia Universal y de España	F. Berdejo
Elementos de Geografía	F. Berdejo
Historia Sagrada	Fleury
Religión y Moral	Ripalda-García
Música y Canto Llano	Método de Vila

TERCER AÑO	
Perfección del Latín. Clásicos	Pp. Escolapios
Retórica y Poética	Losada-Balin-Hermosilla
Religión y Moral	Ripalda-García
Música y Canto Llano	Método de Vila
Francés	Chantreau

Segunda parte de la Segunda Enseñanza:

PRIMER AÑO	
Lógica, Ontología y Psicología	Jacquier, Arboli-Varela
Elementos de Aritmética y Álgebra	Vallejo-Lacroi
Francés	Chantreau

SEGUNDO AÑO	
Literatura castellana	Gil y Zárate
Física Experimental	Deguin-Bendant
Elementos de Química	Bonchardat
Historia Natural	id. Joca-Lassaigne

Facultad de Sagrada Teología:

PRIMER AÑO	
Fundamentos de Religión	J. Perrone
Lugares Teológicos	J. Perrone

SEGUNDO AÑO	
Teología Dogmática. Parte especulativa	J. Perrone
Práctica de catequizar niños y rudos	L. Martín

TERCER AÑO	
Teología Dogmática. Parte práctica	J. Perrone
Teología pastoral	L. Martín

CUARTO AÑO	
Teología Moral	S. Ligorio (Neyraguet)
Liturgia	F. Iraizos
QUINTO AÑO	
Sagrada Escritura	NT griego. Biblia hebrea
Oratoria Sagrada. Práctica del púlpito	L. de Granada. Vulgata, Wentoss
SEXTO AÑO	
Historia y elementos de derecho canónico	Devoti-Selvagio
Historia eclesiástica	Berti
SÉPTIMO AÑO	
Historia y Disciplina General de la Iglesia y particular de España	Caparrós-Villodas
Historia de los concilios	Villodas-Larrea
Controversias y Estudios Apologéticos	Bergier

La relación de asignaturas y el empleo de textos modernos permitían refrescar con aires de contemporaneidad las aulas de la vieja institución educativa santiaguera.

Claustro de profesores del Seminario

DIRECCIÓN GENERAL	
Rector	Pbro. Rafael Correa[81]
Pedagogo	Pbro. Salvador Marful
Secretario	Sr. Antonio Cardona
BACHILLERATO	
Religión	Pbro. Pablo Martín
Latín superior	Pbro. Gregorio Escudero
Latín elemental	Lic. Fernando Fuentes
Historia Universal y de España	Lic. Anselmo Meana

357

Física, Química, Historia Natural	Dr. Juan Usera
Matemática, Álgebra, Geometría	Sr. Francisco Losada
Literatura, Retórica, Francés Sr.	Francisco Baralt
Inglés	Sr. Cristóbal Mendoza
Pintura y dibujo	Dr. José Fernández Celis
FILOSOFÍA Y TEOLOGÍA	
Dogmática especulativa	Pbro. Miguel Hidalgo
Sagrada Escritura, Pastoral	Pbro. Lic. Gerónimo de Usera
Teología Moral	Pbro. Rafael Correa
Dogmática Práctica	Pbro. Salvador Marful
Filosofía	Lic. Joaquín Ferrer
Griego y Hebreo	Pbro. Lic. Gerónimo de Usera
Historia de la Iglesia Lic.	Joaquín Ferrer

La calidad académica del cuerpo profesoral aseguraba un nivel a considerar, lo mismo que la ausencia de rigidez en sus materias, el empleo de diversos textos y la posibilidad de alternarlos.

En el transcurso de las décadas comprendidas entre finales del siglo XVIII y los comienzos del siglo XIX, el seminario «San Basilio el Magno» fue centro de la vida cultural santiaguera. Allí se reunían los amigos de la Sociedad Económica, allí constituyó esta institución una Biblioteca Pública y también instalaba la imprenta.

Cuando los requerimientos de la modernidad asomaron a sus viejas puertas, todos los santiagueros reclamaron del seminario generalizar en sus aulas la entrada de las ideas científicas, liberales y pragmáticas. La burguesía cubana debía instruirse, acorde con los tiempos, para conservar la jerarquía política y económica de sus predios.

El arquetípico colegio Santiago sirvió mejor a los fines de la burguesía jurisdiccional santiaguera, proporcionándole asideros científicos y metodológicos para su afianzamiento ideológico-político a la región. El mayor esfuerzo por recuperar el papel raigal del seminario en su función de educador de la oligarquía oriental fue llevado a cabo por Gerónimo de Usera, la dependencia política de la Iglesia a la monarquía liberal española cerró el paso a estos intentos. En la medianía del siglo XIX, la metrópoli había decidido el destino colonial de sus Antillas, y el Patronato Regio resultó instrumento útil para estos menesteres.

La Cosecha
Misión de Antonio María Claret

El nuevo arzobispo, Antonio María Claret, llegó a Santiago de Cuba con la idea de reorganizar y disciplinar el clero de su diócesis, pues la mitra había continuado vacante durante un buen número de años, lo que contribuyó al relajamiento de sus costumbres. También procuró la ampliación de la labor evangelizadora y se dispuso a encauzar la vida cristiana de los habitantes de la región. Como parte de esta tarea de adecentamiento de la curia en la diócesis oriental, procuró recobrar la dignidad del seminario de San Basilio Magno sobre instrucción imprescindible a su labor misionera. El arzobispo Claret vino acompañado de su familia eclesiástica cubana. Entre ellos el catalán Antonio Barjau, sacerdote culto y con dotes organizativas, sería designado el 19 de mayo de 1852 rector o director del seminario [82].

Gerónimo de Usera no pudo ver hecho realidad su proyectado plan de estudios, debió conformarse con montar un pequeño gabinete de física y restablecer la cátedra de latinidad. Todo faltaba, no existían las clases de Moral ni de Teología y hacía más de 30 años que no se ordenaban seminaristas, aunque había abogados instruidos a expensas del seminario luego de declarar su falta de vocación al iniciarse las asignaturas eclesiásticas [83].

El Real Decreto de 21 de mayo de 1852 disponía que, a partir de aquel año académico, los grados menores se conferían en los seminarios conciliares y los mayores de Teología y Cánones en los Seminarios Centrales de Toledo, Valencia, Granada o Salamanca; pero esta disposición fue letra muerta en ultramar porque la Universidad de La Habana siguió otorgando los títulos de licenciado y doctor en Sagrada Teología. El arzobispo Antonio María Claret, en vistas de estas circunstancias, comenzó a gestionar ante el monarca la concesión del título de Central para el seminario San Basilio el Magno. Ese mismo año una Real Cédula de 30 de septiembre instrumentaba el plan de estudio por el cual debían regirse los seminarios conciliares en España.

El arzobispo Claret escribió en 1854 el reglamento titulado «Modificaciones a los Estatutos del Seminario Tridentino de Cuba», cuya finalidad era hacer más rigurosa la disciplina y moralidad en su interior, dedicarlo estrictamente a la enseñanza religiosa de los que tenían vocación sacerdotal [84], con lo que se modificaban los estatutos del obispo Hechavarría. El plan de estudio quedaba de la forma siguiente [85]:

ASIGNATURAS	CLASES AGREGADAS
PRIMERA ENSEÑANZA	
Gramática castellana Latín, primer año Latín, segundo año Latín, tercer año	Catecismo y Aritmética Religión y Moral Historia Sagrada Historia Profana
SEGUNDA ENSEÑANZA	
Retórica, un año Filosofía, primer año Filosofía, segundo año Filosofía, tercer año	Matemática, primer año Matemática, segundo año Francés, un año Inglés, un año
TERCERA ENSEÑANZA	
Teología, primer año Teología, segundo año Teología, tercer año Teología Moral	Lugares teológicos Escritura Sagrada, Cánones e Historia Canto Llano, Predicación Liturgia, Administración

Estatutos y jesuitas

El arzobispo Claret establecía como norma el ingreso de blancos, hijo de legítimo matrimonio, pero no rechazó a los que provenían de clases menos favorecidas. De manera que en febrero de 1854 hacía circular esta orden entre los curas:

> He recibido hoy el oficio de Ud., fecho en 5 del corriente, en el que me comunica la orden del Escmo. Yllmo. y Remo. Sor. Arzobispo para que cuando advierta en mi parroquia algún joven de clase blanca, de lejítimo matrimonio, de buenas costumbres, singularmente casto, amante a las funciones de Nuestra Santa Relijion, que frecuente los Sacramentos, que se aplique a la instrucción del Catecismo, asiduo a la escuela, que se adelante en aprender a leer, escribir, contar y la gramática, y preguntándole su vocacion, conociéndole con inclinación a la carrera eclesiástica, le convide a ser seminarista y se lo comunique a S.E. Yllma. [...] [86]

El seminario comenzó a recuperarse. Para el curso de 1854 contó con 40 internos y 70 externos [87]. Barjau trabajó arduamente, le dedicó sus energías y los recursos financieros del colegio a la reconstrucción y ampliación del edificio que había quedado dañado, particularmente su capilla, durante los terremotos de 20 y 21 de agosto y 26 de noviembre de 1852 [88]. En todos estos años, era costumbre que los estudiantes pasaran más de tres meses del año (junio, julio, agosto, septiembre) de vacaciones en el pueblo de El Caney.

Durante este tiempo se ordenaban 12 sacerdotes, un diácono, 3 subdiáconos y 45 minoristas. No obstante, la matrícula tendió a disminuir, porque la juventud santiaguera encontraba en otras instituciones como el Colegio Santiago, la Escuela General Preparatoria o la Escuela de Dibujo Príncipe Alfonso la educación que demandaba su época, si es que no tenía inclinación por el sacerdocio.

Antonio María Claret pensaba entregar el colegio seminario a la congregación de San Vicente de Paúl desde 1853, pasaba el tiempo y no llegaban sus sacerdotes. Corría 1857 cuando de regreso a España, al ser reclamado por la reina como su confesor, conversa en La Habana con los padres jesuitas de Belén sobre responsabilizarlos con el seminario santiaguero. Sobre el asunto escribe al ministro de Estado. La orden de la Compañía de Jesús albergaba aprehensiones porque le habían prohibido hacerse cargo de los Seminarios, mientras que a los Paúles se les otorgaba esta responsabilidad y no tenían personal suficiente para enviar a la Isla [89]. Era la segunda vez que se pensaba en los jesuitas para hacerse cargo del seminario conciliar San Basilio el Magno.

El presbítero Barjau luchaba por mantener la calidad de la docencia en el seminario. Grandes fueron sus desvelos. En 1858 preparó un plan de reformas para ampliar los locales e introdujo el empleo del alumbrado de gas, invirtiéndose más de quinientos pesos en la instalación de cañerías y lámparas[90]. Un año después el precio de los alimentos doblaba su valor y las asignaciones por individuo no alcanzaban para su manutención [91].

En busca de estabilidad

Con el titulado Plan General de Estudios decretado por Isabel II el 15 de julio de 1863, se separaban definitivamente los estudios universitarios de los de segunda enseñanza, así se fundaba el Instituto de Segunda Enseñanza en Santiago de Cuba a fines del verano de 1864. Surgía un nuevo centro laico para la instrucción de la juventud. Muchos de sus profesores habían ocupado cátedras en el seminario San Basilio el Magno. Por ejemplo, su director Benito José Riera, Francisco Losada, etc. Entre los profesores hay que destacar el conjunto de claretianos que aportaron su sabiduría y disciplina como su director, Antonio Gaaldácano y Paladius Currius; los presbíteros Francisco Barnada, Tristán de

Jesús Medina y muchos otros, que transmitieron sus sentimientos de nacionalidad y libertad a sus educandos.

A continuación elaboramos la relación de profesores que sirvieron en este colegio entre 1847 y 1862:

ASIGNATURAS	AÑOS
Latinidad (Mínimos y mayores) y Castellano	
- Nicolás Ambrosio Mancebo - Fernando Fuentes - Cornelio Fuentes (su hermano) - Bernardo Llaneza, pbro. - José Antonio de Cisneros - Gregorio Escudero - Pedro Manuel Ferrer - Antonio Barjau - Francisco Barnada, clérigo - Antonio Alayo, pbro. - Abraham Sánchez y Cisneros - Bautista Sellás - Pablo Martin - Pedro Francisco Almanza, subdiácono - Román Cachafeiro	1847 1840-45 1847 1847 1847 1852-54 1852-55 1854-56 1856-57 1858-62 1859-60 1859-61 1860-61 1860-62
Teología Moral y Escolástica	
- Paladius Currius - Antonio de Galdácano, R P Fr - Juan Reypech, pbro - Agapito de Silva, dr. - Francisco Barnada - Benigno Mariño Mendi	1852-54 1854-55, 1859-60 1856-57 1959-60 1860-62 1860-62
Matemáticas	
- Francisco Losada - Cayetano Conde - Ismael Bestard - Pedro Almanza	1852-61 1854-55 1856-57, 59-60 1860-62

Física Experimental, Geografía y Química	
- Luis Guzmán, lic.	1852-54
- Tristán de Jesús Medina	1855-56
- Benito José Riera, lic.	1858-62
- Francisco Losada	1860-62
Sagrada Teología	
- Miguel Hidalgo, can. lectoral	1852-55
- Tomás Ubierna, Lic	1860-62
- Antonio Galdácano	1854-55
Francés	
- Francisco Baralt	1852-53
- José Ma. Arambarri	1852-55
- Francisco Barnada	1855-62
Filosofía, Lógica, Metafísica y Ética	
- Gregorio Escudero, pbro.	1852-53
- Gaspar Hernández	1854-56
- Francisco Barnada	1858-60
- Ismael Bestard	1860-62
- Cayetano Amaguenza	1861-62
Geografía e Historia Universal	
- Antonio Galdácano	1858-60
- Tomás Ubernia	1861-62
Canto Llano	
- Francisco Sendill, pbro.	1858-60
- José Idelfonso Jimeno	1860-62
Oratoria Sagrada	
- Tomás Ubernia	1861-62
Doctrina Cristiana	
- Juan Bautista Fonte, director espiritual	1860-63

Sin lugar a dudas, ni el arzobispo Claret, ni el presbítero Bajau lograron suprimir todos los problemas que su restablecimiento acarreaba, aún cuando dieron al seminario un rumbo más selectivo, que contribuyó a definir el propio desarrollo de la enseñanza general en el imperio ultramarino. Uno de los temas más serios era el de las finanzas: en 1857, el administrador recibía $ 3 500 de los adeudos del convento de Belén sobre la hipoteca del ingenio Jutinicú; posteriormente, fueron ingresados en el Banco de Cuba $ 12 500 para cobrar un interés del 8%. Sus beneficios se incrementaron en el transcurso de los años siguientes.

El rector desde 1860, Benigno Meriño, con la aprobación del arzobispo, instalaba un gabinete de Física, si bien el edificio daba muestras de considerable deterioro[93] y hasta se le achacaba descuido y autonomía respecto al arzobispo Neguerela y, luego de su muerte, del gobernador de la diócesis vacante[94]. Todo lo cual parece un celo exagerado de ejercicio de autoridad, porque se intentaba intervenir hasta en los hábitos de comidas: que si las horas de almorzar eran a las diez y las de comer a las cuatro (con desayuno de café y chocolate al acostarse) por qué en su lugar se disponían las de las doce del día y las ocho de la noche para cada comida respectivamente [95].

Para entonces, el número de alumnos era de 43. Entre ellos se encontraban: Francisco Esquembre. Antonio Barnada y Aguilar, Rafael María Merchán y Pérez, Diego y Agustín de la Tejera y Calzado. Todos habrían de sobresalir por su sentido ético de amor a la patria adquirido en sus aulas [96].

De la guerra y del cisma

En 1866 el Banco de Cuba suspendió sus pagos al presentarse en quiebra. El arzobispo Primo Calvo y Lope designó a su provisor José Orberá para que negociara, de manera segura, estos fondos con la Casa Beola y Compañía. Hasta 1870 dicha casa no había podido abonar más que el interés anual. Como puede observarse, los vaivenes provocados por la crisis económica también afectaban a una institución de las ajenas a esta vorágine.

Durante el curso 1869-1870 el plan de estudio conservaba las asignaturas distribuidas de esta forma:

Primer Año: Gramática Latina, Gramática Castellana, Aritmética, Historia Sagrada, Música;
Segundo Año: Las mismas asignaturas que el primero;
Tercer Año: Traducción Latina, Álgebra, Historia General y particular de España;
Cuarto Año: Retórica y Poética, Geometría y Trigonometría, Francés;

Quinto Año: Psicología, Lógica y Ética, Física y Química, Historia Natural

Facultad de Sagrada Teología:
Primer Año: Instituciones Teológicas
Segundo Año: Idem y Hermenéutica
Cuarto Año: Clases accesorias de Historia Eclesiástica
Sexto Año: Disciplina Eclesiástica y Oratoria[97].

Y entonces se produjo el estallido de la revolución el 10 de octubre de 1868. La desconfianza de las autoridades coloniales provocó el cierre de los institutos de segunda enseñanza en toda la Isla. Es verdad que muchos de sus profesores simpatizaban con las ideas de la revolución independentista y no perderían oportunidad en sus clases de tocar el tema de la moral patriótica. En 1871 se cerraba el de Santiago de Cuba, en virtud del decreto del conde de Valmaseda conocido como la reforma de Araiztegui, mediante el cual también se habilitaba el seminario de «San Basilio el Magno» para los estudios generales de segunda enseñanza y otorgamiento del grado de bachiller en Artes. El colegio Santiago languideció hasta cerrarse.

Un mes antes del pronunciamiento independentista de Carlos Manuel de Céspedes, se efectuaba la deposición en el trono de Isabel II y el desencadenamiento de la Gloriosa en España; por entonces, moría en esa capital el arzobispo Primo Calvo y Lope, el cabildo eclesiástico santiaguero designó a Orberá Carrión como vicario y gobernador de la mitra, hasta tanto se nombrara un nuevo obispo. En dicha coyuntura sube al trono Amadeo I, quien dictará una Real Cédula de 11 de agosto de 1872 en la que daba a conocer al chantre de la Metropolitana, lic. Pedro Llorente y Miguel como arzobispo electo. El cabildo catedralicio no aprobó el nombramiento hasta tanto el Papa Pío IX expidiera la bula de su confirmación y ratificó a Oberá Carrión. Su Santidad aconsejó no entregar la mitra. El vice patrono, en la personas del capitán general de la Isla y del gobernador del Departamento Oriental exigieron la aceptación del nominado, considerando que la Corona española tenía esas prerrogativas.

En el colegio seminario, el secretario del arzobispado y canónigo penitenciario Ciríaco Sancho y Hervás leyó una instrucción pastoral del vicario Orberá rechazando obedecer a nadie que no dispusiera la bula apostólica de confirmación. La Real Audiencia Territorial y el gobernador civil le exigieron la entrega del gobierno de la diócesis y, ante su protesta, lo condujeron preso al seminario San Basilio el Magno donde lo mantuvieron bajo custodia armada.

Llorente llegó a Santiago de Cuba el 2 de febrero de 1873 y al día siguiente se reunió el cuerpo capitular. Por escasa mayoría decidió a favor del escogido por

Amadeo I. Sus opositores los acusaron a él y sus adictos, de cismáticos. Las diferencias entre llorentistas y orberistas continuaron a lo largo de ese y el siguiente año. Orberá fue detenido en varias oportunidades y las cuentas de la vicaría fueron embargadas. Por su parte, el Papa excomulgó a Llorente. La normalidad vendría en Santiago de Cuba con la separación del trono de Amadeo I.

El episodio del Cisma Llorente Orberá puso en evidencia la conservación del anacrónico Patronato Regio en la medianía del siglo XIX y los efectos negativos que, para la iglesia católica implicaba su vinculación política con el dominio colonial español en las Antillas.

¿Cuál fue la consecuencia del fin del Cisma para el seminario conciliar santiaguero? De manera inmediata, la demanda de la administración de la institución y del gobernador del arzobispado ante la Audiencia Territorial de Santiago de Cuba para que se levantara el embargo a los fondos del colegio puestos en la Casa Beola y Compañía y depositados en el Banco de Cuba, ambos a nombre de Orberá[98]. Poco tiempo después, los estudios del año académico de 1872 a 1873 serían anulados, luego revalidados, por el arzobispo dr. José Martín de Herrera y de la Iglesia[99]. También el prelado exigió la derogación de las Reales Órdenes del tiempo de Amadeo de Saboya y de la República por la que se sometían todos los establecimientos de segunda enseñanza de la Isla al pago de derechos de matrículas, grados y exámenes de sus alumnos a favor del Instituto de La Habana con extensión al seminario conciliar. El arzobispo santiaguero consideraba que este era un centro y plantel de clérigos, donde [...] *solo se ordenaba a dar a los aspirantes al Sacerdocio la instrucción necesaria en las materias de segunda enseñanza, siendo su principal objeto instruirles en la Sagrada Teología y en el Derecho Canónico, y atendiendo con cuidado a su vida y costumbres* [...]. Concluida la guerra y planteadas reformas para convertir la Isla en provincia de España, el obispo Herrera reclamaba uniformar la enseñanza eclesiástica, según las disposiciones de la península, pues solo los seminarios centrales otorgaban la condición de Licenciado y Doctor en Sagrada Teología y Derecho Canónico, sin tomar en cuenta el grado de bachiller en segunda enseñanza y el pago que reclamaba el director del Instituto de La Habana [100].

El cisma había puesto sobre la mesa las diferencias de intereses entre la Iglesia y el Estado español, a más largo plazo los conflictos irán recrudeciéndose, sin abandonar el terreno de la diplomacia.

El fin del conflicto armado dejó sin fondos las cajas de la administración de «San Basilio el Magno», porque había perdido casi todas las capellanías durante la insurrección y la Real Hacienda no pagaba la renta decimal en oro sino en billetes del Banco Español de La Habana, *se ve obligado a tomar fiado de los almacenes para atender a la manutención del personal de dicho Seminario* por la carestía de los alimentos se presentaba la dificultad de no poder pagar la manutención de las 12 becas gratuitas ni a su personal académico, ni el salario a los profesores y funcionarios, ni reparar el edificio del colegio, ni el palacio arzobispal [101].

En 1878 el seminario San Basilio el magno contaba solamente con 27 alumnos y 6 catedráticos, dos de los cuales eran miembros del Cabildo eclesiástico: rector, el Lic. Mariano de Juan Gutiérrez (canónigo doctoral); vicerrector, Lic. Santos Robles; Dr. Serafín Ichazo de Zalduendo (canónigo penitenciario); pbro. Manuel Espino; pbro. Feliciano García; br. Julián Parreño.

Disyuntivas para la supervivencia

A pesar de la devastación, los restos sobrevivientes de la burguesía santiaguera intentaron recuperar el sistema de enseñanza y ponerlo a la altura de su tiempo. Manuel Ramón Fernández se propuso la creación de una academia preparatoria para escuelas profesionales y academias militares; un grupo de diputados santiagueros integrado por Manuel Colás, Magín Sagarra, Fernández de Granda y otros hizo un proyecto para una escuela de Artes y Oficios. En ambos casos, la idea era formar mano de obra calificada. No es tema de este trabajo detallar los obstáculos infinitos con que tropezaron, baste decir que a los pobres se les hacía imposible alcanzar ese nivel académico y a los que poseían bienes de fortuna no les interesaba. En 1882 abriría nuevamente sus puertas el Instituto de Segunda Enseñanza de Santiago de Cuba, que solo otorgaba el título de bachiller en Artes, La instrucción primaria general era aún limitada numéricamente, si tomamos en cuenta la gran masa de libertos. El esfuerzo mayor fue a favor de las llamadas elementales para niños blancos. La escuela primaria superior El Divino Maestro, con su director Juan Portuondo Estrada, durante más de diez años (1880-1895), gozaría de merecida fama por la aplicación exitosa del método intuitivo. En todos estos centros de enseñanza se sentía el control de la administración colonial.

El seminario San Basilio el Magno trató de sobreponerse al desconcierto económico: su matrícula se compuso de algunos alumnos provenientes de las altas esferas de la burguesía santiaguera, sintieran o no la vocación sacerdotal a la postre y de hijos de empleados de origen hispano. La reapertura del instituto también afectó su matrícula: algunos de los seminaristas preferían matricular en él a riesgo de perder sus becas[102]. El curso de 1884 contaba solamente con 16 alumnos internos y 5 externos. Los profesores eran 6 que variaban frecuentemente[103].

Parece como que los asuntos de las finanzas no mejoraban para el seminario a pesar de que en sus arcas se conservaban veinte y cuatro acciones de la empresa de gas de Santiago de Cuba con un valor nominal de $ 500 cada una, que reportaban sus dividendos en oro y poseía la hacienda Manacas [104]. La situación económica conducía a la medida de que los profesores impartieran una cátedra diaria y otra alterna (a veces hasta dos) por el mismo salario que antes se daba por una. Era una mayor carga docente, pero a los catedráticos no les quedó más remedio que consentir ante la posibilidad de perder su empleo[105].

Sistemáticamente, el seminario ofrecía cada año dos o más becas de gracia que se convocaban a través del Boletín Oficial del Arzobispado de Santiago de Cuba que llegaba a los interesados en los diferentes lugares de la diócesis; en realidad, solo podían aspirar personas con relativos recursos económicos como en toda la trayectoria de su existencia desde su fundación. Esta era una de las más grandes limitaciones para ampliar su matrícula con personas de vocación sacerdotal, por cuanto la alta clase burguesa quedaba motivada mucho más por los negocios de la industria y el comercio.

Los aspirantes debían acompañar su solicitud con la partida de bautismo que acreditara haber cumplido los 11 años y su condición de hijos de legítimo matrimonio. Un médico garantizaría que estaba vacunado y que no padecía enfermedades. El párroco debía respaldar su buena conducta y de que eran pobres (esto último en caso de no poder pagar el seminario). Ahora bien, los aspirantes debían hacer exámenes de ingreso para demostrar su instrucción en la primera enseñanza. Esto es

> [...] saber leer correctamente, escribir con buena ortografía, ya copiando, bien al dictado: elementos de gramática castellana, de tal suerte que puedan analizar un punto que se les señale; también elementos de aritmética, de modo que sepan bien siquiera las cuatro reglas primarias. Y por último, a todos los conocimientos elementales dichos han de unir el de saber bien el catecismo de la doctrina cristiana y tener algunos conocimientos de Gramática Latina [106].

Como se ve, la selección no era solamente intelectual sino social porque no todos los residentes en una parroquia podían cumplir los requisitos. Añádase que el seminario de finales de siglo se comprometía garantizar solamente los alimentos y los padres o tutores estaban obligados a aportar la ropa de cama, la de vestir, el aseo de ambas, el pago de la matrícula y los libros de estudio y de piedad [107].

El matriculado debía venir al colegio con: el traje completo de seminarista con el manto morado y la beca encarnada con el escudo, bonete con mota encarnada, media docena de cuellos blancos, sobrepelliz, por lo menos tres batas de hilo crudo para circular por el seminario. Agréguese una cama sencilla de hierro con mosquitero, dos almohadas y, por lo menos, tres mudas dobles de sábanas y fundas, una frazada y una cubierta; una mesa de noche y un orinal; una alfombra o estera, un palanganero con jarrón y palangana, una tina de madera o lata de baño para pies, un botijo para agua con un plato, cuatro servilletas, unos cubiertos y un vaso. La bolsa de aseo debía tener peine y cepillo de ropa; el baúl era para la ropa blanca de cama y de vestir[108]. En el curso 1885-1886 había matriculados 21 alumnos [109], cursos ulteriores fueron todavía más reducidos. El número de profesores era alrededor de 5, y el salario devengado miserable [110].

El uniforme seguía siendo el estatuido en los tiempos de Morell de Santa Cruz y de Hechavarría, entonces el patriciado criollo se interesaba por concurrir al seminario como garantía de una preparación que le permitiera actuar como clase dentro del imperio; ahora se asistía por conservar la tradición de algunas familias, o porque ya no podían pagar los estudios de sus hijos en el extranjero. El uniforme resultaba la muestra estéril del otrora esplendor.

Central y autónomo de la monarquía española

El 24 de septiembre de 1886 se concedía al seminario San Carlos de La Habana la categoría de Central. Como la concesión era civil, el obispo de La Habana se abstuvo de habilitarlo como tal, hasta que no tuviera la aprobación pontificia. Por tal motivo, sobre la misma fecha se reiteró la solicitud, con anterioridad hecha por el obispo Herrera, de obtener la concesión de Central para el seminario San Basilio el Magno. Sus cinco argumentos eran poderosísimos: por metropolitano, porque estaba en el centro de la provincia eclesiástica compuesta por San Juan de Puerto Rico, Santiago de Cuba y La Habana, porque las comunicaciones eran más frecuentes, porque no tenía problemas económicos en aquel momento debido al aumento a $ 7 000 de su dotación anual, y había que evitar su rebaja ante los apuros del erario público.

Se multiplicaron las consideraciones, pero el obispo de La Habana manifestó en acuerdo a declinar a favor del seminario santiaguero y la Santa Sede mostró su complacencia. De manera que, el Consejo de Estado dio su visto bueno y el 24 de junio de 1892 una Real Cédula otorgó la condición de Central al seminario «San Basilio el Magno» de Santiago de Cuba. Roma no tardó en aprobarlo en 2 de diciembre del propio año[111].

¿Qué significaba este título para el añejo seminario? En principio podría otorgar los grados menores y mayores de Teología y Cánones. Pero era algo más que eso, era una vez más, la puesta en duda del Patronato Regio al favorecer la paulatina separación del estado español y la Iglesia católica en sus posesiones ultramarinas del Caribe sobre todo, si el colegio formador de sacerdotes se instituía a distancia prudencial de la Capitanía General de la isla de Cuba. La condición de Central daba mayor libertad para decidir respecto a las disciplinas y estatutos; y algo no menos importante, garantizaría la educación clerical según las características y necesidades de aquella provincia eclesiástica, lo que implicaba el respeto de su identidad nacional y ser consecuente con su idiosincrasia.

Quizás los trámites resultaron demasiado prolongados, tal vez se dilataron a propósito para retrasar la aplicación de una medida demasiado peligrosa para el poder colonial español. Lo cierto es que el año 1895 sorprendió al seminario «San Basilio el Magno» sin haberse constituido como Central. Al estallar la contienda del 24 de febrero, las autoridades se valieron de nuevos subterfugios y finalmente recomendaron su no apertura.

Campamento militar y centro logístico de aquella guerra, muy poco interesó entonces la educación en la capital de la provincia de Santiago de Cuba. Se agravaron sus males endémicos y el seminario a duras penas subsistió, mientras imperaban todos los males de una guerra devastadora y cruel[112]. Los tímidos intentos para continuar clases después de la intervención resultaron estériles. Había servido al patriciado criollo y también cuando este se transformó en burguesía esclavista cubana. Desaparecidas ambas, los cambios indispensables para formar sacerdotes de raíz popular y pensamiento cubano no llegaron a tiempo.

A estas alturas, creemos estar en condiciones de responder la duda inicial. El colegio seminario conciliar de «San Basilio el Magno» fue una institución que generó cultura criolla, aún con métodos y cátedras escolásticas; durante la primera mitad del siglo XIX asumió los principios de la ciencia y la libertad que portaba la ilustración. Las leyes sobre educación en el reino y la reforma de Antonio María Claret reorientaron su destino a la formación exclusivamente de sacerdotes; si bien por más de una década despuntó por su calidad académica. Luego se sumió en la inercia, cuando no pudo conquistar la independencia necesaria para generar una educación formadora de sacerdotes acorde a su tiempo y para su comunidad. La generación que transitó por sus aulas entre las décadas de 1850 y 1860, clérigos o civiles en su mayoría, asumieron una postura gallarda ante la patria. Entre ellos, el arzobispo santiaguero Francisco Barnada, antiguo alumno, luego su profesor y vicerrector, cumpliría dignamente la tarea de organizar la primera diócesis cubana de la República en la alborada del siglo XX.

ANEXOS

Acta de Constitución y Estatutos de 1722

Relación de colegiales admitidos en 1754

Inventario del Seminario San Basilio en 1754

Relación de Rectores del seminario 1722-1898

1. Chantre Dr. Toribio de la Bandera	1722-1738
Clausurado y convertido en Hospital	1738-1754
2. Miguel Regueyferos	1754-1774
3. Lic. Mathias Boza	1774-1790
Cerrado	1790-1791
4. Lic. Juan de Dios Montiel	1792-1812
5. Vacante y Vicerrector Manuel Muñiz	1812-1833
6. Antonio Díaz Llovet, interino	1834-1840
7. Pedro Ramírez de Estenoz, interino	1841
8. José Delgado, interino	1842-1849
9. Rafael Correa	1849-1851
10. Antonio Barjau	1852-1860
11. Dr. Benigno Meriño y Mendi	1860-1872
12. Vicente José Picón	1873-1874
13. Antonio Barjau	1875-1876
14. Mariano de Juan y Gutiérrez	1877-1883
15. Lic. Lázaro Santos	1884-1886
16. Feliciano García, interino	1886
17. Dr. Federico Bestard, interino	1887
18. Dr. Santiago Teran, interino	1887
19. Andrés Urreta y Landizabal (ador.)	1887-1889
20. Dr. Santiago Benito Corredera	1890-1892
21. Mariano de Juan y Gutiérrez	1892-1894
22. Andrés Urreta y Landizabal (ador.)	1894-1895
23. Luis Felipe Fuero y Jiménez	1895-1897
24. Andrés Urreta y Landizabal (ador.)	1897-1898

NOTAS

(1) Se entendía toda la que se preparaba para la entrada a la Universidad. Archivo Histórico Provincial de Santiago de Cuba, (AHPSC), Archivo Provincial, Leg, 792, No. 25.

(2) Archivo General de Indias (AGI), Santo Domingo, 2226. Gerónimo Valdés era obispo desde 1706. De Asturias, al llegar a Cuba tenía 57 años.

(3) AGI. Santo Domingo, leg. 325. Providencia de los beneficios del dean y Cabildo, curatos, sacristías mayores y capellanías, de todo género de eclesiásticos seculares y regulares, colecturías, etc. exceptuando un colegio de niñas y niños en La Habana.

(4) *Ibídem.*

(5) Fray Gerónimo Valdés enviaba los testimonios en carta al monarca de 21 de septiembre de 1720. Casi un año después se expedía la Real Cédula y el arzobispo remitía la orden al deán Morell de Santa Cruz el 19 de febrero de 1722, aconsejando la mayor brevedad. AGI. Santo Domingo, leg. 323 y 2226.

(6) AGI. Santo Domingo, leg. 2226. Carta de Pedro Morell de Santa Cruz, Habana, 12 de febrero de 1754.

(7) Comenzó su carrera a los 15 años. Colector Eclesiástico de las parroquias de Santiago de Cuba en 1708. Pasó a México donde se recibió de bachiller y abogado. Ordenado presbítero en 1715, de menores en 1716. Abogado de Cámara, Consultor Jurista y Canónigo Doctoral en abril de 1718. Provisor, Vicario y Visitador General en 1719.

(8) En ausencia del obispo, el Rector sería designado por los dos diputados más el provisor; los dos maestros por los diputados más el rector.

(9) Una de las lecturas que se debían hacer dos veces al año eran las ordenanzas, al principio y fin de año. AGI. Santo Domingo, leg. 2226. Pedro Agustín. Obispo de Cuba, Habana, 19 de febrero de 1754.

(10) AGI. Santo Domingo, leg.2226. Pedro Agustín, Obispo de Cuba, Habana, 19 de febrero de 1754.

(11) Archivo de la Cancillería del Arzobispado de Santiago de Cuba (ACASC). Leg 27, no. 1. Introducción a los estatutos del Seminario Conciliar de «San Basilio el Magno» de esta Ciudad dispuestos por el Ilustrísimo Señor Obispo de esta Diócesis Dr. D. Santiago José Hechavarría en el año 1774.

(12) Archivo del museo catedralicio de la Archidiócesis de Santiago de Cuba. (AMCASC). Recolección de Reales Cédulas, t. 1 (1622-1767), no. 49, f. 80. Real Cédula fechada en Sevilla, 27 de agosto de 1730.

(13) *Ibídem*, f. 91. Real Cédula fechada en San Lorenzo a 28 de noviembre de 1734.

(14) AGI. Santo Domingo, leg. 2226, *Real Cédula* fechada en El Pardo, 12 de febrero de 1739.

(15) Archivo Histórico Municipal de Santiago de Cuba (AHMSC). Actas Capitulares, Libro No. 3, f. 116, 28 de febrero de 1744. ANC. *Reales Órdenes y Cédulas,* leg. 5 No. 15.

(16) Archivo Nacional de Cuba (ANC). *Correspondencia de los Capitanes Generales*, leg. 5 No. 360.

(17) AMCASC. *Recolección de Reales Cédulas*, t. I, No. 75, f 142.

(18) AGI. Santo Domingo, leg. 2226. Habana 8 de febrero de 1754.

(19) AGI. Santo Domingo, leg. 2226. Carta de Pedro Agustín Morell de Santa Cruz al Monarca, Habana, 4 de junio de 1754. Una llave la tendría el provisor, otra el diputado más antiguo y la última el rector.

(20) AGI. Santo Domingo, leg. 2226. Carta de Pedro Agustín Morell de Santa Cruz al monarca. Habana, 12 de febrero de 1754 y Ultramar, leg. 34. Como había pensado vender las casas para mudar el seminario a lugar más amplio que sirviera mejor a sus planes de crear Universidad,

no hizo más fábricas que cerrar la puerta pública de la capilla y levantar un tablado para formar allí dos piezas: la del altar para cubrir sus funciones y otra para aula.

(21) *Ibídem*. Carta de Pedro Agustín Morell de Santa Cruz al monarca. Habana, 3 de abril de 1754.

(22) *Ibídem*. Carta de Pedro Agustín Morell de Santa Cruz al monarca. Habana, 4 de junio de 1764.

(23) Morell de Santa Cruz, Pedro Agustín: La visita eclesiástica. Editorial de Ciencias Sociales, La Habana, 1985, p. 169. Había 90 matriculados.

(24) AMCASC. Recolección de Reales Cédulas, t. I, f. 91. Real Cédula fechada en Villa Franciosa, 7 de marzo de 1759.

(25) César García Pons: *El obispo de Espada y su influencia en la cultura cubana*. Publicaciones del Ministerio de Educación, La Habana, 1951, pp. 14-47.

(26) Don Agustín de la Texera: *Santiago de Cuba a principios del siglo XIX, memoria escrita en 1847* (Biblioteca de «El Cubano Libre», vol XIV), Imprenta El Cubano Libre, Santiago de Cuba, 1911, pp. 17-18.

(27) ACASC. Leg. 27, No. 1. Estatutos del Seminario Conciliar de San Basilio el Magno de esta ciudad dispuestos por el Ylmo. Señor Obispo de esta Diocesis Dr. D. Santiago José Hechavarría en el año 1774 y aprobados por S.M. en 1781 impresos por orden del Señor Dr. Dn. Miguel Herrera y Cangas, Dignidad de Chantre y Vicario Capitular. Cuba, D. José Eugenio Toledo, impreso de gobierno por S.M.: «Introducción».

(28) *Ibídem*

(29) *Ibídem*

(30) AHCASC. Dos cartas de Miguel Antonio Serrano y Padilla al Ilustrísimo S. Deán y Cabildo de 17 y 20 de febrero de 1775.

(31) *Ibídem*

(32) *Ibídem*

(33) AMCSC, Cedulario No. 2 (1767-1788), *Real Cédula* fechada en San Lorenzo, 11 de octubre de 1781.

(34) AGI, Ultramar, leg. 34. Cuba, 28 de diciembre de 1812. Joaquín, Arzobispo de Cuba.

(35) Era el tesorero del Cabildo Eclesiástico y poseía un ingenio en la zona de Guaninicum, jurisdicción de Cuba.

(36) AMCSC. Caja No. 3. Expediente a consecuencia de un oficio del Sor. Gobernador del Arzobispado sobre el nombramiento del Rector o Director de Colegio Seminario Conciliar de esta Ciudad y arreglo de este. Auto de 14 de abril de 1790. Secretaría Capitular Eclesiástica, 1841.

(37) AHMSC. Caja No. 3. *Real Cédula* fechada en Aranjuez, 1 de junio de 1799.

(38) ANC. Instrucción Pública, leg. 21, No. 1026.

(39) Por Real Decreto se le confería la mitra en 6 de noviembre de 1791. Del Consejo de S.M., Joaquín de Osés Alzúa y Cooparacio había nacido en Galbarra, diócesis de Pamplona, en 22 de septiembre de 1755.

(40) Estos eran los que cada año realizaban el control de las gestiones económicas y el cumplimiento de los estatutos; lo componían dos miembros del Cabildo eclesiástico y dos del clero.

(41) Juan Bautista Creagh y Montoya, Regidor perpetuo de Santiago de Cuba, en su nombre solicitó franquicia indispensable para el fomento de la Isla: la habilitación del puerto santiaguero para el libre comercio de negros. Fue también profesor de ambos derechos, abogado de los Reales Consejos, consultor y alguacil mayor de la Inquisición, miembro de la Real Academia de Cánones y Liturgia de Madrid y juez de difuntos. Junto a su hermano Tomás, fueron presos en 1780 acusados de contrabandistas. Auditor de Guerra e Intendente de Puerto Rico en 1795, autorizó el contrabando y fue nuevamente encarcelado. Carlos Manuel Trelles: *Ensayo*

(41) *de Bibliografía Cubana de los siglos XVII y XVIII*; seguida de unos apuntes para la bibliografía dominicana y la portorriqueña. Imprenta El Escritorio, Matanzas, 1907-1908, t. I, p. 38.

(42) Es en ese año que Matías Alqueza, natural de Navarra, por gestiones del Obispo Osés y respaldado por el capellán santiaguero Félix Fernández Veranes, se proponía instalar en el propio seminario una imprenta.

(43) ANC. Instrucción pública, leg. 21, no. 1026. El mayordomo sería Manuel Vicente Berroa al que se le asignaron $ 50 de salario anual. Se ocupaba de ir al mercado para comprar la carne y miniestras, etc.

(44) AGI. Ultramar, Leg. 34 y Santo Domingo, leg. 1349. AHMSC. Actas Capitulares, No. 14, del 7 de diciembre de 1795.

(45) AGI. Ultramar, leg. 34.

(46) ACASC. Leg. 27, no. 2 A. Santiago de Cuba, 24 de enero de 1857. El 13 de septiembre de 1820, Juan González otorgaba hipoteca de su ingenio Manacas a cambio de $ 17 500, puestos a interés del 5 %, de aquellos treinta mil entregados a la comunidad belemita.

(47) AHMSC. Testimonio del Dictamen del Síndico Procurador General interino D. Miguel Bestard sobre las instrucciones formadas para el Diputado a Cortes de esta ciudad y lo acordado por el M.Y. Ayuntamiento de ella. 1811.

(48) ANC. Reales Órdenes y Cédulas, Leg. 46, No. 129. Real Cédula del 20 de noviembre de 1812 y Luis A. de Arce: *El Seminario San Basilio el Magno de Santiago de Cuba* en Revista de la Universidad de La Habana, no. 180, julio-agosto de 1866.

(49) *Ibídem.*

(50) *Ibídem.*

(51) *Ibídem.* Los maestros de Gramática impartían diariamente la asignatura entre 7 y 9 de la mañana y 3 a 5 de la tarde. Se utilizaban los libros de Antonio Nebrija, además de Marcos Martínez de Medina y Juna de Iriarte. Traducían tempranamente el Concilio de Trento y sus cánones, himnos y salmos. En Mayores traducían las epístolas de San Gerónimo, la Historia de Alejandro Magno corregida por González. La Filosofía se enseñaba por Goudin, Almeida, Lorenzo Atlieri y Takier. El Derecho Civil se explicaba a prima (de 8 a 9) por Vinicio y Salas, el Derecho Canónico a vísperas (de 4 a 5) por Valense, Doctrinal por Murillo Velarde y Francisco Antonio Foebeo: *cada tres días se sostiene una conclusion por el González, correspondiente al título que se trata; y al fin de cada curso, hay dos actos públicos, de modo que en los cinco cursos de Estatutos, se enseñan los cinco libros de las Decretales. Teología Moral se lleva por el compendio de Larraga en lo Doctrinal y por Wigaudt en lo Escolástico en dos lecciones diarias a prima y víspera y una conferencia sabatina por la tarde, con ayuda de los sacerdotes en sus casas en forma de conversación. Teología Moral y Escritura Sagrada se explica por Gotti, Calvert y Alapide. Los jueves, que no había otras clases, los diez becados recibían Canto Gregoriano y el Dibujo se daba en una hora compatible con las demás clases.*

(52) AHMSC. Cabildo del Apoderado en Villa y Corte de Madrid Sr. Pedro Alcántara de Acosta. 6 de agosto de 1814. El Teniente Coronel Juan Pío de la Cruz se proponía para impartir gratuitamente las clases de Matemática. Agrimensor, serviría largamente al Departamento Oriental y entre sus planes se halló la colonización del valle del río Guaso (Guantánamo).

(53) AGI. Ultramar. Leg. 34 y ANC. Intendencia de Hacienda, leg. 1125, no. 60. Cuba 31 de marzo de 1819. Al Rey Nuestro Señor y Angel Huerta Martínez: La enseñanza primaria en Cuba en el siglo XIX (1812-1868). Excma. Diputación Provincial, Sevilla, 1992. pp. 85-86.

(54) Miguel Figueroa Miranda: Religión y política en la Cuba del siglo XIX; El Obispo Espada visto a la luz de los archivos romanos 1802-1832. Ediciones Universal. Miami, 1975. pp. 104-115.

(55) Biblioteca Nacional «José Martí». C M Monte. No. 1-8. Carta de Domingo del Monte a José Luis Alfonso. La Habana y Mayo 21 de 1836.
(56) Las X indican los años en que ocuparon cátedras.
(57) ANC. *Correspondencia de los Capitanes Generales*, leg. 471, no. 4. Cuba 31 de diciembre de 1812.
(58) ANC. *Correspondencia de los Capitanes Generales,* leg. 446, no. 4. Guía de Forasteros de 1814.
(59) ANC. *Correspondencia de los Capitanes Generales,* leg. 447, no. 1. Guía de Forasteros de 1818. Había 12 becados y los demás pensionados.
(60) Vid. Felipe Martínez Arango: *Próceres de Santiago de Cuba*. Imprenta de la Universidad de La Habana, La Habana, 1949.
(61) AGI. Gaceta, 54. «Instrucción popular», en El Dominguillo de Santiago de Cuba, Santiago de Cuba, no. 2, 11 de enero de 1824. pp1-2.
(62) Ibídem.
(63) AGI. Gaceta, leg. 54. «Sueño Literario» y «Concluye el sueño literario que quedó pendiente en el número anterior», en El Dominguillo de Santiago de Cuba, no. 5, 1 de febrero de 1824 y no. 6, 8 de febrero de 1824.
(64) AGI. Gaceta, leg. 20, no. 1. «Instrucción Pública», en La Miscelánea de Santiago de Cuba, no. 12, 5 de febrero de 1825.
(65) AGI. Gaceta. leg. 20, no. 1. «Educación de la Juventud» en La Miscelánea de Santiago de Cuba, no. 17, 7 de julio de 1925. Creemos que puede atribuirse a la pluma de Francisco Muñoz del Monte o de Juan Bautista Sagarra.
(66) AGI. Gaceta, leg. 20, no. 1. «Estudio», en La Miscelánea de Santiago de Cuba, no. 3, 26 de mayo de 1825.
(67) AGI. Gaceta, leg. 20 no. 1. «Historia Insular» en La Miscelánea de Santiago de Cuba, no. 48, 11 de octubre de 1825.
(68) ANC. Correspondencia de los Capitanes Generales, leg. 449, no. 1. Guía de Forasteros de 1828. Manuel Muñiz era aún su vicerrector, Gramática de Menores era impartida por Manuel Mariño, luego sustituido por Bernardo Llanesa; Mayores estaría en manos todavía de Nicolás Ambrosio Mancebo hasta 1840. El catedrático de Derecho Civil y Canónico era el Lic. Miguel Casino Pruna, el de Filosofía RP Fr. José A. Avila y en Canto Llano Juan París.
(69) ACASC. Leg. 27, no. 5. Sobre el Seminario conciliar, sus cátedras, alumnos y rentas. Puerto Príncipe, 10 de abril de 1835. Cirilo Arzobispo de Cuba, 20 de abril de 1835 rinde cuentas sobre las rentas del Colegio Seminario de San Basilio.
Gramática Latina se enseñaba por Antonio Nebrija. Se traducía el Concilio de Trento, el Breviario Romano, la Epístola de San Gerónimo, Cornelio Mepote y Quinto Cursio; Filosofía por Andrés de Guevara; Lugares Teológicos por Melchor Cano; Teología Escolástica por la Suma de Santo Tomás; Teología por la Suma del RP fr. Francisco Larraga; Derecho Civil por las instituciones Arnoldo Vigna y Jean Gothier o Heinerio y Derecho Canónico por las instituciones de Illmo. Juan Bautista Devoti.
(70) ACASC. Leg. 27, no. 5. Cuba 24 de marzo de 1843.
(71) El arzobispo fray Cirilo de Alameda y Brea nombró, primeramente al mayordomo Miguel Mutuberria quien falleció inmediatamente y enseguida nombraría aManuel Lores. En 1834, Fray Cirilo de Alameda y Brea en un alardoso afán de renacimiento del seminario prestó sus aulas para establecer una biblioteca pública. *Representación documentada del Muy Ylustre Ayuntamiento de Santiago de Cuba*, Imprenta Real Sociedad Económica, Santiago de Cuba, 1825. En 1836 los catedráticos eran los siguientes: dr. Miguel Hidalgo, fray Bernabé Rodríguez Alameda, ambos de Teología; José Delgado de Moral; Dr. Vicente Moscoso de ambos Derechos; Lic. Juan Bautista Sagarra, de Filodsofía; Nicolás Ambrosio Mancebo de

Latinida; Juan París de Canto Llano. *Guía de forasteros de la siempre fiel Isla de Cuba*, Imprenta de la Capitanía General por S.M., La Habana, 1836, pp. 162-163.

(72) AMHASC. Gobierno Eclesiástico del Arzobispado de Santiago de Cuba. Mascareñasm Ynda, Dr. González, Dr. Hidalgo, Sánchez, Díaz de Llovet, Juan de Dios Portuondo Secretario. Santiago de Cuba, 16 de marzo de 1841.

(73) AMHSC. Gobierno Eclesiástico del Arzobispado de Santiago de Cuba. Santiago de Cuba, 24 de marzo de 1841.

(74) ACASC. Leg. 27 no. 10. Pedro Ramírez de Estenoz, Cuba y 2 de febrero de 1841.

(75) ACSC. Gobierno Eclesiástico del Arzobispado de Santiago de Cuba. Cabildo al Sor. Gobernador del Arzobispado. Santiago de Cuba, 27 de abril de 1841. Juan de Dios Portuondo, Secretario.

(76) ANC. Instrucción Pública. Leg. 21, no. 1026.

(77) ACASC. Archivo de Gobierno. Expediente no. 49. Cátedra de Latinidad 2do. y 3ro. Licenciado Fernando María Fuentes. Cuba, Mayo de 1845.

(78) Reinerio Lebroc: *Cuba, Iglesia y Sociedad (1830-1860)*. Pontificia Universitas Gergoriana, Madrid, 1976, pp. 71-73.

(79) *Ibídem*. p. 73.

(80) La información ha sido tomada de Reinerio Lebroc: *Cuba, Iglesia y Sociedad (1830-1860)*. pp. 75-76. Santiago de Cuba, 27 de agosto de 1849. Excmo. Sr. Jerónimo de Usera, Congregación de Hermanas del Amor de Dios: *Jerónimo de Usera y Alarcón. Documentos para el estudio de su pedagogía*, Madrid, R.A.D., 1991, pp. 39-57 y Antonio Bachiller y Morales: *Apuntes para la Historia de las Letras y la Instrucción Pública en la Isla de Cuba*, Imprenta de P. Massano, Habana, t. I, 1859, p. 161.

(81) Nació en Torbiscón (Granada). Clérigo filipense exclaustrado. Al desear ordenarse, pidió «beneficio» en Ultramar. Vivía en el Seminario. Murió demente en noviembre de 1858.

(82) Nació en Manresa el 7 de mayo de 1825, ordenado sacerdote en Niza el 23 de julio de 1848. Vicario Cooperador en la Diócesis de Vic. Se compromete a ir a Cuba en mayo de 1850.

(83) R.P. Cristóbal Fernández: *El Beato Padre Antonio María Claret: historia documentada de su vida y empresas*. Madrid, Editorial Coculsa, 1941, p. 820.

(84) *Ibídem*, p. 820. Es un folleto de 30 páginas firmado por el prelado en Santiago de Cuba de 1 de enero de 1854 e impreso en Barcelona.

(85) *Ibídem*. No se desdeñaba la formación científica y se daban cursillos mensuales a lo largo del año: Astronomía, Meteorología, Agricultura, Botánica, Medicina doméstica, Mineralogía, Mecánica, Arquitectura y Náutica.

(86) ACASC. Leg. 27, no. 3, Cuba 7 de febrero de 1854.

(87) Luis A. Arce: *El Seminario de San Basilio el Magno de Santiago de Cuba*, en Revista de la Universidad de La Habana, no. 180, julio-agosto de 1966, p. 175. Claret gestionó 8 becas para estudiantes del seminario en España.

(88) ACASC. Expediente para que ingrese en los fondos del Colejio Seminario los 12 500 ps. de que es responsable la hacienda Jutinicu (a) Saacra Familia. Cuba, 31 de enero de 1860; Leg. 27, no. 10 Sobre construcción, presupuesto y ajuste de la obra del Seminario Conciliar, Antonio Barjau a V. E. Illma., 1854 y Reinerio Lebroc Martínez: *San Antonio María Claret. Arzobispo misionero de Cuba*. Misioneros Hijos del Ido. Corazón de María, Madrid. 1992, p. 488.

(89) ACASC. Leg. 27, no. 10. Antonio Barjau al Vicario General Gobernador del Arzobispado, 29 de octubre de 1858.

(90) *Epistolario de San Antonio María Claret*. Preparado y anotado por el R.P. José María Gil. CMF. vol 1o. Editorial Coculsa, Madrid, 1970. p. 1369. Madrid 1 de julio de 1857. Carta del Arzobispo A. M. Claret a A. Barjau.

[91] AHASC. Leg. 27, no. 16.
[92] ACSC. Leg. 27, No. 10. Dirección del Colegio Seminario de San Basilio el Magno, Cuba, 26 de junio de 1858, Provisior y Vicario General Gobernador del Arzobispado, Cuba, 31 de julio de 1858.
[93] ACASC. Leg. 27, no. 24. Sobre nombramiento de catedráticos. Obispado de Santiago de Cuba. Negociado de Gobierno. Negociado 6o. Seminario Conciliar. Sección Cuarta y Leg. 24, no. 1 Cuba, 18 de mayo de 1852.
En el curso 1862-63 se produjeron modificaciones al plan de estudio:
Primer año: Latinidad y Gramática Castellana, Lic- Fernando Fuentes.
Segundo año: Latinidad y Retórica, Abraham Sánchez
Tercer año: Latinidad, Pedro Almanza
Asignatura accesoria: Aritmética
Primer año de Filosofía (Moral y Teodicea), pbro. Ismael Bestard
Asignatura accesoria: Geometría
Segundo año de Filosofía (idem)
Asignatura accesoria Álgebra
Asignaturas suplementarias para el 1er y 2do año de Filosofía: Geografía e Historia, Historia de España.
Tercer año de Filosofía: (Física), Lic. Benito José Riera.
No haya alumnos ni para Francés.
Primer año de Teología, pbro. Francisco Barnada
Tercer año de Teología
Quinto año de Teología, Lic. Tomás Ubierna
Sagrada Escritura
Asignatura accesoria: Oratoria
Teología Moral
Historia Eclesiástica, Hermenéutica, Disciplina Eclesiástica y Cánones.
[94] ACASC. Leg. 27, nos. 21, 28 y 45. Administración del Colegio Seminario de S. Basilio el Magno. Cuba, 21 de octubre de 1862, Benigno Meriño y Medio, Cuba, 1o de septiembre de 1865.
[95] AHASC. Leg. 27 no. 1. Santiago de Cuba, 1o de septiembre de 1861, Dor. Inocencio Agustín Llorente.
[96] AHASC. Leg. 27 no. 1. Cartas cruzadas entre el 26 y 27 de septiembre de 1861, entre el vicerrector del seminario y el vicario capitular de la diócesis.
[97] ANC. Miscelánea de Expediente, leg. 4044, no. Censo de jurisdicción de Cuba, 1861. Distrito 1o Barrio 1ro. Calle alta de San Juan Nepomuceno, no. 7. Residían en el seminario, su rector, Benigno Meriño y Mendi (33 años), su vicerrector, Tomas Ubierna y Saenz (31 años), Francisco de Paula Barnada y Aguilar (26 años), Juan B. Fonte y Pérez (38 años), Francisco Losada y García (37 años), Ismael Bestard y Romeu (22 años), Román Cachafeiro y Bispo (27 años), Pedro Almanza y Viamonte (21 años) y 5 sirvientes blancos.
[98] AHASC. Negociado del Colegio Seminario.
[99] ACASC. Leg. 27, 13. Administración del Seminario San Basilio el Magno. Antonio Barjau. Yllmo. Sr. Presidente de la Ema. Audiencia Territorial de esta Ciudad, 25 de agosto de 1874.
[100] ACASC. Leg. 24, no. 1.
[101] Archivo Histórico Nacional (AHN) Ultramar, leg. 142, no. 2. José, Arzobispo de Santiago de Cuba, Santiago de Cuba, 4 de noviembre de 1878.
[102] ACASC. Leg. 27, no. 45. José María Navarro Vallejo al Exmo. e Illmo. Sor Arzobispo de esta diócesis. Santiago de Cuba, 13 de abril de 1877.
[103] ACASC. Leg. 27, no. 47. Señores vocales de la Junta de Disciplina del Seminario.

(104) Guía de Forasteros de la siempre fiel Isla de Cuba para el año 1884. Habana. Imprenta del Gobierno y Capitanía General por S. M., 1884, p. 138. El rector y administrador, Lic. Mariano de Juan y Gutiérrez; Secretario el Dr. Juan Perpiñá; el pedagogo, pbro. Manuel Aiello; Lic. Victoriano González, Lic. Eugenio del Blanco. Manuel Fernández.

(105) ACACS. Leg. 27, no. 38. José Antonio Navarro y Vallejo. Prebendado y Administrador del Colegio y Leg. 24, no. 88, 1 de febrero de 1893.

(106) ACACS. Leg. 27, no. 47.

(107) ACACS. Leg. 24, no. 105. *Sobre provisión de becas de gracia.* Boletín Oficial del Arzobispado de Santiago de Cuba, Año XVI. Sábado 15 de julio de 1882, no. 13, p. 207.

(108) ACASC. Leg. 24, no. 105. *Sobre provisión de becas de gracia.* Santiago de Cuba a 5 de julio de 1882. El Rector, Lic- Mariano de Juan y Gutiérrez. La presentación de las solicitudes de becas se hacía entre el 1o de agosto y el 15 de septiembre. Para todos los demás la matrícula quedaba abierta entre el 15 y el 30 de septiembre por la noche y la apertura del curso tenía lugar el 1o. de octubre.

(109) ACASC. Leg. 24, no. 105. Arzobispo de Santiago de Cuba. Boletín Oficial Eclesiástico, Santiago de Cuba. Tipografía «Angela y María», 1886, Año XX, sábado 26 de junio de 1886, no. 11, pp. 189-191.

(110) ACASC. Leg. 27, no. 47. Curso 1885-1886. Distribución de Cátedras y asignaturas. Estas eran entonces: Latín y Castellano (1er. y 2do. años), Griego y Doctrina, Historia Sagrada y Geografía, Historia Natural y Geometría, Filosofía, Historia de España y Teología Pastoral, Perfección de Latín y Retórica, Dogma, Moral, Sagrada Escritura, Patrología y Oratoria, Lengua Hebrea, Física y Química.

(111) ACASC. leg. 27, no. 1. El máximo devengado por un profesor era de $ 40 mensuales, pero esto era la excepción, la mayoría ganaba entre $ 30 y hasta $ 10 mensuales.

(112) ACASC. Leg. 27, no. 9. Real Cédula de 2 de junio de 1892 declarando Central el Seminario Conciliar de San Basilio el Magno de esta ciudad.

Notas sobre la historia del Seminario San Basilio Magno desde la Guerra de Independencia hasta nuestros días

Pbro. Joan Rovira

Cuando se aborda el período que va desde el inicio de la Guerra de la Independencia hasta nuestros días se encuentra uno con la sorpresa de que no hay una base documental precisa y contundente como en la época anterior. En la época colonial hay un trasiego constante de cartas y reales órdenes de Cuba a la metrópoli y de España a Cuba que jalonan la existencia del Colegio Seminario. Los períodos todavía oscuros -si es que los hay- pueden iluminarse de pronto con un documento todavía no descubierto en el Archivo de Indias de Sevilla. Pero con la Guerra de la Independencia, y más aún a partir del comienzo de la República, aquella necesaria comunicación se rompe. Ahora ya no es imprescindible dar cuenta de los hechos a una instancia superior, que concede gracias o las restaña. Estamos más cerca de los hechos, pero la impronta de estos hechos no ha dejado tantas huellas documentales.

Nos consta que la Guerra no obligó a cerrar las puertas del Seminario contra lo que han dicho muchos articulistas. De hecho el Dr. Andrés Urreta, Rector del Seminario, invitaba al Deán y Cabildo de la Catedral a la solemne apertura del curso 1896-97 para el 4 de noviembre de 1896 [1] en plena contienda.

En las Crónicas de Emilio Bacardí, por su parte, se dice que el 16 de octubre de 1898 tuvo lugar la apertura del curso escolar 1898-99 bajo la presidencia del Sr. Arzobispo Dr. Francisco Sáenz de Urturi y con asistencia de los señores catedráticos, alumnos y personas invitadas [2].

Lo que queda claro, pues, hasta este momento es que el Seminario siguió funcionando a lo largo de toda la lucha independentista.

Tampoco presenta dificultad la existencia del Seminario desde el año 1899 al 1908. En efecto, en las crónicas de Emilio Bacardí consta que el 1º de octubre de 1899 se llevó a cabo la apertura del curso 1899-1900. Y se añade la noticia de que cuatro antiguos estudiantes cubanos, cuyos nombres se citan, reingresan en dicho establecimiento [3].

Estamos ya en la época del Dr. Francisco de Paula y Barnada, que el 24 de julio de 1899 había tomado posesión de la sede arzobispal de Santiago.

Por su parte, en las Crónicas de Carlos E. Forment el 1º de octubre de 1906, junto a la apertura de curso en el Instituto Provincial de Santiago, se menciona la apertura de curso del Seminario, presidida por el Sr. Arzobispo Francisco de Paula Barnada [4]. Más aún, el diario La independencia el 18 de agosto de 1908 se hace eco de las quejas de varios sacerdotes cubanos por haber sido cesados como profesores del Seminario para dar paso a sacerdotes franceses[5]. Estos supuestos sacerdotes franceses no son sino los Hermanos de La Salle, algunos de ellos franceses y canadienses, recién llegados a Santiago para fundar en los locales del Seminario un Colegio de primera enseñanza.

Precisamente con fecha de 18 de agosto el Arzobispo Barnada dirige por escrito al Deán y Cabildo Metropolitano el ruego de que den su consentimiento para entregar en usufructo por espacio de diez años a los Hermanos de la Doctrina Cristiana el local que ocupa el Colegio Seminario con todos sus muebles, utensilios, instrumentos, librería, etc., a fin de que puedan establecer un Colegio de primera enseñanza, idioma inglés y comercio, *colegio que entiendo a de redundar en la mayor honra y gloria de Dios, extensión del Reino de Cristo y bien grande espiritual, moral y científico de mis diocesanos.*

El Cabildo no solo dio el consentimiento pedido, sino que aprovechando esta oportunidad manifestó al Arzobispo su gratitud y satisfacción por los trabajos y esfuerzos realizados en todo su pontificado en pro de la cultura e instrucción de todos los habitantes del arzobispado, y unánimemente protestó de *las inconveniencias publicadas por un periódico de la localidad La independencia en el día de ayer, respecto del Seminario S. Basilio* [6], alusión clara a las quejas antedichas.

De hecho el 1º de septiembre de 1908 abría sus aulas el nuevo Colegio de los Hermanos bajo la advocación de Nuestra Señora de la Caridad en los locales del Seminario Conciliar.

La preocupación ciudadana de Barnada había prevalecido sobre el cultivo de un pequeño número de seminaristas, que pudo continuar –así lo sospechamos– en otra institución similar, fuera de Santiago.

El único documento que podría hablarnos todavía de la existencia activa del Seminario en alguna parte de la ciudad, es la carta del administrador de los bienes de la Catedral, Joaquín Carbó, al apoderado de La Habana, Francisco de Paula Portuondo. En ella se citan algunas palabras de Portuondo en las que se alude al P. Bestard como administrador del Seminario. Esta carta está fechada el 12 de julio de 1909, casi un año después que los Hermanos se han instalado en el antiguo edificio del Seminario [7]. De todos modos se puede fácilmente interpretar que, si bien el Seminario no está funcionando en estos momentos como institución, tiene, sin embargo, bienes que cuidar.

Parece, pues, seguro que el Seminario estuvo cerrado desde 1908 al 1917.

El 8 de junio de 1913 moría monseñor Barnada. Al cabo de tres años tomaba posesión de la sede arzobispal santiaguera el salesiano Félix Ambrosio Guerra, que enseguida se preocupó por reabrir el Seminario. De tal modo que el

28 de octubre de 1917, cuando ni siquiera se cumple un año de su llegada a Santiago, tiene lugar la reapertura del Seminario en la planta baja del Arzobispado. La noticia se anuncia en el diario *La independencia* el día anterior y se comenta al día siguiente [8].

Pero, al cabo de siete años, el 16 de diciembre de 1924, monseñor Guerra es designado Arzobispo titular de Verissa en Italia, de donde es oriundo. Le sucede Fray Valentín Zubizarreta, carmelita descalzo, que toma posesión canónica de la mitra en junio de 1925.

Debían ser muy deficientes las condiciones del arzobispado para albergar conjuntamente arzobispado y seminario, como para que –recién llegado– decida vender estos locales a los Hermanos de La Salle este mismo año [9] con la idea de construir un nuevo Arzobispado en los terrenos de la ermita de Santa Ana y un nuevo Seminario junto a la Basílica del Cobre.

Monseñor Zubizarreta se impuso, pues, la tarea de levantar en la villa de El Cobre, a la sombra –como él decía– de la bendita Madre de todos los cubanos, un nuevo edificio para el Seminario San Basilio Magno. Para la edificación y sostenimiento del mismo empleó 200 000 pesos [10]. Él quería que el Seminario fuera solo Seminario Menor. A los mayores los mandaría a España para hacer los estudios de Filosofía y Teología. Pero las incógnitas que planteaba la República proclamada el 14 de abril de 1931, le hizo desistir de este primitivo plan.

Al cabo de los seis años, el 8 de septiembre de 1931 monseñor Zubizarreta bendecía en El Cobre el nuevo edificio del Seminario que, por supuesto, se llamaría San Basilio Magno. Fue su primer Rector el P. José Labat Sánchez.

En 1941 el edificio se ampliaba con dos grandes pabellones.

En febrero de 1948 monseñor Zubizarreta moría, cuando el Seminario, dirigido por el P. Manuel de Madariaga, estaba en uno de sus mejores momentos: 11 alumnos de Preparatoria, 16 de Latín, 7 de Filosofía y 5 de Teología. El P. Manuel de Madariaga había sucedido al P. Sebastián Folgar en 1938 y lo dirigió hasta 1951 a lo largo de un prolongado y fecundo gobierno de 13 años.

Estando en vida monseñor Zubizarreta había donado al Seminario gran parte de su valiosa biblioteca particular, que ascendía a unos 4 800 volúmenes sobre Teología, Filosofía y Ciencias Sociales, Historia, Clásicos latinos y griegos, obras de autores cubanos, grandes Diccionarios y Enciclopedias e incluso algunos incunables. En su testamento dispuso, además, la donación del resto de sus libros, unos mil volúmenes más [11]. El Seminario había sido, sin dudas, una de las obras más importantes de sus 23 años de pastor en Santiago de Cuba.

El 5 de marzo de 1949 tomaba posesión de la Arquidiócesis monseñor Enrique Pérez Serantes, que pronto se lanzó a construir otro nuevo pabellón con capacidad para 20 alumnos.

Ante la alarmante escasez de clero en la Arquidiócesis de Oriente, monseñor Pérez Serantes rogó al P. Daniel Baldor, Superior de la Compañía de Jesús en las Antillas que los jesuitas se hicieran cargo de la dirección del Seminario. La Compañía aceptó con la condición de que fuera solo Seminario Menor, dado que los alumnos de Filosofía y Teología eran muy pocos y no había profesores para atenderlos. Filósofos y teólogos completarían la carrera en los Seminarios de La Habana o de Santo Domingo. Y así, para citar casos concretos, los actuales arzobispo de Santiago y obispo de Holguín, Pedro Meurice y Héctor Peña respectivamente, que eran alumnos de 2º de Teología, pasaron al Seminario de Santo Tomás en República Dominicana.

En el curso 1953-54 tomaba el relevo de la dirección del Seminario el primer Rector jesuita, P. Carlos González Cutre, que sucedía al P. Fermín de Madariaga.

El 29 de noviembre de 1956, coincidiendo con las bodas de plata de la reapertura del Seminario en El Cobre, el Nuncio acreditado en Cuba, monseñor Centoz, inauguraba el nuevo pabellón que toma el nombre de Pío XII en agradecimiento a las ayudas prestadas por el Papa para su construcción. El Seminario contaba en estos momentos con más de 100 habitaciones individuales para los alumnos, amplias aulas y salón de actos.

En estos 25 años de Seminario en El Cobre se habían matriculado 355 alumnos, de los cuales terminaron la carrera sacerdotal 42, que representan el 12 % del total, que es el nivel medio de perseverancia en los Seminarios católicos en el mundo entero.

Pocos días después, a primeros de diciembre, desembarcaba Fidel Castro en los manglares de Niquero y subía a la Sierra Maestra. Dice el P. Mariano Ruiz, nuevo Rector a partir del verano del 56: *La vida del Seminario se vio envuelta, desde entonces, en los azares de la guerra.*

El año 57 fue de relativa calma. Había buenos profesores y muchos alumnos que venían de las diócesis de Santiago y Camagüey.

En la primavera del 58 entraron los rebeldes en el pueblo de El Cobre e hicieron explotar el poderoso polvorín de la mina. Los vitrales del Seminario se hicieron polvo [12].

En un memorial de 3 de julio de 1958 se ponen a la consideración de monseñor Pérez Serantes las dificultades que el nuevo curso presenta. *El viaje por carretera hacia Santiago y El Cobre se está haciendo peligroso, y las familias se resisten a mandar a sus hijos al Seminario. La estancia en el Seminario se hace especialmente dura por el encierro obligado a que se van a ver sometidos... El Cobre está ya en el frente* [13].

Había que emigrar.

El nuevo curso, pues, se abre en el Colegio Monserrat de los jesuitas en Cienfuegos. De hecho el destierro forzoso durará solo hasta febrero de 1959, en que los seminaristas vuelven a su casa de El Cobre.

La década de los 60 es una época próspera del Seminario en número y formación de los alumnos [14]. En cuanto a esta mejor formación de que se habla, el Seminario se había visto reforzado con varios Padres, ex-profesores del Colegio Dolores. Pero, también en esta época, se experimentan los rigores de la nueva situación: doce jóvenes de varias edades son llamados un día de 1966 al Servicio Militar Obligatorio a cortar caña durante tres años. De ellos solo cinco vuelven al Seminario [15].

En abril de 1967 los jesuitas propusieron a la Comisión Episcopal que hubiera un solo Seminario Menor en vez de dos en toda la República y que fuera dirigido por el clero secular. En septiembre la Comisión respondió que convenía conservar el funcionamiento de los dos y que la Compañía continuara dirigiendo el de El Cobre. Pero añadió que

> *El Cobre cada día resulta un sitio menos apto por estar a ventiún kilómetros de la ciudad de Santiago de Cuba, distancia que, dada la dificultad actual de combustible y transporte urbano impedía la colaboración de profesorado seglar para algunas asignaturas y también que los seminaristas pudieran cursar en los centros oficiales. Señalaron además el aislamiento que dificulta una apropiada participación en la vida urbana en general: religiosa, cultural y social* [16].

Al cabo de un año, la Comisión Episcopal al reconsiderar la situación del Seminario, acordó que se trasladara a la ciudad de Santiago. Decisión que fue aprobada por el arzobispo Pérez Serantes, así como que los seminaristas menores cursaran en los centros estatales oficiales.

En mayo de 1968 es nombrado Rector el P. Mariano Tomé con la encomienda de trasladar el Seminario de El Cobre al antiguo convento de las Siervas de María, en la loma de los Desamparados, en pleno Tivoli de la ciudad de Santiago. Pues bien, el 8 de septiembre de ese mismo año los seminarista comenzaron a vivir en este edificio aun cuando las obras de acomodación estaban muy atrasadas.

Si en su origen el Colegio Seminario había acogido en sus aulas a alumnos no seminaristas, ahora la mayor parte de los seminaristas se integraban como alumnos en Centros estatales.

En el curso 1976-77 siendo el nuevo Rector el P. Tomé, se inició el primer año de Filosofía-Humanidades. Era el comienzo modesto de una nueva etapa, en que el Seminario se iba a convertir definitivamente en Seminario Mayor. En efecto, al cabo de seis años, en el curso 1983-84, el Seminario empezó a impartir ya únicamente los dos primeros cursos de Filosofía.

El profesorado de este período está constituido por el equipo de jesuitas que regenta el Seminario, por sacerdotes diocesanos, religiosos, religiosas y laicos. Los seminaristas proceden de las diócesis de Santiago, Holguín, Bayamo-Manzanillo y la recientemente fundada Guántanamo. Eventualmente han pasado por el Seminario aspirantes a diversos institutos religiosos como la Congregación de la Misión, los Hermanos de La Salle, la Compañía de Jesús y las Hermanas Sociales. Desde el curso 1994-95 los padres salesianos envían regularmente a sus aspirantes como alumnos externos de primero y segundo de Filosofía.

El 18 de septiembre de 1997 se celebró el 275 aniversario de la fundación del Seminario. Y el primero de octubre del mismo año se inició el Aula San Basilio Magno», que es concebida como una propuesta de tipo académico para facilitar el encuentro cultural, el diálogo y el enriquecimiento interdisciplinar. Se inició con un ciclo de conferencias de temática muy diversificada y tuvo un nivel alto de participación.

Por otra parte, en febrero de 1998 se aprueba la ampliación de estudios del Seminario hasta completar el ciclo de cuatro años de que consta la preparación filosófica dentro de la carrera sacerdotal.

A lo largo de sus 275 años de vida, a pesar de los cambios sufridos y de las distintas sedes que ha ocupado, el Seminario San Basilio Magno ha intentado conservar o recuperar su constante doble vocación: la de ser semillero de futuros sacerdotes y la de aportar como institución cultural aquello que la sociedad civil de algún modo reclama en cada momento de su historia.

NOTAS

(1) Archivo de la Catedral. Caja 3, legajo Seminario
(2) Emilio Bacardí y Moerau: *Crónicas de Santiago de Cuba*, Tomo X. Tipografía Arroyo Hermanos. Santiago de Cuba, 1924. Año 1898.
(3) Id. Año 1899.
(4) Carlos E. Forment: *Crónicas de Santiago de Cuba*, Tomo I.
(5) Diario *La independencia*, 18 de agosto de 1908, p. 1.
(6) Archivo de la Catedral. Caja 1. Obispos, legajo del obispo Barnada.
(7) Id. Caja 3, legajo Apoderado de La Habana.
(8) Diario *La independencia*, 27 de octubre de 1917, p. 6, columna «Mundo católico» y 29 de octubre de 1917, p. 2.
(9) Hno. Alfredo Morales: *Itinerario de los HH de La Salle en el distrito de las Antillas 1905-1975*. Impresión Amigo del Hogar, Santiago de los Caballeros, República Dominicana, 1978.
(10) *El seminarista*, año V, abril-mayo 1950, n° 6 y 7, p. 10, «El Seminario San Basilio el Magno, por Cristóbal Novoa.
(11) *El seminarista*, año V, de abril a junio, n° 3,4 y 5. p. 12-17.
(12) Manuscrito del P. Mariano Ruiz,sj elaborado en La Habana el 15 de febrero de 1995.
(13) Memorial dirigido a monseñor Enrique Pérez Serantes, arzobispo de Santiago de Cuba, por el P. Mariano Ruiz, sj, rector del Seminario.
(14) Manuscrito citado del P. Mariano Ruiz, sj.
(15) *Ibídem*.
(16) Informe del Seminario al comienzo del curso 1968-69, por el P. Mariano Tomé, sj. de 1 de noviembre de 1963.

La Iglesia Católica en Cuba en torno a los acontecimientos de 1898. Puntos para una «Meditación», un siglo después.

Mons. Carlos Manuel de Céspedes García Menocal

Todo puede venir por los caminos que apenas sospechamos.
Todo puede venir de dentro, sin palabras, o desde fuera, ardiendo
y romperse en nosotros, inesperadamente
o crecer, como crecen ciertas dichas,
sin que nadie lo escuche.

(Mirta Aguirre, «Todo puede venir...», *Presencia interior*,
La Habana, 1938)

1- El marco de un texto relativamente breve me impide hacer un elenco pormenorizado de las fuentes consultadas o citarlas repetida y fatigosamente a lo largo de la lectura. Me limito a señalar las siguientes: la que considero es la obra más completa sobre el período 1895-1903 de la historia de la Iglesia en Cuba, *Entre la ideología y la compasión, Guerra y paz en Cuba, 1895-1903,* del Padre Manuel P. Maza Miguel S.J.; el *Boletín Eclesiástico del Obispado de La Habana,* que reflejaba, más que cualquier otra publicación eclesiástica, las posiciones oficiales de la jerarquía eclesiástica en Cuba (para el tema que nos ocupa he revisado cuidadosamente todos los números desde 1891 hasta 1899); los criterios y eventos que podríamos encontrar en el *Boletín eclesiástico del Arzobispado de Santiago de Cuba* son análogos; *La cuestión de Cuba y las relaciones con los Estados Unidos durante el reinado de Alfonso XII. Los orígenes del «desastre» de 1898,* de Javier Rubio, que contempla la realidad enunciada en el título desde un ángulo eminentemente político; los testimonios orales de algunos ancianos que vivieron ese período y a quienes llegué afortunadamente a conocer, la mayoría de ellos eran católicos más o menos practicantes, otros no lo eran, pero todos fueron independentistas en los años que ahora recordamos; a ellos añado los cualificados testimonios orales de sacerdotes ancianos que, directa o indirectamente, conocieron a los protagonistas eclesiales de aquel período; tengo en cuenta, de manera muy particular, mis numerosas conversaciones al respecto con quien fuera Obispo de Pinar del Río y Arzobispo de La Habana, S.E. Mons. Evelio Díaz Cía; los textos más conocidos de Historia de Cuba en los que, al menos de soslayo, se hace referencia a la Iglesia Católica en Cuba durante la Guerra Hispano-Cubano-Norteamericana.

2- Dado que la historia es un fluir constante, no simplemente una sucesión de momentos estáticos, para aprehender con justeza las consecuencias de la emancipación, es necesario echar un vistazo a las actitudes y hechos que la precedieron y a lo que ocurrió después de esa situación, sobre la que enfocamos el lente y los espejos que nos arrojan las imágenes que hoy deseamos captar. Es decir, debemos esforzarnos por atrapar la actitud en el flujo de la vida de las naciones comprometidas en los eventos y de la Iglesia universal (sobre todo, en España y en Roma) y de la Iglesia en Cuba; Isla tironeada –en el siglo XIX– entre su mismidad progresivamente identificable y su dependencia de los centros de poder españoles.

3- Cualquier respuesta o esclarecimiento a la cuestión planteada por el título de este texto, supone que tengamos una noción adecuada de la naturaleza de la Iglesia, misterio de comunión, que no agota su identidad en un solo grupo de sus miembros. La actitud mayoritaria de uno de los grupos componentes, en cuestiones que no afectan directamente la Fe católica o la ética que se derive de ella, no define la actitud de la Iglesia Católica como tal; otros miembros de ella pueden sostener opiniones o actitudes diversas en terrenos que, en sí mismos, son discutibles. No me cabe la menor duda de que el ámbito político es una de esas dimensiones de la vida humana en la que un buen cristiano debe hurgar para poder discernir cuál es la actitud más armónica, a su juicio, con los contenidos de la Fe y sus derivaciones éticas. Pero en la formación de una opinión –y de una actitud consecuente– en este terreno, entran otros elementos que no pertenecen al ámbito de la Fe, como son, p.e. la ideología que, consciente o inconscientemente, articula los datos que se reciben, sustenta actitudes, etc., la información, el análisis de la realidad, la valoración de posibilidades reales, etc. De todo ello se deriva el pluralismo de los católicos en materia política a lo largo de la historia y a todo lo ancho de la geografía. La Iglesia Católica en Cuba ante la Guerra Hispano-Cubano-Norteamericana y ante la emancipación, la intervención norteamericana y la influencia posterior de los Estados Unidos de Norteamérica no es una excepción. Una fue la actitud, en términos generales, de la Santa Sede, de los Obispos y de la mayor parte de la Iglesia en España, de los Obispos (designados al amparo del Patronato Regio) y de la porción española de la Iglesia en Cuba y otra la de la mayor parte de la porción «criolla» de esta misma Iglesia. Por otra parte, en cada una de estas dos porciones de la Iglesia en Cuba, la española y la «criolla», no todos pensaban exactamente de la misma manera con relación al peso de lo norteamericano en la realidad de la Isla. Los intereses económicos jugaron un papel más definitorio en este ámbito que la pertenencia o no a la Iglesia Católica.

4- Tanto en la Cuba colonial como en la Cuba «intervenida» y en la republicana, antes y después del actual período de gobierno socialista, el pluralismo de opiniones y actitudes sociopolíticas, económicas y culturales entre los católicos no ha resquebrajado sustancialmente la unidad de la Iglesia Católica en cuanto «Iglesia».

5- Un elemento del que no se debería prescindir en el análisis de cualquier hecho histórico en Cuba y, de manera muy particular, de sus guerras por la independencia política y por el establecimiento de un régimen republicano, es el vínculo peculiar entre España y Cuba y, consecuentemente, entre la Iglesia Católica en España y la Iglesia Católica en Cuba. Este se vuelve más notable después de la independencia de las otras repúblicas hispanoamericanas, pero es posible que las raíces deban buscarse más atrás, en los menos conocidos siglo XVI y XVII; se percibe con mayor claridad en el XVIII y me resulta evidente en el XIX. Además, Cuba –y no las repúblicas del Continente– vivió la experiencia del siglo XIX como parte de España, como provincia de Ultramar, casi siempre mal gobernada (como mal gobernada estuvo España en la época), pero parte de España al fin y al cabo.

6- Por consiguiente, la «modernidad a la española» llegó a Cuba gracias a que éramos parte del Imperio colonial español y, debido a la situación geográfica y a las especiales relaciones con los Estados Unidos de Norteamérica, nos llegaron también los componentes de la «modernidad» propios de ese país, de matriz anglosajona. A estos ingredientes, habría que añadir los que arribaron directamente de Francia, Inglaterra y, en menor medida, de Alemania, en virtud de las relaciones culturales y económicas que algunas personas y grupos de cubanos, más cultivados e influyentes, sostenían con personas y grupos de estos países. Clérigos y laicos en Cuba, fuesen españoles implantados en la Isla, fuesen criollos, no eran ajenos a estos influjos. La Iglesia en Cuba y su tránsito por la intervención norteamericana hacia la República, así como su encarnación en la realidad republicana posterior resulta ininteligible si no se tiene en cuenta este ingrediente peculiar de su identidad.

7- No olvidemos tampoco que en esa difícil partida de ajedrez que fue la Guerra Hispano-Cubano-Norteamericana de 1895 a 1898, así como en el proceso de emancipación y en el establecimiento del gobierno republicano, los «contrincantes» fueron tres, no dos: España, Cuba y los Estados Unidos de Norteamérica. La Santa Sede estuvo muy atenta al factor norteamericano desde antes de la última guerra y durante todo el proceso de emancipación, hasta el establecimiento de la República, como lo ha estado después, a lo largo de este siglo. Los Estados Unidos de Norteamérica era un país mayoritariamente anglicano y protestante en el que estas comunidades eclesiales mantenían vínculos muy estrechos con la masonería, lo cual hacía más difíciles las relaciones entre la Santa Sede y los gobiernos de ese país. No se caracterizaban aquellos tiempos por las buenas relaciones ecuménicas, ni por parte católica, ni por parte de los grupos religiosos generados por la Reforma. Aunque las leyes norteamericanas eran tolerantes en materia religiosa, de hecho el pueblo de origen anglosajón no lo era tanto: ni con los emigrados católicos establecidos en el país, ni con la Iglesia Católica en general. Se daba un menosprecio particular por la Iglesia Católica de talante español; era acusada –entre otras cosas– de ser instrumento al servicio de la Corona; o sea, de haber sido y ser manipulada con fines políticos. Aunque hay elementos de verdad en este criterio, no se debería exagerar ni sacar de su contexto histórico-cultural. Los norteamericanos, análogamente, procedieron manipulando también lo religioso. Durante la intervención en Cuba (así como en Puerto Rico y en Filipinas), nuestro país se vio invadido por misioneros norteamericanos que difundieron comunidades eclesiales, sectas e Iglesias hasta entonces prácticamente desconocidas en nuestros países. Fueron instrumentalizados para difundir, junto con las nuevas «religiones», el estilo norteamericano de vida, así como para contrarrestar el peso cultural de España.

8- Resultaría sumamente esclarecedor, pero desbordaría las cuencas de este texto, presentar la historia de los sacerdotes cubanos con relación a la independencia política de la Isla de Cuba en etapas anteriores a la Guerra de 1895 a 1898. Me remito a la obra mejor documentada que conozco acerca de este tema: *El clero cubano y la independencia*, del ya citado historiador cubano Padre Manuel P. Maza Miguel, S.J. El Padre Maza sustenta su obra en las investigaciones del historiador Francisco González del Valle, cubano, no católico, que vivió de 1881 a 1942. Creo poder resumir la tesis de González del Valle –y del Padre Maza– en la afirmación de que, en términos generales, la línea divisoria ante la cuestión independentista y, muy concretamente, ante las guerras, no pasaba entre la Iglesia Católica y lo que no era Iglesia Católica en el pueblo cubano; o entre los sacerdotes y los que no eran sacerdotes, sino entre españoles y cubanos, sin ignorar que hubo excepciones en ambos sentidos. El *amor patriae* determinaba la actitud, no la fe o la condición sacerdotal. La presencia del Padre Félix Varela en los orígenes de la identidad nacional cubana y de la concepción de la independencia de España, no le ha evitado totalmente, pero sí le ha disminuido a la nación cubana la carga de anticlericalismo generalizado y burdo que han debido padecer otras repúblicas hispanoamericanas y la propia España, sea en el ámbito sustancial de la cultura, sea en el más coyuntural de la política.

9- En el siglo XIX, en Cuba, el hecho de que los Obispos y sus colaboradores más cercanos fueran enemigos de la independencia política de España, no impidió que, ocasionalmente, fuesen críticos de la administración española en la colonia –haya sido por la inadecuación del régimen colonial o por la falta de eticidad o por la mala visión de la realidad insular–, así como de la esclavitud; en pocas ocasiones de la institución en sí, probablemente debido a la complejidad de los problemas económicos imbricados en la misma; más comúnmente de los malos tratos a los esclavos. Además, al menos en la mayoría de ellos, podemos percibir gestos de caridad cristiana ante el «enemigo» criollo. Este fue el caso, por ejemplo, de San Antonio María Claret, en tiempos anteriores a la Guerra de Independencia, y del Obispo Manuel Santander y Frutos para con los «reconcentrados» en La Habana durante la vigencia de las medidas de guerra del Capitán General Valeriano Weyler.

10- Durante la Guerra de Independencia era Arzobispo de Santiago de Cuba Francisco Sáenz de Urturi y Crespo, O.F.M. (1894 a 1899) y era Obispo de La Habana el ya mencionado Manuel Santander y Frutos, quien ocupó la sede capitalina, desde 1886 hasta 1900. Los criterios de ambos acerca del catolicismo del pueblo cubano y acerca de los insurrectos son contradictorios y dependen del momento o de la coyuntura en que fueron pronunciados. El Obispo Santander, en una Carta Pastoral de Cuaresma del 15 de marzo de 1898 dice:

> *¡Cuánto han mudado los tiempos! Cualquiera que recorra nuestras ciudades y las observe atentamente, ¿en qué conocerá que somos cristianos? La misma perversión de costumbres, las mismas diversiones y aún peores y más recientes, la misma disipación, la misma mala fe en los negocios, los mismos odios y rencores, la misma sed de oro, todo igual que en los otros tiempos del año...Y al mismo tiempo el mundo que crucificó a Jesucristo, ese mundo de quien debemos ser enemigos siempre por ser malo y por hacer guerra a nuestro Dios, ha enarbolado sus banderas llamando a las gentes a toda clase de disoluciones, a los bailes, a las orgías, a la relajación y al vicio. Y mientras las Iglesias están desiertas, y no hay quien venga a las solemnidades, y la mesa del Señor está despreciada, todo el mundo va en pos de Satanás, verdadero príncipe de las tinieblas que reinan en el mundo, y solo unas pocas almas siguen al amoroso Jesús...*

11- El 9 de junio de 1899, en otra Carta Pastoral, a los quince meses de la anterior, ya terminada la contienda con el armisticio entre España y los Estados Unidos, el mismo Obispo Santander hace una presentación del catolicismo del pueblo cubano que contradice la anterior:

> *El pueblo cubano es profundamente religioso y ama con preferencia la religión católica, como hemos tenido ocasión de observar en nuestra pastoral visita. El cubano se ofende si se duda de su catolicismo, rechaza al ministro protestante. Debido a la escasez de clero y estar su población diseminada por los campos no tiene la instrucción religiosa que sería de desear, pero dígase lo que se quiera, el pueblo de Cuba no es irreligioso, ni siquiera indiferente. Ama la religión de sus mayores. El culto católico que tanto habla al corazón con sus augustas ceremonias, sus templos, sus imágenes, es el único en armonía con los sentimientos delicados y la imaginación viva de sus habitantes...*

El contexto de esta Carta Pastoral ya no es la motivación cuaresmal, sino la intervención norteamericana y la llegada de ministros protestantes favorecidos por los interventores de los Estados Unidos. Pero la imagen de la religiosidad del cubano medio es tan diversa, que tenemos el deber de preguntarnos cuándo fue objetivo el Obispo Santander, en la primera o en la segunda Carta Pastoral.

12- El mismo género de presentación contradictoria lo encontramos ya específicamente con relación a los insurrectos cubanos. En carta del 16 de mayo de 1896 Mons. Santander escribía al Cardenal Secretario de Estado, Mariano Rampolla Tindaro:

> *Diez y ocho iglesias parroquiales han sido quemadas por los insurrectos y si alguna imagen se ha salvado de las llamas la han destruido con los machetes. Cuando no se han podido sacar las vestiduras sagradas se las han puesto por irrisión, blasfemando al mismo tiempo de todo lo más sagrado. Se han atrevido a publicar que ellos, los insurrectos, estaban autorizados para hacer matrimonios.*

Y en carta sin fecha pero que con casi total certeza podríamos datar en marzo o abril de 1898 reafirma su criterio anteriormente expuesto al Cardenal Rampolla; ahora al Nuncio en Madrid, Mons. Francica Nava di Bontifé:

> *... cerca de los insurrectos carezco de toda influencia no ya porque lejos de pelear por el triunfo de una idea política solo se dedican al bandolerismo y al pillaje, sino también porque demuestran en todos sus actos que al mismo tiempo que la separación de la patria común alimentan un odio satánico contra la Religión y de ahí la destrucción y profanación de las iglesias y de sus archivos...*

No dice el Obispo Santander que los templos de los pueblos y pequeñas ciudades se habían convertido frecuentemente en cuarteles y las torres en puntos de observación de los movimientos militares de los insurrectos; todo ello por petición de la Capitanía General de la Isla y de los mandos militares españoles, pero petición a la que él había accedido; había escrito a todos los párrocos ordenándoles que diesen las facilidades para ello.

13- Terminada la guerra cambia el Obispo el juicio con respecto a los insurrectos (y a los norteamericanos). De su Carta Pastoral del 24 de octubre de 1898 entresaco algunos renglones:

Hay espíritus pusilánimes, aunque bien intencionados, que temen por el porvenir de la Iglesia en esta Isla, por causa de la nueva política próxima a inaugurarse, y hay quienes se alegran, pocos por cierto, creyendo que la Iglesia va a perder toda su influencia y desaparecer o poco menos del país, vencida por los protestantes. Ni unos ni otros tienen motivo para sus temores, ni para sus alegrías.

No sabemos aún, de una manera cierta, si se formará un Gobierno Cubano o si los Estados Unidos, por más o menos tiempo, regirán los destinos de esta Isla. Pero en cualquiera de los dos casos la Iglesia no tiene por qué temer. No tememos a los cubanos, que no vienen a hacer una revolución religiosa, sino política. ¿Cuál ha sido el lema de la insurrección? La independencia de Cuba. ¿En sus programas de gobierno, en sus proclamas han dicho alguna vez que venían a hacer guerra al catolicismo? Nunca. Al contrario, durante la sangrienta lucha que ha terminado ya, gracias a Dios, no ha habido que lamentar ataque alguno a los ministros de la religión; lejos de eso se les ha tratado con respeto por las fuerzas rebeldes y debido a esto han podido los señores Curas Párrocos recorrer sus feligresías y administrar los Santos Sacramentos a los que los pedían.

Este es el hecho, y su explicación es que los cubanos son católicos por educación... la población de la isla de Cuba es católica...

Con un gobierno cubano vivirá, por tanto, la Iglesia en armonía porque verá respetada su libertad y sus propiedades, indispensables en toda sociedad humana para llenar su objeto...

> *Por lo que hace al Gobierno Americano... tampoco tenemos que temer por la suerte de la Iglesia, porque está acostumbrado a darle libertad al igual que a los demás cultos, y esto es lo que la Iglesia necesita y lo único que a ese Gobierno ha de pedir...*
>
> *Resumiendo lo dicho hasta aquí, no hay motivo para temer por la suerte de la Iglesia en Cuba, por causa de la nueva situación que se avecina. Ni los cubanos ni los americanos, han promovido la guerra por motivos religiosos, mucho menos por odio al Catolicismo. Los cubanos son católicos, muchos de los americanos lo son también y, además, están acostumbrados a dar libertad verdadera a los cultos religiosos...*

De nuevo, pues, ambigüedad o, más exactamente, contradicción en los textos de Mons. Santander, condicionado por los aires del momento en que escribe. Estaba «apegado» a su trabajo pastoral en La Habana y tenía la convicción de que él era el mejor situado para encarar la nueva situación.

14- El Obispo Sáenz de Urturi, el Metropolitano de Santiago de Cuba, las pasó peor que el Obispo de La Habana. Al final de la Guerra, que se dejó sentir más en Santiago que en La Habana, era un hombre roto; comprendía que, en la nueva situación, no debería seguir al frente de la Arquidiócesis e insistió a la Santa Sede, sin tregua, para que se le aceptara la renuncia a la misma, por el bien de la Iglesia y por el suyo propio: *«No me asusta el cementerio, Señor Cardenal, sé que el sepulcro es mi término; me asusta el manicomio. Le suplico, pues, encarecidamente tenga compasión de mí...»* (Carta al Cardenal Rampolla, Secretario de Estado, con fecha de 15 de septiembre de 1898). Tuvo el buen sentido de recomendar para su sucesión al Padre Francisco de Paula Barnada y Aguilar

> *... actual penitenciario de esta Catedral...hijo del país, en condiciones de salvar el conflicto. Con él se hará la transición suavemente, es bien visto, tiene aceptación; y hasta habla inglés, cosa convenientísima en las actuales circunstancias. Si por absoluta necesidad, o por no poder más, tuviera yo que retirarme, a él le encargaría el gobierno de la diócesis...(Ibid.)*

15- De diversas fuentes orales he escuchado, pero no he encontrado textos que las atestigüen, que hubo disposiciones eclesiales, anteriores y contemporáneas a la Guerra de Independencia, que conciernen a Obispos y sacerdotes. En este ámbito se me ha dicho que desde los tiempos posteriores al Obispo Espada, o sea, desde que se les cerraron las puertas a la Ilustración católica o liberalismo católico en la Iglesia en Cuba, se consideró incompatible con la vocación sacerdotal el hecho de tener ideas independentistas y democráticas; quien las tuviera y esto fuera conocido por los superiores del Seminario «San Carlos y San Ambrosio», o no era admitido en el mismo o, si ya era alumno de él, era expulsado del mismo. Esto explica –al menos parcialmente– la disminución rápida de las vocaciones criollas después de 1832. Por supuesto, si los alumnos no podían compartir esta filosofía política, mucho menos los profesores y esto explica el deterioro del nivel académico de «San Carlos» que nunca más llegó a significar, para la Iglesia y para la cultura del país, lo que había significado a fines del siglo XVIII y durante el primer tercio del siglo XIX.

16- Ya acerca del período de la Guerra de Independencia, también he escuchado que los Obispos dispusieron que nadie que sostuviera ideas independentistas y democráticas podía tener acceso a los Sacramentos. Debían abjurar de las mismas; aún en el caso de peligro inminente de muerte, se debería negar la absolución, la comunión y la unción de los enfermos a los independentistas y demócratas identificados como tales. Esta disposición no siempre se cumplía; su aplicación dependía en buena medida del sacerdote en cuestión. Mi familia fue independentista por todos sus costados y muchos de sus miembros y amigos más cercanos fueron católicos practicantes. Ninguno tuvo dificultades con el acceso a los sacramentos. Recuerdo que en una ocasión le pregunté a una de mis abuelas acerca de ello y me dijo: *Uno sabía a quién dirigirse; afortunadamente, en estas cuestiones siempre ha habido sacerdotes desobedientes.*

17- Con relación al Seminario, en este período, indagué con el anteriormente citado antiguo Arzobispo de La Habana, Mons. Evelio Díaz Cía. Cómo fue posible -le pregunté- que durante y al final de la Guerra de Independencia hubiera sacerdotes criollos independentistas. *Gracias a la santa hipocresía*, me respondió con un tono bastante picarón. Y justificaba moralmente la simulación de las ideas políticas en el Seminario. Quien se sintiera llamado al sacerdocio y simultáneamente fuera independentista, no estaba obligado en conciencia a manifestarlo, opinaba Mons. Evelio Díaz, ya que la exclusión de las órdenes sagradas por razones políticas era, evidentemente, una disposición injusta. Muy pocos de estos seminaristas santamente simuladores llegaron a ocupar posiciones de responsabilidad notoria en la Iglesia después de la instauración de la República. Las excepciones fueron Mons. Barnada, Arzobispo de Santiago de Cuba y Administrador Apostólico de La Habana, y Mons. Guillermo González Arocha, quien murió siendo Rector del Seminario «San Carlos y San Ambrosio» de La Habana.

18- Algunos sacerdotes y seminaristas cubanos fueron al exilio. No todos regresaron a Cuba. El caso más notable de los que sí regresaron fue Manuel Arteaga y Betancourt, quien realizó sus estudios sacerdotales en Caracas, ciudad en la que se estableció con su tío, prestigioso sacerdote cubano e independentista, Don Ricardo Arteaga, de quien llegó a hablarse para la sede de La Habana después de la independencia. El sobrino, Manuel, fue ordenado en Caracas y se desempeñó como párroco en aquella ciudad; regresó a Camagüey, su ciudad natal, después de la independencia. Allí fue párroco y popular concejal del Ayuntamiento. Marchó a La Habana llamado por el Obispo Pedro González Estrada, quien lo designó su Vicario General. Continuó en el mismo cargo con el Arzobispo Manuel Ruiz y lo sucedió en el cargo de Arzobispo de La Habana, siendo posteriormente el primer cardenal cubano.

19- Parece suficientemente verificado que ninguno de los sacerdotes criollos empuñó las armas en la Guerra de Independencia; colaboraron sirviendo de correo, ocultando personas, difundiendo la ideología independentista y democrática, etc. Entre los sacerdotes españoles sí los hubo que combatieron con las armas en la mano junto al Ejército de la Corona. González del Valle, en el artículo citado anteriormente, nos refiere muy detalladamente algunos casos. Con un amplio abanico de actitudes de los sacerdotes en materia política comenzó, pues, la historia de la Iglesia en Cuba en la República que se estrenaba, ya que aunque algunos sacerdotes españoles regresaron a España, la mayoría permaneció en Cuba. Nunca tuvieron problemas serios en su ministerio sacerdotal por el hecho de ser españoles y de haber sustentado esas opiniones y actitudes contrarias a la emancipación de España, aunque durante los primeros años de la República los que habían mantenido posiciones muy hostiles a la independencia no eran mirados con simpatía por los criollos. Los más moderados y los españoles que fueron llegando en esos tiempos, al ritmo del crecimiento de la inmigración, no tuvieron el menor problema y, como la mayoría de los peninsulares residentes en Cuba, se encariñaron con nuestro pueblo –se «aplatanaron»– y aquí echaron el resto de sus días, junto a los sacerdotes cubanos, desgastándose por la evangelización de la Isla.

20- Las religiosas, españolas y criollas, solían vivir el carisma propio de su orden o congregación con un mayor distanciamiento de las actividades políticas directas. Entre las cubanas hubo muchas que tenían familiares y amigos incorporados a la guerra y entre ellas, de acuerdo con los testimonios orales recibidos, primaban los criterios independentistas, pero de ello no existen pruebas documentales. Cierto es que todas, españolas y cubanas, fueron –en términos generales– sumamente generosas en la atención a los heridos, a los pobres, a los presos, a los niños huérfanos, a los «reconcentrados», etc. sin hacer distinciones a causa de la filiación política. Este dato positivo perdura en la memoria colectiva del pueblo cubano que siente y manifiesta, aún hoy, gran aprecio por las religiosas y por su labor humanitaria. Algunos ancianos, veteranos de la Guerra, solían narrar anécdotas imprecisas acerca de conventos en los que se ocultó a mujeres laicas comprometidas con la causa independentista, pero nunca he podido precisar estos datos un tanto vagarosos.

21- Entre los laicos resulta más evidente la presencia del pluralismo político tantas veces acotado en esta presentación. A las varias posiciones o actitudes políticas señaladas, añado ahora, por resultarme más sorprendente entre los seglares que entre los sacerdotes y religiosos, un cierto absentismo político por falta de vocación política, por desconfianza o debido a diversas motivaciones personales. Algunos absentistas llevaron su distanciamiento hasta el dominio de la geografía y pusieron mar de por medio hasta que pasara la tormenta de la Guerra; unos fueron a Estados Unidos, otros a Europa o a algún país hispanoamericano. La mayoría regresó después de la Guerra o, más bien, después de la intervención norteamericana, o sea, en los inicios del Gobierno Republicano. Otros quedaron para siempre en el extranjero.

22- Me permito incluir en este texto la mención de tres realidades muy relacionadas con la Iglesia Católica en Cuba que, naturalmente, pesaron entonces en su discurrir:

a) El Vaticano y, muy concretamente, la persona de S.S. León XIII, Sumo Pontífice durante los años 1895 a 1898, dados los vínculos de la monarquía española con el Estado Vaticano y la amistad personal de León XIII con la Reina Regente (hasta el grado de ser padrino de Alfonso XIII), no nos debe sorprender que deseara la mejor suerte a las tropas españolas. Añádase a este ingrediente personal, el político: el Papa contaba con el apoyo de España en la todavía entonces muy candente «cuestión romana», no resuelta hasta los Pactos de Letrán en 1929. Por otra parte, con una óptica eclesial, el Papa consideraba la fuerte influencia de los masones en los grupos independentistas y en la realidad norteamericana. Anticlericalismo, liberalismo (la democracia, con todos sus valores y dificultades epocales), socialismo y masonería eran realidades introducidas en el mismo saco y pasadas por el mismo rasero. La perplejidad ante «la cuestión cubana» se incrementaba por la circunstancia de que, a los ojos del Santo Padre, el catolicismo norteamericano ya se había contagiado por el «pecado ideológico» de considerar la democracia propia de aquel país, la separación de la Iglesia y el Estado y la tolerancia para con las confesiones y «sectas» religiosas no católicas como un régimen superior al de la mayoría de las naciones de Europa. Este estado de opinión de los católicos norteamericanos, que tenía una fuerte influencia sobre el catolicismo de los criollos cubanos, fue condenado por León XIII en la Carta Encíclica Testem benevolentiae, en 1899, o sea, inmediatamente después de la Guerra, durante el período de la transición. No olvidemos que, aunque León XIII fue un hombre más bien moderado en cuestiones intelectuales y en algunos asuntos políticos (entre otras, en la controversia interna de España entre «carlistas» y «alfonsistas»), en todo lo relativo a la política internacional la «cuestión romana» fue el foco de todas sus gestiones, como lo había sido de Pío IX, y este punto focal lo mantenía aprisionado: no dejó de distorsionarle su comprensión de la realidad y, como consecuencia de ello, de condicionar sus actitudes eclesiales y políticas. Para satisfacción de los cubanos, sin embargo, una vez terminada la Guerra, León XIII fue el único «soberano» que intervino con diversas potencias mundiales del momento –incluyendo a España– para que los cubanos fueran incluidos como participantes, no solo como observadores, en las conversaciones y acuerdos que culminaron en el Tratado de París. No tuvo éxito su gestión. Como dato curioso debemos recordar que el Conde Pecci, sobrino de León XIII, vivía en Cuba, durante la guerra, casado con una hispano-cubana. En ocasiones sirvió de puente válido de comunicación no oficial con la Santa Sede.

b) La Iglesia Católica en España y, de manera muy notable, la mayoría de los obispos españoles del momento, exhortaron a la participación en la Guerra como quien invita a tomar parte en una Cruzada contra infieles. Las publicaciones católicas de la época en España dan fe de ello. Esos escritos y discursos eran reproducidos frecuentemente en Cuba, sea en publicaciones eclesiásticas, sea en los periódicos que encarnaban las posiciones más extremistas contra la independencia de Cuba. Los independentistas cubanos estaban muy bien informados acerca de esta «cruzada» de la Iglesia Católica en España.

c) El regreso de españoles a Cuba (y de sus capitales cuando los habían retirado) muy poco tiempo después de la Guerra, así como el incremento del número de emigrantes en los primeros decenios de gobierno republicano, movimiento migratorio que se mantuvo hasta 1960. Se puede calcular que en la década de los años 20, aproximadamente un tercio de la población de Cuba o eran españoles de nacimiento o cubanos de primera generación, o sea, hijos de españoles. Se trata de un fenómeno único en Hispanoamérica: en los países del continente que formaron parte del Imperio español, la emigración española posterior a la independencia demoró mucho más tiempo en llegar que en Cuba. Esa peculiaridad está relacionada con el ya referido estatuto especial de las relaciones entre España y Cuba. Frecuentemente hemos escuchado que la Iglesia en Cuba ha mantenido una tónica españolizante más fuerte que en el resto del Continente. Eso es cierto, pero no es fenómeno que dependa raigalmente de la Iglesia: es el País, en el que la Iglesia se encarna, el que tiene culturalmente ese tono hispánico más evidente que el que, más diluido, puede percibirse también en el resto de Hispanoamérica.

23- La contemplación de este cuadro, por incompleto que lo consideremos, permite percibir una atmósfera con relación a la institución «Iglesia Católica» y extraer algunas conclusiones. Comencemos por estas últimas, por las vinculadas con la actitud frente al hecho mismo de la emancipación:

a) Si tenemos una noción correcta de Iglesia, no deberíamos generalizar simplonamente al referirnos a la actitud de la Iglesia con relación a la Guerra de 1895 a 1898;

b) Las razones de los hombres de Iglesia que se opusieron a la independencia de Cuba no deberían reducirse a incompetencias y bastardías; las hubo, pero aún ellas deben ser relacionadas con el espíritu epocal vigente en la Iglesia entonces y con la realidad socioeconómica y política. Entran en dichas razones una eclesiología integrista bastante común en el siglo XIX, la convicción de que la gesta emancipadora era fruto de las conspiraciones masónicas y una concepción de «lo patriótico» hispano muy vigente entonces;

c) No olvidemos que la oposición a la independencia de Cuba y, por consiguiente, el apoyo a la guerra aplastante contra los mambises criollos, no fue actitud exclusiva de la mayoría de los católicos españoles, en la Isla y en la Península, sino que fue una actitud sustancialmente compartida por los españoles adscritos al pensamiento liberal, muchos de los cuales no eran católicos. Esa fue, precisamente, una de las grandes frustraciones de los liberales criollos a todo lo largo del siglo XIX en Cuba y la causa mayor del fracaso del movimiento reformista y autonomista en la mayor de las islas del Caribe. Los liberales españoles, de acá y de allá, luchaban por reformas en España y, simultáneamente, se oponían a tales reformas en Cuba. Agotadas las posibilidades del autonomismo, muchos autonomistas se pasaron al independentismo, otros continuaron tozudamente fieles a su causa frustrada y otros, desconfiados de las posibilidades reales de una Cuba independiente y democrática, engrosaron las filas del anexionismo a Norteamérica o del absentismo político, desvaído y pesimistón;

d) Lo que sí me parece que se puede afirmar es que, finalizada la guerra y extinguido con ella lo que aún quedaba del Imperio español, ni la mayoría de los exponentes del pensamiento liberal español, ni la mayoría de las cabezas pensantes de la Iglesia Católica, en España y en Cuba, supieron extraer las mejores lecciones de todos aquellos acontecimientos vividos en torno al 98. En la Iglesia Católica, durante muchos años de este siglo continuamos arrastrando el lastre del integrismo teológico del que no nos hemos totalmente liberado. Lastre que nos pesó en el terreno intelectual y que se proyecta, consciente o inconscientemente, sobre la acción pastoral de la Iglesia; de manera muy particular en el terreno de la pastoral sociopolítica y de la pastoral de la cultura.

24- Dos observaciones que me gusta incluir siempre que abordo esta temática:

a) Considero que para Cuba ha sido una fortuna que su identidad nacional se haya perfilado gracias a una estirpe de pensadores y hombres de acción relacionados con la Ilustración Católica que animó las aulas del Real y Pontificio Colegio Seminario de «San Carlos y San Ambrosio»; que la afirmación de la conveniencia de la emancipación política y de la democracia como proyecto haya sido formulada y difundida por el Padre Félix Varela y Morales, sacerdote ejemplar, y que de él haya surgido la estirpe que nos conduce a José Martí, el artífice de la Guerra de Independencia. Fortuna y privilegio que fuera precisamente José Martí quien definiera el ideario republicano y quien organizara la Guerra definitiva

b) Considero igualmente fortuna y privilegio que Cuba no se haya emancipado de España hasta fines del siglo XIX, a pesar de que la España del siglo XIX no era excesivamente apetecible, ni sus gobiernos muy presentables y de que la vida de la Iglesia Católica en la Península estaba tocada en la entraña por una buena dosis de ambigüedad. Gracias a la modernidad suficientemente interiorizada, al menos por una élite social, cuando de hecho la Isla obtuvo la independencia, había una cúpula –económica, cultural, social y política– capaz de asumir responsablemente el gobierno de la naciente república. Si las cosas no marcharon todo lo bien que hubieran podido marchar, fue debido a una conjunción de diversos factores, nacionales y foráneos, pero no «debido a», sino «a pesar de» esa tardía independencia.

25- La primera y más evidente consecuencia que tuvo la emancipación de España para la Iglesia en Cuba, causa a su vez de casi todas las demás, fue el tránsito brusco de una situación propia de *ancien régime*, en la que la Iglesia estaba «tutelada» por el «patronato regio», a la de inserción en una sociedad democrática de tipo norteamericano, o sea, en un Estado «laico», que debería promover y proteger la separación entre la Iglesia y el Estado y la libertad de culto y de conciencia, sin que la Iglesia Católica tuviera privilegios legales sobre otras confesiones religiosas.

26- En 1898, cuando las tropas españolas se rindieron ante las norteamericanas, nadie podía predecir con exactitud cuál sería el destino político de Cuba. Se abrían tres posibilidades:

a) una, poco probable, que Cuba volviera a estar bajo el dominio español, con un estatuto autonómico amplio y efectivo;

b) que Cuba fuese incorporada a los Estados Unidos de Norteamérica, bajo una u otra forma jurídica todavía por determinar; esta posibilidad contaba con apoyo en Cuba, en Estados Unidos y hasta en España, como «mal menor»: perdida la colonia, no faltaban políticos y hombres influyentes en distintos sectores, españoles en España y en Cuba, que preferían una Cuba incorporada a Norteamérica que una Cuba independiente, pues opinaban que bajo el Gobierno de Norteamérica podrían sostener relaciones económicas y de todo tipo más estables con la antigua colonia que si ésta llegaba a ser totalmente independiente;

c) que los Estados Unidos, luego de un período de «intervención militar» en orden a establecer la normalidad civil, organizar los servicios públicos y los partidos políticos. convocasen una Asamblea Constituyente y, posteriormente, a elecciones políticas y otorgasen la independencia a la Isla, organizada ya como república democrática. Esta última posibilidad fue, en definitiva, la que llegó a ser realidad.

27- Las dudas acerca de lo que podría ocurrir en el futuro inmediato eran alimentadas por la actitud de los norteamericanos después de la Guerra. Enseguida disminuyó -por no afirmar rotundamente que desapareció- la «simpatía» por los cubanos, los vencedores reales de la contienda, y se incrementó la afinidad con los derrotados españoles. Esta actitud dio origen a una sorprendente afinidad entre los norteamericanos, vencedores formales que tenían -por el momento- todos los recursos de la fuerza y de la autoridad de hecho, y los funcionarios españoles de la Isla que eran ratificados en sus cargos administrativos por los militares norteamericanos y la jerarquía católica: evidente en el caso de los dos Obispos españoles de Cuba; menos patente, más sutil, en el caso de la Santa Sede.

28- Cuba obtuvo una independencia política limitada de los Estados Unidos el 20 de mayo de 1902, después de haberse dado una Constitución en 1901, a la que los norteamericanos impusieron, como *conditio sine qua non* para la independencia, la Enmienda Platt, de acuerdo con la cual, el Gobierno norteamericano se reservaba el derecho de intervenir, incluso militarmente, en Cuba siempre que, a juicio del propio Gobierno norteamericano o por petición del Gobierno cubano, el orden interior de la República estuviera en peligro o se vieran amenazados los intereses norteamericanos; dicha «enmienda» constitucional otorgaba a los Estados Unidos bases militares y estaciones carboníferas en Cuba, así como la administración de la Isla de Pinos. Los constituyentistas cubanos no tuvieron más remedio que firmar dicha enmienda; con un enorme sentimiento de frustración, pero –al mismo tiempo– con la esperanza de que la dinámica de los acontecimientos y la sabiduría política permitieran paulatinamente abolir los distintos acápites de la misma, que menoscababan la independencia del país. De hecho, ya en el momento de la instalación del actual Gobierno Revolucionario, de las bases y estaciones solo quedaba y queda la Base Naval de Guantánamo, como rezago anacrónico, estratégicamente inservible y éticamente injustificable; todavía vigente, quizás, para poder ser utilizada como moneda de cambio, en el momento político oportuno.

29- Pero esto no se podía precisar al término de la Guerra de Independencia. Resultaba muy difícil para la Santa Sede y para los Estados Unidos saber con exactitud qué pensaba el pueblo cubano y, consecuentemente, tomar las decisiones que los centros del poder estimasen más convenientes para sus «intereses». Quienes tienen la posibilidad de ser escuchados, no siempre reflejan la opinión de la mayoría de una colectividad, de un pueblo. Y esto es, precisamente, lo que sucedía en Cuba a fines de 1898. Los datos eran contradictorios y, con frecuencia, los hechos desmentían una información recibida poco antes. Ante esta situación tan conflictiva, la Santa Sede consideró oportuno designar un Delegado Apostólico en Cuba, que fuese norteamericano, pero de lealtad probada a la Santa Sede e identificado como hombre perspicaz, capaz de ver y de discernir con objetividad en la «batalla» de la post-guerra entre los intereses de Cuba, de España, de los Estados Unidos y, por supuesto, de la Santa Sede. El elegido fue Placide Chapelle, Arzobispo de Nueva Orleans, francés de nacimiento y norteamericano por naturalización. El nombramiento y las instrucciones tienen fecha 16 de septiembre de 1898 y están firmados por el propio León XIII. Lo más urgente era, en La Habana, convencer a Mons. Santander y Frutos de que, llegado el momento, debía renunciar a la Diócesis; en Santiago, por el contrario, había que convencer a Mons. Sáenz de Urturi de que esperase a la designación del sucesor para evitar un vacío de autoridad pastoral, en ambas diócesis (las únicas de Cuba en aquel entonces), y buscar los mejores obispos posibles en aquellas circunstancias. El asunto de las designaciones episcopales apremiaba, además, porque ya circulaban las listas «oficiosas» de candidatos, todos cubanos y «patriotas» (es decir, independentistas), pero no todos aptos para el servicio episcopal.

30- Además, a la Santa Sede le interesaba sobremanera que, tanto el Delegado Apostólico como los nuevos Obispos que serían designados, en diálogo con los responsables de legislar para la nueva situación, resolvieran el problema delicado de las propiedades de la Iglesia en Cuba, que se venía arrastrando desde la década de 1840, como una secuela de las leyes de Mendizábal, y evitaran la redacción de una Constitución republicana -o leyes o disposiciones- que coartaran la libertad de la Iglesia en la designación de Obispos, en la educación y en otros aspectos fundamentales relacionados con el desarrollo de su misión (como ya había sucedido en muchas repúblicas de Iberoamérica). Esto lo podrían lograr Obispos bien vistos y un Delegado Apostólico responsable de la designación de dichos Obispos, no los Obispos españoles que ocupaban las sedes de Cuba, ni un Delegado Apostólico que hubiese apoyado su mantenimiento en dichas sedes.

31- El 2 de abril de 1899 la Santa Sede aceptó, finalmente, la renuncia de Mons. Sáenz de Urturi, precedida por nuevas cartas e informes de éste, así como por el informe de Mons. Chapelle (con fecha 25 de febrero de 1899) sobre el estado desastroso en que encontró a la Diócesis y al Arzobispo cuando los visitó. A pesar de su estado depresivo, de la confusión mental en la que se encontraba y de las pasiones del momento, entrelazadas con su lealtad inquebrantable a España, Mons. Sáenz de Urturi conservaba la lucidez, la serenidad y la entereza de ánimo suficientes para reconocer que se le rechazaba por ser español, no por ser Obispo, pues -de acuerdo con el criterio del propio Arzobispo- Cuba vivía un período en el cual la consigna que lo resumía todo era «desespañolizar» y que, por consiguiente:

a) él no podía continuar siendo Arzobispo de Santiago;

b) resultaba imprescindible que el clero cubano tomase las riendas de la situación eclesial para poder establecer una relación pastoral de cercanía entre el Obispo y sus sacerdotes y los fieles laicos; mantuvo siempre la recomendación de que el Padre Barnada fuese designado Arzobispo;

c) su sucesor y sus colaboradores, así como el Obispo de La Habana y los suyos, deberían tratar de obtener el espacio justo requerido por la Iglesia para desempeñar su misión en el marco de la nueva situación republicana y democrática que se iba configurando rápidamente.

32- El 2 de julio del propio año de 1899, Mons. Placide Chapelle consagró Arzobispo de Santiago de Cuba al sacerdote cubano, claramente identificado como independentista desde la Guerra de los Diez Años (1868-1878), Mons. Francisco de Paula Barnada y Aguilar. Tal y como había asegurado que haría, Mons. Francisco Sáenz de Urturi y Crespo O.F.M. se retiró a un convento de su Orden religiosa en España. En pocas ocasiones la Santa Sede prescindió de los privilegios que el Patronato Regio otorgaba a la Corona de España en la designación de Obispos. En esta ocasión lo hizo; en el Vaticano hay buena memoria y no habían caído en el olvido las malas consecuencias que tuvieron, para la vida de las Iglesias locales del Continente, las dilaciones en la designación de Obispos en las nuevas Repúblicas establecidas en América en la primera mitad del siglo XIX, por respetar los términos del Concordato entre la Santa Sede y España.

33- Si el Arzobispo Sáenz de Urturi consideró desde el fin de la Guerra que su ministerio episcopal en Cuba había terminado, su colega de La Habana, Mons. Santander y Frutos tenía otra opinión al respecto. Es verdad que al concertarse la paz entre España y los Estados Unidos, en 1898, presentó su renuncia al Obispado de La Habana ...*para facilitar a la Santa Sede la adopción de medidas oportunas y convenientes al bien de esta Diócesis (cf. Carta al Cardenal Rampolla del 11 de agosto de* 1899), pero su gestión episcopal simultánea nos lo retrata como si tuviera una convicción muy diáfana de que él era el primer Obispo de la nueva República. Ya he citado ampliamente su Carta Pastoral del 24 de octubre de 1898; podríamos abundar en:

- sus gestiones con el Secretario de Hacienda del Gobierno Autónomo de Cuba, cuando éste se disponía a participar en las negociaciones que conducirían al Tratado de París, acerca de las propiedades de la Iglesia, de la competencia del Obispo y de los Tribunales Eclesiásticos, de la libertad de culto, etc.;

- en su primer «encontronazo» con las autoridades interventoras norteamericanas con motivo de la legislación sobre la necesidad de realizar los matrimonios civiles (Carta Pastoral del 9 de junio de 1899);

- en la correspondencia con la Santa Sede sobre su disponibilidad para continuar ejerciendo el ministerio episcopal en La Habana, etc. Todos los pasos del Obispo revelaban ese deseo, pero los diocesanos de La Habana y Mons. Chapelle, el Delegado Apostólico deseaban otra cosa.

34- La correspondencia de Mons. Chapelle con el Cardenal Rampolla revela el estado de perplejidad en el que se encontraba el Delegado Apostólico acerca del futuro de Cuba. Visitó la Diócesis de La Habana durante los meses de marzo y abril de 1899; simultáneamente, multiplicó sus relaciones en el país. Muy pronto se percató de que los extranjeros, incluyendo en primer lugar a los españoles, dueños de los capitales más sólidos, ya que los criollos ricos, en su casi totalidad, sobre todo la clase «patricia», se habían inmolado en las guerras de independencia, eran partidarios de la anexión a Estados Unidos, como garantía para la conservación e incremento de sus bienes, en la ciudad y en las zonas rurales. Los que habían militado en el ejército revolucionario, los cubanos pobres y los empobrecidos por las guerras, los criollos ilustrados y lo que hoy calificaríamos como masa proletaria -negros y blancos, obreros no calificados-, en su gran mayoría, estaban por la independencia. La influencia de la masonería en todos estos grupos independentistas era evidente. Si, finalmente, se llegaba a la independencia política de los Estados Unidos, la primera víctima de la nueva situación sería el Obispo Santander. Amén de que con él a la cabeza de la Diócesis habanera no se podía pensar ni en la solución del viejo problema de las propiedades eclesiásticas, que interesaba sobremanera a la Iglesia en Cuba y a la Santa Sede para asegurar la «base material» del trabajo pastoral de la Iglesia, ni la obtención de suficientes espacios de influencia en las nuevas estructuras sociales que se iban creando.

35- Los cubanos independentistas más prominentes apoyaban como candidatos al episcopado en La Habana a los Padres Mustelier, Dobal o a Don Ricardo Arteaga. Todos eran «patriotas» y habían sufrido en carne propia su opción por la independencia de Cuba, pero Mustelier y Dobal eran acusados, al parecer, con fundamento, de vivir en concubinato; Don Ricardo Arteaga era acusado de tener ideas liberales y ser masón o, al menos, de estar muy relacionado con la masonería, acusación que tiene todas las probabilidades de ser calumniosa, pues proviene de sectores españoles y españolizantes enemigos de la independencia de la Isla.

36- La situación de la Diócesis de La Habana era deplorable. Si la situación material de los templos y la escasez de clero no eran tan alarmantes como en la Arquidiócesis de Santiago, la moralidad del clero, como en Santiago, dejaba mucho que desear, tanto en el aspecto sexual, como en todo lo relativo a las exigencias de dinero por los servicios pastorales. Los hombres más cultivados eran, mayoritariamente, hostiles a la Iglesia; en el pueblo sencillo, la ignorancia religiosa era notable y muchos vivían sin tener en cuenta las normas éticas cristianas. En esos momentos de tanta pasión, los sacerdotes españoles -que eran la mayoría- eran considerados funcionarios de la Corona, lo cual no dejaba de crear inconvenientes. No olvidemos, por otra parte, que el Gobierno español se había opuesto durante mucho tiempo al incremento del número de sacerdotes -tanto en Santiago como en La Habana- puesto que ello significaba mayores gastos, dadas las estipulaciones de la época. La solución de todos los problemas, de los pendientes y de los nuevos, dependería en gran medida del hecho de que el nuevo Obispo de La Habana fuera un hombre aceptado por la población criolla y sus líderes y por la administración norteamericana. Con Mons. Santander nada de esto era posible, sea por su condición personal, sea por la familia, que le rodeaba, y por algunos de los funcionarios eclesiásticos más cercanos a él:

> ...*Él -Santander- detesta a los cubanos y estos le devuelven ese odio centuplicado. No solamente los masones, los incrédulos, la gente mala, pero incluso los buenos católicos le son hostiles. Los mismos españoles, las órdenes religiosas, el clero, los pobres y los ricos gimen de ver su Diócesis gobernada por un Vicario General tan tiránico como avaro y rodeado de familiares que lo único que buscan es enriquecerse. (Carta de Mons. Chapelle al Cardenal Rampolla, enviada desde Nueva Orleans, con fecha 29 de septiembre de 1899).*

37- Finalmente, Mons. Santander renunció el 9 de octubre de 1899 y marchó de regreso a España. El 21 de noviembre del mismo año, Mons. Donato Sbarretti, italiano, de 43 años y Auditor de la legación Apostólica en Washington desde 1893, fue designado Obispo de La Habana, por recomendación de Mons. Chapelle. Esta designación no fue bien vista ni por los cubanos, ni por los españoles; al parecer, solo la aceptaron con buen ojo los norteamericanos. Mons. Sbarretti tenía buenas relaciones en círculos gubernamentales norteamericanos, desconfiaba de la capacidad de los cubanos para gobernarse a sí mismos, fuese en el orden civil, fuese en el eclesiástico, y al parecer era anexionista. Todo parece indicar que este dato fue decisivo en su designación: Mons. Chapelle y la Santa Sede deben haber entendido que ello facilitaría la solución de la cuestión pendiente de las propiedades eclesiásticas e incrementaría la confianza de la administración norteamericana en la Iglesia Católica en Cuba.

38- Mons. Sbarretti llegó a La Habana el 24 de febrero de 1900. Por sus cartas al Cardenal Rampolla, nos damos cuenta de que su visión de la realidad eclesial habanera -y cubana en general- era tan sombría como la del Delegado Apostólico y de que muy pronto percibió que el Obispo de La Habana debería ser un sacerdote cubano, sobre todo cuando se fue percatando de que los pasos de la administración norteamericana se encaminaban hacia una independencia -fuese ésta limitada- de la Isla, no hacia la incorporación o anexión a los Estados Unidos. Antes de partir definitivamente de La Habana, en diciembre de 1901, dejó prácticamente resuelto el problema de las propiedades eclesiásticas, trabajando de conjunto con Mons. Barnada, el ya Arzobispo de Santiago de Cuba, en lo que concernía a su Arquidiócesis. El asunto fue dado por concluido después, el 12 de julio de 1908, durante la segunda intervención norteamericana en Cuba. Por cierto que no de manera totalmente satisfactoria para los eclesiásticos cubanos, ya que la cantidad en efectivo, incluida en la solución, quedó bajo la administración de la Santa Sede y de la Arquidiócesis de Nueva York, no de los Obispos cubanos que solamente recibirían parte de los intereses que devengara dicha cantidad; situación que subsiste aún hoy y que ha sido considerada históricamente como una desconfianza en la capacidad de los cubanos para esos menesteres.

39- Mons. Sbarretti nunca tuvo paz durante su breve episcopado habanero; cotidianamente sufrió el rechazo explícito de la población cubana; católicos y no católicos le hicieron saber de manera muy evidente que deseaban que se marchara, aún aquellos que disciplinariamente aceptaron la decisión de la Santa Sede. Durante sus gestiones en orden a resolver las cuestiones económicas, apareció -como estrecho y eficaz colaborador del Obispo- el Padre Buenaventura Broderick, norteamericano, quien llegaría a ser Obispo Auxiliar de La Habana y, posteriormente, ya en los Estados Unidos, dejaría el ministerio sacerdotal, para -mucho tiempo después, gracias a la intervención amistosa del cardenal Spellman- recomponer su situación canónica y morir en paz con Dios y con la Iglesia. Abogados cubanos -Desvernine y González Lanuza- y el norteamericano Horatio Rubens(?), colaboraron eficazmente también con Mons. Sbarretti en las gestiones legales pertinentes. La Santa Sede quedó satisfecha con la solución aunque, tanto el Santo Padre como el Cardenal Rampolla, estimaron que los gastos (una suma superior a los $250 000.00 US Dollars de la época) habían sido excesivos y desproporcionados, sin que este criterio minara la confianza: ni en Mons. Chapelle, ni en Mons. Sbarretti (que posteriormente fue Cardenal), ni en el Padre Broderick.

40- Para la sucesión de Mons. Sbarretti se levantaron las mismas campañas entre sacerdotes y laicos, cubanos y españoles, que se habían visto en La Habana cuando la sucesión de Mons. Santander. De momento, Mons. Barnada, el mayoritariamente bien visto Arzobispo de Santiago, aceptó la Administración Apostólica de la Diócesis, sin dejar la Arquidiócesis de Santiago, el 24 de octubre de 1901 y ese mismo año, en diciembre, Mons. Sbarretti dejó definitivamente La Habana. La selección de su sucesor fue sumamente laboriosa. El Cardenal Rampolla consultó, incluso, con Mons. Santander y Frutos quien recomendó, entre otros, al Padre Pedro González Estrada, un joven sacerdote cubano, quien fue finalmente designado, al morir repentinamente Clemente Pereira, otro de los candidatos, más en vista por el Delegado. Pereira era de mayor edad e igualmente cubano. Mons. Chapelle no dudaba de las buenas cualidades que se atribuían a Pedro González Estrada (piadoso, honesto y considerado «prudente» durante el conflicto por la independencia porque no abrazó abiertamente la postura independentista) pero desconfiaba de él pues no era muy culto, ni tenía dotes de administrador. No era su candidato para la sede habanera. La deficiencia señalada y la posibilidad, todavía tenida en cuenta entonces, de que Cuba fuera anexada un día a los Estados Unidos, decidió la designación del Padre Buenaventura Broderick, buen administrador y norteamericano, como Auxiliar de Mons. González Estrada, quien se estrenó como Obispo de La Habana el 28 de octubre de 1903. Simultáneamente se daban ya los pasos para la creación de las Diócesis de Pinar del Río y de Cienfuegos, con los mismos debates en torno a la nacionalidad e identidad patriótica de los candidatos. No muchos años después, se crearon tantas Diócesis cuantas provincias civiles existían en los inicios del régimen republicano, o sea, seis. Este número perduró durante más de sesenta años. Con respecto a las limitaciones que, en su momento, el Delegado Apostólico señalara a Mons. González Estrada, aparentemente el tiempo le habría dado la razón: en 1925 el Obispo de La Habana tomó la difícil decisión de renunciar ante las dificultades que tuvo con la Santa Sede por cuestiones relacionadas con la economía de la Diócesis. Mons. González Estrada, en realidad, fue víctima de la maledicencia de cuatro sacerdotes que prestaban servicios en La Habana. La Santa Sede, en un primer momento, parece haber prestado oídos a la calumnia. Mons. Estrada probó su honestidad en Roma, pero insistió en la renuncia y terminó sus días sirviendo pastoralmente, con tanta discreción como eficacia, en la Parroquia de San Francisco Javier de los Quemados, rodeado del cariño de la mayoría de los habaneros, que apreciaron su bondad, su rectitud y su sentido del honor, aunque no les hubiese gustado antes su distanciamiento de la causa independentista.

41- El anticlericalismo y el indiferentismo religioso que acompañaron el nacimiento de la República, fueron superados, parcialmente y muy poco a poco, gracias a múltiples fuerzas concurrentes, pero, muy visiblemente, debido a la labor de los colegios religiosos que se multiplicaron en Cuba, sobre todo en las ciudades capitales de provincia, después de 1902, así como a la presencia socialmente activa de los movimientos de laicos que paulatinamente se desarrollaron en el país; de manera notable hacia el final de la década de 1920, con jóvenes que ya eran antiguos alumnos de esos colegios católicos de nuevo sello.

42- En 1905 se reorganizó el Seminario «San Carlos y San Ambrosio» en La Habana y a él siguieron los seminarios de otras Diócesis y las casas de formación de las órdenes y congregaciones religiosas. Lentamente se fue incrementando el número y la calidad humana de las vocaciones sacerdotales y religiosas. Sin ignorar sus limitaciones, reconocemos que han sido un elemento positivo en la normalización de la situación eclesial en Cuba después del 98. Con relación al número de sacerdotes en los inicios de la República, dispongo de los datos siguientes: el 22 de septiembre de 1902, para una población de 1.156.848 habitantes, la Diócesis de La Habana contaba con 136 sacerdotes diocesanos y 147 religiosos, es decir, con 283 sacerdotes, en su mayoría españoles; en octubre de 1902, para una población de 415.949 habitantes, la Arquidiócesis de Santiago contaba con 36 sacerdotes diocesanos y 15 religiosos, es decir, con 51 sacerdotes también mayoritariamente españoles. El incremento de la población durante el siglo XX ha sido proporcionalmente mucho mayor que el incremento de las vocaciones y del número de sacerdotes y religiosos extranjeros que han venido a servir en Cuba. Esta escasez casi endémica de agentes de pastoral, es uno de los elementos que explican el indiferentismo religioso sostenido del pueblo cubano.

43- Otra de las consecuencias más visibles para la vida de la Iglesia Católica en Cuba a partir de 1898, ya mencionada, fue la presencia de misioneros norteamericanos de diversas confesiones cristianas no católicas, favorecida por la intervención norteamericana, por razones de principio ante todo, la libertad religiosa, tal y como era amparada por la legislación norteamericanas, y, en segundo lugar, como medio de difusión y de apoyo del «estilo norteamericano» de vida y para socavar una de las bases del «estilo español», culturalmente vigente en la Isla. Esta presencia tenía, además, la simpatía de muchos cubanos que regresaban del exilio en los Estados Unidos, penetrados por la cultura norteamericana y muchos, incluso, convertidos a alguna de las formas del protestantismo norteamericano. P.e., el primer Presidente de la República, Tomás Estrada Palma, profundamente norteamericanizado por su larga estancia en los Estados Unidos y posiblemente anexionista, dejó su catolicismo bayamés original para llegar a Cuba a ocupar la Primera Magistratura del país convertido en «cuáquero».

44- Otro efecto social, igualmente visible y con repercusiones religiosas, fue el mayor protagonismo de los negros y mestizos, como una consecuencia normal de los acontecimientos del 98 y del establecimiento de la República, por lo que muchos de ellos habían combatido, alcanzando en el Ejército Libertador y, en menor medida, en la Administración de la República, posiciones responsables. Dicho protagonismo, unido a la supresión legal de toda forma de discriminación racial, fomentó el mestizaje racial ya existente desde los inicios de la colonización en proporciones más reducidas y con él, el mestizaje cultural y la difusión progresiva de las diversas formas de sincretismo religioso, situación que ha continuado incrementándose y para la que la Iglesia Católica no ha formulado todavía una solución pastoral universalmente aceptable, ni en Cuba ni en los países en los que se presentan fenómenos socioreligiosos y culturales análogos.

45- El «tono» de la Iglesia Católica en Cuba siguió siendo, natural e inevitablemente, español durante varios decenios. Muchos fieles católicos eran españoles; la mayoría de los sacerdotes y de las religiosas eran españoles; la mayoría de los colegios religiosos estaban regidos por órdenes y congregaciones religiosas cuyos miembros en Cuba eran muy numerosamente, cuando no mayoritariamente, españoles, y si bien es cierto que debían atenerse a los programas de estudios oficiales, o sea, cubanos, el pensamiento de los independentistas cubanos era presentado con grandes reservas: los españoles católicos de la primera mitad de este siglo miraban con desconfianza la ideología política liberal en España; con mayor razón, en América. Ni siquiera un hombre como José Martí era contemplado con simpatía en las escuelas católicas; en los colegios privados laicos, que eran minoría, y en las escuelas públicas –en las que, habitualmente, estudiaban los niños y jóvenes más pobres– se conocía mejor a los hombres de la «generación del 68» y a los de la «generación del 95» que en las escuelas católicas. El Padre Varela era presentado como sacerdote santo y se solía subrayar su papel en el orto de nuestra identidad nacional, pero se prescindía de su pensamiento liberal y del marco concreto en el que lo desarrolló («San Carlos y San Ambrosio», el Obispo Espada, etc.), así como de las esencias de la estirpe que engendró (Don José de la luz y Caballero, José Antonio Saco, Rafael María de Mendive, etc.) y de la que nacieron, precisamente, los hombres del 68 y del 95. Lo contrario a esta tendencia españolizante antiliberal, dentro de la Iglesia Católica en Cuba, al menos hasta la década de los treinta inclusive, fue una excepción. En ocasiones hasta los Obispos cubanos se cuidaban de manifestar su cubanía, por temor a herir a los españoles. Quizás uno de los casos más notable, al menos el que más se me ha mencionado a lo largo de los años, fue la ausencia del Obispo Estrada, en los días del traslado de los restos del Padre Varela a Cuba, del homenaje al Padre en el Aula Magna de la Universidad de La Habana, el 19 de noviembre de 1911, *por ser día de precepto y tener que atender a la Santa Misa* (Carta de Mons. Estrada al Dr. Leopoldo Berriel, Rector de la Universidad de La Habana). El orador central ese día fue Enrique José Varona.

46- Debemos esperar a la década de los cuarenta para que ocupe la sede episcopal habanera un sacerdote identificado como cubano entero, que desde sus años juveniles, ya había enderezado sus esfuerzos pastorales, de manera muy evidente, hacia la inserción de la Iglesia Católica en la realidad nacional cubana. Me refiero, por supuesto, a Manuel Arteaga y Betancourt, Arzobispo de La Habana, creado Cardenal por S.S. Pío XII en 1946. Estimo que, a partir de su episcopado, la voluntad de inserción en la realidad cubana deja de ser propósito de personas individuales o de grupos, para convertirse en opción eclesial «oficial» y generalizada, de muy azarosa realización debido a los altibajos en la situación sociopolítica del país. Durante los últimos cincuenta años esa opción nunca ha sido abandonada; se le podrán señalar desaciertos y pecados a nuestra comunidad eclesial, pero –a mi entender– no se le podrá imputar justificadamente la carencia de cubanía que sí pudieron imputarle, razonablemente, nuestros predecesores en el camino del Evangelio en esta isla.

La Habana, 24 de marzo de 1998.

La Iglesia Católica cubana y la gratuidad de la enseñaza en el Siglo XX

Juan Emilio Friguls

Cuando se incursiona en el tema de la labor educativa realizada por la Iglesia católica cubana en el presente siglo, se suele dejar a un lado, casi en el olvido, la obra realizada por ella al servicio de la educación de las clases más necesitadas de la sociedad, y poner énfasis solamente en los colegios privados dirigidos por las órdenes religiosas, tanto femeninas como masculinas, con un alumnado de hijos de familias de la clase media o de la burguesía nacional.

Esta exclusión, silencia una de las acciones de apostolado y de solidaridad social de la Iglesia más en consonancia con los principios cristianos, como es, en el campo de la educación, la fundación de escuelas gratuitas parroquiales, silencio que ha venido a perjudicar la imagen de la propia Iglesia en sacerdotes del país, donde, por desinformación se tiene el falso criterio de que los medios eclesiásticos inclinan siempre su interés a los ricos en perjuicio de los pobres. Un tema que los anticlericales han usado con frecuencia en la propaganda antirreligiosa. Y es que en este tema de la enseñanza, como en otros relacionados con el desenvolvimiento de la Iglesia católica cubana en la vida social, política y cultural de nuestra isla, se ha carecido de estadísticas, información e investigación, que den luz sobre determinados hechos, proyecciones y realizaciones del ámbito religioso en lo que va de siglo y que de ser públicos nos darían una imagen más verídica y completa de la historia eclesiástica cubana.

De ahí que quede en nuestros días, acaso desconocida, por la carencia de una adecuada publicidad en su momento, la preocupación en amplias zonas de la Iglesia cubana a favor de la instrucción educativa y religiosa de la niñez con padres carentes de bienes materiales.

Obispos, congregaciones religiosas y grupos de seglares, superando obstáculos económicos, han dejado en la primera mitad de este siglo una huella generosa de escuelas parroquiales gratuitas que llegaron, en algunos casos, a una alta ejemplaridad pedagógica, superior al nivel de las escuelas públicas del estado, como fue reconocido en su tiempo por las mismas autoridades oficiales de la época.

La carencia de tiempo y espacio nos obligan en este trabajo a limitarnos solo a unos ejemplos que confirman la acción de la Iglesia en el campo de la enseñanza, en una tarea desprovista de todo interés lucrativo y con una voluntad de apostolado que comenzó en los primeros años de la naciente república, cuando la Iglesia se vio desprovista de bienes, recién finalizada la guerra del 95 y la ayuda del Patronato Regio, incluso cuando muchos templos estaban destruidos como resultado de la contienda bélica y exigían la prioridad para una rápida reparación, necesidad que restaba medios para fundar escuelas a favor de la enseñanza cristiana.

Como no obedeció a ningún proyecto o plan organizado por la jerarquía, las escuelas gratuitas funcionaron por la libre, cuando coyunturas favorables lo permitieron, sin un programa unificado, ni en lo didáctico ni en lo religioso. El fin que las hermanó fueron dos: asegurar que la enseñanza primaria y secundaria no estuviera carente de adoctrinamiento católico, y facilitar el plan de la educación a niños y niñas de hogares pobres.

Estos propósitos de atender con suficiencia evangelizadora y cultural la esfera de la enseñanza católica, no alcanzaron en ningún momento sin embargo, los niveles deseados, ni cualitativa ni cuantitativamente.

A principios de 1959, el número de colegios católicos no rebasaban las 250 escuelas, incluidos los planteles religiosos privados y las escuelas parroquiales. Las escuelas de pago tenían el mayor número de alumnos, al alcanzar algunos de ellos, tanto de varones como de hembras matrículas de hasta mil alumnos. Eran las escuelas gratuitas las que tenían un alumnado mucho más reducido, tanto por falta de amplitud de locales como por razones económicas y de profesorado.

Pero debemos dejar constancia de que varios de los colegios católicos de pago mantenían un número de becas para alumnos de familias de escasos recursos económicos, aunque no siempre la forma de llevarlas a la práctica era la mejor, debido a la diferencia social que se mantenía entre uno y otro alumnado.

Aunque bajo el mismo signo cristiano, fueron marcadas las diferencias entre los colegios de pago y los gratuitos, más allá de las lógicas diferencias de carácter material e incluso suntuario. Las escuelas parroquiales, por ejemplo, tenían un mayor número de maestros nativos que los grandes planteles, donde los profesores eran del país de la nación de la orden religiosa de sus fundadores: españoles, italianos, franceses y norteamericanos. Las escuelas gratuitas católicas fueron también, a diferencia de la mayoría de las aulas de pago, ajenas al racismo dentro de sectores de la sociedad cubana.

Mérito de los colegios parroquiales fue también el haber despertado en los laicos conciencia para comprometerse con las obras sociales de la Iglesia, más allá del cumplimiento personal de sus deberes religiosos, e igualmente, un apoyo a la escuela pública cubana que careció durante la primera mitad de este siglo de un nivel decoroso, al desviarse los presupuestos asignados para su atención.

Fueron las escuelas parroquiales un eslabón complementario, en muchas localidades, para ampliar la labor de las catequesis, al complementar la instrucción de la doctrina cristiana en la población infantil y juvenil.

Debe señalarse, por otro lado, que en las obras sociales de la Iglesia católica en nuestro país, las escuelas parroquiales ocuparon un lugar destacado junto a las de carácter de beneficencia, tales como asilos, hospitales y dispensarios, en los que la Iglesia ha dejado desde hace siglos su huella de heroico apostolado.

Como hemos dicho, falta de tiempo y espacio obligan a no identificar la relación completa de las escuelas gratuitas que funcionaron, con mayor o menor eficiencia en la primera mitad de este siglo, presencia más ostensible en la capital de la república que en las zonas rurales, carentes algunas de ellas, incluso de vías de comunicación en los 126 términos municipales en que se dividía la isla antes de 1975, obstáculo que motivó en parte, el alto grado de analfabetismo que tenía Cuba hasta su total erradicación en la década del sesenta, mediante la campaña de alfabetización realizada por la Revolución.

Pero como «vista hace fe» y como vía de ejemplo quedan identificadas para la historia social del catolicismo cubano, las siguientes escuelas que mencionamos sin orden cronológico:

Escuela Parroquial del Santo Cristo, fundada por los Padres Agustinos, norteamericanos, en el año 1942, en la Habana Vieja. Tenía una matrícula de 350 alumnos, de ellos 200 niñas y 150 varones. Contaba con un edificio construido ex profeso en Amargura y Villegas, a un costo de setenta mil pesos, de ellos cincuenta mil donados por la Sra. Paulina Alsina viuda de Grau. Lo dirigía el Padre John McKniff, agustino norteamericano quien realizó en Cuba una ejemplar vida pastoral. Una de las fotografías más impresionantes de la tragedia de la explosión del barco «La Coubre»· en la bahía de la Habana, fotografía que recorrió todo el mundo, es aquella donde el padre McKniff, con peligro de su vida, aparece inclinado sobre un moribundo, administrándole los últimos sacramentos.

También en la Habana Vieja funcionó el colegio San Juan Bosco, de las Madres de María Auxiliadora, de carácter gratuito para niñas. Tenía 380 alumnas distribuidas en 11 aulas desde el entonces llamado kindergarten hasta el octavo grado, además de atender en horario nocturno a un grupo de jóvenes obreras. Estaba situado en el mismo edificio donde cursaban estudios las alumnas cuyos padres costeaban los estudios, pero las becadas con uniforme diferenciado.

Los Padres de la Sociedad de las Misiones Extranjeras de Quebec (conocidos como Padres Canadienses), dedicaron también parte de su apostolado en Cuba a la enseñanza gratuita. Como ejemplo estuvo la escuela fundada en el barrio de Aguedita, en Los Arabos, provincia de Matanzas, donde cursaron estudios cincuenta niños de campesinos del lugar. Otra escuela gratuita se organizó en la zona de Montealto, también para alumnos de esa zona campesina.

Sobresalieron también en la gratuidad de la enseñanza, la granja Delfín dirigida y costeada en parte durante muchos años por Mons. Manuel Arteaga Betancourt, el colegio El Angel de la Guarda, de la benefactora Mariana Lola Álvarez, quien tenía casi la mitad de sus 400 alumnas en forma gratuita; las escuelas fundadas por la Congregación de las Hermanas del Amor de Dios, congregación fundada por el Padre Jerónimo Usera; los Hermanos de La Salle llegados a Cuba desde Francia en 1905 mantuvieron en nuestro país varias escuelas gratuitas.

Desde 1888, funcionaba en uno de los colegios católicos más exclusivos de la Habana, el Sagrado Corazón de Jesús en el Country Club Park, de Miramar, una escuela gratuita para 250 alumnas de familias carentes de recursos, a las que se les daba además de la enseñanza, el desayuno y almuerzo.

En 1932 se fundó en la capital de la república por la comunidad de las Hermanas de San Felipe Neri (Madres Filipenses) una escuela gratuita para obreras adultas, con el nombre de San José y al triunfo de la Revolución habían pasado por sus aulas cerca de 2,000 alumnas.

Los Padres Escolapios, siguiendo la norma de su fundador San José de Calasanz mantuvieron en sus colegios de Guanabacoa, San Rafael y la Víbora en la Habana, y en el de Camagüey, numerosas becas que facilitaron la educación a centenares de niños. Igualmente, los Padres Salesianos de San Juan Bosco, dirigieron importantes obras de apostolado social cristiano, que incluyó colegios, escuelas para obreros y los conocidos oratorios festivos.

El Padre Ismael Testé en sus tiempos de párroco de El Pilar, fundó una escuela parroquial en la zona cercana al Mercado Único, colegio que fue el embrión de la Ciudad de los Niños; el colegio San Vicente de Paúl, obra de la benemérita Sor Petra Vega y el Padre Viera, en el Cerro; la institución Inclán de los Padres Salesianos; la Escuela Electromecánica del colegio de Belén; el plantel para muchachas de la Casa Cultural de Católicas, y el Colegio Palatino a cargo de los Hermanos de La Salle donde recibieron educación durante años, dos centenares de alumnos hijos de trabajadores de ese reparto habanero, son ejemplos de la labor educadora de la Iglesia en la mitad de este siglo.

El presente en que nos hallamos ha transcurrido por corrientes político-sociales muy distintas a la de los años precedentes. La legislación promovida por el estado revolucionario ha borrado del panorama educativo nacional a la enseñanza privada y con ella a las escuelas parroquiales. De estas últimas y de los colegios católicos que dirigían las órdenes religiosas, su desaparición total constituye uno de los mayores obstáculos que afronta en la actualidad la Iglesia católica cubana para llevar a la práctica su acción pastoral como promotora del Evangelio y la educación cristiana de la niñez y la adolescencia.

Pero mientras lleguen tiempos mejores para el amplio desempeño de la función evangelizadora que corresponde a la Iglesia, los frutos de aquellas escuelas parroquiales no se han secado. De sus aulas están presentes huellas de vida: muchos de sus alumnos, ayer adolescentes, son hoy voceros de la fe aprendida y amada en sus humildes pero formadoras aulas. Y quedan como testigos de un obrar de servicio social con vocación hacia las capas humildes de nuestro país conforme a los dictados del mismo Cristo.

Para terminar permítasenos una anécdota personal: en los primeros años de la década de los 80 nos tocó cubrir como periodista la visita a Cuba de un jefe de estado de un país latinoamericano. En una pausa dentro del programa de actividades un alto funcionario de protocolo, le preguntó sobre su impresión de las escuelas visitadas en la mañana. Valoro de ellas su carácter de gratuidad, respondió el estadista, y lo valoro bien porque yo mismo -dijo- mis primeros cuatro años de alumno los pasé en una escuela gratuita de la parroquia de mi pueblo. Es un bien que agradezco siempre a aquellos buenos curas a los que no olvido, especialmente ahora cuando tengo la responsabilidad de velar por la instrucción de mis conciudadanos.

Quizás sin darse cuenta aquel estadista estaba mostrando un ejemplo de la existencia de la universalidad del amor de Dios y de la acción pastoral de la Iglesia hacia aquellos de sus hijos que por más débiles de bienes materiales necesitan de una mayor cuota de amor, protección y solidaridad.

El aporte de la Iglesia Católica a la Educación Cinematógrafica en Cuba

Walfredo Piñera

De acuerdo con la solicitud recibida de los organizadores de este encuentro esta ponencia hace énfasis en la evocación de la labor educativa de la Iglesia Católica en Cuba por medio de la Organización Católica Internacional del Cine (OCIC), entonces llamada Oficina Católica Internacional del Cine, hasta 1960. Pero no es posible hacerlo sin aludir a los antecedentes y características de la etapa en que ocurrieron esos hechos y, aunque sea brevemente, el desarrollo posterior de la OCIC en Cuba.

Lo que hoy denominamos OCIC-Cuba, tiene como antecedente la Comisión del Cine, creada por la Juventud Católica Cubana en 1937 y devenida Centro Católico de Orientación Cinematográfica (CCOC) e incorporada a la OCIC Internacional a finales de los años 40. Es una organización laical que en Cuba siempre ha dependido de la jerarquía eclesiástica y hoy está adscrita al Departamento de Medios de Comunicación Social de la Conferencia Episcopal de Cuba. Se trabaja en la dirección de que cada diócesis tenga un equipo OCIC.

Toda evocación histórica transita por la subjetividad de quien la realiza, y por tener el privilegio de haber vivido esta historia desde 1946, puedo ofrecer este testimonio y anticipar algunas de las conclusiones que se desprenden de él.

El Centro Católico de Orientación Cinematográfica fue una institución de vanguardia, primordialmente educativa, fruto de la Acción Católica, y recibió en todo momento el apoyo y el estímulo del Cardenal Manuel Arteaga y Betancourt. El Centro hizo un sólido aporte a la educación cinematográfica en Cuba, pero no fue un esfuerzo aislado, sino uno de los factores de un movimiento cultural muy amplio que caracterizó aquellos años convulsos de maduración y crecimiento de la conciencia nacional. En ellos, la Iglesia fue receptiva y sensible en la acogida y apoyo a las inquietudes de los jóvenes que, como en mi caso, sentían una fuerte vocación para el estudio y desarrollo de las artes audiovisuales, en particular el cine. La Acción Católica, que propició el surgimiento de un laicado lleno de inquietudes apostólicas, intuyó desde mucho antes de que los acontecimientos la pusieran a prueba, que la convivencia cordial, la apertura y el diálogo, eran el camino adecuado para la evangelización de una sociedad muy permeada de anticlericalismo y con una religiosidad sincera, pero poco profunda.

Nuestra mentalidad ha experimentado una profunda transformación a la luz del Concilio Vaticano II, pero al analizar nuestro pasado descubrimos que el Centro Católico de Orientación Cinematográfica se adelantó a su tiempo al no limitar sus objetivos al interior de la Iglesia y trabajar con amplitud de miras en la apreciación de valores humanos en la sociedad toda. Esto nos ha permitido poder mirar con esperanza el porvenir y sus retos, particularmente desafiantes en el terreno de la comunicación social.

He oído alguna vez el criterio de que la Iglesia en Cuba, por aquellos años cincuenta dedicó demasiado esfuerzo a un apostolado de lujo que pudo haber sido destinado a reforzar la vinculación con las clases populares y a un mayor desarrollo de las actividades de servicio social. Pero hay que reconocer también, además de la recta intención de esa reflexión, que la boga creciente del apostolado del cine en los años cincuenta, etapa del auge internacional de los cine-clubes y la fiebre de la apreciación cinematográfica, fue un signo de los tiempos estrechamente vinculado al desarrollo de los medios de comunicación social, y estar presentes en aquel proceso y perseverar en él, fue un acierto que hoy elogiamos con satisfacción.

Tres instituciones se destacaron por entonces de un modo especial en la apreciación del buen cine y coordinaron sus esfuerzos en muchas oportunidades. Fueron ellas el Departamento de Cinematografía de la Universidad de la Habana, la Sección de Cine de la Sociedad Cultural Nuestro Tiempo y el Centro Católico de Orientación Cinematográfica de la Acción Católica Cubana.

A finales de los años cuarenta, ya creado el Centro Católico e incorporado a la OCIC, el Centro decidió becar a algunos de sus miembros en el curso «El cine, industria y arte de nuestro tiempo», que dictaba anualmente, en la Escuela de Verano de la Universidad de La Habana, el profesor José Manuel Valdés Rodríguez, pionero de la promoción cultural cinematográfica en Cuba. Esta feliz iniciativa incorporó la presencia católica al variado panorama cultural cubano de la época.

La labor didáctica de la Iglesia en materia de cine transitó de la simple información suministrada por la Guía Moral del Cine en torno a los contenidos éticos de las películas a la valoración, cada vez más profunda, de su integridad como obra de arte. Fue una transformación total de mentalidad en las personas que nos ocupábamos de aquella tarea. Por algún tiempo mantuvimos todavía la denominación de «censores», pero este término inadecuado se sustituyó por el de clasificadores y, de hecho, los integrantes del equipo fueron adquiriendo la categoría de críticos de cine, aunque no se les considerara así. Se pasó paulatinamente de la imposición de criterios, a partir de señalamientos morales y prohibiciones, a la persuasión motivada en el análisis de valores artísticos y morales, mucho más efectiva y hoy generalizada. Estas modificaciones se fueron produciendo como eco de una serie de acuerdos tomados en sucesivas jornadas internacionales de estudios de la OCIC.

Los métodos de enseñanza utilizados por el Centro Católico en sus actividades de educación cinematográfica fueron las charlas, los cursillos y las sesiones de cine-club llamadas también cine-debates cuando se trataba de la discusión esporádica de una película. Los textos teóricos básicos estudiados fueron las encíclicas pontificias *Vigilanti cura*, de SS Pío XI y también, a partir de 1957, la *Miranda prorsus*, de SS Pío XII, que contiene orientaciones concretas a cada uno de los sectores del giro cinematográfico; y los textos de apreciación cinematográfica que, junto con la encíclica *Miranda prorcus*, integraron la colección Enfoques, de las publicaciones del CCOC: Educación cinematográfica, de Robert Claude S.J; *El Cine, sus grandezas y miserias*, de Andre Ruszkowski, y *Elementos para un cine-debate*, de Nora Watson.

En la enseñanza teórica de la apreciación del cine, fueron aplicados también los esquemas, ya clásicos por su prestigio y eficiencia, del curso «El Cine, industria y arte de nuestro tiempo», con su análisis metódico de fondo temático de la forma expresiva de la obra cinematográfica.

Varios factores propiciaron el desarrollo de las actividades del Centro, la buena acogida que tuvo y la huella que dejó en nuestra cultura. La primera fue la calidad de las actividades que se realizaban, a lo que se sumó el apoyo entusiasta del público, alertado por una efectiva divulgación que tuvo el respaldo general de la prensa nacional, en particular el *Diario de la Marina*.

Otro factor de gran importancia fue el aporte de los colegios católicos, que comenzaron a desarrollar a su vez iniciativas de promoción cinematográfica a la luz del magisterio de la Iglesia.

Cantera de nuevos valiosos miembros para la promoción del cine de inspiración cristiana fueron los cursillos para educadores, directores de debates o sencillos aficionados, organizados por el Centro Católico.

Del 24 al 29 de agosto de 1953 se efectuó en el Colegio de Belén, en La Habana, el primer cursillo de estudios bajo el título «El educador cristiano ante el cine». Fue inaugurado por el obispo auxiliar de La Habana, Mons. Alfredo Muller San Martín, y participaron 126 cursillistas. Se impartieron clases de técnica y estética cinematográficas, Historia y Psicología del cine, Educación cinematográfica, a partir del texto del P. Robert Claude, SJ. Las clases estuvieron a cargo de Manuel Fernández, Walfredo Piñera y el Padre Ignacio Biain, OFM, quien fuera por once años asesor y conciliario del Centro. Fueron sometidas a fructíferos debates las películas *Mañana es demasiado tarde*, de Leonides Moguy, y *Juegos prohibidos*, de René Clement.

Del 23 al 28 de agosto de 1954, en el colegio de La Salle, del Vedado, en La Habana, se efectuó una segunda Jornada de Cine para educadores, para la cual, el Cardenal Manuel Arteaga y Betancourt circuló una efusiva carta de invitación. Fue inaugurada por Mons. José M. Domínguez y clausurada por la presidenta del Centro, América Penichet, y el obispo auxiliar de La Habana, Mons. Alfredo Muller San Martín. El tema «El niño y el joven ante el cine» fue desarrollado por el P. Daniel Ballor, SJ. En un panel sobre la educación para el cine participaron Fray Luis de Zabala, OFM, la doctora Josefina Zaragoza, Angel del Cerro y Manuel Fernández.

El padre dominico Gabriel Sinaldi, profesor de Filosofía de la Opinión Pública en la Universidad Internacional de Estudios Sociales de Roma, visitó a Cuba en varias oportunidades. En 1954, patrocinado por la empresa Kodak, ofreció un curso de cine con una asistencia de doscientas personas. Sus enseñanzas y su simpática presencia dejaron larga huella, pues no era solo un filmólogo de nivel, sino también profundo conocedor del cine italiano y su mundo profesional.

Los cursillos y jornadas para educadores o espectadores en general siguieron efectuándose con creciente interés. El Cardenal Arteaga propició la construcción de la sala de proyecciones del Centro en el palacio cardenalicio, y auspició en el cine «Duplex», con motivo de la exhibición de la película *El renegado*, de Leo Joannon, una sesión especial de cine-debate para sacerdotes y religiosos a la que asistió personalmente, con una concurrencia de 250 miembros del clero y las comunidades masculinas y femeninas. Por otra parte, se insistía en la necesidad de incorporar el cine a los planes de estudio, como lo demuestra el artículo del doctor Andrés Valdespino «El Cine: materia para los planes de estudio», publicado en la revista Cine-Guía de octubre de 1956.

En enero de 1954, el V Congreso Interamericano de Educación Católica se reunió en La Habana con participación de varios centenares de educadores del nuevo continente para tratar el tema de la formación del educador católico. En él, el sacerdote jesuita Tomás Macho desarrolló el tema: «Formación moral y cultura cinematográfica». El Congreso tomó, entre otros, los siguientes acuerdos:

1. Que los educadores cristianos, seriamente interesados en los problemas que el cine plantea a nuestra conciencia profesional, *nos esforcemos por adquirir aquella cultura cinematográfica que deseamos impartir a nuestros alumnos.*

2. Que cada centro docente nombre un responsable de la educación cinematográfica, la cual consistirá en enseñar al espectador de cine a conocer y apreciar los valores éticos, estéticos y técnicos del cine, dándose facilidades para la asistencia a los educadores, según las conveniencias de cada diócesis y casa religiosa. Suponiendo siempre que tengan en cuenta las precisas cautelas debidas en el orden moral.

3. Que en cada país, la Federación de Colegios Católicos labore por establecer el Cine-Club Estudiantil.

Estos acuerdos constituyeron un gran paso de avance en una materia en la que Cuba había sido pionera, pues por entonces todavía algunos educadores miraban al cine con recelo y eran escépticos ante los proyectos de educación cinematográfica, manteniendo una actitud de desprecio y huida, de censura y condena.

El 27 de abril de 1953, en el cine 23 y 12, del Vedado, en La Habana, se había inaugurado el Cine Club Estudiantil del Centro Católico, con la película *Cadenas de roca*, de Billy Wilder, y una membresía de 300 alumnos. Dejo constancia de que en esa época todavía revisábamos previamente las películas del cine-club estudiantil y en alguna oportunidad se suprimió el episodio que se supuso era conflictivo bajo el prisma de la moral de sexto mandamiento predominante. El fragmento se reintegraba a la copia antes de devolverla, con la colaboración del proyeccionista, como se puede apreciar en el ya clásico filme de Tornatori *Cinema Paradiso*, cuya acción se desarrolla precisamente en aquellos años.

Los colegios católicos, sensibilizados con la necesidad de la enseñanza de los secretos del séptimo arte, fueron fundando sus propios cine-clubes. Recordemos, entre otros, dos ejemplos. En el colegio de La Salle, del Vedado, en La Habana, el hermano Fernando León fundó un cine-club que inició la publicación de una serie de folletos de iniciación al cine titulado colección Oro. Se publicaron, con excelentes resultados, dos números: El nacimiento de una película y El lenguaje cinematográfico. Similar entusiasmo reflejó la actividad del Cine-Club de los Escolapios de Guanabacoa, plantel de reconocida tradición cubana en el que el talento del Padre Pastor González se irradió a través de las iniciativas de sus alumnos.

Los cine-clubes, en general, fueron núcleos de formación cinematográfica. Se fueron estableciendo a lo largo de la isla, especialmente en Sagua la Grande, Camagüey y Santiago de Cuba, donde también existieron relaciones muy cordiales con las instituciones culturales oficiales y el Centro Católico ofreció conferencias de cine en la Universidad de Oriente por invitación de su rector, el prestigioso intelectual José Antonio Portuondo. El estudio detallado del desarrollo de los cine-clubes católicos y su influencia en la cultura cinematográfica cubana, así como relacionar a quienes los animaron con su dedicación, ocuparía un espacio que escapa los límites temporales de esta exposición. Baste decir que varios de ellos devinieron reconocidos profesionales del cine y avezados profesores especializados en la enseñanza audiovisual.

La realización en La Habana, del 4 al 10 de enero de 1957, de un Congreso Mundial de la Oficina Católica Internacional del Cine (OCIC) (Hoy Organización Católica Internacional del Cine), cuya organización estuvo a cargo del Centro Católico de Orientación Cinematográfica (CCOC),señala el momento de más alta responsabilidad y prestigio de esta institución. Durante el congreso se efectuaron jornadas internacionales de estudio que abordaron el tema «Promoción de buenas películas a través de los organismos de cultura cinematográfica». Estuvieron presentes 160 delegados que representaban 30 países de Europa y las dos Américas, así como las federaciones internacionales relacionadas con el cine y la UNESCO. Como integrante de la delegación italiana asistió el director de la Bienal de Venecia, Floris Luigi Ammanati, y la Santa Sede envió un observador en la persona de Mons. Andre Marie Deskur.

Los acuerdos de aquel congreso, efectuado solo dos años antes del inicio de las profundas transformaciones que produciría el proceso revolucionario, recogían la esencia del magisterio eclesiástico iniciado con la proclamación de la encíclica *Vigilanti cura*, y sirvieron de pauta a todos los esfuerzos en la materia producidos posteriormente, con independencia de las dificultades y limitaciones que motivarían los acontecimientos. El Cardenal Manuel Arteaga, al clausurar las jornadas de estudio efectuadas en el Congreso reiteró las palabras del mensaje pontificio recibido durante el evento: La verdadera cultura cinematográfica no puede concebirse al margen de las leyes de la moral; e hizo particular énfasis en la importancia del apostolado cinematográfico en función de la formación de una conciencia crítica del espectador, que solo puede producirse si existe como base una adecuada educación cinematográfica, concluyendo en que es preciso ejercer una acción positiva de educación cultural cinematográfica.

El 8 de septiembre de 1957, SS Pío XII emitió la encíclica *Miranda prorsus*, sobre los medios de comunicación social, el más importante documento eclesiástico después de la *Vigilanti cura*, de Pío XI, del 29 de junio de 1956. Su contenido es de total vigencia, y alienta a la docencia cinematográfica en todos los órdenes, como diáfana solución de los complejos problemas éticos que, con los años, se irían acrecentando.

En el esfuerzo cultural cinematográfico de la Iglesia en Cuba, tuvo la revista *Cine-Guía*, editada sin interrupción desde marzo de 1953 hasta abril de 1961, una función primordial. Dirigida por Manuel Fernández hasta julio de 1960, y por Walfredo Piñera hasta su cierre en abril de 1961, se caracterizó por la calidad y amplitud de sus contenidos y el buen gusto de su diseño gráfico. En conjunto, su colección constituye un amplio tratado del Cine y su historia, y del devenir de casi un decenio cinematográfico en nuestra patria. El 21 de febrero de 1958, la Comisión Pontificia para la Cinematografía, la Radio y la Televisión, envió al Centro Católico de Orientación Cinematográfica, con la firma de Mons. Albino Galletto, una efusiva carta de felicitación y estímulo con motivo de sus cinco años de existencia. De particular significación fue la felicitación del presidente de la Agrupación de Redactores Teatrales y Cinematográficos de La Habana (ARTYC), en aquel momento el prestigioso escritor Francisco Ichaso, quien expresó: «*Cine-Guía guía de veras al público cubano y aunque, desde el punto de vista moral, enfoca las películas con un criterio ortodoxo, sus críticas benefician por igual a todo el pueblo, porque no están hechas con un criterio cerradamente sectario, sino que atienden con parejo interés lo estético y lo ético. Cine-Guía ha vivido cinco años. Merece vivir siempre*».

Integraron el cuerpo de redactores, de *Cine-Guía*, además de su redactor Manuel Fernández: Faustino Canel, Albero Cardelle, Eduardo Casas, Marta Fernández Morell, Julio Morales Gómez, Alfredo Piñera, Luis Trelles y Andrés Valdespino.

Apoyó la presencia de *Cine-Guía* la distribución en Cuba de la versión española de la Revista Internacional del Cine, de la OCIC, que editaba en Madrid el prestigioso crítico Pascual Cebollada.

Pero de las publicaciones del Centro, fue quizás la Guía Cinematográfica anual, contentiva de un análisis integral de todas las películas estrenadas entre 1954 y 1959, la que más huella ha dejado debido a un utilidad práctica, vigente aún. Notable esfuerzo realizado en equipo con perseverancia y palpable amor al cine en todos sus aspectos.

Las preocupaciones del Centro por la docencia cinematográfica llegaron a un punto de culminación con la inauguración, en marzo de 1960, del Seminario de Estudios y Experiencias Cinematográficas del CCOC (SEIC), que inició sus actividades con un cursillo general de cinematografía, que diplomó 46 cursillistas de los 60 matriculados de diferentes procedencias. Se efectuaron 12 sesiones ilustradas con proyecciones. La primera sesión fue dedicada a evocar los albores del cine nacional y en ella disertó el profesor José Manuel Valdés Rodríguez, con asistencia de varios de los pioneros, entre ellos Ramón Peón, Max Tosquella y Enrique Agüero Hidalgo, proyectándose la película *La Virgen de la Caridad*, dirigida por Ramón Peón en 1930, y fragmentos del primitivo cine cubano. La sesión final, con participación del joven cineasta Julio García Espinosa, fue dedicada a la producción entonces contemporánea, proyectándose diversos documentales, entre ellos los que iniciaron la filmografía del recién creado Instituto Cubano del Arte y la Industria Cinematográficos (ICAIC).

Las crecientes tensiones ideológicas que se produjeron en los primeros años de la Revolución, incidieron en la vida del Centro Católico con el decrecimiento de la asistencia a sus actividades y el debilitamiento financiero que produjo el progresivo éxodo que se inició en el país.

Las actividades prácticas del CEIC del CCOC incluyeron la filmación de un cortometraje experimental titulado *La garra*, escrito y dirigido por Paulino Villanueva y asesorado por los padres dominicos. Fue filmado en el Palacio Cardenalicio, el convento de San Juan de Letrán y diversos rincones de la Habana Vieja.

El domingo 16 de abril de 1961 se produjo en la sala de proyecciones del Centro, en el Palacio Cardenalicio, la última sesión del Cine-club en la etapa del Centro Católico. Fue con la película francesa *Orfeo negro*, de Marcel Camus, última de un ciclo que había incluido obras de Charles Chaplin, Carol Reed, John Ford y Juan Antonio Bardem.

Muy reducidas sus posibilidades de desarrollo debido a la nacionalización de las escuelas católicas, los profundos cambios estructurales de toda índole producidos en la nación, las tensiones ideológicas agudizadas y la erosión que el éxodo social producía en la membresía participante en sus actividades, la labor del Centro quedó reducida al mantenimiento de tareas esenciales bajo la tesonera dirección de Gina Preval, que pudo mantener además las relaciones con la OCIC Internacional y el diálogo cordial con los aficionados de cine y las autoridades oficiales. Se mantuvo la clasificación estético-moral de las películas y se reanudaron las proyecciones en la sala del antiguo palacio cardenalicio, restablecido como Seminario San Carlos y San Ambrosio, y en 1983 se efectuaron allí dos importantes cursillos de cine, uno dedicado a los seminaristas del plantel y otro a feligreses de diferentes comunidades, entre los que surgieron valiosos pinos nuevos para la actividad. Las clases de éste, se impartieron con la colaboración de profesores del ICAIC (Mario Piedra, José Viñas y Ana Busquet) y la cooperación de la Universidad de La Habana, que aportó materiales de su filmoteca. Personalmente, el realizador Tomás Gutiérrez Alea presentó y dirigió el conversatorio en torno a su película *Memorias del subdesarrollo*.

Debemos recordar que al ir a fundar el ICAIC, su director Alfredo Guevara llamó para su integración a todas las instituciones culturales que trabajaban en el campo del cine, y de un modo muy especial al Centro Católico de Orientación Cinematográfica. En esta larga tradición de apertura y diálogo, gestada y desarrollada por más de cincuenta años, está la explicación de por qué durante las tres décadas en que en nuestra sociedad el tema religioso se convirtió en un tabú, no funcionó a plenitud esa política en el seno de las instituciones culturales vinculadas con el cine y cómo sus integrantes, amparados por la discreción y la esperanza, intuían, a la luz de las realidades cotidianas, que más pronto que tarde las aguas tomarían su nivel.

A partir de 1984, la OCIC internacional comenzó a otorgar su tradicional Premio en el Festival Internacional del Nuevo Cine Latinoamericano de La Habana. Y la OCIC-Cuba otorga su premio anual Catedral en el marco del Concurso Caracol de la Unión Nacional de Escritores y Artistas de Cuba (UNEAC).

Aún en los años difíciles se efectuaron modestos esfuerzos de enseñanza de la apreciación cinematográfica con vista a la formación de directores de debates, como el desarrollado a finales de los años 60, en la iglesia de San Nicolás, en La Habana, auspiciado por los padres Escolapios.

Las publicaciones de la OCIC en Cuba se reanudaron muy modestamente en 1985 con una reactivación de la Guía Cinematográfica mimeografiada, que tomó en 1986 la forma de Boletín OCIC, que tuvo dos etapas y reapareció, ya en formato más moderno, como Boletín OCIC-Cuba en enero de 1996. Se aspira en la actualidad a editar una revista denominada ECOS, dedicada a todos los medios de comunicación social.

Si en 1936 el Papa Pío XI dijo: *El cine es una verdadera escuela popular. Es imposible encontrar hoy un medio de influencia capaz de ejercer sobre las masas una acción más decisiva*; ¿qué decir hoy, en pleno auge de la televisión y el video?

Una preocupación del presente, y más aún después de la trascendental visita del Papa Juan Pablo II a nuestra patria, es cómo dar respuesta a la demanda de servicios, orientación y formación teórica por parte de un creciente número de personas interesadas en la materia, pues el prestigio que a lo largo de todos estos años ha ganado la OCIC en Cuba, desborda las posibilidades de nuestra modesta realidad. Hoy, más que nunca en etapas anteriores de nuestro pasado, es una urgencia con vista a la nueva evangelización, el encontrar y fomentar vocaciones para el apostolado de los medios de comunicación social, en un mundo saturado por la televisión y el video, portadores con gran frecuencia de contenidos de bajo o nulo mérito artístico y deformadores mensajes de conducta. Ya a las puertas del tercer milenio, con el auge de la comunicación social, debemos pedir no caer en la tentación de dormirnos sobre los laureles de pasadas glorias.

Puede comprobarse lo acertado de la política educacional de la Iglesia en Cuba en materia de cine a partir del momento en que tomó conciencia de su deber ante el fenómeno cinematográfico como hecho social, arte, vehículo de comunicación y poderoso medio de formación. La presencia en el mundo del cine, la apertura y la confraternidad, garantizaron, gracias a su práctica de «madre y maestra», el futuro que hoy es un presente. Porque en los afanes de todos por un cine mejor en general, y por un cine cubano fiel a nuestra cultura, por una conciencia de arte promotor del ser humano, siempre estuvo presente la inspiración civilizadora del mensaje evangélico.

La Habana, 1º de junio de 1998

PANELES

Presencia de la Compañía de Santa Teresa de Jesús en Cuba a través de su obra educativa

Hna. Dolores Centurión Rossell, stj

Introducción

La acción educativa de la Compañía de Santa Teresa de Jesús en Cuba a través de los Colegios Teresianos brota de una revolución: la mexicana. Su personal, al tener que dejar sus campos de apostolado, llega a esta isla del Caribe y en 1915 comienza la siembra a lo Teresa de Jesús.

Con este trabajo volvemos la vista hacia atrás y recorremos con mirada agradecida los 46 años de fecunda labor en bien de la mujer y de la familia.

El bien deja huella y si, además, se hace por medio de la educación, la huella es más profunda. Así lo hemos palpado en nuestras antiguas alumnas en Cuba o en el exilio. La educación recibida ha dado fruto, a pesar del tiempo y la ausencia de religiosas.

Lo que aquí se dice parte de una experiencia personal como alumna primero y como religiosa y profesora en los distintos colegios de Cuba hasta 1961.

Han fortalecido este trabajo varias fuentes teresianas, de donde se han sacado informes, ideas, datos concretos,... toda una vida y una historia truncada por fuerzas superiores en la que se trenzan gozos y alegrías, esperanzas y dificultades, derrotas y victorias que solo puede medir el Señor.

Otras fuentes de mucho valor han sido las opiniones de antiguas alumnas que viven en Cuba o en el exilio, pertenecientes a las distintas etapas de la educación teresiana y que son ejemplos vivos de fe cristiana con el sello de Santa Teresa.

Soy consciente de que estas páginas son un trabajo más ambicioso que logrado. Son un punto de partida, un elemento de trabajo y de conocimiento, que servirá para un crecimiento en el amor y valoración de la labor educativa de la Iglesia en esta tierra caribeña que, a pesar de las circunstancias, no ha perdido la fe y su gozo de ser católica, lo que se ha puesto de manifiesto en el recibimiento ilusionado y fervoroso que recientemente le hiciera al Mensajero de la Verdad y la Esperanza: Juan Pablo II.

Primeros pasos

San Enrique de Ossó, fundador de la Compañía de Santa Teresa de Jesús, tuvo un gran sentido realista de la educación. Dice de él Don Marcelo González Martín, Cardenal de la Iglesia:

> *Don Enrique fue un hombre extraordinario, apóstol de Cristo y de su Iglesia, abarcó en su actividad múltiples campos, escribió libros notables, fue un adelantado de la pedagogía catequística, predicó incesantemente la Palabra de Dios, extendió el conocimiento de Santa Teresa de Jesús en todos los ambientes, luchó en el campo social y, sobre todo, fundó la Compañía de Santa Teresa de Jesús para la educación cristiana de la juventud. Él repitió incesantemente unas palabras que fueron como el lema de su vida en este campo: «Educar a una mujer es educar a una familia». Con certera visión de los tiempos que se avecinaban, trató de que las religiosas de la Compañía se capacitasen para la enseñanza y la educación del mejor modo posible y quiso, ya entonces, que penetrasen en los diversos ambientes de la vida académica civil con el propósito de hacer que brillase la luz del mensaje cristiano en el mundo de la cultura... la fidelidad y el amor a la Iglesia hicieron de él un campeón de la fe y de la lucha apostólica hasta extremos insuperables.*

Una característica muy peculiar en Enrique de Ossó es su confianza en la mujer. Esto ayudó a que la Compañía creada por él se dedicara a la educación de la mujer según el espíritu de Santa Teresa de Jesús.

El lento caminar del tiempo va dejando en el mundo la riqueza de una historia personal o colectiva. Esta riqueza está siempre en consonancia con la respuesta a la misión que cada una de esas personas o instituciones tiene en el mundo. El cristiano, por vocación, es un enviado, tiene una misión o tarea que cumplir y que le identifica. El religioso añade, a esa misión general, la específica que se deriva de su carisma.

¿Cuál es la misión de la Compañía de Santa Teresa de Jesús?

Cuando hace muchos años, en la madrugada del 2 de abril de 1876, se desvelaba Enrique de Ossó, una visión profética le ponía en contacto con la grandeza de la tarea a la que se sentía llamado. Estaba poniendo también el fundamento de la misión de la Compañía.

Tenía dos hondas preocupaciones: los niños, que reclamaban su cuidado en la tarea de la educación cristiana, y las jóvenes que, llenas de entusiasmo apostólico, deseaban servir a la Iglesia a través de la enseñanza.

La misión de la Compañía, desde su origen y para siempre, es tan clara e invariable como la fidelidad de Dios que la llamó a la existencia y la envió al mundo a extender el Reino por la educación de la mujer, influyendo en la familia y, por consiguiente, en toda la sociedad.

Fue tanta la importancia de esta faceta en la labor apostólica de la Compañía en sus comienzos, que el fundador hubiera querido que las Hermanas de su Congregación añadieran un voto -el de enseñanza- a los tres que constituyen la vida religiosa. Una animadversión de Roma a las Constituciones escritas por San Enrique en el año 1888 impidió que se cumpliera este deseo.

Don Enrique vio en la enseñanza, en la educación integral, el medio más eficaz para restaurar todas las cosas en Cristo y esta convicción ha sido el faro que nos ha guiado los 121 años de existencia a todas las Hermanas de la Compañía, a pesar de las dificultades.

En Cuba hoy realizamos nuestra misión educativa desde otra óptica, aunque no siempre fue así.

Espigando nuestra Historia en Cuba

¿Cómo... Cuándo... Por qué... llegaron las teresianas a Cuba?

Es curioso comprobar cómo se cumple aquello de que Dios escribe derecho en líneas torcidas.

A principios de este siglo, la Compañía había llegado a América.

Sin embargo, su permanencia en México encontró dificultades que favorecieron la presencia teresiana en nuestro país. Lo que constituyó un mal para México, resultó un bien para Cuba.

El 28 de noviembre de 1910 comienza en Puebla la Revolución mexicana que, en principio, solo invocaba reformas políticas y cambios de estructuras en el gobierno. Pero, muy pronto, degeneró hacia una inestabilidad y agitación de todo tipo. Pusieron el ojo en los colegios religiosos y comienza para las Hermanas un prolongado sufrimiento y una auténtica lucha para mantener las posiciones conquistadas.

La Madre Secretaria General, María Teresa Rubio y la Madre Perfecta General, Brígida Pérez, dirigen su mirada hacia Cuba y llegan a la capital el 19 de noviembre de 1914 y consiguen que, en el año 1915, se acuerde la primera fundación en La Habana. En ese mismo año de 1915 se logra fundar Casa en Santa Clara, Camagüey y Guantánamo, mientras que al siguiente llegan a Ciego de Avila.

Finalmente, en 1926, se realiza la última fundación correspondiente a este primer período de la presencia teresiana en Cuba, al llegar las Hermanas destinadas a Cienfuegos.

Curiosamente, los primeros colegios se abrieron en Santa Clara, Camagüey y Guantánamo en 1915, en el mismo año de su llegada a cada una de estas ciudades.

En La Habana y Ciego de Ávila se abren las matrículas en 1916.

Puede afirmarse que, en general, todos los colegios ampliaron rápidamente el número inicial de alumnas. En el caso de lugares como Guantánamo esto se debió a que las necesidades educacionales en el sentido religioso no estaban cubiertas.

En La Habana y Camagüey, que contaban con muchos colegios religiosos en la ciudad atendidos por varias congregaciones también se nota un incremento gradual en número de alumnas matriculadas.

Para mayores precisiones veamos cómo se desarrolla cada centro educativo en el período fundacional.

SANTA CLARA:

El 8 de julio de 1915 se solicita al Arzobispo de Cienfuegos, Mons. Aurelio Torres, el permiso para la fundación de una escuela en la ciudad de Santa Clara. Al día siguiente buscan casa y el 2 de agosto se integra la comunidad fundadora: María Teresa Fuentes (Superiora), María Teresa Castany, Dolores Escoda, Teresina Isuar y Carmen Torres. El día 12, fiesta de la patrona de la ciudad, la gran amiga de la pobreza, entró en la Casa la gran riqueza: Jesús Sacramentado.

CAMAGÜEY:

El 8 de septiembre de 1915 se recibe el documento oficial que autoriza la fundación del colegio firmado por el Sr. Obispo, Mons. Valentín Zubizarreta. Este colegio abre sus puertas el 1º de octubre en el edificio que actualmente ocupa la Escuela Primaria «José Luis Tasende». Las fundadoras fueron: María Elena Hernández (Superiora), Adela Telo, Angela Jardí y Dolores Claramonte.

GUANTÁNAMO:

La historia de la fundación del colegio de Guantánamo tiene características sui generis.

Doña Concepción Condines de Calás, exalumna del Teresiano de Barcelona, tiene que venir a vivir a esta región y se lamentaba, en sus cartas a sus antiguas profesoras, de que sus hijos no recibirían la educación en un colegio atendido por las Hermanas. Las Madres María Teresa Rubio y Brígida Pérez, responsables directas de las fundaciones en Cuba, conocedoras de estas inquietudes, se motivan y deciden fundar también un colegio en Guantánamo, para lo cual solicitan el permiso al Obispo de Santiago de Cuba, Mons. Félix Alonso Guerra, salesiano, que les es concedido de inmediato, como siempre había ocurrido.

Del 11 al 17 de noviembre llegan las religiosas que formarían la primera comunidad y se harían cargo del colegio; ellas fueron: Adela Teyjelo (Superiora), María Díaz, Delfina Mendoza, Angela Serras, Rosa González y Margarita Gómez.

Como ya apuntamos este colegio se llenó rápidamente, pues no había otro atendido por congregaciones religiosas.

CIEGO DE ÁVILA:

En 1916 comienza la labor educativa el Colegio de Ciego de Ávila. Esta vez, nuevamente y con gusto, autorizó la fundación el Sr. Obispo Valentín Zubizarreta.

El 5 de febrero llegó la Madre Teresa Romero a instalarse con su comunidad: María Lourdes Silva, Presentación Nicolau, María Jesús Guizar, María Cervantes, Josefina Aguiló y Mauricia Calvo.

En el *Libro de Fundaciones* se hace el siguiente comentario relacionado con la presencia de las Hermanas en el pueblo y su influencia en el ambiente religioso de la parroquia: *Es mucho el bien espiritual que se hace en esta población. Cuando llegaron las Hermanas solamente asistían ellas y un señor a la Misa Parroquial. Ahora se ve llena, pero no solo de niñas, sino de sus padres y buen número de otras personas...*

En la década del 50 se compró un terreno en las afueras de la ciudad para construir allí el campo de deportes. Y se amplía el colegio con aulas, garaje y un salón de actos.

CIENFUEGOS:

La fundación en Cienfuegos se realiza por expresa petición de Mons. Valentín Zubizarreta, quien lo solicita en 1915.

Sin embargo, esta solicitud no puede ser respondida de inmediato, ya que las Hermanas se ven imposibilitadas de salir de México debido a las condiciones imperantes en ese país.

Durante la persecución religiosa del gobierno de Calles es urgente la salida de las Hermanas mexicanas, quienes tienen que dejar abandonados sus campos de apostolados en el continente. De nuevo, lo que pone en desventaja a México facilita y amplía la presencia teresiana en Cuba.

El día 2 de agosto de 1926, en una casa alquilada se funda la comunidad integrada por: Esperanza Botey, María Teresa Mier, Teresa Mínguez y Carmen Torres. Se consideran también fundadoras a Concepción Leite (quien interinamente asumió el cargo de Superiora), Rosa González, Carmen Coroleu, Andrea Fuentes, María Carrillo, María de los Angeles Velasco, Antonia Poy y María Luisa Herrera.

El 10 de septiembre se inician las clases con 9 niñas y algunos parvulitos.

Este colegio nunca fue muy numeroso, pero sí se observó un aumento paulatino en las matrículas que llegaron a ser de cerca de 250.

SARATOGA:
Por último, la obra que constituye el orgullo del Colegio Teresiano de Camagüey y que fue realizada a partir del apostolado de las Hermanas y alumnas de ese Colegio: Saratoga.

Por los años 30 comienza el trabajo misionero en ese barrio. Las Hermanas y un grupo de alumnas se encargan de la catequesis.

Más tarde, se hace imprescindible la construcción de una Casa en el lugar para dar una mayor atención a las necesidades cada vez más crecientes de la zona. A este fin se crea un Comité Pro-obra social del Reparto Saratoga.

Las obras se inician en los primeros años de la década del 50.

Se recuerda especialmente la iniciativa de la Madre Carmen Valle, quien impulsó el llamado popularmente «Día del ladrillo», colecta pública anual cuyo fondo se destinaba a la continuación de las obras ya iniciadas.

Personalidades ilustres de la ciudad participaron activamente en la realización de los planes concebidos.

En 1958 se forma, por fin, una comunidad propia. La Madre María Luisa Pérez fue su primera Superiora y estaba integrada por: Dora Folsch, Felisa del Arroyo, Carmen Gonfaus e Hipólita Lozano.

El Obispo, Mons. Rius Anglés, apoyó esta obra de las Hermanas Teresianas desde el inicio.

Aportes de los Colegios Teresianos a la sociedad cubana

Nuestros colegios se ajustaron siempre a las normas vigentes del Ministerio de Educación y seguían los programas oficiales. Esto, por supuesto, no significa que carecieran de características particulares, definidas por las ideas de nuestra filosofía educativa.

Las escuelas tenían un Reglamento interno, por el cual se regía la vida diaria del personal docente y el alumnado y que se correspondía con los diferentes niveles educacionales que abarcaban estos centros:

- Kindergarten
- Párvulos (llamado después Pre-escolar) y que contemplaba tres etapas.
- Primaria (de 1° a 8° grados). Ingreso al Bachillerato.
- Bachillerato en Ciencias y Letras

- Comercio con prácticas bancarias
- Secretariado
- Escuela del Hogar

Todos estos niveles tenían en su plan de estudio la educación artística (música, piano, pintura, dibujo, danza) y educación física y deportes.

Las asignaturas que se impartían en los diferentes grados y niveles de enseñanza demuestran el interés de la escuela teresiana por dar a sus alumnas una educación integral.

Tomemos como ejemplo el plan de estudio del Colegio Teresiano de Ciego de Avila que, por supuesto, en nada difiere del resto de los colegios:

PRIMER GRADO	Catecismo Historia Sagrada Lectura Caligrafía Lenguaje	Aritmética Labor Dibujo Inglés
SEGUNDO GRADO	Catecismo Historia Sagrada Lectura Caligrafía Lenguaje	Aritmética Geografía Historia Patria Labor
TERCER GRADO	Catecismo Historia Sagrada Lectura Caligrafía Lenguaje Aritmética Inglés	Geometría Geografía Historia Patria Cívica Ciencias Naturales Labor Educación Física

CUARTO GRADO	Catecismo Historia Sagrada Lectura Caligrafía Lenguaje Aritmética Inglés Música	Geometría Geografía Historia Patria Cívica Ciencias Naturales Labor Educación Física
QUINTO AÑO	Catecismo Religión HistoriaSagrada Lectura Caligrafía Lenguaje Aritmética Geometría	Geografía Historia Patria Cívica Ciencias Naturales Labor Música Inglés Educación Física
SEXTO GRADO	Catecismo Religión Fisiología Lectura Caligrafía Lenguaje Aritmética Geometría	Geografía Historia Patria Cívica Ciencias Naturales Música Inglés Educación Física
PRIMER AÑO	Religión Español Matemática Historia Antigua y Media	Geografía General Inglés Educación Física

SEGUNDO AÑO	Religión Español Matemática Anatomía	Historia Moderna Geografía de América Inglés Educación Física
TERCER AÑO	Religión Español Matemática Historia de Cuba Geografía de Cuba	Inglés Física Psicología Cívica Educación Física
CUARTO AÑO	Religión Matemática Física Química Inglés	Ciencias Naturales Español Agricultura Economía Política
QUINTO AÑO	Religión Español Matemática Física	Sociología Historia de América Inglés o Francés

Es importante destacar cómo en la primaria, además de impartir las asignaturas elementales, se daba urbanidad, educación del hogar, conocimientos musicales y pintura.

Gracias a la colaboración de una exalumna del Colegio de La Habana conocimos las asignaturas que se impartían en Comercio y Secretariado, una de las posibilidades que se les ofrecía a las alumnas al concluir octavo grado. Estas son: Matemática y Matemática mercantil, Contabilidad, Taquigrafía en español e inglés, Mecanografía, Español, Ortografía, Redacción, Geografía Comercial, Psicología (para aplicarla a la publicidad), Inglés comercial y Práctica Bancaria (para esto se había instalado un minibanco comercial -también lo había en Camagüey- que contaba con los últimos adelantos de la época en el ramo en cuanto a equipamiento).

El Teresiano de Camagüey realizó gestiones para que la Escuela del Hogar validara el título otorgado por el Colegio, donde, entre otras se impartían las siguientes asignaturas por año:

PRIMER AÑO	Estudio de los alimentos Cocina y repostería Corte y costura Tratado de fibras (Teórico y práctico) Economía doméstica Puericultura, higiene y cuidado de los enfermos Dibujo Educación física Aritmética	Gramática Ciencias naturales Física Inglés Bordado Contabilidad doméstica Tejidos Contabilidad mercantil Música
SEGUNDO AÑO	Dietética Cocina y repostería Corte y costura Tejido Economía doméstica Química Física Puericultura, higiene y cuidado de los enfermos Psicología general Cívica de la comunidad	Dibujo Educación física (Teórica y práctica) Inglés Trabajos manuales educativos aplicados a la Escuela Primaria Encuadernación Bordado Tratado de fibras (Teórico y práctico) Música

TERCER AÑO
Dietética Cocina y repostería Corte y costura Tejido Confección de sombreros Economía doméstica (decoración) Biología Puericultura, higiene y cuidado de los enfermos Didáctica (práctica y teórica)
Educación física Jardinería y horticultura Trabajos manuales educativos aplicados a la Escuela Primaria Repujado en cuero y metal Psicología infantil Dibujo Química orgánica

Reglamento interno

Para facilitar el orden y la disciplina, además de aunar los esfuerzos alrededor de una línea común, cada Colegio elaboraba un conjunto de normas que regulaban todo el proceso educativo y la vida del internado. En ese documento se plasmaban todos los aspectos contentivos del sistema pedagógico teresiano. Allí se podía encontrar:

1. Los objetivos a corto y largo plazo.
2. Las líneas de acción educadora.
3. Distribución del tiempo.
4. Proyectos educativos a realizar.
5. Medidas disciplinarias: premios y sanciones.
6. Actividades recreativas y deportes.
7. Sistema de evaluación académica.
8. Actividades extraescolares.

Como puede suponerse, parte de estos elementos se asumían de manera singular en cada Colegio; en otros, sin embargo, tenían evidentes e imprescindibles puntos de contacto.

Los objetivos acorto y mediano plazo

Enrique de Ossó, en sus *Apuntes de pedagogía* exponía que *la educación es el cultivo armónico y el ejercicio conveniente de las potencias, facultades y operaciones del hombre, para que se perfeccionen y le ayuden a su felicidad temporal y eterna.*

Para llevar a vías de realización esta y otras máximas de Nuestro Padre, la concepción educativa teresiana tiene en cuenta objetivos que, a la larga, tienden a que el alumno:

- desarrolle en equilibrio y armonía, todos sus valores personales y sus posibilidades, de forma que adquiera
- principios rectos y sólidos, motivadores de su quehacer diario,
- el grado de libertad responsable que le permita tomar decisiones personales coherentes, y realizarlas,
- espíritu crítico y creador que le capacite para discernir y afrontar las nuevas situaciones,
- sensibilidad para captar, apreciar y asimilar los valores humanos dentro de una concepción cristiana de la vida,

- se abra a los demás con actitud de servicio, y colabore en la transformación de la sociedad según los principios evangélicos.
- viva la dimensión personal y comunitaria de la fe católica de modo que
- se relacione personalmente con Dios por medio de la oración,
- ilumine y fortalezca su vida con la Palabra de Cristo,
- participe consciente y activamente del misterio litúrgico,
- trabaje por su renovación constante en un proceso de conversión interior y de liberación del propio egoísmo,
- se comprometa en la evangelización del hombre y en la cristianización del mundo.

Líneas de acción educadora

El trabajo diario en el Centro debe tender a que a cada alumno, agente de su propia realización, sea «él mismo» y participe con libertad responsable en el desarrollo de la comunidad en que vive. Este trabajo tiene como fin y características:

- La atención a cada uno: *Las encargadas de los niños tratadlos en particular. Todos exigen suma discreción en el educador para tratar a cada uno de la manera que le conviene.*
- El respeto al ritmo propio: *En el cultivo de las facultades del niño, debéis imitar a la naturaleza que es lenta y ordenada en sus operaciones y segura de sus resultados. Por tanto, seguid y cooperad al desarrollo natural de la actividad del niño, para que llegue a ser hombre perfecto.*
- La libertad: *El fin de la pedagogía es hacer que el alumno sepa guiarse por sí mismo como hombre libre, haciendo buen uso de su libertad, cumpliendo exactamente sus deberes.*
- La creatividad y la actividad: *Aprovechad el deseo de saber que tienen los niños y procurad que esta curiosidad esté siempre en acción.*
- El cultivo de la inteligencia: *La facultad de discurrir es la más noble y más importante; por eso se debe cultivar con diligencia, porque la mayor perfección del hombre es el saber discurrir bien, perfeccionando su razón.*
- La constancia en el trabajo: *Persuadíos que es muy importante el estudio como lo es la ciencia. No lo descuidéis, sino fomentadlo seriamente y con constancia.*

- El estímulo positivo: *Inspirar más bien que reprimir, animar suavemente y no forzando, porque es un prodigio lo que vale para ganar los corazones el tratarlos cordialmente.*
- La evaluación continua: *Debéis observar el progreso, aplicación y conducta de los alumnos, comparando los resultados parciales.*
- El equilibrio autoridad-libertad: *La maestra debe armonizar su propia autoridad con la libertad de los alumnos, conciliarse con ellos un amor respetuoso y un respeto amoroso. Procurad ser amadas para ser obedecidas.*
- La normalización: *Procurad crear hábitos de orden, limpieza, economía y buen gusto. Cuidad mucho los modales y educación. El niño es capaz de entender los deberes que regulan sus relaciones consigo mismo, con los demás y con Dios.*
- El trabajo en equipo y la colaboración: *Cada centro, de acuerdo con este ideario y teniendo en cuenta la realidad religioso-social y económico-política del lugar donde se encuentra, debe redactar su Proyecto Educativo y Reglamento Interno.*

Los programas de estudio que se impartían en los Colegios teresianos se ajustaron siempre a las normas del Ministerio de Educación y seguían los programas oficiales.

El bachillerato de cada centro dependía de los Institutos de Segunda Enseñanza que existían en las localidades, e independientemente del sistema de evaluación propio, eran los profesores de esos institutos los encargados de examinar a las alumnas cada semestre, de modo que la nota válida para el título oficial era el obtenido en estas evaluaciones.

Es bueno resaltar el hecho de que la calidad académica de los bachilleratos teresianos era altamente apreciado por los profesores de los institutos y los padres de familia.

Formación religiosa

Los Colegios Teresianos en Cuba fueron focos de evangelización. Desde esta óptica se impartía la educación religiosa, intelectual, estética, física y urbanidad.

La religión, asignatura muy importante, se daba dos veces por semana. En Primaria, desde Primer Grado se estudiaba Historia Sagrada.

Comenzaban las clases con el Catecismo. Cada día se evaluaba la lección correspondiente, con lo que se lograba que, al final del curso, todas conocían lo que se había tratado en clases.

Decía Santa Teresa: *Dadme un cuarto de hora de oración y os daré el cielo*. No podía faltar, por tanto, el Cuarto de Hora de Oración, propio de todos los teresianos de ayer y de hoy. Las alumnas y los niños que han pasado por nuestras aulas saben que orar es *tratar de amistad con quien sabemos nos ama*. A este tiempo de oración diaria estaba destinado el momento final de cada día en el horario de clases.

La educación en la Fe era activa. A través de la Acción Católica, de la Archicofradía de Hijas de María y Teresa de Jesús y la Catequesis, las alumnas aprendían el difícil arte de darse a los demás, penetraban en el mundo de los otros y conocían las dificultades de muchos niños, jóvenes y adultos. De esta manera, se preparaban para ser creadoras de hogares cristianos, abiertos al bien de todos.

Activiades Apostólicas

Las principales actividades apostólicas de los alumnos teresianos estaban dirigidas a la catequesis, la ayuda a las parroquias y las visitas a los barrios.

Muchas veces se hicieron colectas para recaudar fondos para Asilos de Ancianos y otras obras sociales.

Por ellas, precisamente, brotó la semilla del Colegio de Saratoga en Camagüey y la Escuela gratuita «Cristo Rey» en La Habana, como ejemplos de la proyección social de la educación en nuestros Colegios.

Pedagogía Teresiana

Como hemos dicho, Don Enrique de Ossó fue un pedagogo nato. Nació con vocación de maestro y la vivió plenamente en su tarea personal y en la Compañía fundada por él, la cual nació para la educación, con un empeño de magisterio continuo.

Fruto de su deseo de formar muy bien a las Hermanas, y siguiendo las orientaciones que dejó, aparecen los *Apuntes de la Pedagogía Teresiana*, brújula que guiará la misión educadora siempre y en todo momento.

Según estos *Apuntes* la Pedagogía se define como la ciencia y el arte de educar bien, de instruir al hombre por medio de principios y reglas adecuadas.

Educar quiere decir levantar, restaurar, perfeccionar. Es el cultivo armónico y el ejercicio conveniente de las potencias, facultades y operaciones del hombre, para que se perfeccionen y le ayuden a su felicidad temporal y eterna.

La verdadera educación es la que cultiva a la vez la dimensión religiosa, moral, intelectual, estética y física del hombre.

El fin primordial de la verdadera educación es levantar al niño de la degradación del pecado, reformarlo según el tipo y modelo más perfecto y restablecerlo en sus relaciones con Dios, consigo mismo y con los demás.

Es sumamente importante y necesario para la felicidad de las familias y de la sociedad, la buena y sólida educación de la mujer. Una educación práctica, seria, sabiamente dirigida y temerosa de Dios contribuirá no poco a quitar las amarguras a las miserias de la vida.

La Escuela Teresiana

El fin que la escuela teresiana se propone en sus enseñanzas es formar a Cristo Jesús en las inteligencias por medio de la instrucción, formar a Cristo Jesús en los corazones por medio de la educación.

Enrique de Ossó decía que educar a un niño es educar a un hombre, mientras que educar a una mujer es educar a toda una familia. Por esta razón la educación de la mujer es una de las más fecundas obras, la que debe dar más excelentes y mayores resultados prácticos en bien de la Iglesia y de la sociedad.

La escuela teresiana va derechamente al corazón. El corazón de la familia es la mujer; mejorando el corazón, todo estará mejorado.

La enseñanza de los Colegios Teresianos da como fruto en las alumnas:

1. Hábitos de virtudes
2. Hábitos de orden, aseo, economía
3. Amor al trabajo
4. Conocimiento de la vida real y ayuda para prevenirse y fortalecerse contra las dificultades de la vida.

Para conseguir estos fines, nuestros Colegios se apoyaban en numerosos medios, los cuales se han perfeccionado con el tiempo.

En los años en que funcionaban en Cuba las escuelas atendidas por la Compañía, se caracterizaron por el uso de libros bien escogidos, «paredes educativas» o murales, adecuado número de alumnos en cada grupo o clase, edificio bien equipado y orientado.

Las lecturas que se proporcionaban eran adaptadas a los programas oficiales y se tenía en cuenta la calidad del autor y los valores que promovía la obra en sí misma. Muchos de los libros usados en Primaria eran elaborados especialmente por la Compañía.

Los murales servían de motivación e inspiración al alumnado y animaban pedagógicamente en las aulas, laboratorios y pasillos.

Para llevar adelante lo que modernamente se conoce como educación personalizada, ya desde los primeros años de trabajo pedagógico en nuestros colegios se atendía a que el número de alumnos por grupo permitiese a los profesores el trabajo individual con cada uno de sus integrantes y, además, se pretendía favorecer las relaciones interpersonales.

Era una preocupación de la Dirección de las escuelas el dotar a las mismas de modernos equipos, mantener una adecuada ambientación en sus espaciosas aulas, con patios para recrearse y practicar deportes.

Por las dificultades que planteaban los edificios primitivos, al no tener espacio para áreas verdes o recreativas, se adquirieron terrenos en las afueras de la ciudad para construir los campos de deportes.

Nuestros colegios, desde sus comienzos, tuvieron muy en cuenta a los padres de familia. En contacto con ellos se realizaba el trabajo educativo de los hijos.

Tanto la Dirección como todo el personal docente estaban conscientes de la necesidad de mantener la unidad y concordia entre padres y maestros para que pudieran cumplirse los objetivos que la escuela teresiana se proponía a corto y a largo plazo.

Esta unidad imprescindible se ponía de manifiesto en:

- Unidad en los medios
- Unidad en la enseñanza
- Unidad en el plan de educación
- Unidad de criterios en la lucha contra el mal.

Sucesos que recoge la historia

Durante los casi 50 años de presencia teresiana en Cuba, muchos fueron los hechos significativos que ha recogido la historia.

A causa de las circunstancias que nos obligaron a salir del país, la mayor parte de los documentos, libros, revistas, etc. quedaron en manos de las familias amigas y de exalumnas. Aparte de los archivos (que se guardan en México) poco quedó en nuestras manos.

Con el tiempo, muchos de aquellos documentos se perdieron definitivamente.

Gracias a la revista *Jesús Maestro* de los años 40-50 que conservamos, tenemos noticias de algunas actividades realizadas antes del año 1959.

Otra fuente de información es nuestra propia experiencia como testigo, primero como alumna del Colegio de La Habana y luego como religiosa y profesora en los distintos colegios de la Isla.

A continuación exponemos algunas notas que aparecieron en la revista anteriormente mencionada:

JUNIO DE 1948:
UN SALTO SOBRE EL OCÉANO.

Los seis Colegios de las Antillas [La Habana, Camagüey, Santa Clara, Cienfuegos, Guantánamo, Ciego de Ávila] aparecen en primera línea, en plena efervescencia de exámenes.

Asomémonos al de La Habana (Vedado). Solemnemente se celebra la graduación de cuarenta y dos alumnas, finalistas de este curso. Preside el acto el Ilustrísimo Monseñor A. Miller, Vicario General de la diócesis, y asisten distinguidas personalidades del Ministerio de Educación, Universidad Nacional e Instituto del Vedado.

El Rvdo. Daniel Baldor, sj., Rector del Colegio de Belén, dirige una fervorosa plática a las alumnas graduadas. «Dejáis de ser niñas –les dice– para convertiros en mujeres, responsables ante Dios y ante la sociedad. Que el recuerdo de la vida de Colegio, grabado en vuestras almas con firmes caracteres, sea vuestro escudo contra las asechanzas de ese mundo que con tan halagadoras promesas os abrirá sus puertas».

Un grupo de las Antiguas Alumnas -las graduadas del año anterior- obsequian a las «recientes» sirviéndoles ellas mismas el sabroso desayuno.

Dos días más tarde, terminada la distribución de premios a las alumnas del Colegio, la bandada se dispersará hasta el curso próximo.

5 de febrero de 1949:
[...] El patio del Colegio Teresiano de La Habana se vistió de finas palmas arecas y flores amarillas y blancas. ¿Por qué? Es que va a servir de marco a una hermosa fiesta... el Día del Papa... Grandes y pequeños, profesoras y alumnas esperan con emoción el momento de rendir un sincero homenaje de filial cariño al Vicario de Cristo, en la persona de su representante en la Isla, Mons. Antonio Taffi.

Asistido por el P. Capellán, Rvdo. Mons. José Domínguez, el Nuncio Apostólico celebra la Santa Misa. El auditorio recoge sus elocuentes palabras:

«Escogisteis la hermosa fiesta de Santa Agueda para celebrar en el colegio el «Día del Papa». Sea ella, la valerosa doncellita cristiana que recibió el martirio por mantener incólume el tesoro de su pureza y de su fe, la que os aliente a luchar por Cristo y manteneros siempre adictas a la Cátedra de Pedro».

Las notas vibrantes del «Christus vinci» cierran con broche de oro esta inolvidable mañana. No podía faltar en la tarde la veladita artístico literaria. El Himno Pontificio, el hermoso trabajo de una alumna de Bachillerato titulado «Pío XII, el Papa de la Paz», la fantasía musical «La llegada de la Primavera»; los escogidos números de piano y el canto final impresionaron agradablemente a Mons. Taffi, quien tuvo frases de agrado y complacencia para el Colegio, alentando a profesoras y alumnas «a continuar trabajando por implantar el Reino de Dios en la Patria cubana y mantenerse siempre fieles defensoras del Santo Padre».

1950

«Quien edifica en la tierra una casa a Dios, tiene la suya asegurada en la otra vida».

El que pronuncia estas palabras es S.E: Rvdma. el Sr. Arzobispo de La Habana. Dr. D. Manuel Cardenal Arteaga y Betancourt. Acaba de bendecir la nueva capilla e imágenes del Colegio Teresiano del Vedado. Habla a un público amigo, el mismo a quien hace dos años se dirigía en parecidas circunstancias, al bendecir la primera piedra.

Y vedlo aquí, ya terminado, el hermoso edificio. Necesario es rendir un homenaje de admiración y gratitud a los que tan muníficamente han contribuido a la realización de esta magnífica obra; es el remate de un amplio plan de ampliaciones y mejoras del Colegio que se han venido realizando en estos últimos años: construcción de amplias y ventiladas aulas, laboratorios, salas de música, locales para clases gratuitas, pabellones para señoritas universitarias, garajes, campos de deporte.

[...] Los días 2, 3 y 4 de junio. Triduo solemne en acción de gracias. En el primero toman parte muy especial las alumnas del Colegio, que ceden el segundo a las antiguas alumnas e Hijas de María y Santa Teresa. El tercer día está dedicado a los padres de

familia y bienhechores vivos y difuntos. Mons. Paupini, encargado de la Excma. Nunciatura Apostólica, se digna a clausurar el Triduo impartiendo la bendición con el Santísimo a la devota concurrencia.

Loado sea Dios, que ha querido, en este Año Santo, trocar el ensueño de nuestro Colegio Teresiano de La Habana en hermosa realidad.

1951
Es una delicia correr por el magnífico campo de deportes, ¿verdad, colegialas de Camagüey? Realmente, lo único que os falta es... tiempo. A medida que aumentaban los juegos y pistas, los recreos van resultando más cortos. Parece que vuelan las horas.

Tenis, basquet, balonvolea, pimpom, columpios, diversos juegos con sus mesas, vistosas sombrillas y silloncitos de metal... ¿qué más? el botiquín, admirablemente montado.

Y, para que nada quedase por desear, en el centro del terreno, una lindísima imagen de la Virgen, tallada en mármol de Carrara, con su letrero luminoso: «Virgen María, sálvame». Los recreos estarán presididos siempre por la Reina Inmaculada.

No ha sido una empresa particular la habilitación del campo. Sorprenden al leer la prensa local, las enormes listas en que, siguiendo la graciosa costumbre del país, agradece el Colegio Teresiano a sus bienhechores. Allí figuran tanto los donantes de juegos, plantas, etc., como los que han cooperado con su trabajo personal. Gracias a esa generosidad que tan alto habla de la cultura de Camagüey, podrá realizarse el ideal del Colegio: dar a las jóvenes una educación íntegra y armónica, según los principios de la moderna Pedagogía.

[Fiestas jubilares] Iniciados los festejos en la Casa Noviciado de Tortosa, relicario del Padre Fundador, coincidiendo con el precioso día 2 de abril, algunos colegios han recogido sus ecos en el mismo mes, el de los regocijos pascuales, el de la Inspiración.

Sin extinguirse todavía las últimas notas del «Te Deum» a orillas del Ebro, sube al cielo un nuevo canto de gratitud desde la Perla de las Antillas. ¡Y vaya si sabe corresponder la juventud guantanamera! Parroquia y colegio permanecen unidos en la celebración de esta dichosa efemérides.

Pero, no solo Guantánamo, todos los colegios de la Isla celebraron los 75 años de fundación de la Compañía y dieron gracias a Dios por su presencia en Cuba.

Santa Clara... No decae el fervor y celo en las entusiastas filas de las Hijas de María y Teresa de Jesús. Consoladora en extremo, y nos place hacerlo constar, es la atención creciente de las teresianas a la obra de los Catecismos. En Cuba se trabaja con afán incesante por llevar a los niños y a los mayores el conocimiento y práctica de la Doctrina Cristiana.

Sacrificios, provocaciones, renuncias, todo se pone en función para el logro del deseado fin... Mucho saben de esto las alumnas del Colegio de Santa Clara. Dos son los Catecismos atendidos por ellas: uno el de Nuestro Padre en El Capiro, y el otro el de San José Oriol, en la finca de un caballero que se dice pariente del santo. ¿Los asistentes? Muy numerosos y de ambos sexos y razas.

El día 18 de Diciembre celebraron con gran esplendor la «Fiesta de Navidad». Todos los niños disfrutaron mucho y se fueron felices con sus regalos navideños. Con estas actividades las alumnas aprenden a dar y a darse a las demás.

1952

Santa Clara se viste de gala, amplía su territorio y se extiende hacia el Reparto El Capiro. Pero ya no está solo el Reparto. Entre árboles tropicales y multitud de flores preside el Corazón de Jesús el nuevo campo de Juegos. Ha acertado el artista: la blanca imagen atrae con fuerza irresistible porque revela imperio absoluto y amor bondadoso. En el pedestal la inscripción: «Sagrado Corazón de Jesús, en Vos confío».

Desde que el Colegio tiene su prolongación en El Capiro, las alumnas esperan con gozo los ratos de recreo en tan excelente lugar. Juegos, deportes, ricos mangos, abundantes en esta «finquita educativa» son la alegría de grandes y pequeños.

13 de febrero de 1954

El pueblo camagüeyano ha dado una vez más pruebas de su nobleza. Nobleza y gratitud; dos notas que adornaban el cálido homenaje tributado a la Compañía en la persona de una de sus hijas [...] en la Iglesia de los P.P. Carmelitas, celebró el Excmo. Sr. Obispo Mons. Carlos Ríu Anglés, una solemne Misa para las Religiosas, alumnas y exalumnas.

Tras un animado desayuno en el Colegio, la Srta. Mirtha Martínez Tapia, Presidenta de la Asociación de Antiguas Alumnas descubrió una placa conmemorativa. Y en el salón de actos [hoy

Teatro «Tasende»] la Corporación municipal hizo entrega a la M. Dolores Claramonte del artístico pergamino que dice así:

«El Ayuntamiento de Camagüey confiere el título de Hija Adoptiva a la M. Dolores Claramonte, fundadora del Colegio Teresiano, por su ingente labor en favor de la docencia camagüeyana...»

Diversas personalidades realizaron el homenaje con su presencia y su palabra. Entre ellas las autoridades locales y el Rvdo. P. Daniel de San Juan de la Cruz, representando a los P.P. Carmelitas que tanto ayudó en los difíciles días de la fundación.

Las Antiguas Alumnas han vibrado de entusiasmo...! ¡39 años de siembra desinteresada...! ¡Qué motivo de gratitud para ellas!

En una publicación realizada por el Centro Editorial Panamericano en el año 1944 con el título *Cuba contemporánea. Provincia de Camagüey*, puede leerse refiriéndose a la consideración que, en esos años, había alcanzado el colegio que tuvimos en Ciego de Avila:

COLEGIO «TERESIANO» DE LA COMPAÑÍA DE SANTA TERESA DE JESÚS

Fue fundado el año 1916 y por sus aulas han pasado las damas y caballeros que forman la sociedad de Ciego de Avila. Tiene hermosas y bien ventiladas aulas donde reciben las alumnas la enseñanza de la pedagogía moderna.

Tiene una activa y floreciente Asociación de Antiguas Alumnas que con gran entusiasmo trabajan en su Catequesis de Vista Hermosa, secundando la obra por la cual sentía gran celo el fundador de la Compañía Teresiana, el Siervo de Dios, Enrique de Ossó y Cervelló, cuya memoria es venerada en este importante y prestigioso Colegio Religioso.

Se cierra un capítulo

Muchos eran los proyectos de la Compañía para realizar en tierra cubana.

En el Teresiano de La Habana el Comercio y Secretariado Comercial eran bilingües y contemplaban prácticas bancarias.

El número de alumnos matriculados en primaria era de 40 por aula y en secundaria oscilaban entre 25 y 30 por grupo.

Desde 1930 se habían graduado en los diferentes niveles un numerosísimo grupo de muchachas que se integraban a la sociedad para dar testimonio de vida cristiana y cívica.

A partir de la década del 40 se habían iniciado transformaciones en todos los Colegios de la Isla. Algunos se ampliaban, otros se renovaban por completo y dos (en Santa Clara -El Capiro- y en Camagüey -Saratoga-) se construían en las afueras como extensión de los colegios que ya existían.

Más de 200 Hermanas de diferentes países, incluso cubanas, trabajaban afanosamente por la educación de la niñez y la juventud.

Sin embargo, en abril de 1961 el gobierno inicia la confiscación de todos los colegios privados, incluidos los nuestros por su carácter religioso y ordena el fin de curso en este mes.

En el Diario de la comunidad de Camagüey, refiriéndose a aquellos días se lee: ¡Pobre Cuba! privada de un solo golpe de todo apoyo espiritual.

Así concluía esta etapa de la presencia teresiana en Cuba.

Nota al margen

El 15 de noviembre de 1989, se produce el regreso de las Hermanas Teresianas a Cuba. En este grupo llegaron dos de las que fueron testigos de los hechos que provocaron su salida 38 años antes.

Por sus frutos los conoceréis

Han pasado casi 40 años del cierre de nuestros Colegios en Cuba.

Muchas de nuestras antiguas alumnas están el extranjero y otras han permanecido en la Isla.

En el año 1989, con el regreso de las Hermanas a Camagüey, se renueva, en este y otros lugares donde trabajaron las teresianas, el fruto de la semilla que se había sembrado. De esta manera, cobra nueva fuerza el grupo de antiguas alumnas que, de inmediato, se ponen en contacto con las Hermanas.

Es importante destacar que, las exalumnas que marchan fuera del país, mantienen el espíritu teresiano, a pesar del tiempo y la distancia y, sobre todo, la ausencia de una comunidad teresiana desde los primeros años en Miami. En estos momentos ya hay dos comunidades teresianas que alientan a la Asociación de Antiguas Alumnas Teresianas, quienes han mantenido la unidad y los valores adquiridos en el Colegio, y tratan de educar a sus hijos y nietos en los principios cristianos a la manera de San Enrique y Santa Teresa.

Para nuestro trabajo, pedimos a un grupo de exalumnas que nos expusieran sus criterios acerca de la trascendencia en sus vidas de la educación recibida en la Escuela Teresiana.

Téngase en cuenta que, aunque se trata de una muestra pequeña, resulta representativa de varios colegios y etapas estudiantiles.

¿Qué valores te inculcaron las madres teresianas?
- *Valores humanos, cívicos, morales tales como la sinceridad, honestidad, respeto a los padres, a los mayores en general sin importar la clase social.*
- *Honradez y amor al prójimo.*
- *Valores morales como la pureza, la modestia, la sencillez, la verdad, la justicia, la fidelidad.*
- *Valores espirituales y morales basados en el amor a Cristo, el respeto a los mayores y el sentimiento patrio.*
- *El amor a Jesús y a Santa Teresa. De ahí parten los demás valores sociales, los cuales nos han hecho mantener la confianza en Dios.*

¿Qué faltas no toleraban las hermanas?
- *La falsedad, la indisciplina.*
- *La mentira, la deshonestidad, la falta de amor.*
- *La mentira, la indisciplina, falta de amistad y falsos testimonios*
- *La impuntualidad, la falta de respeto, la desfachatez en el hablar o el vestir.*
- *La indisciplina, la falta de coherencia dentro y fuera del Colegio, la falta de curiosidad en las labores manuales, incumplimiento de las tareas.*

¿Cómo caracterizarías el estilo teresiano?
- *Todo orden y un carisma educativo tan alto que llega hasta nuestros días.*
- *Amor, ternura, piedad, bondad y todo lo lindo y bello que brota de un ser dedicado al servicio de Dios.*
- *Firmeza, valor, amor cristiano, educación e instrucción a la par.*
- *Gran amor a Cristo, motivadoras de un gran amor a Cristo, despertaron en nosotros un sentimiento de respeto a la tierra que nos vio nacer, a nuestros semejantes, a la familia. Nos formaron para que en el mañana fuéramos pilar de una familia cristiana.*
- *Dulzura, ternura, cariño, alegría, carácter que inspiraba respeto pero con un corazón grande.*

¿Qué te costó aceptar de las hermanas?
- *Como entré desde pequeña me modelaron a lo Teresa de Jesús*
- *Nada, pues todo lo planteaban de manera que lo que decían era una orden.*
- *Nada. Fueron modelo de rectitud, fe y amor al pobre y al necesitado.*
- *Nada era inaceptable. Eran nuestras segundas madres.*
- *Su régimen de disciplina, sin embargo, me sentía muy feliz en el colegio.*

¿Te hubiera gustado que tus hijos estudiaran en un colegio teresiano?
- *Sí, por los valores que las Madres Teresianas supieron inculcar en nosotras.*
- *Sí, pues era una gran tranquilidad para nuestros padres y una certeza de que estábamos siendo educadas en el amor a Dios y eso quisiéramos para nuestros hijos y nietos.*
- *No tuve hijos, pero hubiera deseado y deseo que la juventud de hoy tuviera esos colegios donde las Hermanas trataban de formarnos como verdaderas hijas de Santa Teresa de Jesús. Todo eran ventajas: las niñas pobres recibían, muchas veces gratuitamente, el pan de la enseñanza. Las mayores ventajas: integridad y rectitud, probidad y bondad de vida, y disposición del alma para las buenas acciones.*
- *Lo deseo infinitamente para mis nietos. La educación y formación que nos dieron fue integral en todos los aspectos.*

En un resumen enviado por una exalumna de Ciego se Avila se lee:

La venida de las Madres Teresianas a Ciego de Avila, sirvió para elevar el nivel religioso, moral y cultural de la juventud femenina de la ciudad. Labor que pronto dejó notar sus frutos en la sociedad. Las familias avileñas hacían todo tipo de esfuerzo para que sus hijas pudieran obtener esa educación esmerada que las hacían mujeres capaces de desenvolverse dentro de la sociedad y el hogar, siendo esposas y madres ejemplares y aquellas que cursaban estudios universitarios, lo hicieran dentro de su profesión y en la sociedad. Así vemos que aún hoy encontramos antiguas alumnas ocupando puestos relevantes en la Iglesia, Salud Pública, Educación y... ¿por qué no? hasta en altas posiciones en el Gobierno.

Mientras que en otro testimonio se expresa:
Todos los días, al final de las clases, teníamos el cuarto de hora de oración y la Madre siempre nos hablaba algo de los Evangelios. Esto deja huellas y en la vida viene a la mente en momentos difíciles. Es increíble cómo podíamos aprender tanto en un día.

Aprovechando que contamos con el libro *Cuba: Historia de la educación católica. 1582-1961 (Tomo II)*, de Teresa Fernández Soneira, extraemos de allí fragmentos de testimonios de Antiguas Alumnas que actualmente viven en el extranjero:

- *En el año 1920 fue fundada la Asociación de Exalumnas en Guantánamo, la cual todavía existe y se sabe que se reúnen de vez en cuando, sobre todo alrededor del 15 de octubre, día de Santa Teresa de Jesús.*

- *La educación recibida en el Colegio orientó mi vida como cristiana, me dio fundamentos sólidos que, junto con los recibidos en mi hogar, han formado el marco de mi vida en cuanto a valores morales, perspectiva de fe cristiana y responsabilidad moral.*
- *El respeto, la atención personal, el cariño e interés por mi bien que mis profesoras demostraron nunca lo olvidaré.*
- *Lo que más he valorado de la educación del Teresiano es la fe en Dios y la fortaleza de carácter. Esta educación nos ha dado una gran capacidad para el trabajo y el sacrificio y nos ha permitido hacerle frente a todos los problemas que se nos han presentado.*
- *Teníamos Acto Cívico y se respetaba mucho y cada alumna tenía que decir algo o recitar algo, cantábamos el Himno y se honraba a la bandera.*
- *La formación del Teresiano me ha ayudado mucho. Cuando yo salí del Colegio sentí que la formación estaba muy alejada de la realidad que yo iba a vivir fuera del contexto del cristiano y de los conceptos del catecismo, pero lo digerí y evolucioné, pues uno siempre busca su justo medio. Aquella fue una base muy sólida para los embates duros y aunque pueda tener sus limitaciones y defectos, como todo, yo creo que es fundamental.*
- *Lo que más valoro es la preparación que me dieron para la vida. Cada paso que doy me doy más cuenta de esa preparación.*

Las exalumnas teresianas de Santa Clara es uno de los grupos más constantes y activos en la actualidad. Téngase en cuenta que no hay una comunidad teresiana en esa zona, lo cual da mucho mérito a la labor que, de conjunto, realizan en la Iglesia y la sociedad. Ellas se sienten orgullosas de haber sido educadas según la pedagogía de San Enrique de Ossó y con la espiritualidad de Santa Teresa de Jesús.

A solicitud nuestra de materiales para este trabajo, además de fotos y otros documentos, nos enviaron varios testimonios que, por la calidad y la variedad de datos aportados, decidimos transcribirlos textualmente:

Maestras, médicos, artistas, oficinistas y otras trabajadoras reunidas en la casa parroquial. Hasta mí llegan sus risas, su conversación animada y, más tarde, cuando pasan al templo, sus oraciones. Luego, al despedirse, les oigo, enviar saludos para sus familias, recordatorios de clases de catecismo, de algún ensayo de coro y, además, van presurosas para sus hogares para atender a su familia.

Son antiguas alumnas teresianas y me pregunto por qué se reúnen y tienen tantas obligaciones con su familia, con la sociedad y con la Iglesia. Y es que, debido precisamente a la enseñanza que adquirieron en su «querido colegio teresiano» aprendieron a formar una familia, a ocupar un papel en la sociedad y a cumplir con sus obligaciones con la Iglesia.

Me aproximo a ellas y les pregunto acerca del colegio y me van explicando cómo, desde pequeñas, se les fue inculcando con devoción y dedicación por parte de las Madres Teresianas primero el amor a la familia a través del ambiente de paz que lograban al impartir las diferentes materias y cómo las iban preparando para atenderlas con sus clases de costura, cocina y urbanidad, entre otras; haciéndolas sentir desde niñas «pequeñas amas de casa» y «madres de familia».

El amor a la Patria y la responsabilidad ante la sociedad era algo que diariamente y de forma paciente iban sembrando en ellas, mostrando ante los ojos ávidos de esas niñas, las páginas de nuestra Historia de Cuba, el amor a sus próceres, celebrando las fechas patrióticas, no solo en las aulas sino también en el patio central.

Existía una banda de música que participaba con todo el alumnado en los desfiles alegóricos a fechas significativas de nuestra Patria que se realizaban en las calles de la ciudad.

También las iban formando en las artes, impartiendo clases de música y pintura, celebrándose fiestas donde todas eran artistas ya fueran de obras de teatro, bailes, declamación de poesías, cantos, etc.

Además, asignaturas como Moral y Cívica no podían faltar.

Lo que no puedo entender es cuánta paciencia se necesita para de esta forma y desde grados pequeños todas se sintieran atraídas hacia esas asignaturas y le dedicaran tanto tiempo de estudio, por igual a las letras y los números; solo era posible debido al celo de esas Madres Teresianas (la mayoría vinieron de muy lejos, de otros países), que habían dejado atrás a sus familias y por amor a Dios se dedicaban a la enseñanza.

Cuando estaban en Navidad, las risas y alegrías de las alumnas parecían querer salirse de la casona alta de la calle Cuba; todo era algarabía, y qué alboroto, me dicen, cuando todas iban a ver el árbol de Navidad el cual todas consideraban un poco «de ellas»; sin embargo, en Cuaresma y Semana Santa primaban el silencio y el recogimiento.

> *Me cuentan que en el campo de deporte hacían sus ejercicios y algunas excursiones; sobre todo recuerdan con nostalgia cuando subían la loma del Capiro.*
> *Me hacen énfasis en el amor a la Virgen, también inculcado por «las Madres» y me cuentan que todos los años en mayo, se reúnen para el ofrecimiento de flores a nuestra Madre del cielo.*
> *Ahora entiendo por qué han sabido hacerse útiles a la sociedad, sé por qué su amor a la Patria, a la familia; ya sé por qué se sienten cuando se reúnen como hermanas intercambiando preocupaciones familiares o comentando quién de ellas está enferma; ya comprendo su responsabilidad ante las tareas de la Iglesia y su compromiso con ellas, su amor a Dios y a María; es porque estudiaron en el Colegio Teresiano, donde recibieron una educación integral para enfrentarse de la forma que lo han hecho a la vida y de mis labios surgió una acción de gracias al Señor: «Gracias porque tuvieron la oportunidad de estudiar acogidas por el calor humano y el amor de Dios en el Colegio Teresiano».*

En otro de los testimonios se lee:

> *El Colegio tenía un gran grupo que estudiaba gratuitamente, que han sido y son profesoras y grandes artistas que a través de los años prestan servicio de utilidad donde quiera que desarrollen actividades en favor de los necesitados.*
> *Siempre que una antigua alumna se presenta a un trabajo es recibida y distinguida por su educación, buena presencia y, en las oficinas, por su buena letra y ortografía.*

Conclusiones

La vocación de maestro del Padre Fundador, San Enrique de Ossó y Cervelló y su profundo carisma sacerdotal se plasmó en la Compañía de Santa Teresa de Jesús con su triple apostolado: Oración-Enseñanza-Sacrificio.

Cuba fue terreno fecundo para que las religiosas teresianas sembraran la semilla de la fe en los corazones a través de los Colegios y se dedicaran con esmero a formar mujeres cultas, educadas, femeninas y conscientes de su cubanía.

En casi todas las antiguas provincias del país existieron Colegios Teresianos que daban educación integral a un promedio de 450 alumnas. Había internas y externas.

En los primeros años, la Iglesia apoyó con solicitud y cariño a las Hermanas. Los Obispos dieron el permiso correspondiente para abrir los Colegios.

No podemos menos que nombrar a aquellos prelados que, celosos de la Gloria de Dios y la extensión del Reino, encendieron nuevos focos a través de la enseñanza: Mons. Aurelio Torres, Mons. Valentín Zubizarreta y Mons. Félix Alonso Guerra.

Recordemos también a las Madres Superioras que dieron los primeros pasos en tierra cubana, sembrando la semilla del bien a lo Teresa de Jesús. Ellas fueron: María Teresa Fuentes, María Elena Hernández, Adela Teijelo, Teresa Romero, Concepción Leite.

No existen datos estadísticos sobre las matrículas y graduaciones de cada curso.

Apenas contamos con los testimonios de Hermanas o de antiguas alumnas sobre las asignaturas que se impartían, el recuerdo de algunas profesoras que influyeron en sus vidas, los premios y las actividades de fin de curso, etc.

Después de muchos años, puede confirmarse que no fueron vanos los desvelos y afanes de las Madres y Hermanas para educar a la niñez y juventud cubanas.

Nuestras antiguas alumnas recuerdan con gratitud y cariño esa etapa de sus vidas que pasaron en nuestros colegios.

FUENTES DE INFORMACIÓN

_____: *Cuba contemporánea*. Centro Editorial Panamericano. 1944.
_____: Diario de las Casas archivados en México.
_____: *Historia de la Compañía de Santa Teresa de Jesús de 1876-1932*. Editorial STJ. Barcelona, 1969
_____: *Ideario para los centros de la Compañía de Santa Teresa de Jesús*. Ediciones STJ. Barcelona, 1977
_____: Revista *Jesús Maestro* de los años 40-50
_____: Testimonios inéditos de antiguas alumnas. Vivencias personales
Fernández Soneira, Teresa: Cuba: Historia de la educación católica. 1582-1961 (Tomo II). Editorial Universal. Miami, 1997.
Laviaga, Madre María Carmen: *Cien años de la Compañía de Santa Teresa de Jesús*. Editorial STJ. Barcelona, 1983.
Lorenzo Martorrell, Daisy: *Historia pequeña de un colegio grande*. Trabajo de investigación histórica. Camagüey, 1997.
Marrero Arzola, Emilia A y otras: *Establecimiento y desarrollo del Colegio Teresiano de Ciego de Avila desde su fundación en 1916 hasta 1961*. Trabajo de Diploma. Ciego de Avila, 1994.
Ossó y Cervelló, San Enrique de: *Apuntes de pedagogía teresiana*. Editorial STJ. Barcelona, 1981

Aporte a la Educación Católica en Cuba de la Sociedad del Sagrado Corazón de Jesús
1858-1961
1972 - ....

Hna. Raquel Pérez

Como inicio me gustaría invitarles a que echemos una mirada a nuestra Cuba de hace 150 años. En cinco flashes rápidos nos ponemos en ambiente:

- En el poder: el General Gutiérrez de la Concha
- En la Iglesia: Antonio María Claret en la sede primada Fleix y Soláns en la de la Habana.
- En la Política: la Corona mantenía su posición a base de un dominio férreo y despótico. Los cubanos se movían buscando libertad. Unos en la total independencia; otros, pocos, con afanes de anexión
- En la economía: esclavitud, azúcar, café, tabaco, sin libertad de comercio.
- En la educación: hombres y jóvenes cultos, bien formados en escuelas y universidades, lo mismo en Cuba que en el extranjero. Mujeres y niñas abandonadas a su suerte... Nada de Colegios.

Algunas, 6 u 8 en cada convento de clausura mediante Bula Papal. Allí recibían educación en régimen monacal. Desde 1803 las Ursulinas españolas de la Luisiana emigran y abren su Palacio de las Ursulinas: allí educan a un número mayor. En 1847 llegan las Hijas de la Caridad. Afortunadamente vuelcan su atención sobre los más pobres en hospitales y escuelas. En 1852, Claret inicia en Santiago su Congregación Religiosa Femenina. Fin específico: la educación de la mujer. Eso es todo.
    Las familias se preocupan. Interesan al Obispo y Mons. Fleix y Soláns hace su petición a las Religiosas del Sagrado Corazón.
    ¿Quiénes son?
    Los miembros de la Sociedad del Sagrado Corazón, Instituto fundado en París, Francia, el 21 de noviembre de 1800.
    Con esta fundación culmina un largo proceso de iniciativas frustradas que, desde hacía un siglo trataban de realizar ese proyecto de Dios. La piedra fundacional fue Magdalena Sofía Barat. Ella fue la que recibió la petición del Obispo

de La Habana. Esta mujer valiente y enérgica, había nacido en 1779, en Joigny, lugar casi desconocido de Francia, sufrió el impacto de la Revolución Francesa que marcó su vida. Soñaba con el único modelo de vida religiosa femenina conocido por aquel entonces: la vida claustrada y penitente. Por eso quería ser carmelita. Pero una gran inquietud sacudía su espíritu: la vista de tantas mujeres jóvenes y adultas que, casi analfabetas, vivían ignorantes de lo esencial: el conocimiento y el amor de Dios. En la oración, Magdalena Sofía buscaba la voluntad de Dios. Y en la oración le llegó la respuesta. En espíritu contempló como una inmensa Custodia colocada sobre la redondez de la tierra, por encima de la Iglesia. De la blanca Hostia irradiaban la Verdad y la Belleza. La adoraban multitudes por toda la faz de la tierra. Y comprendió. Aun cuando en el claustro 24 personas se remplazaran adorando a Jesucristo Sacramentado, era poco, muy poco. Había que formar multitudes. Había que educar. Sacar a la mujer del lugar de sierva y colocarla en la dignidad que le correspondía de hija de Dios. Y por ella regenerar a toda la familia, a todas las familias para hacer surgir una patria nueva, un mundo nuevo.

En su pequeñez Magdalena Sofía se preguntaba: ¿Cómo se hará esto? Dios proveería.

Y Dios proveyó en la persona de José Varin. Era otro depositario de la inspiración divina que venía frustrándose desde hacia un siglo.

Cuando se encontraron y hablaron de consagración a Dios, brotó la chispa. Coincidieron en el proyecto y se lanzaron a ponerlo por obra.

Con tres amigos, Magdalena Sofía pronunció su primera consagración en 1800. En 1801 abrieron en Amiens el primer Colegio del Sagrado Corazón.

La Congregación tiene:

- un fin: la gloria del Corazón de Jesús.
- una espiritualidad: la unión y conformidad con el Corazón de Jesús en disponibilidad al Espíritu.
- una misión: descubrir y manifestar el amor de Cristo por
- un servicio de Iglesia: la educación.

Constituyen los elementos que configuran su CARISMA.

Este carisma, fuerza de unidad y continuidad sigue siendo hoy fuente viva de inspiración y renovación.

El contexto histórico en que vivió Magdalena Sofía marcó profundamente su obra. Al terminar la Revolución Francesa y en el período difícil que sigue, responde a las necesidades de su época con la generosidad que brota de su amor al Corazón de Jesús. Durante 63 años dirige la Sociedad del Sagrado Corazón dándole vida e impulso. Las constituciones de 1815 definen el espíritu y las estructuras que aseguran la vitalidad de la Sociedad y ofrecen una regla y un estilo de vida a las personas que se comprometen en el seguimiento de Jesús según su carisma.

El ansia misionera de Magdalena Sofía y de sus compañeras lleva a la Sociedad más allá de las fronteras de Europa. Progresivamente la Congregación va haciéndose internacional.

Lo urgente era formar a la mujer. Comenzó por instruirla para poder educarla. Por eso estableció colegios con estudios fuertes y disciplina exigente. Lo más importante era el clima en el que debían moverse las educandas. Para ser explícita he empleado términos que Magdalena Sofía nunca hubiera usado. Para ella no había colegios sino casas del Sagrado Corazón.

Para ella no había alumnas sino niñas del Sagrado Corazón. La casa de por sí sugiere el clima; y la niña es la hija de familia. Ese es el clima de familia, el entorno que buscó para poder desarrollar las potencialidades de la mujer. Un clima de sinceridad, justicia y verdad sostenido por un amor comprensivo y una suave firmeza. Se trataba de formar mentes y corazones. El punto de referencia es siempre una persona: la Persona humano-divina de Cristo, el Salvador. Y junto a él la presencia de María invocada como Madre Admirable y Maestra de Vida.

Así, echó a rodar el engranaje de sus colegios. Estableció 111 durante su larga vida. Entre ellos el primero en la Isla de Cuba. Le costó mucha reflexión y mucha oración: temía por la situación política de la isla y por la fiebre amarilla que causaba estragos. Confió la empresa a la Superiora de las casas del este de los Estados Unidos. Se programó viaje para fines de 1857. El 19 de marzo de 1858 se inauguró oficialmente el Colegio en casa del Sr. Arozarena en la Calzada del Cerro esquina a Buenos Aires. Allí permanecería hasta la construcción del Colegio del Cerro en 1877.

Quisiera presentar cada una de las casas fundadas en Cuba:

- Cerro, Internado en 1858.
- Sancti Spiritus en 1863: Orfanato, Escuela gratuita, Internado-Pensionado.
- Tejadillo Habana en 1888: Semi-Internado y Externado.
- Santiago de Cuba en 1911: Externado, Semi-Internado e Internado.
- Marianao: Pensionado, Semi-Internado y Externado.

Cada colegio lleva anexo una Escuela Gratuita y Obras Sociales Populares.

No podemos entrar en los detalles, bien interesantes, de cada una de esas fundaciones: el tiempo urge. Y hoy debemos centrarnos en el aspecto educativo.

Toda la información del desarrollo de cada obra en Cuba está en el libro *Religiosas del Sagrado Corazón en Cuba*.

Cuando se abre el primer colegio en Amiens, en 1801, son cuatro mujeres: una literata; una contemplativa; una sirvienta; una aldeana. Las tres primeras se retiran. Solo persevera la aldeana. Se llamaba Magdalena Sofía.

¿Qué sabía la aldeana de educación? Sabía lo que había aprendido en carne propia. Con un padre excelente pero analfabeto. Con una madre que sabía leer y escribir. Pero con un hermano-padrino que se empeñó en transmitir a la ahijada lo que él sabía: se preparaba al sacerdocio. Magdalena Sofía vivió un proceso fuerte de educación personalizada y fue testigo experiencial de su propia formación. Cuando se vio responsable de la misión educadora, volcó su vivencia educativa en la organización de ese servicio de Iglesia que ella misma había escogido para su Congregación Religiosa.

1800 fue cruce de siglo. Trasvase de valores y de anti-valores. Apoyada en su convicción de que la gloria del Corazón de Jesús es que el hombre ame, comienza su andadura educacional enseñando a amar y soñando con llevar esa... ¡utopía! hasta las extremidades de la tierra.

¿Qué hace? Orienta y dirige los estudios en cada casa que va abriendo. ¿Cómo lo hace? Primero ordena su pensamiento y lo ilumina con aquella intuición del principio, cuando Dios le hizo ver lo que esperaba de ella. Dice: *Formar en el espíritu de adoración y reparación. Rehacer en ellas los sólidos fundamentos de una fe viva. Educaremos una multitud de adoradoras de todas las naciones hasta las extremidades del mundo.*

Hoy día esto nos suena extraño, anacrónico. En 1800 también... Vamos a educar jóvenes y... ¡vamos a formar adoradoras! ¿No es infantil o desconocer la realidad?

Pero no: ella parte de la realidad. Y concluye:

- Se ha perdido la noción justa de Dios. Si ésta se pierde, desaparece también la noción justa del hombre y de la vida.
- Hay carencia de fe, de convicciones firmes. Esto es fuente de relativismo que afecta a la vida moral; de individualismo que solo mira al YO e impide abrirse al otro. Desaparece el: *Amar a Dios sobre todas las cosas y al prójimo por amor de Dios.*

Hay, pues, que devolver a la persona humana el sentido de Dios, del hombre y de la vida. La noción justa de Dios le llevará a arrodillarse ante Dios y reconocer sus derechos. Entonces le será fácil aceptar también los derechos del hombre. Hay que educar en el espíritu de adoración.

Pero hay más: *Formar en el espíritu de adoración y de reparación.*

Para Magdalena Sofía, reparar es rehacer lo que se ha deshecho, reconstruir lo que se ha destruido. Por eso añade: *Rehacer en las almas los sólidos fundamentos de una fe viva...* Es decir, poner convicciones firmes para la vida que broten de dentro, del corazón. Forjar, pues la interioridad por la formación de los valores que cada persona posee en germen y que la educación lleva a plenitud.

El pensamiento pedagógico de Magdalena Sofía oscila entre adorar: reconocer los derechos de Dios para dar sentido a la vida, y reparar: forjar los valores desde la interioridad. Ambos enfoques han de darse simultáneamente. Ambos como eje de la tarea educativa. Ambos conducen a que la educación converja en lo que es el fin del Instituto: la Gloria del Corazón de Jesús. Lo logra sin dicotomías entre lo humano-natural: rehacer valores, y lo trascendente-sobrenatural: reconocer los derechos de Dios. La unidad la hace el AMOR.

Con este pensamiento claro, sereno, educa y hace educar. A medida que va viviendo ese concepto de educación va plasmándolo en sus escritos: constituciones, cartas, reglamento del colegio, planes de educación y de estudios. Sobre todo en estos últimos es donde su pensamiento pedagógico se encuentra desarrollado y sistematizado.

Estos planes de estudios redactados o supervisados por Magdalena Sofía se fueron sucediendo porque era preciso adaptarlos a las necesidades de los tiempos. El primero de ellos está fechado el 2 de octubre de 1806 en Amiens. Lo escribió ella misma recién elegida Superiora General. Reestructurado en 1810. Revisado y corregido en los Capítulos Generales de 1820, 1826 y 1833, fue ampliamente renovado y puesto al día en 1852. Fue el último que conoció Magdalena Sofía: en él quedaba recogida la rica experiencia de cincuenta años de educación y lo esencial del espíritu educador de la Congregación.

En 1864, un año antes de su muerte, constatando los grandes cambios en educación, lanzó este desafío a la Sociedad al convocar el último Capítulo General que ella presidió:

Hay que revisar nuestro plan de estudios para modificarlo y completarlo. Es lo que hemos ido haciendo a través de los años:

Después de la primera guerra mundial, en 1922 se llevó a cabo una transformación profunda con el fin de conservar íntegro cuanto se refiere al espíritu educador frente a los programas tan variables y diferentes de unos países a otros. Porque la Sociedad adopta los Planes Educacionales de cada país donde trabaja. En ellos infunde el espíritu propio del pensamiento pedagógico de la fundadora.

En 1954 apareció el último *Espíritu y Plan de Estudios* cuyo título expresa su objetivo: descubrir un espíritu válido para todas las épocas y obras de educación y enseñanza a las que se entregan las religiosas del Sagrado Corazón.

A partir del Concilio Vaticano II los Capítulos Generales han orientado la tarea apostólica hacia un servicio educador más amplio, inserto en la problemática de los hombres y cercano a los más desfavorecidos. Porque con la supresión de la clausura para todos los Institutos de Vida Apostólica, la labor educativa de la Sociedad del Sagrado Corazón sale de las instituciones pero no cambia: se amplía. Se abre un inmenso abanico de posibilidades: allí donde haya una tarea educadora que realizar, allí puede haber Religiosas del Sagrado Corazón. Educamos en instituciones propias o ajenas, privadas o estatales, desde pre?escolar hasta universidad, escuelas especiales y escuelas Normales... Se adoptan trabajos pastorales y sociales siempre en la línea educacional, tratando de infundir el mismo espíritu. De los planes de educación se ha condensado lo esencial: podemos presentar así la jerarquía de valores pedagógicos de Santa Magdalena Sofía que forma el meollo de nuestro modo de educar:

	BASE FIRME DE VALORES INTELECTUALES
EQUILIBRIO ARMÓNICO DE LOS VALORES FÍSICOS Y DE LA SENSIBILIDAD	Estudios serenos y fuertes Juicio crítico Convicciones
Armonía corporal	Capacidad de reflexión Criterios
Sensibilidad formada	Saber valorar y discernir
Sabia educación de todos los sentidos	Tener pensamiento propio

EQUILIBRIO AFECTIVO	FORTALEZA Y LIBERTAD	ANHELO POR LOS VALORES TRASCENDENTES
		Convicciones fundadas en la coherencia
		Cultura-fe, vida-fe
		Fe inteligente, viva, comprometida
		Audacia en la ESPERANZA
	Dominio propio Valentía	Calidad en el AMOR
Corazón libre y grande Sentido del otro Respeto	Fidelidad a uno mismo Ser consecuente	Preocupación y ayuda a los que nada tienen
Cordialidad Delicadeza Generosidad	Libertad personal Responsabilidad	Compromiso con la justicia
Compromiso y diálogo	Capacidad de aguante Riesgo entrega	Amistad personal con Jesucristo
Solidaridad Justicia Comunión	Flexibilidad para el cambio	Sentido de Iglesia
Alegría	Participación activa en la transformación de la sociedad	Confianza en la Virgen

Y la Congregación sigue orientando la tarea:

- En 1979, en la asamblea de México se lanzó el objetivo: *Educar para la Justicia desde la Fe* (A.M. 15)
- En 1987 la Comisión Internacional de Educación (CIE) en su trabajo sobre la Misión del Instituto hoy, expresa: *Todas las religiosas se sienten educadoras, llamadas a colaborar con otros en la transformación de la realidad injusta en que vivimos* (CIE 39)
- El Capítulo de 1994 pide intensificar la participación con aquellos que tratan de hacer crecer la vida por caminos de reconciliación (Cap. 94, 20)
- Este año de 1998 verá la Reunión Lima'98 para lanzar un nuevo *Espíritu y Plan de Estudios* en términos amplios y menos estructurados como pide la velocidad de los cambios de hoy... El documento de trabajo nos urge a reflexionar para analizar nuestra tarea educadora y poner al día nuestra misión en vistas a la celebración del bicentenario de nuestra Sociedad.

En Cuba la Sociedad del Sagrado Corazón sigue educando en ese mismo espíritu, que cuando abrió aquí su primer colegio en 1858. Adapta lo que puede de esa rica herencia recibida de Magdalena Sofía. Y la tratamos de aplicar en nuestra labor parroquial que es donde trabajamos. Educar al pueblo: matrimonios, familias, niños, jóvenes, adultos, universitarios, seminaristas ... es labor de cada día. En la Isla nuestro trabajo es como el de todos los Institutos Religiosos Femeninos. Lo que difiere es el modo. Y nuestro modo es lo que hemos tratado de explicar: queremos manifestar el amor de Dios desde el Corazón de Jesucristo y desde allí, como expresan nuestras constituciones: hacer que cada persona
- se abra a la verdad, al amor, a la libertad.
- descubra el sentido de su vida y se entregue a los demás.
- colabore creativamente en la transformación del mundo.
- viva la experiencia del amor de Jesús.
- se comprometa en una fe activa.

¿No es éste el adulto que Cuba necesita hoy? ¡A ese blanco apuntamos! ...

La Órden de Santo Domingo y la Educación Católica en Cuba

Dr. Salvador Larrúa Guedes

INTRODUCCIÓN

Con estas líneas trato de dar una síntesis muy apretada del aporte de la Orden de Santo Domingo a la educación católica en Cuba, para presentarla en el Encuentro Nacional de Historia que tendrá lugar en el Santuario del Cobre, a los pies de Nuestra Señora la Virgen María de la Caridad, del 11 al 14 de junio de 1998.

Coincide en esta ocasión el encuentro con la conmemoración del 275 aniversario de la fundación del Seminario San Basilio el Magno, primer centro de altos estudios que funcionara en el territorio oriental.

Recibí del P. Manuel Uña, Prior de San Juan de Letrán, el encargo de representarlo en evento de tal importancia como el que acabo de mencionar, en el momento en que estaba dando los toques finales a una historia del Seminario San Basilio el Magno –historia que debía haberse contado desde hace mucho y que ya comenzaba a ser una deuda inaplazable– por lo que mi participación en esta oportunidad significa mucho para mí: me ha tocado la gracia de presentar el papel de los frailes predicadores en la enseñanza católica cubana, tan relevante que por su importancia es decisivo, en el aniversario de la fundación de San Basilio.

Solo falta que este trabajo, y aquella historia, se encuentren a la altura de mis aspiraciones.

I. SIGLOS XVI Y XVII

La primera escuela en Baracoa. La Scholatria de la Catedral de Cuba. Se inauguran los estudios en los claustros de San Juan de Letrán. El Seminario Tridentino fundado por el Obispo Cabezas Altamirano. San Juan de Letrán, sede de un Studium Generale en el siglo XVII. Primeros intentos de fundar Universidad en La Habana. Otras iniciativas de los dominicos en el siglo XVII.

Cuando fray Pedro de Córdoba conoció en La Española la noticia de que la Isla de Cuba había sido pacificada por Velázquez y que los colonos españoles comenzaban a echar las bases de la ocupación definitiva del territorio, decidió enviar cuatro religiosos dominicos para evangelizar el nuevo dominio de España.

El pequeño grupo de frailes llegó en abril de 1515 a Baracoa. Eran tres sacerdotes y un diácono, todas personas señaladas en virtud y en letras. La historia conservó para nosotros sus nombres: fray Gutiérrez de Ampudia, hombre de vasta cultura eclesiástica y civil, como Vicario; fray Bernardo de Manzanedo, igualmente docto, fray Pedro de San Martín, bien dotado como predicador, y fray Diego de Alberica, que era el diácono. Fueron estos los primeros dominicos que hicieron acto de presencia en Cuba sin contar a fray Bartolomé de las Casas, quien recibió mucho gozo y consolación cuando conoció su llegada [1].

El primer intento de instrucción pública en la Isla fue llevado a cabo por estos frailes. Poco después de desembarcar, además de las labores propias de su ministerio,

> *recibieron el encargo de reunir a los fieles al toque de campanas las tardes de los días festivos para instruirles en las cosas de la fe, y para que el que hacía de sacristán enseñase a leer y a escribir a los niños menores de nueve años. Ellos fueron, por lo tanto, los primeros instructores que tuvieron el indio y la india, y de sus discípulos surgieron los primeros preceptores que tuvo la población blanca de Cuba* [2].
>
> *De esta forma, aquellos frailes se convirtieron en los primeros maestros, y Baracoa en el lugar habitado donde se enseñaron las primeras letras.*

En 1517 fue designado Obispo de Cuba el dominico fray Juan de Witte, que comenzó a ejercer su episcopado el 28 de abril de 1522. A este prelado se debe la fundación de la primera escuela que debía funcionar oficialmente en Cuba, la Scholatria de la Catedral de Santiago, citada de esta forma entre las instrucciones dadas por fray Juan de Witte para la erección de la misma y la creación de su estructura organizativa: *Escolatria á la cual ninguno sea presentado si no es que sea Bachiller en alguno de los Derechos, ó en las Artes, graduado en alguna insigne Universidad, á quien tocará enseñar por sí, y no por otro, la Gramática á los Clérigos y servidores de la Iglesia, y a todos los del Obispado que quieran oírla* [3].

Muchos años más tarde, en 1578, el día 3 de junio, fray Diego de Carvajal fundó en La Habana la Iglesia de Santo Domingo a partir de la ermita de Nuestra Señora de la Consolación, en el espacio que delimitan las calles Obispo, O'Reilly, San Ignacio y Mercaderes, y en el mismo sitio comenzó la construcción del convento dominico de San Juan de Letrán. Prácticamente desde el momento en que se establecieron en La Habana, los frailes predicadores comenzaron a estudiar y a impartir clases. Como siempre, enseñaban para difundir la Verdad, y estudiaban para conocer la forma de enseñar mejor... no sería aventurado decir que desde que se levantó la Iglesia de Santo Domingo comenzó a funcionar una nueva escuela en La Habana, impulsada por el carisma de los dominicos. Con el tiempo, esta escuela se fue transformando hasta constituir, en el siglo XVII, el embrión de la futura Universidad de San Gerónimo de La Habana.

Todo el siglo XVI y también el XVII fueron tiempos de *oscura gestación*, en los que se fue formando la nacionalidad cubana sometida a la presión y a la influencia de dos factores constantes: la pobreza y la lucha contra los enemigos. Durante todos esos años, el agotamiento del oro y la ausencia de otros recursos que llamaran la atención de la corona de España, mantuvieron a Cuba en el rango de una colonia de tercer orden, que no tenía más atractivo que la bahía de La Habana como seguro refugio de las flotas del oro. Al no fomentarse la economía, y no existir otra forma de comercio legal que el intercambio obligatorio de mercancías con la península, el contrabando se impuso como forma de adquirir los medios y recursos más indispensables para la vida, después que los colonos españoles lograron reponerse del efecto conjunto de las sucesivas expediciones contra México, Perú y la Florida y de la rebeldía de los aborígenes que puso en peligro la vida y las haciendas de los escasos peninsulares que permanecieron en Cuba.

El contrabando con ingleses, franceses y holandeses, por otra parte, estaba cargado de peligros. Muchas veces los contrabandistas extranjeros se convertían en piratas y asolaban las pequeñas villas de la Isla. De esta forma, la inseguridad producida por los asaltos constantes de los filibusteros, la penuria económica y la escasez, se cernían año tras año sobre aquellos pocos funcionarios hispanos, los descendientes de los primeros colonos, y unos pocos miles de africanos y aborígenes más o menos mezclados y asimilados. No era difícil que en este clima se manifestaran algunos rasgos desagradables de la naturaleza humana: *Las rencillas y los pleitos llegaron a ser constantes entre los vecinos, así como los conflictos con las autoridades, provocados por disputarse algunos indios, por valuar en más o menos algunos efectos de poco costo, o por pretender obtener alguna ventaja ilícita en perjuicio de los intereses ajenos* [4].

En ciertos momentos, la vida de las personas llegó a tener muy poco valor, y pronto se manifestaron las peores cualidades de la administración colonial:

> *las discordias entre los pobladores llegaron a producir a veces agitaciones tumultuosas, riñas sangrientas y graves atentados contra las autoridades populares... en semejante ambiente de indisciplina social, la voluntad arbitraria del más fuerte era la ley. Los más graves atentados contra la humanidad y la justicia no se hallaban*

> *sujetos sino a una tardía y a veces irrisoria sanción. La corrupción administrativa, importada de Santo Domingo y España, no tardó en desarrollarse en proporciones escandalosas, agravada por las circunstancias de hallarse concentrados en el gobernador los poderes ejecutivo y judicial* [15].

Es evidente que aquella situación debía afectar duramente la ética ciudadana. *Al respecto se ha dicho que la moral privada no andaba mejor que la moral pública. El juego era común desde los primeros años. El propio Velázquez fue acusado de tolerar el juego y de jugar él mismo en su residencia dineros secos. La licencia de las costumbres se manifestaba en las personas que ocupaban los más altos cargos...* [6].

Para aquellos hombres que acababan de ocupar ese nuevo territorio enemigo que era la Isla de Cuba, para estos soldados que se ocupaban sobre todo de enriquecerse para buscar más oro después, la educación no debía ser muy importante. Una vez establecidos en la nueva tierra, una vez que construyeron las casas y que nacieron los hijos, comenzaron a interesarse en las atenciones culturales, y a pensar en la educación:

> *En cuanto al grado de cultura de los pobladores poco o nada se sabe, salvo que era muy escaso en general. Entre los primeros compañeros de Velázquez figuraron algunos hombres cultos, dotados de facultades intelectuales nada comunes, pero muchos de ellos se alistaron en las expediciones mexicanas. Instituciones de enseñanza propiamente dichas no las hubo, aunque algunos vecinos se interesaron a favor de la fundación de escuelas. Algunos colonos procuraron educar a sus hijos de la mejor manera posible, dentro del limitado concepto y la carencia de medios de la época. La práctica más común de los pobladores pudientes era enviar los hijos a instruirse a España* [7].

La subsistencia, muy difícil, era la primera necesidad, por lo que es lógico que aquellos hombres no prestaran importancia al estudio ni lo hicieron, en general, hasta que lograron resolver las cuestiones más acuciantes de la vida cotidiana.

Sin embargo, en las primeras escuelas o mejor dicho escuelitas improvisadas por los frailes, casi siempre vinculadas a alguna Iglesia o a los primeros conventos, o en la Scholatria de la Catedral de Cuba, muchos de los primeros niños nacidos en Cuba aprendieron las primeras letras y los menos, hijos de padres adinerados, tuvieron la oportunidad de viajar a España para continuar su instrucción.

El 8 de septiembre de 1603 desembarcaba en San Cristóbal de La Habana un nuevo Obispo de la Orden de Predicadores: fray Juan de las Cabezas Altamirano, quien encontró en la Isla una situación que en líneas generales responde a la descrita anteriormente. Por Cuba había transcurrido una larga sucesión de gobernantes voraces y mal dotados que contribuyeron a empobrecer la colonia, ayudaron muy poco a la Iglesia, y atendieron por encima de todo a su enriquecimiento. El Obispo Cabezas Altamirano fue un prelado de muchas realizaciones y gran atractivo personal. Conocido de todos los estudiantes por ser la figura central de Espejo de Paciencia, el primer poema de cierto vuelo escrito en Cuba y la primera obra literaria; aprendió el idioma de los taínos para evangelizarlos en su propia lengua; intentó construir el primer acueducto de Santiago de Cuba; fomentó la explotación del cobre en las minas de Santiago del Prado; llevó por primera vez a la Florida su cayado de pastor e intervino ante la corona en favor de los vecinos de Bayamo cuando la mayoría de ellos quedaron sujetos a juicio y a prisión por el delito del contrabando, logrando la amnistía para los acusados. También influyó sobre el monarca para que no cobrara ciertos préstamos realizados en 1596 a los vecinos de La Habana con el propósito de ayudarlos a financiar la construcción de los primeros ingenios y a fomentar las plantaciones cañeras que debían alimentar la recién nacida industria azucarera a tenor de la Real Cédula de diciembre de 1595, que no podría despegar ni desarrollarse si los citados préstamos se cobraban en los plazos establecidos primitivamente.

Este Obispo de tan larga ejecutoria en muy pocos años, porque apenas siete años más tarde fue designado para la sede vacante de Guatemala, fundó el primer Seminario de la Isla de Cuba en 1605 para cumplir las disposiciones del Concilio de Trento que orientaban la creación de un Seminario en cada Diócesis. Así pues, Cabezas Altamirano concibió esta idea y la llevó a la práctica en el año antes citado. El Seminario Menor fue erigido en *La Havana cabeza desta isla y donde hay número de eclesiásticos y necesidad de letras* [8].

Existen pruebas documentales –los informes y la correspondencia del prelado– de que este intento llegó a convertirse en realidad, aunque por corto tiempo. En una carta a S.M. Felipe III, el Obispo expresaba su voluntad e intención de *Conservar el Seminario que allí dexé* [en La Habana], *pues estan conforme a lo que manda el Concilio de Trento y a una vuestra R.C.* [Real Cédula] *que para ello tengo, y para el descargo de nuestra conciencia atento que La Havana es cabesa desta isla* [9].

Cabezas Altamirano dice muy claramente que cuenta con una Real Cédula, luego no se trata de un proyecto. Esta carta está fechada el 28 de septiembre de 1607. La fundación del Seminario en La Habana respondía a la voluntad del prelado que deseaba trasladar la Catedral para esta ciudad, tal como lo solicitó al rey por carta de 23 de septiembre de 1603, porque en la misma estaba *la garganta de las Indias* [11]. En 1605 ya había sido fundado el Seminario Tridentino, pues el 26 de agosto de ese año Cabezas Altamirano hablaba de las *limosnas que se dieron para el Seminario* [12], pero fray Juan no contaba con recursos suficientes para mantener funcionando el Seminario diocesano. Algunos historiadores han dicho que el Seminario Tridentino que fundó Cabezas Altamirano fue el de San Basilio el Magno en Santiago de Cuba, pero esta versión carece de fundamento. Toda la documentación y los testimonios disponibles se dirigen y coinciden al hecho de que el primer Seminario, este Seminario Tridentino se fundó en La Habana y estuvo ubicado en lo que es hoy la calle Mercaderes entre Obispo y O'Reilly, al pie de la ermita de Nuestra Señora de la Consolación que ya en este momento se había convertido en Iglesia de Santo Domingo. Y no tiene nada de casual que el Obispo dominico fundara el Seminario al pie de la Iglesia de Santo Domingo y del Convento de San Juan de Letrán.

El Seminario tuvo una vida muy corta (unos tres o cuatro años entre 1605 y 1608) ya que el local donde funcionaba fue solicitado por el gobierno para otras ocupaciones [13]. Esta es la versión generalmente aceptada, aunque se conserva una carta del Obispo Cabezas Altamirano, de 26 de agosto de 1610, dirigida al rey de España, en la que el prelado alerta a S.M. para que se cumpla un testamento *por depender desto el estudio y seminario que ay en la Isla de Cuba* [14], según lo disponen *los sacros canones y ley real 7, partida 6, tt. 10 y de la cedula y sobre cedula cuyo traslado ba con esta*. En la misma carta, Cabezas Altamirano pide al rey *escrivase al nuevo Obpo. ynforme al estado que tiene lo que toca al seminario* [15]. Según esta misiva el Seminario todavía funcionaba en 1610.

Mientras tenían lugar estos sucesos, continuaba el proceso por -el que se consolidaba la presencia de las órdenes religiosas de mayor influencia en Cuba durante esos años: las de Santo Domingo y San Francisco. La de Santo Domingo, en particular, por su dedicación a la enseñanza de los jóvenes y su interés en el desarrollo de la sociedad, estimulado por la presencia de criollos hijos de familias principales entre los frailes del Convento de San Juan de Letrán, y por su participación decisiva en cuestiones de importancia tal como la creación de la industria azucarera, de la misma forma que años después tratarían de fomentar las plantaciones de tabaco y de proteger los intereses de los vegueros.

Es muy probable que a mediados del siglo XVII, ya San Juan de Letrán fuera el centro único donde se cursaban estudios superiores en Cuba, aunque los dominicos no tenían en ese momento facultad para conferir grados:

> *Sin que se tenga certeza documental, es, sin embargo, muy factible que los dominicos de La Habana ya tuvieran noviciado en su convento de San Juan de Letrán hacia mediados del siglo XVII. Es también muy probable que ya desde entonces se hubieran estableci-*

do... Los estudios conventuales. Y siendo la comunidad de dominicos una orden mendicante y no monacal, debió de estar siempre en íntimo contacto con la población. Es presumible también que... La matrícula de las aulas conventuales de los dominicos de La Habana fuera desde sus propios comienzos una matrícula mixta, de religiosos y laicos [16].

Muchos testimonios confirman esta aseveración. Al respecto también se ha dicho que ... las enseñanzas que en ellas se impartían [o sea, en las aulas conventuales] -*Latinidad, Filosofía y Sagrada Teología- fueran no solo para los religiosos y estudiantes del noviciado, sino también para estudiantes seglares* [17].

Existen testimonios más antiguos, como una relación del Cabildo de La Habana que se remonta a 1679. La labor de los dominicos como educadores había sido muy bien vista y valorada y el Cabildo, en este año, no solo elogiaba sus resultados, sino que apoyaba la solicitud de los frailes para que les otorgaran la merced de un noveno de *los del rey en el Obispado de Cuba* para que San Juan de Letrán pudiera ampliar su obra en la enseñanza:

> *de más de 20 años a esta parte... se han ocupado [los dominicos] en la enseñanza de los hijos de esta ciudad, dándoles estudios generales de gramática, artes y teología, cuyo fruto se ha reconocido con la experiencia de mucho lucimiento en los actos públicos que se han ofrecido... Sin otro interés que el de su fervor y afecto de su enseñanza, que es de tal momento su ejercicio, que sobresalen sus discípulos en los púlpitos y conferencias, así los sacerdotes seculares como regulares...*
> El Cabildo de La Habana al Rey, 6.VI.1679 [18].

Lo más interesante del documento del cabildo son las palabras de *más de 20 años a esta parte*. Quiere decir que por lo menos desde 1659 los dominicos daban *estudios generales de gramática, artes y teología*, o sea, que la enseñanza conventual había ya evolucionado a un Studium Generale el que, aunque no podía conferir grados, era la antesala de la Universidad. Como se supone que los estudios conventuales quedaron establecidos en San Juan de Letrán desde 1650 junto con el noviciado, lo más probable es que desde este mismo instante, los dominicos ya *estuviesen concibiendo las iniciativas que debían tomar para lograr de las autoridades eclesiásticas y civiles la concesión de establecer en su convento un Studium Generale con la facultad de conferir en él grados académicos* [19].

En otros términos, una Universidad. Los padres dominicos continuaron trabajando en la misma dirección. Si en 1650 ya pensaban en la posibilidad de conferir grados, sus deseos confluyeron veinte años después para materializarse en la iniciativa del Padre Maestro fray Diego Romero, quien el 14 de agosto de 1670, al celebrar los frailes un Capítulo en su Convento, dio el primer paso. Y el 12 de septiembre del mismo año, según consta en la fecha del acta del cabildo secular, se leyó ante el Capítulo del Ayuntamiento la petición de fray Diego en la que solicitaba a los comisarios del año que elevaran a Su Majestad un informe sobre la conveniencia de que La Habana tuviera un centro donde los nativos de Cuba pudieran cursar estudios superiores sin necesidad de tener que viajar, para ello, a México, Santo Domingo o la propia España, y suplicaran del monarca que *conceda la gracia de fundar Universidad en su convento* [de San Juan de Letrán] [20,21].

Después de 18 años, la gestión parecía olvidada, pero los dominicos volvieron a insistir sobre el tema hasta que el cabildo secular quiso retomarlo. Fue en la sesión del 9 de julio de 1688, cuando el procurador general, teniente don Luis de Soto, elevó una nueva petición al rey expresando *la utilidad y bien público* que significaría que en los estudios de San Juan de Letrán *se pudieran dar grados mayores y menores al modo que en la Universidad de Santo Domingo*, y se sugería se solicitara del Capitán General y del Obispo de Cuba que pidieran respectivamente al rey y a Su Santidad aquella gracia [22].

Una Real Cédula del 29 de noviembre de 1695 trasladó esta demanda a la Audiencia de Santo Domingo, para que informara si procedía o no lo solicitado, pero esta segunda gestión tampoco dio frutos. El asunto no volvió a reactivarse hasta 1699, cuando los dominicos realizaron una nueva diligencia a través de fray Diego de la Masa, Prior del Convento de Santo Domingo en la vecina Isla de la Española. Sobre este intento se ha dicho que *A fray Diego se le entregaron los Reales Decretos para que el embajador español ante Su Santidad, el duque de Uzeda, tratara de obtener el Rescripto Pontificio que daría la imprescindible autorización del Papa, pero la nueva gestión tampoco dio resultados* [23].

Como veremos pronto, las dificultades se allanaron en el primer cuarto del siglo XVIII. Por el momento, los dominicos tenían en La Habana un Studium Generale en el que podían estudiar tanto los religiosos como los laicos y obtener una preparación de alto nivel académico, la mejor que podía lograrse en la Cuba de esa época.

II. SIGLOS XVIII y XIX

El gran Convento dominico de San Salvador de Bayamo: un nuevo Studium Generale. Fundación de la Real y Pontificia Universidad de San Gerónimo en San Cristóbal de La Habana. La Universidad en el siglo XVIII. Intentos de refor-

ma universitaria. Otras escuelas de los dominicos en Cuba. El despojo a las órdenes religiosas. Secularización de la Universidad de La Habana. Desaparece la Orden de Santo Domingo al comenzar el último cuarto del siglo XIX.

Otro gran aporte a la educación católica en Cuba, esta vez en el siglo XVIII, fue el Studium Generale que comenzó a funcionar en el gran convento dominico de Bayamo. El convento se fundó sobre la base de un legado dirigido a la fundación de una escuela en la villa, que funcionó durante algunos años sin la intervención de los padres dominicos:

> ...el capitán D. Francisco Paradas, en su testamento otorgado en 15 de mayo de 1571, dejó considerables bienes para fundar en Bayamo una escuela donde se enseñaran latín y moral cristiana. Funcionó el plantel con bastante irregularidad hasta que en 1720 se hicieron cargo de él... los dominicos, quienes empleando una activa y honrada administración dieron esplendor al plantel y aumentaron el capital legado [24].

La misma irregularidad con que funcionaba el colegio movió a los bayameses a tratar el asunto en el Cabildo de la ciudad, y enviaron un informe sobre el estado del plantel al Obispo Gerónimo Valdés enfatizando que era muy necesario para el pueblo que aquella escuela funcionara adecuadamente. Valdés apoyó la solicitud de los habitantes, cuando en 1720 *pedían se permitiera la fundación de un Convento de Santo Domingo* -ya había uno de San Francisco en el pueblo- *utilizando como sede la Iglesia de la Asunción, fundada en el siglo XVI por el benemérito capitán Francisco Parada* [25].

Y los dominicos mantuvieron la escuela aunque no tenían permiso para fundar el convento. El Obispo Valdés elevó al rey un informe fechado el 13 de marzo de 1721 en el que solicitaba el permiso y argumentaba de esta forma: [Bayamo es] *villa de grande población que se beneficiaría del nuevo convento pues los dominicos ejercitan en los estudios generales de Gramática, Filosofía, Teología y Sagrada escritura a los hijos de esta ciudad* [La Habana] *con tanto provecho en su trabajo que los más que ocupan sus curatos son hijos de su escuela* [26].

Como vemos, el Obispo afirma que la mayoría de los curatos de La Habana están ocupados por ex-alumnos de los frailes predicadores. En esta época Valdés tenía muy buenas relaciones con los frailes y aspiraba a que la Universidad que éstos querían fundar en La Habana se estableciera en ciertas casas de su propiedad en el barrio de San Isidro con lo que el centro docente quedaría bajo el control del Obispado. Incluso, es posible que Valdés abrigara la esperanza de que el nuevo Convento bayamés fuera el núcleo inicial de una nueva universidad enclavada en el territorio oriental, pues se asignaban a Bayamo más de 20 mil personas [...] *solo de padrón... La más poblada después de La Habana... pueblo muy extenso por no estar las casas contiguas...*[27].

Finalmente los dominicos ocuparon la Iglesia de la Asunción, que comenzó a llamarse de Santo Domingo, y la escuela proyectada por Paradas continuó sus clases. Pero las circunstancias eran adversas para la fundación del Convento bayamés, porque una Real Cédula del 18 de diciembre de 1734 denegó el permiso a los dominicos quienes ya contaban -sin embargo- con un hospicio en Bayamo, tal vez funcionando en el mismo local de la escuela. El clero de la villa se sintió desilusionado por la disposición real e hizo constar su pena por la falta de estudios de gramática y ciencias mayores, ya que por esa causa se veían *malogrados por falta de maestros, los buenos ingenios que en esta parte* [Bayamo] *se encuentran*[28] según decían en informe de 25 de abril de 1735, año en que se hicieron varias gestiones por los vecinos y algunos eclesiásticos para que se aprobara la fundación del Convento. Finalmente, la nueva casa de los dominicos fue autorizada por una Real Cédula de 15 de noviembre de 1736.

Poco tiempo después, el gran Convento de los dominicos alcanzaba un gran esplendor en Bayamo, y en su Studium Generale se formaron muchos de los personajes más ilustres de la ciudad y del territorio oriental. En cierto momento, se pensó muy seriamente en que el convento bayamés recibiera, como el de San Juan de Letrán, la facultad de conferir grados, y se convirtiera en la segunda Universidad de la Isla.

Ya conocemos las diversas gestiones realizadas para fundar Universidad en La Habana durante el siglo XVII. Al comenzar el XVIII, los frailes predicadores continuaron trabajando para lograr aquella meta que parecía inaccesible. En 1717, el Procurador General de la Orden en Filipinas, México y La Habana, fray Bernardo Membrive, hizo suyos los deseos de los dominicos de La Habana y preparó un minucioso memorial dirigido al monarca donde enumeraba las gestiones anteriores y explicaba la urgencia que tenía la sociedad cubana y la colonia de recibir los beneficios que le aportaría la nueva institución.

Felipe V examinó el memorial y el 9 de octubre del mismo año despachó una carta al Cardenal Aquaviva, para que intercediera ante Su Santidad Inocencio XIII. Esta gestión culminó con éxito, y el

> *12 de septiembre de 1721 el Papa Inocencio XIII expedía en Roma, en Santa María la Mayor, sub annulo piscatoris, un Breve por el que se concedía a los dominicos de La Habana la autorización para conferir grados en las ciencias y facultades que se enseñasen y leyesen en el Convento de San Juan de Letrán, al igual que en la Universidad del Convento de Santo Domingo de la misma orden en*

la isla de La Española, y con los mismos privilegios, honores y gracias de que éste gozaba y disfrutaba[29]. *Dicho en otros términos, se creaba un Studium generale con la facultad de conferir grados, es decir, una universidad* [30].

Sin embargo, todavía tenían que pasar seis años para que el proyecto pudiera hacerse realidad. El Obispo Valdés, que estaba a cargo de la diócesis desde 1705, se interesó en la creación del alto centro docente y trató de subordinar la nueva fundación al Obispado, con lo que se inició un largo proceso de rivalidad con los frailes. Una breve relación de los sucesos explica que en 1720, antes de que se firmara el Breve Apostólico, Gerónimo Valdés, conocedor de los trámites realizados por el Procurador fray Bernardo Membrive –en los que participó informando favorablemente al Santo Padre respecto a la aspiración de los dominicos–, donó a San Juan de Letrán una Iglesia y las casas altos y bajos que llamaban paraje (actualmente barrio) de San Isidro, en el lugar que corresponde a la calle de San Isidro entre Picota y Compostela, acera de los nones, de cuyo conjunto aún se conservan la fachada y parte del campanario de la antigua Iglesia. En estas casas se debía fundar un colegio donde se leyeran las Cátedras de Gramática, Filosofía y Teología. El Prior de los dominicos aceptó la propuesta y la donación, a pesar de que algunas condiciones eran difíciles de cumplir, y Valdés informó al rey de la donación.

Dos años después, el 14 de enero de 1722, el Obispo firmaba otra escritura por la que ofrecía donar un fondo de 12 400 pesos para dotar las Cátedras de Gramática, Artes, Prima y Vísperas de Teología y Moral, comunicaba esta dotación a Su Majestad, y le rogaba que *en el caso de haberse alcanzado la Bula de Universidad, se entendiese para el citado colegio* [31].

El 27 de abril de 1722, el Breve Apostólico obtenía el Pase Real a través del Consejo de India, pero se suspendió su ejecución a causa de las escrituras de donación y dotación hechas por el Obispo. El rey consideró que los 12 400 pesos que Valdés había ofrecido no bastaban para dotar las Cátedras, y le dirigió una Real Cédula el 21 de febrero de 1724 para que impusiera esa cantidad a favor del Convento dominico *para que con sus réditos ayudase al citado convento en la cortedad de medios en que se hallaba (y) para que se fomentase la Universidad que en virtud del Breve de Su Santidad y aprobación suya estaba para fundarse* [32].

Al mismo tiempo, Valdés presionaba a los dominicos para que fundaran la Universidad en la Iglesia y casas que él les donara en el barrio de San Isidro, donde los frailes ya habían dado clases de Filosofía y Sagrada Teología a pesar de que el colegio no había sido fundado oficialmente. Pero los frailes, en este sentido, manifestaron su voluntad inquebrantable de que la Universidad proyectada por ellos se fundara, como es natural, en el Convento de Santo Domingo, y así comenzaron las fricciones con el prelado, que según los testimonios era un hombre enérgico y celoso de sus prerrogativas.

El 2 de enero de 1728, el Obispo Valdés envía al Prior de Santo Domingo un Auto para contradecir la erección de la Universidad. Con anterioridad, ordenó a los frailes abandonar el colegio y las casas de San Isidro, y embargó los réditos de los 12 400 pesos que tenía asignados por escritura de donación. El Prior respondió demostrando que los dominicos no habían faltado a sus convenios con el prelado, y el Capítulo de San Juan de Letrán decidió rescindir el contrato de donación.

El 5 de enero de 1728, el Prior enviaba un documento al Obispo Valdés por el que demostraba, con los hechos y documentos a su favor, que *no tenía autoridad ninguna, ni canónica ni civil, para semejante interdicción, y que al Convento le asistía un derecho que le confería el Breve papal, el cual, a su vez, estaba pasado por el Consejo de Indias que lo había sancionado; y le sugería que se abstuviese de la suspensión y contradicción que intentaba* [33].

Pero el Prior y Padre Maestro fray José Poveda fue aún más lejos. Para demostrar la fuerza de su posición y la voluntad de los frailes, en la que lo fortalecía la tenencia de todos los documentos firmados a favor de la Orden de Predicadores, ese mismo día, 5 de enero de 1728, en uso de las facultades que le confería el Breve Apostólico de 12 de septiembre de 1721, dictó un auto fundando por sí mismo, en privado y en la intimidad del convento, la Universidad de La Habana, y nombró, además –también en uso de las referidas facultades– al Rector Cancelario y a los cuatro Consiliarios, es decir, a sus cuatro consejeros o asesores [34].

De inmediato comenzó a funcionar la Real y Pontificia Universidad de San Gerónimo en la villa de San Cristóbal de La Habana. Su primer Rector fue fray Tomás de Linares y del Castillo, quien encabezó la lista de 52 dominicos que durante 114 años dirigieron los destinos de la alta casa de estudios.

En 1730 quedaron listos los estatutos del centro docente. Desde el primer momento la Universidad comenzó a conferir grados a algunos frailes que ya tenían preparación suficiente, y muy pronto terminaban sus estudios los primeros seglares. Más avanzado el siglo, sucesos como la toma de La Habana por los ingleses, la ampliación de la industria, el crecimiento del comercio internacional y la necesidad de aplicar los conocimientos científicos al desarrollo de la Isla, repercutieron con fuerza sobre la Universidad, que era el centro de los estudios superiores, junto con el Seminario San Carlos, en la zona occidental de la Isla. En los territorios orientales, el Seminario de San Basilio el Magno y el Studium Generale de los dominicos en Bayamo, ambos sin facultad para conferir grados, eran los únicos colegios que impartían instrucción superior, y la principal responsabilidad de situar la enseñanza cubana en un plano acorde con los tiempos, recayó en la Universidad y el Seminario habaneros .

Las restricciones impuestas por la metrópoli determinaron que la estructura, la enseñanza, los métodos y los textos utilizados eran obsoletos al comenzar la segunda mitad del siglo XVIII, momento en que se hicieron tres intentos de reforma universitaria. Cuando el ilustrado dominico fray Juan Francisco Chacón ocupaba por tercera vez el rectorado, solicitó del rey, el 20 de mayo de 1765, su colaboración para lograr una adecuada dotación de las Cátedras y crear la de Física Experimental (física con instrumentos) que solicitaban con fuerza los hacendados criollos. Pero en 1767 el rey respondió denegando esa Cátedra y suprimiendo una de las de Matemáticas, aunque se logró una mejor retribución para las Cátedras restantes a partir de los fondos obtenidos de la incautación de los bienes de los jesuitas por Real Decreto de 27 de febrero de 1767 y la Pragmática Sanción del 2 de abril del mismo año.

Para esta fecha, los dominicos comprendían de sobra el retraso de la Universidad. Muchos, que eran cubanos y habaneros, al tanto de que en Cuba comenzaba a operarse una gran transformación productiva, intentaron modernizar los estudios de Física para que estuvieran a tono con los conocimientos que se necesitaban, y en 1789 volvieron a la carga con otro intento de reformas. Era Rector fray José Ignacio Calderón, quien trató de llevar a cabo una modernización en 1792 que fue interrumpida por su muerte.

La Real Sociedad Patriótica reconoció el valor del Proyecto de Reforma Universitaria del Padre Calderón, que se detalla parcialmente en las Memorias de esa institución. En 1795, el famoso profesor Padre José Agustín Caballero, en la Clase de Arte y Ciencias de la Real Sociedad, aportó nuevos detalles sobre el Proyecto.

El tercer gran intento de Reforma fue concebido por el mismo P. Caballero, que propugnaba el cambio total de la enseñanza universitaria, y expuso sus ideas en la Sociedad Patriótica, explicando el contenido del mismo, al tiempo que liberaba a los dominicos de cualquier responsabilidad que se les pudiera achacar por los arcaísmos que predominaban en la enseñanza universitaria de la época, cuando manifiesta: *...Mas, confieso simultáneamente que los maestros [los dominicos] carecen de responsabilidad sobre este particular, porque ellos no tienen otro arbitrio ni acción que ejecutar y obedecer* [35].

Con estas palabras, el Padre Caballero aludía claramente a la monarquía española, que se había negado sistemáticamente a aceptar todas las reformas que anteriormente habían propuesto los dominicos y en especial las que se encaminaban a modernizar la enseñanza superior. La Real Sociedad Patriótica solicitó a la corona que se implantaran los cambios pedidos por el Padre Caballero, pero la petición tampoco tuvo éxito.

De todas formas es conveniente precisar, en justicia, que en los estudios que se realizaban en la Real y Pontificia Universidad de San Gerónimo, se impartieron conocimientos de autores y temáticas modernas, como se puede observar en los antiguos cuodlibetos. Eso quiere decir que Locke, Condillac, Descartes, Newton y otros autores no estuvieron ausentes de sus aulas.

Por supuesto, el hecho de que se impartieran conocimientos y autores modernos en la Universidad dominica, no era un producto del azar. Los frailes, al no poder efectuar las soñadas reformas, buscaron otras vías para difundir las ciencias, acordes con el carisma de su Orden. Así tenemos que, cuando comenzaba el siglo XIX, en el Convento de San Juan de Letrán, donde radicaba la Universidad, tenían lugar las tertulias literarias más sonadas e importantes de La Habana. Allí, *para leer y comentar los libros que llegaban, se reunía entonces habitualmente una escogida tertulia de hombres amantes del saber, ávidos de ponerse al corriente de lo que en Europa se publicaba* [36].

Esto quiere decir que los religiosos de Santo Domingo trataron de buscar soluciones y no escatimaron las formas más disimiles para difundir la enseñanza, cuando España se negó a apoyar y realizar las reformas que tanto necesitaban la Universidad y la Isla, reformas que no eran ajenas a los dominicos emparentados por la fe, las ideas, el país y la sangre, con las necesidades más imperiosas del pueblo cubano.

Pero no fue la Universidad de La Habana el único centro docente fundado por los predicadores en el siglo XVIII. Ya en 1689 los tenemos en Sancti Spiritus, donde fundan la ermita de Jesús Nazareno y comienzan a impartir clases a los niños. En 1760 el rey los autoriza a fundar convento en esa villa, y la enseñanza cobra mayor alcance y dimensiones. Desde 1755 se erige el Convento de la Candelaria en la villa de Guanabacoa, donde los frailes trabajaban desde mucho tiempo atrás, y con su creación comienza también la enseñanza. Ya hemos mencionado el Studium Generale del Convento bayamés, que cobró un gran impulso desde 1736. Todo parece indicar que cuando los dominicos se encargaron de la Iglesia de los Dolores, de Santiago de Cuba, a partir del 21 de enero de 1737, comenzaron a instruir a los niños de los alrededores. Y en 1801, recién inaugurado el siglo XIX, fray Manuel de Quesada estudiaba el estado de la instrucción pública en Santa María de Puerto Príncipe, actual Camagüey, con el fin de fundar escuela en esa ciudad.

El gobierno colonial y la metrópoli española, desde que comenzó el siglo XIX, comenzaron a presionar a las órdenes religiosas radicadas en Cuba, en virtud de las nefastas leyes de Mendizábal, y estas presiones se reflejaban en la vida interna de la Universidad al tiempo que se maniobraba tratando de quitar a los frailes el gobierno de la alta casa de estudios.

Hacia 1840, la Universidad se encontraba en completa decadencia y en 1841 los dominicos fueron excluidos de su gobierno. Al implantarse la Ley de Exclaustración y Desamortización, se prohibió la entrada a Cuba de los religiosos de Santo Domingo, se cerró el noviciado y, finalmente, la Orden de Predicadores fue completamente suprimida en 1845 [37]. Los dominicos fueron obligados a desalojar su querido y antiguo Convento de La Habana Vieja, cuyos muros encerraban casi tres siglos de su historia, para trasladarse al de Guanabacoa. Marcharon a esa morada forzosa el 31 de octubre de 1842 y el 2 de septiembre del mismo año, los locales de San Juan de Letrán pasaron a poder de la nueva Universidad Real y Literaria de La Habana.

Por desconocimiento o intencionadamente, algunas personas, y entre ellas ciertos historiadores, culparon a los dominicos de mantener la institución universitaria en un atraso incompatible con las nuevas ideas de la ilustración. Es seguro que muchas materias que se impartían mostraban un atraso palpable con relación a otros centros de estudio, sobre todo de Europa. Pero este hecho debe imputarse a la política de España, ya que los dominicos lucharon por llevar adelante al menos tres intentos de Reformas que fueron sistemáticamente bloqueados por la Corona, a tenor de la tesis que promulgaba que *la tranquilidad de las colonias sería mayor en la medida en que fuera mayor el atraso intelectual y cultural de sus habitantes*. Pero los religiosos de San Juan de Letrán, a pesar de las disposiciones reales, se ingeniaron para que los conocimientos modernos llegaran a sus alumnos utilizando diversas formas y métodos que ya hemos descrito.

Otra acusación manejada por la administración colonial y varios detractores, expresa que algunos dominicos pecaron de parciales en la concesión de grados académicos o de arbitrarios en los asuntos de la Universidad. Seguramente fue así, puesto que se trataba de hombres que, por sabios y honrados que fueran, podían caer en el error. En cuanto a la arbitrariedad, es cierta, porque ellos eran los únicos capacitados y autorizados para conceder grados según las disposiciones reales. Fueron arbitrarios y no podía haber otros árbitros como no había otra Universidad.

A comienzos del siglo XIX se hizo palpable la diferencia entre las enseñanzas que se impartían en la Universidad y en el Seminario San Carlos, que solamente estaba supeditado a la diócesis y que en la época del Obispo Espada contó con el máximo apoyo de este gran renovador de la enseñanza y modernizador de las ciencias que se estudiaban en Cuba. La Universidad, amarrada al molde férreo de los estatutos al tiempo que dependía directamente de la voluntad real, no tuvo sino obstáculos para poner sus contenidos en correspondencia con el siglo.

Con todos sus aciertos, con todas sus limitaciones, la Real y Pontificia Universidad de La Habana, esa gran obra de los padres dominicos, fue una expresión del lejano siglo XVIII, que fue decisivo para la formación de la nacionalidad cubana, que nace y comienza a crecer enriquecida por lo mejor de la cultura cristiana y católica, dentro de la mejor tradición de occidente. A ella le corresponde el mérito de haber formado en el pensamiento cristiano a nuestros primeros científicos, nuestros primeros literatos, grandes profesores y médicos de talla universal, así como a los primeros ideólogos de los derechos y las inquietudes del joven pueblo de Cuba. Estos hombres, formados en sus aulas, fueron portadores de ideas que superaron a la propia Universidad que los engrandeciera. Lucharon por superarse, por ir más allá de lo que habían aprendido, y lo lograron. Generación tras generación de graduados, fueron católicos fervorosos, profesionales eminentes, forjadores de la nación. A aquella etapa de los comienzos asociamos los nombres inmortales del Padre José Agustín Caballero, del Padre Félix Varela y Morales, Padre además de la patria y del pensamiento, del médico Tomás Romay, de los frailes dominicos Chacón y Calderón, de Arango y Parreño y José Antonio Saco y de la brillante juventud que se formó en sus aulas: José María Heredia, Cirilo Villaverde, Francisco Vicente Aguilera, Pedro Figueredo, Rafael María Mendive, Carlos Manuel de Céspedes, los primeros entre muchos que igualmente buscaron llegar a la verdad a través del conocimiento, tal como la buscan los frailes predicadores, y que quedaron para siempre incorporados a las páginas más importantes de la historia de Cuba.

Secularizada la Universidad y despojados los dominicos de su Convento de San Juan de Letrán, comenzaron a vivir una serie de desastres. Algunos obtuvieron permiso, dos años después, para ocupar una parte de los locales de la nueva Universidad, que fueran antes de su propia casa, y regresaron el 6 de febrero de 1840. Pero no podían entrar jóvenes al noviciado ni venir religiosos del exterior, y el número de frailes comenzó a disminuir.

En 1863, el Capitán General de la Isla, Don Domingo Duke, asestó otro fuerte golpe a los dominicos, al dar a conocer con fecha 12 de septiembre que el antiguo Convento de San Juan de Letrán sería destinado a sede del Instituto de Segunda Enseñanza donde se iba a aplicar el nuevo *Plan de Estudios, y los religiosos, que vivían* (en ese local) *y estaban al cuidado de la iglesia, tuvieron que contentarse para su vivienda con unas cuantas celdas, hechas de cualquiera manera, en la parte principal o claustro de las procesiones, contiguo a la iglesia* [38].

Corría el mes de octubre de 1876 cuando murió el P. fray Manuel Palma. El año siguiente fallecieron fray Mateo Andrea, fray José Antonio Rivera y fray José María Borrego[39] con lo que desaparecieron de Cuba los últimos religiosos de la Orden de Predicadores. La presencia de Santo Domingo, sin embargo, mantuvo su representación a través de las monjas del Convento de Santa Catalina de Siena, de los terciarios dominicanos, y de cientos de graduados universitarios formados por los frailes que portaron sus enseñanzas para siempre.

III. SIGLO XX

Un aporte a la primera industria de Cuba los dominicos y la fundación de las primeras Escuelas de Química Azucarera. El Colegio «Fray Bartolomé de las Casas» en Cienfuegos. Los frailes predicadores y la llegada de los Hermanos Maristas a Cuba. La Orden de Santo Domingo y la fundación de la Academia Católica de Ciencias Sociales, primera y pionera entre los centros cristianos de estudios superiores. Connotación y trabajos de la Academia. Su papel en la educación de los obreros. El Instituto Católico de Altos Estudios.

En 1899, un año después de la Restauración oficial de la Orden de Predicadores en Cuba, algunos religiosos dominicos que habían cruzado el Atlántico para establecerse en la Isla de Trinidad recibieron la orden superior de pasar a Cuba para radicarse en la ciudad de Cienfuegos. Una vez cumplida aquella disposición, los religiosos agrandaron su radio de acción y pasaron a otros pueblos de Las Villas como Rodas, Cartagena, Aguada de Pasajeros y Yaguaramas. Desde el primer momento en 1899, abrieron un colegio en Cienfuegos: -el Colegio «Fray Bartolomé de las Casas», de modestas pretensiones porque tenían poco personal y los locales no eran adecuados. Para suplir estas deficiencias, pidieron personal a Europa y trasladaron el colegio a una construcción más espaciosa en la calle de Santa Elena. Muy poco tiempo después, el 26 de mayo de 1900, fray Domingo Berthet escribía desde Cienfuegos al Obispo de La Habana, Mons. Donato Sbarretti, solicitando su permiso para abrir un nuevo colegio en Trinidad.

El colegio «Fray Bartolomé de las Casas» fue el primero que se fundó en Cuba después de terminar la II Guerra de Independencia. El potencial de alumnos y la demanda de matrícula llegaron a ser tan elevados que rebasaron las posibilidades de los dominicos, y el P. Regis Gerest solicitó de los Hermanos Maristas que se hicieran cargo de la primera y la segunda enseñanza, mientras que los frailes se ocupaban exclusivamente de las clases de Comercio y de la Escuela de Química Azucarera, de la que nos vamos a ocupar en breve y que en sus primeros momentos funcionó en el Colegio «Fray Bartolomé de las Casas».

Así nació la gran escuela que después fue orgullo de los Hermanos Maristas en Cienfuegos. De la misma forma, los dominicos introdujeron a los Hermanos de las Escuelas Cristianas que se establecieron en el Vedado, La Habana, por iniciativa de fray Paulino Alvarez para bien de la Iglesia y de la educación en Cuba.

Ya hemos dicho que la primera Escuela de Química Azucarera funcionó en el Colegio «Fray Bartolomé de las Casas». Esta fundación fue un paso de singular importancia porque la escuela aportaba los graduados con conocimientos técnicos indispensables para desarrollar la primera industria de la Isla, arruinada en la Guerra del 95. Fueron, pues, los frailes predicadores los que tuvieron la iniciativa de fundar este tipo de centro docente.

Con la creación del Colegio «Fray Bartolomé de las Casas», la Escuela de Química Azucarera, de otro Colegio en Trinidad, y con la convocatoria que realizaron a los Hermanos Maristas y a los de las Escuelas Cristianas, los frailes predicadores encabezaron el poderoso movimiento que fundó y echó a andar docenas y cientos de colegios católicos en Cuba al comenzar el siglo XX, de la misma forma que en el siglo XVIII dieron el primer paso en la educación superior al fundar la Universidad de La Habana.

De las aulas del Colegio «Fray Bartolomé de las Casas» egresaban coda año agrimensores, contadores y tenedores de libros. Desde 1906 comenzaron a funcionar las clases de química azucarera en el mismo local. La Escuela de Química Azucarera, indispensable para el mejoramiento de nuestra industria fundamental, *cuya patente de invención les pertenece* [a los dominicos] *pues fue la primera que se estableció en el país* [40].

También fueron los dominicos los que confeccionaron los programas con sus respectivos contenidos. Comenzaba a avanzar el año 1907 cuando en la escuela, instalada en los locales del colegio «Bartolomé de las Casas», se hicieron los primeros ensayos para el estudio de la más importante industria de Cuba, con excelentes resultados. Con tales experiencias, el querido dominico fray Regis Gerest, estimulado por el Secretario de Instrucción Pública, redactó de forma definitiva y personalmente el programa que por muchos años se utilizó en el curso superior de la fabricación de azúcar.

En 1909 llegaron de Francia novedosos aparatos, la técnica más moderna de esa época, para equipar los laboratorios de la Escuela y perfeccionar la enseñanza práctica. La Escuela contaba con una estación experimental ubicada en una parcela donde se sembraban cañas fertilizadas y sin fertilizar, con regadío o sin él, y se experimentaba con diversas variedades o con híbridos que resultaban de cruces sucesivos. Durante los períodos de zafra, los estudiantes realizaban trabajos prácticos en los centrales azucareros.

En 1921, la demanda de matrícula para la Escuela de Química Azucarera era tan grande, que el Director, Fray Tomás Lombardero, determinó aumentar la capacidad de las aulas y las áreas en que se realizaban ejercicios prácticos y trabajos de laboratorio.

La carrera de Químico Azucarero o Perito Químico Azucarero constaba de tres cursos y los exámenes de grado. Los egresados de la Escuela de Química Azucarera, provistos de certificados de graduación firmados por el Director y refrendados con la firma del Cónsul norteamericano en Cienfuegos, podían acreditar su matrícula universitaria en los Estados Unidos con esos documentos, porque se reconocía válido como título de bachillerato o nivel medio el que emitía la Escuela de Química Azucarera del Colegio «Fray Bartolomé de las Casas», regido por la Orden de Predicadores.

La Escuela de Química Azucarera creada por los dominicos franceses fue la primera de la Isla de Cuba. Las que surgieron después utilizaron sus programas y continuaron andando por el camino que los frailes ya habían desbrozado.

Desde los puntos de vista económico y social, no cabe duda de que la fundación principal de los frailes franceses fue esta Escuela, tan importante para impulsar el desarrollo de la primera industria de Cuba.

La fundación de la Academia Católica de Ciencias Sociales es una de las obras más grandes de los dominicos cubanos en el siglo XX. La Academia surge en un momento convulso de la historia de Cuba. La II Guerra de Independencia trajo consigo la reconcentración de los campesinos, el bloqueo de la escuadra norteamericana, más de 300 mil muertos, la destrucción de la industria azucarera y de la agricultura, y la desaparición del grueso de la masa ganadera. Comenzaron a entrar en el país los capitales norteamericanos y las iglesias protestantes. Se marchó de la Isla una parte del clero español y numerosos sacerdotes cubanos habían sido desterrados.

Numerosas iglesias habían desaparecido en las llamas de la guerra. Las ideas de la masonería se infiltraban entre los obreros, y desde finales del siglo hicieron su aparición las ideas y asociaciones anarquistas, anarcosindicalistas y socialistas. Hizo su aparición el Partido Comunista fundado en la tercera década del siglo.

Todos los aspectos mencionados desembocan, en las dos primeras décadas de la actual centuria, en un proceso de agitación y fermentación de la sociedad cubana, momento de pérdida de ciertos valores y descubrimiento de otros, de desorientación y de búsqueda. Es precisamente entonces cuando surge la Academia Católica de Ciencias Sociales fundada por la Orden de Predicadores el 19 de abril de 1919 con la finalidad de estudiar y dar solución a las situaciones que pesaban sobre la sociedad cubana de esa época.

Los dominicos estaban muy al tanto de los problemas de la Cuba de entonces. La situación dramática que padecían muchos trabajadores cubanos, la aparición de ideologías foráneas que nada tenían que ver con la historia ni con la tradición del país, los problemas sociales, el desarrollo de formas religiosas sincréticas, cierto crecimiento de la masonería, cuestiones todas que repercutían sobre la existencia misma del pueblo, al igual que el bajo nivel de escolaridad y la falta de leyes laborales, eran aspectos que afectaban la vida y la superestructura ideológica de la sociedad, deteriorándola y sumiendo a muchas personas en la confusión y el error.

Los problemas y las agresiones que aquejaban a la sociedad debían ser examinados y analizados. La cuestión era de qué forma integrar las intenciones de los dominicos con las necesidades y los intereses de los pobres de Cuba.

La idea surgió una tarde, cuando los terciarios celebraban los cultos propios del tercer domingo de cada mes. El Dr. Mariano Aramburo Machado, notable jurisconsulto católico y escritor brillante, visitó al Prior de San Juan de Letrán para cambiar impresiones acerca de un proyecto que tenía en preparación.

El proyecto consistía en fundar una institución singular. Sería un centro de estudios que reuniría a un grupo de intelectuales de alto nivel que a partir de la óptica de la doctrina social de la Iglesia y desde una clara opción por los pobres, debían examinar los problemas que erosionaban a la sociedad cubana, para darle respuestas concretas y prácticas, ya se tratara de cuestiones laborales o económicas, de situaciones de derecho o de asuntos comunales, en el marco de la ética cristiana.

Cuando Aramburo explicó en líneas generales el proyecto al Prior de Santo Domingo, ambos comprobaron que tenían una línea de pensamiento muy similar que era compartida por el Dr. Domingo Villamil, Prior de la Orden Tercera. El Dr. Aramburo no conocía personalmente a Fray Francisco ni al Dr. Villamil, por lo que aquella semejanza de ideas y aspiraciones les pareció profética y maravillosa.

La Academia Católica de Ciencias Sociales, que no tenía ningún tipo de compromiso con partidos políticos o grupos de presión, que más allá de las ideologías se identificaba con la religión y con los pobres, solo vería la luz para usar la ciencia como instrumento en la búsqueda de la verdad y dar una respuesta cristiana y católica a las angustias de los cubanos en un momento en que los trabajadores se veían asediados por socialistas, seudosocialistas e incluso por elementos fascistoides de todas las vertientes y tendencias que comenzaban a asomar la cara en el país. El 19 de abril de 1919 quedaba formado el Consejo de Gobierno y se constituía la Academia. A finales del año 1919, la institución agrupaba veintidós académicos de número y trece correspondientes. La Orden Tercera de Santo Domingo proporcionó cinco académicos numerarios. Entre los miembros de la Academia se contaban figuras tan eminentes como Manuel Arteaga y Betancourt, años más tarde primer Cardenal de Cuba, y el ilustre hispanista Dr. José María Chacón y Calvo.

El Rector fue el Dr. Mariano Aramburo y Machado, Conciliarios, los dominicos fray Francisco Vázquez y fray Germán Hilaire.

Los objetivos y propósitos de la Academia, su carácter de vocación humanista, quedaron plasmados con toda claridad en el discurso de inauguración del Instituto: ...*pensamos también que serían las ciencias sociales el objeto más provechoso de nuestros estudios e investigaciones, si sabíamos alimentar el propósito y la esperanza de servir con nuestros esfuerzos a la causa de la paz cristiana* [41].

En ese momento los obreros de Cuba clamaban por sus derechos muchas veces sin saber bien lo que hacían, quiénes eran los que los dirigían, y muchas veces ignorantes de que eran manipulados. La Academia nacía precisamente para defender sus derechos.

En pocos años, la Academia comenzó a dar abundantes frutos. Sus miembros impulsaron numerosos proyectos como el de las Conferencias Públicas para Obreros, que se daban todas las semanas en el Centro Gallego para que conocieran sus deberes y sus derechos a la luz de la doctrina social de la Iglesia, y en las que se destacó fr. Francisco Vázquez, Prior de San Juan de Letrán. De esta actividad surgió la idea de fundar la Unión Nacional de Trabajadores de Cuba, una de las primeras confederaciones obreras del país, cuyos estatutos fueron redactados con la colaboración y asesoría de la Academia.

La Academia Católica de Ciencias Sociales tenía su órgano, la *Revista Antillana*, que era una publicación trimestral en la que se divulgaban los proyectos y realizaciones de la institución así como artículos científicos, económicos, sociales, históricos y doctrinales de gran importancia e interés en los círculos intelectuales de la Isla, así como otros trabajos de gran éxito.

Durante los primeros años, la Academia acometió una serie de trabajos de gran impacto en lo social, lo político y lo económico. Algunos, como el proyecto de Reforma Económica, de gran actualidad, que proponía nada menos que cambiar los fundamentos productivos de la sociedad cubana para librarla del sometimiento al monocultivo y la dependencia del comercio exterior, parecen perdidos para la posteridad.

Pero se conservan proyectos completos de gran envergadura, como el Proyecto de Código del Trabajo que elaborara el Rector, Dr. Mariano Aramburo, con la colaboración de todos los académicos. Este proyecto de código laboral, del que se afirma que era tan avanzado que no tenía rival en todo el continente ni en el mundo, fue expuesto ante el Senado de la República el 20 de julio de 1920 por el propio Mariano Aramburo, y una copia fue remitida al Presidente de la Cámara de Representantes.

Otros proyectos, por su hondo contenido humano y social, también han llegado intactos hasta nosotros. Los más importantes son el Proyecto de ley para la Protección de la Mujer y el Niño (1922), primer intento de protección legal a la mujer trabajadora de que se tiene memoria en Cuba, y el Proyecto de Viviendas Económicas para Obreros, de 1921. Otros proyectos y formulaciones se perdieron con el paso del tiempo y se conocen de forma fragmentaria [42].

Durante las décadas del 20 y del 30, la Academia Católica de Ciencias Sociales, singular institución dedicada a la defensa de los intereses de los pobres, desplegó una gran labor en Cuba. Después de la muerte del Dr. Aramburo, la Academia pasó por un período de inactividad en la década de los 40 hasta que otra gran figura de la Orden de Santo Domingo, el Padre Basilio Jiménez, decidió volver a revitalizarla. Entonces, en los comienzos de la década de los 50, se reanudaron los trabajos de la Academia. Fue electo para el cargo de Rector otro hombre, no menos brillante que el Dr. Aramburo: el distinguido profesor universitario Dr. Manuel Dorta Duque, católico ejemplar que trabajaba activamente en los Caballeros de Colón, y de los cuales fue Diputado de Estado. Otro sacerdote cubano, el jesuita P. Manual Foyaca de la Concha, gran sociólogo y especialista en los problemas de la sociedad cubana, trabajó muy activamente en esta nueva etapa. Se renovaron los académicos, ya que la mayor parte de los que habían participado en la primera etapa de la institución habían muerto o eran personas de edad muy avanzada.

La Iglesia Católica, que a principios de siglo enfrentaba una situación difícil en la Isla, para esa época había crecido y se había fortalecido. Su aporte a la educación y a la cultura era indiscutible, y hasta los representantes de las iglesias evangélicas lo reconocieron con palabras como éstas:

> *Instituciones como la Academia Católica de Ciencias Sociales, dirigida por el doctor Mariano Aramburo, el Instituto Católico de Altos Estudios, proyectado por el ilustre hispanista cubano Dr. José María Chacón y Calvo, la Universidad de Santo Tomás de Villanueva y la Universidad de La Salle, creada después, se unieron a la Agrupación Católica Universitaria y al Colegio de Belén con el propósito de hacer resurgir la contribución católica a la cultura nacional, que había sido apreciable en los siglos XVIII y XIX pero que había disminuido con el laicismo de fines del siglo XIX y sobre todo de la primera parte del siglo XX* [43].

CONCLUSIONES

Mientras que la Iglesia Católica tuvo la dicha de darle a la Isla de Cuba, junto con el primer sacerdote nacido en este suelo, el primer maestro en las personas del Padre Miguel de Velázquez, en el segundo tercio del siglo XVI, la Orden de Predicadores le dio los primeros maestros nacidos en España, aquellos frailes que llegaron a la Isla en 1515 y fundaron los primeros colegios para los hijos de los indios y de los españoles. Después, cuando comenzaba el siglo XVII, el gran Obispo Fray Juan de las Cabezas Altamirano creó el Seminario Tridentino de acuerdo con las disposiciones del Concilio de Trento, la primera institución de ese tipo en la Isla de Cuba. Luego surgieron, junto con los primeros colegios de varones y la primera escuela para niños pobres, creada por el Obispo Compostela, los hospicios que fundaron los dominicos en Guanabacoa, Sancti Spiritus y Bayamo, donde se impartían las primeras letras, durante los siglos XVII y XVIII. Además, como es bien sabido, donde quiera que los frailes predicadores erigían un Convento, comenzaban a dar clases no solamente a sus novicios, sino también a los laicos, y así crearon los Estudios Generales primero en San Juan de Letrán, en La Habana, y después en el gran Convento de Santo Domingo de Bayamo, con el que hubo proyectos muy serios para levantar una segunda universidad en el territorio oriental del país.

Si en La Habana cupo a la Iglesia Católica la inmensa gloria de fundar primero el Seminario de San Ambrosio, seguido por el Colegio San José que dirigieron los jesuitas y por el Seminario de San Carlos y San Ambrosio, y en la región oriental el Seminario de San Basilio el Magno, para los frailes predicadores es la inmensa gloria de fundar en sus Conventos de La Habana, Guanabacoa y Bayamo los primeros Estudios Generales de alto nivel y, en el siglo XVIII, la Real y Pontificia Universidad de San Gerónimo de La Habana, Primada de la Isla de Cuba, de donde surgieron los primeros egresados portando Grados Mayores de Licenciados, Doctores y Maestros.

Sin embargo, fue en el siglo XX cuando la labor educacional de la Iglesia Católica alcanzó mayor extensión en la Isla. En este momento, junto con el renacimiento de la Iglesia, tan oprimida durante el siglo XIX, despojada en las órdenes religiosas y disminuida en la cantidad de sacerdotes, la educación católica surge como un semillero interminable caracterizando con la enseñanza cristiana una parte importantísima de la instrucción en el país.

Numerosas escuelas crearon los dominicos cuando llegó este momento. Escuelas parroquiales, escuelas propias de la orden, escuelas de nivel primario, secundario y medio superior. Escuelas de comercio, escuelas de agrimensura. Con ese toque tan suyo de hacer siempre lo más necesario en el momento preciso, de la misma forma que en el siglo XVIII fundaron la Universidad justo cuando era imprescindible para Cuba, en el siglo XX crearon las Escuelas de Química Azucarera cuando fueron más necesarias para desarrollar científicamente la primera industria de la Isla. Y cuando la sociedad cubana, apenas estrenada la República, se debatía aturdida y contusa, dividida por el malestar, por las ideologías foráneas muchas veces cargadas de incomprensiones y odios, por nuevas filosofías y conceptos nuevos que nada tenían que ver con sus raíces, su desarrollo y sus tradiciones, los dominicos fueron los únicos tal vez que penetraron en aquella oscuridad y decidieron fundar la Academia Católica de Ciencias Sociales, única en su tipo en el continente americano, singular institución destinada al estudio y a la solución cristiana de los males que aquejaban a los pobres de este pueblo.

NOTAS MARGINALES

(1) Memorias que los P.P. Dominicos de La Habana dedican a su excelso fundador Santo Domingo de Guzmán, en el VII Centenario de su preciosa muerte (1221-1921). Talleres Tipográficos Religiosos de Seoane y Fernández, La Habana, 1921, p. 100.
(2) *Ibídem*, p. 105.
(3) Libro que contiene la erección de la Santa Iglesia Catedral de Santiago de Cuba... autos de ordenanzas... reales cédulas... etc., todo lo que se mandó compilar por el Ilmo. Sr. Dr. D. Joaquín Osés de Alzúa y Cooparacio, Obispo de Cuba, año 1796. Imprenta Angela y María, Enramadas bj. 32, Santiago de Cuba, 1887, p. 26.
(4) Guerra y Sánchez, Ramiro: Manual de Historia de Cuba. Editorial Ciencias Sociales, La Habana, 1975, p. 74.
(5) *Ibídem*, pp. 74-75.
(6) *Ibídem*, p. 75.
(7) *Ibídem*, p. 76.
(8) Larrúa Guedes, Salvador: *Historia de la Orden de Predicadores en la Isla de Cuba*. Original mecanografiado, La Habana, 1997, p. 117
(9) *Ibídem*.
(10) Archivo General de Indias (AGI). Audiencia de Santo Domingo, Cuba, Simancas, 150, Rama II (1601-1635), sobre la creación del Seminario Tridentino por el Obispo Cabezas.
(11) *Ibídem* (9).
(12) *Ibídem* (10).
(13) Pérez Cabrera, José M.: *Breves apuntes sobre la historia de la Iglesia en Cuba*. Mecanografiados. Biblioteca del Seminario San Carlos, La Habana, p. 16.
(14) *Ibídem* (8). Anexo de documentos. Carta del Obispo Cabezas al rey de 26.VIII.1610, p. 581.
(15) *Ibídem*.
(16) Torres Cuevas, Eduardo. *Historia de la Universidad de La Habana 1728-1929*. Editorial Ciencias Sociales, La Habana, 1984, vol. 1, p. 29.
(17) Ibídem, pp. 29-30.
(18) Marrero, Levi. *Cuba: economía y sociedad*. Editorial Playor, Madrid, 1976, t. V, p. 156, tomado del AGI, ramo 5.
(19) *Ibídem* (17), p. 30.
(20) *Ibídem* (14). Cf. Carta de fr. Diego Romero, p. 588, documento 13.
(21) Actas Capitulares del Ayuntamiento de La Habana (originales) vol. 12 (1661-1672), fol. 651 vto.
(22) *Ibídem* (19)
(23) Larrúa Guedes, Salvador. *Presencia de los dominicos en Cuba*. Universidad de Santo Tomás de Aquino, Santafé de Bogotá, 1997 p. 87.
(24) *Ibídem* (1), p. 105.
(25) *Ibídem* (18), p. 133.
(26) *Ibídem*, p. 133 ss.
(27) *Ibídem*.
(28) Archivo General de Indias (AGI). Santo Domingo 532, Cuba (Bayamo, comunicación de
(25) IV.1735)
(29) Breve Apostólico «Aeternae Sapientiae», Archivo Central de la Universidad de La Habana (ACUH) copia auténtica del original que aparece en la Secretaría de Breves del Archivo Secreto Vaticano, vol. 2561.
(30) *Ibídem* (19), p. 31.

[31] Archivo Central de la Universidad de La Habana (ACUH). Cédulas, bulas pontificias y otros documentos para la historia de la Universidad de La Habana, Real Cédula de 23.IX.1728 confirmando la fundación de la Universidad de La Habana, B/40 de la paginación con lápiz.
[32] Archivo General de Indias (AGI). Santo Domingo. Registro de Oficios y Reales Ordenes, leg. 881, fol. 245 vto. ? 247.
[33] *Ibídem* (30) p. 36.
[34] *Ibídem* (23) pp. 98-99
[35] Memorias de la Sociedad Patriótica de La Habana, E. 14 (1842) pp. 418-419.
[36] del Castillo, José Gabriel: *Datos históricos. Periódico «La Libertad»*, La Habana, 21.VIII.1882.
[37] Fernández, fr. José Manuel, O.P.: *Dominicos en Cuba*. Convento de San Juan de Letrán, La Habana, p. 3.
[38] Memoria que los P.P. Dominicos... o.c., p. 150
[39] Le Roy, Luis F.: *Convento de San Juan de Letrán. Cuarto centenario de su fundación. Un mal irreparable: exclaustración y desamortización*. La Habana, 1978 (mimeógrafo), p. 20.
[40] *Ibídem* (38), p. 121.
[41] Aramburo y Machado, Mariano. *Discurso leído en la inauguración de la Academia Católica de Ciencias Sociales*. Imprenta Solano y CIA., La Habana, 1919, p. 8.
[42] *Ibídem* (8), p. 487.
[43] Ramos, Marcos Antonio: *Panorama del Protestantismo en Cuba*. Editorial Caribe, San José de Costa Rica, 1986, p. 395

Iinstitutos Hermanos de las Escuelas Cristians (De La Salle)
Presencia educativa entre 1905 y 1961

Hno. Alfredo Morales

INTRODUCCIÓN

El 7 de julio de 1904 fue votada y promulgada en Francia la Ley Combes, que decretaba la inmediata supresión de todas las Congregaciones religiosas docentes.

Este hecho resultó la causa indirecta y providencial de la presencia de los Hermanos de La Salle en Cuba, porque la mayoría de los 10, 651 Hermanos franceses empezaron a dispersarse por el mundo, y muchos se orientaron hacia América Latina.

A solicitud de Mons. Pedro González Estrada, entonces Obispo de La Habana, el Hno. Gabriel María, Superior General, envió un delegado a Cuba para estudiar la posibilidad de fundar obras educativas lasallistas en el país. Llegó el 1 de febrero de 1905. Nuestro país acababa de nacer a la vida republicana como nación independiente apenas 3 años antes, el 20 de mayo de 1902.

Superadas las dificultades iniciales que pusieron en duda la conveniencia de dichas fundaciones, se decidió abrir una escuela gratuita, a la que se añadió luego la fundación de un colegio por petición expresa del Sr. Obispo. Ese colegio no estaba en los planes iniciales de los Hermanos.

Entretanto, en el Canadá se preparaban 15 Hermanos, 11 franceses y 4 canadienses que serían los iniciadores de la obra lasallista en Cuba. Llegaron a La Habana en el atardecer del 10 de septiembre de 1905.

Primeras Fundaciones. (1905 y 1906)

Escuela del Niño De Belén (1905-1920)

El mismo día, 14 de septiembre de 1905 nacieron dos obras: la Escuela del Niño de Belén y el Colegio de Idiomas y Comercio.

La escuela comenzó a funcionar en 4 aulas cedidas por los PP. Jesuitas de su Colegio de Belén, entonces en el corazón de la Habana Vieja. A ella se dedicaron 5 Hermanos; comenzó con 73 alumnos. Era una escuela gratuita.

Colegio de Idiomas y Comercio de El Vedado. (1905-1961)

Tal fue su nombre inicial y su orientación primera. Diez Hermanos se encargaron de ella. Cinco años después, y ya en locales propios, se iniciaría el «Colegio de La Salle», como se le conocerá después.

Orfanatorio-Escuela San Vicente De Paúl. (1906-1921) (3a. obra lasallista)

El 26 de diciembre de 1906 los Hermanos de La Salle se hicieron cargo de otra obra gratuita, sostenida por la Sociedad de San Vicente de Paúl de la localidad de Guanabacoa. Fue cerrada años más tarde por falta de recursos.

Expansión de la obra Lasallista. (1907-1915)

Colegio La Natividad, Sancti Spiritus, Las Villas (4a. obra lasallista)

El 4 de noviembre de 1907 comenzó a extenderse la obra lasallista más allá del área metropolitana de la ciudad capital. En esa fecha, 5 Hermanos iniciaron con 40 alumnos y 3 aulas una Escuela Primaria en el centro de la isla: Sancti Spiritus. Años más tarde, se le añadiría una Escuela Nocturna Obrera.

Colegio San Julián, Güines, Prov. La Habana, (1907-1931) (5a. obra)

El 15 de octubre de 1907, con 4 Hermanos y 15 alumnos se abrió otra Escuela Primaria, esta vez en la localidad de Güines. Fue cerrada por razones económicas.

Colegio Nuestra Señora de La Caridad, Santiago de Cuba, capital de la provincia de Oriente. (1908-1961) (6a. obra)

Desde la llegada de los Hermanos a Cuba, Mons. Francisco Barnada, entonces Arzobispo de Santiago de Cuba, solicitó con insistencia la presencia de los Hermanos en su sede episcopal; ofreció incluso los amplios y vetustos locales del antiguo Seminario diocesano. Allí abrió sus puertas el Colegio Nuestra Señora de la Caridad, el 1 de septiembre de 1908 con 6 Hermanos y casi un centenar de alumnos.

San Diego de los Baños, Prov. Pinar del Río. (1915-?) (7a. obra)

Junto a la Quinta San José, adquirida en esa localidad un año antes para acoger las Casas lasallistas de Formación de México, entonces en plena persecución, y a petición de Mons. Manuel Ruiz, futuro primer Arzobispo de La Habana, se fundó una pequeña Escuela gratuita. No parece haber durado más de un año.

Colegio Sagrado Corazón, Sagua la Grande, Las Villas. (1914-1922) (8a. obra)

Al dejar los Padres Jesuitas una sencilla Escuela Primaria que allí tenían, se la ofrecieron a los Hermanos, quienes la aceptaron. El 24 de agosto de 1914 comenzó sus actividades. Duró 8 años, y hubo que cerrarla por falta de personal.

Colegio Sagrado Corazón, Guantánamo. (1914-1961) (9a. obra)

Desde 1911 las personalidades de la ciudad habían solicitado la fundación de un Colegio de Hermanos, pero no había personal disponible. La llegada de un grupo de Hermanos expulsados de México hizo posible esta fundación.

Cinco Hermanos iniciaron esta obra el 13 de octubre de 1914 con apenas 7 alumnos, pares el ambiente inicialmente le fue hostil a los Hermanos, y además, porque el curso había comenzado con un mes de atraso. Pero al final había 120 alumnos. Esta obra adquirió mucho prestigio por su excelente Curso Comercial.

Colegio San Cristóbal, Regla, Prov. La Habana. (1915-1933) (10a. obra)

A petición de Mons. Pedro González Estrada, los Hermanos abrieron una Escuela Primaria el 1 de enero de 1915 en este poblado junto a la bahía de La Habana. Se presentaron 25 alumnos que se repartieron en 3 aulas. En 1917 se le añadió una Escuela Dominical, dirigida por catequistas voluntarios.

Academia De La Salle, La Habana. (1915-1961) (11a. obra)

Se considera la heredera y prolongación de la Escuela del Niño de Belén. El 5 de febrero de 1915 abrió sus puertas para continuar los Cursos Comerciales que ya no se podían dar en los pequeños locales de la otra escuela.

Al trasladarse esta Institución al paseo de Carlos III amplió su oferta comercial y pasó a llamarse Academia Comercial De La Salle. A su sombra y prestigio surgieron el Centro de Altos Estudios Comerciales, el Instituto Superior de Estudios de Crédito, el Centro Superior de Ventas; y como feliz corolario la Universidad Social Católica De La Salle (USOCA).

Consolidación. (1916-1961)

Escuela Gratuita Parroquial. El Vedado. (1916-1958). (12a. obra)

Por solicitud de los Padres Dominicos, párrocos de El Vedado, los Hermanos abrieron una escuela gratuita el 27 de octubre de 1916 en terrenos cercanos al Colegio del Vedado. Por sus aulas pasaron unos 2,400 jóvenes y niños de escasos recursos en sus 42 años de fecunda vida. En 1958 fue entregada a los Padres Dominicos.

Colegio San José, Marianao, Prov. La Habana (1918-1961) (13a. obra)

Esta institución educativa existía desde 1899. El 25 de agosto de 1918 cinco Hermanos se hicieron cargo de ella. En 1922 la trasladaron a una amplia finca con amplios terrenos de deportes. A la obra se le añadió un internado que llegó a tener casi un centenar de internos procedentes de todo el país. Fue uno de los baluartes de la Acción Católica y de los Aspirantes. En ella funcionó también una Escuela Nocturna Obrera.

Colegio de La Salle, Miramar, La Habana. (1941-1961) (14a. obra)

Surgió al principio como una sucursal del Colegio del Vedado, en septiembre de 1941. Luego se separó de esa Institución y tuvo vida propia.

Colegio Palatino, La Habana. (1948-1961) (15a. obra)

Por la caritativa magnificencia de Don Pedro Sánchez Abreu, los Hermanos abrieron en ese barrio de La Habana, Palatino, una escuela gratuita primaria muy peculiar, porque a los alumnos se les daban los libros y el uniforme. Comenzó el 1o. de septiembre de 1948.

Escuela Gratuita de Santa María del Rosario, La Habana. (1954-1961) (16a. obra)

Esta escuela gratuita surgió junto a las Casas de Formación de los Hermanos a la vez como servicio y como espacio de capacitación pedagógica de los Hermanos jóvenes. Comenzó el 1 de septiembre de 1954 con 85 alumnos. Los antiguos alumnos de las otras obras lasallistas de La Habana, planificaron la creación allí de una escuela técnica, y hasta habían comprado todo el equipo. Los acontecimientos no permitieron que cristalizara el proyecto.

Universidad Social Catolica de La Salle, Habana. (1957-1961) (17a. obra)

Fue instituida oficialmente el 5 de febrero de 1957 por Carta de Constitución expedida por el Gobierno cubano. Era el resultado de la magnífica obra desarrollada por la Academia De La Salle, en cuyos nuevos locales comenzó a funcionar con 4 Facultades: Derecho, Ciencias Comerciales, Ciencias económicas, y Banca. Su lema fue: DIC SEMPER VERITAS. Funcionó en horas de la noche.

Colegio de La Salle, Manzanillo, Prov. de Oriente. (1958-1961) (18a. obra)

En esa localidad existía ya un Colegio San Francisco, atendido por los Padres Franciscanos y sostenido económicamente por un Patronato. Este hizo contacto con los Hermanos, y en septiembre de 1958 comenzó ya con el nombre de La Salle, atendido por 5 Hermanos, a nivel Primario.

Escuela Gratuita de San Vicente, Santiago de Cuba. (1959-1961) (19a. obra)

San Vicente es un agreste poblado a 20 kms. de Santiago de Cuba. Comenzó esta Escuela gratuita el 1 de septiembre de 1959 con dos Hermanos y 90 estudiantes que recibían, además de la educación, los libros, los uniformes y la comida, costeados por el Colegio de La Salle de Santiago y por un Patronato. Fue la última obra educativa fundada por los Hermanos de La Salle en Cuba, ya iniciado el periodo revolucionario.

Con ella termina la enumeración de las obras educativas lasallistas que florecieron en suelo cubano en el periodo que describimos. En resumen fueron:

Escuelas y Colegios privados: 9
Escuelas gratuitas: 9
Escuelas Nocturnas Obreras: 2
Universidad Social La Salle: 1

Federación de la juventud católica cubana

Fue el resultado de la gran visión pastoral del Hno. Victorino, uno de los 15 Hermanos fundadores de la obra lasallista en Cuba. Observando que los jóvenes católicos que salían de los Colegios estaban carentes de unión y de continuidad en su formación cristiana, ideó unirlos en una «Federación» que les diera fuerza e influencia en su medio. Fue así como el 11 de febrero de 1928 surgió la FEDERACION DE LA JUVENTUD CATÓLICA CUBANA, en un acto celebrado en el Colegio De La Salle del Vedado. Firmaron el Acta de constitución 14 delegados representantes de otras tantas Instituciones educativas católicas.

Este movimiento, que se extendió por toda Cuba, suministró 7000 jóvenes al Episcopado cubano a la hora de constituir oficialmente la Acción Católica Cubana en 1945. Integraron la rama juvenil masculina y femenina. El Hno. Victorino fue declarado Consejero Vitalicio, y condecorado más tarde con la medalla Pro Eclesiae et Pontifice. La Acción Católica Cubana adoptó como emblema oficial el que había diseñado el Hno. Victorino para la Federación.

Reflexiones pastorales que emergen en este relato

Los Hermanos fundadores fueron hombres de gran fe y entrega. Se integraron generosamente a la naciente nacionalidad cubana, pese a provenir de país muchísimo más adelantados en cultura. Fue un gesto de desprendimiento que dio abundantes frutos, sobre todo en el aspecto vocacional.

Fueron también hombres de gran creatividad. No repitieron lo que habían vivido en Francia o Canadá, sino que exploraron nuevos caminos según las necesidades de Cuba. Intuyeron y trabajaron en lo que hoy llamamos educación extra-escolar o no-formal.

¿Por qué no continuaron fundando escuelas gratuitas, como indica su carisma fundacional, y se inclinaron más bien por escuelas y colegios de pago?

Ya acotamos la petición de Mons. Pedro González, apoyado en la buena fe de que era preciso cristianizar la clase media y media-alta de Cuba porque sería ella quien tomaría las riendas políticas de la nación. Este criterio prevaleció durante muchos años.

Otros dos factores influyeron: el mismo alto nivel cultural de los Hermanos fundadores, y luego la demanda de los padres de esos estudiantes, en procura de continuas mejoras en la oferta educativa para sus hijos. Se perdió así la perspectiva de las prioridades evangélicas y pastorales.

Por el reiterado testimonio de Hermanos ancianos que conocimos, podemos afirmar que fueron conscientes de este desbalance, y procuraron al menos atenuarlo lanzando un vasto movimiento catequístico popular en parroquias urbanas y algunas de la periferia de las ciudades donde tenían colegios. Otros organizaron Escuelas Nocturnas Obreras.

A la distancia de 37 años es justo hacer notar que comenzaba tímidamente un proceso de retorno a los pobres cuando fueron suprimidas las obras educativas lasallistas en Cuba: en 1948 se había fundado el Colegio Palatino; en 1954 se fundó la Escuela Primaria de Santa María del Rosario; y en 1959 se fundó la Escuela rural de San Vicente, las tres gratuitas. ¿Hubiera podido continuar esa tendencia rectificadora? No es posible responder a esa pregunta. Lo cierto es que las «enseñanzas» negativas de Cuba han servido para no cometer el mismo error en las otras áreas geográficas que pertenecen al mismo Distrito de Las Antillas.

Al proyectar su acción educativa más allá del espacio escolar y del área académica, los Hermanos de La Salle ampliaron su campo de servicio e influencia educativa así como su imagen, y crearon las condiciones para que un Hno. Victorino, por ejemplo, pudiera lanzar a nivel nacional un Movimiento apostólico y educativo como fue la Juventud Católica. A través de este Movimiento, muchos jóvenes entraron en contacto con la filosofía y los valores educativos lasallistas. Muchas vocaciones lasallistas surgieron de ese contacto extra–escolar.

Al inculturarse, los Hermanos «cubanizaron» su expresión educativa. De sus manos salieron textos de Geografía e Historia nacionales, mapas, etc. Idearon celebraciones esplendorosas de las fiestas patrias, levantaron «rincones martianos» en casi todas sus obras.

La cosecha vocacional fue el mejor indicativo de que habían andado en la dirección correcta. En 1961 había unos 70 Hermanos cubanos, y todos los cargos directivos, incluido el de Provincial, estaban ya en manos de Hermanos nativos, por decisión espontánea de los Hermanos franceses y de otras nacionalidades.

El Colegio San José y el humanismo jesuítico (1722-1767)

José Luis Sáez, S.J.

Los jesuitas estuvieron presentes en el quehacer de la Iglesia cubana desde mediados del siglo XVI, sin embargo, su labor educativa no se materializó hasta el siglo XVIII con el establecimiento de dos colegios, uno en La Habana y otro en menor escala en Camagüey. Expulsada la Compañía de Jesús de España y sus territorios de Ultramar en 1767, y suprimida luego durante cuarenta y un años (1773-1814), los jesuitas no volverían a tener participación en la educación cubana hasta 1852, al amparo y en consonancia con la política colonial de Isabel II de Borbón.

El Colegio San José de La Habana (1722-1767)

El primer centro educativo de los jesuitas en Cuba fue el Colegio San José, aunque se dice que el pueblo se refirió siempre a él como Colegio San Ignacio o de la Compañía. Como la isla pertenecía entonces a la demarcación jesuita denominada Provincia de Nueva España o México, la dotación del colegio y su personal provenían de México, y seis de sus rectores y catorce de sus profesores eran nativos de aquella apetecida colonia española, y en su mayor parte de la actual Ciudad de México y de Puebla de los Angeles. Solo tres de ellos eran nativos de la isla (dos de La Habana y uno de Santiago), pero solo dos se dedicaron a la docencia y el tercero fue misionero ambulante [1].

Después de larga gestación, el colegio fue fundado oficialmente mediante Real Cédula de Felipe V de Borbón (Lerma, 19 diciembre 1721), gracias a las gestiones del mexicano José de Castrocid o Castro Cid (1687-1764) y el guatemalteco Jerónimo Varaona (1688-1749) [2]. Sin embargo, la ciudad y la misma Compañía de Jesús siempre reconocieron como fundador al sacerdote cubano Gregorio Díaz Angel (+1735) que, además de donar buena parte de sus haciendas (4 octubre 1717), dejó en su testamento otros bienes fundacionales (18 septiembre 1734), y expresó su deseo de que el colegio estuviera bajo el patrocinio de San José.

De la paternidad de Díaz Angel ha quedado constancia en la Real Cédula citada. En ese documento se hacía constar que el P. Juan Francisco Castañeda, S.J., Procurador de Indias[3], presentó ante la Corte una *escritura de donación de diferentes efectos de tierras y ganados hecha por D. Gregorio Díaz Angel, presbítero, vecino de la ciudad de la Habana, para que se funde en ella un Colegio de la Compañía* [4].

De modo semejante, había contribuido con su apoyo moral y económico el jesuita cubano Eugenio de Losa o Lasa (1655-1750), y el obispo Diego Evelino de Compostela (1635-1704), que cedió buena parte del terreno situado en la llamada Placita de la Ciénaga. Sin embargo, la muerte le sobrevino antes de ver instalado el colegio, y le tocó a su sucesor, Jerónimo Valdés, que instó enseguida a los jesuitas a abrir, aunque fuese de manera provisional, una clase de gramática en la cochera de una de las casas del P. Eugenio Losa en la calle de Mercaderes. A causa del normal retraso de la correspondencia y otros inconvenientes del terreno elegido, las obras del colegio no comenzarían hasta 1727 [5].

El local del colegio San José, cercano a la costa, ocupaba lo que luego sería Seminario de San Carlos y San Ambrosio. Su entrada principal era prácticamente la misma que conserva el seminario al costado derecho de la Catedral. Por lo menos sabemos con certeza que a fines de 1740, a base ante todo de los réditos de las haciendas, se había concluido la construcción de la primera parte del colegio, y se emprendió la renovación del resto [6].

Parece que la capilla pasó por varias etapas. Una vez que existía antes que el colegio la capilla de San Ignacio y el mismo colegio incluía una para los alumnos y la comunidad, en el informe económico de 1744 se aclara que el nuevo templo, más amplio y capaz, aún no se había terminado [7]. Es de suponer que buena parte de esa construcción estaba avanzada en 1749, y el 8 de septiembre de 1755 se bendijo la llamada Santa Casa de Loreto [8]. Pero ciertamente el templo, que se convertiría en Catedral de La Habana, no se había terminado en 1767 cuando fueron expulsados los jesuitas [9].

El conjunto que componía el colegio San José incluía, además de algunas habitaciones para alumnos internos, una Casa de Ejercicios, sin duda la primera que existió en el Caribe, a la que parece acudía también el clero por disposición del arzobispo Pedro Agustín Morell de Santa Cruz, el primer santiaguero dominicano en llegar a esa dignidad. De ambas cosas, haciendas y conjunto estructural del colegio, se conservan planos y títulos de propiedad en el Archivo Histórico Nacional (Madrid) [10].

Fiel a la tradición de la antigua Compañía de Jesús de que la enseñanza fuese gratuita, la base de sustentación del Colegio San José se componía de tres ingenios (Nuestra Señora de Aránzazu o Barrutia, San Juan Bautista de Poveda y San Ignacio de Río Blanco), y cuatro haciendas de ganado: Puercos Gordos, Guaiquiva, Hatillo de Santo Domingo y El Salado [11]. A finales del siglo XVIII, poco antes de la expulsión, en esas haciendas había un total de 8,034 cabezas de ganado y 423 esclavos negros (330 hombres, 66 mujeres y 27 niños) [12].

Profesores y alumnos del Colegio San José

Por las aulas de San José pasaron profesores tan eminentes, antes o después de su estancia allí, como el humanista mexicano Francisco Javier Alegre (1729-1788), el científico italiano José Javier Alagna (1707-1767), a quien se debe el primer mapa de La Florida, el irlandés Thomas Ignatius Butler (1712-1770), misionero y maestro del P. Alegre, y el español Pedro Ignacio Altamirano (1693-1770), procurador electo de México ante el Consejo de Indias.

Aunque el factor no sea concluyente acerca de la calidad de la enseñanza, de los veinte jesuitas que se dedicaron a ese menester durante los cuarenta y cinco años de vida del colegio San José, nueve eran Bachilleres en Filosofía, dos lo eran también en Teología («Bachalaureatus in utroque Sophia»), y uno era Magister en Filosofía[13]. Cuatro de los titulados (incluyendo el cubano Pedro Palacios Betancourt), habían cursado esos estudios superiores antes de su ingreso en la orden.

Entre sus alumnos se destacaron, sobre todo, el primer obispo de Nueva Orleans, Luis Ignacio Peñalver y Cárdenas (1749-1810), el P. Francisco Javier Conde y Oquendo (1733-1799), según algunos el mejor orador del siglo XVIII nacido en América, y sobre todo el habanero P. José Julián Parreño, S.J., (1728-1785), filósofo y teólogo, que impulsó el neo-escolasticismo en México. Aunque la dispersión de 1767 obstaculizó la perseverancia de muchas vocaciones, también sabemos que unos diez alumnos del colegio ingresaron en la Compañía de Jesús.

Durante sus 45 años de existencia gobernaron el colegio los siguientes diez rectores: José de Castro Cid (México: 1722-1727), Pedro Ignacio Altamirano (Málaga, España: 1727-1736), Jerónimo Varaona (Guatemala, 1737-1748), Pedro de Lucena (Veracruz, México: 1748-1751), Martín Goenaga (Vergara, España: 1751-1753), Joaquín Munave (Tlaxcala, México: 1753-1758), Antonio Muñoz (Puebla de los Angeles, México: 1758-1761), José Urbiola (Navarra, España: (1761-1763), Estanislao Ruanova (Veracruz, México: 1763-1766), y Andrés Prudencio Fuentes (Guanajuato, México: 1766-1767).

Cuando se leyó el decreto de expulsión de la Compañía (15 junio 1767), la comunidad jesuita del Colegio San José se componía de 13 sacerdotes, 1 escolar y 2 coadjutores. Habían trabajado hasta entonces 41 jesuitas (34 sacerdotes y 7 coadjutores). Sin embargo, no disponemos aún de documentación más precisa para determinar qué número de alumnos admitía el colegio, probablemente solo algunos internos y el resto externos, o cuántos pasaron por él durante ese breve período de cuarenta y cinco años [14].

Los elementos y grados de la educación humanista

Aunque la garantía de la validez del método jesuítico está en la calidad de sus egresados, también es preciso saber qué tipo de formación era la que impartían los jesuitas en este primer colegio cubano. Dada la escasez de documentos o la imprecisión de los disponibles, quizás el único recurso disponible sea la inferencia histórica, una vez que se conoce bien el sistema introducido en el Colegio San Pedro y San Pablo, la principal de las instituciones jesuitas mexicanas después de 1573.

A partir del catálogo oficial de los jesuitas de La Habana de 1737, sabemos que en San José se enseñaba Gramática, Filosofía y Teología Escolástica, que pronto se dividió en Primae y Vesperae. A partir de 1748 se agregó Teología Moral, y en 1764 aparece por vez primera Metafísica, y se habla de una cuarta clase de Retórica y Poesía. A partir de 1751 se había dividido el curso de Gramática, y aparecieron los grados de Prima y Seconda.

Aunque el clima y hasta el ritmo de vida del litoral Caribe impondrían ciertas modificaciones (parece que la mayor parte de los alumnos eran externos), el horario de clases y ejercicios de cada una de las materias se extendían dos horas por la mañana y dos por la tarde, de lunes a sábado, excepto el día o medio día de vacación semanal que quedaba al arbitrio del rector, pero que acabó siendo el jueves [15].

Todo esto correspondía al esquema adaptado en 1547 por el Maestro Ignacio del *modus parisiensis*, que comprendía los niveles de Gramática (Ínfima, Media y Suprema), Humanidades, Retórica y Poesía [16]. Parece, sin embargo, que en San José se suprimió el curso de Humanidad, puesto que no aparece referencia a él, y al curso de Retórica y Poesía se le cataloga como cuarta clase.

No sabemos cuántos cursos componían las facultades superiores, es decir, Filosofía y Teología[17]. A no ser que algunos no jesuitas se integrasen al Claustro (cosa poco probable), como ya dije, solo se mencionan dos materias de Filosofía (General y Metafísica) y dos de Teología (Moral y Escolástica). De lo que sí podemos estar seguros (así se desprende de las reales cédulas de fundación), es de que el Colegio San José no estaba autorizado para otorgar títulos académicos, que solo extendía la Universidad de La Habana[18].

La que podríamos llamar «escuela elemental» estuvo en manos de un hermano coadjutor (el consabido «ludimagister»), y ese oficio lo desempeñaron sucesivamente los HH. Blas Pacheco (1737-1751), Juan Ponce de León (1755-1758), y Benito Muru (1758-1761). Al parecer, la escuela elemental desapareció antes de 1764, porque el H. Benito Muru, un sardo de cincuenta años, había fallecido en el colegio en 1761 y en el catálogo siguiente (1764), ya no figura ninguno de los dos coadjutores con ese oficio.

497

La vida de piedad: congregaciones y apostolado jesuítico

Para el fomento de la piedad, como en todos los colegios de la Compañía y según el modelo de la Prima Primaria del Colegio Romano, existía una congregación mariana de estudiantes, posiblemente bajo la misma advocación de la Anunciación o Anunciata, aunque ninguno de los documentos lo especifican. Según los catálogos oficiales, fueron prefectos de la congregación mariana los PP. Antonio Muñoz (1737-1748), y José Javier Alagna (1748-1750).

En los tres o cuatro años finales del colegio, funcionaba en el templo y probablemente disponía de altar propio, la congregación de Nuestra Señora de los Dolores y de la Buena Muerte, bajo la dirección del P. Juan Roset[19]. Los congregantes se reunían todos los viernes a oir misa y escuchar una plática del padre director, cerrando la sesión con el acto de contrición. La misa de los terceros viernes de mes se celebraba ante el Santísimo expuesto, había comunión general (al acto tenían acceso los demás fieles, atraídos por la indulgencia plenaria que se ganaba en esa oportunidad), se rezaban los dolores y gozos de Nuestra Señora, y después de la consabida plática se recitaba el acto de contrición.

Consta, además, que el ya citado P. Alagna se dedicó a catequizar a los esclavos negros durante once años (1744-1755), es probable que los agrupase en una hermandad o congregación[20]. Al mismo P. Alagna se debe el fomento de la devoción a la Virgen de Loreto, como ya se mencionó al hablar del templo del colegio.

Aparte de la fiesta del santo patrono del colegio (19 de marzo) y las de Nuestra Señora de los Dolores (15 de septiembre) y la Virgen de Loreto (10 de diciembre), sabemos que el colegio, como en toda la Compañía, celebraba con novenario la fiesta titular del Santo Nombre de Jesús (1° de enero) y la de San Ignacio (31 de julio). Otras fiestas de cierta importancia eran Nuestra Señora de la Luz (1° de junio), San Antonio de Padua (13 de junio), San Luis Gonzaga (21 de junio), San Francisco de Borja (3 de octubre), San Francisco Javier (3 de diciembre), y la Inmaculada Concepción (8 de diciembre).

Obras y autores de la escuela jesuítica cubana

En cuanto a los textos y autores que se usaban, el inventario de los bienes intervenidos en 1767 nos puede dar una idea aproximada de esto, porque la sola lista de las obras de la biblioteca de la comunidad o las que cada profesor tuviese en su habitación no nos permiten concluir qué obras eran las que servían de texto en cada materia [22].

Apoyados, sin embargo, en lo establecido por las costumbres de la provincia de Nueva España, sí sabemos que los textos y autores usados desde la renovación emprendida por los jesuitas italianos y españoles en el prestigioso Colegio

Máximo San Pedro y San Pablo, fundado en 1573, eran la *Lógica Mexicana, un Comentario a la lógica aristotélica* del P. Antonio Rubio (Colonia, 1606), la *Philosophia Thomistica* del benedictino Luis Babenstuber (Salzburgo, 1704), y el *Cursus Philosophicus* del P. [Esteban de] Aguilar (1729). En el área de Teología Moral se usaron los cinco tomos del tratado *De Iustitia et Iure*, del famoso P. Luis de Molina (Maquncia, 1659) [23].

Para la enseñanza de la Gramática, se usaron antologías breves de autores clásicos, editados en la imprenta del colegio San Ildefonso (Pueblo de los Angeles). Destacaba ante todo la *Gramática o Arte de la Lengua Castellana* de Elio Antonio de Nebrija (1441-1522), y los textos que la explicaban, como las dos ediciones de la *Explicación de los libros IV y V de Nebrija,* del P. Mateo Galindo (México, 1726-1736). Completaban el ciclo de latinidad diccionarios de Latín y las obras de Cicerón, Virgilio, Ovidio y Terencio.

Aunque a ninguno de los profesores se le asignen materias de ciencias (sí sabemos que el siciliano José Javier de Alagna era experto en Matemáticas), parece que se daba cierta importancia a la Física, la Geometría y la Matemática, puesto que en el inventario de la biblioteca del colegio había obras de Geografía (Enrique Aefferden), Física (Isaac Newton, John Keill), Matemáticas (Charles Reynau, Juan B. Corachán) e Historia Natural del abate N. A. Pluche [24].

Un elemento renovador: Francisco Javier Alegre (1755-1763)

Es posible que uno de los factores novedosos del colegio fuera el aporte del P. Francisco Javier Alegre, aunque su estancia en La Habana fuese ante todo por razones de salud. Este joven sacerdote veracruzano fue heredero de la renovación humanista mexicana, de la misma generación intelectual que el guatemalteco Rafael Landívar (1731-1793), y el también veracruzano Francisco Javier Clavigero (1731-1787), fue al parecer el primero en enseñar en Cuba los recursos de la oratoria ciceroniana. Y sin duda como fruto de ese curso, y quizás como apoyo didáctico, consta que compuso en el mismo colegio de San José su obra *Ars Rethorices ex Praeceptis Tullii [Ciceronis]* (1756-1762) [26].

Como aclaraban muy bien las reglas o normas del profesor de esa materia, ampliadas en 1635 por disposición de la VII Congregación General, el fin de la Retórica era disponer a la perfecta elocuencia, y *comprendía dos facultades principales, la oratoria y la poesía, y de estas dos se tenga siempre como primera parte a la oratoria*. Y condensando el programa de la materia, la primera regla añade: *Se puede decir en general que consta de tres partes principales: los preceptos del hablar, el estilo y la erudición*[27].

Por la misma razón, suponemos que la metodología de Alegre en la enseñanza de la Retórica se ajustaba al clásico esquema u orden de ejercicio de memoria (prima hora antemeridiana), composición o imitación de un autor, lección o prelección y declamación (tanto pública como privada), tal como figuraba en la Ratio Studiorum [28].

Una tradición de casi dos siglos de práctica en la educación novohispana, (el P. Alegre la había aprendido muy bien con los maestros José Mariano Iturriaga y Everard Hellen en Tepotzotlán), convenció a los jesuitas del colegio habanero de la eficacia del método humanístico para formar hombres y no solo cabezas [29]. En los escritos de Alegre ha quedado reflejado su rechazo instintivo del saber enciclopédico y su profunda convicción de que el verdadero conocimiento se adquiere con el estudio serio. Desde su destierro en Bolonia, le decía con toda claridad a Lorenzo Hervás y Panduro en 1786 que los diccionarios, las introducciones y otras obras *en que se habla de los escritores sin haberlos leído y en que no se aprenden ciencias sino palabras y personas o fatarellos, están muy lejos de mí, como lo estarán de V. M. (=Vuestra Merced) y de cualquier hombre de seso* [30].

Dos sucesos marginales de importancia

Aunque fuesen hechos marginales a la vida regular del colegio San José, es preciso mencionar brevemente la exitosa expedición a La Florida (1743), y por supuesto, el cerco y toma de La Habana por parte de los ingleses (1762), por la importancia que revistieron en esos 45 años de vida escolar.

Del primer hecho fueron protagonistas el napolitano José María Mónaco (1704-1744), y el ya citado palermitano José Javier Alagna (1707-1767). Con el patrocinio del gobernador Juan F. Güemes de Horcasitas, emprendieron una expedición esencialmente misionera, que saliendo de La Habana el 22 de junio de 1743, les llevó desde Key West (Cayo Hueso) a Boca de Ratones (Florida). Sus habilidades de cartógrafo, permitieron al P. Alagna trazar sobre la marcha el que se considera primer mapa de los cayos de La Florida (26 julio 1743) [31].

En el segundo caso y cuando la vida del colegio estaba ya en su última fase, ocurrió el desembarco de las tropas del coronel Elliot en Guanabacoa (8 junio 1762). Como apuntan algunos, fue notable el destrozo ocasionado en la capilla del ingenio Nuestra Señora de Aránzazu o Barrutia (a 8 kilómetros al SE de La Habana), a pesar de la protesta e inútil defensa del P. Antonio Muñoz [32]. Quizás unos días antes (6 junio 1762), como parte de su inútil defensa de la bahía frente a la escuadra inglesa de Lord Albemarle, habían convertido el edificio del colegio en baluarte, una vez desalojados y trasladados casi todos los profesores y quizás parte de los alumnos a los hospitales de Belén y San

Juan de Dios [33]. Poco tiempo permanecieron en ese refugio, pues a raíz de la rendición de la ciudad, los sacerdotes se dedicaron a llevar el viático y auxiliar a la población en general.

Según la crónica del desconocido jesuita, a pesar del fuerte bombardeo de la escuadra enemiga que afectó seriamente a algunos conventos e iglesias de la ciudad, el colegio no sufrió daños de importancia: solo una granada destrozó parte del exterior de la Santa Casa de Loreto, y el estallido rompió sus vidrieras y las de la vecina capilla de San Luis Gonzaga.

Balance de cuarenta y cinco años de presencia jesuita en San José (1722-1767)

De lo dicho hasta aquí podemos deducir dos o tres cosas a modo de conclusiones provisionales:

1. Ante todo, parece evidente que la educación jesuítica que ofrecía el colegio San José, según las normas del sistema pedagógico parisino e ignaciano *(ratio studiorum)*, hacía mayor hincapié en la formación humana integral que en la solo información intelectual o como diría Alegre, *formar hombres y no solo cabezas*.
2. Como innovaciones pedagógicas, podemos decir que el San José fue pionero en la retórica y en la nueva corriente filosófica difundida ya en la escuela jesuítica novohispana, como dicen los entendidos, por lo menos medio siglo antes que el P. José Agustín Caballero.
3. Como se deduce de la metodología del mismo Alegre, durante esos cuarenta y pico de años, la escuela jesuítica acostumbró a los alumnos a enfrentarse al autor y su obra, que nunca podría ser sustituido por los diccionarios, los prontuarios o los florilegios.
4. Hasta qué punto esta modalidad de educación, con menor recurso a la memorística pero sin eliminarla por completo, produjo una generación cubana pensante, es algo que yo no me atrevo a decir. Nos gustaría decir que sí. Pero, como la información que tenemos hasta ahora acerca de los alumnos se refiere a los eclesiásticos, no podemos determinar el influjo que tuvo la formación del San José en la sociedad o en lo que no hace mucho llamábamos los laicos.
5. Por último, aunque no creo que sea lo principal, la existencia de grandes propiedades rurales y nutrida mano de obra esclava, aquí y en cualquier lugar de las Américas, solo se justifica y explica si tenemos en cuenta el

interés que tuvo la Compañía de Jesús en mantener la gratuidad de la enseñanza. Aunque en gran parte de esas Américas esta modalidad de apostolado estuviera al servicio de la clase dirigente, excepto cuando se trataba de seminarios.

NOTAS:

[1] Los jesuitas cubanos dedicados al magisterio eran los PP. Pedro Palacios Betancourt, nativo de Santiago (1723-1776), y José Fernández Castellón (Habana, 1685-1757), mientras el también habanero Miguel Ruiz Espellosa (1726-1778), se dedicó a las misiones. Cfr. J.L. Sáez, *Los jesuitas en el Caribe Insular de habla castellana (1575-1757)*, Paramillo N° 16/1997 (San Cristóbal: UCAT, 1997), 114, 127, 135.

[2] Una vez que los «preliminares» de la fundación han sido tratados por historiadores españoles y mexicanos, prescindo de estos por razones obvias, y me remito a la bibliografía, sobre todo a la documentación recogida por Francisco Zambrano, S. J. en su *Diccionario Bio-Bibliográfico* V (México, 1965), 351-365.

[3] El P. Castañeda, de la Provincia de Quito, nació en 1669, desempeñó el puesto de procurador de Indias en Madrid (1718-1730), y falleció al año siguiente, sucediéndole en el cargo el P. Gaspar Rodero (1730-1740).

[4] *Real Cédula de Felipe V al Capitán General de Cuba* (Lerma, 19 diciembre 1721), cit. Ignacio M. Egaña (ed.). *Album Conmemorativo del quincuagésimo aniversario de la fundación en La Habana del Colegio de Belén* (La Habana, 1904), 36.

[5] Así se deduce de una nueva Real Cédula de Felipe V al gobernador de Cuba (Buen Retiro, 5 abril 1727). repr. I. M. Egaña, op. cit., 38-39.

[6] Así se dice en el informe *Catalogus Rerum Collegii Habanensis (Habana, 31 enero de 1741)*. ARSI. Mexic. 7, f. 196v.

[7] Cfr. *Catalogum Rerum Collegii Habanensis (18 marzo 1744)*, ARSI. Mexic. 7, f. 264v.

[8] Según el P. Francisco J. Alegre, resumiendo una relación anónima de 1753 (AGN. Jesuitas leg. 961, n° 12), Fr. Juan Laso de la Vega Cansino, O.F.M., obispo de Cuba (1753-1768), bendijo la primera piedra del templo el 19 de marzo de 1748. Cfr. *Historia de la Provincia de la Compañía de Jesús de Nueva España* IV (Roma, 1960), 437; cit. Ignacio M. Egaña (ed.). op. cit., 42.

[9] A partir de 1747 se ocupó de la obra el P. José Javier Alagna, que en 1749 informaba al provincial Andrés Javier García sobre la marcha de los trabajos. Cfr. AGN (México). Hist. t. 295; Zambrano-Gutiérrez Casillas, *Diccionario Bio-Bibliográfico XV (1977)*, 57. Alagna falleció el 19 de febrero de 1767 y fue el primero de los sepultados en aquel templo.

(10) Cfr. AHN (Madrid), Jesuitas leg. 125, n° 12; ibid. leg. 962, exp. 12. En Sevilla se conservan el plano del futuro colegio, preparado en 1687 por el arquitecto cubano Francisco Pérez (AGI. *Santo Domingo: Mapas y Planos*, leg. 88), y el plano del colegio incoado de Puerto Príncipe (ibid., 360).

(11) Los planos de esas propiedades rurales se conservan en el AHN (Madrid), loc. cit., leg. 125, exp. 12, 14, 22 y 30; leg. 962, exp. 12. Excelentes descripciones de las propiedades y su valor son las de Mario A. Cuevas, *Activites economiques jesuites a Cuba: XVIIIeme siecle,* tesis inéd. (París, 1983), y Pedro M. Pruna: *Los jesuitas en Cuba hasta 1767* (Habana, 1991), 37-52.

(12) La lista completa de los esclavos de todas las haciendas, incluyendo los niños, aparece en el expediente N° 8 (Habana, 20 febrero 1768). Cfr. AHN. loc. cit., leg. 83, N° 20.

(13) Cfr. Catal. Trienn. Prov. Mexic. (1737, 1751, 1758, 1764). ARSI. Mexic. 7, ff. ff. 71-71v; 8, ff. 23-23v; 128-128v, 197-198.

(14) El carácter de externado queda probado por el plano del conjunto escolar, que no incluye habitaciones para los alumnos, sino solo facilidades escolares, patio de ejercicios y claustro de los padres. Cfr. AHN loc. cit., exp. 12.

(15) Cfr. N° 19, *Reglas del Rector*, op. cit., 178.

(16) Una explicación detallada de la adaptación ignaciana véase en George E. Gans, S.J. *Universidad y Educación jesuíticas ideadas por S. Ignacio*, trad. esp. (La Habana, 1958), 238-255.

(17) Ni siquiera los informes económicos, más pormenorizados que los catálogos del personal, nos permiten concluir más allá de lo ya expuesto.

(18) Cfr. Pruna Goodgall, op. cit., 67-68.

(19) La Congregación de la Buena Muerte fue erigida en el templo del Gesu (Roma), mediante la constitución *Redemptoris nostri* de Benedicto XIV (29 septiembre 1729), bajo la advocación de Cristo expirante en la Cruz y la Virgen de los Dolores. Cfr. José Jouanen, *Historia de la Compañía de Jesús en la antigua Provincia de Quito II* (Quito, 1943), 299; Antonio Valle Llano, *La Compañía de Jesús en Santo Domingo durante el periodo hispánico* (C. Trujillo, 1950), 206-207.

(20) En el catálogo de 1744 se le asigna por vez primera el oficio de Praefectus doctrinae Aethiopum. Cfr. ARSI. Mexic. 8, f. 359v. Lo mismo se repite hasta 1758. ibid., f. 128.

(21) Cfr. Egaña, op. cit., 45. El autor reconstruye la enumeración a base de los datos aportados por José M. Félix de Arrate en el capítulo XLV de *Llave del Nuevo Mundo y Antemural de Las Indias Occidentales* (Habana, 1761).

(22) El inventario de la biblioteca (Diligencias practicadas para la entrega de la casa que fue colegio de regulares...), fue publicada en el Boletín del Archivo Nacional XVII:7 (Habana, Enero-Febrero 1918), 40-60, y en buena parte lo reproduce y comenta P. Pruna Goodgall, op. cit., 57-64.

(23) De mayor valor como revelador del método jesuítico debe ser el tratado moderno de Filosofía (se trata de las notas manuscritas en latín de un alumno entre 1740 y 1767), bajo el título de Física Jesuítica o Peripatética, y que se conserva en el Archivo del Arzobispado de La Habana.

(24) Aunque quizás se tratase de un autodidacta, Alagna siempre se reconoció como matemático y cartógrafo. Había nacido en Palermo (11 enero 1707), e ingresó en la orden en Palermo (11 enero 1722). Según su deseo, en 1730 fue enviado a México y allí concluyó sus estudios superiores y fue ordenado sacerdote (27 mayo 1731). Murió en La Habana (25 junio 1767). Cfr. Alegre, op. cit. IV (1960), 399401; J.L. Sáez, op. cit., 103-104.

(25) Sabemos que durante esos seis o siete años de estancia en La Habana (1755-1763), Alegre aprendió italiano e inglés, sin duda con la tutoría del italiano José Javier Alagna y el irlandés Thomas I. Butler respectivamente. Cfr. Ernest Burrus, S.J., *Francisco Javier Alegre: Historian*

of the jesuits of New Spain (Roma, 1953), 446; Allan F. Deck, S.J., *Francisco Javier Alegre. A Study in Mexican Literary Criticism* (Roma, 1976), 4.

[26] Cfr. Ernest Burrus, «Lista cronológica de los escritos de Alegre» in F. J. Alegre, *Historia de la Provincia de la Compañía de Jesús de Nueva España* I (Roma, 1956), 483-484. Según Burrus, a sugerencia del P. Alagna, el joven profesor envió su manuscrito a Sicilia para su impresión, pero no consta que se materializara el proyecto. Según el mismo autor, también en La Habana comenzaría a redactar su Philosophia Novo-Antiqua (c. 1959).

[27] «Regulae Professoris Rhetoricae», Ratio atque Institutio Studiorum Societis Iesu (Amberes, 1635); trad. esp. in José del Rey Fajardo, *La pedagogía jesuítica en la Venezuela Hispánica* (Caracas, 1979), 243.

[28] Cfr. «Regulae Professoris Rhetoricae», Ratio atque Institutio Studiorum Societtis Iesu (Amberes, 1635); trad. esp. Gustavo Amigó, S.J. in José del Rey Fajardo, *La pedagogía jesuítica en la Venezuela Hispánica* (Caracas, 1979), 243-249. Cuenta el P. Alegre y repiten varios autores que, a falta de un local apropiado, los alumnos de los primeros años de San José hacían sus ejercicios de memoria o repaso dando vueltas a la misma plaza. Alegre, op. cit. IV (1960), 312.

[29] Iturriaga, nativo de Puebla de los Angeles (1717-1787), enseñó Humanidades en Tepotzotlán durante dos años (1748-1750), precisamente durante la estancia de Alegre en aquel Juniorado (1749-1751). Cfr. Zambrano-Gutiérrez Casillas, op. cit. XV (1977), 784-785. El alemán Hellen (1679-1757), misionero y débil de salud, estuvo en aquel colegio desde 1744 hasta su muerte. Cfr. ibid., 743-744.

[30] «Carta de F.J. Alegre a L. Hervás y Panduro (Bolonia, 1° noviembre 1786)», repr. Allan F. Deck, op. cit., 38.

[31] Cfr. AGI. Mapas y Planos. México, 147; Ernest Burrus, *La obra cartográfica de la Provincia Mexicana I* (Madrid, 1967), 43-45, 136; Ignacio Egaña, op. cit., 49-52; Michael Kenney, *The Romance of the Floridas* (Milwaukee, 1934), 336-341; Pruna Goodgall, op. cit., 53.

[32] Cfr. Egaña, op. cit., 53-54. El P. Muñoz, nacido en Córdoba (Puebla) el 19 de julio de 1691, fue rector del colegio hasta 1761, pero es posible que una vez traspasado el mando a su sucesor, se hiciese cargo de la capellanía de aquel ingenio. Los catálogos conservados no hacen mención de ello, una vez que el anterior es de 1758 y el siguiente es de 1764, cuando Muñoz había fallecido (13 abril 1764). Cfr. ARSI. loc. cit. 8, f. 128, 197-198.

[33] Cfr. Egaña, op. cit., 53. Los pormenores de la toma de la ciudad, enviados al Prefecto de Sevilla por un jesuita no identificado (12 diciembre 1763), fueron publicados en *Memorias de la Sociedad Patriótica de La Habana VIII* (1839), 298-323; cit. Pruna Goodgall, op. cit., 55-56.

RESUMEN DE LAS PONENCIAS PRESENTADAS

La obra educadora de la iglesia en el pensamiento vareliano de «El Habanero»
Autora: Maybell Padilla
La Habana

Se presenta como ejemplo de la labor educadora de la Iglesia Católica fuera de las aulas e iglesias, la obra de Pbro. Félix Varela, en particular, el periódico «El Habanero», en que se proyecta como maestro de la generación antecesora que enfrentó las luchas por la independencia de 1868.

•••••

Hermanas Oblatas de la Providencia: educadoras magníficas.
Autor: Lic. Daniel Ernesto Agüero Luaces.
Coautora: Josephine Henrietta Pryce Gregori.
La Habana

La comunidad religiosa católica Hermanas Oblatas de la Providencia se dedicó desde 1900 hasta 1961 a la instrucción de numerosa parte de la población cubana. Ellas aportaron conocimientos útiles a los que añadían una educación cristiana que coadyuvaba al desarrollo de virtudes humanas.

En sus escuelas realizaron una labor pedagógica extraordinaria que se ponía de manifiesto al fomentar en sus discípulos el amor a Dios, a la patria, al hogar, a la familia y al prójimo, así como en la atención a aspectos tales como las bellas artes, la convivencia social, la recreación, el deporte y todos los factores que influyen en el desarrollo plurifacético de la persona humana.

La riqueza espiritual en oponencia a su pobreza económica les permitió demostrar qué grande es la obra educativa si está presente el amor y la disposición de servir tanto en colegios como en obras sociales con los más necesitados.

Hoy sus exalumnos ponen en práctica la educación recibida y que han podido llevar a sus descendientes cual magnífica herencia legada por quienes fueron evangelios vivos.

•••••

Luz, Sor Petra y el Padre Viera
Autor: Lic. Carlos Bartolomé Barguez
La Habana

La ponencia destaca a tres personalidades del catolicismo y la pedagogía en el Cerro vinculadas a una célebre institución que este año cumple su aniversario 150: el Colegio del Salvador.

Se valora el aporte de Don Pepe, Sor Petra Vega y el Padre Viera a través de las escuelas por ellos dirigidas. En el acápite dedicado a José de la Luz Caballero y el Colegio del Salvador se hacen algunas precisiones puntuales en nombres y fechas, al tiempo de exaltar la vigencia de su legado. Al tratar el Colegio San Vicente de Paul, continuador con Sor Petra de la obra evangélica y pedagógica en el edificio de Calzada del Cerro 1915, se menciona el principio católico-martiano de integración del estudio y el trabajo en la formación de los educandos. El padre José Viera Martín es la personalidad menos conocida; salvo escasas y breves notas periodísticas, nunca se ha publicado su biografía a pesar de haber tenido una trayectoria igualmente consagrada y ejemplar. Se explica cómo sus funerales fueron precisamente, solo comparables en el Cerro con las honras de Don Pepe, y después en la despedida a Sor Petra Vega; su cadáver fue llevado en hombros por toda la barriada y una manifestación multitudinaria de duelo, le acompañó hasta su última morada, donde reposa junto a la distinción «Pío Eclessia» que le otorgara Su Santidad, el Papa Pío XI. Ha sido propósito del autor honrar la memoria de estos maestros católicos; destacar la trascendencia del Colegio del Salvador en el origen de nuestra nacionalidad, y su continuación histórica. La ponencia concluye exhortando a rescatar la imagen del magisterio cubano, basados en los principios que hicieron amar y ser amados a Don Pepe, Sor Petra y el Padre Viera.

•••••

La Ciudad de los niños del Padre Testé
Autora: Esperanza Ojeda
La Habana

Este trabajo comienza dando los resultados de una pequeña encuesta donde se registran algunos criterios actuales sobre la Ciudad de los Niños. Comprobamos que existe, no solo desconocimiento y confusión, sino también tergiversaciones sobre esta magna obra educativa de la Iglesia Católica y en especial del Párroco de Nuestra Señora del Pilar, Padre Ismael Testé Pérez, ya fallecido.

Luego de cuarenta años de la inauguración de la primera Ciudad de los Niños en Bejucal, el 24 de febrero de 1957, se imponía dejar esclarecido todo lo concerniente a aquella noble obra que tuvo como antecedente el Boy's Town de Douglas, promovida por el Padre Edward Flanagan en los Estados Unidos y por el Sacerdote Carlos Álvarez en Monterrey, México.

En la ponencia se valoran las motivaciones personales y apostólicas del Padre Testé, su identificación con los niños y su educación. Se menciona que fundó desde 1945 el Patronato Pro-Escuela para Niños Pobres en El Pilar y logró la reconstrucción de la creche «Habana Nueva», en la misma barriada. Su proyecto de Ciudad de los Niños se correspondía con la más urgente necesidad de caridad y prevención social en aquel momento, donde dio hogar, alimento, vestuario, calor humano y enseñanza a niños hasta entonces desamparados. El principio martiano de vinculación del estudio y el trabajo fue piedra angular de sus realizaciones para dar no solo oficio a los alumnos, sino estimular las mejores virtudes humanas y evangélicas, incluyendo el compartir con los más necesitados.

Testé por su identificación con los humildes y desposeídos fue tildado de comunista, colaboró con el M-26-7 y fue sobre todo, muy martiano, abogando por la unidad de todos los cubanos hacia una sociedad mejor. Cuando en una entrevista Germán Pinelli le preguntó si se iba a erigir una estatua en la Ciudad de los Niños, como lo hiciera el sacerdote norteamericano, él respondió: «Bueno, yo en eso no he pensado [...] quisiera que la estatua mía no fuera más que un dulce recuerdo en el corazón de este pueblo [...] y que los cubanos se unieran unos con otros para ser felices en nuestra patria (*)

(*) Entrevista realizada al Padre Testé para la CMQ-Radio el 30 de julio de 1956. Esta y otras entrevistas al Padre Testé sobre la Ciudad de los niños la conservan los autores y serán llevadas al Encuentro donde se expondrán fragmentos con la voz del Padre Testé.

●●●●●

El Padre Usera: un apóstol de la promoción social
Autores: Manuel Barcia Paz
y Eduardo Mesa Valdés
La Habana

Esta aproximación a la personalidad del presbítero Jerónimo Usera tiene sus raíces en la amistad (cercana a una década) con las religiosas del Amor de Dios. Fueron ellas quienes al reiniciar su apostolado en Cuba, difunden la obra de su fundador.

Para nuestra sorpresa encontramos en este hombre multiplicidad de facetas, carismas y deberes que le hacen resaltar con luz propia en medio de la sociedad y la época en las cuales le tocó vivir.

Su quehacer en aras de una auténtica promoción humana y cristiana se manifiesta en los proyectos que realizó y en otros que, lamentablemente, no pudo llevar a término. Es Jerónimo Usera un sacerdote español portador de ideas y comportamiento propios del clero peninsular de su época. Sus posiciones de cara a los problemas sociales que se enfrentaban por entonces, pueden calificarse de progresistas; ellas nos permiten hoy, calibrar justamente su valor humano y su lucha por la exaltación de la dignidad de las personas.

Participar en la Junta de Información nombrado por la Reina Isabel II y en calidad de delegado por la isla de Puerto Rico, fundar una congregación religiosa, un taller de tipógrafas y encuadernadoras, mantener un pensamiento antiesclavista y una preocupación constante por los más pobres, terminando sus días como aquellas personas a quienes siempre estuvo dispuesto a servir, nos revelan a un hombre protagonista de las circunstancias históricas en las cuales se desenvolvió su vida.

•••••

La marca indeleble de la cruz
Autora: Navia García Fabeiro
La Habana

Este trabajo trata sobre la educación cristiana en los colegios religiosos en Cuba en el presente siglo, su comienzo y desarrollo dentro de la sociedad, escogiendo, más por devoción que por azar, el tema referido al aporte educativo de la Congregación de las Siervas del Sagrado Corazón de Jesús y de los Pobres, en nuestra patria.

Los colegios religiosos no solo fueron centros para conocer a Dios y rezar el rosario. Se impartía una instrucción general y al mismo tiempo se velaba por el cultivo y aumento de las aptitudes naturales para algunas, porque esto serviría más tarde para labrarse un honrado y digno porvenir.

Los colegios religiosos en Cuba ayudaron al proceso de formación de nuestra nacionalidad, enseñando a hombres y mujeres a fomentar sus facultades morales e intelectuales con otros conceptos de la moral, la disciplina, el amor, entre otros valores materiales y espirituales.

Después del triunfo de la Revolución Cubana, con la intervención de los colegios, los eclesiásticos tuvieron necesidad de marcharse; se produce entonces un derrumbe total de los valores, especialmente, en la educación: ese monstruo que nos acecha constantemente, unido a otros factores y desvalores de la vida moderna, la desunificación de la familia y la falta de fe, hacen que el hombre se pierda en el laberinto de sí mismo y de su formación individual como ser humano.

La educación como tarea principal de las escuelas religiosas: Las Madres estaban plenamente conscientes de que tenían que educar y formar al mismo tiempo, arar la tierra del porvenir; la misión y responsabilidad de ellas como maestras y educadoras abarcan el esfuerzo por cumplir debidamente con la tarea de la enseñanza llevando a las jóvenes a Cristo, antes, por el camino de la virtud que por el de las ciencias, las técnicas y las artes.

Al concluir hacemos algunas consideraciones sobre la labor educativa cristiana. Consideramos, teniendo en cuenta la situación actual, que cuando a la educación y a la virtud no se le concede valor alguno, cuando toda la actividad se enfoca a lo secular y a lo temporal, y no a lo espiritual, los hombres se comportan como bestias. El reconocer y visualizar a Dios en todo lo que nos rodea es una labor que no solo debe realizarse en los colegios religiosos, sino por todos aquellos que aún con el paso de los años, conservamos la «marca indeleble de la Cruz», que no se ve pero se distingue, misteriosa paradoja que solo es perceptible al que escruta cuidadosamente la personalidad humana.

●●●●●

Introducción al estudio de la influencia sociocultural en Cuba de la Iglesia Católica: etapa colonial (1492-1898)

Autora: Lohania J. Aruca Alonso
La Habana

Se busca completar la información existente acerca de los elementos de la cultura material y espiritual legados por la Iglesia Católica, que conforman, durante los distintos períodos históricos de la etapa colonial, los cimientos de la actual cultura cubana, en particular de los relacionados en su aspecto urbano. Se ofrecen valoraciones acerca de la importancia y actualidad del tema para los estudios integrales de la historia regional y nacional. Se plantean problemas relacionados con las características generales de la organización territorial del sistema.

•••••

P. Tito Hernández Cazaña y la juventud matancera

Autor: Diego Echemendía
Matanzas

Testimonio de la obra educativa del P. Tito Hernández Casañas, tanto antes como después de ser ordenado sacerdote. Mediante el local social de la Juventud Católica y de las clases que impartió en su casa llegó a ejercer una gran influencia en la juventud de Matanzas, en las décadas de los 40 y 50. De sus alumnos surgieron numerosas vocaciones religiosas y sacerdotales. A él se debió la formación de las dos ramas juveniles de la Acción Católica en Matanzas.

•••••

Las Hermanas del Amor de Dios: una huella imperecedera de pedagogía y amor cristiano

Autora: Lic. Dely Capote Gamoneda
Santa Clara

La realización de esta investigación nos ha dado la posibilidad de profundizar en la huella que esta Congregación ha dejado a lo largo de su historia por el mundo y especialmente por tierras cubanas.

La profundización en el estudio de la figura histórica del Padre Gerónimo Mariano Usera Alarcón, enriqueció notablemente el tema que nos ocupa y nos condujo a comprobar cómo se cumplieron con la creación de la Congregación Hermanas del Amor de Dios, los objetivos fundamentales en la vida del «Profeta del Amor de Dios».

En el análisis previo que llevamos a cabo con el objetivo de obtener una investigación que se ajustara al tema central de este Encuentro Nacional de Historia, decidimos que este trabajo sería muy interesante porque profundiza en las raíces de un momento histórico tan importante y rico.

Entre los objetivos perseguidos para el desarrollo de esta investigación se encuentra el de estudiar conscientemente la historia y huella de las Religiosas del Amor de Dios, para enriquecer el archivo parroquial remediano y sobre todo para que se conozca la influencia que en la educación ejercieran las Hermanas de esta orden.

No tenemos referencias acerca de otra investigación sobre este tema por lo cual creemos que será novedoso en el orden de los estudios afines.

Para lograr un desarrollo coherente consultamos bibliografías tales como: *El Padre Usera y sus R.R. del Amor de Dios*, de D. Francisco Romero López; *Jerónimo Usera. Profeta del Amor de Dios*, de A. G. Rad; prensa antigua remediana y los tomos de los *Anales y Efemérides de San Juan de los Remedios y su Jurisdicción*, de José A. Martínez Fortún y Foyo, correspondiente a la etapa de estancia en Remedio de la Congregación. Además, recurrimos a la importante fuente que constituyen los testimonios vivos.

•••••

Bosquejo histórico de la obra educativa de la Iglesia Católica. La impronta remediana

Autora: Martha A. Flores
Santa Clara

Se reconocen más de cuatro siglos de labor educativa católica en dos capítulos: a) proceso de colonización a la instauración de la república, b) etapa republicana hasta 1959.

Se refleja la obra de los primeros sacerdotes llegados a la Isla, la fundación de los primeros colegios, la llegada de las diversas órdenes religiosas. Se resalta la obra de la Iglesia durante la lucha independentista. Se demuestra cómo, durante la república, aunque aumentaron las órdenes religiosas, la obra educativa de la Iglesia se vio legalmente entorpecida. Se explicita la labor educativa religiosa en Remedios.

•••••

Afirmación de la doctrina franciscana: trascendencia de la obra educativa de Fray Pedro Galdeano.

Autora : Lic. Fe María González Peña
Santa Clara

Este trabajo constituye una propuesta que, estructurada en tres capítulos y avalada por fuentes documentales contentivas en los museos remedianos, archivos de historia y Parroquial Mayor «San Juan Bautista» respectivamente y numerosos testimonios, expone consideraciones acerca del establecimiento de los franciscanos en Cuba y su labor en el orden social, la aceptación de la parroquia remediana por los mismos en época republicana y su incidencia dentro de una comunidad de arraigadas tradiciones católicas como renovadores del espíritu y defensores del patrimonio, así como la trayectoria vital de uno de sus misioneros: Fray Pedro Galdeano y García, fundador de la Escuela Popular de Música y la Coral «Santa Cecilia». Evangelizador por excelencia, promotor y ejecutor de un proyecto integrador del canto propiamente eclesiástico con los más genuinos y auténticos exponentes de la música cubana, su obra como maestro ha quedado inscripta en los anales de la villa por su aporte a la formación de una cosecha fecunda de músicos que aún hoy día rinden sus frutos en el campo de la composición, instrumentación y vocalización como contribución al desarrollo de la cultura local y nacional.

Su sello personalísimo de vanguardismo dentro de las formaciones corales de su tiempo y su apego a la Tierra Roja de Vasco Porcallo le hacen merecedor de un espacio dentro del conjunto de valores de la identidad del pueblo.

•••••

La enseñanza de ballet en Cienfuegos: expresión de una voluntad católico-educativa.
Autor: Rogelio Leal
Cienfuegos

La primera presentación del Ballet Infantil «David» de la Catequesis de la Catedral de Cienfuegos en la Biblioteca Provincial de esta ciudad con la obra «Cascanueces» en 1995, constituyó sin alternativas, un punto de giro favorable dentro del movimiento cultural en la provincia.

Los fenómenos culturales son a la vez consecuencia y antecedente de otros fenómenos similares y la puesta en escena del ballet navideño de Chaikovski retomaba una tradición local iniciada por la profesora Nina Fedorov, contratada en 1941 por la directiva del Colegio Teresiano en Cienfuegos con el objetivo de impartir clases de danza académica en dicha institución católica y coreografiar los bailables de las fiestas de fin de curso y los actos de graduación.

Consecuente con estas primicias, la Escuela de Ballet de Cienfuegos, integrada inicialmente por alumnas y profesoras católicas, abrió sus puertas en 1945 con un plan de estudios que incluía asignaturas técnicas especializadas y otras diseñadas para la educación formal y religiosa de las educandas. Definir la proyección social de la enseñanza de ballet en las instituciones católicas de Cienfuegos, su alcance estético-formativo, sus principios evangelizadores, las peculiaridades de sus coreografías y las metodologías que regían sus sistemas de enseñanza, constituyen los principales objetivos de este trabajo.

El método seguido en el proceso investigativo ha sido el del análisis de los materiales referidos, incluyendo testimonios, que tocaban algunos de los tópicos comprendidos entre sus objetivos. Con propósitos complementarios se elaboraron la cronología, las fichas técnicas, tablas, esquemas y gráficas comparativas anexas a este trabajo.

•••••

Iglesia y educación en la diócesis de Cienfuegos
Autora: Elisa Margarita Martínez Quiñones
Cienfuegos

La Iglesia, enriquecida con los dones de su Fundador y observando fielmente sus preceptos de caridad, humildad y abnegación, recibe la misión de anunciar el Reino de Dios e instaurarlo en todos los pueblos, y constituye en la tierra el germen y el principio de ese reino.

La Catequesis, forma peculiar de Educación en la Fe, se ha manifestado en Cuba con un perfil específico en las diferentes etapas de su transcurrir histórico, sin perder su esencialidad.

Definir el alcance evangelizador y social de esta expresión de la cultura nacional y sus relaciones sistémicas con lo que pudiera denominarse un Plan Nacional Educativo a partir de una visión panorámica de la Catequesis en Cuba, desde el análisis del hecho histórico de la primera evangelización en nuestro país hasta la actualidad en la Diócesis de Cienfuegos, constituyen los objetivos de este trabajo.

Este proceso, no exento de luces y sombras, abre perspectivas para un análisis futuro, integrador de sus componentes -desde todos los horizontes posibles-.

Acompañan su cuerpo teórico: anexos, tablas y gráficos comparativos.

•••••

El último colegio
Autor: Dr. Reynaldo Fernández Chávez
Cienfuegos

Teniendo en cuenta que el último colegio fundado en Cuba por la Congregación «Hermanas del Amor de Dios» fue «María Inmaculada|, perteneciente a la Iglesia Parroquial «La Santa Cruz», de Cumanayagua, provincia de Cienfuegos y el hecho de que su corta existencia dejó una visible huella en la memoria afectiva y la espiritualidad de varias generaciones de personas de esta localidad, se procedió a realizar un trabajo investigativo de corte histórico-repositivo, con el análisis de los métodos educativos ejercidos por esta Congregación en dicha institución escolar.

Se aplicaron entrevistas a egresados. Se analizaron documentos tales como actas, libros de texto de las asignaturas impartidas, exámenes realizados a los estudiantes, libretas de notas de clases, diplomas y certificaciones, periódicos de la época, etc.; se recopilaron, además, fotos que recogían diversos instantes de la vida del centro, procediéndose a su descripción y valoración.

El método predominante empleado fue el histórico-descriptivo con procedimientos lógicos de análisis-síntesis y valoración, entre otros, propios de los paradigmas cualitativos.

Estructuralmente, el trabajo fue concebido en seis capítulos, que van desde los orígenes del proyecto escolar, hasta su repercusión en el momento actual con la apreciación por parte de los exalumnos de la influencia del centro educativo en su trayectoria social, familiar y personal, pasando por la vida interna de la escuela y su prematuro ocaso.

La investigación manifiesta la validación del sistema pedagógico-educativo aplicado por la congregación y su influencia en la formación de patrones cívicos y patrióticos que tributan a la subjetividad del educando en cuanto a su proceso de identidad local y nacional. Por otro lado, se evidencia la aplicación de métodos vinculados a perspectivas de modernas corrientes insertadas en la pedagogía de la época, concebidas para el desarrollo armonioso del ser humano, tanto físico como moral e intelectual, y alineados a la fe cristiana.

En el plano intelectual, se propicia en los programas de clase, el estudio de las ciencias naturales y sociales, sin desdeñar su carácter humanista tendiente al desarrollo de un espíritu de solidaridad y justicia social.

Su línea de desarrollo sociológico e histórico rescata la memoria colectiva de la localidad, a partir del papel de la Iglesia Católica como institución catalizadora de la civilización y el progreso.

•••••

Ruina y memorias de un colegio religioso
Autora: Mayra de los Angeles Toboso García
Cienfuegos

Este trabajo se dedicó a desentrañar la historia de una de las instituciones educativas más antiguas y de mayor trascendencia en nuestra localidad. El Colegio Montserrat desde su fundación y hasta nuestros días ha constituido un mito por su suntuosa edificación y por la efectividad de sus influencias educacionales, sobre todo, por la disciplina y educación multifacética que propiciaba.

Es conocido por todos el Colegio Nuestra Señora de Montserrat, que fue considerado uno de los centros más importantes en la enseñanza y la cultura de esta región, destacándose por su proyección pedagógica y fundamentalmente religiosa. El colegio formó en sus aulas personalidades importantes de la vida social e intelectual de esta localidad y del país, entre los que se destacan el Mayor General José Miguel Gómez y Carlos Rafael Rodríguez, quien reconoció la labor del Colegio en su propia formación.

Nos motiva, además, el reconocimiento que nuestro Comandante en Jefe, en más de una ocasión, ha hecho al sistema escolar de los jesuitas, modelo educativo que se conoce mundialmente y con bastante fuerza en el continente suramericano.

Pretendemos caracterizar el modelo educativo del Colegio Nuestra Señora de Montserrat desde su fundación hasta el año 1942 en que cierra, y valorar la influencia educativa y cultural del mismo.

Cuando nos referimos al modelo educativo, no es más que a las formas específicas que utilizaban el colegio para lograr los fines educativos y la influencia educativa y cultural, se refiere a todas las acciones que en el orden educativo y cultural desarrolló el Colegio con repercusión en la sociedad cienfueguera del período. Al realizar el estudio de esta problemática pudimos conocer que no existen trabajos similares, solo existe una síntesis biográfica de esta situación. Pudo conocerse, además, que los documentos de este Colegio fueron destruidos, se localizaron algunas personas que se formaron en este centro pero en el mayor de los casos están fuera de la provincia, o del país, otros han fallecido.

Por su carácter monográfico establecimos capítulos para estructurar el trabajo.

El capítulo I se dedica a la Compañía de Jesús, orden fundadora del colegio, reflejando datos interesantes sobre su fundador y el modelo educativo en general. El capítulo II se dedica por entero al Colegio Montserrat, desarrollando por epígrafes todos los elementos que caracterizan el sistema escolar y extraescolar en Cienfuegos.

●●●●●

Enseñanza escolapia: huella imperecedera. El Colegio Sagrado Corazón fundado en Morón por las Madres Escolapias, en el recuerdo de sus antiguas alumnas.

Autora: Waldina de la Caridad García Machado
Asesores: Madre Lucía de los Arcos, Pbro. José M. García Sardiñas, Prof. Esperanza de la Torre, A.A. Nancy Brito Ramos y A.A. María Campanioni
Ciego de Ávila

La enseñanza católica en Cuba, contó con la presencia (entre otras muchas órdenes religiosas dedicadas a la docencia) de las Reverendas Madres Escolapias, quienes se establecieron en el país en la segunda década del presente siglo, fundando cinco colegios entre 1912 y 1921, correspondiendo la última fundación al Colegio Sagrado Corazón en Morón perteneciente entonces a la diócesis de Camagüey. El establecimiento de esa escuela religiosa es significativo por cuanto los anteriores enclaves de Escolapias corresponden a ciudades del occidente del país: Guanajay, La Habana, Artemisa, Cárdenas y éste en la región central (antigua provincia de Camagüey).

Fueron exactamente cuarenta años de presencia escolapia en Morón y se pretende rescatar su huella treinta y siete años después del cierre del colegio por la nacionalización de la enseñanza en Cuba, luego del triunfo revolucionario de 1959, cuando apenas dos años después se instauró la enseñanza ateísta teniendo que marcharse a sus países de origen los religiosos y religiosas dedicados a la docencia en el país, el 13 de Mayo de 1961, en el buque «Covadonga».

El rastreo deberá ser entonces grande y extenso, en tanto se propone como objetivo contar con la mayor cantidad de ex y antiguas alumnas en cualquier latitud del mundo que deseen expresar su identidad escolapia. Así, haciendo uso de los diferentes medios de comunicación al alcance, se convoca a recoger la mayor cantidad de testimonios que patenticen esta huella imperecedera.

Este trabajo de carácter histórico-religioso, pretende rendir merecido tributo a todos aquellos religiosos y religiosas que dieron lo mejor de sí mismos, junto con su total entrega a Jesucristo en aras de formar niños y jóvenes en la Fe y enseñanzas del Evangelio, junto con instrucción académica y la preparación para enfrentar la vida, una vez terminada la escuela, sobre todo investidos con los valores que encierra la divisa del Santo Patrono y Fundador de las Escuelas Pías, José de Calasanz: «Para mayor gloria de Dios y utilidad del prójimo».

•••••

Presencia Teresiana en Camagüey: historia pequeña de dos colegios grandes

Autora: Daisy Lorenzo Martorell
Camagüey

En este trabajo se relata de una forma muy breve la fundación de la Compañía de Santa Teresa de Jesús así como una síntesis de la biografía de su fundador, San Enrique de Ossó.

Se explica la causa de la llegada a Cuba de las Hermanas Teresianas, su asentamiento en Camagüey y se hace un análisis del panorama histórico–social de la época.

Se escribe una pequeña reseña del desarrollo del Colegio Teresiano de la calle Popular, con algunas anécdotas y testimonios de antiguas alumnas.

Se detalla la Obra Social del barrio de Saratoga, una zona que por aquel entonces, estaba olvidada por encontrarse en la periferia de la ciudad y la cual llegó a ser un excelente colegio.

Se presenta un testimonio gráfico que, con la colaboración de las exalumnas, quienes conservaban todavía fotos y revistas, complementa de manera visual algunos de los hechos que se señalan.

•••••

Aportes del Colegio «Champagnat», de los Hermanos Maristas, a la enseñanza en Camagüey

Autor: Juan Antonio Balboa Hernández
Camagüey

Las instituciones religiosas tuvieron una participación activa en la enseñanza en Cuba, sobre todo antes de 1842, en que el Estado colonial tomó en sus manos por primera vez la dirección de la educación. Años más tarde, coexistieron con la enseñanza pública numerosos colegios pertenecientes a distintas religiones de origen cristiano, hasta 1961.

Ninguno de los estudios que se realizan actualmente acerca de la historia de la pedagogía cubana está dirigido específicamente a este tipo de enseñanza y las fuentes de datos primarios para conocerla están actualmente dispersas y son cada vez más escasos, por lo que se corre el riesgo de que se pierda la memoria histórica de lo aportado por distintas instituciones.

Cuando en 1961 el Estado Revolucionario nacionalizó la enseñanza privada, se produjo una ruptura con las instituciones religiosas que se habían dedicado hasta entonces a esa actividad.

El objetivo específico es precisar los aportes del Colegio «Champagnat» de los Hermanos Maristas a la enseñanza en Camagüey, así como los datos más generales que definen la actividad que realizaban. Hemos escogido este colegio, perteneciente a la Iglesia Católica, para dar inicio a nuestra investigación, porque la mayor parte de la bibliografía revisada pertenece a este plantel educacional.

•••••

Los cine-clubes y el movimiento cinematográfico cubano
Autor: Raúl A. González Benítez
Camagüey

El presente trabajo presenta el análisis de una etapa en la cual el movimiento cultural cinematográfico cubano alcanzó un destacado desarrollo gracias al esfuerzo de un importante grupo de personalidades como la del profesor José Manuel Valdés Rodríguez, que resultó pionero indiscutible de la cultura cinematográfica en nuestro país. Se refleja en el mismo, además, cómo en la cosecución de los nobles empeños de la creación y establecimiento de los primeros cine-clubes jugaron un significativo papel a través de sus instituciones como la Cinemateca de Cuba y las sociedades culturales cinematográficas que lograron, luchando por romper la inercia y el ambiente entregado al peor comercialismo, contribuir a la superación cultural de nuestro pueblo y el surgimiento de nuevos valores en nuestra cinematografía nacional.

•••••

Aportes del Obispo Espada a la educación y nacionalidad cubana
Autor: Pedro Camacho Suárez
Camagüey

Este trabajo sintetiza diversos desempeños del Obispo Espada en la educación cubana a lo largo de los 30 años que ocupó la diócesis habanera. Su raíz ilustrada lo lleva a profundizar y expandir la ofensiva antiescolástica en Cuba que comenzó el Padre Caballero en el Seminario, institución que fue su espacio propio de reformas docentes y revolución del espectro cognoscitivo encontrado en Cuba, así como de la promoción de figuras criollas, especialmente del Padre Varela.

Constata el desastroso estado de las escuelas gratuitas populares en cuanto a lo estructural y docente; para solucionar esto brinda apoyo económico a estos locales y motiva a sus maestros, propone el envío del joven sacerdote O'Gabán al Instituto Pestalozziano de Madrid para buscar una sistematización docente modernizante. Posteriormente gestiona la introducción de otras corrientes pedagógicas.

Todo su quehacer en la búsqueda de modernización y organicidad de la educación en Cuba influye determinantemente en las concepciones didácticas de Luz y Caballero, en quien podemos encontrar la síntesis de una pedagogía «para Cuba» que proyectara en su reforma de la Escuela Náutica de Regla y en su labor de formador de patriotas en el colegio «El Salvador». Toda esta obra es esencial para la configuración de la identidad cubana.

También es abordado el quehacer en otros renglones de la educación de este Obispo que impulsó hombres e instituciones nutricias de la nacionalidad cubana en ciernes por aquellos tiempos.

•••••

Apuntes para una historia del movimiento bibliotecario en Holguín
Autor: Alfredo Saínz Blanco
Holguín

Esta investigación encuentra en la práctica católica del siglo XIX los primeros antecedentes del movimiento bibliotecario en Holguín.

Ya en la actual centuria (1922) y a pesar de la galopante apatía republicana esos antecedentes dieron lugar a la primera biblioteca pública de esa nororiental región del país.

Fundada por la organización católica Caballeros de San Isidoro con un tesoro bibliográfico general, la pequeña biblioteca acogió a lectores y estudiosos de distintos y hasta, a veces, opuestos credos e ideologías.

En esas primeras décadas de la república, caracterizadas sobre todo en la zona oriental por una gran indiferencia hacia la educación y en general hacia el conocimiento, la iniciativa del grupo católico holguinero se convertía, a pesar de su modestia, en una posibilidad de instrucción popular.

Aquí también se hace un recuento por otras bibliotecas del período, en escuelas, sindicatos, organizaciones fraternales, de instrucción y recreo y personal. El texto se complementa con un esclarecedor cuerpo de notas y una amplia bibliografía.

●●●●●

Apuntes para un estudio problémico de la labor educativa de la iglesia Católica en Cuba
Autor: Rufino Pavón Torres
Holguín

La historia de la labor educativa de la Iglesia Católica en Cuba ha pasado por diversos estadíos, desde que se impartió la primera enseñanza en Santiago de Cuba, en los inicios de la colonización española, hasta nuestros días. No es objetivo del autor reseñar esta historia, sino ver los elementos contradictorios, tanto internos como externos, que conspiraron contra el desarrollo de esa labor. Es por ello que se abordan las contradicciones que nacen desde sus inicios, así como en el siglo pasado, ante lo avanzado del pensamiento de los pensadores que, al calor del Iluminismo, fueron capaces de crear los cimientos de nuestra nacionalidad. También se abordan las disyuntivas que se presentaron posteriormente con la introducción de la enseñanza laica y el ateísmo, con figuras como Enrique José Varona. Ya en el presente siglo se recogen las dificultades que en su desarrollo tuvo la enseñanza de la Iglesia, hasta su disolución, con la nacionalización de las escuelas, por el Gobierno Revolucionario. Se somete a juicio crítico algunos planteamientos recogidos en la historiografía cubana, donde, o se subestima la labor educativa de la Iglesia Católica, o se denigran los nobles empeños de los hombres y mujeres que hicieron del magisterio cristiano razón de sus vidas. Estos hitos reseñados nos darán pauta para estudiar los momentos actuales y las perspectivas de este proceso en el futuro de nuestra patria.

●●●●●

El Catecismo para negros bozales de 1796, una forma de educación católica

Autora: Lic. Beatriz Ruth Suárez Font
Holguín

El presente trabajo aborda la problemática del boom azucarero del siglo XVIII y XIX y la entrada masiva a la Isla de esclavos traídos directamente de las costas de Africa, para utilizarlos como la principal fuerza de trabajo.

Dentro de esta sociedad colonial y esclavista constituyó una obra de singular importancia la enseñanza de un catecismo, elaborado especialmente para el negro bozal, pues a la par que recibían la Doctrina Cristiana fueron aprendiendo el idioma del país, así como otras cuestiones como la moral, las costumbres del medio al que habían sido traídos a vivir a la fuerza.

Esta forma de instrucción, única que se le impartió, constituyó un vehículo de integración cultural, así como una vía de inserción al proceso de formación de la nacionalidad cubana.

•••••

Presencia de los P.P. Pasionistas en Holguín, su influencia en la educación escolarizada

Autores: Lic. Emilio Ramón Arnáiz Martínez y Noyme Verdecia Fernández
Holguín

El trabajo valora la participación directa de los Padres Casimiro García Zurita y Felipe de la Cruz en la fundación y evolución de dos colegios católicos: San José, de carácter privado (para varones) y San Pablo de la Cruz (mixto-parroquial). Analiza la forma en que lograron aglutinar en torno a este objetivo todas las instituciones sociales parroquiales de la Iglesia San José.

Se refiere al propio tiempo al desarrollo alcanzado por estos colegios desde su fundación en el año 1951 y sus 10 años de existencia para la educación general y cristiana de un sector de la población.

Concluye haciendo un conjunto de valoraciones en torno a tan meritorio esfuerzo y ubicándolo dentro del contexto social general característico del sistema educacional de la época al que hace referencia.

Cuenta el trabajo con una bibliografía mínima y alguna de las fuentes testimoniales y gráficas utilizadas en la obtención de la información primaria.

•••••

Memorias de nuestro colegio «La Divina Pastora»
Autora: Lic. Isabel Aguilera Guerra
Bayamo-Manzanillo

Este trabajo presenta una breve reseña histórica del antiguo Seminario de San Francisco, monasterio y primer plantel de enseñanza de la villa de Bayamo, en cuyas aulas estudiaron algunas de las figuras más prominentes de la «Ciudad Antorcha» y que, con el devenir de los años, sobre sus calcinadas ruinas se construyó el colegio de monjas Capuchinas-Franciscanas «Madre del Divino Pastor».

La autora, antigua alumna del Colegio «La Divina Pastora», rememora costumbres y tradiciones del mismo, resaltando la labor educativa aportada a la sociedad bayamesa a través de varias generaciones.

Para el desarrollo de este trabajo se han empleado métodos teóricos consultando importantes documentos en el archivo de la localidad y métodos empíricos como entrevistas a antiguas alumnas y trabajadoras del colegio.

El objetivo fundamental de este trabajo es colaborar en el rescate de la memoria histórica de este colegio religioso que tuvo en sus manos la formación integral de cientos de jóvenes bayameses y de otras localidades de la antigua provincia de Oriente.

•••••

La Iglesia y la educación musical: período colonial
Autor: P. Jorge Catasús
Santiago de Cuba

Se presenta una visión panorámica de la acción primordial de la Iglesia en el desarrollo del arte musical en Santiago de Cuba, resaltando lo que concierne a la educación en esta esfera y, en general, a la promoción de músicos competentes que trascendieron con su arte más allá de los templos.

Todo está enmarcado dentro del período colonial desde la más temprana noticia (1509): un náufrago enfermo, soldado de Sebastián de Ocampo, quien «acogiéndose a la hospitalidad de los indios del pueblo de Macaca», les presentó una imagen de la Virgen María y «comenzaron a componer cantos y bailes con el estribillo de Santa María», hasta la clausura de la insigne Capilla de Música de la Catedral de Santiago de Cuba, con el maestro Jacinto Pagés (1899).

En estos casi 400 años se destacan: Miguel Velázquez, cubano, mestizo de español e india, tañedor de órgano en la Catedral santiaguera, en 1544, quien fue el primer organista y el primer maestro de Capilla; corriendo el tiempo, en el siglo XIX, otros grandes maestros de dicha Capilla catedralicia fueron: Juan París (1805-1845) y Cratillo Guerra (1866-1869); pero el más excelso de todos fue, sin duda alguna, Esteban Salas y Montes de Oca (1764-1803). «Con su nombre se abre un nuevo y sólido capítulo en la música cubana», siendo considerado como el padre de ésta, «el Bach cubano» (R. Salcedo). «Bajo la égida de Salas... la Catedral de Santiago habría de transformarse en un verdadero conservatorio al que permanecerían vinculados muchos músicos del siglo XIX, tuvo discípulos, formó ejecutantes. El ejemplo de su obra continuada originó una demanda... la obra de Salas creó en Cuba un orden de disciplina hasta entonces desconocido. Gracias a él, el coro de la Catedral fue también sala de concierto».

•••••

Labor educativa de Juan Bautista Sagarra
Autora: Verenia Savón
Santiago de Cuba

La influencia francesa ayudó a la parte oriental y en particular a Santiago de Cuba, a obtener una gran prosperidad económica, política y social contribuyendo a la diversificación agraria y a la irrupción de los productos cubanos en el mercado capitalista.

En medio de estas circunstancias favorables, nacieron personas que con el decursar del tiempo se convirtieron en principales figuras de las diversas esferas de la sociedad cubana.

Con este trabajo sobre la labor educativa de Juan Bautista Sagarra se persiguieron como objetivos fundamentales:
- Reconocer su labor educativa a través de los aportes que le dio a la sociedad.
- El esbozo del contenido y forma de expresión de algunas de sus obras.

•••••

Anexo

Vista de uno de los paneles del Primer Encuentro Nacional de Historia «Iglesia Católica y Nacionalidad Cubana». Roberto Méndez; Walfredo Piñera; Juan Emilio Friguls y Amarilis Echemendía.

El Grupo Ars Longa, de La Habana, en una de las noches del Primer Encuentro Nacional de Historia «Iglesia Católica y Nacionalidad Cubana». Iglesia de San Juan de Dios, Camagüey.

José Manuel Hernández en unas de las intervenciones durante un plenario del Primer Encuentro Nacional de Historia «Iglesia Católica y Nacionalidad Cubana».

En los pasillos de la Casa Diocesana de La Merced durante uno de los recesos del Primer Encuentro Nacional de Historia «Iglesia Católica y Nacionalidad Cubana»

Mons. Adolfo con parte de la delegación, de cubanos residentes fuera de Cuba, que pudo participar en el Primer Encuentro Nacional de Historia «Iglesia Católica y Nacionalidad Cubana». José Manuel Hernández; P. Pablo Varela; P. José Zomoza; María Cristina Beyra; Mons. Otto García; Mariana Prats; Manuel Fernández; Mons. Adolfo Rodríguez; Benito Prats.

Mons. Pedro Meurice, entonces Presidente de la Comisión Nacional de Pastoral de Cultura de la COCC junto al primer Comité Organizador de estos eventos. En el Patio de la Casa Diocesana de La Merced, durante unos de los recesos del Primer Encuentro Nacional de Historia «Iglesia Católica y Nacionalidad Cubana». Ramiro Fuentes, Roberto Méndez; Mons. Pedro Meurice; Joaquín Estrada y P. Alvaro Beyra.

Participantes en el Segundo Encuentro Nacional de Historia «Iglesia Católica y Nacionalidad Cubana». Santuario Nacional del Cobre.

Culminación de las sesiones teóricas del Segundo Encuentro Nacional de Historia «Iglesia Católica y Nacionalidad Cubana». Sesión presidida por Mons. Beniamino Stella, entonces Nuncio Apostólico en Cuba. Santuario Nacional del Cobre.

Grupo Kerigma de la diócesis Bayamo - Manzanillo, en una de las noches del Segundo Encuentro Nacional de Historia «Iglesia Católica y Nacionalidad Cubana». Santuario Nacional del Cobre.

Misa de Clausura del Segundo Encuentro Nacional de Historia «Iglesia Católica y Nacionalidad Cubana» en el Santuario Nacional del Cobre, presidida por Mons. Beniamino Stella, entonces Nuncio Apostólico en Cuba y concelebrada por P. José Sáez sj; P. Joan Rovira sj y P. Jorge Catasús.

www.ingramcontent.com/pod-product-compliance
Lightning Source LLC
Chambersburg PA
CBHW030508080526
44586CB00011B/110